SPSS

常用统计分析教程

（SPSS 22.0中英文版）（第4版）

SPSS

统计分析系列

◎ 李志辉　罗　平　主编

◎ 洪　楠　审校

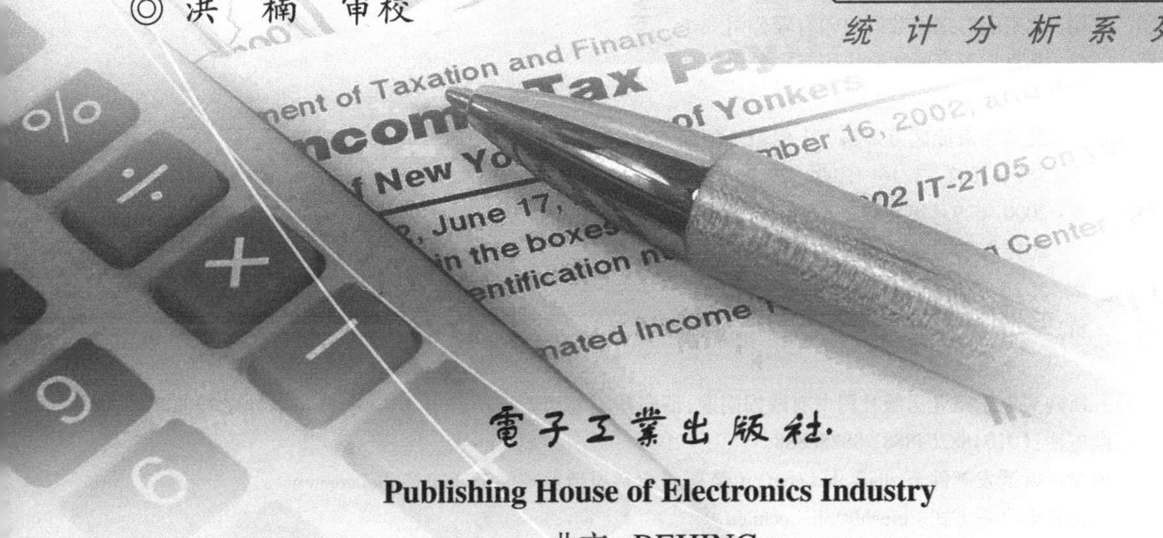

電子工業出版社

Publishing House of Electronics Industry

北京 · BEIJING

内容简介

本书根据统计教学的特点，结合大量的实例以循序渐进的方式介绍 SPSS 22.0(中文版，辅以英文注释)的使用方法和统计方法，对软件界面、统计分析结果及统计图形均进行了详细解释。本书内容包括 SPSS 的基础知识和函数、描述统计分析、平均值比较分析、一般线性模型、相关、回归分析、对数线性模型、分类分析、降维分析、尺度分析、非参数检验、时间序列分析、生存分析、多响应分析、程序模块及常用统计图等，并对数据的结果和图形进行了统计学分析与推断。此外，本书的练习题涵盖多个专业，能够满足不同专业读者的需要。为方便教师授课及读者操作练习和查询，所有附录(电子书格式)、例题数据、部分练习题数据可登录华信教育资源网 www.hxedu.com.cn 免费注册下载。

本书的内容与方法可广泛满足自然科学、社会科学，特别是生物学、心理学、医疗卫生保健、经济学等多学科、多专业、多层次的需要，可作为高等院校统计软件教材及参考书，科研单位相关专业的科技人员、研究生、本科生与机关企事业单位管理人员、计算机实际工作者的学习参考书。

图书在版编目(CIP)数据

SPSS 常用统计分析教程：SPSS 22.0 中英文版/李志辉，罗平主编. —4 版. —北京：电子工业出版社，2015.8
(统计分析系列)
ISBN 978-7-121-26835-9

Ⅰ. ①S… Ⅱ. ①李… ②罗… Ⅲ. ①统计分析-软件包-高等学校-教材 Ⅳ. ①C819

中国版本图书馆 CIP 数据核字(2015)第 176445 号

策划编辑：秦淑灵
责任编辑：秦淑灵　　文字编辑：苏颖杰
印　　刷：北京七彩京通数码快印有限公司
装　　订：北京七彩京通数码快印有限公司
出版发行：电子工业出版社
　　　　　北京市海淀区万寿路 173 信箱　邮编 100036
开　　本：787×1092　1/16　印张：29.25　字数：749 千字
版　　次：2000 年 9月第 1 版
　　　　　2015 年 8月第 4 版
印　　次：2025 年 8月第 10 次印刷
定　　价：59.00 元

凡所购买电子工业出版社图书有缺损问题，请向购买书店调换。若书店售缺，请与本社发行部联系，联系及邮购电话：(010)88254888，88258888。

质量投诉请发邮件至 zlts@phei.com.cn，盗版侵权举报请发邮件至 dbqq@phei.com.cn。

本书咨询联系方式：qinshl@phei.com.cn。

编　委　会

前　言

本书第 1 版《SPSS for Windows 统计分析教程》出版至今已有 15 年了，是国内最早出版的 SPSS for Windows 教材之一，曾于 2003 年被评为“全国统计教材编审委员会推荐使用教材”。自 1996 年后 SPSS 基本以每一两年一版的更新速度进行升级，功能越来越强大，界面也日益美观。本书各版均及时紧跟 SPSS 的发展而编写，分别于 2000 年出版第 1 版(6.0 版本)，2004 年出版第 2 版(12.0 版本)，2010 年出版第 3 版(18.0 版本)。承蒙各位读者大力支持，本书被国内多所著名高校选为本科生、硕士生、博士生教材，并受到广大科研工作者的欢迎，至今已重印多次。通过百度学术检索发现本书被各类文献引用数千次，第 3 版在亚马逊、京东、当当等国内三大主流购书网站的好评率高达 96.52%。

本书结合 SPSS 22.0(中文版)进行编写，并辅以英文注释，截稿时 SPSS 最新版本为 23.0 多国语言版。

本书特色

1. 本书的“大数据”：共详细介绍 189 个实例操作(其中数据管理及数据变换方法 35 个、统计方法 110 个、绘图方法 42 个、其他方法 2 个)，提供实例数据文件 192 个(含习题数据文件)、练习题 229 道，整理后的英汉对照词汇 3482 条、汉英对照词汇 3827 条。

2. 根据统计教学的特点，结合大量的实例以循序渐进的方式介绍 SPSS 的使用方法，对所有界面、统计结果、统计图形都进行了详尽的解释。

3. 针对读者对前 3 版的反馈意见，对描述晦涩的介绍逐一进行梳理，力求以通俗易懂的语言介绍软件使用方法，尽量避免晦涩难懂的统计公式。

4. 所有界面及统计结果的介绍均采用汉英对照的方式，英文专业词汇均与 SPSS 22.0 英文版的软件界面及输出结果一致；中文专业词汇均参考《新编英汉・汉英统计大词典》(中国统计出版社 2014 年 5 月出版)逐一校正，同时，涉及中文版软件的，力求与软件界面保持一致。

5. 由于 SPSS 具有向下兼容性及多国语言版的特点，经多位学生试读，无论使用英文版、简体中文版还是较低版本软件，均不影响本书的阅读。读者也可以根据自身需要，设定不同的界面语言或输出语言(英文或简体中文等)。

6. 为了节省版面，降低成本，本书所有附录(电子书格式，共约 200 页)可在华信教育资源网 www.hxedu.com.cn 免费下载。为了减轻在校学生的负担，将抽取基础知识及基础统计章节同期发行电子书。

本书内容

全书共 20 章，第 1 ~ 5 章介绍 SPSS 的基础知识，第 6 ~ 19 章详细介绍 SPSS 各种统计方法，第 20 章介绍 SPSS 各种绘图方法。除正文外，本书还以免费电子书形式提供 4 个附录：附录 A“SPSS 英汉词汇表”、附录 B“SPSS 汉英词汇表”、附录 C“练习题”、附录 D“本书数据文件一览表”。

本书由李志辉、罗平主编，全书由洪楠审校。在本书的编写过程中，许魁、陈伦能老师给予了热情的帮助，在此深表感谢。

由于编者水平所限，编写时间仓促，本书难免存在不尽如人意的地方，敬请读者批评指正。为了便于和读者沟通，编委会开设了微信订阅号“一起学统计工具”，敬请关注。读者如有反馈意见，请发电子邮件至 mchgz@163. com。

编　者

2015 年 5 月于广州

目　录

第1章　SPSS Statistics 概述

1.1　SPSS Statistics 简介

SPSS(Statistical Product and Service Solutions，统计产品和服务解决方案，原名 Statistical Package for the Social Science，社会科学统计软件包)是由美国 SPSS 公司自 20 世纪 80 年代初开发的大型统计学系列软件。2009 年 4 月，SPSS 公司宣布重新包装旗下的 SPSS 产品线，定位为预测分析软件(PASW，Predictive Analytics Software)，包括统计分析(PASW Statistics 17.0)、数据挖掘(PASW Modeler，原名 Clementine)、数据收集(Data Collection 系列软件，原名 Dimensions)、结果发布(PASW Collaboration and Deployment Services，原名 Predictive Enterprise Services)四大部分，并支持多国语言。2009 年 8 月 IBM 宣布收购 SPSS 公司，自 2010 年 8 月发行 19.0 版本开始，SPSS 正式更名为 IBM SPSS Statistics(本书均简称"SPSS")，目前最新版本是 2015 年 3 月发行的 SPSS 23.0 多国语言版，其用户界面和结果输出均可使用简体中文、繁体中文和英文等 12 种语言。多国语言版的推出消除了非英语国家用户在语言方面的困扰，人机界面特别友好，是广大用户的福音。

1.2　数据管理

SPSS 具有强大的数据管理功能，共有 28 种，包括定义变量属性(Define Variable Properties)、设置未知测量级别(Set Measurement Level for Unknown)、复制数据属性(Copy Data Properties)、新建定制属性(New Custom Attribute)、定义日期(Define Dates)、定义多响应集(Define Multiple Response Sets)、验证(Validation)[包括加载预定义规则(Load Predefined Rules)、定义规则(Define Rules)和验证数据(Validate Data)]、标识重复个案(Identify Duplicate Cases)、标识异常个案(Identify Unusual Cases)、比较数据集(Compare Datasets)、排序个案(Sort Cases)、排序变量(Sort Variables)、变换(Transpose)、合并文件(Merge Files)[包括添加个案(Add Cases)、添加变量(Add Variables)]、重组(Restructure)、搜索权重(Rake Weights)、倾向得分匹配(Propensity Score Matching)、个案控制匹配(Case Control Matching)、汇总数据(Aggregate Data)、拆分为文件(Split Into Files)、正交设计(Orthogonal Design)、复制数据集(Copy Dataset)、拆分文件(Split File)、选择个案(Select Cases)及加权个案(Weight Cases)等。

1.3　数据变换

SPSS 共提供 19 种数据变换功能，包括计算变量(Compute Variable)、可编程性变换(Programmability Transformation)、对个案内的值计数(Count Occurrences of Values within Cases)、转换值(Shift Values)、重新编码为相同变量(Recode into Same Variables)、重新编码为不同变量(Recode into Different Variables)、自动重新编码(Automatic Recode)、创建虚拟变量(Create

Dummy Variables)、可视分箱化(Visual Binning)、最优分箱化(Optimal Binning)、准备建模数据(Prepare Data for Modeling)[包括交互式数据准备(Interactive Data Preparation)、自动数据准备(Automatic Data Preparation)及逆转换得分(Backtransform Scores)]、个案等级排序(Rank Cases)、日期和时间向导(Date and Time Wizard)、创建时间序列(Create Time Series)、替换缺失值(Replace Missing Values)、随机数字生成器(Random Number Generators)及运行挂起的转换(Run Pending Transforms)。

1.4 统计分析

SPSS 统计分析(Analyze)方法共有 24 大类、120 个小类。

(1)报告(Reports):代码本(Codebook)、OLAP 多维数据集(OLAP Cubes)、个案汇总(Case Summaries)、按行汇总(Report Summaries In Rows)和按列汇总(Report Summaries In Columns)。

(2)描述统计(Descriptive Statistics):频率分析(Frequencies)、描述性分析(Descriptives)、探索分析(Explore)、列联表(交叉表)分析(Crosstabs)、TURF 分析(Total Unduplicated Reach and Frequency,累积不重复到达率和频次分析)、比率统计(Ratio Statistics)、P-P 图(P-P Plots, proportion-proportion plot)、Q-Q 图(Q-Q Plots, Quantile-Quantile plot)。

(3)表格(Custom Tables):定制表(Custom Tables)和多响应集(Multiple Response Sets)。

(4)比较平均值(Compare Means):平均值(Means)分析、单样本 t 检验(One-Sample T Test)、独立样本 t 检验(Independent-Samples T Test)、配对样本 t 检验(Paired-Samples T Test)和单向方差分析(One-Way ANOVA)。

(5)一般线性模型(General Linear Model):单变量方差分析(Univariate Analysis of Variance)、多元方差分析(Multivariate Analysis of Variance)、重复测量方差分析(Repeated Measures Analysis of Variance)和方差分量分析(Variance Components Analysis)。

(6)广义线性模型(Generalized Linear Models):广义线性模型(Generalized Linear Models)和广义估计方程(Generalized Estimating Equations)。

(7)混合模型(Mixed Models):线性混合模型(Linear Mixed Models)和广义线性混合模型(Generalized linear mixed models)。

(8)相关(Correlate):双变量相关(Bivariate Correlation)、偏相关(Partial Correlation)和距离(Distances)相关。

(9)回归(Regression):自动线性建模(Automatic Linear modeling)、线性回归(Linear Regression)、曲线估计(Curve Estimation)、偏最小二乘回归(Partial Least Squares Regression)、二元 Logistic 回归(Binary Logistic Regression)、多元 Logistic 回归(Multinomial Logistic Regression)、有序回归(Ordinal Regression)、概率单位法(Probit, probability unit)、非线性回归(Nonlinear Regression)、权重估计法(Weight Estimation)、两步最小二乘回归(2-Stage Least Squares Regression)及分类回归(Categorical Regression)。

(10)对数线性模型(Loglinear):一般对数线性分析(General Loglinear Analysis),Logit 对数线性分析(Logit Loglinear Analysis)和模型选择对数线性分析(Model Selection Loglinear Analysis)。

(11)神经网络(Neural Networks):多层感知器(Multilayer Perceptron)和径向基函数(Radial Basis Function)。

(12)分类分析(Classify):两步聚类分析(Two-Step Cluster Analysis)、逐步聚类分析(K-Means Cluster Analysis)、系统聚类分析(Hierarchical Cluster Analysis)、决策树(Decision Trees)、判别分析(Discriminant Analysis)及最近邻分析(Nearest Neighbor Analysis)。

(13)降维分析(Dimension Reduction):因子分析(Factor analysis),对应分析(Correspondence analysis)和最优尺度(Optimal Scaling)分析[多重对应分析(Multiple Correspondence Analysis, MCA)、分类主成分分析(Categorical Principal Components Analysis, CATPCA)、非线性典型相关分析(Nonlinear Canonical Correlation Analysis, OVERALS)]。

(14)尺度分析(Scale):可靠性分析(Reliability Analysis)、多维尺度分析(Multidimensional Scaling Analysis, ALSCAL)和多维邻近尺度分析(Multidimensional Scaling Analysis, PROXSCAL)及多维展开分析(Multidimensional Unfolding Analysis, PREFSCAL)。

(15)非参数检验(Nonparametric Tests):单样本非参数检验(One-Sample Nonparametric Tests),两个或更多独立样本非参数检验(Two or More Independent Samples Nonparametric Tests),两个或更多相关样本非参数检验(Two or More Related Samples Nonparametric Tests),卡方检验(Chi-Square Test),二项检验(Binomial Test),游程检验(Runs Test),单样本 Kolmogorov-Smirnov 检验(One-Sample Kolmogorov-Smirnov Test),两独立样本非参数检验(Two-Independent-Samples Test)[Mann-Whitney U 检验(Mann-Whitney U test)、Moses 极端反应检验(Moses extreme reactions test)、Kolmogorov-Smirnov Z 检验(Kolmogorov-Smirnov Z test)、Wald-Wolfowitz 游程检验(Wald-Wolfowitz runs test)],多个独立样本非参数检验(Tests for Several Independent Samples)[Kruskal-Wallis H 检验(Kruskal-Wallis H Test)、中位数检验(Median Test)和 Jonckheere-Terpstra 检验(Jonckheere-Terpstra Test)],两相关样本非参数检验(Two-Related-Samples Tests)[Wilcoxon 符号秩检验(Wilcoxon Signed Ranks Test)、符号检验(Signed Test)、McNemar 检验(McNemar Test)和边际同质性检验(Marginal Homogeneity Test)],多个相关样本非参数检验(Test for Several Related Samples)[Friedman 检验(Friedman Test)、Kendall W 检验(Kendall's W Test)和 Cochran Q 检验(Cochran's Q Test)]。

(16)预测(Forecasting):时间序列建模器(Time Series Modeler)[专家建模器(Expert Modeler)、指数平滑法(Exponential Smoothing)],综合自回归移动平均模型(ARIMA),季节分解法(Seasonal Decomposition),谱分析(Spectral Analysis),序列图(Sequence Charts),自相关(Autocorrelations)和互相关(Cross-Correlations)图。

(17)生存分析(Survival):寿命表(Life Tables)、Kaplan-Meier 法(Kaplan-Meier)、Cox 回归(Cox Regression)和含时间依赖协变量的 Cox 回归(Time-Dependent Cox Regression)。

(18)多响应分析(Multiple Response):定义多响应集(Define Sets)、多响应频率分析(Multiple Response Frequencies)和多响应交叉表(Multiple Response Crosstabs)分析。

(19)缺失值分析(Missing Value Analysis)。

(20)多重插补(Multiple Imputation):分析模式(Analyze Patterns)和插补缺失数据值(Impute Missing Data Values)。

(21)复杂抽样(Complex Sample):选择样本(Select a Sample),准备分析(Prepare for Analysis)及统计分析的复杂抽样计划(Complex Sample Plan)[频率分析(Frequency)、描述性分析(Descriptive)、交叉表(Crosstabs)分析、比率分析(Ratios)、一般线性模型(General Linear Model)、Logistic 回归(Logistic Regression)、有序回归(Ordinal regression)和 Cox 回归(Cox Regression)]。

(22)模拟(Simulation):用现有模型文件或手动输入方程创建应用于统计模型的数据。

(23)质量控制(Quality Control):控制图(Control Chart)[平均值、极差、标准差控制图(X-Bar, R, s Control Chart)],单值、移动极差控制图(Individuals, Moving Control Chart),不合格品率、不合格品数控制图(p, np Control Chart)和缺陷数、单位缺陷数控制图(c, u Control Chart),帕累托图(Pareto Chart)[简单帕累托图(Simple Pareto Chart)和堆积帕累托图(Stacked Pareto Chart)]。

(24)ROC 曲线(ROC Curve)。

1.5 直销分析

SPSS 提供 8 个直销分析(Direct Marketing)程序:交易数据 RFM 分析(RFM Analysis from Transaction Data)、客户数据 RFM 分析(RFM Scores from Customer Data)、聚类分析(Cluster Analysis)、潜在客户概要文件(Prospect Profiles)、邮政编码响应率(Postal Code Response Rate)、购买倾向分析(Propensity to Purchase)、控制包装检验(Control Package Test)及评分向导(Scoring Wizard)。

1.6 绘图

绘图(Graphs)模块能简明生动、形象直观地表达统计资料。SPSS 的绘图功能非常强大,在统计分析过程中可选择多种图形,也可直接由绘图菜单产生,并加以修饰、编辑。

1)图表构建器(Chart Builder):条形图(Bar)、折线图(Line)、面积图(Area)、饼图/极坐标图(Pie/Polar)、散点图/点图(Scatter/Dot)、直方图(Histogram)、高低图(High-Low)、箱图(Boxplot)和双轴图(Dual Axes)等。

2)图形画板模板选择程序(Graphboard Template Chooser):表面(Surface)图、饼图(Pie)、参考地图上的箭头(Arrows on a Reference Map)、参考地图上的坐标(Coordinates on a Reference Map)、带有正态分布的直方图(Histogram with Normal Distribution)、带状图(Ribbon)、地图上的饼图(Pie on a Map)、地图上的计数饼图(Pie of Counts on a Map)、地图上的计数条形图(Bar of Counts on a Map)、地图上的条形图(Bar on a Map)、地图上的线图(Line Chart on a Map)、点图(Dot Plot)、点状重叠地图(Point Overlay Map)、多边形重叠地图(Polygon Overlay Map)、二维点图(2-D Dot Plot)、和分区图(Choropleth of Sums)、和分区图上的坐标(Coordinates on a Choropleth of Sums)、计数饼图(Pie of Counts)、计数的分区图(Choropleth of Counts)、计数分区图上的坐标(Coordinates on a Choropleth of Counts)、计数条形图(Bar of Counts)、聚类箱图(Clustered Boxplot)、平均值分区图(Choropleth of Mens)、平均值分区图上的坐标(Coordinates Choropleth of Mens)、分箱化散点图(Binned Scatterplot)、六边形分箱化散点图(Hex Binned Scatterplot)、路径(Path)图、面积图(Area)、平行(Parallel)图、气泡图(Bubble Plot)、热图(Heat Map)、三维饼图(3-D Pie)、三维密度(3-D Density)图、三维面积图(3-D Area Chart)、三维散点图(3-D Scatterplot)、三维条形图(3-D Bar)、三维直方图(3-D Histogram)、散点图(Scatterplot)、散点图矩阵(SPLOM)(Scatterplot Matrix)、条形图(Bar)、线图(Line)、线形重叠地图(Line Overlay Map)、箱图(Boxplot)、直方图(Histogram)、值分区图(Choropleth of Values)、值分区图上的坐标(Coordinates on a Choropleth of Values)、中位数分区图(Choropleth of Medians)及中位数分区图上的坐标(Coordinates on a Choropleth of Medians)。

3)比较子组(Compare Subgroups)。

4)回归变量图(Regression Variable Plots)。

5)旧对话框(Legacy Dialogs):此菜单栏兼容 SPSS 17.0 及以前版本的对话框。

(1)条形图(Bar Chart):简单条形图(Simple Bar Chart)、复式条形图(Clustered Bar Chart)和堆积条形图(Stacked Bar Chart)。

(2)三维条形图(3-D Bar Charts)。

(3)线图(Line Chart):简单线图(Simple Line Chart)、多线图(Multiple Line Chart)和下降线图(Drop-line Line Chart)。

(4)面积(区域)图(Area):简单面积图(Simple Area Chart)和堆积面积图(Stacked Area Chart)。

(5)饼图(Pie Chart)。

(6)高低图(High-Low Chart):简单高低收盘图(Simple high-low-close Chart)、复式高低收盘图(Clustered high-low-close Chart)、差别面积图(Difference Area Chart)、简单极差图(Simple range bar Chart)和复式极差图(Clustered range bar Chart)。

(7)箱图(Boxplot):简单箱图(Simple Boxplot)和复式箱图(Clustered Boxplot)。

(8)误差条图(Error Bar):简单误差条图(Simple Error Bar)和复式误差条图(Clustered Error Bar)。

(9)人口金字塔(Population Pyramids)图。

(10)散点图/点图(Scatterplot):简单散点图(Simple Scatterplot)、重叠散点图(Overlay Scatterplot)、散点图矩阵(Scatterplot Matrix)、简单点图(Simple Dot)和三维散点图(3-D Scatterplot)。

(11)直方图(Histogram)。

总之,SPSS 22.0 比以往版本具有更丰富的统计和绘图功能,可读性更强,易学易用。

练习题

(请访问 www.hxedu.com.cn 下载。)

第 2 章　SPSS 入门

2.1　SPSS 的启动与退出

2.1.1　SPSS 的启动

SPSS 安装完毕后，会在 Windows 的程序菜单中添加相应的菜单项。以 SPSS 22.0 为例，启动计算机进入 Windows 后，单击【开始】→【所有程序】→【IBM SPSS Statistics】→【IBM SPSS Statistics】，即可启动 SPSS，并出现 IBM SPSS Statistics 22 的欢迎对话框，见图 2-1。

☆【新建文件(New Files)】列表：可选择【新数据集(New Dataset)】打开空白数据编辑器(Data Editor)或【新建数据库查询(New Database Query)】打开数据库向导(Database Wizard)对话框。

☆【最近的文件(Recent Files)】：显示最近使用过的文件，选择其中一个可在数据编辑器(Data Editor)打开该文件。

☆【新增功能(What's New)】：单击◀或▶按钮可按向前或向后顺序浏览 SPSS 22.0 的新功能介绍。

☆【模块和可编程性(Modules and Programmability)】：【显示(Show)】列表包括【已安装(Installed)】、【未安装(Not Install)】和【全部(All)】SPSS 模块，选择其中一项可在默认浏览器中打开相应的帮助文件。

☆【教程(Tutorials)】：显示各种教程的标题，选择其中一项可在默认浏览器中打开相应的教程。

☆【以后不再显示此对话框(Don't show this dialog in the future)】：如果选择该项，在下次启动 SPSS 时，将不再显示该对话框，直接进入数据编辑器。

2.1.2　SPSS 的退出

SPSS 的退出操作与其他运行在 Windows 软件一样，可单击数据编辑器右上角的✕按钮退出 SPSS，也可在数据编辑器状态下单击【文件(File)】→【退出(Exit)】，即可退出 SPSS。

2.2　SPSS 界面简介

2.2.1　SPSS 中文版界面设置

SPSS 17.0 之后的版本提供了多种语言的界面，读者可以选择不同语言的用户界面和输出结果，包括英语(English)、法语(French)、德语(German)、意大利语(Italian)、日语(Japanese)、朝鲜语(Korean)、波兰语(Polish)、俄语(Russian)、简体中文【Chinese(Simplified)】、西班牙语(Spanish)、繁体中文【Chinese(Traditional)】、葡萄牙语(巴西)【Portuguese(Brazilian)】共 12 种不同语言(或内码)。下面简单介绍从默认英语界面转换为简体中文界面的方法。

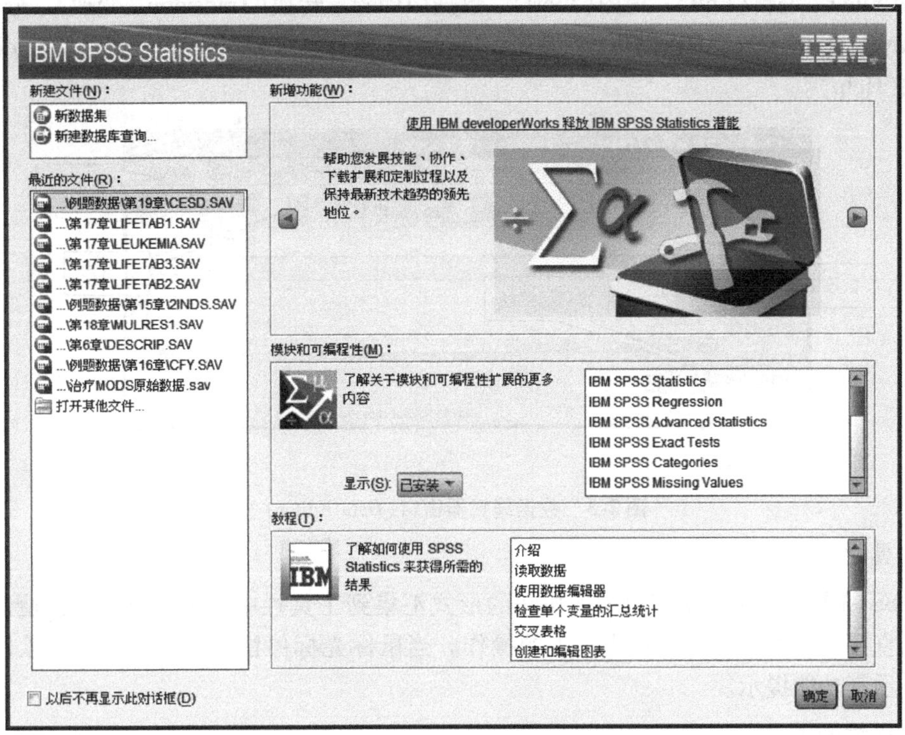

图 2-1　IBM SPSS Statistics 22 的欢迎对话框

1)单击【Edit(编辑)】→【Options(选项)】，打开 Options(选项)主对话框。

2)初始界面为【General(常规)】选项卡，单击【Language(语言)】切换至【Language(语言)】选项卡，见图 2-2。【Output(输出)】和【User Interface(用户界面)】下拉菜单均选择【Chinese(Simplified)(简体中文)】，单击【Apply(应用)】或【OK】按钮后，SPSS 的用户界面及输出结果均切换至简体中文状态。对于中国内地的读者，可使用不同语言组合，即【Output(输出)】和【User Interface(用户界面)】分别是均为【English(英语)】、【English(英语)】和【Chinese(Simplified)(简体中文)】、【Chinese(Simplified)(简体中文)】和【English(英语)】或均为【Chinese(Simplified)(简体中文)】。由于本书全部采用中英文对照，对于所有界面及输出结果的英文专业名词均附有标准的中文专业名词对照，因此用户无论选择上述何种组合，都不会影响本书的阅读和软件的使用。

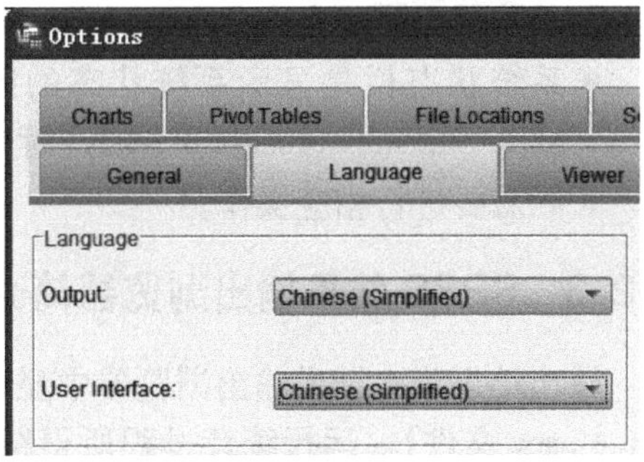

图 2-2　Language(语言)选项卡

2.2.2　数据编辑器界面简介

数据编辑器(Data Editor)窗口由菜单栏、工具栏、数据编辑区、窗口标签栏以及系统状态栏组成，见图 2-3。

1. 菜单栏

- 列出了 SPSS 常用的数据编辑、数据整理及数据分析的各种菜单，共有 11 个主菜单：文件(File)、编辑(Edit)、视图(View)、数据(Data)、转换(Transform, 变换)、分析(Analyze)、直销(Direct Marketing)、图形(Graphs)、实用程序(Utilities)、窗口(Window)和帮助(Help)。

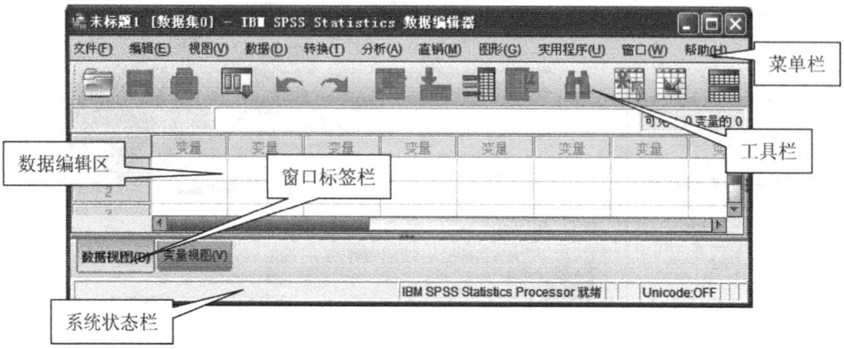

图 2-3 数据编辑器窗口(Data Editor)

2. 工具栏

- SPSS 将各种常用的功能以图形按钮的形式汇集到工具栏中，使操作更加快捷。读者可以直接单击相应的按钮完成有关的操作。当鼠标光标停留在某个按钮时，软件会自动显示其功能提示。

3. 数据编辑区

- 数据编辑区是显示、管理和编辑数据内容的主窗口。利用这一编辑区可以将调查问卷或实验研究的数据录入到计算机，并建立 SPSS 数据文件。详细操作方法参见第 2.3.3 节。

4. 系统状态栏

- 系统状态栏是显示系统状态的区域。当出现 IBM SPSS Statistics Processor 就绪(IBM SPSS Statistics Process is ready)时，表明软件启动成功，运行状态正常。读者可以根据实际需要进行相应操作。

2.2.3 SPSS 结果输出浏览器简介

输出结果都在结果输出浏览器中显示，结果输出浏览器可以同时创建或打开多个输出文件(*.spv 文件)。运行统计过程所得结果将在浏览器中显示。输出结果包括统计表、图表、图形或文本。读者也可以通过主菜单中的 Window 菜单实现对各个结果输出浏览器窗口的切换，将统计分析结果保存到不同输出文件中。

当读者对数据编辑器的数据进行数据变换、数据分析等操作时，结果输出浏览器生成两类相关的输出信息：统计分析的结果和操作过程的 Syntax 程序语句。如果运行正常，则显示包括各种统计表、统计图等分析结果；如果运行不正常，就会在浏览器中显示系统给出的错误信息。

打开已经保存的输出结果：在 SPSS 启动后，依次单击【文件(File)】→【打开(Open)】→【输出(Output)】，打开输出(Open Output)对话框。选择已保存的输出结果文件，单击【打开(Open)】按钮，就会将所需结果显示在结果输出浏览器内。如果需要新建一个输出结果，单击【文件(File)】→【新建(New)】→【输出(Output)】，可打开空白的结果输出浏览器。

1. 菜单栏

SPSS 结果输出浏览器的窗口(见图 2-4)共有 13 个主菜单，其中 7 个主菜单：转换(Transform，变换）、分析（Analyze）、直销（Direct Marketing）、图形（Graphs）、实用程序（Utilities）、窗口（Window）及帮助（Help）与数据编辑器菜单的功能完全相同；另有4个主菜单：文件（File）、编辑（Edit）、视图（View）、数据（Data）的功能与数据编辑器相比略有增减，在此不再赘述；还有2个主菜单是结果输出浏览器所独有的，分别是插入（Insert）和格式（Format）。

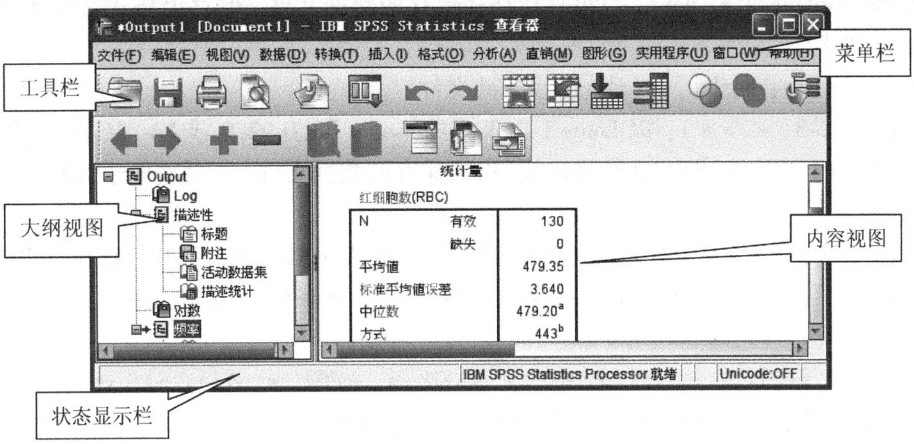

图2-4 结果输出浏览器

2. 工具栏

工具栏有上下两行按钮，第1行为输出信息操作功能的图表按钮，第2行为大纲视图的功能按钮。

3. 输出结果视图

输出结果视图分为两部分：左侧为大纲视图（Outline view），右侧为内容视图。大纲视图以树形结构显示输出结果的目录；内容视图则是操作过程和分析结果的详细报告，其中操作过程是用Syntax程序语句给出的。读者可用鼠标、键盘以及编辑菜单的各项功能编辑输出结果。两个视图既可以各自独立地进行屏幕滚动，也可以通过红色箭头将内容与目录一一对应，进行各种编辑管理操作。

4. 状态显示栏

状态显示栏包括三部分。最左侧为信息区，显示快捷按钮的功能解释及对结果的操作指导（如修改标题的操作指导）；中间为状态区，显示当前SPSS的运行状态是否正常；最右侧为输出内容信息区，主要显示输出结果的高度及宽度信息。当鼠标选中某个输出结果后，则会在右侧显示该结果所占的高度及宽度。

2.3 打开数据与录入数据

2.3.1 数据文件的导入与输出

SPSS具有强大的数据格式转换能力，为读者带来极大的方便。它可读取（访问）12种不同格式的（外部）数据文件，另存为（输出）33种不同格式的数据文件。

1. SPSS可访问的外部数据文件格式

1）SPSS Statistics（*.sav）：以SPSS格式以及DOS SPSS/PC+格式保存的数据文件。

2)SPSS Statistics 压缩文件(SPSS Statistics Compressed)(＊.zsav)：以 SPSS 压缩格式保存的数据文件。

3)SPSS/PC +(＊.sys)：SPSS/PC + 数据文件，此选项只能在 Windows 操作系统中使用。

4)SYSTAT(＊.syd，＊.sys)：SYSTAT 的.syd、.sys 数据文件。

5)便携(Portable)(＊.por)：以可移植格式保存的数据文件，保存该格式文件的耗时要比 SPSS 格式长得多。

6)Excel(＊.xls，＊xlsx，＊.xlsm)：Excel 文件。

7)Lotus 1-2-3(＊.w＊)：以 Lotus 1-2-3 格式(Lotus R3.0、2.0 或 1A)保存的数据文件。

8)SYLK(＊.slk)：以 SYLK(符号链接)格式保存的数据文件，为某些电子表格应用程序使用的格式。

9)dBASE(＊.dbf)：dBASE 格式文件(dBASE IV、dBASE III、dBASE III PLUS 或 dBASE II)。每个个案均为一条记录。用这种格式保存文件时，变量和值标签以及缺失值的设定将会丢失。

10)SAS(＊.sas7bdat，＊.sd7，＊.sd2，＊.ssd01，＊.ssd04，＊.xpt)：SAS v6-9 和 SAS 传输文件。可使用命令语法从 SAS 格式目录文件中读取值标签。

11)Stata(＊.dta)：Stata v4 – 8。

12)文本格式(＊.txt，＊.dat，＊.csv，＊.tab)：以记事本格式保存的数据文件。

2. SPSS 可储存的数据文件格式

1)SPSS Statistics(＊.sav)，SPSS Statistics 格式：SPSS 7.5 之前的版本无法读取以 SPSS Statistics 格式保存的数据文件。SPSS 16.0 之前的版本无法读取以 Unicode 编码格式保存的数据文件。在 SPSS 10.x 或 11.x 中使用变量名超过 8B 的数据文件时，将使用变量名唯一的 8B 版本，在 SPSS 12.0 或更高版本中将保留原变量名。在 SPSS 10.0 之前的版本中，保存数据文件时原来的长变量名会丢失。在 SPSS 13.0 之前的版本使用串变量超过 255B 的数据文件时，会将这些串变量分解为多个长度为 255B 的串变量。

2)SPSS Statistics 压缩文件(SPSS Statistics Compressed)(＊.zsav)，压缩的 SPSS Statistics 格式：ZSAV 文件和 SAV 文件的特征相同，但占用磁盘空间较少。只有 SPSS 21.0 或之后的版本可以打开.zsav 文件。

3)7.0 版(＊.sav)，7.0 版格式：SPSS 7.0 或之前的 Windows 版本可读取以 7.0 版格式保存的数据文件，但是不包括已定义的多响应集或 Data Entry for Windows 信息。

4)SPSS/PC +(＊.sys)，SPSS/PC + 格式的数据文件：如果数据文件包含的变量超过 500 个，将仅保存前 500 个。对于具有多个用户缺失值的变量，将把其他的用户缺失值记录到第 1 个用户缺失值中，此格式只在 Windows 中使用。

5)便携(Portable)(＊.por)，可移植格式：SPSS 的其他版本以及其他操作系统上的 SPSS 均可读取此格式。变量名限制为 8B，必要时自动转换成唯一的 8B 名称。大多数情况下不再需要以便携格式保存数据，因为 SPSS 数据文件独立于平台/操作系统。读者无法在 Unicode 模式中以可移植文件来保存数据文件。

6)以制表符分隔格式(Tab-delimited)(＊.dat)，用制表符分隔的文本文件：在字符串中的 Tab 字符将会保留在制表符分隔文件中，该格式将不区分原 Tab 字符和分隔的 Tab 字符。可使用 Unicode 编码(Unicode encoding)或本地代码页编码(local code page encoding)保存文件。

7)以逗号分隔(Comma-delimited)(*.csv),用逗号或分号分隔的文本文件:如果当前SPSS小数指示符为句点,则用逗号分隔各值;如果当前小数指示符为逗号,则用分号分隔,可使用Unicode编码或本地代码页编码保存文件。

8)固定ASCII格式(Fixed ASCII)(*.dat),固定格式的文本文件:对所有变量使用默认写入格式,在变量字段之间没有Tab或空格,可使用Unicode编码或本地代码页编码保存文件。

9)Excel 2.1(*.xls),Microsoft Excel 2.1电子表格文件:最大变量数为256,最大行数为16 384。

10)Excel 97~2003(*.xls),Microsoft Excel 97工作表:最大变量数为256,删除超过256的变量。如果数据集包含65 356及以上个个案,则在工作表中创建多页。

11)Excel 2007~2010(*.xlsx),Microsoft Excel 2007的xlsx格式工作表:最大变量数为16 000;删除超过16 000的变量。如果数据集包含10^6及以上个个案,则在工作表中创建多页。

12)1-2-3 R3.0(*.wk3),Lotus 1-2-3 V3.0电子表格文件:最大变量数为256。

13)1-2-3 R2.0(*.wk1),Lotus 1-2-3 V2.0电子表格文件:最大变量数为256。

14)1-2-3 R1.0(*.wks),Lotus 1-2-3 V1A电子表格文件:最大变量数为256。

15)SYLK(*.slk),Microsoft Excel和Multiplan电子表格文件的符号链接格式:最大变量数为256。

16)dBASE Ⅳ(*.dbf),dBASE Ⅳ格式。

17)dBASE Ⅲ(*.dbf),dBASE Ⅲ格式。

18)dBASE Ⅱ(*.dbf),dBASE Ⅱ格式。

19)SAS v6 Windows版(*.sd2),SAS V6 for Windows/OS2文件格式。

20)SAS v6 UNIX版(*.ssd01),SAS V6 for UNIX(Sun、HP、IBM)文件格式。

21)SAS v6 Alpha/OSF版(*.ssd04),Alpha/OSF(DEC UNIX)下SAS V6文件格式。

22)SAS v7+Windows短扩展名(SAS v7-8 Windows Short Extension)(*.sd7),SAS V7-8 for Windows短文件名格式。

23)SAS v7+Windows长扩展名(SAS v7-8 Windows Long Extension)(*.sas7bdat),SAS V7-8 for Windows长文件名格式。

24)SAS v7-8 UNIX版(*.sas7bdat),SAS v8 for UNIX文件格式。

25)SAS v9+ Windows(*.sas7bdat),SAS v9 Windows:可以Unicode(UTF-8)或本地代码页编码保存。

26)SAS v9+ UNIX(*.sas7bdat),SAS v9 for UNIX:可以Unicode(UTF-8)或本地代码页编码保存。

27)SAS传输格式(SAS Transport)(*.xpt),SAS传输格式文件。

28)Stata 4~5版(*.dta)。

29)Stata 6版(*.dta)。

30)Stata 7版(Intercooled版)(*.dta)。

31)Stata 7版(SE版)(*.dta)。

32)Stata V8 Intercooled(*.dta)。

33)Stata V8 SE(*.dta)。

2.3.2 SPSS 基本操作与文件类型

SPSS 的对话框中，一般有下面几个基本操作按钮。

☆【确定(OK)】: 执行已选择的变量与程序。

☆【继续(Continue)】: 继续进行下一步或返回到主对话框。

☆【粘贴(Paste)】: 将语法粘贴到程序窗口中。

☆【重置(Reset)】: 重新设置变量或程序。

☆【取消(Cancel)】: 取消任何变动。

☆【帮助(Help)】: 打开 Microsoft Help，联机帮助，可寻找附加说明。

SPSS 的文件有 4 种。

☆ 数据文件(*.sav): 其数据文件内容可在数据编辑器中显示。

☆ 结果文件(*.spo): SPSS 统计分析或作图结果，均以.spo 为扩展名储存。

☆ 语法文件(*.sps)，选择对话框的选项后，SPSS 将自动生成语法命令程序，单击【粘贴(Paste)】按钮，可查看其语法命令程序，执行【运行(Run)】便可得到运行结果或将视窗的语法命令程序以.sps 为扩展名储存。SPSS 语法文件还可以是加密语法格式 *.spsx。

☆ 脚本文件(*.sbs): 脚本文件可让用户调入 SPSS 的输出结果和运行一系列的自动化任务，包括 SPSS 程序的各种图形界面。

Syntax 文件(*.sps)和 Script 文件(*.sbs)并不完全相同。Syntax 文件内含命令代码，可运行统计模块和数据变换功能，而 Scripts 文件则允许调入输出结果(output)和其他自动化任务，如所执行的菜单和对话框的图形界面。Scripts 文件中还可编写命令代码，在程序的后台直接运行统计运算和数据变换。

读者可将 Scripts 和 Syntax 文件灵活运用，可在语法命令中调入 Script 文件，也可在 Script 文件中加入语法命令。

2.3.3 数据录入示例

利用 SPSS 对数据进行分析，首先要建立数据文件，下面用一个实例介绍建立数据文件和录入数据的方法，并保存为 02-1.sav。

【例 2-1】 现有 15 例妇女的体检资料，见表 2-1，试建立 1 个文件名为 02-1.sav 的数据文件。

表 2-1 某地 15 例妇女的体检资料

编号	姓名	文化程度	出生日期	体检日期	身高(cm)	体重(kg)	疾病名称
1	李丽珍	高中	1966 年 12 月 8 日	2004 年 8 月 10 日	158	55	未患病
2	蔡晓琴	大学	1972 年 2 月 18 日	2004 年 8 月 10 日	156	46	宫颈糜烂
3	洪冰冰	大学	1976 年 11 月 23 日	2004 年 8 月 10 日	161	50	未患病
⋮	⋮	⋮	⋮	⋮	⋮	⋮	⋮
13	向素兰	硕士	1975 年 3 月 11 日	2004 年 8 月 13 日	155	52	未患病
14	谢圣英	大学	1977 年 10 月 1 日	2004 年 8 月 14 日	153	50	卵巢肿瘤
15	伍媚	初中	1956 年 7 月 18 日	2004 年 8 月 14 日	164	50	宫颈糜烂

1)变量特征分析，本例的变量(Variables)特征如下。

名称 (Name)	类型 (Type)	宽度 (Width)	小数 (Decimals)	标签 (Label)	说　明
编　号	数值(N)	2	0	花城机械厂体检	即顺序号
姓　名	字符串	8	0		最多输入 8 个 ASCII 字符或 4 个汉字
文化程度	数值(N)	4	0		代码：1-小学，2-初中，3-高中，4-大学，5-硕士，6-博士，9-不详(缺失)
出生日期	日期	10	0		mm/dd/yyyy，即月月/日日/年年年年形式
体检日期	日期	10	0	2004 年妇女病普查	同上
身高	数值(N)	5	2	单位：cm(厘米)	
体重	数值(N)	4	2	单位：kg(千克)	
疾病名称	数值(N)	4	0		代码：0-未患病，1-滴虫性阴道炎，2-宫颈糜烂，3-淋病，4-尖锐湿疣，5-艾滋病－HIV 感染，6-宫颈癌，7-子宫脱垂，8-子宫肌瘤，9-卵巢肿瘤

2)启动 SPSS。选择【新建文件(New Files)】中的【新数据集(New Dataset)】，可打开 SPSS 数据编辑器(Data Editor)，参见图 2-3。

3)定义数据文件的格式，单击【变量视图(Variable View)】标签，切换到变量视图(Variable View)界面，见图 2-5。

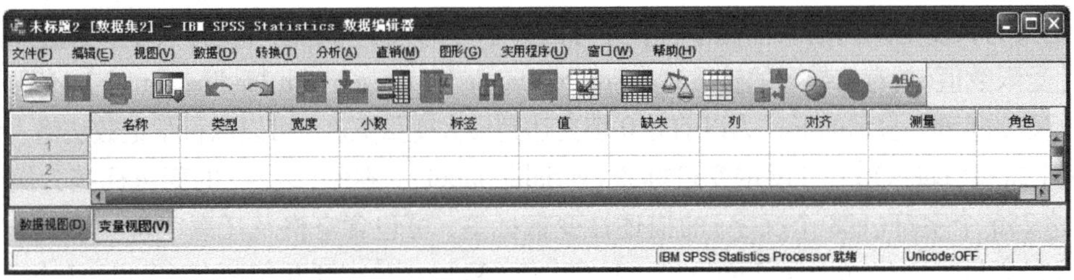

图 2-5　变量视图(Variable View)界面

(1)【名称(Name)】：即变量名(variable name)，应符合如下规则。

☆ 每个变量名必须是唯一的，不允许重复，最多可包含 64B。

☆ 首字符必须是字母或字符@、#、$ 中的一个，后续字符可以是字母、数字、非标点字符和句点(.)的任意组合，但不能有空格。

☆ 变量名开头为#时，可将变量定义为临时变量(scratch variable)，临时变量只能使用命令语法创建；开头为 $ 表示变量为系统变量，不能作为用户定义的变量。

☆ 在变量名中可使用句点、下画线和字符 $、#、@。例如，A._$@#1 是有效的变量名，但由于句点可作为命令终止符，因此应避免使用句点结束变量名。

☆ 避免使用下画线结束变量名，以免与命令和过程自动创建的变量名冲突。

☆ 不能使用保留关键词(keyword)作变量名，如 ALL、AND、BY、EQ、GE、GT、LE、LT、NE、NOT、OR、TO 和 WITH。

☆ 可以用任意混合的大小写字符来定义变量名，大小写只用于显示的目的。

☆ 当长变量名需要在结果中换行为多行时，会在下画线、句点和内容从小写变为大写的位置进行换行。

(2)【类型(Type)】：单击【类型(Type)】，打开变量类型(Variable Type)对话框，见图 2-6。新变量默认为数值变量。

☆【数值(Numeric)】: 以标准的数值格式显示的数值变量。

☆【逗号(Comma)】: 每 3 位用逗号分隔变量值, 并以句点作为小数分隔符(decimal delimiter)的数值变量。

☆【点(Dot)】: 每 3 位用句点分隔的变量值, 并以逗号作为小数分隔符的数值变量。

☆【科学记数法(Scientific notation)】: 嵌入 E 及带符号的 10 的指数形式显示的数值变量。符号可以是 E 或 D, 也可仅显示指数, 如 123、1.23E2、1.23D2、1.23E +2 或 1.23 +2。

☆【日期(Date)】: 可显示多种日历-日期或时钟-时间格式的数值变量。输入日期时可用斜杠(/)、连字符(-)、句点(.)、逗号(,)或空格作为分隔符, 通过单击【编辑(Edit)】→【选项(Options)】→【数据(Data)】选项卡, 可设定两位数年份的世纪范围。

☆【美元(Dollar)】: 可显示带有前导美元符号 $ 的数值变量, 每 3 位用逗号分隔, 并用句点作为小数分隔符, 可使用标准的数字类型或带逗号、句点为小数点的数值, 输入的数据值可带有或不带有前导美元符号。

☆【定制货币(Custom currency)】: 可显示自定义货币格式的数值变量。可在选项(Options)对话框中的【货币(Currency)】标签中对其进行自定义。被定义的货币特征将在数据编辑器中显示。

☆【字符串(String)】: 串变量(string variable)的值不是数值, 因此不能用于数值计算。可在定义的长度范围内输入任意字符, 并可区分字母的大小写, 也可支持文字、数值混排。

☆【受限数值(具有前导零的整数)(Restricted numeric(integer with leading zeros)】: 值限于非负整数的变量, 显示的形式为以前导 0 填充达到最大变量宽度, 可以以科学记数法输入值。

(3)【标签(Label)】: 可设定变量标签(variable label), 本例(编号)的变量标签为编号。可支持长达 256 个字符(128 个汉字)的描述性变量标签, 可包含空格及任意字符。

(4)在变量视图(Variable View)中, 单击【值(Values)】, 打开值标签(Value Labels)对话框, 见图 2-7。

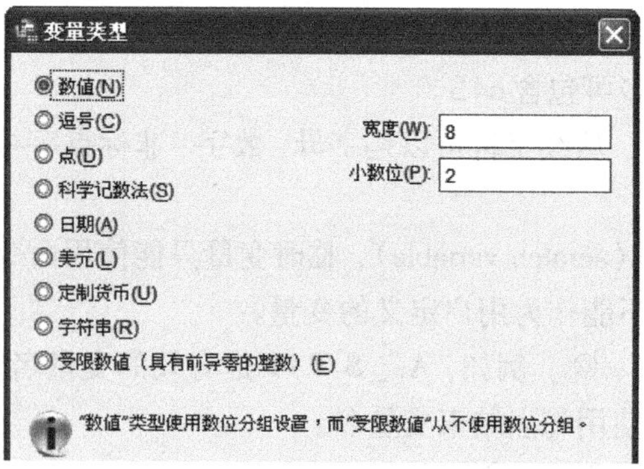

图 2-6　变量类型(Variable Type)对话框

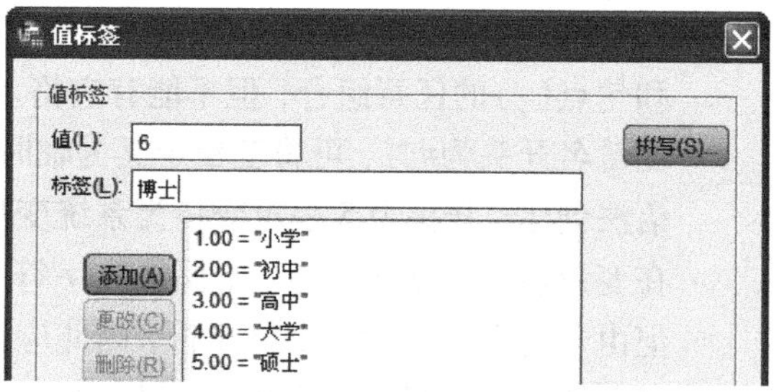

图 2-7　值标签(Value Labels)对话框

设定变量[文化程度]的值标签。可设定每个变量值(Value)的标签(Labels), 使用代码描述非数字类型的数据(如代码 1 表示男性, 2 表示女性)。值标签将与数据文件一同保存, 再次打开数据文件时不需要重新定义, 值标签支持最长 60 个字符。长串变量(长度超过 8 个字符的串变量)不能设定值标签。

(5)缺失值(Missing)的设定: 在变量视图(Variable View)中, 单击【缺失(Missing)】, 打开缺失值(Missing Values)对话框, 见图 2-8。

定义缺失值的方法有3种。

☆【没有缺失值(No missing values)】：为默认选项。

☆【离散缺失值(Discrete missing values)】：最多可定义3种类型缺失值。

☆【范围加上一个可选离散缺失值(Range plus one optional discrete missing value)】。

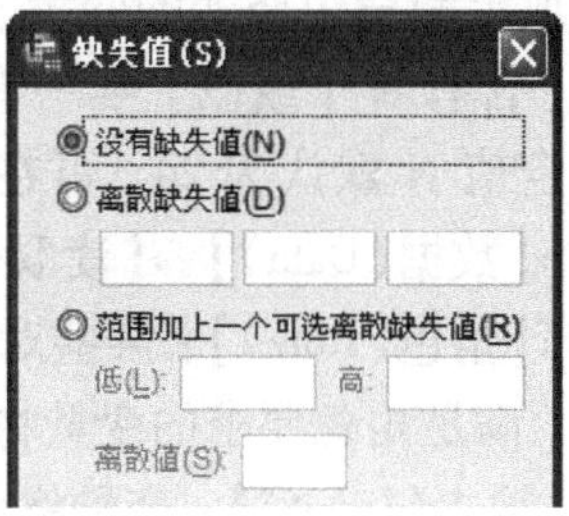

图2-8　缺失值(Missing Values)对话框

(6)【列(Columns)】：可用数字指定变量列的宽度，也可在数据视图中单击和拖曳列的宽度进行修改。列宽仅影响数据编辑器的显示，并不会改变变量的宽度。如果列宽小于变量的宽度，在数据视图中将显示星号(*)。

(7)【对齐(Align)】：可选择左(Left)、居中(Center)、右(Right)。

(8)【测量(Measure)】：包括度量(Scale，尺度)、有序(Ordinal)、名义(Nominal)3种测量。默认变量测量为度量(Scale，尺度)。有序测量或名义测量可为串变量、数值变量或字符数字混合型(以下简称混合型)变量。SPSS常见数据测量水平(level of measurement)的图标见表2-2。

表2-2　数据测量水平图标

测量水平	数值(N)	字符串(S)	日　期	时　间
尺度(连续)		无	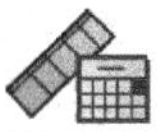	
有序				
名义				

自定义报表程序和图表程序可识别为尺度或分类变量，名义测量和有序测量均可视为分类变量。可选择下列3种测量水平的任何一种。

☆ 度量(Scale，尺度)：为定距或定比的数值变量，当变量值表示有意义的有序分类时，该变量可以看作尺度(连续)变量，以便在值之间进行合适的距离比较，如年龄、收入、身高、体重等。

☆ 有序(Ordinal)：为包含一定次序的描述性分类变量(如低、中、高，非常同意、同意、不同意、非常不同意)，有序变量可为字符串(混合型)或数值，并进行明确的分类(如1=低，2=中，3=高)。

注：对于串变量的有序测量，首字母排列的次序往往不能真正反映实际的等级分类。如一个赋值为低(low)、中(medium)、高(high)的串变量，通过首字母排序进行分类后的次序将会是高(high)、低(low)、中(medium)，这并非正确的次序，一般情况下建议使用数字代码表示有序测量的数据。

☆ 名义(Nominal)：为无序分类变量，如工作分类或公司种类。名义变量可为字符串(混合型)或有明确注解的数值(如1=男，2=女)变量。

SPSS 22.0在读取SPSS 8.0或之前版本的数据文件时，将根据如下规则将变量转换成相应的测量：①串变量、所有值均为缺失值的变量，少于N个唯一有效值的变量默认为名义测量；

②美元或定制货币格式的变量、日期或时间（不包括月份和星期）变量、包含负值或非整数值的变量、含有 N 个或以上唯一有效值的变量、不包含小于 10 的有效值的变量默认为尺度测量。特定值 N 默认为 24，可在选项中对特定值进行修改（单击【编辑（Edit）】→【选项（Option）】→【数据（Data）】→【读取外部数据（Reading External Data）】）。

（9）【角色（Role）】：某些对话框支持以预定义角色作为预先选择的分析变量。当打开对话框时，满足角色要求的变量将自动显示在目标列表中。

☆【输入（Input）】：变量将作为输入（如预测变量、自变量）。

☆【目标（Target）】：变量将作为输出或目标（如因变量）。

☆【两者（Both）】：变量将同时作为输入和输出。

☆【无（None）】：变量没有角色分配。

☆【分区（Partition）】：变量将把数据划分为单独的训练、检验和验证样本。

☆【拆分（Split）】：仅便于和 IBM SPSS Modeler 相互兼容。在 SPSS Statistics 中，具有此角色的变量不会用作拆分文件变量。

默认情况下，所有变量分配输入角色，包括外部文件格式的数据和 SPSS 18.0 之前版本的数据文件。角色分配只影响支持角色分配的对话框，对命令语法没有影响。

4）同理，可对变量[编号]、[姓名]、[文化程度]、[出生日期]、[体检日期]、[身高]、[体重]与[疾病名称]的变量特征进行定义，见图 2-9。

	名称	类型	宽度	小数	标签	值	缺失	列	对齐
1	编号	数值(N)	2	0	花城机械厂	无	无	5	右
2	姓名	字符串	8	0		无	无	8	左
3	文化程度	数值(N)	4	0		{1, 小学}...	9	8	右
4	出生日期	日期	10	0		无	无	10	右
5	体检日期	日期	10	0	2004年妇女病...	无	无	10	右
6	身高	数值(N)	5	2		无	无	8	右
7	体重	数值(N)	4	2		无	无	6	右
8	疾病名称	数值(N)	4	0		{0, 未患病}...	无	8	右

图 2-9　变量的格式

5）在变量视图（Variable View）的下方，单击【数据视图（Data View）】标签，依次输入数据，完成数据录入后，见图 2-10。

	编号	姓名	文化程度	出生日期	体检日期	身高	体重	疾病名称
1	1	李丽珍	3	12/08/1966	08/10/2004	158.00	55.00	0
2	2	蔡晓琴	4	02/18/1972	08/10/2004	156.00	46.00	2
3	3	洪冰冰	4	11/23/1976	08/10/2004	161.00	50.00	0
4	4	王清	3	05/06/1954	08/10/2004	157.00	56.00	8
5	5	郭逸华	3	09/28/1973	08/11/2004	165.00	51.00	0
6	6	赵海铃	3	03/30/1969	08/11/2004	158.00	53.00	0
7	7	欧阳俊丽	4	04/18/1977	08/11/2004	162.00	50.00	0
8	8	陈思妹	2	07/10/1962	08/12/2004	160.00	50.00	7
9	9	赵小英	4	06/16/1977	08/12/2004	155.00	45.00	1
10	10	谢玉蓉	4	08/23/1952	08/13/2004	159.00	56.00	0
11	11	曹玉辉	3	05/21/1973	08/13/2004	163.00	55.00	2
12	12	邱素苹	4	01/09/1979	08/13/2004	158.00	53.00	0

图 2-10　数据文件 02-1. sav

第3章　数据管理

数据管理功能包括定义变量属性(Define Variable Properties)，设置未知测量级别(Set Measurement Level for Unknown)，复制数据属性(Copy Data Properties)，新建定制属性(New Custom Attribute)，定义日期(Define Dates)，定义多响应集(Define Multiple Response Sets)，验证(Validation)[包括加载预定义规则(Load Predefined Rules)，定义规则(Define Rules)和验证数据(Validate Data)]，标识重复个案(Identify Duplicate Cases)，标识异常个案(Identify Unusual Cases)，比较数据集(Compare Datasets)，排序个案(Sort Cases)，排序变量(Sort Variables)，变换(Transpose)，合并文件(Merge Files)[包括添加个案(Add Cases)，添加变量(Add Variables)]，重组(Restructure)，搜索权重(Rake Weights)，倾向得分匹配(Propensity Score Matching)，个案控制匹配(Case Control Matching)，汇总数据(Aggregate Data)，拆分为文件(Split Into Files)，正交设计(Orthogonal Design)，复制数据集(Copy Dataset)，拆分文件(Split File)，选择个案(Select Cases)及加权个案(Weight Cases)等。

3.1　变量管理

3.1.1　插入变量

建立了新变量后，可在数据视图(Data View)或变量视图(Variable View)中插入新变量。

【例3-1】　在数据视图(Data View)中插入新变量。

1)打开数据文件02-1.sav。

2)将光标移动到变量“体检日期”的变量名前面的编号栏上，右击，在弹出菜单中选择【插入变量(Insert Variable)】。即可在当前光标所在的变量前插入一个变量名为“VAR00001”的新变量。双击该变量名，即可自动切换到变量视图(Variable View)中对该变量名进行编辑及定义其属性，见图3-1。

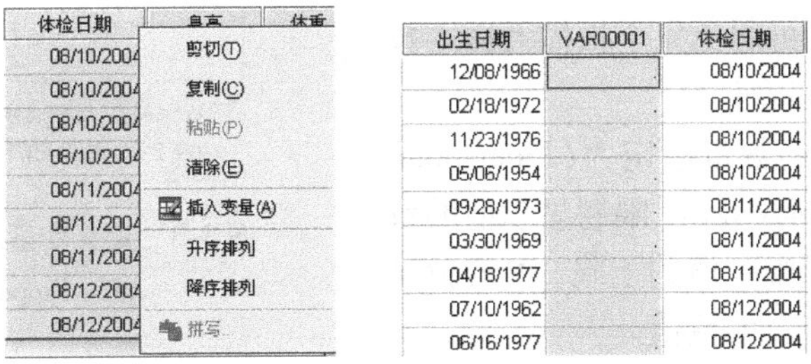

图3-1　插入变量

【例3-2】　在变量视图(Variable View)中插入新变量。

1)打开数据文件02-1.sav。

2)将光标移动到变量[体检日期]的变量名上，右击，在弹出菜单中选择【插入变量(Insert Variable)】即可。双击该变量名，可对该变量名进行编辑，并定义其属性，见图3-2。

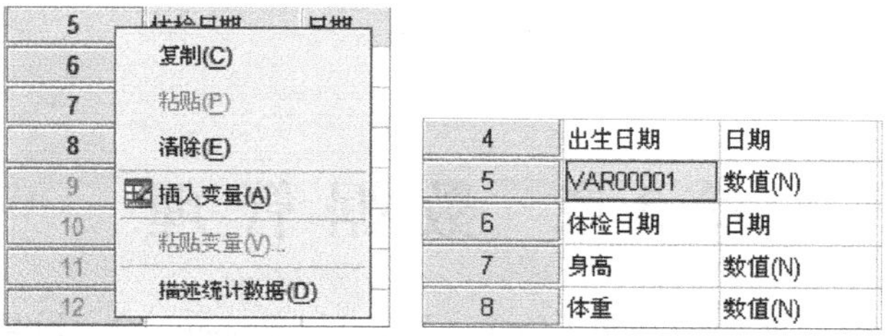

图 3-2　在变量视图(Variable View)中插入新变量

3.1.2　定义变量属性

定义变量属性(Define Variable Properties)可在建立变量(名义、有序、尺度)的描述性变量标签过程中提供帮助，可在对数据扫描后设定变量值标签及定义其属性。其主要功能包括扫描实际的数据值并列出每个被选变量所有的唯一值；识别无标签的数值并提供“自动标签”功能；从另一个变量复制值标签到被选变量或从被选变量复制值标签到其他变量。

注： 若想不首先扫描个案而直接使用定义变量属性(Define Variable Properties)工具，可选中【将要扫描的个案的数量限定为(Limit number of cases scanned to)】选项，并在文本框中输入“0”。

【例 3-3】　定义数据文件 02-1. sav 的变量属性。

1)打开数据文件 02-1. sav。

2)选择【数据(Data)】→【定义变量属性(Define Variable Properties)...】，打开定义变量属性(Define Variable Properties)主对话框，见图 3-3。

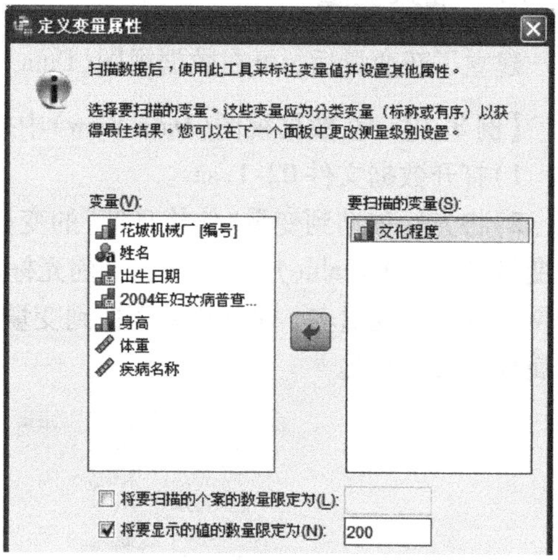

图 3-3　定义变量属性(Define Variable Properties)主对话框

☆【变量(Variables)】：显示数据文件中的所有变量。

☆【要扫描的变量(Variables to Scan)】：选择需要建立值标签或定义/改变属性的变量，如缺失值或描述性变量标签，本例为“文化程度”。

☆【将要扫描的个案的数量限定为(Limit number of cases scanned to，限制扫描的个案数)】：指定用于计算唯一值列表所需扫描的个案数，可避免完全扫描大样本数据而耗费大量的时间。

☆【将要显示的值的数量限定为(Limit number of values displayed to，限制显示值的数量)】：指定显示唯一值的上限，可避免显示太多的计量资料的数值。

注： 长串变量(长度超过 8 个字符的串变量)将不会在变量列表中显示。长串变量不能够定义值标签或缺失值种类。

3)单击【继续】按钮，打开定义变量属性(Define Variable Properties)对话框，见图 3-4。

(1)【已扫描的变量列表(Scanned Variable list)】：显示所有扫描变量，共 4 列，可单击列标题按相应的列进行排序。

☆【无标签(Unlabeled)】列：该列中的复选框若被选中，则表示该变量含有未设定值标签的值。
☆【测量(Measurement)】列：显示变量的测量水平。
☆【角色(Role)】列。
☆【变量(Variable)】列。

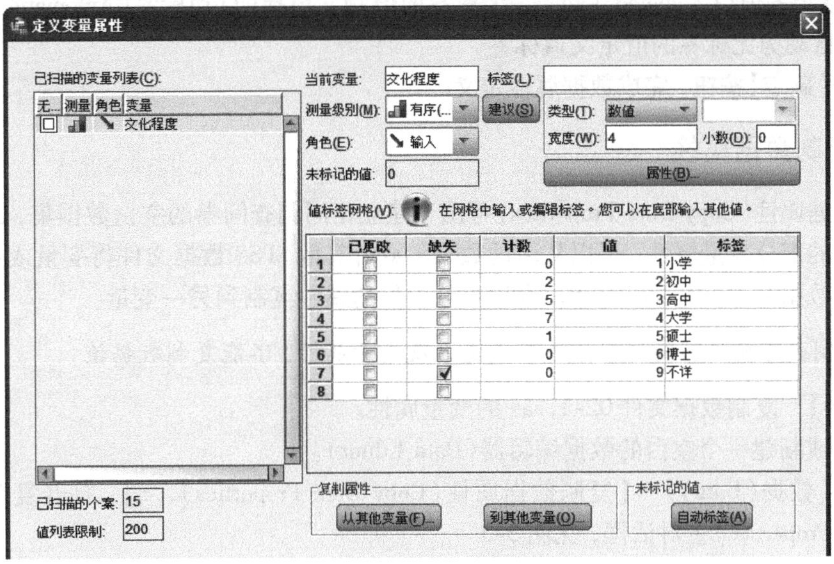

图3-4 定义变量属性(Define Variable Properties)对话框

(2)当前变量的属性显示所选变量的属性。
☆【当前变量(Current Variable)】：本例为“文化程度”。
☆【标签(Label)】。
☆【测量级别(Measurement Level，测量水平)】：可为【名义(Nominal)】、【有序(Ordinal)】或【度量(Scale，尺度)变量】。
☆【建议(Suggest)】按钮：单击此按钮打开【建议测量级别(Suggest Measurement Level)】对话框，系统可显示变量(Variable)的当前测量级别(Current Measurement Level，当前测量水平)并给出建议的级别(Suggested Level，建议水平)。
☆【类型(Type)】：可选择【数值(Numeric)】、【逗号(Comma)】、【点(Dot)】、【科学记数法(Scientific)】、【日期(Date)】、【美元(Dollar)】、【货币(Currency)】、【百分比(Percent)】、【字符串(String)】或【受限数值(Restricted Numeric)】。
☆【宽度(Width)】。
☆【小数(Decimals)】。
☆【角色(Role)】：可选择【输入(Input)】、【目标(Target)】、【两者(Both)】、【无(None)】、【分区(Partition)】或【拆分(Split)】。
☆【未标记的值(Unlabeled values，无标签的值)】：显示无值标签的值的计数。
☆【值标签网格(Value Label grid)】表。
- 【已更改(Changed)】列：表示新增或修改的值标签。
- 【缺失(Missing)】列：定义成缺失值。

- 【计数(Count)】列：被扫描个案中，该值出现的次数。
- 【值(Value)】列：被选变量的唯一值。
- 【标签(Label)】列：显示已定义的值标签，可对其进行增加与修改。

☆【复制属性(Copy Properties)】：包括【从其他变量(From Another Variable)...】按钮和【到其他变量(To Other Variables)...】按钮。

☆【未标记的值(Unlabeled Values，无标签的值)】：包括【自动标签(Automatic Labels)】按钮，自动为无标签的值定义值标签。

4)单击【确定】按钮，完成数据属性定义。

3.1.3 复制数据属性

复制数据属性(Copy Data Properties)可用于建立相同调查问卷的空白数据集，或者复制其他数据文件的部分变量属性，可以从活动数据集或者其他 SPSS 数据文件将变量或数据集属性复制到目标数据文件，也可以将活动数据集某变量的属性复制到另一变量。

注：复制数据属性功能仅用于复制变量名及变量属性，不能复制数据值。

【例 3-4】 复制数据文件 02-1. sav 的变量属性。

1)打开或新建一个空白的数据编辑器(Data Editor)。

2)选择【数据(Data)】→【复制数据属性(Copy Data Properties)...】，打开复制数据属性(Copy Data Properties)主对话框，见图 3-5。

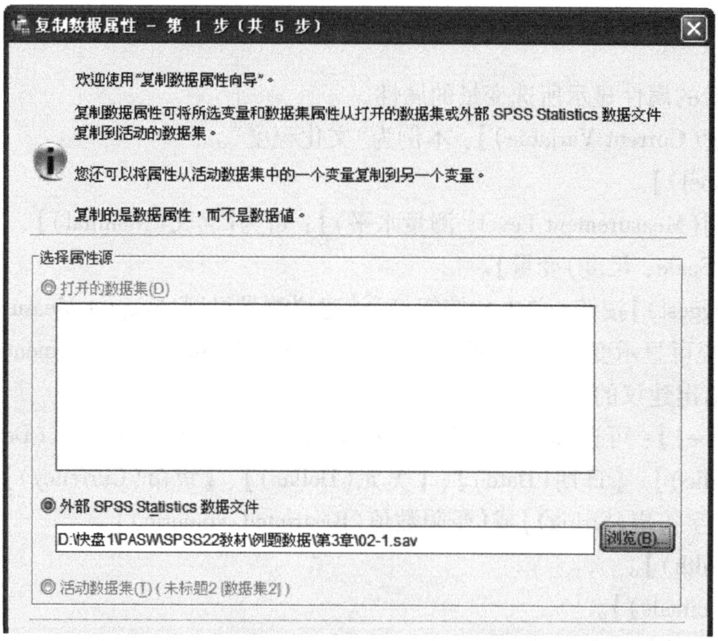

图 3-5 复制数据属性(Copy Data Properties)第 1 步对话框

(1)第 1 步：欢迎使用"复制数据属性向导"(Welcome to the Copy Data Properties Wizard)。

☆【选择属性源(Choose the source of the properties)】：可选择【打开的数据集(An open dataset)】、【外部 SPSS Statistics 数据文件(An external SPSS Statistics data file)】或【活动数据集(The active dataset)】。

本例选择【外部SPSS Statistics数据文件(An external SPSS Statistics data file)】，单击【浏览(Browse)...】按钮，选择数据文件02-1.sav。

(2)第2步：选择源和目标变量(Choose source and target variables)，见图3-6。

☆【将所选源数据集变量的属性应用于匹配的活动数据集变量(Apply properties from selected source dataset variables to matching active dataset variables)】：将变量属性从一个或多个被选源变量复制到活动数据集中匹配的变量。

☆【如果尚不存在匹配变量，则在活动数据集中创建匹配变量(Create matching variables in the active dataset if they do not already exist)】：更新源列表以显示源数据文件中的所有变量。如果活动数据集中没有被选源变量(基于变量名)，则将在活动数据集中创建新变量，变量名和属性都来自源数据文件。

☆【选择源列表中将复制属性的一个变量以及目标列表中将应用属性的一个或多个变量。(Apply properties from a single source variable to selected active dataset variables of the same type)】：将源列表中的单个所选变量中的变量属性应用于活动数据集列表中的一个或多个所选变量。

☆【仅应用数据集属性(Apply dataset properties only)】：仅将文件属性(如文档、文件标签、权重)应用于活动数据集。

☆【源数据集变量(Source Dataset Variables)】：选定源数据集的所有变量。

☆【匹配活动数据集(Matching Active Dataset)】。

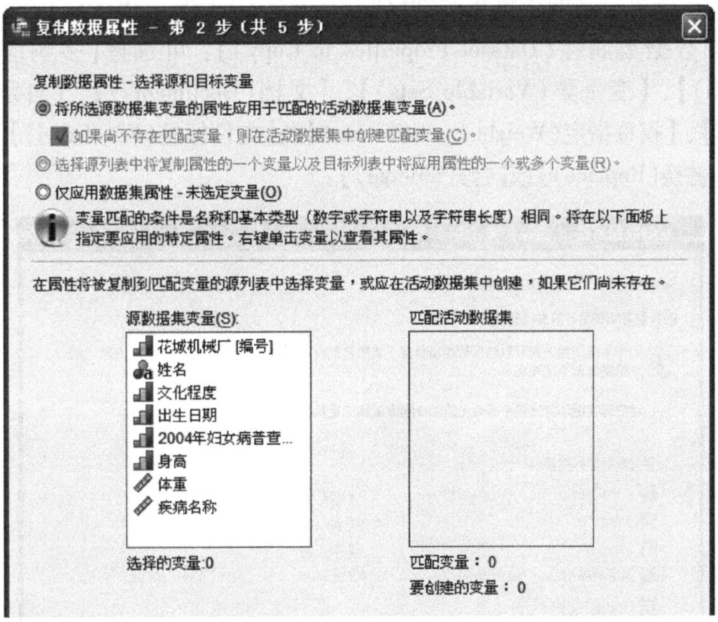

图3-6 复制数据属性(Copy Data Properties)第2步对话框

(3)第3步：选择要复制的变量属性(Choosing Variable Properties to Copy)，见图3-7。

☆【要为现有的选定变量复制的变量属性(Variable Properties to Copy for Existing Selected Variables)】：可选择【值标签(Value Labels)】、【自定义属性(Custom Attributes)】、【缺失值(Missing Values)】、【变量标签(Variable Label)】、【测量级别(Measurement Level，测量水平)】、【角色(Role)】、【格式(Formats)】、【对齐(Alignment)】和【数据编辑器列

宽度(Data Editor Column Width)】。若选择【值标签(Value Labels)】或【自定义属性(Custom Attributes)】，还应选择【替换(Replace)】或【合并(Merge)】。

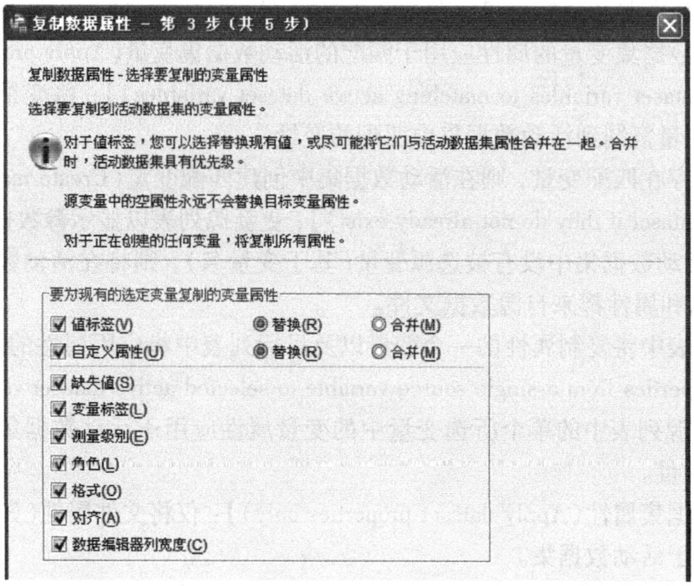

图 3-7　复制数据属性(Copy Data Properties)第 3 步对话框

(4)第 4 步：选择要复制的数据集属性(Choosing Dataset Properties to Copy)，见图 3-8。

☆【要复制的数据集属性(Dataset Properties to Copy)】：可选择【多响应集(Multiple Response Sets)】、【变量集(Variable Sets)】、【文档(Documents)】、【自定义属性(Custom Attributes)】、【权重指定(Weight Specification)】及【文件标签(File Label)】。若选择前 4 项，还应选择【替换(Replace)】或【合并(Merge)】。

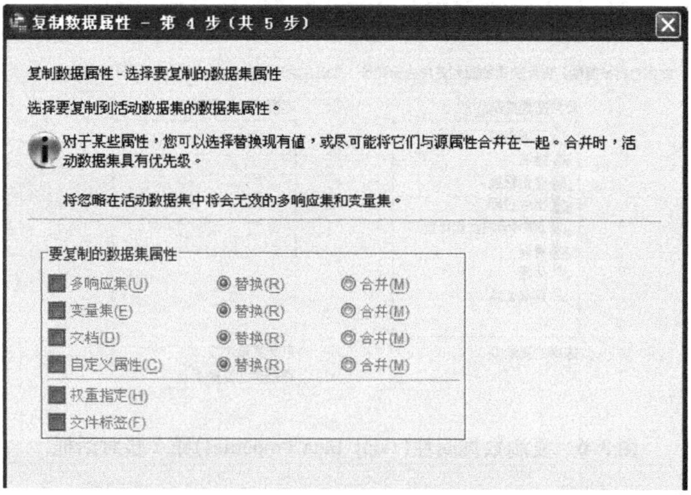

图 3-8　复制数据属性(Copy Data Properties)第 4 步对话框

(5)第 5 步：完成(Finish)，见图 3-9。

可选择【执行此命令(Execute the command)】或【将此命令粘贴到语法窗口(Paste the command into a syntax window)】。

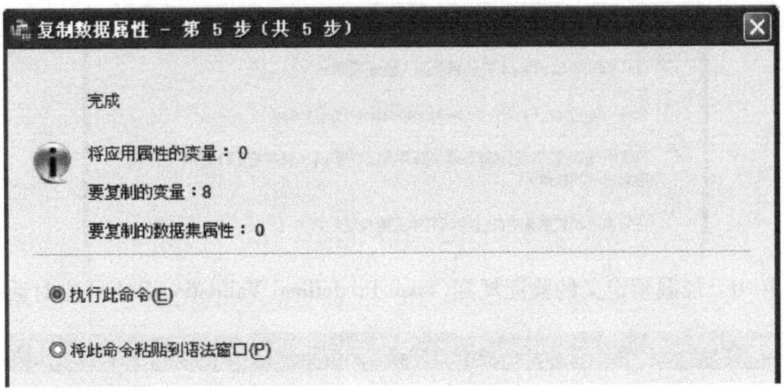

图 3-9 复制数据属性(Copy Data Properties)第 5 步对话框

3.1.4 其他变量管理功能

1)设置未知测量级别(Set Measurement Level for Unknown)：用户从其他数据管理软件导入数据文件后，可使用此功能批量设置变量的测量水平，如名义(Nominal)变量、有序(Ordinal)变量或连续(Continuous)变量。

2)新建定制属性(New Custom Attribute)：用户可创建变量的定制属性，如属性名称(Attribute name)和属性值(Attribute value)，并可在数据编辑器显示属性(Display attribute in the Data Editor)或编辑属性。

3.2 个案管理

个案管理功能包括验证(Validation)[加载预定义规则(Load Predefined Rules)、定义规则(Define Rules)、验证数据(Validate Data)三项]，标识重复个案(Identify Duplicate Cases)，标识异常个案(Identify Unusual Cases)，排序个案(Sort Cases)，排序变量(Sort Variables)，选择个案(Select Cases)及加权个案(Weight Cases)等。

3.2.1 验证数据

在进行数据录入时，可能会错录或者漏录某项数据或某个个案，造成数据文件中存在缺失值或者错误值，导致偏倚。用户可以利用验证(Validation)模块对活动的数据集中可疑或无效的个案、变量或数据值加以识别，并予以剔除。

【例 3-5】 在数据文件 validation. sav 中查找编号、性别输入错误及月龄超出 50 ~ 80 范围的个案，并进行核对。

1)打开数据文件 validation. sav。

2)选择【数据(Data)】→【验证(Validation)】→【加载预定义规则(Load Predefined Rules)】，打开加载预定义的验证规则(Load Predefined Validation Rules)主对话框，见图 3-10。

3)单击【确定】按钮，即可加载 SPSS 所预先设置的变量验证规则。

4)选择【数据(Data)】→【验证(Validation)】→【验证数据(Validate Data)】，打开【变量(Variables)】选项卡。将需验证的【变量(Variables)】：“x1(编号)”、“x2(性别)”、“x3(月龄)”选入【分析变量(Analysis Variables)】中，见图 3-11。

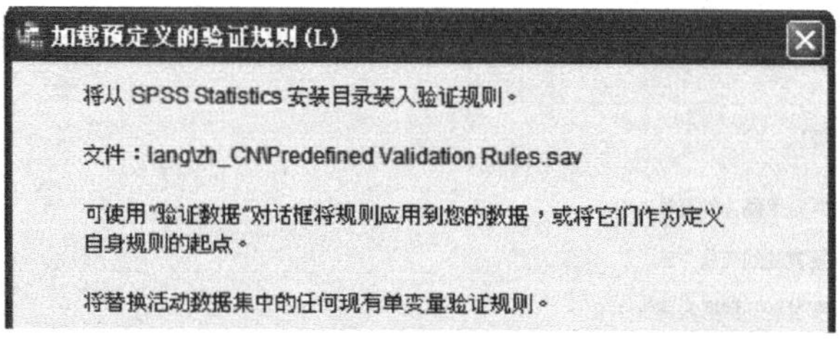

图 3-10　加载预定义的验证规则(Load Predefined Validation Rules)主对话框

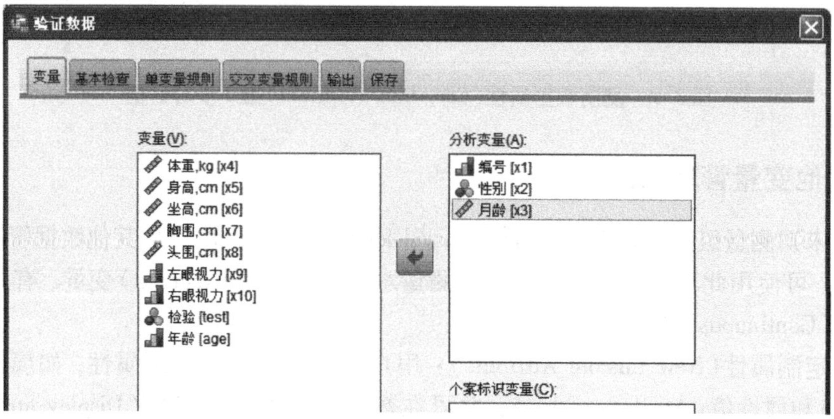

图 3-11　变量(Variables)选项卡

5)单击【单变量规则(Single Variable Rules)】，打开【单变量规则(Single Variable Rules)】选项卡，见图 3-12。单击【分析变量(Analysis Variables)】栏中的第 1 个变量 x1(编号)，由于 x1(编号)在录入过程中可能会漏录，因此选择【规则(Rule)】列表中【应用(Apply)】栏的【标记缺失值(Flag missing values)】。

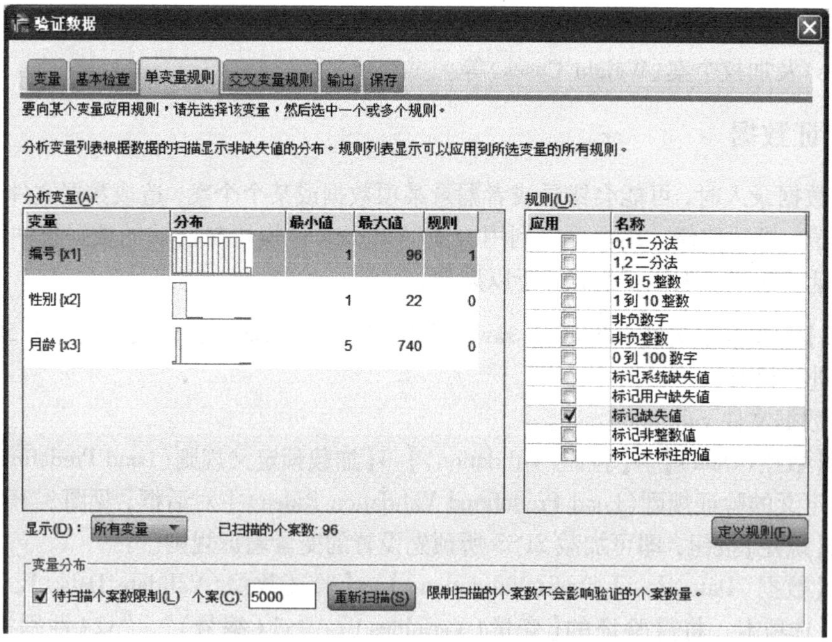

图 3-12　单变量规则(Single Variable Rules)选项卡

6）同理，单击第2个变量x2（性别），由于x2（性别）是用1,2二分法来代表不同性别，在录入过程中可能会录成其他数字造成错录，因此选择【规则（Rule）】列表中【应用（Apply）】栏的【1,2二分法（1,2 Dichotomy）】。

7）单击第3个变量x3（月龄），由于研究对象是月龄在50～80之间的幼儿，因此需要自定义该验证规则。此时，单击【定义规则（Define Rules）...】按钮，打开定义验证规则（Define Validate Rules）对话框，单击【新建（New）】按钮，在【规则定义（Rule Definition）】中，【名称（Name）】为月龄验证，【类型（Type）】为【数字（Numeric）】，【有效值（Valid Values）】为【在范围内（Within a range）】、【最小（Minimum）】为“50”、【最大（Maximum）】为“80”，见图3-13。

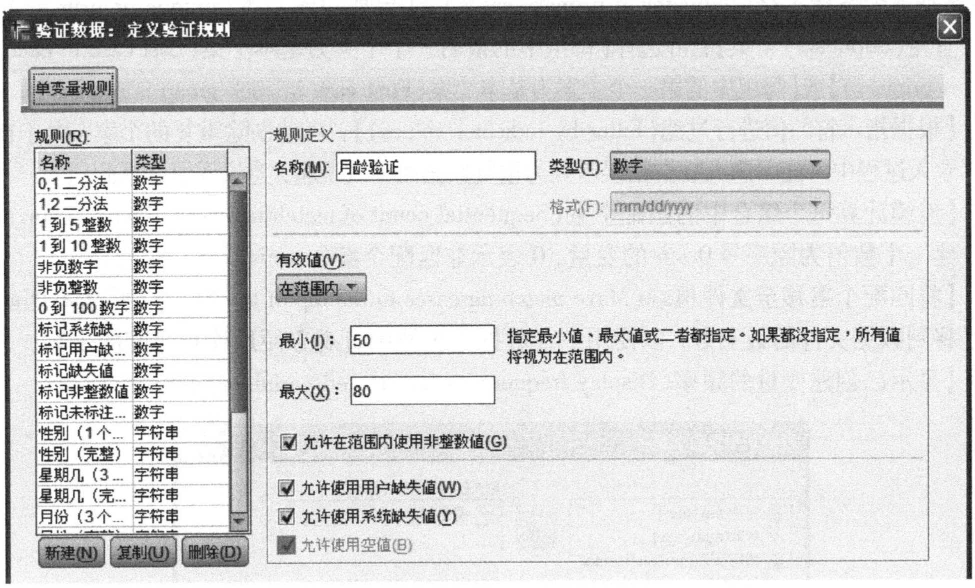

图3-13 定义验证规则（Define Validate Rules）选项卡

8）单击【继续】按钮，完成月龄验证规则的自定义，并返回【单变量规则（Single Variable Rules）】选项卡。在【规则（Rule）】栏中选择刚才建立的月龄验证规则，参见图3-12。

9）单击【确定】按钮，即可验证活动数据集的结果（略）。

10）结果分析：第10、26和48号个案存在x1（编号）缺失的情况；第38、43、66和67号个案存在x2（性别）不符合二分法规则的情况；第3、4、38和52号个案存在x3（月龄）不符合规则的情况。

3.2.2 标识重复个案

用户在进行大样本量的调研工作中，可能会重复访问某个被访对象或重复录入某份问卷，造成数据文件中包含重复个案，导致偏倚。标识重复个案（Identify Duplicate Cases）过程可对重复个案进行查找，并予以剔除。

【例3-6】 在数据文件identify. sav中查找id（编号）重复的个案，并进行剔除。

1）打开数据文件identify. sav。

2）选择【数据（Data）】→【标识重复个案（Identify Duplicate Cases）...】，打开标识重复的个案（Identify Duplicate Cases）主对话框，见图3-14。

☆【定义匹配个案的依据(Define matching cases by)】：在本例中，重复个案是指编号重复的个案。故只需将 id(编号)选入【定义匹配个案的依据(Define matching cases by)】列表。而在日常工作中，可能需要同时满足多个变量均重复的个案才能判定为重复个案，将需比较的变量全部选入此列表中，SPSS 将会自动找出 100% 满足所选变量均有匹配的个案，并根据实际情况判定是否为重复个案。

☆【在匹配组内的排序标准(Sort within matching groups by)】：可选择 1 个或以上变量作为排序依据。【排序(Sort)】可选择【升序(Ascending)】或【降序(Descending)】方式。

☆【要创建的变量(Variables to Create)】。

☆【基本个案指示符(Indicator of primary cases)，1 = 唯一或基本(unique or primary)，0 = 重复(duplicate)个案】：可选择【每组中的最后一个个案为基本个案(Last case in each group is primary)】或【每组中的第一个个案为基本个案(First case in each group is primary)】。

☆【根据指示符的值进行过滤(Filter by indicator values)】：自动剔除重复的个案，由于在数据录入过程中可能因录入数据错误错判为重复数据而导致误删，建议谨慎选择此项。

☆【连续计算每个组合中的匹配个案(Sequential count of matching cases in each group)】：创建一个数值为顺序号 0 ~ n 的变量，0 表示非匹配个案(nonmatching case)。

☆【将匹配个案移至文件顶端(Move matching cases to the top of the file)】：将所有匹配个案移到数据文件的最上方，以便用户在数据编辑器中直观方便地检查匹配的个案。

☆【显示已创建变量的频率(Display frequencies for created variables)】。

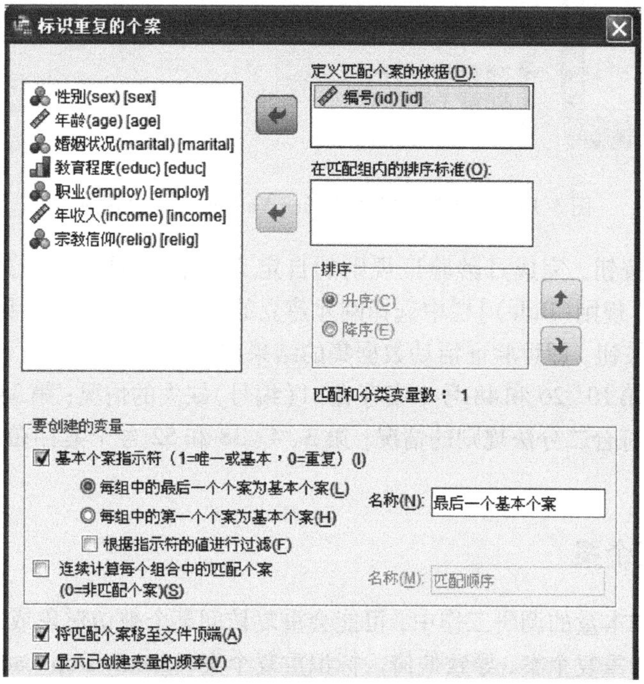

图 3-14　标识重复的个案(Identify Duplicate Cases)主对话框

3)单击【确定】按钮，完成识别重复个案过程，符合匹配条件的个案将移到数据表的上方，并生成所有最后一个匹配个案的指示符为基本个案(Indicator of each last matching case as Primary)表(略)。

4)结果分析:

(1)从数据视图可见, id 为41、91、99、114、148、195、237、252 的个案为匹配个案, 读者可与原始调查表进行核对, 检查这些个案是否重复。

(2)所有最后一个匹配个案的指示符为基本个案(Indicator of each last matching case as Primary)表, 本数据文件中的个案总计(Total)305 例、重复个案(Duplicate Case)11 例、基本个案(Primary Case)294 例。

3.2.3 排序个案

排序个案(Sort Cases)能将数据文件中的数值(或字符)进行排序, 排序方法可依据变量进行由小到大(升序, Ascending)或由大到小(降序, Descending)排列; 也可依据字符串 A, B, C, …, Z 的字母顺序(即字典法)排序(升序, Ascending)或按字符串 Z, Y, X,…, C, B, A 的字母顺序排序(降序, Descending)。

【例 3-7】 已知数据文件 hong1. sav, 试根据体重 x6 从小到大排序(升序, Ascending)。

1)打开数据文件 hong1. sav 。

2)选择【数据(Data)】→【排序个案(Sort Cases)...】, 打开排序个案(Sort Cases)对话框, 见图 3-15。

☆【排序依据(Sort by)】: 可选择 1 个或以上排序变量, 本例为"x6(婴儿体重)"。

☆【排列顺序(Sort Order)】。

○【升序(Ascending)】: 即从小到大排序, 本例选择此项。

○【降序(Descending)】: 即从大到小排序。

☆【保存已分类数据(Save Sorted Data)】: 将已排序文件保存到新文件中。可以选择【保存带分类数据的文件(Save file with sorted data)】及【创建索引(Create an index)】。

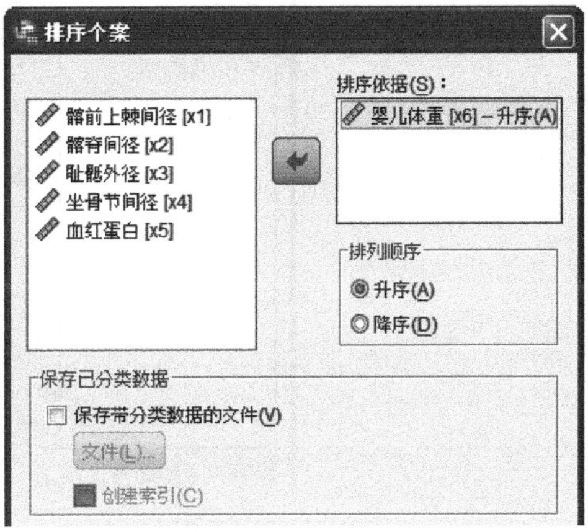

图 3-15 排序个案(Sort Cases)对话框

3)单击【确定】按钮, 完成个案排序。

可见, x6(婴儿体重)升序排序的结果为 1.40, 2.55, 2.60, 2.60, 2.65, 2.70, 2.70, 2.75, …, 4.25。

3.2.4 选择个案

用户可按指定准则选择个案(Select Cases), 然后进行统计分析(Analyze)或作图(Graphs)。可通过定义变量值或范围、日期或时间范围、案例(行)号、数学表达式、逻辑表达式或函数设定选择个案的准则。

【例 3-8】 已知数据文件 hong1. sav, 用 3 种准则选择满足指定条件的部分个案并进行频率分析(文件 hong1. sav 有 6 个变量, 其中 x5(g)是血红蛋白、x6(kg)是婴儿体重, 共 33 例)。

1)准则一: 选择满足条件 $2.01 \leqslant$ x6(婴儿体重) < 3.00 的个案, 对 x5(血红蛋白)进行频率分析。

(1)打开数据文件 hong1. sav。

(2)选择【数据(Data)】→【选择个案(Select Cases)...】,打开选择个案(Select Cases)主对话框,见图 3-16。

☆【选择(Select)】准则。

○【所有个案(All cases)】:选择全部个案。

○【如果条件满足(If condition is satisfied)】:根据条件表达式选择个案。

○【随机个案样本(Random sample of cases)】:根据大约比例或指定个案数进行随机抽样。

○【基于时间或个案全距(Based on time or case range)】。

○【使用过滤变量(Use filter variable)】。

☆【输出(Output)】:可选择【过滤掉未选定的个案(Filter out unselected cases)】、【将选定个案复制到新数据集(Copy selected cases to a new dataset)】或【删除未选定个案(Delete unselected cases)】。若选择最后一项,不符合条件的个案将被自动删除。

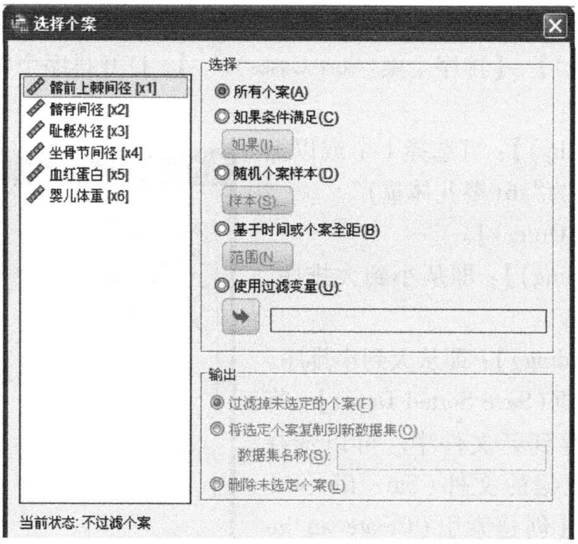

图 3-16　选择个案(Select Cases)主对话框

(3)选择【如果条件满足(If condition is satisfied)】→【如果(If)...】,打开 If 对话框,见图 3-17。选择满足条件 2.01≤x6(婴儿体重)<3.00 的个案。

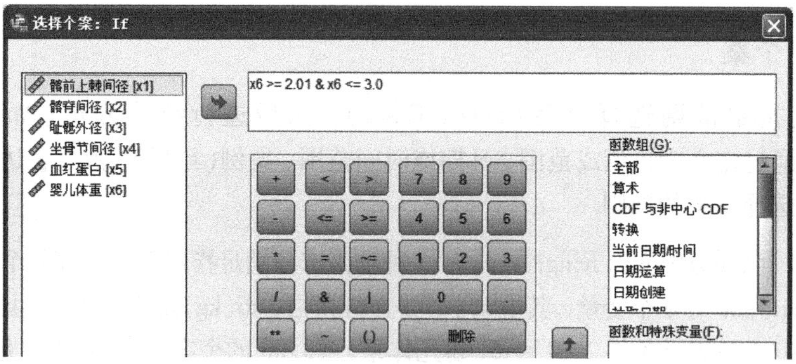

图 3-17　If 对话框

(4)单击【继续】→【确定】按钮，完成选择个案(Select Cases)过程，结果见图 3-18。

	x1	x2	x3	x4	x5	x6	filter_$
1	25.00	27.00	18.50	8.00	9.90	3.25	0
2	25.00	28.00	18.50	8.00	9.70	3.75	0
3	23.00	27.00	17.00	8.50	9.30	1.40	0
4	21.00	23.00	16.50	7.00	8.70	2.60	1
5	22.50	25.50	16.50	7.00	8.70	3.30	0

图 3-18　选择后的数据文件 hong1. sav

生成了一个新变量 filter_ $. (即满足条件的个案，以“1”表示)。

(5)对 x5(血红蛋白)进行频率分析。

频率(Frequencies)主对话框(参见第 6. 1 节)，【变量(Variable(s))】为“x5(血红蛋白)”。统计(Statistics)对话框，选择【百分位值(Percentile Values)】中的【四分位数(Quartiles)】；【集中趋势(Central Tendency)】中的【平均值(Mean)】；【离散(Dispersion)】中的【标准偏差(Std. deviation，标准差)】和【方差(Variance)】。

(6)单击【继续】→【确定】按钮，得到结果(略)。

2)准则二：在数据文件 hong1. sav 中，随机抽取 30% 的个案，对 x5(血红蛋白)进行频率分析。

(1)选择个案(Select Cases)主对话框，选中【选择(Select)】准则中的【随机个案样本(Random sample of cases)】，单击【样本(Sample)...】，打开随机样本(Random Sample)对话框，见图 3-19。

☆【样本大小(Sample Size，样本量)】。

- ○【大约__所有个案的%(Approximately __% of all cases)】，按指定比例近似随机抽样，本例为 30%。
- ○【精确__从第一个开始的个案__个案(Exactly __cases from the first __cases)】，从指定个案后的个案中，按指定例数进行随机抽样。

(2)单击【继续】→【确定】按钮，完成选择个案(Select Cases)过程。

(3)进行频率分析，操作方法同“准则一”(参见第 6. 1 节)，结果(略)。

3)准则三：选取第 10 ~ 33 例的婴儿，对 x5(血红蛋白)进行频率分析。

1)选择个案(Select Cases)主对话框，选中【选择(Select)】准则中的【基于时间或个案全距(Based on time or case range)】。单击【范围(Range)...】，打开范围(Range)对话框，见图 3-20。

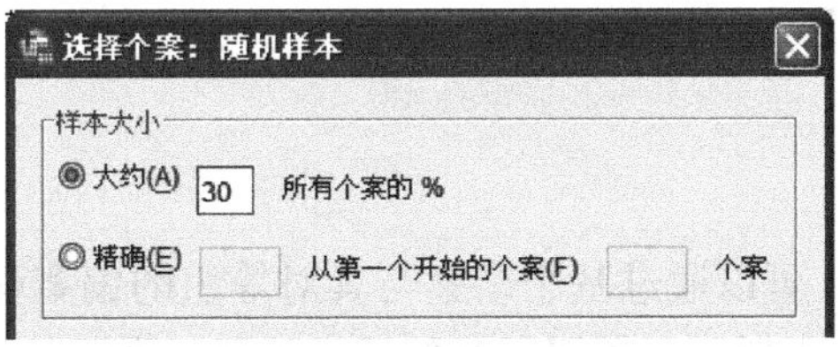

图 3-19　随机样本(Random Sample)对话框

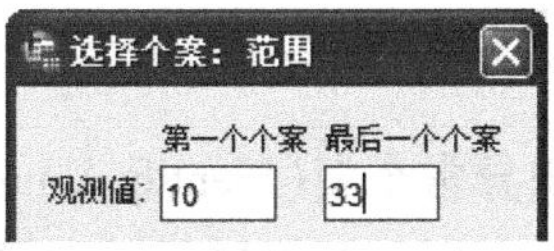

图 3-20　范围(Range)对话框

(2)设定【第一个个案(First Case)】与【最后一个个案(Last Case)】的【观测值(Observation)】分别为 10 和 33。

(3)单击【继续】→【确定】按钮，完成选择个案(Select Cases)过程。

(4)进行频率分析，操作方法同“准则一”(参见第 6. 1 节)，结果(略)。

3.2.5 加权个案

加权个案(Weight Cases)可在统计分析中对个案赋予不同权重。加权变量中的数值表示数据文件中单个个案的观测数。加权变量值为 0、负值或缺失值的个案将不参与分析，加权变量值可为小数。

【例 3-9】 某地 144 名正常男子的红细胞数(10^{12}/L)的整理数据见表 3-1，试进行频率分析。

表 3-1　144 名正常男子的红细胞数(10^{12}/L)数据

红细胞数	4.2-	4.4-	4.6-	4.8-	5.0-	5.2-	5.4-	5.6-	5.8-	6.0-	6.2-	6.4~6.6
组中值,x	4.3	4.5	4.7	4.9	5.1	5.3	5.5	5.7	5.9	6.1	6.3	6.5
人数, f	2	4	7	16	20	25	24	22	16	2	5	1

1)建立数据文件 weight. sav，变量名为 x(红细胞数)、f(人数)。

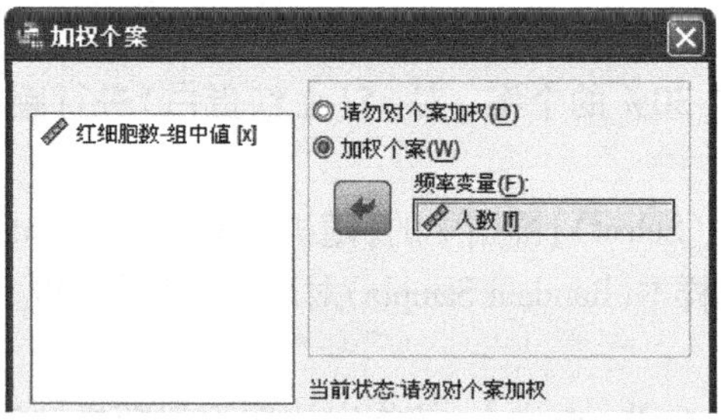

图 3-21　加权个案(Weight Cases)对话框

2)对变量 f 进行加权，选择【数据(Data)】→【加权个案(Weight Cases)...】，打开加权个案(Weight Cases)对话框，见图 3-21。

☆【请勿对个案加权(Do not weight cases)】：为默认选项。

☆【加权个案(Weight cases by)】：【频率变量(Frequency Variable)】为“f(人数)”。

☆【当前状态(Current Status)】：默认为【请勿对个案加权(Do not weight cases)】。

3)单击【确定】按钮，完成个案加权。

4)进行频率分析。打开频率(Frequencies)主对话框(参见第 6.1 节)。变量(Variable(s))为 x(红细胞数)。统计(Statistics)对话框中，选择【百分位值(Percentile Values)】中的【四分位数(Quartiles)】;【集中趋势(Central Tendency)】中的【平均值(Mean)】;【离散(Dispersion)】中的【标准偏差(Std. deviation，标准差)】和【方差(Variance)】。图表(Charts)对话框中，选择【图表类型(Chart Type)】中的【直方图(Histograms)】及【在直方图上显示正态曲线(Show normal curve on histogram)】，其他为默认选项。

5)单击【继续】→【确定】按钮，得到结果(略)。

3.2.6 其他个案管理功能

1)标识异常个案(Identify Unusual Cases)：可以通过基于个案与其对等组的偏离程度识别异常个案。在探索性数据分析步骤中，快速检测到用于数据审核的异常个案，并优先于任何推论性数据分析。此算法设计为一般的“异常检测”，如对金融业中洗钱行为的检测，其中对异常的定义可以被很好地界定。

2)排序变量(Sort Variables)：能将数据文件中的变量进行排序，可依据变量名称(Name)、类型(Type)、宽度(Width)、小数(Decimals)、标签(Label)、值(Values)、缺失(Missing)、列(Columns)、对齐(Align)、测量(Measure)或角色(Role)等按排列顺序(Sort Order)进行升序(Ascending)或降序(Descending)排列。

3.3 数据文件管理

数据文件管理功能包括变换(Transpose，行列转置)，重组(Restructure)，合并文件(Merge Files)[包括添加个案(Add Cases)和添加变量(Add Variables)]，汇总数据(Aggregate Data)，拆分为文件(Split into Files)，正交设计(Orthogonal Design)，复制数据集(Copy Dataset)及拆分文件(Split File)等。

3.3.1 比较数据集

调查数据的录入常采用双盲录入规则，即双人分别按照相同录入顺序(调查表编号顺序)进行全部数据的录入，然后进行复查与比对(有效性检验)，进而针对两人录入不一致的数据，对照原始调查表进行核实和修改，直至两个数据文件中的数据完全一致，以避免数据录入过程中的人为因素造成录入错误，比较数据集(Compare Datasets)可实现该目的。

【例3-10】 现有某班的5门功课期末考试成绩，分别由2名老师进行平行录入，录入完毕后分别建立文件test01. sav和test02. sav，试比较两位老师录入的数据是否一致。

1)打开数据文件test01. sav、test02. sav。

2)选择【数据(Data)】→【比较数据集(Compare Datasets)】，打开将对比(Compare to)对话框，在【打开的数据集(An open dataset)】中选择test02. sav数据集，单击【继续】按钮，打开【比较(Compare)】选项卡(见图3-22)。

☆【匹配的字段(Matched fields)】：显示在两个数据集中具有相同名称和类型字段列表。

☆【不匹配的字段(Unmatched fields)】：单击该按钮可查看在两个数据集中名称或类型不同字段列表。

☆【要比较的字段(Fields to Compare)】：本例中选择“chinese(语文)”、“math(数学)”、“physics(物理)”、“chemist(化学)”、“biology(生物)”5个字段。

☆【个案标识(Case IDs)】：标识个案唯一性的字段，可选择多个，本例中选择“no(学号)”。

☆【排序个案(Sort Cases)】：根据【个案标识(Case IDs)】的字段对两个数据集进行排序。

3)单击【属性(Attributes)】标签，切换至【属性(Attributes)】选项卡，见图3-23。

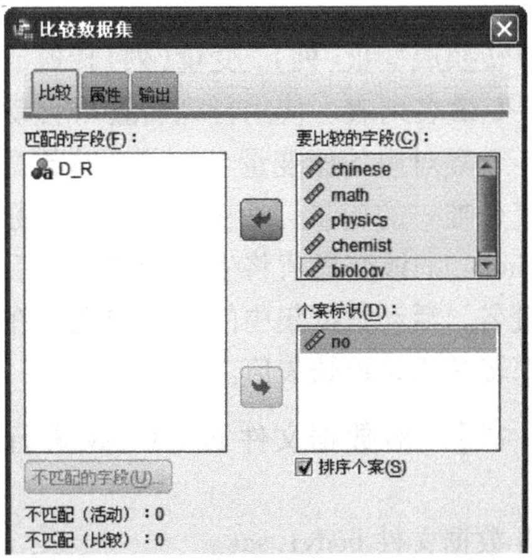

图3-22　比较(Compare)选项卡

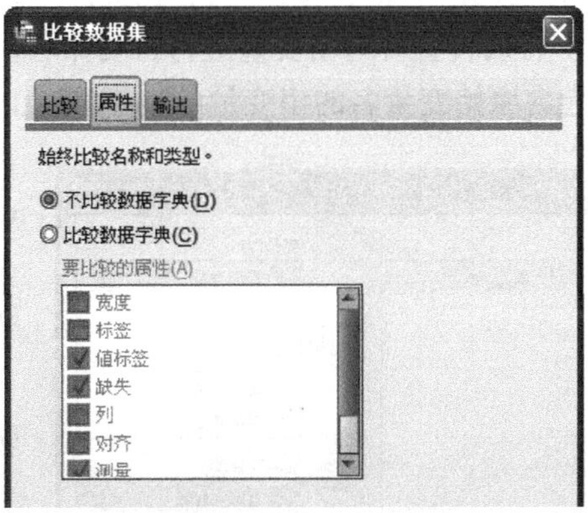

图3-23　属性(Attributes)选项卡

默认只对数据值进行比较，并【不比较数据字典(Do not compare the Data Dictionaries)】，如果选择【比较数据字典(Compare the Data Dictionaries)】，用户还可设定【要比较的属性(Attributes to Compare)】，如【宽度(Width)】、【标签(Label)】、【值标签(Value Labels)】、【缺失(Missing)】、【列(Columns)】、【对齐(Align)】、【测量(Measure)】、【角色(Role)】和【自定义属性(Custom Attributes)】等。

4)单击【输出(Output)】标签，切换至【输出(Output)】选项卡，见图 3-24。

☆【已保存的变量和数据集(Save Variables and Datasets)】。

○【在新字段中标记不匹配(Flag mismatches in a new field)】：将在活动数据集中生成一个新变量，默认【名称(Name)】为“CasesCompare”，其值为 1 表示该个案在两个数据集中的变量值存在不一致；如果所有值均相同，则为 0。如果活动数据集中的个案不在其他数据集中，其值为 -1。

○【将匹配的个案复制到新的数据集(Copy matched cases to a new dataset)】。

○【将不匹配的个案复制到新的数据集(Copy mismatched cases to a new dataset)】：本例设置数据集的【名称(Name)】为“test03”。

○【限制逐项表(Limit the case-by-case table)】：提供每个个案不匹配值的详细信息，【报告的最大不匹配数(Maximum number of reported)】的默认值为“100”。

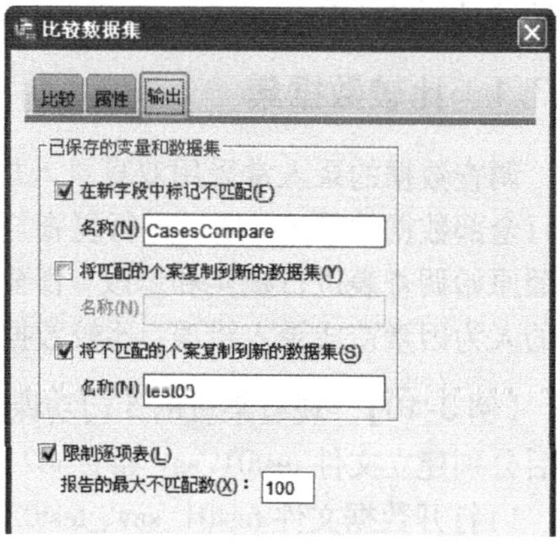

图 3-24 输出(Output)选项卡

5)单击【确定】按钮，完成比较数据集(Compare Datasets)，可将活动数据集中不匹配的个案复制到新数据集(test03.sav)中。

6)结果分析：从按个案比较(Case By Case Comparison)结果表(略)可见，两个数据集中学号为 10 的 chinese(语文)、学号为 14 的 math(数学)、学号为 17 的 chemist(化学)、学号为 19 的 physics(物理)及学号为 21 的 biology(生物)成绩不一致。

3.3.2 行列转置

行列转置(Transpose)可将数据文件中的个案(行)转换成变量(列)，变量(列)转换成个案(行)。行列转置可对新变量进行自动命名，并显示新变量名列表。使用行列转置可自动生成一个包含原始变量名的串变量(case_lbl)，以便了解各个案对应的原变量名。若活动数据集中含有变量值是唯一的变量，可利用其作为名称变量(Name Variable)，该变量值将生成行列转置后数据文件的变量名。活动数据集中的用户缺失值在行列转置后全部转换成系统缺失值。

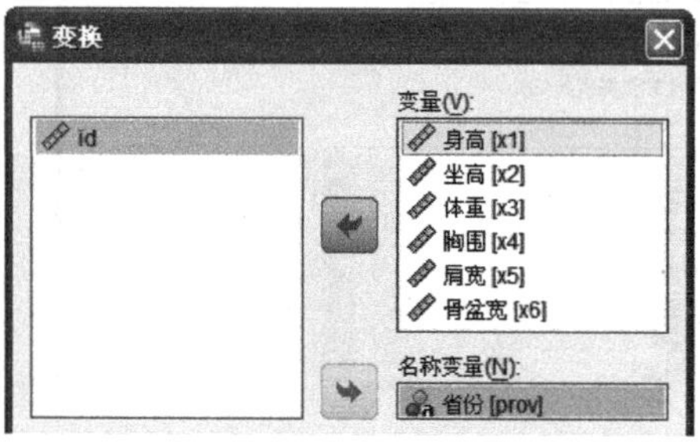

图 3-25 行列转置(Transpose)对话框

【例 3-11】 对数据文件 body1.sav 进行行列转置。

1)打开数据文件 body1.sav。

2)选择【数据(Data)】→【变换(Transpose)...】，打开变换(Transpose)对话框，见图 3-25。

☆【变量(Variable(s))】: 选择1个或以上进行行列转置的变量,本例为“x1”~“x6”。

☆【名称变量(Name Variable)】: 选择用于生成行列转置后数据文件变量名的变量,本例为prov(省份)。若名称变量为数值变量,则变量名为“V+相应的数值”。

注: 行列转置前,若对活动数据集进行修改,应先保存数据文件,否则修改的信息会丢失。

3)单击【确定】按钮,完成行列转置过程,结果见图3-26。

	CASE_LBL	北京	天津	河北	山西	内蒙古	辽宁	吉林
1	x1	173.28	172.09	171.46	170.08	170.61	171.69	171.46
2	x2	93.62	92.83	92.73	92.25	92.36	92.85	92.93
3	x3	60.10	60.38	59.74	58.04	59.67	59.44	58.70
4	x4	86.72	87.39	85.59	85.92	87.46	87.45	87.06
5	x5	38.97	38.62	38.83	38.33	38.38	38.19	38.58
6	x6	27.51	27.82	27.46	27.29	27.14	27.10	27.36

图3-26 行列转置(Transpose)结果

另外,如需单独对某个、某几个个案或变量进行转置,可使用数据重组(Restructure)过程,即能实现个案转置为变量或变量转置为个案。

3.3.3 合并文件

数据整理中,需对多个数据文件进行纵向连接或横向合并,合并文件(Merge Files)能向数据文件添加个案(Add Cases)或向数据文件添加变量(Add Variables)。将多个数据文件连接或合并起来,生成一个新数据文件。

1. 添加个案

【例3-12】 现有3个数据文件cd1.sav、cd2.sav和cd3.sav。试将cd3.sav的个案(记录)追加在cd1.sav后面(假设cd1.sav与cd3.sav的变量名、类型、宽度与小数点位数均相同),见图3-27。

name	age	sex
wang	13.50	1
lu	14.10	2
gu	15.00	1
peng	14.50	1

name	height	weight
gu	58.60	19.40
peng	59.80	20.10
lu	60.10	18.90
wang	58.70	19.90

name	age	sex
zhou	14.20	2
du	13.90	1
lou	15.10	2

图3-27 3个数据文件cd1.sav、cd2.sav和cd3.sav

1)打开数据文件cd1.sav、cd3.sav。

2)选择【数据(Data)】→【合并文件(Merge Files)】→【添加个案(Add Cases)...】,打开将个案添加到(Add Cases to)对话框,在【打开的数据集(An open dataset)】中选择cd3.sav数据集,单击【继续】按钮,打开添加个案,来源(Add Cases from)对话框(见图3-28)。

注: 如果在第1)步中仅打开数据文件cd1.sav,没有打开数据文件cd3.sav,则会自动选择【外部SPSS Statistics数据文件(An external SPSS Statistics data file)】,单击【浏览(Browse)...】按钮,选择数据文件cd3.sav,同样可以打开添加个案,来源(Add Cases from)对话框,见图3-28。

☆【非成对变量(Unpaired Variables)】: 显示不进入新合并数据文件的变量。活动数据集(Active Dataset)的变量用“*”表示,外部数据文件的变量用“+”表示,共分成以下3种情况。

○ 对于两个数据文件中变量名不匹配的变量，可对其创建配对并引入新合并数据文件中。

○ 一个变量为数值，另一个为字符串，串变量不能合并到数值变量中。

○ 对于长度不等的串变量，两个数据文件中匹配的串变量长度必须相等。

☆【新的活动数据集中的变量(Variables in New Active Dataset)】：一般情况下，变量名及数据类型(数值或字符串)均相同的变量将自动在该列表中。

☆【将个案源表示为变量(Indicate case source as variable)】，0 表示源于活动数据集(Active Dataset)，1 表示源于外部数据文件。

3)单击【确定】按钮，完成数据文件合并，结果见图 3-29。

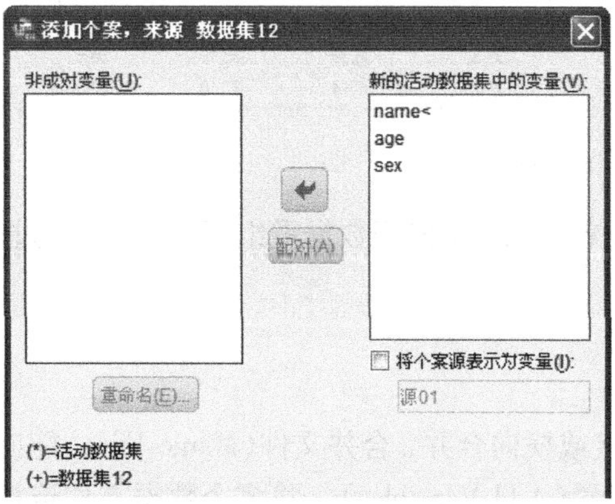

图 3-28 添加个案，来源(Add Cases from)对话框

name	age	sex
wang	13.50	1
lu	14.10	2
gu	15.00	1
peng	14.50	1
zhou	14.20	2
du	13.90	1
lou	15.10	2

图 3-29 添加个案(Add Cases)后的数据文件

2. 添加变量

添加变量(Add Variables)要求活动数据集与外部数据文件包含相同个案与不同变量，且两个数据文件的个案必须以相同方式进行排序；若需要根据 1 个或以上的变量对个案进行匹配，两个数据文件均要求按照关键变量(key variable)进行排序。

【例 3-13】 将数据文件 cd2. sav 的变量添加到数据文件 cd1. sav 内[假设 cd1. sav 与 cd2. sav 中至少有 1 个变量(本例为 name)的变量名、类型、宽度与小数点位数相同]。

1)对数据文件 cd2. sav 的变量 name 按升序排序的文件另存为 cd4. sav。

2)打开数据文件 cd1. sav，cd4. sav，并对 name 变量按升序排序。

3)选择【Data(数据)】→【合并文件(Merge Files)】→【添加变量(Add Variables)...】，打开将变量添加到(Add Variables to)对话框，在【打开的数据集(An open dataset)】中选择 cd4. sav 数据集，单击【继续】按钮，打开添加变量从(Add Variables from)对话框，见图 3-30。

注：如果在第 1)步中仅打开数据文件 cd1. sav，没有打开数据文件 cd4. sav，程序自动选择【外部 SPSS Statistics 数据文件(An external SPSS Statistics data file)】，单击【浏览(Browse)...】按钮，选择数据文件 cd4. sav，同样可以打开添加变量从(Add Variables from)对话框。

☆【已排除的变量(Excluded Variables)】：显示新合并数据文件中剔除的变量，一般情况下该列表包含外部数据文件与活动数据集中重名的所有变量。“ * ”号表示活动数据集中的变量，“ + ”号表示外部数据文件中的变量。若想引入剔除变量列表中的重名变量，则需对该变量进行重命名。

☆【新的活动数据集(New Active Dataset)】：显示新合并数据集中的所有变量。

☆【关键变量(Key Variables)】：若其中一个文件的个案与另一个文件的个案不匹配(如个案缺失)，可使用关键变量识别并正确地匹配两个文件的个案。关键变量在两个数据文件中必须同名，且两个数据文件必须按关键变量进行排序。

☆【匹配关键变量的个案(Match cases on key variables)】：可选择【两个数据集中的个案都是按关键变量的顺序进行排序(Case are sorted in order of key variables in both datasets)】并进一步选择【非活动数据集为基于关键字的表(Non- active dataset is keyed table)】、【活动数据集为基于关键字的表(Active dataset is keyed table)】或【两个文件都提供个案(Both files provide cases)】。

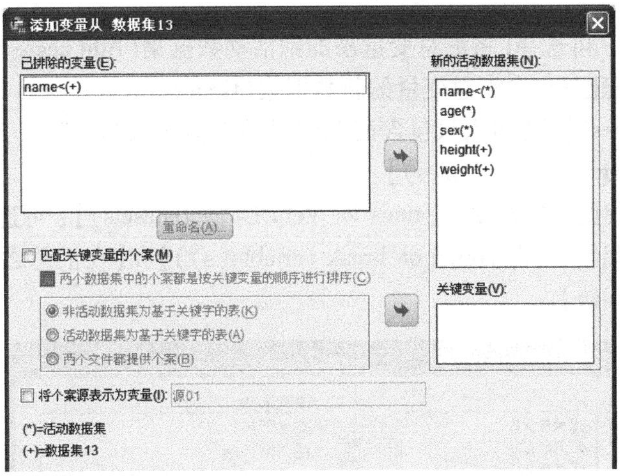

图 3-30　添加变量从(Add Variables from)对话框

注：关键表(keyed table)是指该表的一个个案可对应于另外一个文件中的多个个案(一对多关系)，如对于儿童的体检信息，其中表 1 为儿童的基本信息，表 2 为儿童历次体检的数据，当合并这两个数据文件时，可认为表 1 为关键表。

☆【将个案源表示为变量(Indicate case source as variable)】，默认变量名为源01(source01)，0 表示源于活动数据集，1 表示源于外部数据文件。

4)单击【确定】按钮，完成添加变量，结果见图 3-31。

name	age	sex	height	weight
wang	13.50	1	58.60	19.40
lu	14.10	2	60.10	18.90
gu	15.00	1	59.80	20.10
peng	14.50	1	58.70	19.90

图 3-31　添加变量(Add Variables)后的数据文件

3.3.4　汇总数据

汇总数据(Aggregate Data)可根据多个分组变量对其他变量进行汇总统计，并创建一个新的汇总数据文件，每个个案将包含一个分组。

【例 3-14】　对数据文件 child. sav 按 x2(性别)、age(年龄)进行汇总数据，计算 x4(体重)、x5(身高)、x6(坐高)、x7(胸围)及 x8(头围)各组的平均值。

1)打开数据文件 child. sav。

2)选择【数据(Data)】→【汇总(Aggregate)...】，打开汇总数据(Aggregate Data)主对话框，见图 3-32。

☆【分组变量(Break Variable(s))】：可选择 1 个或以上的数值变量或串变量作为分组变量，将根据分组变量值对个案进行分组。分组变量值的每个唯一组合将定义为 1 个分组，并在新汇总数据文件中生成 1 个个案。在新数据文件中，分组变量名及标签将与原来的一致。本例为“x2(性别)”和“age(年龄)”。

☆【汇总变量(Aggregate Variable(s))】。

○【变量摘要(Summaries of Variable(s))】：显示在汇总文件中用汇总函数生成的新变量名及表达式。汇总的原变量必须为数值，本例为 x4 ~ x8 的平均值。

○【个案数(Number of cases)】：生成一个保存个案数的变量，默认变量【名称(Name)】为“N_BREAK”。

☆【保存(Save)】：可选择【将汇总变量添加到活动数据集(Add aggregated variables to active dataset)】、【创建只包含汇总变量的新数据集(Create a new dataset containing only the aggregated variables)】或【写入只包含汇总变量的新数据文件(Write a new data file containing only the aggregated variables)】。

☆【适用于大型数据集的选项(Options for Very Large Datasets)】：可选择【文件已经按分组变量排序(File is already sorted on break variable(s))】和【在汇总之前排序文件(Sort file before aggregating)】。

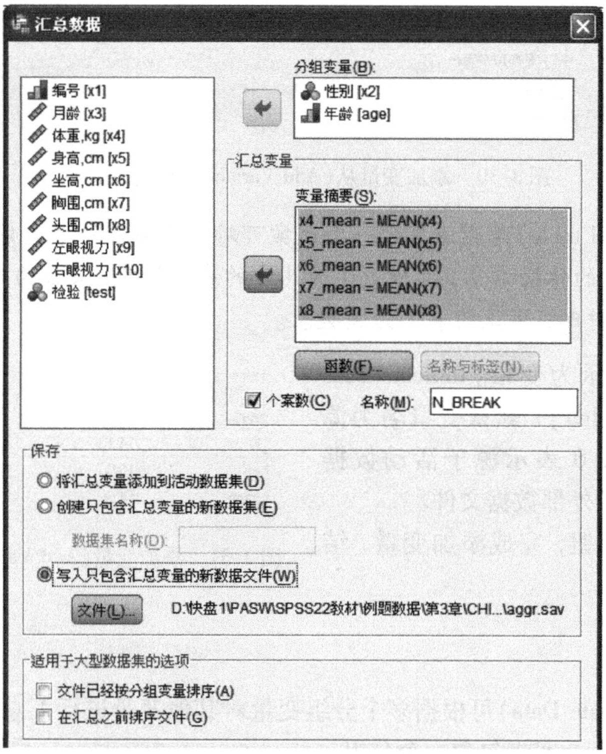

图 3-32 汇总数据(Aggregate Data)主对话框

3)单击【变量名与标签(Name & Label)...】按钮，打开变量名与标签(Variable Name and Label)对话框，见图 3-33。

设定变量【名称(Name)】为“x4_mean”，【标签(Label)】为体重均数，同理可设定其他变量名与标签。

4)单击【继续】→【函数(Function)...】按钮，打开汇总函数(Aggregate Function)对话框，见图3-34。

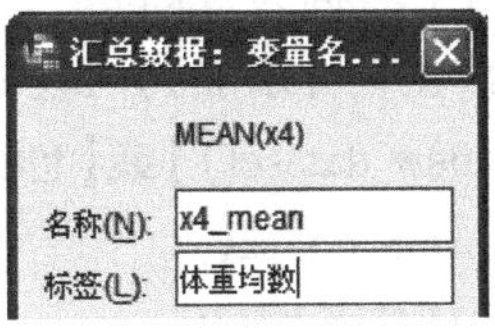

图3-33 变量名与标签(Variable Name and Label)对话框

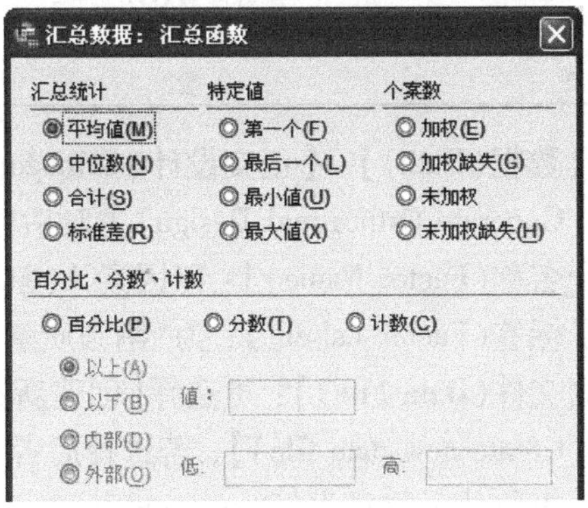

图3-34 汇总函数(Aggregate Function)对话框

汇总函数包括【汇总统计(Summary Statistics)】:【平均值(Mean)】、【中位数(Median)】、【合计(Sum)】及【标准差(Standard Deviation)】,【特定值(Specific Values)】:【第一个(First)】、【最后一个(Last)】、【最小值(Minimum)】及【最大值(Maximum)】,【个案数(Number of cases)】:【加权(Weighted)】、【加权缺失(Weighted missing)】、【未加权(Unweighted)】及【未加权缺失(Unweighted missing)】,【百分比(Percentages)】,【分数(Fractions)】或【计数(Counts)】的【以上(Above)】或【以下(Below)】,【内部(Inside)】或【外部(Outside)】。

5)单击【继续】按钮，返回主对话框，同理设定其他变量的变量名、标签及汇总函数。

6)单击【确定】按钮，完成汇总数据，结果见图3-35。

	x2	age	x4_mean	x5_mean	x6_mean	x7_mean	x8_mean	N_BREAK
1		.	.	.	.	.	.	1
2	1	5	16.10	104.16	59.71	52.35	48.62	10
3	1	6	17.74	109.26	61.76	53.39	49.08	28
4	1	7	20.99	116.11	64.44	56.00	49.92	12
5	2	5	15.44	102.09	57.71	51.21	48.36	7
6	2	6	17.73	108.42	61.02	54.15	48.23	23
7	2	7	20.55	115.43	64.81	54.25	49.41	16

图3-35 汇总数据(Aggregate Data)结果

3.3.5 正交设计

正交设计(Orthogonal Design)包括生成正交设计(Generate Orthogonal Design)及显示设计(Display Design)两项功能。

1. 生成正交设计

生成正交设计(Generate Orthogonal Design)可生成一个包含正交主效应设计的数据文件，正交设计可用显示设计(Display Design)过程显示，其数据文件可用于其他SPSS过程，如Conjoint过程。

【例3-15】 为了改变既往某种注射液含9.1%~24.8%的玻璃物质而成为不合格品的状况，某制药研究组根据以往经验确定产生玻璃物质的主要因素有安瓿割圆质量(A)、安瓿干燥(B)、磕瓶操作(C)，其排除因素及水平见表3-2，请据此进行正交设计。

表 3-2　注射液玻璃物质的正交实验因素水平表

水　平	因　素		
	割圆质量(A)	安瓿干燥(B)	磕瓶操作(C)
1	较好	不烘干	新工艺(瓶口朝下磕瓶)
2	一般	烘干	旧工艺(多次磕瓶)

1)选择【数据(Data)】→【正交设计(Orthogonal Design)】→【生成(Generate)...】，打开生成正交设计(Generate Orthogonal Design)主对话框，见图 3-36。

☆【因子名称(Factor Name)】：以因素 A(割圆质量)为例，因子名称为“factora”。

☆【因子标签(Factor Label)】：为“割圆质量”，单击【添加】按钮，可添加到列表中。

☆【数据文件(Data File)】：可选择【创建新数据集(Create a new dataset)】或【创建新数据文件(Create new data file)】，若选择后者，默认文件名为 orthogon. sav。

☆【将随机数种子重置为(Reset random number seed to)】：默认值为“500”。

2)选择列表中的【factora‘割圆质量’】，单击【定义值(Define Values)...】按钮，打开定义值(Define Values)对话框，见图 3-37。

☆【值和标签(Values and Labels for)】：设定所选因子所有水平的【值(Value)】，也可设定其值【标签(Label)】。

☆【自动填充(Auto-Fill)】：设定因子水平的最大值，单击【填充(Fill)】按钮，则自动填充水平值。

3)单击【继续】按钮，返回主对话框，同理可对因素 B、C 进行设定。

4)单击【选项(Options)...】按钮，打开选项(Options)对话框，见图 3-38。

☆【生成的最小个案数(Minimum number of cases to generate)】。

☆【延续个案(Holdout Cases)】：标记为不引入 Conjoint 分析的个案，可选择【延续个案数(Number of holdout cases)】并选择【与其他个案随机混合(Randomly mix with other cases)】。

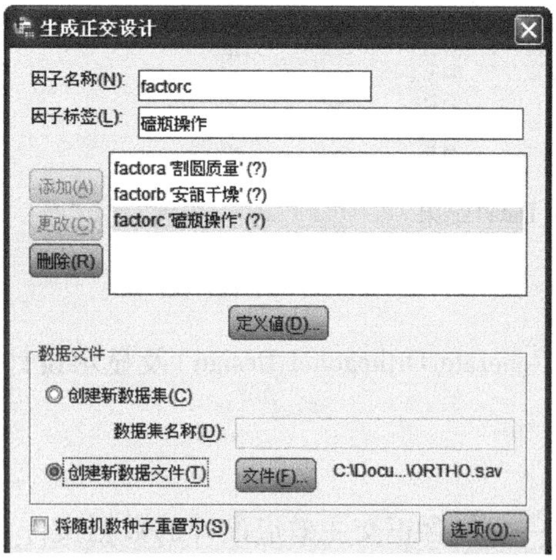

图 3-36　生成正交设计(Generate Orthogonal Design)主对话框

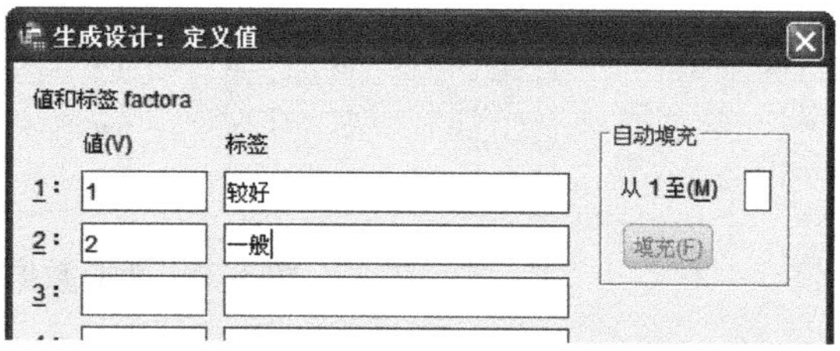

图 3-37　定义值(Define Values)对话框

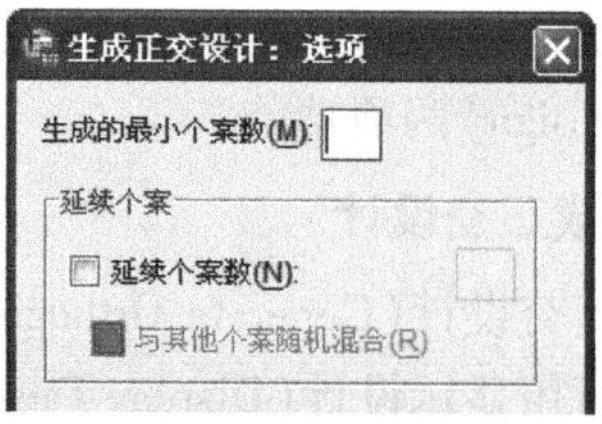

图 3-38　选项(Options)对话框

5)单击【继续】→【确定】按钮，完成生成正交设计。

2. 显示正交设计

显示设计(Display Design)过程可显示活动数据集的正交实验设计或其他实验设计。

【例 3-16】 显示例 3-15 生成正交设计的数据。

1）选择【数据（Data）】→【正交设计（Orthogonal Design）】→【显示（Display）...】，打开显示设计（Display Design）主对话框，见图 3-39。

☆【因子（Factor）】：可选择 1 个或以上的因子变量，本例为"factora"、"factorb"、"factorc"。

☆【格式（Format）】：可选择【试验者列表（Listing for experimenter）】和【主体概要文件（Profiles for subjects）】。

2）单击【标题（Titles）...】按钮，打开标题（Titles）对话框，见图 3-40。可设定【概要文件标题（Profile Title）】及【概要文件页脚（Profile Footer）】。

3）单击【继续】→【确定】按钮，显示实验清单及概要文件（略）。

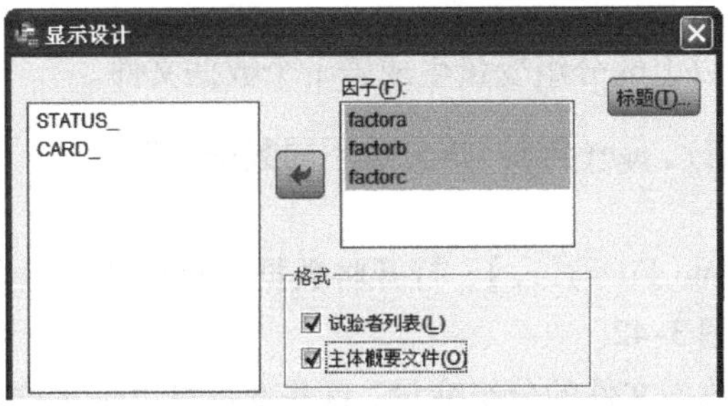

图 3-39　显示设计（Display Design）主对话框

图 3-40　标题（Titles）对话框

3.3.6　拆分数据文件

拆分数据文件（Split File）可根据 1 个或以上的分组变量将数据文件拆分成多个独立的分组，并对各分组分别进行统计分析。拆分数据文件过程将遵循以下原则：最多可指定 8 个分组变量；长串变量（长度超过 8B 的变量）将把每 8B 看作一个分组变量；个案将按所选分组变量的先后次序进行排序。

【例 3-17】 对数据文件 child. sav 按 x2（性别）、age（年龄）进行拆分，并对 x4（体重）、x5（身高）、x6（坐高）、x7（胸围）及 x8（头围）进行描述性分析。

1）打开数据文件 child. sav。

2）选择【数据（Data）】→【拆分文件（Split File）...】，打开拆分文件（Split File）对话框，见图 3-41。

☆【分析所有个案，不创建组（Analyze all cases, do not create groups）】。

☆【比较组（Compare groups）】：各分组的结果放在一起进行比较。对于结果表格，每个分组变量所生成的表将放在一起显示；对于图表，每个分组变量所生成的图将放在同一视图中显示。

☆【按组组织输出（Organize output by groups）】：所有程序生成的分组结果将独立显示。

☆【分组方式（Groups Based on）】：选择 1 个或以上的分组变量，本例为"x2（性别）"和"age（年龄）"。

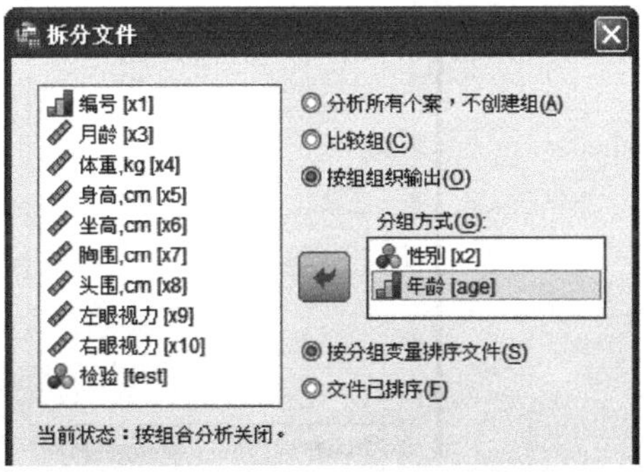

图 3-41　拆分文件（Split File）对话框

☆【按分组变量排序文件(Sort the file by grouping variables)】：本例选择此项。

☆【文件已排序(File is already sorted)】。

3)单击【确定】按钮，完成拆分数据文件。

4)打开描述性(Descriptives)主对话框(参见第 6.2 节)。【变量(Variable(s))】为 x4(体重)、x5(身高)、x6(坐高)、x7(胸围)及 x8(头围)。

5)打开选项(Options)对话框，选择【平均值(Mean)】、【离散(Dispersion)】中的【标准偏差(Std. deviations，标准差)】、【最小值(Minimum)】及【最大值(Maximum)】。

6)单击【继续】→【确定】按钮，得到结果(略)。

3.3.7　拆分为数据文件

拆分为数据文件(Split into Files)根据 1 个或以上的分组变量生成若干个数据文件。

【例 3-18】　对数据文件 child. sav 按 x2(性别)、age(年龄)拆分成不同数据文件。

1)打开数据文件 child. sav。

2)选择【数据(Data)】→【拆分为文件(Split Into Files)...】，打开将数据集拆分为独立的文件(Split Dataset into Separate Files)对话框，见图 3-42。

☆【按拆分个案(Split Cases by)】：用于拆分数据文件的分组变量，这些变量可以是字符或数字，后者必须为整数，本例选择“x2(性别)”、“age(年龄)”。

☆【输出位置(Output Location)】：可选择【将输出文件写入指示的目录(选择下面的选项)(Write output files to indicated directory(choose below))】或【将输出写入新的临时目录(Write output to a new temporary directory)】。

☆【输出文件目录(Output File Directory)】：用户指定拆分后的数据文件目录，本例将保存到“C:\split”中。

☆【删除目标目录中的现有 sav 文件(Delete existing sav files from target directories)】：将删除指定目录中的数据文件后再生成新文件。

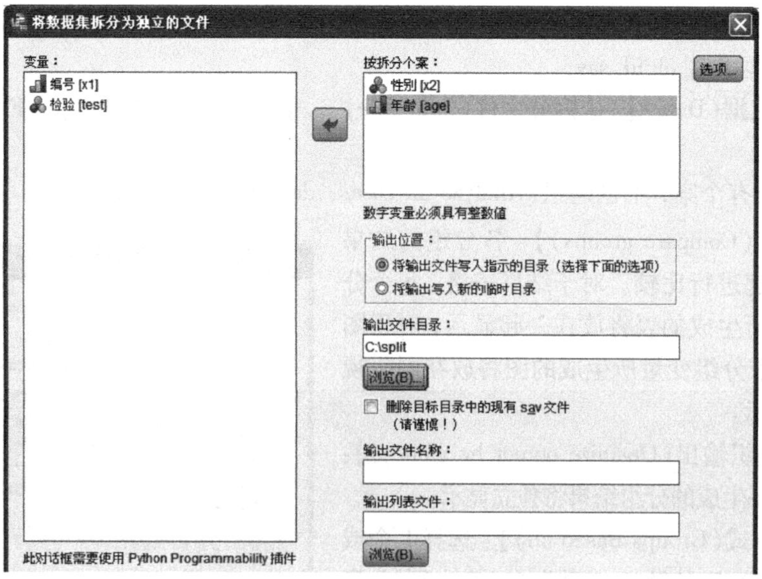

图 3-42　将数据集拆分为独立的文件(Split Dataset into Separate Files)对话框

此外，用户还可以设定【输出文件名称(Output File Names)】和【输出列表文件(Output Listing File)】。

3)单击【选项(Options)...】按钮，打开 Options 对话框，见图 3-43。

☆【输出文件名称(Output File Names)】：有以下 3 种生成文件名的方式。

○【基于拆分变量值(Base on split variable values)】：如含有两个变量的文件名，格式为 value1_value2. sav。如果一个值是系统缺失值，那么根名称将为 $Sysmis。对于串变量，空值将生成名为. sav 的文件。

○【基于拆分变量值标签(Base on split variable value labels)】：拆分值的值标签将作为根名称。

○【按顺序编号(Sequentially numbered)】：文件根名称为 0001 至所需的最大编号。当值或标签会生成怪异名称时，此选项将十分有用。

☆【名称前缀(Name Prefix)】。

○【将文本作为文件名的开头部分(Use text as first part of file name)】：可在【将文本作为前缀(Prefix text，前缀文本)】框输入相应文本作为每个根名称的开头。

○【显示已写入文件的列表(Display list of files written)】：可生成已写入文件以及相关联的拆分变量值的列表。

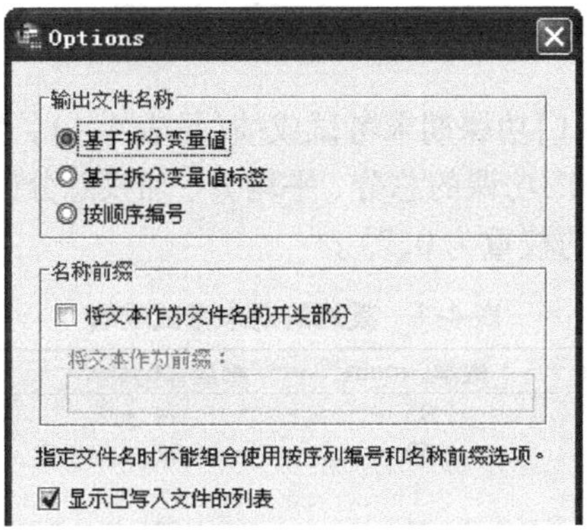

图 3-43　Options 对话框

4)单击【继续】→【确定】按钮，完成拆分为数据文件(Split Into Files)，结果(略)。

5)结果分析：从已写入的拆分文件的值和文件名(Values and File Names for Split Files Written)表及“C:\split”文件夹，可见共拆分 7 个数据文件(Data File)，分别为 $Sysmis_$Sysmis. sav、1_5. sav、1_6. sav、1_7. sav、2_5. sav、2_6. sav 和 2_7. sav。

练习题

(请访问 www. hxedu. com. cn 下载。)

第4章 数据变换

在科学研究和社会调查的工作中，所获得的原始数据需要进行整理才能做进一步的分析。SPSS 提供了非常方便的数据(变量)变换(Transform)功能，包括计算变量(Compute Variable)，可编程性变换(Programmability Transformation)，对个案内的值计数(Count Occurrences of Values within Cases)，转换值(Shift Values)，重新编码为相同变量(Recode into Same Variables)，重新编码为不同变量(Recode into Different Variables)，自动重新编码(Automatic Recode)，创建虚拟变量(Create Dummy Variables)，可视分箱化(Visual Binning)，最优分箱化(Optimal Binning)，准备建模数据(Prepare Data for Modeling)[包括交互式数据准备(Interactive Data Preparation)，自动数据准备(Automatic Data Preparation)及逆转换得分(Backtransform Scores)]，个案等级排序(Rank Cases)，日期和时间向导(Date and Time Wizard)，创建时间序列(Create Time Series)，替换缺失值(Replace Missing Values)，随机数字生成器(Random Number Generators)及运行挂起的转换(Run Pending Transforms)等 19 项数据整理功能。

4.1 计算变量

【例 4-1】 现有某班的 5 门功课期末考试成绩(见表 4-1)，为了做进一步的分析，需要先对数据进行整理，要求计算 5 门功课的总分、平均分、加权总分(语文、数学的权重为 1.2，物理、化学的权重为 1.0，生物的权重为 0.7)。

表 4-1 某班的期末考试成绩

学号，no	语文，chinese	数学，math	物理，physics	化学，chemist	生物，biology
1	80	95	74	77	72
2	70	69	71	82	40
⋮	⋮	⋮	⋮	⋮	⋮
33	90	60	82	82	74
34	51	81	51	82	61

1)建立数据文件 test. sav，变量名为分别 no(学号)、chinese(语文)、math(数学)、physics(物理)、chemist(化学)、biology(生物)。

2)选择【转换(Transform，变换)】→【计算变量(Compute Variable)...】，打开计算变量(Compute Variable)主对话框，见图 4-1。

3)在【目标变量(Target Variable)】框中输入变量名“score”。

4)单击【类型与标签(Type & Label)】按钮，打开类型和标签(Type and Label)对话框，见图 4-2。

☆【标签(Label)】。

○【标签(Label)】：设定变量标签，本例为“总分”。

○【将表达式用作标签(Use expression as label)】，用表达式作为变量标签。

☆【类型(Type)】:可选择【数值(Numeric)】或【字符串(String)】。

5)在【数字表达式(Numeric Expression)】框中输入表达式“SUM(chinese,math,physics,chemist,biology)”。

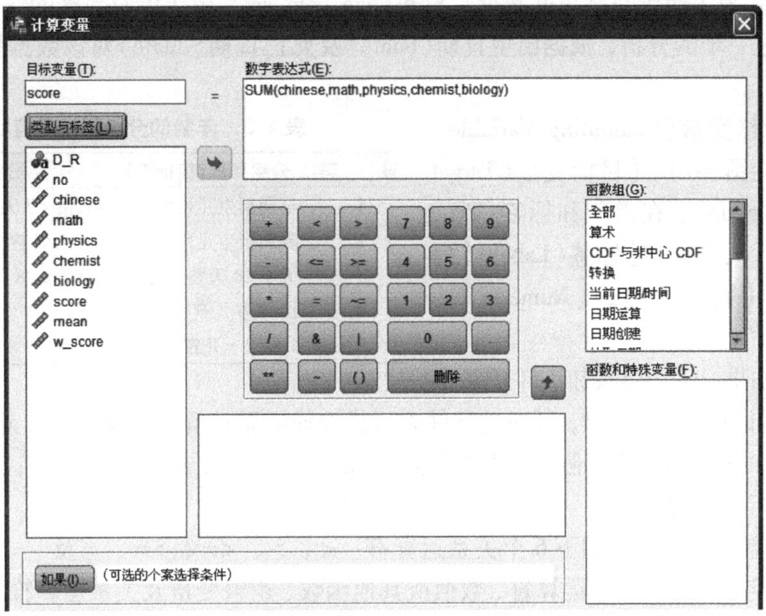

图 4-1 计算变量(Compute Variable)主对话框

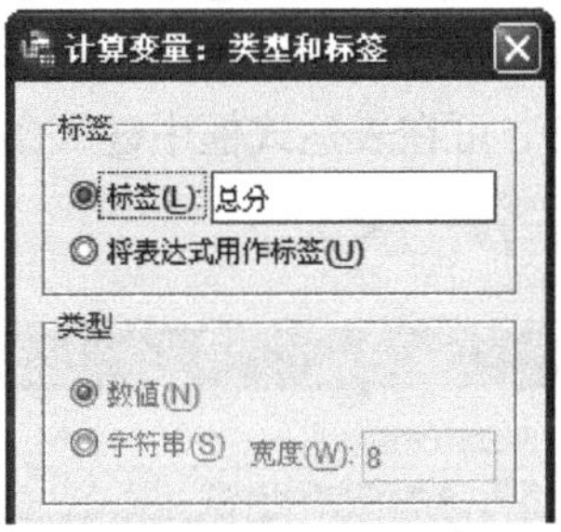

图 4-2 类型和标签(Type and Label)对话框

6)单击【确定】按钮，即可生成一个新变量(score)。

7)同理，还可计算平均分与加权总分，有关的设置如下：

变 量	目标变量	标 签	数字表达式
平均分	mean	平均分	MEAN(chinese,math,physics,chemist,biology)
加权总分	w_score	加权总分	chinese * 1.2 + math * 1.2 + physics + chemist + biology * 0.7

8)上述计算的结果见表 4-2。

表 4-2 期末考试成绩的计算结果

学号 no	语文 chinese	数学 math	物理 physics	化学 chemist	生物 biology	总分 score	平均分 mean	加权总分 w_score
1	80.00	95.00	74.00	77.00	72.00	398.00	79.60	411.40
2	70.00	69.00	71.00	82.00	40.00	332.00	66.40	347.80
⋮	⋮	⋮	⋮	⋮	⋮	⋮	⋮	⋮
33	90.00	60.00	82.00	82.00	74.00	388.00	77.60	395.80
34	51.00	81.00	51.00	82.00	61.00	326.00	65.20	334.10

【例4-2】　为了便于对某市儿童死亡资料(age_com. sav，由于涉及数据的保密只选取了部分变量)进行进一步的分析，根据出生日期(bdate)及死亡日期(ddate)对该数据按要求进行分组，见表4-3。

表4-3　年龄的分组要求及值标签

编　码	分组要求(值标签)	分组条件
1	早期新生儿死亡	日龄 <7 天
2	晚期新生儿死亡	28 天日龄≥7 天
3	大于 28 天婴儿死亡	日龄≥28 天且年龄 <1 岁
4	1 ~4 岁儿童死亡	年龄≥1 岁且 <5 岁
5	5 岁以上儿童死亡	年龄≥5 岁

1)打开计算变量(Computing Variable)主对话框(参见图4-1)，【目标变量(Target Variable)】为“group”，在类型和标签(Type and Label)对话框中设定【标签(Label)】为“死亡分组”，【数字表达式(Numeric Expression)】为“1”。

2)单击【如果(If)...】按钮，打开 If 个案(If Cases)对话框，见图4-3，可通过条件表达式选择需要计算的个案子集，对于每个个案，条件表达式返回的数值为真、假、缺失3个值。当结果为真时，进行数据变换；结果为假或缺失时，则不进行数据变换。

可在计算器面板上选择如下6个关系运算符：<、>、<=、>=、=及~=。条件表达式中可包含变量名、常数、数学运算符、数值或其他函数、逻辑变量及关系运算符。

在此有两种选择：

☆【包括所有个案(Include all cases)】：默认选项，所有个案均参加数据变换。

☆【如果个案满足条件则包括(Include if case satisfies condition)】：条件表达式返回的结果为真的个案才参与数据变换。可在表达式框中键入条件表达式，本例为

```
DATEDIFF(ddate,bdate,"days" ) < 7
```

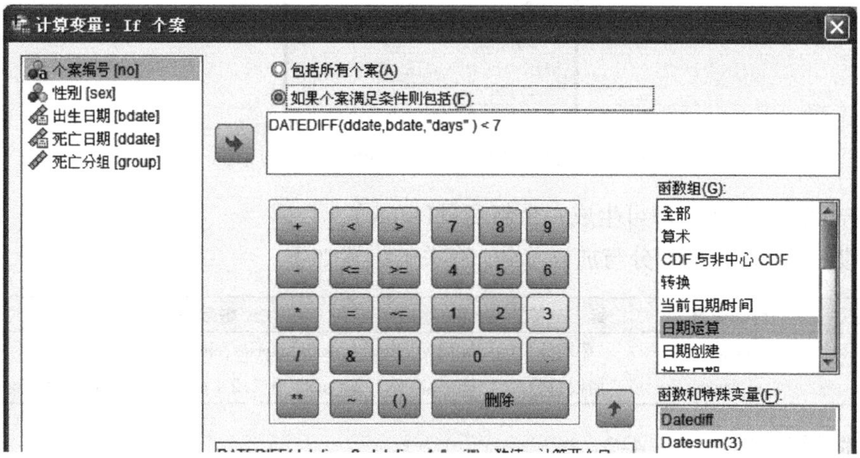

图4-3　If 个案(If Cases)对话框

3)单击【继续】→【确定】按钮，即可生成一个新变量(group)。

4)同理，通过如下条件表达式对其他个案进行分组(日期函数的具体用法参见第5.3.5节)。

(1)早期新生儿死亡：

```
DATEDIFF(ddate,bdate,"days" ) < 7
```

(2)晚期新生儿死亡：

```
DATEDIFF(ddate,bdate,"days" ) > = 7 & DATEDIFF(ddate,bdate,"days" ) < 28
```

(3)大于28天婴儿死亡:

```
DATEDIFF(ddate,bdate,"days") >= 28 & DATEDIFF(ddate,bdate,"days") < 1
```

(4)1~4岁儿童死亡:

```
DATEDIFF(ddate,bdate,"years") >= 1 & DATEDIFF(ddate,bdate,"years") < 5
```

(5)5岁以上儿童死亡:

```
DATEDIFF(ddate,bdate,"years") >= 5
```

5)设定死亡分组(group)的值标签。

6)上述计算的结果见表4-4。

表4-4 儿童死亡分组的部分结果

个案编号,no	性别,sex	出生日期,bdate	死亡日期,ddate	死亡分组,group
2602001	两性畸形	08/10/1994	08/11/1996	1~4岁儿童死亡
2602002	男	11/01/1996	11/15/1996	晚期新生儿死亡
2602003	男	05/18/1995	01/05/1997	1~4岁儿童死亡
2602004	女	01/03/1997	01/07/1997	早期新生儿死亡
2602005	女	01/14/1997	01/14/1997	早期新生儿死亡
2602008	男	06/09/1997	06/11/1997	早期新生儿死亡
2602062	男	07/26/1992	06/09/1997	1~4岁儿童死亡
2603009	男	11/22/1996	12/08/1996	晚期新生儿死亡
2603010	男	10/15/1996	10/15/1996	早期新生儿死亡
2603011	男	11/01/1996	11/01/1996	早期新生儿死亡
2603012	女	03/08/1995	01/15/1997	1~4岁儿童死亡
2603013	女	12/22/1992	02/24/1997	1~4岁儿童死亡
2603015	男	11/20/1996	07/29/1997	大于28天婴儿死亡

4.2 对个案内的值计数

在数据分析时常需分析每个个案中不同变量内相同值出现的次数。对个案内的值计数(Count Occurrences of Values within Cases)将创建一个变量,该变量统计每个个案的变量列表中相同值的出现次数。例如,某调查可能包含一个杂志列表,并使用“是/否”复选框来表示每个受访者阅读哪些杂志,可以计算受访者回答“是”的数目以创建包含他所阅读的杂志总数的一个新变量。

【例4-3】 已知某调查设计包含有读者阅读杂志调查问卷,问卷中列有10道问题,并使用“是/否”复选框来表示每个受访者阅读哪些杂志,现已回收10份问卷,要求计算每个受访者回答“是”的数目,并在数据文件中创建一个名为“total”的变量。

1)打开数据文件count.sav。

2)选择【转换(Transform,变换)】→【对个案内的值计数(Count Values within Cases)...】,打开计算个案内值的出现次数(Count Occurrences of Values within Cases)主对话框,见图4-4。

3)【目标变量(Target Variable)】为“total”,【目标标签(Target Label)】为“杂志总数”,将问题1~问题10全部选入【数字变量(Variables)】列表内。

4)单击【定义值(Define Values)...】按钮，打开要统计的值(Values to Count)对话框，见图 4-5。【值(Value)】为“1”，单击【添加】按钮，把“1”添加进【要统计的值(Values to Count)】列表内。还可以选择统计【系统缺失(System-missing)】、【系统或用户缺失(System-or user-missing)】、【范围(Range)】、【范围，从最低到值(Range, Lowest through value)】及【范围，从值到最高(Range, value through Highest)】的计数。

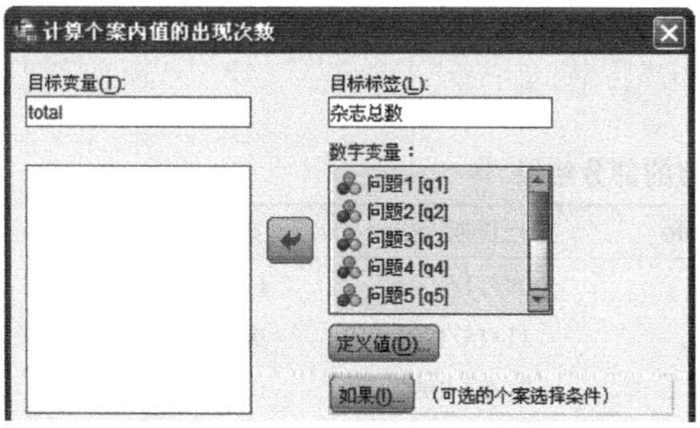

图 4-4　计算个案内值的出现次数(Count Occurrences of Values within Cases)主对话框

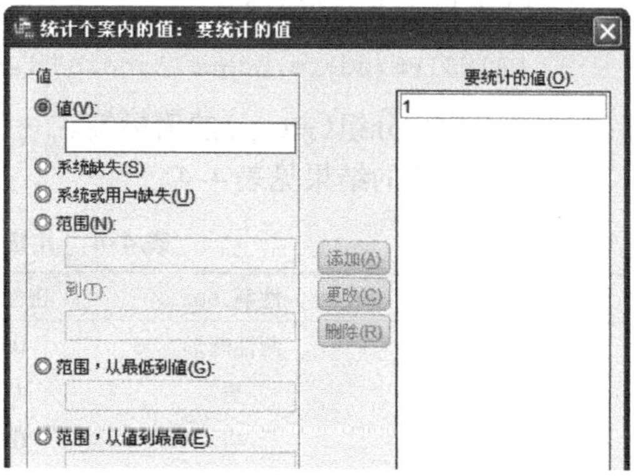

图 4-5　要统计的值(Values to Count)对话框

5)单击【继续】→【确定】按钮，即可得到新变量 total(杂志总数)，并对 10 个个案所回答的问题进行了统计，见图 4-6。

q5	q6	q7	q8	q9	q10	total
.0	1.00	.0	.0	.0	.0	1.00
.0	1.00	1.00	.0	.0	.0	6.00
.0	.0	1.00	1.00	.0	.0	4.00
1.00	.0	1.00	1.00	1.00	1.00	7.00
.0	1.00	.0	.0	1.00	1.00	5.00
1.00	.0	.0	1.00	1.00	.0	6.00
1.00	1.00	1.00	1.00	1.00	.0	6.00
1.00	1.00	1.00	.0	.0	1.00	5.00
1.00	1.00	1.00	.0	.0	.0	5.00
1.00	1.00	.0	1.00	1.00	.0	5.00

图 4-6　对个案内的值计数结果

4.3　转　换　值

转换值(shift values)可以创建包含活动数据集中现有变量值的新变量。

【例 4-4】　对数据文件 shift values. sav 中的变量 count 进行转换值操作，并生成一个新变量 count1。

1)打开数据文件 shift values. sav。

2)选择【转换(Transform，变换)】→【转换值(Shift Values)...】，可以打开转换值(Shift Values)对话框，见图 4-7。

3)将变量“count”选入【变量→新名称(Variable→New name)】列表中，在【名称和方法(Name and Method)】中的【名称(Name)】框内输入“count1”，单击【更改】按钮。

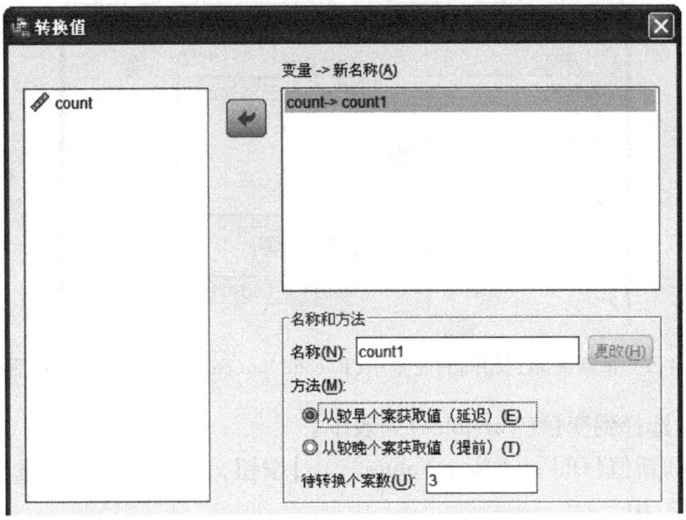

图 4-7　转换值(Shift Values)对话框

4)【方法(Method)】：选择【从较早个案获取值(延迟)(Get value from earlier case(Lag))】，【待转换个案数(Number of cases to shift)】框输入“3”，单击【更改】→【确定】按钮，即可以生成新变量 count1。新变量值是从第 4 个个案开始出现，并按 count 变量中第 1 个个案的值按顺序向下排列，见图 4-8 中左图。如果选择【从较晚个案获取值(提前)(Get value from later case(Lead))】，【待转换个案数(Number of cases to shift)】框输入“3”，则结果见图 4-8 中右图。

count	count1
1.00	.
6.00	.
4.00	.
7.00	1.00
5.00	6.00
6.00	4.00
6.00	7.00
5.00	5.00
5.00	6.00
5.00	6.00

count	count1
1.00	7.00
6.00	5.00
4.00	6.00
7.00	6.00
5.00	5.00
6.00	5.00
6.00	5.00
5.00	.
5.00	.
5.00	.

图 4-8　转换值(Shift Values)结果图

4.4　重 新 编 码

在数据分析时需要对数据进行分组或合并分组，如对月薪、年龄进行分组等。包括重新编码为相同变量(Recode into Same Variables)、重新编码为不同变量(Recode into Different Variables)、自动重新编码(Automatic Recode)3 个功能，可对数值及串变量进行重新编码。

4.4.1　重新编码为相同变量

重新编码为相同变量(Recode into Same Variables)可对变量值或数值范围进行重新赋值。

【例 4-5】　已知产妇及婴幼儿体检数据，并建立了一个 dBASE 数据文件 hong1.dbf，试对 x6(婴儿体重，kg)按如下方式分组：x6 < 2.00kg 以下时，x6 = 1；2.00kg ≤ x6 ≤ 3.00kg 时，x6 = 2；x6 > 3.00kg 时，x6 = 3。

1)打开数据文件 hong1.dbf。

2)选择【转换(Transform，变换)】→【重新编码为相同变量(Recode into Same Variables)...】，打开重新编码到相同的变量中(Recode into Same Variables)主对话框，见图 4-9。

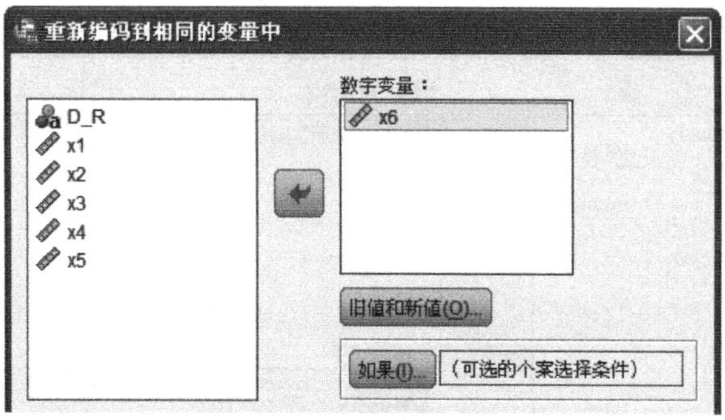

图 4-9　重新编码到相同的变量中(Recode into Same Variables)主对话框

3)将变量“x6”选择到变量(Variables)列表中。

4)单击【旧值和新值(Old and New Values)...】按钮，打开旧值和新值(Old and New Values)对话框，见图 4-10。

☆【旧值(Old Value)】：需要重新编码的值，可选择【值(Value)】、【系统缺失(System-missing)】、【系统或用户缺失(System- or user-missing)】、【范围(Range)】、【范围，从最低到值(Range, Lowest through value)】、【范围，从值到最高(Range, value through Highest)】及【所有其他值(All other values)】。

☆【新值(New Value)】：需重新编码的目标值。

○【值(Value)】：必须为与被选变量数据类型相同的值。

○【系统缺失(System-missing)】：系统缺失值不能计算，含有缺失值的个案将不参与大多数的操作。

☆【旧→新(Old→New)】：重新编码旧新值对应项目的列表，可对列表中的项目进行【添加】、【更改】及【删除】。

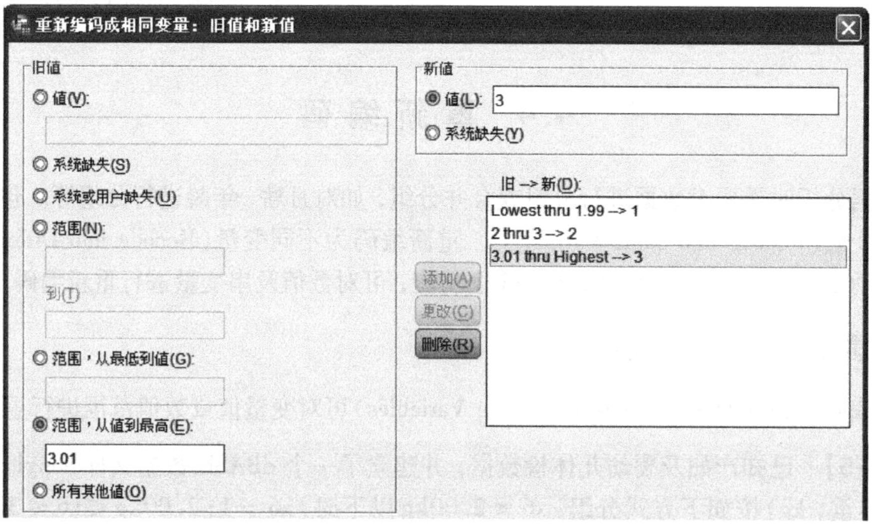

图 4-10　旧值和新值(Old and New Values)对话框

5)单击【继续】→【确定】按钮，完成重新编码。

4.4.2 重新编码为不同变量

重新编码为不同变量(Recode into Different Variables)可将现有变量的数值与数值范围变换为新变量的新值，可将数值变量变换成串变量，也可将串变量变换成数值变量。

【例4-6】 已知产妇及婴幼儿体检数据，并建立了一个dBASE数据文件hong1.dbf，试对x6(婴儿体重，kg)按如下方式分组(g)：x6 < 2.00kg时，g = 1；2.00kg ≤ x6 ≤ 3.00kg时，g = 2；x6 > 3.00kg时，g = 3，并生成1个新变量。

1)打开数据文件hong1.dbf。

2)选择【转换(Transform，变换)】→【重新编码为不同变量(Recode into Different Variables...)】，打开重新编码为其他变量(Recode into Different Variables)主对话框，见图4-11。

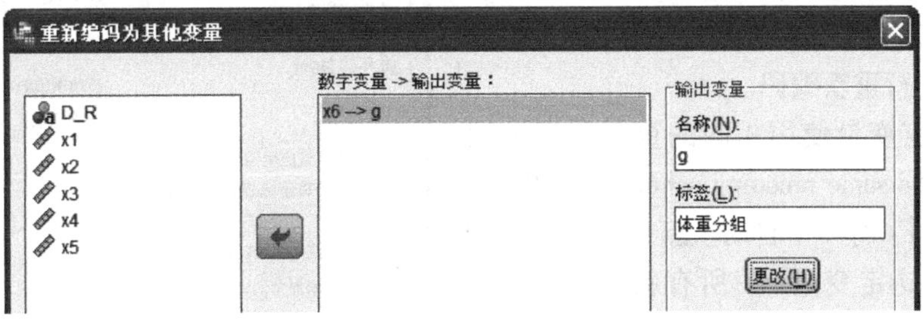

图4-11 重新编码为其他变量(Recode into Different Variables)主对话框

3)将"x6"添加至【输入变量→输出变量(Input Variable→ Output Variable)】列表中，在【输出变量(Output Variable)】的【名称(Name)】框中输入"g"，【标签(Label)】框中输入"体重分组"后单击【更改】按钮，可将对应关系添加到【输入变量→输出变量(Input Variable→Output Variable)】列表中。

4)单击【旧值和新值(Old and New Values)...】按钮，打开旧值和新值(Old and New Values)对话框，见图4-10。在此可设定相应的【旧值(Old Value)】和【新值(New Value)】，参见第4.4.1节。

- ☆【输出变量为字符串(Output variables are strings)】：可定义重新编码的新变量为串变量，旧变量可为字符串或数值。
- ☆【将数值字符串移动为数值(Convert numeric strings to numbers)】：将字符串所包含的数字变换为数值，字符串中带有+、-号的数字将变换为系统缺失值。

5)单击【继续】→【确定】按钮，完成重新编码。

4.4.3 自动重新编码

自动重新编码(Automatic Recode)可将字符串或数值数据变换成连续的整数。在SPSS的许多模块中，分类编码不连续会引起空白的统计格子从而导致效能降低，增加内存的需求。另外，某些模块不能使用串变量或需要连续的整数值作为因子水平。由自动重新编码(Automatic Recode)生成的变量将保留变量的定义及值标签。对于无值标签的值，则将原值作为重新编码值的标签并可生成一个新旧值及值标签的对应表。字符串按照字母顺序进行重新编码，大写字母比其小写字母优先。字符串变量的重新编码可用于调查表中的开放式问题的统计整理。

【例 4-7】 在数据文件中 child. sav，对左眼视力(x9)进行自动重新编码。

1)打开数据文件 child. sav。

2)选择【转换(Transform，变换)】→【自动重新编码(Automatic Recode)...】，打开自动重新编码(Automatic Recode)对话框，见图 4-12。

☆【变量→新名称(Variable→New Name)】：显示新旧变量名，本例为“x9→x9code”。

☆【新名称(New Name)】：本例为“x9code”。

☆【重新编码的起点(Recode Starting from)】：指定重新编码的顺序。

○【最低值(Lowest value)】：按递增顺序进行重新编码。

○【最高值(Highest value)】：按递减顺序进行重新编码。

☆【对所有变量使用相同的重新编码方案(Use the same recoding scheme for all variables)】：将一个自动重新编码方案应用于所有选定变量，使所有新变量生成一致的编码方案。

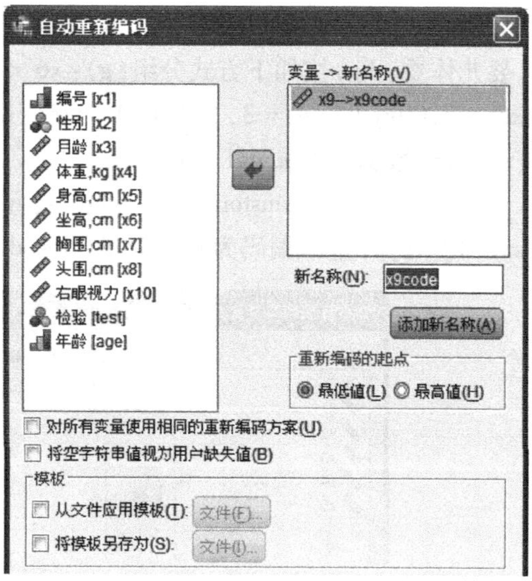

图 4-12　自动重新编码(Automatic Recode)对话框

☆【将空字符串值视为用户缺失值(Treat blank string values as user-missing)】：对于字符串变量，会将空字符串自动重新编码为高于最高非缺失值的用户缺失值。

☆【模板(Templates)】：可选择【从文件应用模板(Apply template from)】和【将模板另存为(Save template as)】。

3)单击【确定】按钮，完成重新编码，并显示旧值(Old Value)、新值(New Value)及值标签(Value Label)的对应表如下：

x9 into x9code(左眼视力(x9))

Old Value	New Value	Value Label
.5	1	.5
.6	.6	2
.8	.8	3
1.0	1.0	4
1.2	1.2	5
1.5	1.5	6

4.5　可视分箱化

可视分箱化(Visual Binning)可用于根据连续变量创建一个分类变量，如个人收入的变量生成一个包含个人收入范围的分类变量；也可用于将多个有序分类变量合并成少数的分类变量，如将一个 9 等级的变量合并成包含低、中、高 3 个等级的变量。

【例 4-8】 某科研机构对 1207 例乳腺癌病人进行随访，获得其生存资料，请根据随访对象的年龄构成进行分组。(SPSS 附带的数据文件 Breast cancer survival. sav)。

1）打开数据文件 Breast cancer survival. sav。

2）选择【转换（Transform，变换）】→【可视分箱化（Visual Binning）...】，打开可视分箱（Visual Binning）初始化对话框见图4-13。将“age”从【变量（Variables）】列表选择到【要分箱的变量（Variables to Bin）】列表中，也可将多个变量拖曳到【要分箱的变量（Variables to bin）】列表中，可视分箱化（Visual Binning）可根据多个变量进行分组。

☆【将要扫描的个案的数量限定为（Limit number of cases scanned to）】：对于大容量的数据文件，选择此项可节省时间，但会影响数值的分布，建议谨慎选择。

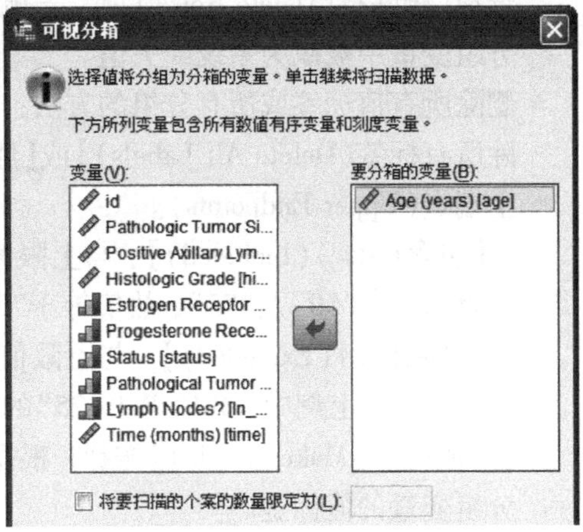

图4-13 可视分箱（Visual Binning）初始化对话框

3）单击【继续】按钮，打开可视分箱（Visual Binning）主对话框，见图4-14，在此可进行分组参数的设定。

☆【已扫描的变量列表（Scanned Variable List）】：显示上一个对话框中选择的变量，本例为age，单击列表中的列标题可对变量进行排序。

☆【已扫描个案（Cases Scanned）】：显示待扫描的个案数。所有不包含用户缺失值或系统缺失值的个案将用于生成被选变量的分布，包括主对话框显示的直方图、根据百分位数或标准差的分割点等。

☆【缺失值（Missing Values）】：显示含有用户缺失值或系统缺失值的例数。

☆【当前变量（Current Variable）】：显示【已扫描的变量列表（Scanned Variable List）】中被选变量的【名称（Name）】及【标签（Label）】。

☆【分箱化的变量（Binned Variable）】：可在此输入新分组变量【名称（Name）】及【标签（Label）】，本例为“age_g1”及“年龄分组（10岁）”。

☆【最小（Minimum）】、【最大（Maximum）】：分别显示当前被选变量的最小值与最大值。

☆【非缺失值（Nonmissing Values）】：显示根据当前被选变量有效数值生成的直方图。当定义了分组的数值后，在直方图中将以竖线显示其分割点。可拖曳分割点竖线到不同位置来改变分组的范围，也可将分割点竖线拖到直方图外而删除分割点竖线。

注：直方图、最大值及最小值是根据被扫描的数值生成的，当在初始对话框中选择了【将要扫描的个案的数量限定为（Limit number of cases scanned to）】选项时，将不能准确反映真实的分布（特别是部分变量使用了选择个案（Selected Case）模块且被排序后）。

☆【网格（Grid）】：显示每组的上限及值标签。

○【值（Value）】：定义每组的上限值。可直接输入数值，也可在生成分割点（Make Cutpoints）对话框中选择相应的准则来自动生成。本例直接录入生成分割点，其分割点分别为“30”、“40”、“50”、“60”、“70”、“80”。

○【标签（Label）】：显示生成新分组变量的值标签，可直接输入值标签，也可通过单击【生成标签（Make Labels）】按钮自动创建值标签。

☆ 删除网格中分组的方法：在【值（Value）】或【标签（Label）】网格上右击，在弹出菜单中选择【删除行(Delete Row)】项。若删除了最大的分组，则大于最大分割点的数值在新分组变量中被赋为系统缺失值。

☆ 删除所有值标签或所有分组的方法：在网格中的任意位置右击，在弹出菜单中选择【删除所有标签(Delete All Labels)】或【删除所有分割点(Delete All Cutpoints)】项。

☆ 上端点(Upper Endpoints)。

○【包含(<=)(Included)】：与上限值相同的个案归在本组分类中。例如，指定上限值为“25”、“50”及“75”，数值等于“25”的个案将归在第 1 组中。

○【排除(<)(Excluded)】：与上限值相同的个案不归在本组分类中，而将归在下一分组中。如上例中，数值等于“25”的个案将归在第 2 组中。

☆【生成标签(Make Labels)】按钮：根据格子中的数值及对上限值的处理方式自动生成新分组变量的值标签。

☆【反向刻度(Reverse scale)】：默认情况下，新分组变量的数值为递增顺序的整数，即 1 ~ n。选择此项后，将生成递减顺序的整数，即 n ~ 1。

☆【复制分箱(Copy Bins)】：复制其他变量的分组或将当前变量的分组复制到其他变量中，当选择了多个待分组变量后，此项才能使用，包括【从其他变量(From Another Variable)...】及【到其他变量(To Other Variables...)】按钮。

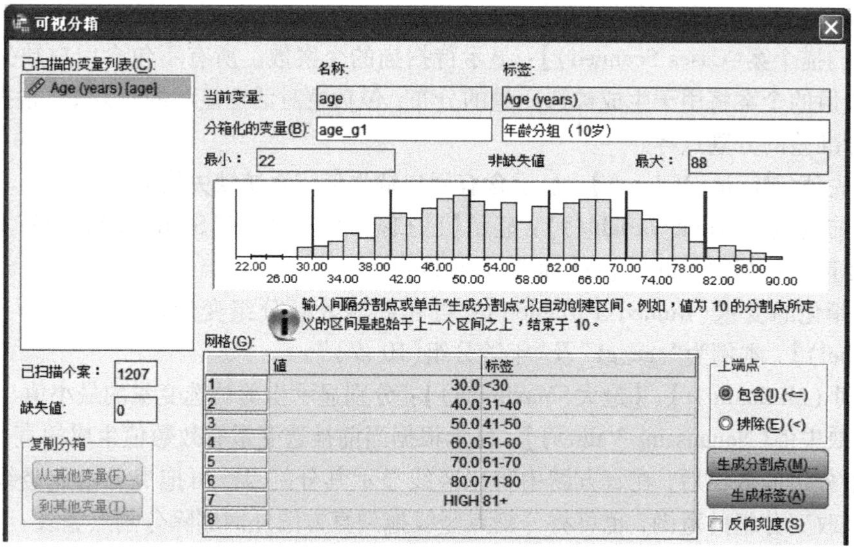

图 4-14　可视分箱(Visual Binning)主对话框

4)单击【确定】按钮，即可生成一个新分组变量 age_g1(年龄分组(10 岁))。

5)同理，还可根据其他原则进行分组，如按相同宽度、比例或标准差进行分组。下面以按相同宽度分组为例介绍其他分组方法。

重复上述第 1)、2)步，设定分箱化的变量(Binned Variable)的【名称(Name)】及【标签(Label)】分别为“age_g2”及“年龄分组(等宽)”，然后单击主对话框的【生成分割点(Make Cutpoints)...】按钮，打开【生成分割点(Make Cutpoints)】对话框，见图 4-15。

☆【等宽度间隔(Equal Width Intervals)】：根据以下 3 个准则生成相同宽度的分组。

☆【第一个分割点的位置(First Cutpoint Location)】：最小分组的上限值，本例为“30”，说明年龄小于 30 岁的个案归入第 1 组。

○【分隔点数量(Number of Cutpoints)】: 分组数为分割点数加 1, 本例的分割点数为"5", 则会生成 6 个分组。

○【宽度(Width)】: 各区间的宽度, 可根据【第一个分割点的位置(First Cutpoint Location)】及最大值自动计算宽度, 当然也可自行设定宽度, 本例为"11.6"。

○【最后一个分隔点的位置(Last Cutpoint Location)】: 本例为"76"。

完成上述设定后, 即可自动创建分组。

☆【基于已扫描个案的等百分位(Equal Percentiles Based on Scanned Cases)】: 可生成相同例数的分组, 其准则有 2 个。

○【分隔点数量(Number of Cutpoints)】: 分组数为分割点数加 1, 如 3 个分割点可生成 4 分位数分组, 即每组包含 25% 的个案。

○【宽度(%)(Width)】: 每组区间的宽度, 以每组例数占总例数的比例表示。

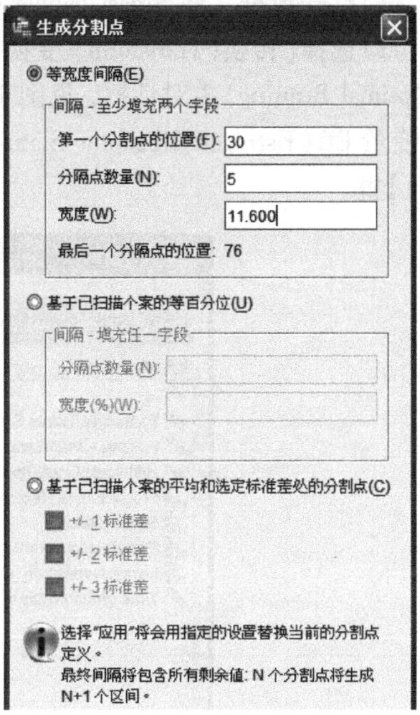

图 4-15　【生成分割点(Make Cutpoints)】对话框

如果被选变量的例数较少或大量个案有相同的值时, 所生成的分组数将比要求的少。

☆【基于已扫描个案的平均和选定标准差处的分割点(Cutpoints at Mean and Selected Standard Deviations Based on Scanned Cases)】: 可选择【+/-1 标准差(+/-1 Std. Deviation)】、【+/-2 标准差(+/-2 Std. Deviation)】及【+/-3 标准差(+/-3 Std. Deviation)】。

若不选择任何的标准差间区间, 将生成 2 个以平均值作为分割点的分组。可选择 1 个或同时选择 2 个、3 个标准差区间。如选择全部的 3 个标准差区间, 则可根据 6 个标准差及平均值作为分割点生成 8 个分组。

注: 计算百分位数及标准差均取决于被扫描的个案。若限制了扫描例数, 分组比例可能与实际比例不一致(特别是被选分组变量排序后)。例如, 根据被访者年龄进行分组, 该数据共有 1000 个个案, 限制其中的 100 个个案根据百位分位数进行分组后, 可发现 3 个分组包含了 3.3% 的个案, 最后一个分组包含了 90% 的个案, 而不是每组包含 25% 的个案。

4.6　最优分箱化

最优分箱化(Optimal Binning)是将一个或多个尺度变量值分布到"块"中进行分箱化。块的构成根据"监督"分箱化过程的分类变量(也称分类向导变量)得以最优化。然后, 可以使用块而非原始数据进行进一步的分析。

最优分箱化需要分箱化输入变量是数值变量。向导变量应是分类变量, 可以是字符串或数值。

【例 4-9】　某科研机构对 1207 例乳腺癌病人进行随访, 获得了其生存资料, 现需要根据雌激素受体状态的不同对随访对象的年龄构成进行分组。(SPSS 自带的数据文件 Breast cancer survival. sav。)

1)打开数据文件 Breast cancer survival. sav。

2)选择【转换(Transform, 变换)】→【最优分箱化(Optimal Binning)...】,打开最优分箱化(Optimal Binning)主对话框,见图 4-16。将“age”选入【要分箱的变量(Variables to Bin)】列表,将变量 ER(Estrogen Receptor Status)选入【根据以下项优化分箱(Optimize Bins with Respect To)】框。

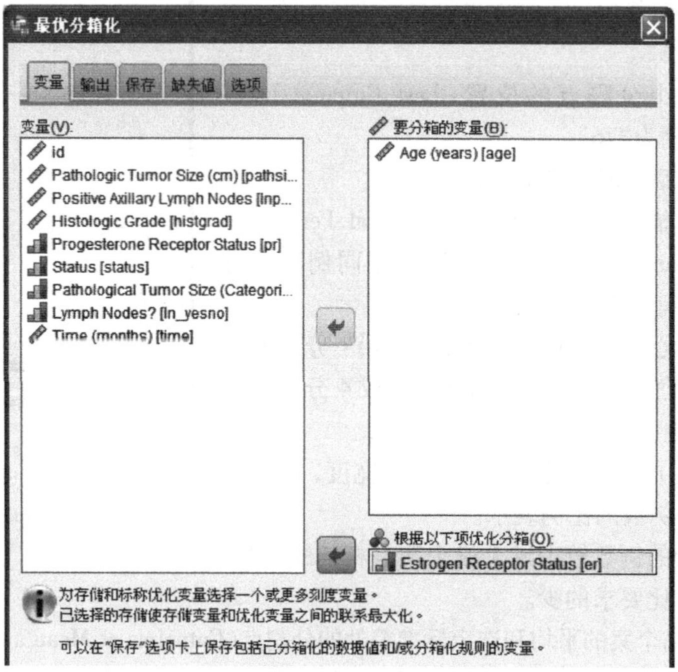

图 4-16　最优分箱化(Optimal Binning)主对话框

3)单击【输出(Output)】,可切换到输出(Output)选项卡。见图 4-17。

☆【输出(Display)】。

○【分箱的端点(Endpoints for bins)】:默认选项,可以在结果中输出分箱的下限及上限。

○【已分箱化变量的描述统计(Descriptive statistics for variables that are binned)】:在结果中输出需要被分箱化变量的描述性分析,包括总例数、最大值、最小值、分箱个数等。

○【已分箱化变量的模型熵(Model entropy for variables that are binned)】:在结果中输出模型熵,模型熵越小表示参照变量上的分箱化变量的预测准确性越高。

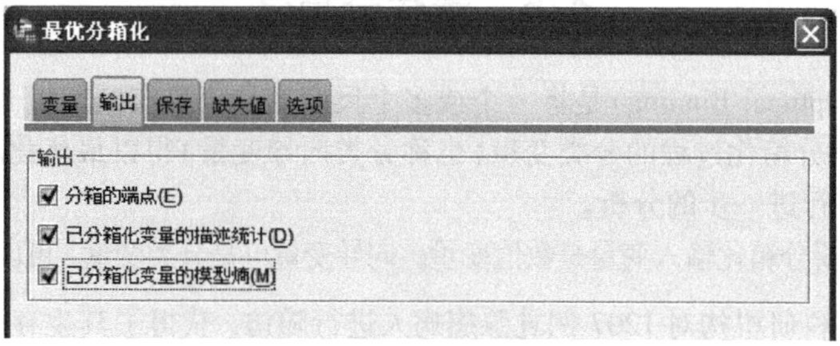

图 4-17　输出(Output)选项卡

4)单击【确定】按钮，得到如下结果：

最优分箱化(Optimal Binning)

结果 4-1　描述统计(Descriptive Statistics)

	N	最小值(Minimum)	最大值(Maximum)	不同值数(Number of Distinct Values)	分箱数(Number of Bins)
Age(years)	869	24	88	62	2

结果 4-2　模型熵(Model Entropy)

	模型熵(Model Entropy)
Age(years)	.917

结果 4-3　Age(years)

块(Bin)	端点(End Point)		Estrogen Receptor Status 水平个案数(Number of Cases by Level of Estrogen Receptor Status)		
	下限(Lower)	上限(Upper)	Negative	Positive	总计(Total)
1	[a]	49	158	118	276
2	49	[a]	180	413	593
总计			338	531	869

5)结果分析：以上结果显示，根据参照变量 ER(Estrogen Receptor Status)，将目标变量 Age(years)分箱化分为 2 个块，块 1 是“下限 <= Age(years) <49 岁”，块 2 是“49 岁 <= Age(years) <上限”。在块 1 中，雌激素受体状态为阴性的有 158 例，雌激素受体状态为阳性的有 118 例，合计 276 例。在块 2 中，雌激素受体状态为阴性的有 180 例，雌激素受体状态为阳性的有 413 例，合计 593 例。

注：最优分箱化与可视分箱化的区别：可视分箱化对话框提供了多种不使用向导变量创建块的自动方法。这些未受“监督”的规则对于生成描述统计(如频率表)十分有用，但如果最终目标是生成预测模型，则最优分箱化更好。

4.7　个 案 排 秩

个案排秩(Rank Cases)可创建 1 个或以上包含秩次(rank)、正态得分(normal score，Z 分数)、Savage 得分(Savage score)或百分位值(percentile value)的新变量。并根据原始变量名及选择的度量自动生成新变量名及变量标签并生成一个显示原始变量、新变量名及变量标签的汇总表。

【例 4-10】 对 4 组大白鼠使用不同剂量的某种激素后，测量耻骨间隙宽度的增加量(mm)，结果见表 4-5，请对耻骨间隙宽度的增加量进行排秩。

表 4-5　4 组大白鼠耻骨间隙宽度增加量

一组	二组	三组	四组
0.15	1.20	0.50	1.50
0.30	1.35	1.20	1.50
0.40	1.40	1.40	2.50
0.40	1.50	2.00	2.50
0.50	1.90	2.20	
	2.30	2.20	

1)建立数据文件 kinds. sav，变量名为 group(分组)、x(增加量)。

2)选择【转换(Transform，变换)】→【个案等级排序(Rank Cases)...】，打开个案等级排序(Rank Cases)主对话框，见图 4-18。

☆【变量(Variable(s))】：可选择 1 个或以上需进行排秩的变量，本例为“x(增加量)”。

☆【排序标准(By)】：进行分组编秩，可选择 1 个或以上的分组变量，本例为“group(分组)”。

☆【将等级 1 指定给(Assign Rank 1 to)】：可设定按递增或递减方式排秩。

○【最小值(Smallest value)】：将最小值赋值为 1，即按递增方式编秩。

○【最大值(Largest value)】：将最大值赋值为 1，即按递减方式编秩。

☆【显示摘要表(Display summary tables)】：显示列有原始变量、新变量名及变量标签的汇总表。

3)单击【等级的类型(Rank Types...)】按钮，打开类型(Types)对话框，见图 4-19。可选择多个排秩方法，每种方法将创建 1 个独立的排秩变量。

☆【等级(Rank)】：简单排秩方法，新变量值为秩次。

☆【Savage 得分(Savage score)】：新变量包含基于指数分布的 Savage 得分。

☆【分数等级(Fractional rank)】：新变量值为秩次除以非缺失值个案的加权总和。

☆【% 分数等级(Fractional rank as %)】：每个秩次除以有效例数并乘以 100。

☆【个案权重总和(Sum of case weights)】：同组的个案为相同常数。

☆【Ntiles(N 份排秩)】：根据百分位数的分组进行排秩，每组的例数大致相等。例如，4 Ntiles 将把 P_{25} 以下的个案赋值为秩次 1，$P_{25} \sim P_{50}$ 间的个案赋值为秩次 2，$P_{50} \sim P_{75}$ 的个案赋值为秩次 3，P_{75} 以上的个案赋值为秩次 4。

☆【比例估计(Proportion estimates)】：估计与特定秩次对应分布的累积比例。

☆【正态得分(Normal scores)】：估计累积比例对应的 Z 分数。

☆【比例估计公式(Proportion Estimation Formula)】：对于【比例估计(Proportion estimates)】及【正态得分(Normal scores)】可选择如下比例估计公式。

○【Blom】法：根据公式 $\frac{r-3/8}{w+1/4}$ 进行比例估计，w 为个案权重总和，r 为秩次。

○【Tukey】法：根据公式 $\frac{r-1/3}{w+1/3}$ 进行比例估计，w 为个案权重总和，r 为秩次。

○【Rankit】法：根据公式 $\frac{r-1/2}{w}$ 进行比例估计，w 为观测数，r 为秩次，测距为 1 ~ w。

○【Van der Waerden】法，根据公式 $\frac{r}{w+1}$ 进行比例估计，w 为观测数，r 为秩次，测距为 1 ~ w。

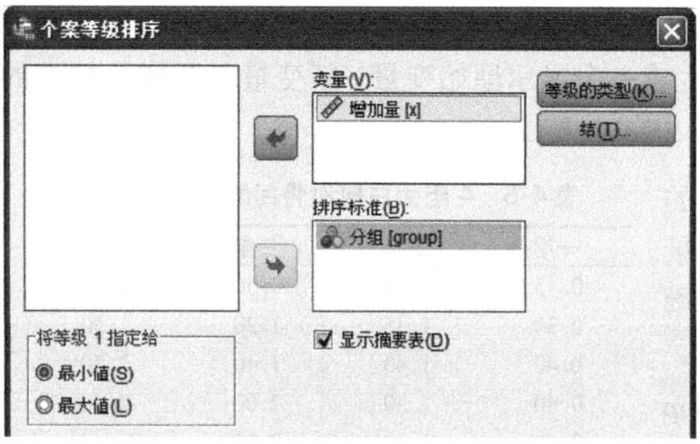

图 4-18　个案等级排序(Rank Cases)主对话框

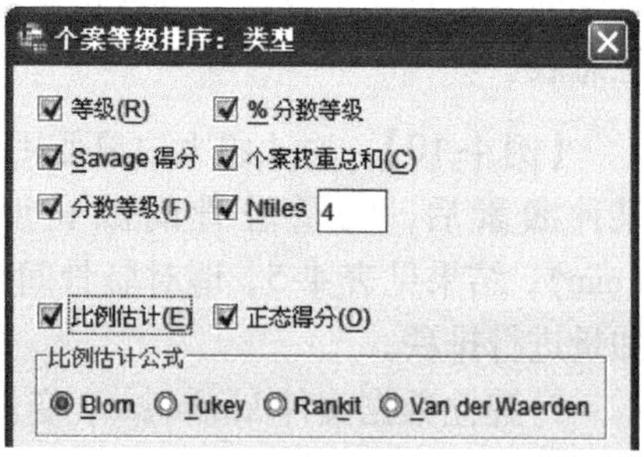

图 4-19　类型(Types)对话框

4)单击【继续】→【结(Ties)...】，打开结(Ties)对话框，见图 4-20。此对话框可控制原始变量中相同数值的编秩方法。

【为结指定的等级(Rank Assigned to Ties，为结指定的秩)】可将相同数值编秩为【平均值(Mean)】、【低(Low)】、【高(High)】或【顺序等级到唯一值(Sequential ranks to unique values)】。

如有10、15、15、15、16、20六个数值，上述各种方法的编秩结果见表4-6。

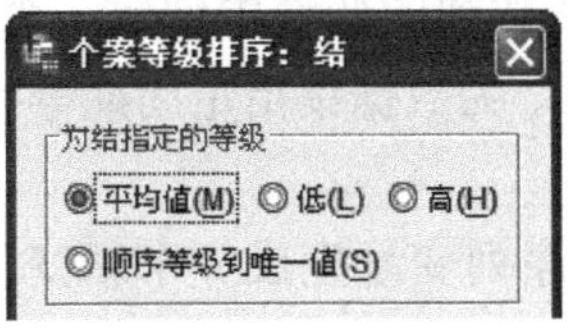

图4-20 结(Ties)对话框

表4-6 4种不同方法的编秩结果

数值	平均值(Mean)	低(Low)	高(High)	顺序秩(Sequential)
10	1	1	1	1
15	3	2	4	2
15	3	2	4	2
15	3	2	4	2
16	5	5	5	3
20	6	6	6	4

5)单击【继续】→【确定】按钮，可完成个案等级排序，主要结果见表4-7。

结果4-1 创建的变量(Created Variables)

源变量(Source Variable)	函数(Function)	新建变量(New Variable)	标签(Label)
x	比例估计(Proportion Estimate)	Px	Proportion Estimate of x using Blom's Formula by group
	正态得分(Normal Score)	Nx	Normal Score of x using Blom's Formula by group
	等级(Rank)	Rx	Rank of x by group
	Savage 得分(Savage Score)	Sx	Savage Score of x by group
	百分位数组(Percentile Group)	NTI001	Percentile Group of x by group
	分数等级(Fractional Rank)	RFR001	Fractional Rank of x by group
	分数等级百分比(Fractional Rank Percent)	PER001	Fractional Rank Percent of x by group
	个案权重总和(Sum of Case Weights)	N001	Sum of Case Weights of x by group

表4-7 个案等级排序的结果

group	x	Px	Nx	Rx	Sx	NTI001	RFR001	PER001	N001
1	0.15	0.1190	-1.180	1.000	-0.8000	1	0.2000	20.00	5
1	0.30	0.3095	-0.4972	2.000	-0.5500	2	0.4000	40.00	5
1	0.40	0.5952	0.2410	3.500	0.0333	3	0.7000	70.00	5
1	0.40	0.5952	0.2410	3.500	0.0333	3	0.7000	70.00	5
1	0.50	0.8810	1.1798	5.000	1.2833	4	1.0000	100.00	5
2	1.20	0.1000	-1.282	1.000	-0.8333	1	0.1667	16.67	6
2	1.35	0.2600	-0.6433	2.000	-0.6333	2	0.3333	33.33	6
2	1.40	0.4200	-0.2019	3.000	-0.3833	2	0.5000	50.00	6
2	1.50	0.5800	0.2019	4.000	-0.0500	3	0.6667	66.67	6
2	1.90	0.7400	0.6433	5.000	0.4500	3	0.8333	83.33	6
2	2.30	0.9000	1.2816	6.000	1.4500	4	1.0000	100.00	6
3	0.50	0.1000	-1.282	1.000	-0.8333	1	0.1667	16.67	6
3	1.20	0.2600	-.6433	2.000	-0.6333	2	0.3333	33.33	6
3	1.40	0.4200	-.2019	3.000	-0.3833	2	0.5000	50.00	6
3	2.00	0.5800	0.2019	4.000	-0.0500	3	0.6667	66.67	6
3	2.20	0.8200	0.9154	5.500	0.9500	4	0.9167	91.67	6
3	2.20	0.8200	0.9154	5.500	0.9500	4	0.9167	91.67	6
4	1.50	0.2647	-0.6289	1.500	-0.5833	2	0.3750	37.50	4
4	1.50	0.2647	-0.6289	1.500	-0.5833	2	0.3750	37.50	4
4	2.50	0.7353	0.6289	3.500	0.5833	3	0.8750	87.50	4
4	2.50	0.7353	0.6289	3.500	0.5833	3	0.8750	87.50	4

4.8 其他变换功能

SPSS 还提供以下其他数据变换功能。

1)日期和时间向导(Date and Time Wizard):可帮助用户学习日期和时间的表示方式、从包含日期或时间的字符串中创建日期/时间变量，在包括部分日期或次数的变量中创建一个日期/时间变量、使用日期和时间计算、提取日期或时间变量的一部分、为数据集指定周期等(参见第 16.2 节)。

2)创建时间序列(Create Time Series):可根据现有的数值时间序列变量生成一个新变量。变换后的数值可用于时间序列分析模块(参见第 16.1.2 节)。

3)替换缺失值(Replace Missing Values):缺失值个案会影响数据的分析，在序列中如果有缺失值，将不能进行时间序列分析。替换缺失值(Replace Missing Values)可根据现有的变量建立新时间序列变量(参见第 16.1.3 节)。

4)准备建模数据(Prepare Data for Modoling):可进行交互式数据准备(Interactive Data Preparation)、自动数据准备(Automatic Data Preparation)及逆转换得分(Backtransform Scores)。

5)随机数字生成器(Random Number Generators):伪随机数字发生器生成指定数值的种子，并生成伪随机数。

6)可编程性变换(Programmability Transformation):将 Python 函数应用于活动数据集中的个案，并将结果保存到 1 个或以上的变量中。

7)创建虚拟变量(Create Dummy Variables):根据 1 个变量列表创建一组代表这些变量值的虚拟变量。

练习题

(请访问 www.hxedu.com.cn 下载。)

第5章 SPSS的函数

SPSS 22.0共提供了11类188个函数(function)，能充分满足广大用户的实际需要。包括算术函数(arithmetic function)、统计函数(statistical function)、串函数(string function)、字符串/数值转换函数(string/numeric conversion functions)、日期与时间函数(date and time function)、随机变量和分布函数(random variable and distribution function)、缺失值函数(missing value function)、逻辑函数(logical function)、滞后函数(LAG function)、值标签函数(valuelabel function)及得分表达式(scoring expression)。

5.1 计算(赋值)

计算公式为：目标变量(target variable) = 表达式(expression)。其中，表达式是算术运算与函数。算术运算有+(加法)、-(减法)、*(乘法)、/(除法)、**(乘方，幂)。

5.2 常用函数参数

表5-1 常用函数参数

函数参数	参数意义	函数参数	参数意义
char	字符	numexpr	数值
corr	相关参数	numvar	数值变量
datevalue	日期值	p	概率
datetime	时间或日期值	pos	起始位置
day	日数(1~31的整数)	prob	成功概率
daynum	天数(1~366的整数)	quant	函数值
days	日数	quarter	季度(1~4的整数)
df	自由度	radians	弧度
divisor	除数	sample	抽样数
format	变量格式	scale	尺度参数
fuzzbits	最小有效位数	sec	秒数(小于60)
haystack	字符串	shape	形状参数
hi	上限	stddev	标准差
hits	特征	strexpr	字符串表达式
hours	小时数	test	检验值
length	长度(1~255的整数)	thresh	阈值参数
lo	下限	threshold	阈值参数
loc	位置参数	timevalue	时间值
max	最大值	total	总体样本量
mean	平均值(率)	unit	单位名称
min	最小值	value	数值或字符串值
modulus	模数	variable	变量
month	月数(1~13的整数)	varname	变量名
n	试验次数	weeknum	周数(1~53的整数)
nc	非中心参数	year	年数(大于1582的4位整数)
needle	子针字符串	zvalue	Z值

5.3　常用函数类型

5.3.1　算术函数

算术函数共有 13 个，除 MOD、RND 和 TRUNC 外，其他算术函数均只有单参数(argument)。MOD 有 2 个参数，而 RND 和 TRUNC 有 1～3 个参数，多参数间必须以逗号“,”分隔，参数也可以是数字表达式(numeric expression)，如 RND(A**2/B)。

(1)ABS(numexpr)：绝对值函数，数值，返回 numexpr 的绝对值。

(2)ARSIN(numexpr)：反正弦函数，数值，返回 numexpr(－1≤numexpr≤1)的以弧度表示的反正弦(inverse sine，arcsine)。

(3)ARTAN(numexpr)：反正切函数，数值，返回 numexpr 的以弧度表示的反正切(inverse tangent，arctangent)。

(4)COS(radians)：余弦函数，数值，返回 radians(弧度)的余弦(cosine)。

(5)EXP(numexpr)：指数函数，返回 e 的 numexpr 次幂，e 为自然对数的底，numexpr 为数值，numexpr 过大时可能会超出计算机的处理能力。

(6)LG10(numexpr)：常用对数函数，数值，返回 numexpr(numexpr>0)的常用对数。

(7)LN(numexpr)：自然对数函数，数值，返回 numexpr(numexpr>0)的自然对数。

(8)LNGAMMA(numexpr)：对数 γ 函数，数值，返回 numexpr(numexpr>0)的完全 γ 函数(complete Gamma function)的对数。

(9)MOD(numexpr,modulus)：余数函数，数值，返回 numexpr 除以 modulus(modulus≠0)的余数(remainder)。

(10)RND(numexpr[,mult,fuzzbits])：取整函数，数值，只有单参数时，返回该参数四舍五入后的整数，当小数点后的数值刚好等于 0.5 时，则舍入 0.5。例如，RND(－4.5)舍入后为－5。可选第 2 参数 mult 指定结果是此值的整数倍，如 RND(－4.57,0.1) = －4.6。mult 必须是非 0 数值，默认值是 1。可选第 3 参数 fuzzbits 是 numexpr 可能未达舍入阈值(rounding threshold)(如当 0.5 舍入为整数时)，但是仍然被舍入时，其内部表征(internal representation)的最小有效位数(least-significant bits)。如果省略该参数，则使用 FUZZBITS 的系统设置(安装时设为“6”)，如 9.62、－5.82、－9.21、+6.91 之和的内部表达式为 1.4999999999999998(Intel处理器)。设置 fuzzbits 为“0”，mult 为“1”时，这个表达式将四舍五入为 0，而其准确的和应为 1.50，并舍入为 2.0。

(11)SIN(radians)：正弦函数，数值，返回弧度(radians)的正弦(sine)。

(12)SQRT(numexpr)：平方根函数，数值，返回 numexpr(numexpr≥0)的正平方根(positive square root)。

(13)TRUNC(numexpr[,mult,fuzzbits])：截尾函数，数值，结果为 numexpr 朝 0 方向的截断值。可选第 2 参数 mult 指定结果是此值的整数倍，如 TRUNC(4.579,0.1) =4.5。值必须是非 0 数值，默认值是 1。

5.3.2　统计函数

统计函数(statistical function)共有 8 个，统计函数的每个参数(表达式、变量名或常数)必须以逗号“,”分隔，所有统计函数中的后缀“. n”(n 为正整数)可指定有效参数(valid argument)的个数。例如，MEAN. 2(A,B,C,D)返回变量 A、B、C、D 的平均值，要求最少有 2 个变量为有效值(valid value)。函数 SD、VARIANCE 及 CFVAR 中 n 的默认值为“2”，其他统计函数的默认值为“1”。如果 n 超过统计函数的参数个数，则其结果为系统缺失值(system-missing)。

(1)CFVAR(numexpr,numexpr[,...])：变异系数函数，数值，返回有效参数 numexpr 的变异系数(coefficient of variation)。

(2)MAX(value,value[,...])：最大值函数，数值或字符串，返回有效参数 value 的最大值(maximum value)。

(3)MEAN(numexpr,numexpr[,...])：平均值函数，数值，返回有效参数 numexpr(非缺失值)的算术平均值(arithmetic mean)。

(4)MEDIAN(numexpr,numexpr[,..])：中位数函数，数值，返回有效参数 numexpr(非缺失值)的中位数(median, P_{50})

(5)MIN(value,value[,...])：最小值函数，数值或字符串，返回有效参数 value(非缺失值)的最小值(minimum value)。

(6)SD(numexpr,numexpr[,...])：标准差函数，数值，返回有效参数 numexpr(非缺失值)的标准差(standard deviation)。

(7)SUM(numexpr,numexpr[,...])：总和函数，数值，返回有效参数 numexpr(非缺失值)的总和(sum)。

(8)VARIANCE(numexpr,numexpr[,...])：方差函数，数值，返回有效参数 numexpr(非缺失值)的方差(variance)。

【例 5-1】 COMPUTE maxsum = MAX. 2 (SUM (var1, var2, var3), SUM (var4, var5, var6))。

MAX. 2 将返回 2 个 SUM 函数的最大值，2 个 SUM 函数均必须是非缺失值(nonmissing)。“2”是指 MAX 函数的非缺失参数(nonmissing argument)个数，即要求有 2 个有效参数；而 SUM 函数则认为分别是单参数。每个 SUM 均为非缺失值时，新变量 maxsum 也将是非缺失值。

5.3.3 串函数

串函数(string function)共有 25 个。串函数的目标变量必须为字符串(string)，多参数之间必须以逗号“,”分隔；当比较两个字符串时，须先用 LOWER 或 UPCASE 函数将字符转换成小写或大写。

(1)CHAR. INDEX(haystack,needle[,divisor])：左指针函数，数值，返回 1 个数值，该值表示 needle 在 haystack 中首次出现的字符位置(character position)。可选第 3 参数 divisor 表示均匀分割 needle 后子串(substring)的字符数(number of characters)。每个子串均进行检索，函数返回任一子串首次出现的字符位置。例如，CHAR. INDEX(var1,'abcd')将返回完整字符串“abcd”在串变量(string variable)var1 中出现的起始位置(starting position)值；CHAR. INDEX(var1,'abcd',1)将返回任一字符在字符串中首次出现的位置；CHAR. INDEX(var1,'abcd',2)将返回“ab”或“cd”首次出现的位置。divisor 必须是正整数并且能够均匀分割 needle。如果 needle 未在 haystack 中出现，则返回 0。

(2)CHAR. LENGTH(strexpr)：长度函数，数值，返回删除尾部空格后 strexpr 的字符长度。

(3)CHAR. LPAD(strexpr1,length[,strexpr2])：左填充函数，字符串，在 strexpr1 左侧填充若

干个 strexpr2 的完整副本(complete copy),使其长度达到 length。length 值为代表字符数的正整数。第 3 参数strexpr2是带引号的字符串或解析为字符串的表达式。如果忽略可选参数 strexpr2,则将用空格填充。

(4)CHAR. MBLEN(strexpr,pos):字符位置函数,数值,返回位于 strexpr 的位置 pos 处的字符字节数。

(5)CHAR. RINDEX(haystack,needle[,divisor]):右指针函数,数值,返回 1 个整数,该值表示 needle 在 haystack 中最后一次出现的起始字符位置(starting character position)。可选第 3 参数 divisor 表示均匀分割 needle 后子串的字符数。例如,CHAR. RINDEX(var1,'abcd')将返回完整字符串“abcd”在串变量 var1 中最后一次出现的起始位置;CHAR. RINDEX(var1,'abcd',1)将返回字符串中任一字符在字符串中最后一次出现的起始位置;CHAR. RINDEX(var1,'abcd',2)将返回“ab”或“cd”最后一次出现的起始位置。divisor 必须是正整数并且能够均匀分割 needle。如果 needle 未在 haystack 中出现,则返回 0。

(6)CHAR. RPAD(strexpr1,length[,strexpr2]):右填充函数,字符串,在 strexpr1 右侧填充若干个 strexpr2 的完整副本,使其长度达到 length。length 为代表字符数的正整数。第 3 参数 strexpr2 是带引号的字符串或解析为字符串的表达式。如果忽略可选参数 strexpr2,则将用空格填充。

(7)CHAR. SUBSTR(strexpr,pos[,length]):子串函数,字符串,返回 strexpr 中从字符位置 pos 开始的子串。可选第 3 参数 length 表示子串的字符数。如果忽略 length,则返回 strexpr 从字符位置 pos 开始到结尾的子串,如 CHAR. SUBSTR('abcd',2)返回“bcd”;CHAR. SUBSTR('abcd',2,2)返回“bc”。

注:如果希望在等号左边使用函数替换子串,可用 SUBSTR 函数代替 CHAR. SUBSTR。

(8)CONCAT(strexpr,strexpr[,...]):合并函数,字符串,返回由全部参数(解释为字符串)拼接而成的字符串。此函数需要两个或以上的参数。在代码页模式(code page mode)中,如果 strexpr 是串变量,且只需要实际字符串值,而不向右填充到已定义的变量宽度,则请使用 RTRIM 处理,如 CONCAT[RTRIM(stringvar1)和 RTRIM(stringvar2)]。

(9)LENGTH(strexpr):长度函数,数值,返回 strexpr 的字节长度,strexpr 必须为字符串表达式(string expression)。对于在 unicode 模式(unicode mode)中的串变量,返回每个值的字节数(不含包括尾部空格);但在代码页模式中,则返回定义的包含尾部空格变量长度(variable length),且包括尾部空格。如需在获取代码页模式中得到不包含尾部空格的长度(字节),请使用 LENGTH[RTRIM(strexpr)]。

(10)LOWER(strexpr):小写转换函数,字符串,将 strexpr 中的大写字母更改成小写,而其他字符不变。strexpr 可以是串变量或字符串。例如,如果 name1 的值为 Charles,则 LOWER(name1)返回 charles。

(11)LTRIM(strexpr,char):左修整函数,字符串,删除 strexpr 中的前导字符 char。如果不指定 char,则会删除前导空格。char 必须为单字符(single character)。

(12)MAX(value,value[,..]):参见第 5.3.2 节。

(13)MIN(value,value[,..]):参见第 5.3.2 节。

(14)MBLEN. BYTE(strexpr,pos):字节位置函数,数值,返回位于 strexpr 中的字节位置(byte position)pos 处的字符的字节数。

(15)NORMALIZE(strexp):标准版函数,字符串,返回 strexp 的标准化版(normalized version)。unicode模式中，返回unicode NFC；在代码页模式中，无效并返回未修改的strexp。结果长度可能与输入长度不同。

(16)NTRIM(varname)：返回varname值，且不删除尾部空格。varname必须为变量名，而不可以是表达式。

(17)REPLACE(a1,a2,a3[,a4])：替换函数，字符串，用字符a3替换a1中的a2。可选参数a4指定替换发生的次数；如果忽略a4，则替换所有字符。参数a1、a2和a3必须为字符串值(带引号的字符串或串变量)，可选参数a4必须为非负整数。例如，REPLACE("abcabc","a","x")返回值“xbcxbc”；REPLACE("abcabc","a","x",1)返回值“xbcabc”。

(18)RTRIM(strexpr,char)：右修整函数，字符串，删除strexpr中的尾部字符char。如果不指定char，则会删除尾部空格。char必须为带单引号的单字符。

(19)STRUNC(strexp,length)：截断函数，字符串，返回将strexp截断至长度为length(以字节为单位)并删除所有尾部空格的字符串。STRUNC函数将删除任何可能被截断的字符片段。

(20)UPCAS(strexpr)：大写转换函数，将strexpr中的小写字母更改为大写，而其他字符保持不变。

注： CHAR函数是高版本SPSS的新函数，对于低版本SPSS，还可以使用与CHAR函数类似的函数。与之不同的是，这些函数在字节水平(byte level)运行，而CHAR函数是在字符水平(character level)运行，如INDEX函数返回needle在haystack中字节位置，而CHAR.INDEX在返回字符位置。高版本SPSS支持这些函数的目的是为了与低版本兼容。

(21)INDEX(haystack,needle[,divisor])：左指针函数，数值，返回1个数值，该值表示needle在haystack中首次出现的字节位置。可选第3参数divisor表示均匀分割needle后，子串的字节数(number of bytes)。每个子串均进行检索，函数返回任一子串首次出现的字符位置。divisor必须是正整数并且能够均匀分割needle。如果needle未在haystack中出现，则返回0。

(22)LPAD(strexpr1,length[,strexpr2])：左填充函数，字符串，在strexpr1左侧填充若干个strexpr2的完整副本，使其长度达到length。length值为代表字节数的正整数。可选第3参数strexpr2是带引号的字符串或解析为字符串的表达式，如果忽略可选参数strexpr2，则将用空格填充。

(23)RINDEX(haystack,needle[,divisor])：右指针函数，数值，返回1个整数，该值表示needle在haystack中最后一次出现的起始字节位置。可选第3参数divisor表示均匀分割needle后，子串的字节数。divisor必须是正整数并且能够均匀分割needle。如果needle未在haystack中出现，则返回0。

(24)RPAD(strexpr1,length[,strexpr2])：右填充函数，字符串，在strexpr1右侧填充若干个strexpr2的完整副本，使其长度达到length。length为代表字节数的正整数。可选第3参数strexpr2是带引号的字符串或解析为字符串的表达式，如果忽略可选参数strexpr2，则将用空格填充。

(25)SUBSTR(strexpr,pos[,length])：子串函数，字符串，返回strexpr中从字节位置pos开始的子串。可选第3参数length表示子串的字节数。如果忽略length，则返回strexpr从字符位置pos开始到结尾的子串。如果SUBSTR函数位于等号左边，则使用等号右侧的字符串替换子串，其余的子串则保持不变。例如，SUBSTR(ALPHA6,3,1)='*'，可用“*”替换“ALPHA6”的第3个字符。如果替换的字符串比子串长或短，那么替换的字符串将被截断或在其右侧填充空格，以使其与子串的长度相等。

5.3.4 字符串/数值转换函数

字符串/数值转换函数(String/numeric conversion functions)共有 2 个。

(1)NUMBER(strexpr,format):数值转换函数，数值，将字符串表达式 strexpr 中的值转换成数字。第 2 参数 format 用于读取 strexpr 的数字格式(numeric format)，如果字符串不能使用 format 读取，则返回系统缺失值。例如，NUMBER(stringDate,DATE11)将包含一般格式 dd-mmm-yyyy的日期字符串转换为代表该日期秒数的数字。(若要将值显示为日期，可使用 FORMATS 或 PRINT FORMATS 命令。)

(2)STRING(numexpr,format):字符串转换函数，字符串，将数字表达式 numexpr 转换为字符串格式，如 STRING(-1.5,F5.2)将返回字符串值“-1.50”。第2 参数 format 必须为书写数值的格式。

5.3.5 日期与时间函数

日期与时间函数(date and time function)共有 27 个，包括归并函数(aggregation function)、日期与时间转换函数(date and time conversion function)、YRMODA 函数(YRMODA function)、提取函数(extraction function)、日期差(date difference)函数及时间增量(date increment)函数。函数变换表达包括 1 个或以上的参数，参数可以是复杂表达式(complex expression)、变量名(variable name)或常数。

1. 归并函数

归并函数可根据非日期和时间输入格式的数值生成日期间隔(date interval)或时间间隔(time interval)。所有归并函数均以 DATE 或 TIME 开头并生成相应的日期或时间间隔。紧随其后的子函数(subfunction)对应于数据值的类型。子函数与函数间以句点“.”分隔，子函数后为括号中的参数列表(argument list)。DATE 和 TIME 函数的参数必须以逗号“,”分隔，且必须解释为整数值。其结果均为数值，要将结果显示为日期，应将结果变量(result variable)设定为日期格式。

对于包含参数 day 的函数，如 DATE. DMY(day,month,year)将对参数进行有效性检查。day 必须为 1 ~31 的整数，如果遇到无效值，将会出现警示并返回缺失值。但是某些特定月份的 day 值是无效的，如4 月、6 月、9 月、11 月的31 日，平年的2 月 29 ~31 日，其结果的日期将放在下个月，如 DATE. DMY(31, 9, 2006)返回 2006 年 10 月 1 日的日期值(date value)。

(1)DATE. DMY(day,month,year):数值，返回对应于日(day)、月(month)、年(year)的日期值，应将结果设为日期格式。参数必须解析为整数，day 介于 1 ~31 之间，month 介于 1 ~13 之间，year 为大于 1582 的 4 位整数。

(2)DATE. MDY(month,day,year):数值，返回对应于月(month)，日(day)，年(year)的日期值，参数要求与 DATE. DMY 相同。

(3)DATE. MOYR(month,year):数值，返回对应于月份(month)、年份(year)的日期值，应将结果设为日期格式。参数要求与 DATE. DMY 相同。

(4)DATE. QYR(quarter,year):数值，返回对应于季度(quarter)、年份(year)的日期值。quarter 为 1 ~4 之间的整数、year 为大于 1582 的 4 位整数。

(5)DATE. WKYR(weeknum,year):数值，返回对应于周数(weeknum)、年份(year)的日期值。weeknum 为 1 ~53 之间的整数，year 为大于 1582 的 4 位整数。返回日期值为指定 year 和

weeknum 的第 1 天，每年 1 月 1 日为第 1 周，因此返回的日期值可能和指定 weeknum 的年份不一致。

(6) DATE. YRDAY(year,daynum)：数值，返回对应于天数(daynum)、年份(year)日期值。daynum 为 1 ~ 366 之间的整数，year 为大于 1582 的 4 位整数。

(7) TIME. DAYS(days)：数值，返回对应日数(days)的时间间隔。

(8) TIME. HMS(hours,min,sec)：数值，返回对应于小时数(hours)、分钟数(minutes)和秒数(seconds)表示的时间间隔。min、sec 为可选参数。如果当 min、sec 的较高位参数不为 0 时，其取值必须解析为小于 60 的数字。除最后非零参数外，其他参数必须解析为整数。例如，TIME. HMS(25.5)和 TIME. HMS(0,90,25.5)都是有效的，而 TIME. HMS(25.5,30)和 TIME. HMS(25,90)则无效。所有参数都必须解析为全正或全负的值。

2．日期与时间转换函数

转换函数可将时间间隔从一种时间单位(unit of time)转换成其他时间单位。时间间隔以秒数为单位，转换函数可将其转换成更合适的单位，如将秒数转换成日数。每个转换函数均以 CTIME 开头，其后为句点“.”、目标时间单位和 1 个参数。参数可以是表达式、变量名或常数。参数必须是时间间隔，时间转换可生成非整数结果，其默认格式为 F8.2。

(1) CTIME. DAYS(timevalue)：数值，返回对应于 timevalue 的天数(包含小数)，timevalue 为秒数，可以是时间表达式(time expression)或时间格式变量(time format variable)。

(2) CTIME. HOURS(timevalue)：数值，返回对应于 timevalue 的小时数(包含小数)。

(3) CTIME. MINUTES(timevalue)：数值，返回对应于 timevalue 的分钟数(包含小数)。

(4) CTIME. SECONDS(timevalue)：数值，返回对应于 timevalue 的秒数(包含小数)。

3．YRMODA 函数

YRMODA(year,month,day)，数值，将年(year)、月(month)、日(day)转换成自 1582 年 10 月 15 日(阳历的起始日)起的日数(day number)。YRMODA 函数的参数可以变量、常数或其他数字表达式，但必须为整数。year、month、day 必须按照指定顺序设定。year 的范围为 0 ~ 99 之间(假定为 1900—1999 年)或 1582 ~ 47516 之间，month 的范围为 1 ~ 13 之间，month 为 13 及 day 为 0 指定为一年中最后一天，如 YRMODA(1990,13,0)返回 1990 年 12 月 31 日的日数，month 为 13 且 day 为其他任意数字时，生成来年 1 月的日数，如 YRMODA(1990,13,1)返回 1991 年 1 月 1 日的日数。day 的范围为 0 ~ 31 日之间，day 为 0 时，返回上个月的最后一天(28、29、30 或 31 日)，如 YRMODA(1990,3,0)返回 148791.00，即 1990 年 2 月 28 日的日数。当 3 个数是缺失值或不是 1582 年 10 月 15 日以后的有效日期时，将返回系统缺失值。

4．提取函数

提取函数可以提取日期或时间间隔的子字段(subfield)，如日期值中的日、时间，如每周或每季度的日等。提取函数以 XDATE 开头，其后为句点“.”、子函数和 1 个参数。

(1) XDATE. DATE(datevalue)：数值，返回日期值 datevalue 的日期部分。datevalue 可以是数字、日期格式变量或解释为日期的表达式。

(2) XDATE. HOUR(datetime)：数值，返回时间或日期时间值 datetime 的小时数(0 ~ 23 之间的整数)。

(3) XDATE. JDAY(datevalue)：数值，返回日期值 datevalue 所在年份的天数(1 ~ 366 之间的整数)。

(4) XDATE. MDAY(datevalue)：数值，返回日期值 datevalue 所在月份的天数(1 ~ 31 之间的整数)。

(5) XDATE. MINUTE(datetime)：数值，返回时间或日期时间值 datetime 的分钟数(0 ~ 59 之间的整数)。

(6) XDATE. MONTH(datevalue)：数值，返回日期值 datevalue 所在年份的月数(1 ~ 12 之间的整数)。

(7) XDATE. QUARTER(datevalue)：数值，返回日期值 datevalue 所在年份的季度数(1 ~ 4 之间的整数)。

(8) XDATE. TDAY(timevalue)：数值，返回时间间隔值 timevalue 的整天数(整数)。参数可以是数字、日期格式变量或解析为时间间隔的表达式。

(9) XDATE. TIME(datetime)：数值，返回时间或日期时间值 datetime 的时间部分。要将结果显示为时间，请将变量指定为时间格式。参数可以是数字、日期格式变量或解析为时间间隔的表达式。

(10) XDATE. WEEK(datevalue)：数值，返回日期值 datevalue 的星期数(1 ~ 53 的整数)。

(11) XDATE. WKDAY(datevalue)：数值，返回日期值 datevalue 的星期(星期天为 1 ~ 星期六为 7 之间的整数)。

(12) XDATE. YEAR(datevalue)：数值，返回日期值 datevalue 的年份(4 位整数)。

5. 日期差函数

日期差函数将返回 2 个日期值间的差值，返回指定日期/时间单位的整数(截去小数部分)，其表达式如下：DATEDIFF(datetime2,datetime1,"unit")，数值，datetime2、datetime1 均为日期格式变量(date format variable)、时间格式变量或代表有效日期/时间值的数值。unit 为引号内的如下字符串：years、quarters、months、weeks、days、hours、minutes 或 seconds。

6. 时间增量函数

时间增量函数是指时间或日期变量加上 1 个指定单位的数值后得到的时间或日期值，其表达式如下：DATESUM(datevar,value,"unit","method")，datevar 为日期或时间格式变量(或表示有效日期/时间值的数值)。value 可以是正、负值，变量单位为 years、quarters、months 的小数值将会被截去；unit 为引号内的如下字符串：years、quarters、months、weeks、days、hours、minutes 或 seconds。method 是单位为 years、quarters、months 的可选设置，可以是 rollover 或 closest。rollover 法将多余的天数前移到下个月；closest 法返回当月中最接近的合法日期，后者为默认值。

5.3.6 随机变量和分布函数

随机变量和分布函数(random variable and distribution function)共有 102 个，其关键词是所有前缀、后缀，前缀指定应用于分布的函数，后缀指定分布。随机变量和分布函数均包含常量和变量参数。函数的第 1 参数必须为 quant(数值在分布范围的百分位数)的累积分布函数(cumulative distribution function)和概率密度函数(probability density function)以及逆分布函数(inverse distribution function)的概率 prob。随机变量和分布函数必须指定分布参数，所有参数均必须为实数(real number)。分布参数的限制可用于所有分布函数。函数参数 x 的限制适用于特定分布的函数。当超出参数的范围值时，系统将报警并返回缺失值。

1. 函数的前缀

(1)CDF：累积分布函数，CDF.d_spec(x,a,…)，返回指定分布 d_spec 的连续函数(continuous function)或离散函数(discrete function)中，随机变量(variate)落在 x 下方的概率 p。

(2)IDF：逆分布函数不能用于离散分布(discrete distribution)，IDF.d_spec(p,a,…)返回指定分布 d_spec 中 CDF.d_spec(x,a,…)=p 的值 x。

(3)PDF：概率密度函数，PDF.d_spec(x,a,…)，返回指定分布 d_spec 的连续函数中位于 x 的密度(density)，或返回指定分布 d_spec 的离散函数中随机变量等于 x 的概率(probability)。

(4)RV：随机数生成函数(random number generation function)，RV.d_spec(a,…)，生成服从指定分布 d_spec 的独立观测值。

(5)NCDF：非中心累积分布函数(noncentral cumulative distribution function)，NCDF.d_spec(x,a,b,…)，返回指定非中心分布(noncentral distribution)中随机变量落在 x 下方的概率 p，此函数只能用于 β 分布、卡方分布、F 分布和学生 t 分布。

(6)NPDF：非中心概率密度函数(noncentral probability density function)，NCDF.d_spec(x,a,…)，返回指定分布 d_spec 中位于 x 的密度，此函数只能用于 β 分布、卡方分布、F 分布和学生 t 分布。

(7)SIG：尾概率函数(tail probability function)，SIG.d_spec(x,a,…)，返回指定分布d_spec 中随机变量大于 x 的概率。尾概率函数 = 1 - 累积分布函数。

2. 连续分布的后缀

(1)BETA：β 分布(Beta distribution)，其范围为 $0<x<1$，并有 2 个形状参数(shape parameter)α 和 β(必须均为正值)，分布的平均值(mean of the distribution)为 $\alpha/(\alpha+\beta)$。

(2)非中心 β 分布(noncentral beta distribution)：属于泛化的 β 分布，其范围为 $0<x<1$，并有 1 个附加非中心参数(noncentrality parameter)$\lambda(\lambda \geqslant 0)$。

(3)BVNOR：二元正态分布(bivariate normal distribution)，其值为实数并有 1 个相关参数(correlation parameter)：$\rho(0 \leqslant \rho \leqslant 1)$。

(4)CAUCHY：Cauchy 分布(Cauchy distribution)，其值为实数并有 1 个位置参数(location parameter)θ、尺度参数(scale parameter)$\zeta(\zeta>0)$，并具有以 θ 为中心的对称性，但分布的尾部缓慢下降，并无法计算平均值。

(5)CHISQ：卡方分布(chi-square distribution)，其范围为 $x \geqslant 0$，并有 1 个自由度参数(degrees of freedom parameter)：$\nu(\nu>0$，且其分布的平均值为 $\nu)$。

(6)非中心卡方分布(noncentral chi-square distribution)：其范围为 $x \geqslant 0$，并有 1 个附加非中心参数 $\lambda(\lambda \geqslant 0)$。

(7)EXP：指数分布(exponential distribution)，其范围为 $x \geqslant 0$，并有 1 个尺度参数 $\beta(\beta>0$，且其分布的平均值为 $\beta)$。

(8)F：F 分布(F distribution)，其范围为 $x \geqslant 0$，并有两个自由度参数 $\nu1$ 和 $\nu2$(必须均为正值)，$\nu1$ 和 $\nu2$ 分别是分子(numerator)自由度和分母(denominator)自由度。

(9)非中心 F 分布(noncentral F distribution)：其范围为 $x \geqslant 0$，并有 1 个附加非中心参数 $\lambda(\lambda \geqslant 0)$。

(10)GAMMA：γ 分布(Gamma distribution)，其范围为 $x \geqslant 0$，并有 1 个形状参数 α 和 1 个尺度参数 β，两者均为正值，且分布的平均值为 α/β。

(11)HALFNRM：半正态分布(half-normal distribution)，其范围为 $x \geq 0$，并有 1 个位置参数 μ 和 1 个尺度参数 $\sigma(\sigma > 0)$。

(12)IGAUSS：逆 Gaussian 分布(inverse Gaussian distribution)，又称 Wald 分布(Wald distribution)，其范围为 $x > 0$，并有两个参数 μ 和 λ，两者均为正值，且分布的平均值为 μ。

(13)LAPLACE：Laplace 分布(Laplace distribution)，又称双指数分布(double exponential distribution)，其值必须为实数，并有 1 个位置参数 μ 和 1 个尺度参数 $\beta(\beta > 0)$，分布具有以 μ 为中心的对称性，且有指数衰减(exponentially decaying)的尾部。

(14)LOGISTIC：Logistic 分布(logistic distribution)，其值为实数并有 1 个位置参数 μ 和 1 个尺度参数 $\zeta(\zeta > 0)$，并具有以 μ 为中心的对称性，且有比正态分布更长的尾部。

(15)LNORMAL：对数正态分布(lognormal distribution)，其范围为 $x \geq 0$，并有两个参数 η 和 σ，两者均为正值。

(16)NORMAL：正态分布(normal distribution)，又称 Gaussian 分布(Gaussian distribution)，其值为实数并有 1 个位置参数 μ 和 1 个尺度参数 $\sigma(\sigma > 0)$。分布的平均值为 μ，标准差为 σ。以下是 SPSS 6.0 或更早版本正态分布函数(normal distribution function)的 3 个特殊情况：CDFNORM(arg) = CDF. NORMAL(x,0,1)，arg 为 x；PROBIT(arg) = IDF. NORMAL(p,0,1)，arg 为 p 以及 NORMAL(arg) = RV. NORMAL(0,σ)，arg 为 σ。

(17)PARETO：Pareto 分布(Pareto distribution)，其范围为 $x_{min} < x$，并有 1 个阈值参数(threshold parameter)：x_{min}和 1 个形状参数 α，两者均为正值。

(18)SMOD：t 化最大模数分布(studentized maximum modulus distribution)，其范围为 $x > 0$，并有 1 个比较参数(comparisons parameter)：k 和 1 个自由度参数 ν，两者均≥1。

(19)SRANGE：t 化极差分布(studentized range distribution)，其范围为 $x > 0$，并有 1 个样本量参数(number of samples parameter)：k 和 1 个自由度参数 ν，两者均≥1。

(20)T：学生 t 分布(student t distribution)，其值为实数并有 1 个自由度参数 $\nu(\nu > 0)$，并具有以 0 为中心的对称性。

(21)非中心 t 分布(noncentral t distribution)：其值为实数并有 1 个附加非中心参数 $\lambda(\lambda \geq 0)$，当 $\lambda = 0$ 时，分布变为 t 分布。

(22)UNIFORM：均匀分布(uniform distribution)，其范围为 $a < x < b$，并有 1 个最小值参数(minimum value parameter)a 和 1 个最大值参数(maximum value parameter)b。均匀随机数字函数(uniform random number function)在 SPSS 6.0 或更早版本的特殊情况是 UNIFORM(arg) = RV. UNIFORM(0,b)，arg 为参数 b。在其他用途中，均匀分布的一般模型将舍入误差。

(23)WEIBULL：Weibull 分布(Weibull distribution)，其取值范围为 $x \geq 0$。并有 1 个尺度参数 β 和 1 个形状参数 α，两者均为正值。

3. 离散分布的后缀

(1)BERNOULLI：Bernoulli 分布(Bernoulli distribution)，其取值为 0 和 1，并有 1 个成功概率参数(success probability parameter)$\theta(0 \leq \theta \leq 1)$。

(2)BINOM：二项分布(binomial distribution)，其取值范围为 $0 \leq x \leq n$ 的整数，并有 1 个尾部参数 n 和 1 个成功概率参数 $\theta(0 \leq \theta \leq 1)$。

(3)GEOM：几何分布(geometric distribution)，其取值范围为 $x \geq 1$ 的整数，表示成功试验前所需的试验数(包括最后一次试验)和 1 个成功概率参数 $\theta(0 \leq \theta \leq 1)$。

(4)HYPER：超几何分布(hypergeometric distribution)，其取值范围为 max(0, Np + n − N)

≤x≤x min(Np,n)；并有3个参数N、n和Np。N为瓮模型(urn model)的对象总数，n为从瓮中不放回的随机抽样数；Np为指定特征的对象数；x为放回对象中具有指定特征的对象数。3个参数均为正值，且n和Np必须小于等于N。

(5)NEGBIN：负二项分布(negative binomial distribution)，其取值范围为x≥r的整数，x为成功试验r之前所需的试验数(包括最后试验)，并有1个阈值参数r(正整数)和1个成功概率参数θ(0<θ≤1)。

(6)POISSON：Poisson分布(Poisson distribution)，其取值范围为x≥r的整数，并于1个率或平均值参数λ(λ>0)。

4. 概率密度函数

概率密度函数(probability density functions)返回指定分布中位于第1参数quant的密度函数(density function)值，后续参数为分布参数。句点“.”的后面是各函数的名称。

(1)PDF. BERNOULLI(quant,prob)：Bernoulli分布概率密度函数，数值，返回概率参数为prob的Bernoulli分布中等于quant的概率。

(2)PDF. BETA(quant,shape1,shape2)：β分布概率密度函数，数值，返回形状参数为shape1、shape2的β分布中位于quant的概率密度(probability density)。

(3)PDF. BINOM(quant,n,prob)：二项分布概率密度函数，数值，返回每次成功概率为prob的二项分布中，n次试验中的成功次数等于quant的概率。当n=1时，同PDF. BERNOULLI。

(4)PDF. BVNOR(quant1,quant2,corr)：标准化二元正态分布概率密度函数，返回相关参数为corr的标准二元正态分布中位于quant1和quant2的概率密度。

(5)PDF. CAUCHY(quant,loc,scale)：Cauchy分布概率密度函数，数值，返回位置参数为loc和尺度参数为scale的Cauchy分布中位于quant的概率密度。

(6)PDF. CHISQ(quant,df)：卡方分布概率密度函数，数值，返回自由度为df的卡方分布中位于quant的概率密度。

(7)PDF. EXP(quant,shape)：指数分布概率密度函数，数值，返回形状参数为shape的指数分布中的，位于quant的概率密度。

(8)PDF. F(quant,df1,df2)：F分布概率密度函数，数值，返回自由度为df1和df2的F分布中位于quant的概率密度。

(9)PDF. GAMMA(quant,shape,scale)：γ分布概率密度函数，数值，返回形状参数为shape和尺度参数为scale的γ分布中位于quant的概率密度。

(10)PDF. GEOM(quant,prob)：几何分布概率密度函数，数值，返回成功概率为prob，quant次试验中获得1次成功的概率。

(11)PDF. HALFNRM(quant,mean,stddev)：半正态分布概率密度函数，数值，返回平均值为mean和标准差为stddev的半正态分布中位于quant的概率密度。

(12)PDF. HYPER(quant,total,sample,hits)：超几何分布概率密度函数，数值，返回在样本量为total的总体中随机抽取sample个对象中，特征为hits的个案数等于quant的概率。

(13)PDF. IGAUSS(quant,loc,scale)：逆Gauss分布概率密度函数，数值，返回位置参数为loc和尺度参数为scale的逆Gauss分布中位于quant的概率密度。

(14)PDF. LAPLACE(quant,mean,scale)：Laplace分布概率密度函数，数值，返回平均值为mean和尺度参数为scale的Laplace分布中位于quant的概率密度。

(15)PDF. LOGISTIC(quant,mean,scale)：Logistic 分布概率密度函数，数值，返回平均值为 mean 和尺度参数为 scale 的 Logistic 分布中位于 quant 的概率密度。

(16)PDF. LNORMAL(quant,a,b)：对数正态分布概率密度函数，数值，返回参数为 a、b 的对数正态分布中位于 quant 的概率密度。

(17)PDF. NEGBIN(quant,thresh,prob)：负二项分布概率密度函数，数值，返回阈值参数为 thresh 和成功概率为 prob 时，quant 次试验获得 1 次成功的概率。

(18)PDF. NORMAL(quant,mean,stddev)：正态分布概率密度函数，数值，返回平均值为 mean 和标准差为 stddev 的正态分布中位于 quant 的概率密度。

(19)PDF. PARETO(quant,threshold,shape)：Pareto 分布概率密度函数，数值，返回阈值参数为 threshold 和形状参数为 shape 的 Pareto 分布中位于 quant 的概率密度。

(20)PDF. POISSON(quant,mean)：Poisson 分布概率密度函数，数值，返回平均值或比率参数为 mean 的 Poisson 分布中等于 quant 的概率。

(21)PDF. T(quant,df)：学生 t 分布概率密度函数，数值，返回自由度为 df 的学生 t 分布位于 quant 的概率密度。

(22)PDF. UNIFORM(quant,min,max)：均匀分布概率密度函数，数值，返回最小值为 min 和最大值为 max 的均匀分布中位于 quant 的概率密度。

(23)PDF. WEIBULL(quant,a,b)：Weibull 分布概率密度函数，数值，返回参数为 a、b 的 Weibull 分布中位于 quant 的概率密度。

(24)NPDF. BETA(quant,shape1,shape2,nc)：非中心 β 分布概率密度函数，数值，返回形状参数为 shape1、shape2 和非中心参数为 nc 的非中心 β 分布中位于 quant 的概率密度。

(25)NPDF. CHISQ(quant,df,nc)：非中心卡方分布概率密度函数，数值，返回自由度为 df 和非中心参数为 nc 的非中心卡方分布中位于 quant 的概率密度。

(26)NPDF. F(quant,df1,df2,nc)：非中心 F 分布概率密度函数，数值，返回自由度为 df1 和 df2 以及非中心参数为 nc 的非中心 F 分布中位于 quant 的概率密度。

(27)NPDF. T(quant,df,nc)：非中心学生 t 分布概率密度函数，数值，返回自由度为 df 和非中心参数为 nc 的非中心学生 t 分布中位于 quant 的概率密度。

5. 尾概率函数

尾概率函数为在指定分布中随机变量大于第 1 参数 quant 的概率。其后的参数为分布参数(句点“.”后的函数名称)。

(1)SIG. CHISQ(quant,df)：累积卡方分布单侧尾部累积概率，数值，返回自由度为 df 的卡方分布中大于 quant 的累积概率(cumulative probability)。

(2)SIG. F(quant,df1,df2)：累积 F 分布单侧尾部累积概率，数值，返回自由度为 df1、df2 的 F 分布中大于 quant 的累积概率。显著性值用于表中 F 值的检验假设。聚类分析将最大化组间方差(between-group variance)，在此将不反映显著值。

6. 累积分布函数

累积分布函数将返回指定分布中，随机变量小于第 1 参数 quant 的概率。其后的参数为分布参数(句点“.”后的函数名称)。

(1)CDF. BERNOULLI(quant, prob)：Bernoulli 分布的累积概率，数值，返回概率参数为 prob 的 Bernoulli 分布中小于等于 quant 的累积概率。

(2) CDF. BETA(quant, shape1, shape2)：β 分布的累积概率，数值，返回形状参数为 shape1、shape2 的 β 分布中小于 quant 的累积概率。

(3) CDF. BINOM(quant, n, prob)：二项分布的累积概率，数值，当每次成功概率为 prob 时，返回 n 次试验中成功次数小于等于 quant 的累积概率。当 n = 1 时，同 CDF. BERNOULLI。

(4) CDF. BVNOR(quant1, quant2, corr)：标准二元正态分布的累积概率，数值，返回相关系数为 corr 的标准二元正态分布中小于 quant1 与 quant2 的累积概率。

(5) CDF. CAUCHY(quant, loc, scale)：Cauchy 分布的累积概率，返回位置参数为 loc，尺度参数为 scale 的 Cauchy 分布中小于 quant 的累积概率。

(6) CDF. CHISQ(quant, df)：卡方分布的累积概率，返回自由度为 df 的卡方分布中小于 quant 的累积概率。

(7) CDF. EXP(quant, scale)：指数分布的累积概率，数值，返回尺度参数为 scale 的指数分布中小于 quant 的累积概率。

(8) CDF. F(quant, df1, df2)：F 分布的累积概率，数值，返回自由度为 df1、df2 的 F 分布中小于 quant 的累积概率。

(9) CDF. GAMMA(quant, shape, scale)：γ 分布的累积概率，返回形状参数为 shape，尺度参数为 scale 的 γ 分布中小于 quant 的累积概率。

(10) CDF. GEOM(quant, prob)：几何分布的累积概率，返回当成功概率为 prob 时小于等于 quant 的累积概率。

(11) CDF. HALFNRM(quant, mean, stddev)：半正态分布的累积概率，数值，返回平均值为 mean，标准差为 stddev 的半正态分布中小于 quant 的累积概率。

(12) CDF. HYPER(quant, total, sample, hits)：超几何分布的累积概率，数值，返回在样本量为 total 的总体中随机抽取 sample 个对象中特征为 hits 的个案数小于等于 quant 的累积概率。

(13) CDF. IGAUSS(quant, loc, scale)：逆 Gauss 分布的累积概率，数值，返回位置参数为 loc，尺度参数为 scale 的逆 Gauss 分布中小于 quant 的累积概率。

(14) CDF. LAPLACE(quant, mean, scale)：Laplace 分布的累积概率，数值，返回平均值为 mean，尺度参数为 scale 的 Laplace 分布中小于 quant 的累积概率。

(15) CDF. LOGISTIC(quant, mean, scale)：Logistic 分布的累积概率，数值，返回平均值为 mean，尺度参数为 scale 的 Logistic 分布中小于 quant 的累积概率。

(16) CDF. LNORMAL(quant, a, b)：对数正态分布的累积概率，数值，返回参数为 a、b 的对数正态分布中小于 quant 的累积概率。

(17) CDF. NEGBIN(quant, thresh, prob)：负二项分布的累积概率，返回阈值参数为 thresh，成功概率为 prob 的负二项分布中小于等于 quant 次试验获得 1 次成功的累积概率。

(18) CDFNORM(zvalue)：标准化随机变量累积概率，数值，返回平均值为 0，标准差为 1 的随机变量中小于 zvalue 的累积概率。

(19) CDF. NORMAL(quant, mean, stddev)：正态分布的累积概率，数值，返回平均值为 mean，标准差为 stddev 的正态分布中小于 quant 的累积概率。

(20) CDF. PARETO(quant, threshold, shape)：Pareto 分布的累积概率，数值，返回阈值参数为 threshold，形状参数为 shape 的 Pareto 分布中小于 quant 的累积概率。

(21) CDF. POISSON(quant, mean)：Poisson 分布的累积概率，数值，返回平均值或比率参数为 mean 的 Poisson 分布中小于等于 quant 的累积概率。

(22)CDF. SMOD(quant,a,b)：t 化最大模数的累积概率，数值，返回参数为 a、b 的 t 化最大模数中小于 quant 的累积概率。

(23)CDF. SRANGER(quant,a,b)：t 化极差统计量累积概率，数值，返回参数为 a、b 的 t 化极差统计量中小于 quant 的累积概率。

(24)CDF. T(quant,df)：学生 t 分布累积概率，数值，返回自由度为 df 的学生 t 分布中小于 quant 的累积概率

(25)CDF. UNIFORM(quant,min,max)：均匀分布的累积概率，数值，返回最小值为 min，最大值为 max 的均匀分布中小于 quant 的累积概率。

(26)CDF. WEIBULL(quant,a,b)：Weibull 分布的累积概率，数值，返回参数为 a、b 的 Weibull 分布中小于 quant 的累积概率。

(27)NCDF. BETA(quant,shape1,shape2,nc)：非中心 β 分布的累积概率，数值，返回形状参数为 shape1、shape2，非中心参数为 nc 的非中心 β 分布中小于 quant 的累积概率。

(28)NCDF. CHISQ(quant,df,nc)：非中心卡方分布的累积概率，数值，返回自由度为 df，非中心参数为 nc 的非中心卡方分布中小于 quant 的累积概率。

(29)NCDF. F(quant,df1,df2,nc)：非中心 F 分布的累积概率，数值，返回自由度为 df1、df2，非中心参数为 nc 的非中心 F 分布中小于 quant 的累积概率。

(30)NCDF. T(quant,df,nc)：非中心学生 t 分布的累积概率，数值，返回自由度为 df，非中心参数为 nc 的非中心学生 t 分布中小于 quant 的累积概率。

7. 逆分布函数

逆分布函数返回指定分布中，累积概率等于第 1 参数 prob 时的值，后续参数为分布参数。

(1)IDF. BETA(prob,shape1,shape2)：逆 β 分布函数，数值，返回形状参数为 shape1、shape2 的 β 分布中累积概率为 prob 的值。

(2)IDF. CAUCHY(prob,loc,scale)：逆 Cauchy 分布函数，数值，返回位置参数为 loc、尺度参数为 scale 的 Cauchy 分布中累积概率为 prob 的值。

(3)IDF. CHISQ(prob,df)：逆卡方分布函数，数值，返回自由度为 df 的卡方分布中，累积概率为 prob 的值。例如，自由度为 3、显著性水平为 0.05 的卡方值(chi-square value)为 IDF. CHISQ(0.95,3)。

(4)IDF. EXP(p, scale)：逆指数分布函数，数值，返回衰减率(rate of decay)为 scale 的指数衰减变量(exponentially decaying variable)中累积概率为 p 的值。

(5)IDF. F(prob,df1,df2)：逆 F 分布函数，数值，返回自由度为 df1、df2 的 F 分布中累积概率为 prob 的值。例如，显著性水平为 0.05、自由度为 3 和 100 的 F 值(F value)为 IDF. F(0.95,3,100)。

(6)IDF. GAMMA(prob,shape,scale)：逆 γ 分布函数，数值，返回形状参数为 shape 和尺度参数为 scale 的 γ 分布中累积概率为 prob 的值。

(7)IDF. HALFNRM(prob,mean,stddev)：逆半正态分布函数，数值，返回平均值为 mean、标准差为 stddev 的半正态分布中累积概率为 prob 的值。

(8)IDF. IGAUSS(prob,loc,scale)：逆 Gauss 分布函数，数值，返回位置参数为 loc、尺度参数为 scale 的逆 Gauss 分布中累积概率为 prob 的值。

(9)IDF. LAPLACE(prob,mean,scale)：逆 Laplace 分布函数，数值，返回平均值为 mean、尺度参数为 scale 的 Laplace 分布中累积概率为 prob 的值。

(10)IDF. LOGISTIC(prob,mean,scale)：逆 logistic 分布函数，数值，返回平均值为 mean、尺度参数为 scale 的 logistic 分布中累积概率为 prob 的值。

(11)IDF. LNORMAL(prob,a,b)：逆对数正态分布函数，数值，返回参数为 a、b 的对数正态分布中累积概率为 prob 的值。

(12)IDF. NORMAL(prob,mean,stddev)：逆正态分布函数,数值，返回平均值为 mean、标准差为 stddev 的正态分布中累积概率为 prob 的值。

(13)IDF. PARETO(prob,threshold,shape)：逆 Pareto 分布函数，数值，返回阈值参数为 threshold、尺度参数为 shape 的 Pareto 分布中累积概率为 prob 的值。

(14)IDF. SMOD(prob,a,b)：逆 t 化最大模数分布函数，数值，返回参数为 a、b 的 t 化最大模数中累积概率为 prob 的值。

(15)IDF. SRANGE(prob,a,b)：逆 t 化极差统计量函数，数值，返回参数为 a、b 的 t 化极差统计量中累积概率为 prob 的值。

(16)IDF. T(prob,df)：逆 t 分布函数，数值，返回自由度为 df 的学生 t 分布中累积概率为 prob 的值。

(17)IDF. UNIFORM(prob,min,max)：逆均匀分布函数，数值，返回最小值为 min、最大值为 max 的均匀分布中累积概率为 prob 的值。

(18)IDF. WEIBULL(p,a,b)：逆 Weibull 分布函数，数值，返回参数为 a、b 的 Weibull 分布中累积概率为 prob 的值。

(19)PROBIT. PROBIT(prob)：数值，返回标准正态分布(standard normal distribution)中累积概率为 prob(0 < prob < 1)的值。

8. 随机变量函数

随机变量函数(random variable function)可创建指定分布的随机变量，参数为分布参数。

(1)NORMAL(stddev)：正态分布伪随机变量函数，数值，返回平均值为 0、标准差为 stddev(stddev > 0)的正态分布中的伪随机数(pseudorandom number)。

(2)RV. BERNOULLI(prob)：Bernoulli 分布随机变量函数，数值，返回概率参数为 prob 的 Bernoulli 分布中的随机值(random value)。

(3)RV. BETA(shape1,shape2)：β 分布随机变量函数，数值，返回形状参数为 shape1、shape2 的 β 分布中的随机值。

(4)RV. BINOM(n,prob)：二项分布随机变量函数，数值，返回试验次数为 n、概率参数为 prob 的二项分布中的随机值。

(5)RV. CAUCHY(loc,scale)：Cauchy 分布随机变量函数，数值，返回位置参数为 loc、尺度参数为 scale 的 Cauchy 分布中的随机值。

(6)RV. CHISQ(df)：卡方分布随机变量函数，数值，返回自由度为 df 的卡方分布中的随机值。

(7)RV. EXP(scale)：指数分布随机变量函数，数值，返回尺度参数为 scale 的指数分布中的随机值。

(8)RV. F(df1,df2)：F 分布随机变量函数，数值，返回自由度为 df1 和 df2 的 F 分布中的随机值。

(9)RV. GAMMA(shape,scale)：γ 分布随机变量函数，数值，返回形状参数为 shape、尺度参数为 scale 的 γ 分布中的随机值。

(10)RV. GEOM(prob)：几何分布随机变量函数，数值，返回概率参数为 prob 的几何分布中的随机值。

(11)RV. HALFNRM(mean,stddev)：半正态分布随机变量函数，数值，返回平均值为 mean、标准差为 stddev 的半正态分布中的随机值。

(12)RV. HYPER(total,sample,hits)：超几何分布随机变量函数，数值，返回参数为 total、sample、hits 的超几何分布中的随机值。

(13)RV. IGAUSS(loc,scale)：逆 Gauss 分布随机变量函数，数值，返回位置参数为 loc、尺度参数为 scale 的逆 Gauss 分布中的随机值。

(14)RV. LAPLACE(mean,scale)：Laplace 分布随机变量函数，数值，返回平均值为 mean 和尺度参数为 scale 的 Laplace 分布中的随机值。

(15)RV. LNORMAL(a,b)：对数正态分布随机变量函数，数值，返回参数为 a、b 的对数正态分布中的随机值。

(16)RV. LOGISTIC(mean,scale)：logistic 分布随机变量函数，数值，返回平均值为 mean 和尺度参数为 scale 的 logistic 分布中的随机值。

(17)RV. NEGBIN(threshold,prob)：负二项分布随机变量函数，数值，返回阈值参数为 threshold 和概率参数为 prob 的负二项分布中的随机值。

(18)RV. NORMAL(mean,stddev)：正态分布随机变量函数，数值，返回平均值为 mean、标准差为 stddev 的正态分布中的随机值。

(19)RV. PARETO(threshold,shape)：Pareto 分布随机变量函数，数值，返回阈值参数为 threshold、形状参数为 shape 的 Pareto 分布中的随机值。

(20)RV. POISSON(mean)：Poisson 分布随机变量函数，数值，返回平均值/比率参数为 mean 的 Poisson 分布中的随机值。

(21)RV. T(df)：t 分布随机变量函数，数值，返回自由度为 df 的学生 t 分布中的随机值。

(22)RV. UNIFORM(min,max)：均匀分布随机变量函数，数值，返回最小值为 min、最大值为 max 的均匀分布中的随机值。请参阅 UNIFORM 函数。

(23)RV. WEIBULL(a,b)：Weibull 分布随机变量函数，数值，返回参数为 a、b 的 Weibull 分布中的随机值。

(24)UNIFORM(max)：均匀分布伪随机数函数，数值，返回 0 ~ max 之间的均匀分布的伪随机数。

5.3.7　缺失值函数

缺失值函数共有 5 个，每个参数(表达式、变量名或常数)必须以逗号“,”分隔。除了 MISSING 函数外，其他缺失值函数只能使用数值作为参数。关键词 TO 用于指出函数 NMISS 和 NVALID 中参数列表的变量集。函数 MISSING 和 SYSMIS 为逻辑函数(logical function)，可在 IF、DO IF 和其他条件命令(conditional command)中便捷地使用更复杂的规格。

(1)VALUE(variable)：数值或字符串，返回忽略 variable 中用户定义的缺失值后的 variable 的值。variable 必须为变量名或变量名的向量参考。

(2)MISSING(variable)：逻辑值，如果 variable 具有系统缺失值或用户缺失值，则返回 1 或 true。参数 variable 应为活动数据集(active dataset)中的变量名。

(3)SYSMIS(numvar)：逻辑值，如果 numvar 的值为系统缺失值，则返回 1 或 true。参数 numvar 必须为活动数据集中某个数值变量名。

(4)NMISS(variable[,...])：数值，返回具有系统缺失值和用户缺失值参数 variable 的计数。此函数需要 1 个或以上的参数，这些参数应为活动数据集中的变量名。

(5)NVALID(variable[,..])：数值，返回包含有效非缺失值的参数 variable 的计数。此函数需要 1 个或以上的参数，这些参数应为活动数据集中的变量名。

5.3.8　逻辑函数

逻辑函数共有 2 个，每个参数(表达式、变量名或常数)必须以逗号","分隔，其目标变量必须为数值。函数 RANGE 和 ANY 可在 IF、DO IF 和其他条件命令中便捷地使用更复杂的规格。如 SELECT IF ANY(REGION,"NW","NE","SE")相当于 SELECT IF(REGION EQ "NW" OR REGION EQ "NE" OR REGION EQ "SE")。

(1)RANGE(test,lo,hi[,lo,hi,..])：逻辑值，如果 test 落在任何 1 对下限为 lo、上限为 hi 所定义的范围内，则返回 1 或 true。参数必须是数字或具有相同长度的字符串，每对 lo、hi 必须按 lo≤hi 的顺序。

(2)ANY(test,value[,value,...])：逻辑值，如果 test 值与后面任何 value 相匹配，则返回 1 或 true；否则返回 0 或 false。此函数需要 2 个或以上的参数。例如，如果 var1 的值是 1、3 或 5，则 ANY(var1,1,3,5)返回 1；对于其他值则返回 0。ANY 还可以用于扫描变量列表或值表达式。例如，ANY(1,var1,var2,var3)，当 3 个变量中的任 1 个值为 1，则返回 1；如果 3 个变量值都不为 1，则返回 0。

5.3.9　滞后函数

滞后函数(LAG Function)共有 1 个，即 LAG(variable[,n])。数值或字符串，返回当前个案之前第 n 个个案的变量值。可选第 2 参数 n 必须为正整数，默认值为 1。例如，prev4 = LAG(gnp,4)返回当前个案之前第 4 个个案的 gnp 值。prev4 前 4 个个案的为系统缺失值。返回的结果和第 1 参数中指定个案具有相同类型(数值或字符串)。串变量的前 n 个个案将设为空白。例如，PREV2 = LAG(LNAME,2)，PREV2 的第 1、第 2 个个案将为空白。当 LAG 与选择个案(select cases)的命令(如 SELECT IF 和 SAMPLE)同时使用时，LAG 在选择个案后开始计数。

5.3.10　值标签函数

值标签函数(VALUELABEL function)共有 1 个，即 VALUELABEL(varname)。字符串，返回变量值的值标签(value label)，如果没有值标签，则返回空字符串，varname 必须是变量名。

5.3.11　得分表达式

得分表达式(scoring expression)共有 2 个函数，可将外部文件的模型 XML 应用于活动数据集并生成预测值(predicted value)、预测概率(predicted probability)及基于该模型的其他值。得分表达式必须通过 MODEL HANDLE 命令标识外部 XML 模型文件可选的变量映射(variable mapping)。得分表达式必须有 2 个参数：第 1 参数表示模型，第 2 参数表示得分函数(scoring function)，可选第 3 参数为在分类目标变量中获得选定分类所相关联的每个个案的概率。也可以使用最近邻模型(nearest neighbor model)指定特定邻。在对数据集使用得分函数之前，应先进行数据验证分析(data validation analysis)。

(1)ApplyModel(handle，"function",value)：数值，使用指定 handle 的模型将特定得分函数应用于输入个案数据，function 可为 predict、stddev、probability、confidence、nodeid、cumhazard、neighbor 或 distance 等(详见表 5-2)。模型 handle 是与外部 XML 文件相关联的名称，可在 MODEL HANDLE 命令中定义。可选第 3 参数是 probability、neighbor 或 distance。probability 指定用于概率计算的分类。neighbor 和 distance 使用最近邻模型指定特定邻(整数)。如果某值无法计算，ApplyModel 将返回系统缺失值。字符串值必须在引号内。例如，ApplyModel(name1，'probability'，'reject')，name1 为模型句柄名称，reject 为目标变量的有效分类。

(2)StrApplyModel(handle，"function"，value)：数值，参见 ApplyModel 的介绍。

表 5-2 得分函数的描述

得分函数	描 述
predict	目标变量的预测值
stddev	标准差
probability	目标变量特定分类的概率，只能用于分类变量，如果没有可选第 3 参数 category，将为正确目标变量预测分类的概率。如果指定了特定分类，将为正确目标分类指定分类的概率
confidence	分类目标变量预测值的概率度量(probability measure)，只能用于分类变量
nodeid	末端节点数(terminal node number)，只能用于树模型(tree models)
cumhazard	累积危险值(cumulative hazard value)，只能用于 Cox 回归模型(Cox regression models)
neighbor	第 *k* 个最近邻的 ID，只能用于最近邻模型，如果没有可选第 3 参数 *k*，则返回最近邻的 ID；反之，返回个案标签变量值
distance	与第 *k* 个最近邻的距离，只能用于最近邻模型，如果没有可选第 3 参数 *k*，返回最近邻的距离。其距离取决于模型，如 Euclidean 距离或城市街区距离(City Block distance)

每个模型类型支持的得分函数见表 5-3。函数 PROBABILITY(category)表示 PROBABILITY 函数指定特定分类(可选第 3 参数)。

表 5-3 模型类型支持的函数

模型类型	支持函数
树模型(分类目标)	PREDICT、PROBABILITY、PROBABILITY(category)、CONFIDENCE、NODEID
树模型(尺度目标)	PREDICT、NODEID、STDDEV
提高树模型(boosted tree model)C5.0	PREDICT、CONFIDENCE
线性回归(linear regression)	PREDICT、STDDEV
自动线性模型(automatic linear model)	PREDICT
二元 logistic 回归(binary logistic regression)	PREDICT、PROBABILITY、PROBABILITY(category)、CONFIDENCE
条件 logistic 回归(conditional logistic regression)	PREDICT
多元 Logistic 回归(multinomial logistic regression)	PREDICT、PROBABILITY、PROBABILITY(category)、CONFIDENCE
一般线性模型(general linear model)	PREDICT、STDDEV
判别(discriminant)模型	PREDICT、PROBABILITY、PROBABILITY(category)
两步聚类(TwoStep cluster)	PREDICT
逐步聚类(K-Means cluster)	PREDICT
Kohonen 模型	PREDICT
神经网络(neural net)(分类目标)	PREDICT、PROBABILITY、PROBABILITY(category)、CONFIDENCE
神经网络(尺度目标)	PREDICT

续表

模型类型	支持函数
朴素 Bayes(naive Bayes)	PREDICT、PROBABILITY、PROBABILITY(category)、CONFIDENCE
异常检测(anomaly detection)	PREDICT
规则集(ruleset)	PREDICT、CONFIDENCE
广义线性模型(generalized linear model)	PREDICT、PROBABILITY、PROBABILITY(category)、CONFIDENCE
广义线性模型(尺度目标)	PREDICT、STDDEV
广义混合线性模型(generalized linear mixed models)(分类目标)	PREDICT、PROBABILITY、PROBABILITY(category)、CONFIDENCE
广义混合线性模型(尺度目标)	PREDICT
有序多项回归(ordinal multinomial regression)	PREDICT、PROBABILITY、PROBABILITY(category)、CONFIDENCE
Cox 回归(Cox regression)	PREDICT、CUMHAZARD
最近邻(尺度目标)	PREDICT、NEIGHBOR、NEIGHBOR(k)、DISTANCE、DISTANCE(k)
最近邻(分类度目标)	PREDICT、PROBABILITY、PROBABILITY(category)、CONFIDENCE,NEIGHBOR、NEIGHBOR(k),DISTANCE、DISTANCE(k)

二元 logistic 回归、多元 logistic 回归及朴素 Bayes 模型，CONFIDENCE 函数与 PROBABILITY 函数相同；逐步聚类模型 CONFIDENCE 函数返回最小距离(least distance)；树模型和规则集模型，confidence 表示预测分类的调整概率，并总是小于 PROBABILITY 指定值，在这些模型中，confidence 值比 PROBABILITY 指定值更可靠；神经网络模型生成预测分类比次优预测分类更好的度量；有序多项模型和广义线性模型 PROBABILITY 可支持二进制目标变量；没有目标变量的最近邻模型，其可用函数为 NEIGHBOR 和 DISTANCE。

5.4　函数中缺失值的处理方式

函数与简单的数字表达式中对缺失值的处理有如下 3 种处理方式：

(1)(var1 + var2 + var3)/3，如 3 个变量中有 1 个变量含有缺失值，则其结果为缺失值。

(2)MEAN(var1,var2,var3)，只有 3 个变量均为缺失值时，结果才为缺失值。

(3)在统计函数中，可指定非缺失值的最小变量数，方法是在函数名称加上“.”和数字。例如，MEAN.2(var1,var2,var3)表示 3 个变量中，必须有 2 个或以上的变量为非缺失值，否则结果为缺失值。

练习题

(请访问 www.hxedu.com.cn 下载。)

第6章　描述统计分析

描述统计(Descriptive Statistics)分析具有一系列基本统计分析与图形(Graphs)功能，包括频率分析(Frequencies)、描述性分析(Descriptives)、探索分析(Explore)、列联表(交叉表)分析(Crosstabs)、TURF分析(Total Unduplicated Reach and Frequency，累积不重复到达率和频次分析)、比率统计(Ratio Statistics)、P-P图(P-P Plots，proportion-proportion plot)、Q-Q图(Q-Q Plots，Quantile-Quantile plot)。这些结果(统计量与图形)有助于深入认识观测数据的分布特征。

6.1　频率分析

频率分析(Frequencies)常用于描述不同类型变量的多个统计量及图形，包括频数(frequency count)、百分数(percentage)、累积百分数(cumulative percentage)、平均值(mean)、中位数(median)、众数(mode)、总和(sum)、标准差(standard deviation)、方差(variance)、极差(range，全距)、最小值(minimum value)、最大值(maximum value)、平均值的标准误(standard error of the mean)、偏度(skewness)、峰度(kurtosis)及其标准误、四分位数(quartile)、用户自定义百分位数(user-specified percentile)，并可绘制条形图(bar chart)、圆形图(pie chart)和直方图(histogram)。

【例6-1】　某单位测定了100名健康女大学生的血清总蛋白含量(serum,g/L)，试进行频率分析并绘制直方图。

1)建立数据文件frequen1.sav。

2)选择【分析(Analyze)】→【描述统计(Descriptive Statistics)】→【频率(Frequencies)...】，打开频率(Frequencies)主对话框，见图6-1。

☆【变量(Variable(s))】：可选择1个或以上连续变量(continuous variable)，以数值码(numeric code)或字符串(string)作为分组编码的分类变量(categorical variable)(名义或有序水平测量)，本例为“serum(血清总蛋白)”。一次可选择40个以上变量，并对每个变量逐个进行分析。

☆【显示频率表格(Display frequency tables，显示频率表)】：又称频数表，为各变量值出现的频率列表。

3)单击【Statistics...】按钮，打开统计(Statistics)对话框，见图6-2。

☆【百分位值(Percentile Values)】：是定量变量(quantitative variable)的一种位置指标，对排序后的数据进行分组，使某个百分比在该值上方，而另外一个百分比在该值下方。

○【四分位数(Quartiles)】：四分位数是将样本分成4个相等部分的值，包括第1四分位数(也称下四分位数，P_{25})、第2四分位数(即中位数，P_{50})与第3四分位数(也称上四分位数，P_{75})。利用四分位数，可以快速评估数据的展开和集中趋势。四分位数间距(Q)为P_{75}与P_{25}之差，同类资料比较，Q越大意味着数据间变异越大。Q可用于各种分布的资料，特别是服从偏斜分布的资料，常把中位数和Q结合起来描述变量的平均水平和变异程度。与极差相比，Q较稳定，受两端极大或极小数据的影响小，但仍未考虑数据中每个观测值的离散程度。

○【分割点 n 相等组(Cut points for n equal groups，等分个案)】：默认为 10 等分，即十分位数，各有 1/10 的观测值，即 P_{10}、P_{20}、…、P_{90}，也可任意等分。

○【百分位数(Percentile(s))】：是指将 n 个观测值从小到大依次排列后，对应于 x% 位的数值，可指定任意百分位数，本例加选 $P_{2.5}$与 $P_{97.5}$。

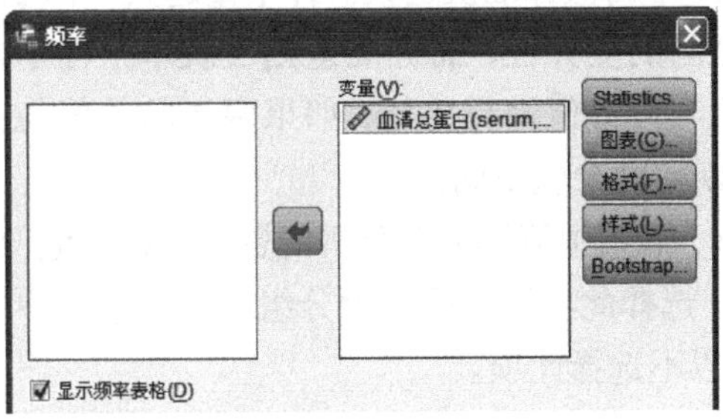

图 6-1　频率(Frequencies)主对话框

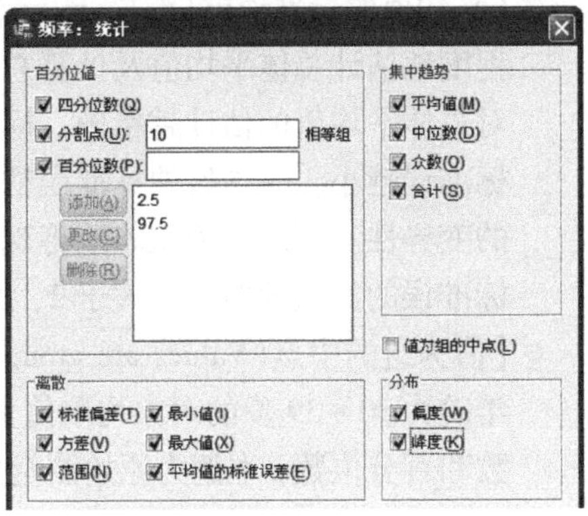

图 6-2　统计(Statistics)对话框

☆【集中趋势(Central Tendency)】。

○【平均值(Mean)】：又称平均数或算术平均数，为总和除以个案数之商，常用于描述一组同质观测值的集中位置。适用于描述服从对称分布变量的平均水平，由于平均值位于分布的中心，能反映全部观测值的平均水平。特别是对于服从正态分布或近似正态分布的变量。由于平均值是包括极值在内的所有资料的平均水平，因此它不能代表偏斜分布资料的中心位置。

○【中位数(Median)】：即 P_{50}，是指将原始观测值按大小排列后，位次居中的数值。理论上，大于和小于该值的个案数各占一半。由于中位数不是利用全部观测值计算出来的，它只与位次居中的观测值大小有关，因此不受分布两端特大或特小值的影响。对于分布末端无确定值的资料，不能直接计算平均值和几何平均数时，亦可计算中位数。

○【众数(Mode)】：在样本中出现次数最多的数值。如果出现次数最多的值不止一个，则每个值都是众数，SPSS 仅报告最小众数，众数可以与平均值和中位数一起，作为数据分布的总体特性描述。

○【合计(Sum，总和)】：所有有效值的合计或总计。

☆【离散(Dispersion，离散趋势)】：测量资料变异和展开程度的统计量。

○【标准偏差(Std. deviation，标准差)】：为方差的算术平方根，方差越大意味着资料的离散程度越大，或者说变量的变异程度越大。在服从正态分布的资料中，大约 68% 的观测值在 $\bar{x} \pm 1s$ 范围内，95% 的个案在 $\bar{x} \pm 2s$ 范围内，99.7% 的观测值落于 $\bar{x} \pm 3s$ 之内。由于标准差的量纲和原变量的量纲相同，因此标准差比方差更方便直观。

○【方差(Variance)】：又称均方差，方差利用了所有观测值的信息描述变量的变异程度，同类资料比较时，方差越大意味着资料的离散程度越大，或者说变量的变异程度越大。方差的量纲是原变量量纲的平方，容易使人混淆，因此通常以标准差代替方差。方差和标准差都适用于对称分布的变量，特别是服从正态分布或者近似正态分布的变量。

○【范围(Range，极差)】：又称全距，为数值变量最大值与最小值之差。样本量接近的同类资料比较时，极差越大意味着资料越离散，或者说变异越大。样本含量相差悬殊时，不宜通过比较极差去判断变异大小。即使样本含量相同时，极差也往往不稳定。

○【最小值(Minimum)】：数值变量的最小值。

○【最大值(Maximum)】：数值变量的最大值。

○【平均值的标准误差(S. E. mean，平均值的标准误)】：用于测量样本平均值多大精确程度地估计总体平均值及计算总体平均值的置信区间。平均值标准误值越小，表示对总体平均值的估计越精确。标准差越大，平均值标准误越大。样本量越大，平均值标准误越小。平均值的标准误估计样本之间的变异性，而标准差则反映单个样本内的变异性。可以用来粗略地将观测平均值与假设值进行比较，如果两者的差值与其标准误的比值的绝对值大于 2，那么可以断定两个值不同。

○【值为组的中点(Values are group midpoints，取组中值)】：若分析的资料为组中值(如年龄为 30 ~ 39 岁的对象均取值为 35 岁)，选择此项后则按原始分组的资料估计中位数和百分位数，本例为原始测量数据，所以不选择此项。

☆【分布(Distribution)】。

○【偏度(Skewness)】：生成偏度及其标准误，用于描述分布的不对称性。理论上总体偏度为 0 时，分布是对称；取正值时，为正偏峰，其分布有较长的右尾；取负值时，为负偏峰，其分布有较长的左尾。

○【峰度(Kurtosis)】：生成峰度及其标准误，可反映集中位置周围观测值聚集的程度。理论上正态分布的峰度为 0；取正值时，其分布较正态分布的峰尖峭；取负值时，其分布较正态分布的峰平阔。

注： *偏度与其标准误的比值以及峰度与其标准差误的比值可用作正态性检验，如果其中一个比值的绝对值大于 2，就可拒绝正态性。*

4)单击【继续】→【图表(Charts)...】按钮，打开图表(Charts)对话框，见图 6-3。

☆【图表类型(Chart Type)】。

○【无(None)】。

○【条形图(Bar charts)】：用分隔的条形显示每个值或分类的计数，可直观地比较各类的情况。

○【饼图(Pie charts，圆形图)】：显示各部分对整体的贡献，圆形图的每部分对应于分组变量的每个分组。

○【直方图(Histograms)】：按相同间隔比例绘制直方图，每个条形的面积表示定量变量值落在该区间内的个案数，可显示分布的形状、集中及展开情况。

○【在直方图上显示正态曲线(Show normal curve on histogram)】：显示与直方图重叠的正态曲线，有助于判断数据是否服从正态分布或近似服从正态分布。本例选择此项。

☆【图表值(Chart Values)】：设定条形图的坐标刻度，可选择频率(Frequencies)或百分比(Percentages)。

5)单击【继续】→【格式(Format)...】按钮，打开格式(Format)对话框，见图 6-4。

☆【排序方式(Order by)】：设定频率表的排序方式，可选择【按值的升序排序(Ascending values)】、【按值的降序排序(Descending values)】、【按计数的升序排序(Ascending counts)】或【按计数的降序排序(Descending counts)】。

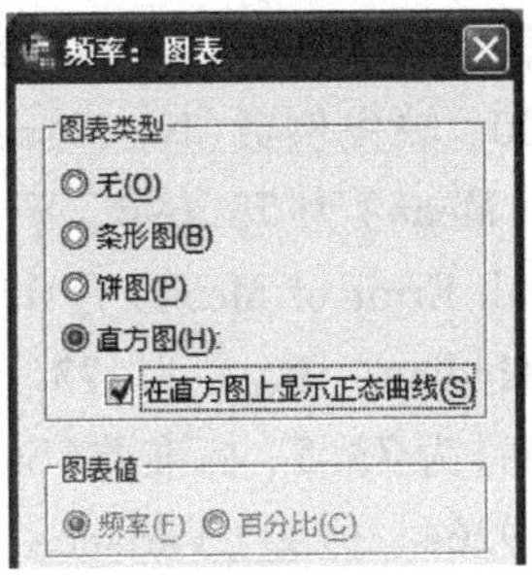

图6-3 图表(Charts)对话框

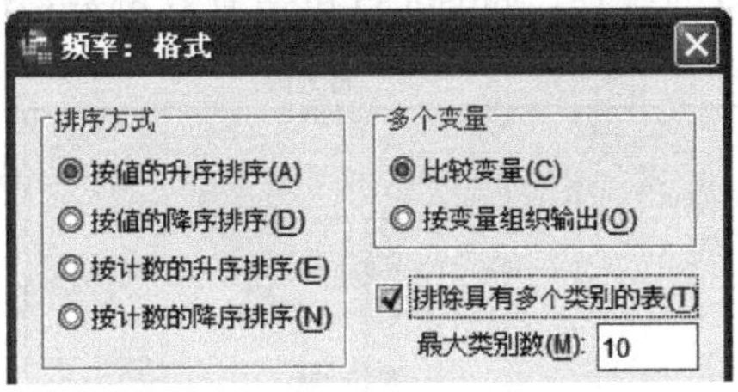

图6-4 格式(Format)对话框

注：若选择了【直方图(Histograms)】或【百分位数(Percentile(s))】，频率过程将假设变量为定量变量，并按观测值的大小递增排序。

☆【多个变量(Multiple Variables)】：当一次同时分析多个变量时，可设定其输出方式。

○【比较变量(Compare variables)】：在单个表中显示所有变量的统计结果，为默认格式。

○【按变量组织输出(Organize output by variables)】：每个变量生成一个独立的统计表。

☆【排除具有多个类别的表(Suppress tables with many categories)】：当频率表的分类数超过n时，则不显示频率表，可设定【最大类别数(Maximum number of categories，最大分类数)】，默认值为“10”。

6)单击【继续】→【确定】按钮，得到如下结果：

频率(Frequencies)

结果6-1 统计(Statistics)

血清总蛋白(serum,克/升)		
例数(N)	有效(Valid)	100
	缺失(Missing)	0
平均值(Mean)		73.696
平均值的标准误(Std. Error of Mean)		.3926
中位数(Median)		73.500
众数(Mode)		73.5
标准差(Std. Deviation)		3.9264
方差(Variance)		15.417
偏度(Skewness)		.039
偏度的标准误(Std. Error of Skewness)		.241
峰度(Kurtosis)		.071
峰度的标准误(Std. Error of Kurtosis)		.478
极差(Range)		20.0
最小值(Minimum)		64.3
最大值(Maximum)		84.3
总和(Sum)		7369.6
百分位数(P)(Percentiles)	2.5	65.000
	10	68.080
	20	70.400
	25	71.200
	30	72.000
	40	72.700
	50	73.500
	60	74.300
	70	75.540
	75	75.800
	80	76.500
	90	79.430
	97.5	81.600

7)结果分析:统计(Statistics)表中,100 名健康女大学生血清总蛋白含量频率分析(Frequencies)的统计(Statistics)包括有效例数(N, Valid)为 100、缺失例数(N, Missing)为 0、平均值(Mean)为 73.696、平均值的标准误(Std. Error of Mean)为 0.3926、中位数(Median, P_{50})为 73.500、众数(Mode)为 73.5、标准差(Std. Deviation)为 3.9264、方差(Variance)为 15.417、偏度(Skewness)为 0.039、偏度的标准误(Std. Error of Skewness)为 0.241、峰度(Kurtosis)为 0.071、峰度的标准误(Std. Error of Kurtosis)为 0.478、极差(Range)为 20.0、最小值(Minimum)为 64.3、最大值(Maximum)为 84.3 及总和(Sum)为 7369.6。本例还得到等距为 10 的百分位数及 $P_{2.5}$(65.000),$P_{97.5}$(81.600),见结果 6-1。此外,还输出频率表(Frequency tables)与直方图(Histogram),见图 6-5。

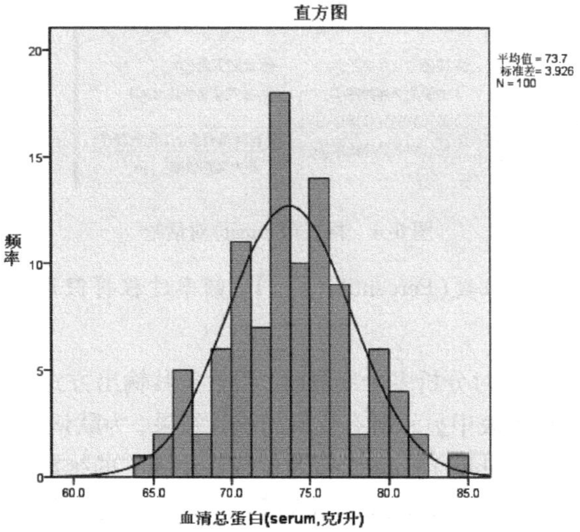

图 6-5　100 名健康女大学生血清总蛋白含量的直方图

【例 6-2】　现有某地 101 例 30 ~ 49 岁健康男子血清总胆固醇值(x, mmol/L)测定结果,已建立数据文件 frequenz.sav,试进行频率分析并绘制直方图。

本例分析的变量是 x(总胆固醇值),程序中未选择 $P_{2.5}$与 $P_{97.5}$,不显示频率表。其余选择与例 6-1 相同,得到详细结果(略)。

结果分析如下:

(1)统计(Statistics)表:101 例 30 ~ 49 岁健康男子血清总胆固醇频率分析(Frequencies)的统计(Statistics)包括平均值(Mean)为 4.7232、平均值的标准误(Std. Error)为 0.08738、中位数(Median, P_{50})为 4.6300、众数(Mode)为 4.79、标准差(Std. Deviation)为 0.87820、方差(Variance)为 0.771、偏度(Skewness)为 0.246、偏度的标准误(Std. Error of Skewness)为 0.240、峰度(Kurtosis)为 0.024、峰度的标准误(Std. Error of Kurtosis)为 0.476、极差(Range)为 4.52、最小值(Minimum)为 2.70、最大值(Maximum)为 7.22 及总和(Sum)为 477.04。

(2)等距为 10 的百分位数及四分位数:P_{10}为 3.5360、P_{20}为 4.0700、P_{25}为 4.1800、P_{30}为 4.3120、P_{40}为 4.4780、P_{50}为 4.6300、P_{60}为 4.8340、P_{70}为 5.1520、P_{75}为 5.2083、P_{80}为 5.3830 及 P_{90}为 5.9000。

(3)频率分布的特征:偏度(Skewness),$q_1 = 0.246 > 0$,表示正偏峰,即曲线向左偏;峰度(Kurtosis),$q_2 = 0.024 > 0$,表示平峭峰,即曲线较平坦,数值均较小。

(4)直方图(Histogram)的频率分布特征表明,高峰在 3.75 ~ 5.75 段,两侧频数逐渐减小,且基本对称,见图 6-6。

(5)本例的平均值(Mean, X) = 4.7232mmol/L。中位数(Median, P_{50}) = 4.630mmol/L。可见,$X \approx P_{50}$。101 例 30 ~ 40 岁男子血清总胆固醇值(mmol/L)的实际分布与理论分布比较见表 6-1。

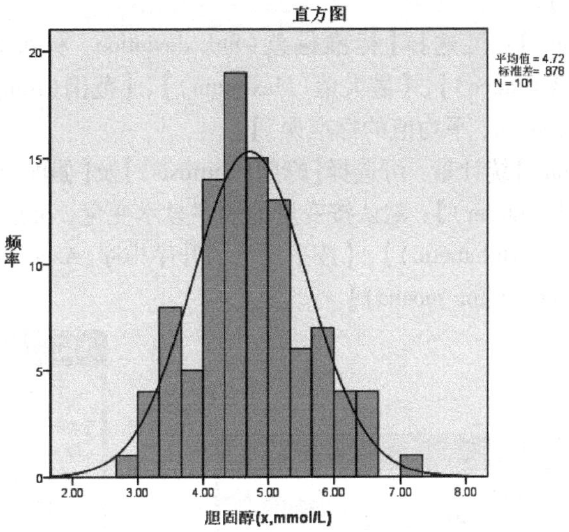

图 6-6　101 例健康男子血清总胆固醇的直方图

表 6-1　胆固醇的实际分布与理论分布比较

X±S	胆固醇值范围(mmol/L)	实际人数	分布，%	理论分布，%
X±1S	3.8450～5.6014	72	71.29	68.27
X±1.96S	3.0019～6.4444	97	96.04	95.00
X±2.58S	2.4574～6.9889	100	99.01	99.00

可见，实际分布与理论分布基本一致。由上可见，95% 正常值范围估计为(3.0019，6.4445)(mmol/L)。

(6)实例测得某 38 岁男子的血清胆固醇值为 6.993(mmol/L)，超过 95% 正常值的上限，偏高，估计属于不正常。

6.2　描述性分析

描述性(Descriptives)过程可在一个表中显示多个变量的概括统计量，并计算标准化值(z 得分)，包括样本量(sample size)、平均值、最小值、最大值、标准差、方差、极差、总和、平均值的标准误、峰度、偏度及其标准误。

【例 6-3】 某地区 130 名正常成年男子红细胞数(RBC，万/mm)已建立数据文件 descrip.sav，试进行描述性分析。

1)打开数据文件 descrip.sav。

2)选择【分析(Analyze)】→【描述统计(Descriptive Statistics)】→【描述(Descriptives)...】，打开描述性(Descriptives)主对话框，见图 6-7。

☆【变量(Variable(s))】：可选择 1 个或以上的数值变量，本例为“红细胞数(RBC)”。

☆【将标准化得分另存为变量(Save standardized value as variables)】：标准化得分又称标准化值(z 得分)。生成的变量可在统计和图形过程中使用。

3)单击【选项(Options)...】按钮，打开选项(Options)对话框，见图 6-8。

☆平均值(Mean)。

☆ 合计(Sum，总和)。
☆【离散(Dispersion)】：可选择【标准偏差(Std. deviation，标准差)】、【最小值(Minimum)】、【方差(Variance)】、【最大值(Maximum)】、【范围(Range，极差)】及【平均值的标准误差(S. E mean，平均值的标准误)】。
☆【分布(Distribution)】统计量：可选择【峰度(Kurtosis)】及【偏度(Skewness)】。
☆【显示顺序(Display Order)】：默认按变量的顺序显示变量，可选择【变量列表(Variable list)】、【字母顺序(Alphabetic)】、【按平均值的升序排序(Ascending means)】或【按平均值的降序排序(Descending means)】。

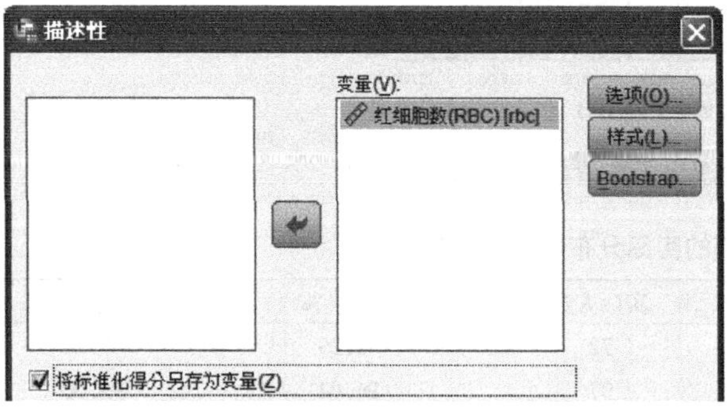

图 6-7　描述性(Descriptives)主对话框

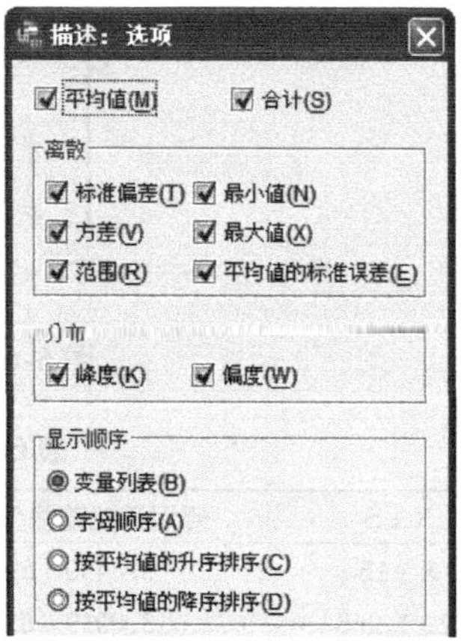

图 6-8　选项(Options)对话框

4)单击【继续】→【确定】按钮，得到如下结果：

描述(Descriptives)

结果 6-2　描述统计(Descriptive Statistics)

	例数(N)	极差(Range)	最小值(Minimum)	最大值(Maximum)	总和(Sum)	平均值(Mean)	
	标准误(Std. Error)	统计量(Statistic)	统计量(Statistic)	统计量(Statistic)	统计量(Statistic)	统计量(Statistic)	统计量(Statistic)
红细胞数(RBC)	130	209	379	588	62316	479.35	3.640
有效例数(成列)(Valid N(listwise))	130						

续表

	标准差(Std. Deviation)	方差(Variance)	偏度(Skewness)		峰度(Kurtosis)	
	统计量(Statistic)	统计量(Statistic)	统计量(Statistic)	标准误(Std. Error)	统计量(Statistic)	标准误(Std. Error)
红细胞数(RBC)	41.506	1722.773	.011	.212	-.140	.422

5)主要结果分析。

描述统计(Descriptive Statistics)表，130 名正常成年男子红细胞数的描述统计量包括例数(N)为 130、极差(Range)为 209、最小值(Minimum)为 379、最大值(Maximum)为 588、总和(Sum)为 62316、平均值(Mean)为 479.35、平均值的标准误(Std. Error)为 3.640、标准差(Std. Deviation)为 41.506、方差(Variance)为 1722.773、偏度(Skewness)为 0.011、偏度的标准误

(Std. Error of Skewness)为 0.212、峰度(Kurtosis)为 -0.140 及峰度的标准误(Std. Error of Kurtosis)为 0.422，见结果6-2。

【例6-4】 已知抑郁症资料，并建立了数据文件 cesd. sav，试对变量 educ(教育程度)、income(年收入)和 age(年龄)进行描述性分析。

1)打开数据文件 cesd. sav 。

2)仿照例6-3 的方法，【变量(Variable(s))】选择"educ"、"income"、"age"，其余选择与例6-3 相同，得到的结果见表6-2。

表6-2　变量 educ、income 和 age 的描述性分析结果

统　计　量	教育程序(educ)	年收入(income)	年龄(age)
例数(N)	294	294	294
极差(Range)	6	63	71
最小值(Minimum)	1	2	18
最大值(Maximum)	7	65	89
总和(Sum)	1023	6049	13058
平均值(Mean)	3.48	20.57	44.41
平均值的标准误(Std. Error)	0.0764	0.89	1.05
标准差(Std. Deviation)	1.31	15.29	18.09
方差(Variance)	1.718	233.788	327.083
偏度(Skewness)	0.745	1.223	0.361
偏度的标准误(Std. Error of Skewness)	0.142	0.142	0.142
峰度(Kurtosis)	0.118	0.956	-0.945
峰度的标准误(Std. Error of Kurtosis)	0.283	0.283	0.283

6.3　描述性分析的自助法应用

自助法又称 Bootstrap 法(Bootstrap method)，是以现有样本为基础的模拟抽样推断法，可用于研究某统计量的分布特征，特别适用于那些难以用常规方法处理的参数区间估计、假设检验等问题。自助法的提出是基于对参数估计准确性考察的目的，但目前已发展到统计学的所有领域，几乎每种统计方法皆可建立相应的自助法。Bootstrap 提供了一条确保所创建模型的稳定性和可靠性的有效途径，它通过对原始样本进行有放回的重复抽样，进而估计某个估计量的抽样分布。SPSS 的多个统计分析模块均提供了自助(Bootstrap)选项，可以对总体参数(如平均值、中位数、比例、相关系数和回归系数等)的标准误和置信区间进行可靠的估计，详见表6-3，在后面的章节中，将不再赘述自助法。

表6-3　SPSS 各统计模块输出结果表格及所支持的统计量

统计分析模块	输出结果表格及所支持的统计量
频率分析 (Frequencies)	统计(Statistics)表，平均值、标准差、方差、中位数、偏度、峰度、百分位数的自助估计
	频率(Frequencies)表，百分率的自助估计
描述性分析(Descriptives)	描述统计(Descriptive Statistics)表，平均值、标准差、方差、偏度、峰度的自助估计
探索分析 (Explore)	描述统计(Descriptives)表，平均值、5%截尾平均值(5% trimmed mean)、标准差、方差、中位数、偏度、峰度、四分位数间距(interquartile range)的自助估计
	M-估计量(M-estimators)表，Huber M 估计量(Huber's M-Estimator)、Andrews 正弦波 M 估计量(Andrews' wave M-estimator)、Hampel 再降 M 估计量(Hampel's redescending M-Estimator)及 Tukey 双权估计量(Tukey's biweight estimator)的自助估计
	百分位数(Percentiles)表，百分位数的自助估计

续表

统计分析模块	输出结果表格及所支持的统计量
交叉表分析 (Crosstabs)	方向度量(Directional Measures)表，λ 统计量(Lambda)、Goodman 与 Kruskal τ 统计量(Goodman and Kruskal Tau)、不确定系数(uncertainty coefficient)和 Somers d 统计量(Somers' d)的自助估计
	对称度量(Symmetric Measures)表，φ 系数(Phi)、Cramer V 系数(Cramer's V)、列联系数(contingency coefficient)、Kendall 相关系数(Kendall's tau-b)、Kendall τ_c 统计量(Kendall's tau-c)、γ 系数(Gamma)、Spearman 等级相关(Spearman Correlation)和 Pearson 乘积矩相关(Pearson's R)的自助估计
	风险估计表(Risk Estimate table)，优势比(odds ratio)的自助估计
	Mantel-Haenszel 公共优势比(Mantel-Haenszel Common Odds Ratio)表，估计值自然对数的显著性检验和自助估计
平均值分析 (Means)	报告(Report)表，平均值、中位数、组内中位数(grouped median)、标准差、方差、偏度、峰度、调和平均数(harmonic mean)和几何平均数(geometric mean)的自助估计
单样本 t 检验 (One-Sample T Test)	统计(Statistics)表，平均值和标准差的自助估计
	检验(Test)表，平均差的显著性检验(significance tests for the mean difference)和自助估计
独立样本 t 检验 (Independent-Samples T Test)	组统计(Group Statistics)表，平均值和标准差的自助估计
	检验(Test)表，平均差的显著性检验和自助估计
配对样本 t 检验 (Paired-Samples T Test)	统计(Statistics)表，平均值和标准差的自助估计
	相关(Correlations)表，相关的自助估计
	检验(Test)表，平均值的自助估计
单向方差分析 (One-Way ANOVA)	描述统计(Descriptive Statistics)表，平均值和标准差的自助估计
	多重比较(Multiple Comparisons)表，平均差的自助估计
	对比检验(Contrast Tests)表，对比值的显著性检验(significance tests for value of contrast)和自助估计
双变量相关 (Bivariate Correlations)	描述统计(Descriptive Statistics)表，平均值和标准差的自助估计
	相关(Correlations)表，相关系数的显著性检验和自助估计
偏相关 (Partial Correlations)	描述统计(Descriptive Statistics)表，平均值和标准差的自助估计
	相关(Correlations)表，相关系数的自助估计
GLM 单变量方差分析 (GLM Univariate)	描述统计(Descriptive Statistics)表，平均值和标准差的自助估计
	参数估计值(Parameter Estimates)表，系数 B 的显著性检验和自助估计
	对比结果(Contrast Results)表，差异的显著性检验(significance tests for the difference)和自助估计
	估计边际平均值(Estimated Marginal Means)：两两比较(Pairwise Comparisons)表，平均差(mean difference)的自助估计
	事后检验(Post Hoc Tests)表：多重比较(Multiple Comparisons)表，平均差的自助估计
GLM 多变量方差分析 (GLM Multivariate)	参数估计值(Parameter Estimates)表，系数 B 的显著性检验和自助估计
线性混合模型 (Linear Mixed Models)	固定效应估计值(Estimates of Fixed Effects)表，估计值的显著性检验(significance tests for the estimate)和自助估计
	协方差参数估计值(Estimates of Covariance Parameters)表，估计值的显著性检验和自助估计
广义线性模型 (Generalized Linear Models)	参数估计值(Parameter Estimates)表，系数 B 的显著性检验和自助估计
线性回归 (Linear Regression)	描述统计(Descriptive Statistics)表，平均值和标准差的自助估计
	相关(Correlations)表，相关系数的自助估计
	模型摘要(Model Summary)表，Durbin-Watson 统计量的自助估计
	系数(Coefficients)表，系数 B 的显著性检验和自助估计
	残差统计(Residuals Statistics)表，平均值和标准差的自助估计

续表

统计分析模块	输出结果表格及所支持的统计量
有序回归 (Ordinal Regression)	参数估计值(Parameter Estimates)表，系数B的显著性检验和自助估计
二元 Logistic 回归 (Binary Logistic Regression)	方程中的变量(Variables in the Equation)表，系数B的显著性检验和自助估计
多元 Logistic 回归 (Multinomial Logistic Regression)	参数估计值(Parameter Estimates)表，系数B的显著性检验和自助估计
Cox 回归(Cox Regression)	方程中的变量(Variables in the Equation)表，系数B的显著性检验和自助估计
判别分析 (Discriminant Analysis)	标准化典型判别函数系数(Standardized Canonical Discriminant Function Coefficients)表，标准化系数(standardized coefficients)的自助估计
	典型判别函数系数(Canonical Discriminant Function Coefficients)表，非标准化系数(unstandardized coefficients)的自助估计
	分类函数系数(Classification Function Coefficients)表，系数(coefficients)的自助估计

【例6-5】　试用自助法对例6-3中某地区130名正常成年男子红细胞数(RBC，万/mm)进行描述性分析。

1)打开数据文件 descrip. sav。

2)各对话框的选项均同例6-3，在描述性(Descriptives)主对话框中，单击【Bootstrap...】按钮，打开 Bootstrap 对话框，见图6-9。

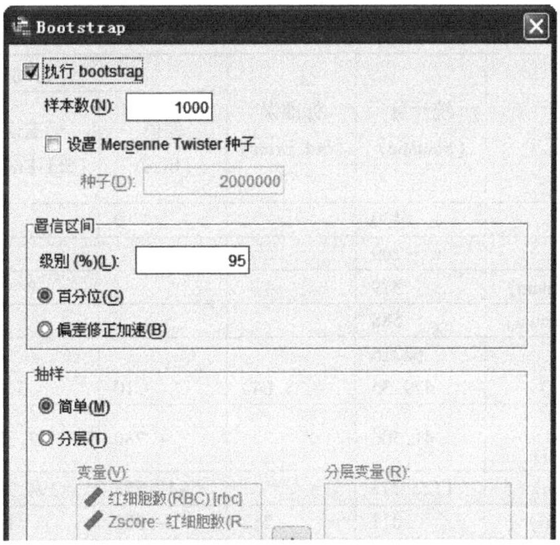

图6-9　Bootstrap 对话框

☆【执行 Bootstrap(Perform bootstrapping，执行自助)】。

○【样本数(Number of samples)】：默认值为“1000”，用户可设定一个正整数，对于生成的百分位数和 BCa 区间，推荐使用至少1000个自助样本。

○【设置 Mersenne Twister 种子(Set seed for Mersenne Twister，设置 Mersenne 扭子种子)】：设置种子用于重复分析。

○【种子(Seed)】：默认值为“2000000”。

☆【置信区间(Confidence Intervals，CI)】：设定在50～100之间的级别(Level，水平)，默认值为“95%”。

○【百分位(Percentile, 百分位数)】: 简单地使用对应于置信区间百分位数的有序自助值。

○【偏差修正加速(Bias corrected accelerated, BCa, 校正偏置加速)】: 使调整区间更加准确, 但计算时间更长。

☆【抽样(Sampling)】。

○【简单(Simple)】抽样法: 通过放回方式从原始数据集进行重复抽样。

○【分层(Stratified)】抽样法: 通过放回方式在原始数据集中【分层变量(Strata Variable)】交叉分类(cross-classification)定义的层内进行重复抽样。在层内的单元格相对均匀, 且层间单元格相差较大时, 分层自助抽样法非常有用。

3)主要结果如下:

自助法(Bootstrap)

结果 6-3　自助指定(Bootstrap Specifications)

抽样方法(Sampling Method)	简单(Simple)
样本数(Number of Samples)	1000
置信区间水平(Confidence Interval Level)	95.0%
置信区间类型(Confidence Interval Type)	百分位数(Percentile)

描述(Descriptives)

结果 6-4　描述统计(Descriptive Statistics)

		统计量(Statistic)	标准误(Std. Error)	自助法(Bootstrap)			
				偏倚(Bias)	标准误(Std. Error)	95%置信区间(95% Confidence Interval)	
						下限(Lower)	上限(Upper)
红细胞数(RBC)	例数(N)	130		0	0	130	130
	极差(Range)	209					
	最小值(Minimum)	379					
	最大值(Maximum)	588					
	总和(Sum)	62316					
	平均值(Mean)	479.35	3.640	.10	3.64	472.18	486.70
	标准差(Std. Deviation)	41.506		-.280	2.353	36.668	45.672
	方差(Variance)	1722.773		-17.673	194.216	1344.564	2085.956
	偏度(Skewness)	.011	.212	-.002	.174	-.345	.351
	峰度(Kurtosis)	-.140	.422	-.010	.263	-.587	.451
有效例数(成列)(Valid N(listwise))	N	130		0	0	130	130

4)主要结果分析。

(1)自助指定(Bootstrap Specifications)表: 显示自助法设定的选项, 抽样方法(Sampling Method)为简单(Simple), 样本数(Number of Samples)为 1000。置信区间水平(Confidence Interval Level)为 95.0%, 置信区间类型(Confidence Interval Type)为百分位数(Percentile), 见结果 6-3。

(2)描述统计(Descriptive Statistics)表: 除计算常规描述统计量外, 还可计算平均值(Mean)、标准差(Std. Deviation)、方差(Variance)、偏度(Skewness)及峰度(Kurtosis)的自助估计, 包括偏倚(Bias)、标准误(Std. Error)、95%置信区间(95% Confidence Interval), 从结果数

据看，自助估计和常规统计量是有区别的，重新使用描述性(Descriptives)模块再次生成的自助估计值也有所不同，见结果6-4。

6.4 探索分析

探索分析(Explore)过程可生成所有个案或不同分组个案的概括统计量及图形，可进行数据筛检【显示异常值(unusual value)、极值(extreme value)、数据缺口(gap)及其他特殊性】、识别离群值(outlier)、描述性分析、假设检验及描述分组间差异特征。探索分析可帮助用户确定适合的统计方法、判断用何种方法将数据变换成正态分布的方法或确定使用非参数统计。

探索分析生成的统计量与图形包括平均值、中位数、5%截尾平均值、标准误、方差、标准差、最小值、最大值、极差、四分位数间距、峰度、偏度及其标准误、指定置信水平(confidence level)的平均值的置信区间(confidence interval for the mean)、百分位数、Huber M 估计量、Andrews 正弦波 M 估计量、Hampel 再降 M 估计量及 Tukey 双权估计量、5 个最大值与最小值、带 Lilliefors 显著性水平(Lilliefors significance level)正态性检验的 Kolmogorov-Smirnov 统计量(Kolmogorov-Smirnov statistic)和 Shapiro-Wilk 统计量(Shapiro-Wilk statistic)，并可绘制箱图(box plot)、茎叶图(stem-and-leaf plot)、直方图、正态图(normality plot)、带 Levene 检验(Levene test)及变换的散布-水平图(spread-versus-level plot)。

【例6-6】 已知97名幼儿的性别(x2)、月龄(x3)、体重(x4, kg)、身高(x5, cm)、坐高(x6, cm)、胸围(x7, cm)、头围(x8, cm)、左眼视力(x9)与右眼视力(x10)等生长发育数据，并已建立数据文件 child. sav，试根据性别(x2)对身高(x5)进行探索分析。

1)打开数据文件 child. sav。

2)选择【分析(Analyze)】→【描述统计(Descriptive Statistics)】→【探索(Explore)...】，打开探索(Explore)主对话框，见图6-10。

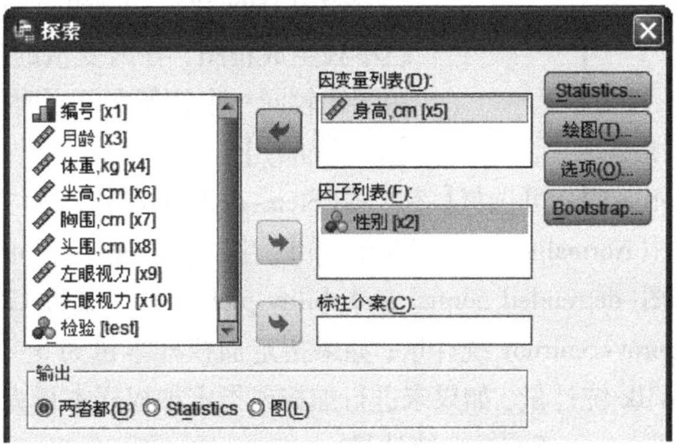

图6-10 探索(Explore)主对话框

- ☆【因变量列表(Dependent List)】：可选择1个或以上的定量变量(定距或定比)，本例为"x5(身高)"。
- ☆【因子列表(Factor List)】：可选择1个或以上的分类变量(数值或短字符串)，本例为"x2(性别)"。
- ☆【标注个案(Label Cases by)】：为在箱图中标记离群值的个案标签变量，可以是短字符串、长字符串(前15B)或数值。

☆【输出(Display)】：可选择【两者都(Both)】、【Statistics(统计)】或【图(Plots)】。

3)单击【Statistics(统计)...】按钮，打开统计(Statistics)对话框，见图 6-11。

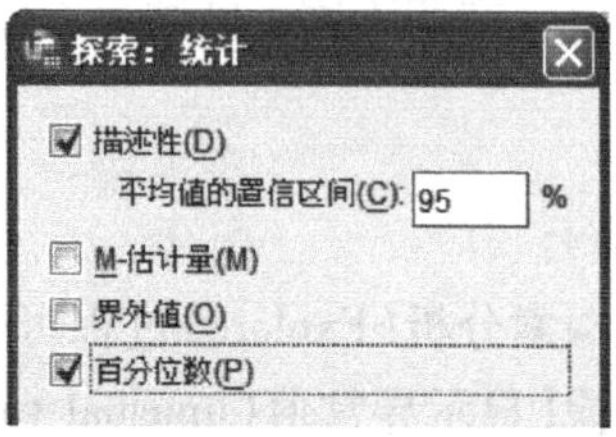

图 6-11　统计(Statistics)对话框

☆【描述性(Descriptives)】：默认显示集中趋势度量(measure of central tendency)及离散度量(measure of dispersion)统计量。集中趋势度量表示分布的位置，包括平均值、中位数、5% 截尾平均值。离散度量显示值的相异性(dissimilarity of the values)，包括标准误、方差、标准差、最大值、最小值、极差及四分位数间距。此外，描述统计量还包括分布形状(shape of the distribution)度量：峰度与偏度及其标准误。

○【平均值的置信区间(Confidence Interval for Mean n%)】：默认值为“95”。

☆【M-估计量(M-estimators)】：用于估计位置的样本平均值或中位数稳健替代值(robust alternative)。包括 Huber M 估计量、Andrews 正弦波 M 估计量、Hampel 再降 M 估计量及 Tukey 双权估计量。

☆【界外值(Outliers，离群值)】：显示 5 个包含个案标签(case label)的最高(highest，最大值)与最低(lowest，最小值)。

☆【百分位数(Percentiles)】：显示 P_5、P_{10}、P_{25}、P_{50}、P_{75}、P_{90}及 P_{95}。

4)单击【继续】→【绘图(Plots)...】按钮，打开图(Plots)对话框，见图 6-12。

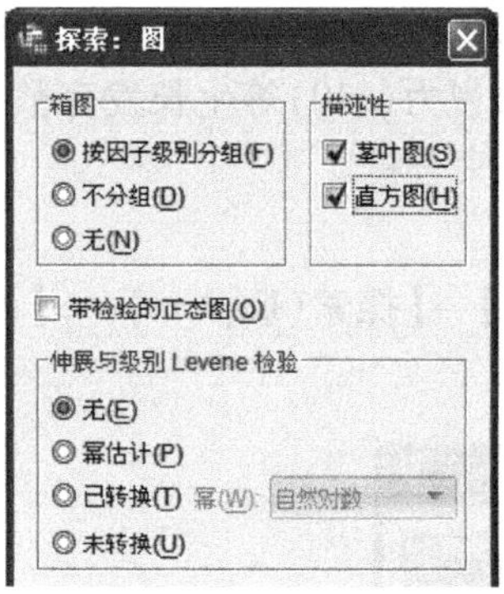

图 6-12　图(Plots)对话框

☆【箱图(Boxplots)】：可选择以下选项控制箱图的显示。

○【按因子级别分组(Factor levels together，按因子水平分组)】：每个因变量生成单独的图形，并根据因子变量显示每个分组的箱图。

○【不分组(Dependents together)】：根据因子变量每个分组单独生成箱图，各因变量的箱图并排排列。特别适用于比较同一个特征在不同时间多次测量的数据。

○【无(None)】。

☆【描述性(Descriptive)】：可选择【茎叶图(Stem-and-leaf)】及【直方图(Histogram)】。

☆【带检验的正态图(Normality plots with tests)】：生成正态概率图(normal probability plot)及去趋势正态概率图(detrended normal probability plot)，并生成带 Lilliefors 显著性水平正态性检验的 Kolmogorov-Smirnov 统计量；如果指定加权样本量为 3 ~ 50 之间非整数权重时，将计算 Shapiro-Wilk 统计量，如果未进行加权或指定加权样本量为 3 ~ 5000 之间的整数权重时，则计算 Kolmogorov-Smirnov 统计量。

☆【伸展与级别 Levene 检验(Spread vs. Level with Levene Test，散布-水平 Levene 检验)】：即控制转换后数据(transformed data)的散布-水平图。图形中将显示回归线的斜率及方差齐性的 Levene 稳健检验(Levene's robust tests for homogeneity of variance)。若选择转换，则对变换后的数据进行 Levene 检验。如果未选择因子变量，则不生成散布-水平图。

○【无(None)】。

○【幂估计(Power estimation)】：针对所有单元格的中位数的自然对数以及幂变换估计值(使各单元格中得到相等的方差)生成四分位数间距的自然对数图，使各单元格的方差相等。散布-水平图可帮助用户确定更稳定(相等)的组方差所需的幂变换。

○【已转换(Transformed,已变换)】:可使用不同的【幂(Power)】变换方法,以生成变换后数据的四分位数间距和中位数的散布-水平图,可选择【自然对数(Natural log)】、【1/平方根(1/square root)】、【倒数(Reciprocal)】、【平方根(Square root)】、【平方(Square)】或【立方(Cube)】等幂变换(power transformation)方式。

○【未转换(Untransformed,未变换)】:生成原始数据的散布-水平图,相当于幂次为 1 的变换。

5)单击【继续】→【选项(Options)...】按钮,打开选项(Options)对话框,见图 6-13。

☆【缺失值(Missing Values)】:设定缺失值的处理方法。

○【按列表排除个案(Exclude cases listwise)】:在所有分析中剔除因变量或因子变量中含有缺失值的个案。

○【按对排除个案(Exclude cases pairwise)】:在分析时,剔除此分析中含有缺失值的个案。

○【报告值(Report values)】:将因子变量中含有缺失值的个案作为单独分类处理,在结果中将生成一个附加分类(additional category)。

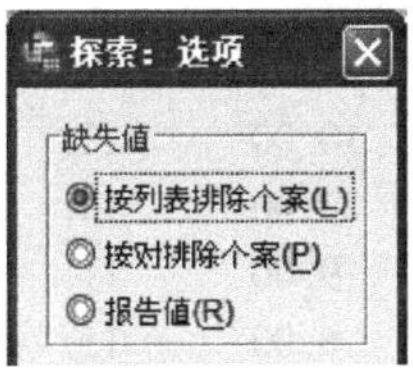

图 6-13 选项(Options)对话框

6)单击【继续】→【确定】按钮,得到如下主要结果:

性别

结果 6-5 描述性(Descriptives)

	性别			统计量(Statistic)	标准误(Std. Error)
身高,cm	1-男	平均值(Mean)		109.886	.8759
		平均值的 95% 置信区间 (95% Confidence Interval for Mean)	下限(Lower Bound)	108.126	
			上限(Upper Bound)	111.646	
		5% 截尾平均值(5% Trimmed Mean)		109.731	
		中位数(Median)		109.100	
		方差(Variance)		38.363	
		标准差(Std. Deviation)		6.1938	
		最小值(Minimum)		100.0	
		最大值(Maximum)		125.0	
		极差(Range)		25.0	
		四分位数间距(Interquartile Range)		7.9	
		偏度(Skewness)		.510	.337
		峰度(Kurtosis)		-.397	.662
	2-女	平均值(Mean)		109.896	.8508
		平均值的 95% 置信区间 (95% Confidence Interval for Mean)	下限(Lower Bound)	108.182	
			上限(Upper Bound)	111.609	
		5% 截尾平均值(5% Trimmed Mean)		109.849	
		中位数(Median)		109.450	
		方差(Variance)		33.300	
		标准差(Std. Deviation)		5.7706	
		最小值(Minimum)		99.3	
		最大值(Maximum)		122.3	
		极差(Range)		23.0	
		四分位数间距(Interquartile Range)		7.4	
		偏度(Skewness)		.146	.350
		峰度(Kurtosis)		-.448	.688

结果 6-6　百分位数(P)(Percentiles)

		性别	百分位数(P)(Percentiles)						
			5	10	25	50	75	90	95
加权平均数(定义 1) (Weighted Average(Definition 1))	身高,cm	1-男	100.320	101.850	105.550	109.100	113.400	120.270	120.635
		2-女	99.980	101.580	106.500	109.450	113.925	118.920	120.000
Tukey 折叶点 (Tukey's Hinges)	身高,cm	1-男			105.700	109.100	113.200		
		2-女			106.800	109.450	113.800		

Stem-and-Leaf Plots(茎叶图)

身高,cm Stem-and-Leaf Plot for

x2 = 1-男

```
Frequency    Stem &   Leaf
   10.00       10.    0000133334
   20.00       10.    55555666788888999999
    9.00       11.    000112234
    6.00       11.    667899
    4.00       12.    0000
     1.00 Extremes    (>=125)
```

Stem width:　10.0

Each leaf:　1 case(s)

身高,cm Stem-and-Leaf Plot for

x2 = 2-女

```
Frequency    Stem &   Leaf
    2.00        9.    99
    6.00       10.    002224
   19.00       10.    5556677788999999999
    9.00       11.    000222334
    7.00       11.    5556789
    3.00       12.    002
Stem width:    10.0
  Each leaf:   1 case(s)
```

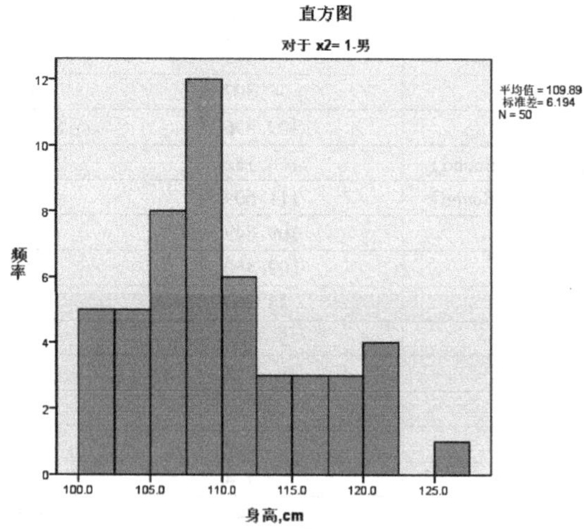

图 6-14　男童身高的直方图

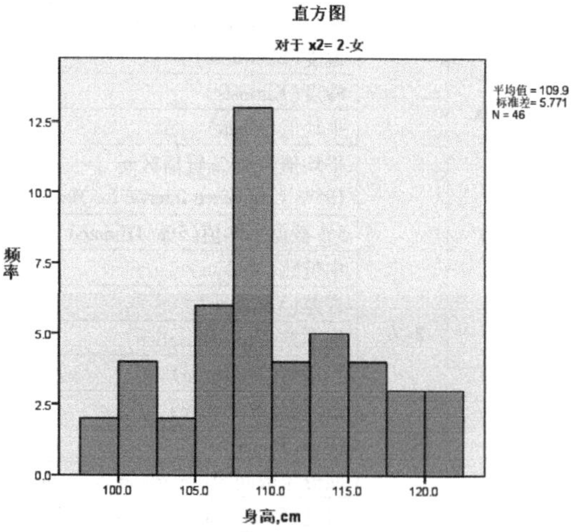

图 6-15　女童身高的直方图

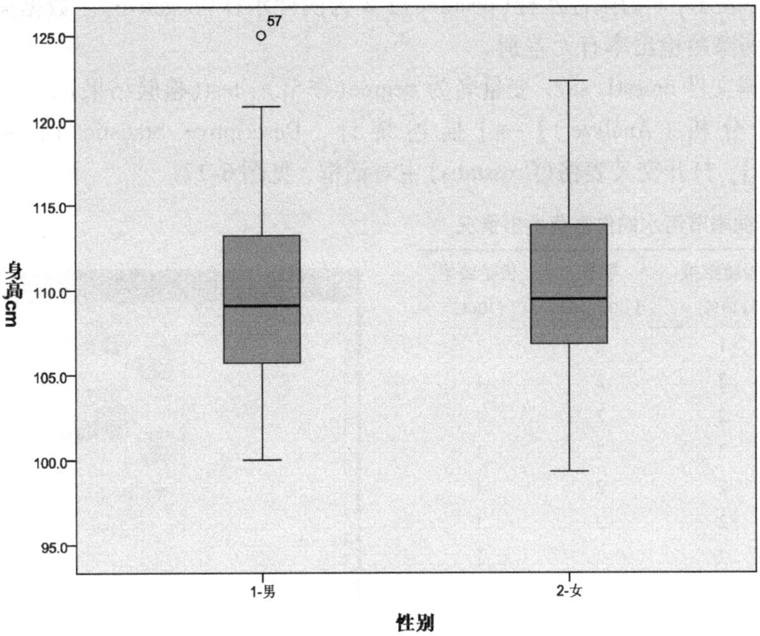

图 6-16　不同性别幼儿身高的箱图

7)结果分析。

(1)描述(Descriptives)表：描述性分析，见结果 6-5。

(2)百分位数(Percentiles)表：见结果 6-6。

6.5　交叉表分析

交叉表分析(Crosstabs，Cross-tabulation，列联表分析)可生成二阶或多阶表，并进行各种双向表检验和相联度量(measure of association)。表的结构和分类是否排序将影响所选的检验和度量。

交叉表过程生成统计量和相联度量包括 Pearson 卡方(Pearson chi-square)、似然比卡方(likelihood-ratio chi-square)、线性相联检验(linear-by-linear association test)、Fisher 精确检验(Fisher's exact test)、Yates 校正卡方(Yates' corrected chi-square)、Pearson 乘积矩相关系数(Pearson's r)、Spearman 等级相关(Spearman's rho)、列联系数、φ 系数、Cramer V 系数、对称与非对称 λ 统计量(symmetric and asymmetric lambda)、Goodman 与 Kruskal τ 统计量、不确定系数、γ 系数(Gamma)、Somers d 统计量、Kendall 相关系数 τ_b、Kendall τ_c统计量、η 系数(eta coefficient)、Cohen κ 系数(Cohen's kappa)、相对风险估计值(relative risk estimate)、优势比、McNemar 检验(McNemar test)、Cochran 与 Mantel-Haenszel 统计量(Cochran's and Mantel-Haenszel statistic)及列比例统计量(column proportions statistic)。

6.5.1　两样本率的比较

【例 6-7】　某防疫站观察当地一个污水排放口在高温季节和低温季节中水样伤寒菌的检出情况(各 12 次)，季节以 degree 表示，1 为高温季节(high)；2 为低温季节(low)；伤寒菌的检出情况以 test 表示，1 为阳性水样(positive)；2 为阴性水样(negative)。数据见表6-4，问两个季节污水的伤寒菌检出率有无差别。

1)建立数据文件 crosst1.sav，变量名为 degree(季节)、test(检验结果)。

2)选择【分析(Analyze)】→【描述统计(Descriptive Statistics)】→【交叉表格(Crosstabs)...】，打开交叉表格(Crosstabs)主对话框，见图6-17。

表6-4　不同季节污水的伤寒菌检出情况

季节(degree)	检验结果(test)	季节(degree)	检验结果(test)
1	1	2	1
1	2	2	1
1	2	2	1
1	2	2	1
1	2	2	1
1	2	2	1
1	2	2	1
1	2	2	2
1	2	2	2
1	2	2	2
1	2	2	2
1	2	2	2

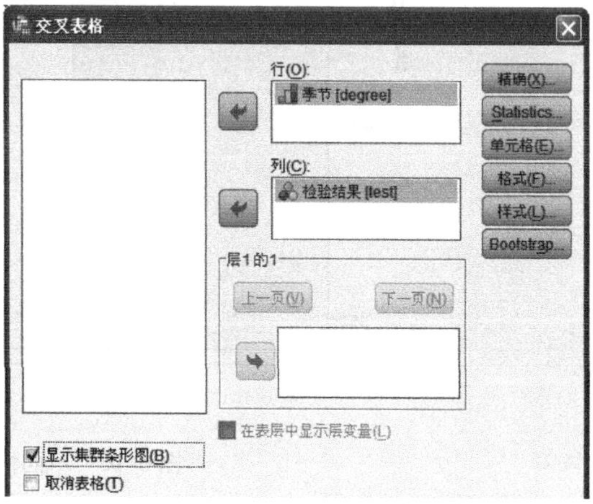

图6-17　交叉表格(Crosstabs)主对话框

☆【行(Row(s))】变量列表：本例为“degree(季节)”。

☆【列(Column(s))】变量列表：本例为“test(检验结果)”。

☆【层(Layer)】变量列表：又称控制变量(control variable)，如果选择一个或以上的层变量(layer variable)，则每个层变量的每类生成单独的交叉表。

☆【在表层中显示层变量(Display layer variables in table layers)】。

☆【显示群集条形图(Display clustered bar charts，显示复式条形图)】。

☆【取消表格(Suppress tables)】：不显示交叉表。

3)单击【Statistics(统计)...】按钮，打开统计(Statistics)对话框，见图6-18。可根据不同数据类型及分析要求选择不同统计选项，本例为了显示所有结果，选择了全部选项。

○【卡方(Chi-square)】：对于四格表(2×2 表)，可计算 Pearson 卡方、似然比卡方、Fisher 精确(概率法)检验、Yates 校正卡方(连续校正，continuity correction)。在四格表中，有单元格为空或有单元格的期望频数 <5 时，则计算 Fisher 精确检验，其他四格表则计算 Yates 校正卡方。对于所有 R×C 表，可计算 Pearson 卡方及似然比卡方。当两个变量均为定量资料时，还可进行线性相联检验。

○【相关性(Correlations，相关)】：当表的行和列都包含有序值(ordered value)时，计算 Spearman 等级相关系数 r_s(数值型数据)。当两个变量均为计量资料时，则计算 Pearson 乘积矩相关系数(参见第9.1节)。

☆【名义(Nominal)】：对于行变量和列变量均为名义数据(nominal data)(无内在顺序，如工人、农民等)的情况，即双向无序资料，可选择以下选项。

○【相依系数(Contingency coefficient，列联系数)】：属于独立性卡方检验，可用于描述两个分类变量之间的关联程度，系数值介于0至1之间，系数值越接近0，说明两个分类变量几乎没有关系；越接近1，说明关系越密切。四格表资料的列联系数最大值为0.707，如需获得更大的系数值，则决定于表格的行数与列数。

○【Phi 和 Cramer V（Phi and Cramer's V，φ 系数和 Cramer V 系数）】：φ 系数和 Cramer V 系数均属于独立性卡方检验，可用于描述两个分类变量之间的关联程度，系数值越接近0，说明两个分类变量几乎没有关系；越接近1，说明关系越密切。φ 系数只适用于四格表资料，对于多行多列资料，只能采用 Cramer V 系数和列联系数。

○【Lambda（λ 统计量）】：反映用自变量值预测因变量值时误差成比例降低程度的相联度量，“1”表示自变量能完全地预测因变量；“0”表示自变量对于预测因变量没有帮助。

○【不确定性系数（Uncertainty coefficient，不确定系数）】：表示用一个变量值预测其他变量值时，误差成比例减小程度的相联度量，可计算对称或不对称不确定系数。例如，不确定系数为0.83表示如果知道一个变量值，那么在预测其他变量值时会将误差减小83%。

图6-18　统计（Statistics）对话框

☆【有序（Ordinal，有序变量）】：行变量与列变量均为有序变量的情况，即双向有序资料。有序变量（ordinal variable）可以是代表分类的数值码，如1 = low、2 = medium、3 = high，也可以反映分类真实顺序是字符串值。例如，对于包含 low、medium、high 3个分类值的串变量（string variable），分类顺序为 high、low、medium，这个顺序显然是错误的，通常使用数字代码代表有序数据更为可靠。

○【伽玛（Gamma，γ 系数）】：γ 法是两个有序变量的相联度量，γ 系数 G 介于 -1 ~ 1 之间，G 的绝对值越接近1时，表示两个变量间的关联程度越大，其绝对值越接近0，两变量间的关联程度越小。对于2维交叉表计算零阶 γ 系数（zero-order Gamma），3维或高维交叉表则计算条件 γ 系数（conditional gamma）。

○【Somers' d（Somers d 统计量）】：两个有序变量间的相联度量，介于 -1 ~ 1 之间，绝对值接近1时，表示两个变量之间存在紧密的关系，接近0时表示关系很弱或没有关系。Somers d 统计量是 γ 系数的不对称扩展，不同之处仅在于它包含了未约束到自变量上的成对数目，同时也可计算对称性 Somers d 统计量。

○【Kendall's tau-b（Kendall 相关系数 τ_b）】：计算时考虑结（tie）的有序变量或等级变量的非参数相关度量（nonparametric measure of correlation），系数符号表示关联方向，绝对值表示关联强度，绝对值越大则表示关联程度越强。系数值介于 -1 ~ 1 之间，但系数值 -1 和1只能在正方表（square table）中获得。

○【Kendall's tau-c（Kendall τ_c 统计量）】：计算时不考虑结的有序变量的非参数相联度量，系数符号表示关联方向，绝对值表示关联强度，绝对值越大则表示关联程度越强，系数值介于 -1 ~ 1 之间，但系数值 -1 和1只能在正方表中获得。

☆【按区间标定(Nominal by Interval，名义与等距资料)】：一个变量为分类变量，另一个为定量变量，即单向有序资料，分类变量必须为数值编码。

○【Eta(η 系数)】：介于 0 ~ 1 之间的相联度量，0 表示行变量(row variable)和列变量(column variable)间无关联性；接近 1 表示高度关联。η 系数适用于因变量为间隔尺度(interval scale)资料(等距资料)，如收入等，自变量为有限数字的分类资料(如性别)。计算时把行变量与列变量分别当作区间变量(interval variable)处理，计算两个 η 值。

☆【Kappa(Cohen κ 系数)】：内部一致性系数，用于描述同一批研究对象两次定性观测结果的一致性，κ 值考虑了机遇因素对一致性的影响。κ 值仅可用正方表(m × m)资料，即 2 个变量具有相同分类值及分类数。κ 介于 -1 至 +1 之间，一般认为，κ≤0.4，一致性较差；0.4 < κ < 0.75，一致性较好；κ≥0.75，一致性好，系数值最好接近 0.90；κ < 0 时，一致性比偶然预期的还要弱，不过这种情况很少发生。

☆【风险(Risk)】：在四格表中，为某因子的存在与某事件发生之间关联强度的度量，可计算 OR 值(优势比)和 RR 值(相对危险度)，若该统计量的置信区间包含值 1，则不能假设因子与事件相关。当因子出现很少时，优势比可作为估计值或相对危险度(relative risk)。

☆【McNemar(McNemar 检验)】：二值变量(binary variable)的配对卡方检验，可用于检验对照组和处理组或实验干预前、后的频数或比率是否有差异。配对资料变量的分类分为两类，如“是”或“否”，“阳性”或“阴性”，“有反应”或“无反应”。对于大正方表(R × R 表，R≥2)将进行对称性 McNemar-Bowker 检验(McNemar-Bowker test of symmetry)。

☆【Cochran's and Mantel-Haenszel 统计(Cochran's and Mantel-Haenszel statistics，Cochran 与 Mantel-Haenszel 统计量)】：二分因子变量(dichotomous factor variable)和二分响应变量(dichotomous response variable)的条件独立性检验(test for independence)，其条件是设定 1 个或多个层变量(控制变量定义的协变量模式(covariate pattern)。

注：其他统计量是逐层计算的。而 Cochran 与 Mantel-Haenszel 统计量是针对全部层进行一次性计算。

【检验一般几率比等于(Test common odds ratio equals，检验公共优势比等于)】：默认为“1”。

4)单击【继续】→【单元格(Cells)...】按钮，打开单元格显示(Cell Display)对话框，见图 6-19。

☆【计数(Counts)】。

○【观察值(Observed，观测值)】：即实际观测例数，为默认格式。

○【期望值(Expected)】：即期望计数。

○【隐藏较小计数(Hide small counts)】：隐藏【小于(Less than)】指定整数的计数，隐藏值将显示为 < N，N 为指定整数，N≥2，如果 N = 0，则不隐藏任何计数。

☆【Z-检验(Z-Test)】。

○【比较列的比例(Compare column proportions)】：计算列属性的两两比较，并指出给定行中哪对列明显不同。以 α = 0.05 的显著性水平(significance level)计算，并在交叉表中用下标字母 APA 标识显著性差异(significant difference)。

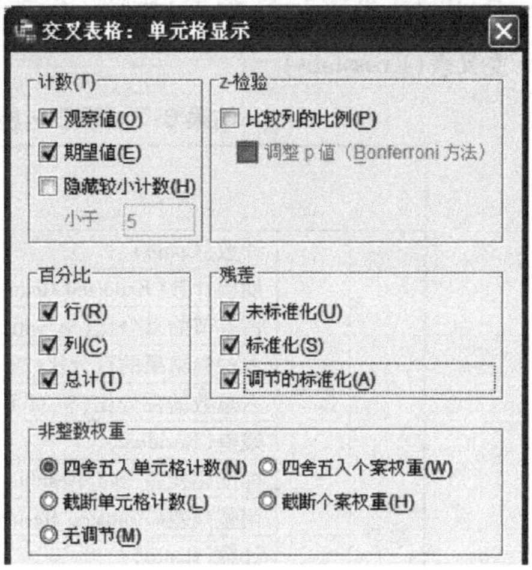

图6-19 单元格显示(Cell Display)对话框

○【调整 p 值(Bonferroni 方法)(Adjust p-values (Bonferroni method))】：使用 Bonferroni 修正法(Bonferroni correction)对列比例进行两两比较，可在进行多重比较后修正观测显著性水平。

☆【百分比(Percentages)】：可选择【行(Row)】、【列(Column)】及【总计(Total)】。

注：如果在【计数(Counts)】中选择了【隐藏较小计数(Hide small counts)】，则将隐藏与之关联的百分比。

☆【残差(Residuals)】。

○【未标准化(Unstandardized)】：非标准化残差(unstandardized residual)又称原始残差(raw residual)，为观测值(observed value)与期望值(expected value)的差值，当两个变量间没有关联时，期望值为单元格的期望个案数。残差值为正时，表示单元格的实际频数比期望频数大。

○【标准化(Standardized)】：标准化残差(Standardized residual)又称 Pearson 残差，为残差除以标准差的商，其平均值为0，标准差为1。

○【调节的标准化(Adjusted standardized)】：调整标准化残差(adjusted standardized residual)为单元格的残差(观测值减期望值)除以标准误的商，标准化残差表示为平均值上下的标准差单位。

☆【非整数权重(Noninteger Weights)】：单元格计数(cell count)代表每个单元格的个案数，通常为整数。但如果数据文件按某个包含小数值(如 1.25)的权重变量(weight variable)进行加权，那么单元格计数也可能为小数。在计算单元格计数之前可截去或舍入小数点后的数字，或在交叉表中显示含小数的单元格计数并参与统计量计算。

○【四舍五入单元格计数(Round cell counts)】：个案进行非整数加权后，对单元格累积权重进行四舍五入后才进行统计。

○【截断单元格计数(Truncate cell counts)】：个案进行非整数加权后，对单元格累积权重进行舍位(截去小数点后数字)后才进行统计。

○【四舍五入个案权重(Round case weights)】：在加权前对个案权重进行四舍五入。

○【截断个案权重(Truncate case weights)】：在加权前对个案权重进行舍位。

○【无调节(No adjustments)】：个案权重及单元格计数均使用小数。但如果选择“精确”统计(仅限于精确检验(Exact Tests)对话框中的选项)，在计算精确检验之前仍会对单元格累积权重进行舍位或四舍五入。个案权重按原样使用且使用小数单元格计数。但是，当需要“精确”统计(仅由【精确检验】选项提供)时，在计算精确检验统计之前，单元格累积权重或者截断或者四舍五入。

5)单击【继续】→【格式(Format)...】按钮，打开表格格式(Table Format)对话框。【行序(Row Order)】可选择【升序(Ascending)】或【降序(Descending)】，本例选择【升序(Ascending)】。

6)单击【继续】→【确定】按钮，得到如下主要结果：

交叉表(Crosstabs)

结果 6-7　季节 * 检验结果　交叉表(Crosstabulation)

			检验结果		总计(Total)
			阳性	阴性	
季节	高温	计数(Count)	1	11	12
		期望计数(Expected Count)	4.0	8.0	12.0
		占季节的百分比(% within 季节)	8.3%	91.7%	100.0%
		占检验结果的百分比(% within 检验结果)	12.5%	68.8%	50.0%
		占总数的百分比(% of Total)	4.2%	45.8%	50.0%
		残差(Residual)	-3.0	3.0	
		标准化残差(Std. Residual)	-1.5	1.1	
		调整残差(Adjusted Residual)	-2.6	2.6	
	低温	计数(Count)	7	5	12
		期望计数(Expected Count)	4.0	8.0	12.0
		占季节的百分比(% within 季节)	58.3%	41.7%	100.0%
		占检验结果的百分比(% within 检验结果)	87.5%	31.3%	50.0%
		占总数的百分比(% of Total)	29.2%	20.8%	50.0%
		残差(Residual)	3.0	-3.0	
		标准化残差(Std. Residual)	1.5	-1.1	
		调整残差(Adjusted Residual)	2.6	-2.6	
总计(Total)		计数(Count)	8	16	24
		期望计数(Expected Count)	8.0	16.0	24.0
		占季节的百分比(% within 季节)	33.3%	66.7%	100.0%
		占检验结果的百分比(% within 检验结果)	100.0%	100.0%	100.0%
		占总数的百分比(% of Total)	33.3%	66.7%	100.0%
		残差(Residual)			
		标准化残差(Std. Residual)			
		调整残差(Adjusted Residual)			

结果 6-8　卡方检验(Chi-Square Tests)

	值(Value)	自由度(df)	渐近显著性(双侧)(Asymp. Sig. (2-sided))	精确显著性(双侧)(Exact Sig. (2-sided))	精确显著性(单侧)(Exact Sig. (1-sided))
Pearson 卡方(Pearson Chi-Square)	6.750[a]	1	.009		
连续校正(Continuity Correction)	4.688	1	.030		
似然比(L)(Likelihood Ratio)	7.368	1	.007		
Fisher 精确检验(Fisher's Exact Test)				.027	.014
线性相联(Linear-by-Linear Association)	6.469	1	.011		
McNemar 检验(McNemar Test)				.481[c]	
有效例数(N of Valid Cases)	24				

结果 6-9　风险估计值(Risk Estimate)

	值(Value)	95%置信区间(95% Confidence Interval)	
		下限(Lower)	上限(Upper)
季节(高温/低温)的优势比(Odds Ratio for 季节(高温/低温))	.065	.006	.679
对于 cohort 检验结果 = 阳性 (For cohort 检验结果 = 阳性)	.143	.021	.991
对于 cohort 检验结果 = 阴性 (For cohort 检验结果 = 阴性)	2.200	1.103	4.390
有效例数(N of Valid Cases)	24		

7)主要结果分析。

(1)交叉表(Crosstabulation):列出了分析中用到的有效例数和比例，本例总有效例数为24，高温季节中水样的伤寒菌阳性检出数为1，检出率为8.3%；而低温季节中水样的伤寒菌阳性检出数为7，检出率为58.3%，见结果6-7。

(2)卡方检验(Chi-Square Tests)表，对于四格表：当$n \geq 40$且$T \geq 5$时，使用卡方检验；当$n \geq 40$且$T < 5$时，使用Yates校正卡方检验(实际工作中，当$T < 5$时，常选择Fisher精确检验)。当$n < 40$或$T < 1$时，使用Fisher精确检验(确切概率法)。本例四格表中有2个单元格的期望值(Expected Count，理论数)小于5，总例数(24)小于40，SPSS自动进行Fisher精确检验(Fisher's Exact Test)，单侧精确概率值(Exact Sig. 1-sided)，$P = 0.014 < 0.05$，双侧精确概率值(Exact Sig. 2-sided)，$P = 0.027 < 0.05$，按 $=0.05$水准，可认为两个季节污水伤寒菌检出率的差别有统计学意义，即低温季节中水样的伤寒菌检出率(58.3%)高于高温季节中水样的伤寒菌检出率(8.3%)，见结果6-8。

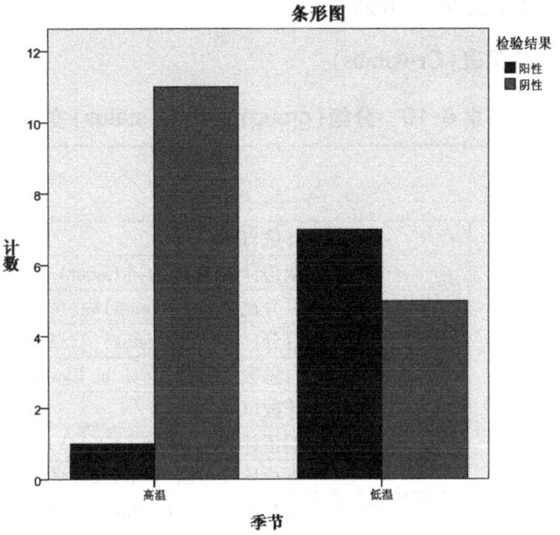

图6-20　不同季节污水的伤寒菌检出情况的复式条形图

(3)风险估计值(Risk Estimate)表，高温季节组对低温季节组伤寒菌检出率的相对危险度为0.143，即低温季节组中水样的伤寒菌检出率是高温季节组水样的伤寒菌检出率的6.99(1/0.143=6.99)倍，见结果6-9。

(4)复式条形图：低温季节中水样的伤寒菌阳性检出率高于高温季节中水样的伤寒菌检出率，见图6-20。

6.5.2　R×2交叉表的卡方检验(多个计数资料比较)

【例6-8】　用免疫酶法观察鼻咽癌患者、头颈部其他恶性肿瘤患者及正常成年人血清中的EB病毒壳抗原的免疫球蛋白A(VCA-IgA)抗体的反应情况，数据见表6-5，问3组阳性率有无差别。(本例是计数资料多个阳性率比较，目的在于推断其各自代表的总体率是否相等，可用R×2交叉表的卡方检验)。

表6-5　三组人群中的EB病毒VCA-IgA抗体阳性率

分　组	阳性例数	阴性例数
鼻咽癌患者	188	16
头颈部其他恶性肿瘤患者	10	23
正常成年人	49	333

1)建立数据文件crosst2.sav，变量名为group(分组)、status(状况)、count(计数)。

2)对计数(Count)进行加权，加权个案(Weight Cases)对话框中，【加权个案(Weight Cases by)】的【频率变量(Frequency Variable)】为“Count(计数)”，参见第3.2.5节。

3)交叉表(Crosstabs)主对话框中，【行(Row(s))】为“group(分组)”、【列(Column(s))】为“status(状况)”，并选择【显示集群条形图(Display clustered bar charts，显示复式条形图)】。

4)统计(Statistics)对话框中，选择【卡方(Chi-square)】、【相关性(Correlations，相关)】。

5)单元格显示(Cell Display)对话框中，选择【计数(Counts)】中的【观察值(Observed，观测值)】及【期望值(Expected)】，【百分比(Percentages)】中的【行(Row)】、【列(Column)】及【总计(Total)】。

6)主要结果如下：

交叉表(Crosstabs)

结果 6-10　分组(group) * 状况(status)交叉表(分组(group) * 状况(status) Crosstabulation)

			状况(status)		总计(Total)
			1-阳性	2-阴性	
分组(group)	1-鼻咽癌患者	计数(Count)	188	16	204
		期望计数(Expected Count)	81.4	122.6	204.0
		百分比在分组(group)内(% within 分组(group))	92.2%	7.8%	100.0%
		百分比在状况(status)内(% within 状况(status))	76.1%	4.3%	33.0%
		占总数的百分比(% of Total)	30.4%	2.6%	33.0%
	2-头颈部其他恶性肿瘤患者	计数(Count)	10	23	33
		期望计数(Expected Count)	13.2	19.8	33.0
		百分比在分组(group)内(% within 分组(group))	30.3%	69.7%	100.0%
		百分比在状况(status)内(% within 状况(status))	4.0%	6.2%	5.3%
		占总数的百分比(% of Total)	1.6%	3.7%	5.3%
	3-正常成年人	计数(Count)	49	333	382
		期望计数(Expected Count)	152.4	229.6	382.0
		百分比在分组(group)内(% within 分组(group))	12.8%	87.2%	100.0%
		百分比在状况(status)内(% within 状况(status))	19.8%	89.5%	61.7%
		占总数的百分比(% of Total)	7.9%	53.8%	61.7%
总计(Total)		计数(Count)	247	372	619
		期望计数(Expected Count)	247.0	372.0	619.0
		百分比在分组(group)内(% within 分组(group))	39.9%	60.1%	100.0%
		百分比在状况(status)内(% within 状况(status))	100.0%	100.0%	100.0%
		占总数的百分比(% of Total)	39.9%	60.1%	100.0%

结果 6-11　卡方检验(Chi-Square Tests)

	值(Value)	自由度(df)	渐近显著性(双侧)(Asymp. Sig. (2-sided))
Pearson 卡方(Pearson Chi-Square)	350.326[a]	2	.000
似然比(L)(Likelihood Ratio)	387.366	2	.000
线性相联(Linear-by-Linear Association)	343.391	1	.000
有效例数(N of Valid Cases)	619		

a. 0 单元格(.0%)的期望计数少于 5。最小期望计数为 13.17。(0 cells(.0%) have expected count less than 5. The minimum expected count is 13.17.)

结果 6-12　对称度量(Symmetric Measures)

		值(Value)	渐近标准误(Asymp. Std. Error)	近似 t 值(Approx. T)	近似值显著性(Approx. Sig.)
区间到区间(Interval by Interval)	Pearson 乘积矩相关(Pearson's R)	.745	.026	27.777	.000[c]
有序到有序(Ordinal by Ordinal)	Spearman 等级相关(Spearman Correlation)	.737	.027	27.101	.000[c]
有效例数(N of Valid Cases)		619			

7)结果分析。

(1)交叉表(Crosstabulation):3组人群血清中EB病毒VCA-IgA抗体的阳性率,鼻咽癌患者的阳性率为92.2%,头颈部其他恶性肿瘤患者的阳性率为30.3%,正常成年人的阳性率为12.8%,见结果6-10。

(2)卡方检验(Chi-Square Tests)表:Pearson卡方(Pearson Chi-Square),$\chi^2 = 350.326$,$P = 0.000 < 0.01$,按$\alpha = 0.05$水准,表明3组人群中的VCA-IgA抗体阳性率有差别,似然比(Likelihood Ratio)值为387.366,$P = 0.000 < 0.01$,结论与卡方检验一致,见结果6-11。

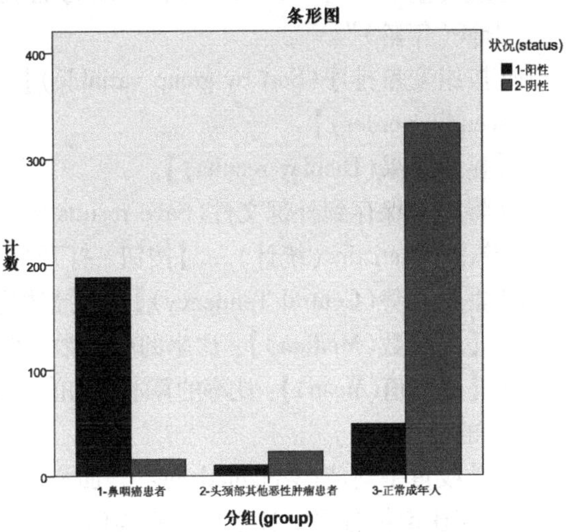

图6-21 3组人群中EB病毒VCA-IgA抗体阳性率的复式条形图

(3)对称度量(Symmetric Measures)表:用免疫酶法观察鼻咽癌患者、头颈部其他恶性肿瘤患者及正常成年人血清中EB病毒壳抗原的免疫球蛋白A(VCA-IgA)抗体的反应情况与阳性率的相关系数,Pearson乘积矩相关系数(Pearson's R)$r = 0.745$,$P = 0.000 < 0.01$;Spearman等级相关(Spearman Correlation)$r_s = 0.737$,$P = 0.000 < 0.01$,见结果6-12。

6.6 比率统计

比率(Ratio),又称率或频率。比率统计(Ratio Statistics)能对两个尺度变量(scale variable)的比率进行多种统计分析。

生成的统计量包括比率的中位数、平均值、置信区间、加权平均数(weighted mean)、离散系数(coefficient of dispersion, COD)、中位数居中变异系数(median-centered COV)、平均值居中变异系数(mean-centered COV)、价格相关微分(price-related differential, PRD)、标准差、平均绝对离差(average absolute deviation, AAD)、极差、最大值、最小值、指定范围或中位比率(median ratio)百分比的集中指数(concentration index)。

【例6-9】 已知96名(已删除1例缺失值)幼儿体检资料,已建立数据文件child.sav。试按年龄(age)对坐高(x6,cm)与身高(x5,cm)进行比率统计。

1)打开数据文件child.sav。

2)选择【分析(Analyze)】→【描述统计(Descriptive Statistics)】→【比率(Ratio)...】,打开比率统计(Ratio Statistics)主对话框,见图6-22。

☆【分子(Numerator)】变量:本例为"x6(坐高)"。

☆【分母(Denominator)】变量:本例为"x5(身高)"。

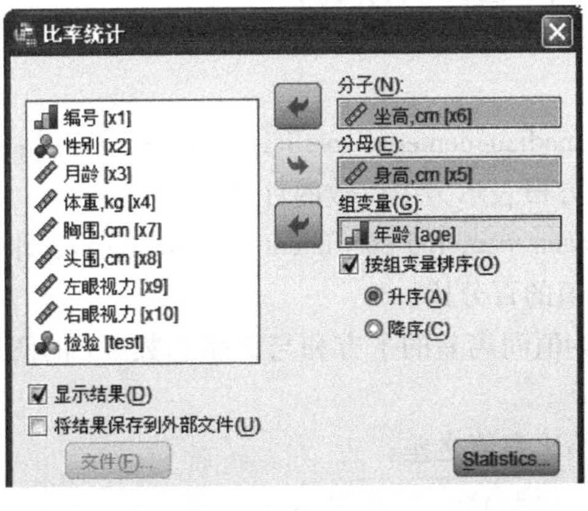

图6-22 比率统计(Ratio Statistics)主对话框

☆【组变量(Group Variable)】: 可以为名义变量(nominal variable)或有序变量，本例为"age(年龄)"。

☆【按组变量排序(Sort by group variable)】: 可选择【升序(Ascending order)】或【降序(Descending order)】。

☆【显示结果(Display results)】。

☆【将结果保存到外部文件(Save results to external file)】。

3)单击【Statistics(统计)...】按钮，打开统计(Statistics)对话框，见图 6-23。

☆【集中趋势(Central Tendency)】: 为描述比率分布的统计量。

○【中位数(Median)】: 比率的中位数，小于该值的比率数与大于该值的比率数相等。

○【平均值(Mean)】: 比率的算术平均值，为比率总和除以比率总数(total number of ratios)的商。

○【权重平均值(Weighted mean，加权平均数)】: 为分子平均值除以分母平均值的商，即比率按分母加权之后的平均值。

○【置信区间(Confidence Intervals. CI)】: 显示比率平均值、中位数和加权平均数的置信区间，用 0 ~ 100 之间的值作为置信水平。

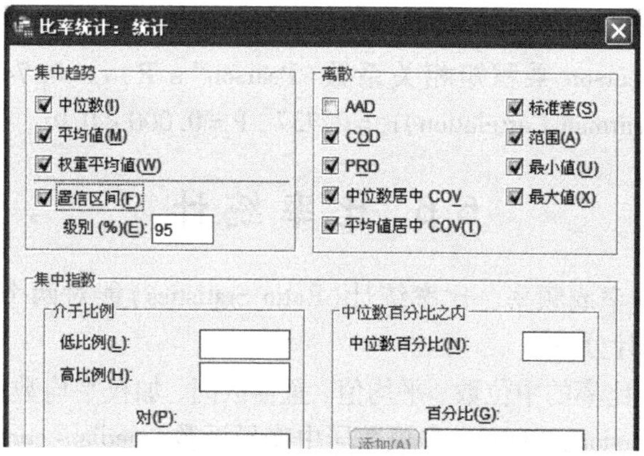

图 6-23　统计(Statistics)对话框

☆【离散(Dispersion)】: 测量观测值变异或展开程度的统计量。

○【AAD(平均绝对离差)】: 为中位比率绝对离差总和除以比率总数的商。

○【COD(离散系数)】: 将平均绝对离差表示为中位数的百分比。

○【PRD(价格相关微分)】: 又称回归指数(index of regressivity)，为比率平均值除以比率加权平均数的商。

○【中位数居中 COV(Median Centered COV，median-centered coefficient of variation)】: 即中位数居中变异系数，将中位数离差的均方根表示为中位数的百分比。

○【平均值居中 COV(Mean Centered COV，mean-centered coefficient of variation)】: 即平均值居中变异系数，将标准差表示为平均值的百分比。

○【标准差(Standard deviation)】: 比率与平均值间离差的平方和与比率总数 - 1 的商的绝对值的平方根。

○【范围(Range，极差)】: 最大比率值与最小比率值之差。

○【最小值(Minimum)】: 最小比率值。

○【最大值(Maximum)】: 最大比率值。

☆【集中指数(Concentration Index)】: 为落在某个区间中的比率的百分比。

○【介于比例(Between Proportions)】: 可设定【低比例(Low Proportion)】及【高比例(High Proportion)】。

○【中位数百分比之内(Within Percentage of Median)】: 根据中位数百分比(Percentage of Median)指定一个隐含区间, 输入的数值为0~100, 区间下限为(1-0.01×数值)×中位数, 上限为(1+0.01×数值)×中位数。

4)单击【继续】→【确定】按钮, 得到如下主要结果:

比率统计(Ratio Statistics)

结果6-13 坐高,cm/身高,cm的比率统计(Ratio Statistics for 坐高,cm/身高,cm)

分组(Group)	平均值(Mean)	平均值的95%置信区间(95% Confidence Interval for Mean)		中位数(Median)	中位数的95%置信区间(95% Confidence Interval for Median)		
		下限(Lower Bound)	上限(Upper Bound)		下限(Lower Bound)	上限(Upper Bound)	实际覆盖范围(Actual Coverage)
5(周岁)	.570	.563	.578	.569	.560	.575	95.1%
6(周岁)	.564	.562	.567	.564	.560	.568	95.1%
7(周岁)	.559	.554	.564	.557	.551	.569	96.4%
总数(Overall)	.564	.561	.566	.563	.559	.568	96.8%

续表一

分组(Group)	加权平均数(Weighted Mean)	加权平均数的95%置信区间(95% Confidence Interval for Weighted Mean)		最小值(Minimum)	最大值(Maximum)	标准差(Std. Deviation)
		下限(Lower Bound)	上限(Upper Bound)			
5(周岁)	.570	.563	.577	.554	.613	.015
6(周岁)	.564	.561	.567	.544	.582	.009
7(周岁)	.559	.554	.563	.540	.583	.012
总数(Overall)	.563	.561	.566	.540	.613	.012

续表二

组(Group)	极差(Range)	价格相关微分(Price Related Differential)	离散系数(Coefficient of Dispersion)	变异系数(Coefficient of Variation)	
				平均值居中(Mean Centered)	中位数居中(Median Centered)
5(周岁)	.058	1.000	.017	2.6%	2.6%
6(周岁)	.037	1.000	.014	1.7%	1.7%
7(周岁)	.043	1.000	.018	2.2%	2.2%
总数(Overall)	.073	1.000	.017	2.1%	2.1%

5)主要结果分析。

(1)比率统计(Ratio Statistics for)表: 对于比率(坐高/身高)平均值, 7岁年龄组最小(0.559), 5岁年龄组最大(0.570)。其比率中位数(Median)表明7岁年龄组最小(0.557), 而5岁年龄组最大(0.569), 符合儿童的生长发育规律: 身体部量占身高的比例随着年龄的增长而增高, 见结果6-13。

(2)中位数居中变异系数(Median-Centered Coefficient Of Variation)与平均值居中变异系数(Mean-Centered Coefficient Of Variation): 6岁年龄组最小, 均为1.7%, 5岁年龄组与7岁年龄组分别为2.6%或2.2%, 见结果6-13。

练习题

(请访问www.hxedu.com.cn下载。)

第 7 章　平均值比较分析

比较平均值(Compare Means)可按某数值或定性变量分组，求出各组的统计量。在统计分析采用抽样方法时，会使样本统计量与总体参数间存在差异，比较平均值可推断样本平均值间或样本平均值与总体平均值间的差异是否具有统计学意义。比较平均值(Compare Means)包括平均值(Means)分析、单样本 t 检验(One-Sample T Test)、独立样本 t 检验(Independent-Samples T Test)、配对样本 t 检验(Paired-Samples T Test)与单向方差分析(One-Way ANOVA)。

7.1　平均值分析

平均值(Means)分析可根据一个或多个分类自变量作为分组变量，计算因变量各组平均值和相关的单变量统计量(univariate statistic)，并可进行单向方差分析(one-way analysis of variance)、η 值和线性检验(tests for linearity)。

生成的统计量包括平均值、个案数(number of cases)、标准差、中位数、组内中位数(grouped median)、平均值的标准误、总和、最小值、最大值、极差，分组变量(grouping variable)第一个、最后一个(first, last)分类(category)的变量值(variable value)、方差、峰度、峰度的标准误、偏度、偏度的标准误(std. error of skewness)、调和平均数(harmonic mean)、几何平均数(geometric mean)、总和的百分比(percent of total sum)、总个案数的百分比(percent of total n)、单向方差分析、η 值(eta)、η^2值(eta squared)、线性检验的 R 值及 R 平方值。

【例 7-1】　已知 97 名幼儿的体检资料，已建立数据文件 child. sav，试按性别(x2)对身高(x5, cm)与体重(x4, kg)做平均值分析。

1)打开数据文件 child. sav。

2)选择【分析(Analyze)】→【比较平均值(Compare Means)】→【平均值(Means)...】，打开平均值(Means)主对话框，见图 7-1。

☆【因变量列表(Dependent List)】：可选择 1 个或以上定量变量，本例为“x4(体重)”、“x5(身高)”。

☆【自变量列表(Independent List)】：可选择 1 个或以上分类变量，可分开显示每个自变量的结果，本例为“x2(性别)”。

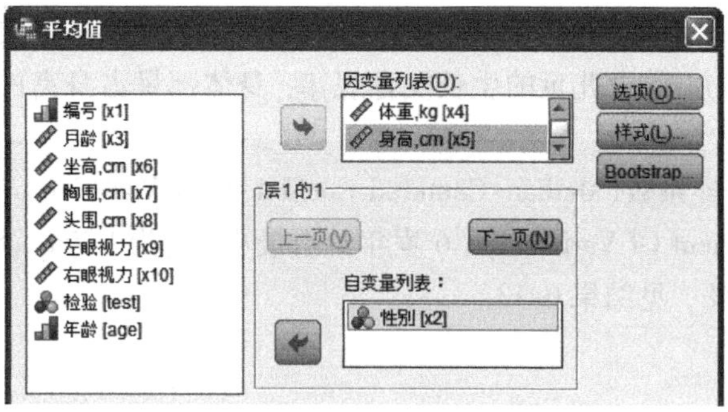

图 7-1　平均值(Means)主对话框

如果选择1层或以上自变量，每次将进一步细分样本。如在第1层和第2层各选择1个自变量，结果将以交叉表的形式显示出来。

3）单击【选项（Options）...】按钮，打开选项（Options）对话框，见图7-2。

☆【Statistics（统计）】。

☆【单元格统计（Cell Statistics）】：显示被选统计量，用户可选择多个统计量，也可按选择的先后顺序对统计量的显示顺序进行调整。

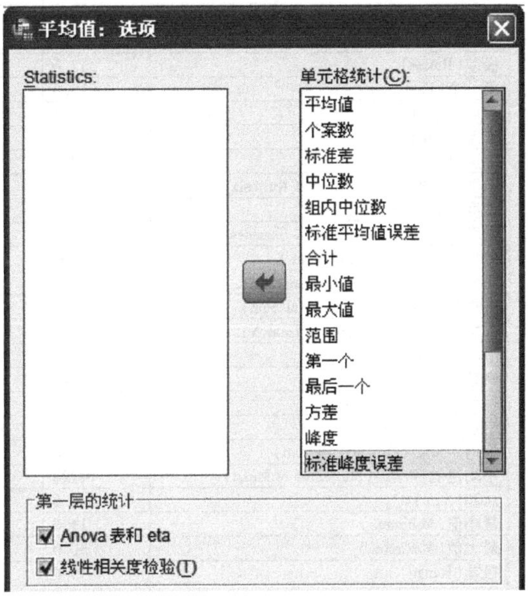

图7-2　选项（Options）对话框

【Statistics（统计）】可选择【平均值（Mean）】、【个案数（Number of Cases）】、【标准差（Standard Deviation）】、【中位数（Median）】、【组内中位数（Grouped Median）】、【标准平均误差（Std. Error of Mean，平均值的标准误）】、【合计（Sum，总和）】、【最小值（Minimum）】、【最大值（Maximum）】、【范围（Range，极差，全距）】、【第一个（First）】、【最后一个（Last）】、【方差（Variance）】、【峰度（Kurtosis）】、【标准峰度误差（Std. Error of Kurtosis，峰度的标准误）】、【偏度（Skewness）】、【标准偏度误差（Std. Error of Skewness，偏度的标准误）】、【调和平均值（Harmonic Mean）】、【几何平均值（Geometric Mean）】、【总和的百分比（Percent of Total Sum）】、【总个案数的百分比（Percent of Total N）】。本例将以上所有【Statistics（统计）】中的指标选入【单元格统计（Cell Statistics）】中。相关统计量的解释可参考第6.1节。

☆【第一层的统计（Statistics for First Layer）】。

○【Anova表和eta（ANOVA table and eta，方差分析表和η）】：可显示单向方差分析表及计算第1层每个自变量的η值、η^2（eta-squared）值（相联度量）。

○【线性相关度检验（Test for linearity，线性检验）】：计算线性与非线性成分相关联的平方和（sum of squares）、自由度（degree of freedom）、均方（mean square）及F比（F ratio）、R值与R平方（R-squared）值。若自变量为短字符串（short string），则不能进行线性检验。

4）单击【继续】→【确定】按钮，得到以下主要结果：

平均值(Means)

结果 7-1　报告(Report)

性别		体重,kg	身高,cm
1-男	平均值(Mean)	18.192	109.886
	例数(N)	50	50
	标准差(Std. Deviation)	2.7970	6.1938
	中位数(Median)	17.500	109.100
	组内中位数(Grouped Median)	17.550	109.100
	平均值的标准误(Std. Error of Mean)	.3956	.8759
	总和(Sum)	909.6	5494.3
	最小值(Minimum)	13.0	100.0
	最大值(Maximum)	25.6	125.0
	极差(Range)	12.6	25.0
	第一个(First)	18.0	110.6
	最后一个(Last)	25.6	120.8
	方差(Variance)	7.823	38.363
	峰度(Kurtosis)	.474	-.397
	峰度的标准误(Std. Error of Kurtosis)	.662	.662
	偏度(Skewness)	.822	.510
	偏度的标准误(Std. Error of Skewness)	.337	.337
	调和平均数(Harmonic Mean)	17.803	109.552
	几何平均数(Geometric Mean)	17.993	109.718
	占总和的百分比(% of Total Sum)	51.9%	52.1%
	占总例数的百分比(% of Total N)	52.1%	52.1%
2-女	平均值(Mean)	18.361	109.896
	例数(N)	46	46
	标准差(Std. Deviation)	3.2541	5.7706
	中位数(Median)	17.750	109.450
	组内中位数(Grouped Median)	17.750	109.433
	平均值的标准误(Std. Error of Mean)	.4798	.8508
	总和(Sum)	844.6	5055.2
	最小值(Minimum)	13.6	99.3
	最大值(Maximum)	30.0	122.3
	极差(Range)	16.4	23.0
	第一个(First)	16.3	106.8
	最后一个(Last)	16.1	102.0
	方差(Variance)	10.589	33.300
	峰度(Kurtosis)	2.538	-.448
	峰度的标准误(Std. Error of Kurtosis)	.688	.688
	偏度(Skewness)	1.322	.146
	偏度的标准误(Std. Error of Skewness)	.350	.350
	调和平均数(Harmonic Mean)	17.875	109.600
	几何平均数(Geometric Mean)	18.106	109.748
	占总和的百分比(% of Total Sum)	48.1%	47.9%
	占总例数的百分比(% of Total N)	47.9%	47.9%
总计	平均值(Mean)	18.273	109.891
	例数(N)	96	96
	标准差(Std. Deviation)	3.0097	5.9633
	中位数(Median)	17.650	109.250
	组内中位数(Grouped Median)	17.633	109.267
	平均值的标准误(Std. Error of Mean)	.3072	.6086
	总和(Sum)	1754.2	10549.5
	最小值(Minimum)	13.0	99.3
	最大值(Maximum)	30.0	125.0
	极差(Range)	17.0	25.7
	第一个(First)	18.0	110.6
	最后一个(Last)	16.1	102.0
	方差(Variance)	9.058	35.561
	峰度(Kurtosis)	1.763	-.446
	峰度的标准误(Std. Error of Kurtosis)	.488	.488
	偏度(Skewness)	1.120	.350
	偏度的标准误(Std. Error of Skewness)	.246	.246
	调和平均数(Harmonic Mean)	17.837	109.575
	几何平均数(Geometric Mean)	18.047	109.732
	占总和的百分比(% of Total Sum)	100.0%	100.0%
	占总例数的百分比(% of Total N)	100.0%	100.0%

结果 7-2　方差分析表(ANOVA Table)

			平方和 (Sum of Squares)	自由度 (df)	均方 (Mean Square)	F	显著性 (Sig.)
体重,kg * 性别	组间(Between Groups)	(组合)(Combined)	.683	1	.683	.075	.785
	组内(Within Groups)		859.846	94	9.147		
	总计(Total)		860.530	95			
身高,cm * 性别	组间(Between Groups)	(组合)(Combined)	.002	1	.002	.000	.994
	组内(Within Groups)			94	35.939		
	总计(Total)			95			

结果 7-3　相联度量(Measures of Association)

	Eta(E)	Eta 平方(Eta Squared)
体重,kg * 性别	.028	.001
身高,cm * 性别	.001	.000

5)结果分析。

(1)报告(Report)表：按男性、女性与男女合并显示平均值(Mean)、例数、标准差(Std. Deviation)等 21 个统计量，见结果 7-1。

(2)方差分析表(ANOVA Table)：体重(x4) * 性别(x2)，$F=0.075$，$P=0.785>0.05$；身高(x5) * 性别(x2)，$F=0.000$，$P=0.994>0.05$，按 $\alpha=0.05$ 水准，尚不能认为不同性别(x2)间身高(x5)、体重(x4)的总体平均值不等，见结果 7-2。

(3)相联度量(Measures of Association)表：Eta(E)值分别为 0.001、0.028，表明身高(x5)、体重(x4)与性别(x2)之间的联系不紧密，见结果 7-3。

(4)本例按性别(x2)分组，只有男、女性两组，因而不能进行线性检验(Test for linearity)。

7.2　单样本资料的 t 检验

单样本平均值与已知总体平均值(一般为理论值、标准值或经过大量观测所得的稳定值等)比较的目的是推断样本所代表的未知总体平均值与已知总体平均值有无差别。生成的统计量包括每个检验变量的平均值、标准差、平均值的标准误，数据值与假设检验值的平均差(average difference)、检验差值为 0 的 t 检验及差值的置信区间(confidence interval)。

【例 7-2】　已知某水样中含 $CaCO_3$ 的真值为 20.7mg/L，现用某法重复测定该水样 11 次，$CaCO_3$ 的含量(mg/L)分别为 20.99、20.41、20.10、20.00、20.91、22.60、20.99、20.41、20.00、23.00、22.00。问该法测得的平均值是否偏高?

1)建立数据文件 onestt.sav，变量名为 caco3。

2)选择【分析(Analyze)】→【比较平均值(Compare Means)】→【单样本 T 检验(One-Sample T Test)...】，打开单样本 T 检验(One-Sample T Test)主对话框，见图 7-3。

☆【检验变量(Test Variable(s))】列表：选择 2 个或以上的定量变量，本例为“$CaCO_3$”。

☆【检验值(Test Value)】为 20.7。

3)单击【选项(Options)...】按钮，打开选项(Options)对话框，见图 7-4。

☆【置信区间百分比(Confidence Interval Percentage)】：显示平均值与假设检验值之差的置信区间，默认值为“95%”，可用 1 ~ 99 间的数值作为置信水平(confidence level)。

☆【缺失值(Missing Values)】: 当有多个检验变量, 其中 1 个或以上含有缺失值时, 可选择以下缺失值的处理方法。

○【按分析顺序排除个案(Exclude cases analysis by analysis)】: 每个 t 检验均使用检验变量的全部有效数据(valid data), 各检验的样本量(sample size)可能不同。

○【按列表排除个案(Exclude cases listwise)】: 所有 t 检验的变量均为有效数据的个案时才参与统计, 各检验的样本量将相同。

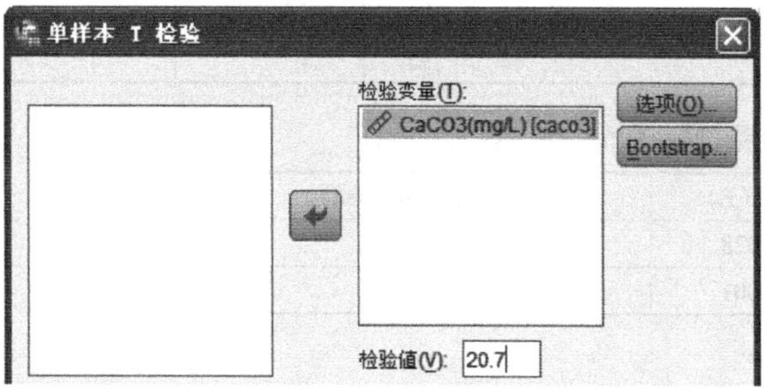

图 7-3 单样本 T 检验(One-Sample T Test)主对话框

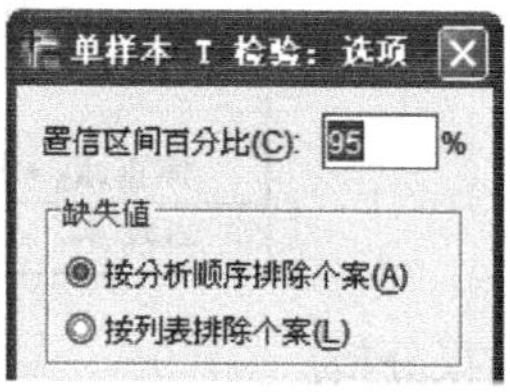

图 7-4 选项(Options)对话框

4)单击【继续】→【确定】按钮, 得到主要结果如下:

T 检验(T-Test)

结果 7-4 单样本统计(One-Sample Statistics)

	例数(N)	平均值(Mean)	标准差(Std. Deviation)	平均值的标准误(Std. Error Mean)
CaCO3(mg/L)	11	21.0373	1.05163	.31708

结果 7-5 单样本检验(One-Sample Test)

	检验值(Test Value) = 20.7					
	t	自由度(df)	显著性(双侧) Sig. (2-tailed)	平均差(Mean Difference)	差值的 95% 置信区间(95% Confidence Interval of the Difference)	
					下限(Lower)	上限(Upper)
CaCO3(mg/L)	1.064	10	.312	.33727	-.3692	1.0438

5)结果分析。

(1)单样本统计(One-Sample Statistics)表: 水样中 $CaCO_3$ 含量的平均值(Mean)为 21.0373, 标准差(Std. Deviation)为 1.05163, 见结果 7-4。

(2)单样本检验(One-Sample Test)表, $CaCO_3$ 含量与真值(20.7)的平均差(Mean Difference)为 0.33727, $t = 1.064$, $df = 10$, $P = 0.312 > 0.05$, 按 $\alpha = 0.05$ 水准, 尚不能认为该法测得的 $CaCO_3$ 含量与其真值(20.7)不等, 即该方法测量 $CaCO_3$ 含量的结果是准确的, 见结果 7-5。

7.3 两独立样本资料的 t 检验

独立样本 t 检验(Independent-Samples T Test)又称 Student t 检验、成组 t 检验或团体 t 检验, 常用于检验两个样本分别代表的总体平均值是否相等, 具体的假设检验依各种问题的不同而异。两个总体必须彼此独立, 也就是说, 两个样本的观测值之间不能存在任何依赖关系, 此类检验基于 t 分布, 故必须假定两个总体均服从正态分布。

独立样本 t 检验(Independent-Samples T Test)生成的统计量包括每个变量的样本量、平均值、标准差及平均值的标准误，平均值的差值【平均值、标准误、置信区间】，Levene 方差齐性检验(Levene's test for equality of variances)，平均值相等(equality of means)的合并方差(pooled-variance)及分离方差(separate-variance)的 t 检验。

7.3.1　成组 t 检验

【例 7-3】　某克山病区测得 11 例急性克山病患者与 13 名健康人的血磷值(x，mg%)如下。患者：2.60，3.24，3.73，3.73，4.32，4.73，5.18，5.58，5.78，6.40，6.53；健康人：1.67，1.98，1.98，2.33，2.34，2.50，3.60，3.73，4.14，4.17，4.57，4.82，5.78。问该地急性克山病患者与健康人的血磷值是否不同?

1)建立数据文件 indepen. sav，变量名为 x(血磷值)、group(分组)、急性克山病患者的值是 1，健康人的值是 2。

2)选择【分析(Analyze)】→【比较平均值(Compare Means)】→【独立样本 T 检验(Independent-Samples T Test)...】，打开独立样本 T 检验(Independent-Samples T Test)主对话框，见图 7-5。

☆【检验变量(Test Variable(s))】列表：可引入 1 个或以上定量变量，对每个变量分别进行 t 检验，本例为"x(血磷值)"。

☆【分组变量(Grouping Variable)】：可以是数值或串变量，本例为"group(分组)"。

3)单击【定义组(Define Groups)...】，打开定义组(Define Groups)对话框，见图 7-6。

○【使用指定值(Use specified values)】：分别在【组 1(Groups 1)】和【组 2(Groups 2)】框中输入一个数值(可以为小数)。对于短字符串分组变量，可输入相应的字符，如"yes"或"no"。含有其他数值或字符串的个案将不参与统计。

○【分割点(Cut point)】：对于数值变量，可根据输入的数值将个案分成两组，分组变量小于分割点的所有个案组成一组，而大于等于分割点的个案组成另外一组。

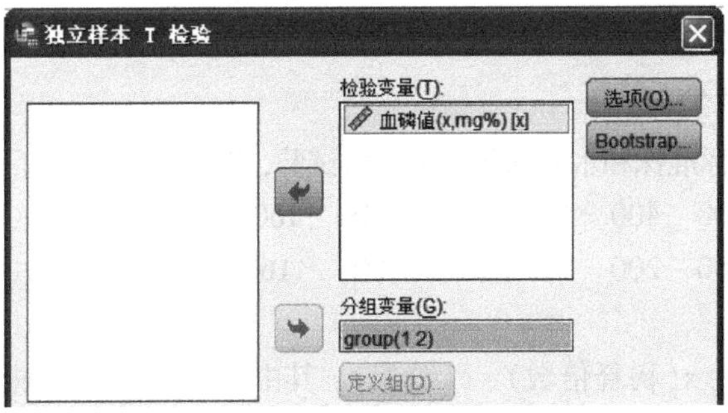

图 7-5　独立样本 T 检验(Independent-Samples T Test)主对话框

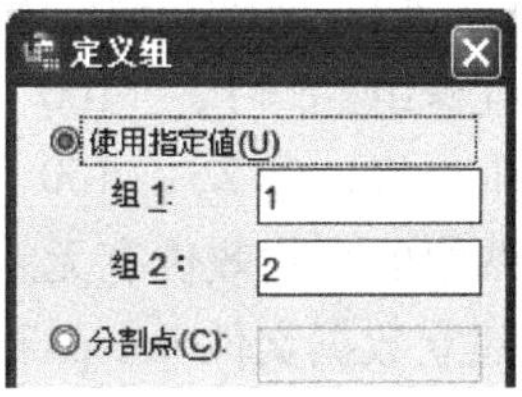

图 7-6　定义组(Define Groups)对话框

4)单击【继续】→【确定】按钮，得到主要结果如下：

T 检验(T-Test)

结果 7-6　组统计(Group Statistics)

	分组(Group)	例数(N)	平均值(Mean)	标准差 (Std. Deviation)	平均值的标准误 (Std. Error Mean)
血磷值(x,mg%)	1-患者	11	4.7109	1.30298	.39286
	2-健康人	13	3.3546	1.30437	.36177

结果 7-7　独立样本检验(Independent Samples Test)

		Levene 方差齐性检验 (Levene's Test for Equality of Variances)		平均值相等的 t 检验 (t-test for Equality of Means)						
		F	显著性 (Sig.)	t	自由度 (df)	显著性 (双侧) Sig. (2-tailed)	平均差 (Mean Difference)	差值的标准误 (Std. Error Difference)	差值的 95% 置信区间 (95% Confidence Interval of the Difference) 下限 (Lower)	上限 (Upper)
血磷值 (x,mg%)	假设方差齐性 (Equal variances assumed)	.038	.847	2.539	22	.019	1.35629	.53411	.24863	2.46396
	未假设方差齐性 (Equal variances not assumed)			2.540	21.354	.019	1.35629	.53406	.24678	2.46580

5)结果分析。

(1)组统计(Group Statistics)表：急性克山病患者和健康人血磷值的平均值(Mean)分别为 4.7109(mg%)与 3.3546(mg%)，标准差(Std. Deviation)分别为 1.30298(mg%)与 1.30437(mg%)，见结果 7-6。

(2)独立样本检验(Independent Samples Test)表：Levene 方差齐性检验(Levene's Test for Equality of Variances)，F = 0.038，P = 0.847 > 0.10，按 α = 0.10 水准，可认为急性克山病患者与健康人的血磷值(mg%)具有方差齐性(应选择假设方差齐性(Equal variances assumed)的平均值相等的 t 检验(t-test for Equality of Means)的结果)；t = 2.539，P = 0.019 < 0.05，按 α = 0.05 水准，可认为该地急性克山病患者与健康人血磷值的总体平均值不同，即患者的血磷值(4.7109 mg%)高于健康人的血磷值(3.3546 mg%)，见结果 7-7。

7.3.2　两样本几何平均数的比较

比较两样本几何平均数的目的是推断各组代表的总体几何平均数是否相等，是将呈倍数关系的计量数据经对数变换后进行两独立样本 t 检验。

【例 7-4】　将钩端螺旋体病人的血清用标准株和水生株分别做凝溶试验，所得稀释倍数如下：

标准株组，c = 1，　100　200　400　400　400　400　800　1600　1600　1600　3200

水生株组，c = 2，　100　100　100　200　200　200　200　400　1600

问两组的平均效价有无差别。

1)建立数据文件 indeptt2.sav，变量名为 x(稀释倍数)、c(分组)，其中，c = 1 为标准株凝溶试验；c = 2 为水生株凝溶试验。

2)进行对数变换，打开计算变量(Computing Variables)对话框，选择【目标变量(Target Variable)】为“y”，【数字表达式(Numeric Expression)】为“LG10(x)”后，单击【确定】按钮，完成对数变换，参见第 4.1 节。

3)打开独立样本 T 检验(Independent-Samples T Test)主对话框，【检验变量(Test Variable(s))】为“y”，【分组变量(Grouping Variable)】为“c(分组)”。

4)打开定义组(Define Groups)对话框，选择【使用指定值(Use specified values)】，分别在【组(Group)1】和【组(Group)2】框中输入“1”和“2”。

其他均为默认选项。

5) 主要结果如下:

T 检验(T-Test)

结果 7-8 组统计(Group Statistics)

	分组(c)	例数(N)	平均值(Mean)	标准差(Std. Deviation)	平均值的标准误(Std. Error Mean)
y	1-标准株组	11	2.7936	.45200	.13628
	2-水生株组	9	2.3345	.38210	.12737

结果 7-9 独立样本检验(Independent Samples Test)

		Levene 方差齐性检验(Levene's Test for Equality of Variances)		平均值相等的 t 检验(t-test for Equality of Means)						
		F	显著性(Sig.)	t	自由度(df)	显著性(双侧) Sig.(2-tailed)	平均差(Mean Difference)	差值的标准误(Std. Error Difference)	差值的 95% 置信区间(95% Confidence Interval of the Difference) 下限(Lower)	上限(Upper)
y	假设方差齐性(Equal variances assumed)	1.171	.294	2.419	18	.026	.45915	.18984	.06031	.85798
	未假设方差齐性(Equal variances not assumed)			2.461	17.966	.024	.45915	.18653	.06720	.85109

6) 主要结果分析。

(1) 组统计(Group Statistics)表:见结果 7-8。

(2) 独立样本检验(Independent Samples Test)表:Levene 方差齐性检验(Levene's Test for Equality of Variances),$F=1.171$,$P=0.294>0.10$,按 $\alpha=0.10$ 水准,可认为标准株组和水生株组凝溶试验稀释倍数的对数具有方差齐性(应选择假设方差齐性(Equal variances assumed)的平均值相等的 t 检验(t-test for Equality of Means)结果);$t=2.419$,$P=0.026<0.05$,按 $\alpha=0.05$ 水准,可认为两组凝溶试验效价的总体几何平均数不等,即标准株凝溶试验效价的几何平均数(2.7936)高于水生株凝溶试验效价的几何平均数(2.3345),见结果 7-9。

7.4 配对设计资料的 t 检验

配对样本 t 检验(Paired-Samples T Test)用于检验配对变量值差值的平均值是否等于0。它对于分析成对观测值之间的差异、同一对象的前后测量值之间的差异以及对象相同的两种处理之间的差异很有用。独立样本 t 检验包含由观测值的独立性引起的其他变异,而配对观测值之间是相互依存的,因此不会受此变异的影响;配对 t 检验不要求两个样本所属总体方差相等,因此比独立样本 t 检验更有效。生成的统计量包括每个变量的平均值、样本量及平均值的标准误;配对变量的相关(correlation)系数、配对差值的平均值、差值的平均值的置信区间、标准差、差值平均值的标准误及 t 检验结果。配对设计主要适用于以下情况:异体配对设计,包括同源配对设计和条件相近者配对设计;自身配对设计。

【例 7-5】 10 例矽肺患者经克矽平治疗前后的血红蛋白量(g/dl)如下:

治疗前: 11.3 15.0 15.0 13.5 12.8 10.0 11.0 12.0 13.0 12.3

治疗后： 14.0　13.8　14.0　13.5　13.5　12.0　14.7　11.4　13.8　12.0

问治疗对血红蛋白量有无作用?

1)建立数据文件 pairst1. sav，变量名为 x1(治疗前)、x2(治疗后)。

2)选择【分析(Analyze)】→【比较平均值(Compare Means)】→【配对样本 T 检验(Paired-Samples T Test)...】，打开配对样本 T 检验(Paired-Samples T Test)主对话框，见图 7-7。

☆【成对变量(Paired Variables)】列表：可引入 1 个或以上配对定量变量(定距变量或定比变量)，每对样本分别给出 1 个 t 检验结果。本例为“x1 - x2”，如果有多个配对变量，可重复选择。对于异体配对设计，每对观测指标应在相同个案中(同一行)。

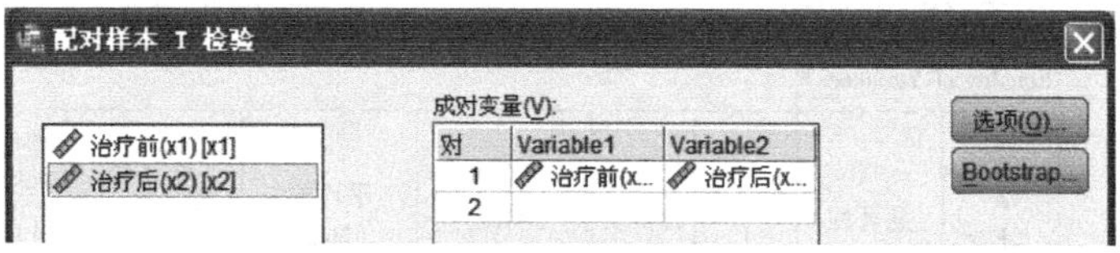

图 7-7　配对样本 T 检验(Paired-Samples T Test)主对话框

3)单击【继续】→【确定】按钮，得到以下结果：

T 检验(T-Test)

结果 7-10　配对样本统计(Paired Samples Statistics)

		平均值(Mean)	N	标准差(Std. Deviation)	平均值的标准误(Std. Error Mean)
配对 1 (Pair 1)	治疗前(x1)	12.590	10	1.6326	.5163
	治疗后(x2)	13.270	10	1.0802	.3416

结果 7-11　配对样本相关(Paired Samples Correlations)

		N	相关(Correlation)	显著性(Sig.)
配对 1	治疗前(x1)& 治疗后(x2)	10	.319	.370

结果 7-12　配对样本检验(Paired Samples Test)

		配对差值(Paired Differences)					t	自由度(df)	显著性(双侧) Sig. (2-tailed)
		平均值(Mean)	标准差(Std. Deviation)	平均值的标准误(Std. Error Mean)	差值的 95% 置信区间(95% Confidence Interval of the Difference) 下限(Lower)	上限(Lower)			
配对 1 (Pair 1)	治疗前(x1) - 治疗后(x2)	-.6800	1.6457	.5204	-1.8573	.4973	-1.307	9	.224

4)结果分析。

(1)配对样本统计(Paired Samples Statistics)表：10 例矽肺患者经克矽平治疗前后的血红蛋白量平均值(Mean)分别为 12.590(g/dl)和 13.270(g/dl)，标准差(Std. Deviation)分别为 1.6326(g/dl)、1.0802(g/dl)，见结果 7-10。

(2)配对样本相关(Paired Samples Correlations)表：相关(Correlation)系数 $r = 0.319$，$P = 0.370 > 0.05$，按 $\alpha = 0.05$ 水准，尚不能认为治疗前后的血红蛋白量存在相关关系，见结果 7-11。

(3)配对样本检验(Paired Samples Test)表：治疗前后血红蛋白量配对差值的平均值

(Mean)为 -0.6800(g/dl)，标准差(Std. Deviation)为 1.6457(g/dl)，$t = -1.307$，$P = 0.224 > 0.05$，尚不能认为用克矽平治疗矽肺患者对血红蛋白量有作用，见结果 7-12。

7.5　完全随机设计资料方差分析

完全随机设计资料方差分析属于单向方差分析(One-Way ANOVA)，用于对单因素多个独立样本平均值进行比较，是独立样本 t 检验的扩展。可检验平均值间是否存在差异或哪些因素的平均值存在差异。用户可选择两种检验来比较平均值：先验对照(priori contrast)及事后检验(post hoc test)，也可进行分类的趋势检验。

生成的结果与统计量包括每组的样本量、平均值、标准差、平均值的标准误、最小值、最大值及平均值的 95% 置信区间；Levene 方差齐性检验；每个因变量的方差分析表(analysis-of-variance table)和平均值相等的稳健检验；用户指定先验对照、事后极差检验(post hoc range test)及多重比较(multiple comparisons)等。

7.5.1　含量相等的完全随机设计资料方差分析

【例 7-6】　用二氧化硅(SiO_2)50mg 对大鼠染尘后，测量不同时期全肺湿重的变化(见表 7-1)，试比较染尘后一月、三月、六月 3 个时期的全肺湿重有无差别？(单因素三个水平，完全随机平衡设计资料的方差分析)

1)建立数据文件 oneway1.sav，变量名为 weight(全肺湿重)、time(时期)，time(时期)为不同时期(month)，1 代表一月、3 代表三月、6 代表六月。

2)选择【分析(Analyze)】→【比较平均值(Compare Means)】→【单因素 ANOVA(One-Way ANOVA)...】，打开单因素方差分析(One-Way ANOVA)主对话框，见图 7-8。

☆【因变量列表(Dependent List)】：可选择 1 个或以上定量变量，本例为“weight(全肺湿重)”。

☆【因子(Factor)】变量：变量值应为整数，本例为“时间(time)”。

表 7-1　不同时期全肺湿重

一月	三月	六月
3.4	3.4	3.6
3.6	4.4	4.4
4.3	3.4	5.1
4.1	4.2	5.0
4.2	4.7	5.5
3.3	4.2	4.7

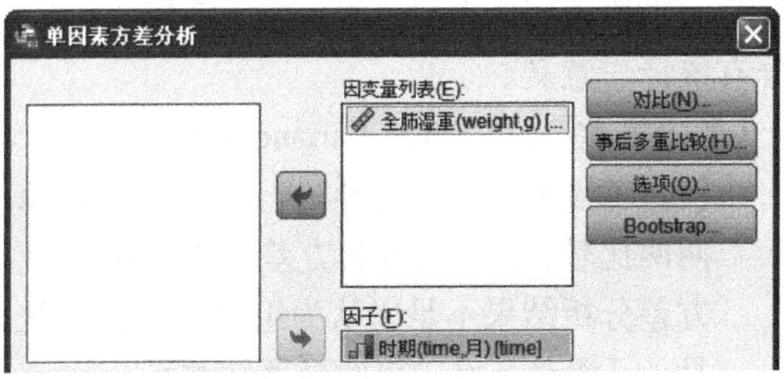

图 7-8　单因素方差分析(One-Way ANOVA)主对话框

3)单击【对比(Contrasts)...】按钮，打开对比(Contrasts)对话框，见图 7-9。

用户可将组间平方和(between-groups sums of squares)划分为趋势成分(trend component)或指定先验对照。

☆【多项式(Polynomial)】：将组间平方和划分为趋势成分，可以检验因变量在因子变量分组顺序水平间的趋势，如检验各分组顺序水平在最高工资间的线性趋势(上升或下降)。

☆【度(Degree，次数)】下拉菜单：多项式的次数，可选择【线性(Linear)】、【二次项(Quadratic)】、【立方(Cubic)】、【四次项(4th)】或【五次项(5th)】。

☆【对比(Contrast, 对照)】。

○【系数(Coefficients)】: 用户指定使用 t 检验的先验对照。为因子变量的每个组(分类)输入一个系数。每个新值都添加到系数(Coefficients)列表的底部。单击【下一页】按钮可指定其他对比组, 单击【下一页】按钮或【上一页】按钮可在各组对比间移动。系数顺序对应于因子变量中分类值的递增顺序, 列表中的第一个系数对应于分类变量的最小值, 最后一个系数对应于最大值。如果因子变量共有 6 类, 那么系数 -1、0、0、0、0.5 和 0.5 将第 1 组与第 5 和第 6 组进行对比。

○【系数总计(Coefficient Total, 系数总和)】: 在大多数程序中该值应为"0", 不为 0 也可以使用, 但会出现警告消息。

4)单击【继续】→【事后多重比较(Post Hoc)...】按钮, 打开事后多重比较(Post Hoc Multiple Comparisons)对话框, 见图 7-10。

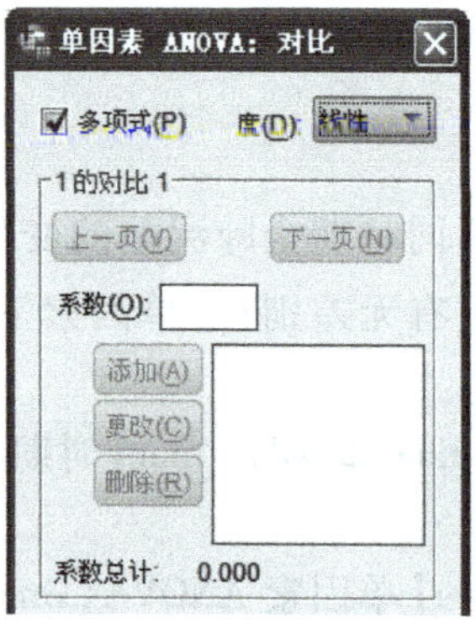

图 7-9　对比(Contrasts)对话框

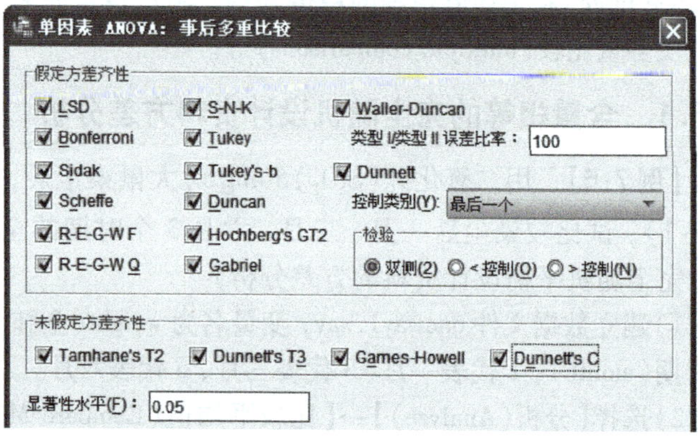

图 7-10　事后多重比较(Post Hoc Multiple Comparisons)对话框

事后多重比较(Post Hoc Multiple Comparisons)即验后多重比较或事后两两比较, 当确定平均值间存在差异后, 使用事后极差检验及两两多重比较(pairwise multiple comparisons)可发现哪些分组的平均值间存在差异。极差检验可识别彼此间没有差异的同质子集, 两两多重比较可检验每对平均值间的差异, 并生成一个矩阵, " * "号表示在 $\alpha = 0.05$ 水准下组平均值之间的差异有统计学意义。

☆【假定方差齐性(Equal Variances Assumed)】。

○【LSD(最小显著性差异法, least significant difference)】: 用 t 检验对组平均值间进行两两比较, 合并均方为方差分析的误差均方, 自由度为方差分析的误差自由度。即使方差分析结果不足以认为组间差异具有统计学意义也可以用此方法。此方法的缺点是, 不调整多重比较的显著性水平。

○【Bonferroni(修正最小显著性差异法, LSDMCD)】: 用 t 检验对组平均值间进行两两比较, 可对检验水准进行调整, 是两两比较方法中最为保守的一种。Bonferroni 法和 Tukey 法都是常用的多重比较检验。

○【Sidak(Sidak 法)】: 基于 t 统计量(t statistic)的两两多重比较检验(pairwise multiple comparison test), 可调整多重比较的显著性水平(significance level), 其边界比 Bonferroni 法更严密。

○【Scheffe(Scheffe 法)】: 使用 F 抽样分布(F sampling distribution), 对所有可能两两组合的平均值间进行并发联合两两比较(simultaneous joint pairwise comparisons), 可用

于检验组平均值的所有可能的线性组合(linear combination),并不仅限于两两比较。此法通常比其他检验更保守,在平均值之间存在更大的差别时才有统计学意义。

○【R-E-G-W F(Ryan-Einot-Gabriel-Welsch F 法)】:基于 F 检验的 Ryan-Einot-Gabriel-Welsch 多重递减过程(multiple stepdown procedure)。

○【R-E-G-W Q(Ryan-Einot-Gabriel-Welsch Q 法)】:基于 t 化极差(studentized range)的 Ryan-Einot-Gabriel-Welsch 多重递减过程。R-E-G-W F 法和 R-E-G-W Q 法的检验效能比 Duncan 法和 SNK 法高,但当单元格大小不等时不推荐使用。

○【S-N-K(Student-Newman-Keuls(SNK)法)】:SNK 法属于多重极差检验,是基于 t 化极差分布(studentized range distribution)的两两比较,其检验统计量为 q,又称 q 检验,可对各组平均值进行两两比较,对于各组样本量相同的情况,还可使用逐步过程(stepwise procedure)对同质子集(homogeneous subset)内的平均值进行比较,平均值按递减顺序排序,首先检验极端差分(extreme difference)。

○【Tukey(Tukey 真实显著性差异检验,Tukey's honestly significant difference test)】:使用 t 化极差统计量(studentized range statistic)对所有组均值进行两两比较,将试验误差率(error rate)作为所有两两比较集合的误差率。当平均值对较多时,Tukey 法的效能比 Bonferroni 法更高;而平均值对较少时,Bonferroni 法的效能更高。

○【Tukey's-b(Tukey-b 法)】:使用 t 化极差分布进行两两比较,其临界值为 Tukey 真实显著性差异检验的对应值与 SNK 值的平均值。

○【Duncan(Duncan 检验)】:又称新多极差检验法,使用 t 化极差统计量的两两比较,需设置集合误差率的保护性水平,其逐步顺序与 SNK 检验完全一致。

○【Hochberg's GT2(Hochberg GT2 法)】:使用 t 化最大模数(studentized maximum modulus)的多重比较及极差检验,与 Tukey 真实显著性差异检验相似,但 Tukey 法的效能通常更高。

○【Gabriel(Gabriel 检验)】:使用 t 化最大模数的两两比较检验(pairwise comparison test),当单元格大小不等时,比 Hochberg GT2 法的效能更高;单元大小变化很大时,此方法显得较为灵活。

○【Waller-Duncan(Waller-Duncan 法)】:基于 t 统计量,使用 Bayesian 法(Bayesian approach)的多重比较检验(multiple comparison test)。选择此项后还可设定【类型 I/类型 II 误差比率(Type I/Type II Error Ratio)】。

○【Dunnett(Dunnett 法)】:又称 Dunnett-t 检验,为两两多重比较 t 检验,其检验统计量为 t_D,适用于多个实验组与对照组平均值的比较。选择此项后可设定【控制类别(Control Category,控制分类)】:【最后一个(Last)】分类(默认)和【第一个(First)】分类及设定双侧或单侧检验。

☆【检验(Test)】。

○【双侧(2-Side)】检验:检验各组(对照组除外)的平均值是否等于对照组的平均值。

○【 <控制(<Control)】分类:检验各组的平均值是否小于对照组的平均值。

○【 >控制(>Control)】分类:检验各组的平均值是否大于对照组的平均值。

☆【未假定方差齐性(Equal Variances Not Assumed)】:当方差不齐时,可选择以下 4 种方法。

○【Tamhane's T2(Tamhane T2 法)】:基于 t 检验的保守两两比较。

○【Dunnett's T3(Dunnett T3 法)】:基于 t 化最大模数的两两比较检验。

○【Games-Howell(Games-Howell 法)】: 有时会较为灵活的两两比较检验。

○【Dunnett's C(Dunnett C 法)】: 基于 t 化极差的两两比较检验。

☆【显著性水平(Significance level)】: 默认值为"0.05"。

5)单击【继续】→【选项(Options)...】按钮，打开选项(Options)对话框，见图 7-11。

☆【Statistics(统计)】。

○【描述性(Descriptive)】: 计算每组中各因变量的例数、平均值、标准差、平均值的标准误、最小值、最大值及 95% 的置信区间。

○【固定和随机效果(Fixed and random effects，固定和随机效应)】: 计算固定效应模型(fixed-effects model)的标准差、标准误及其 95% 置信区间；随机效应模型(random-effect model)的标准误、95% 置信区间及成分间方差估计值。

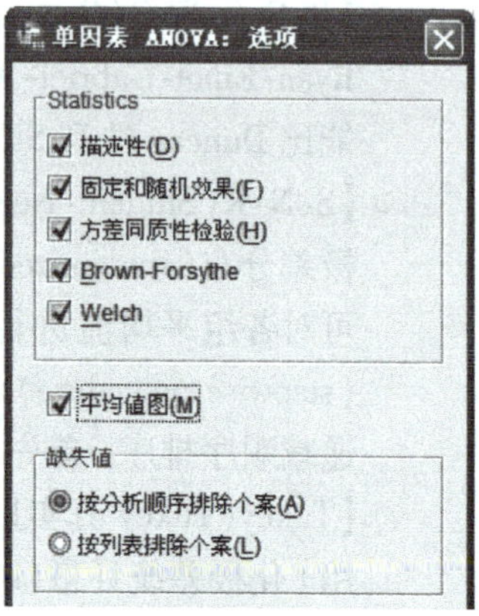

图 7-11　选项(Options)对话框

○【方差同质性检验(Homogeneity of variance test，方差齐性检验)】: 计算组方差相等的 Levene 统计量(Levene statistic)。此检验独立于正态性假设，适用于任何分布的资料，既可用于检验两总体方差齐性，也可用于多个总体的方差齐性。

○【Brown-Forsythe】: 用于检验组平均值是否相等的 Brown-Forsythe 统计量(Brown-Forsythe statistic)。当方差齐性齐性假设不成立时，此方法比 F 统计量(F statistic)更为优越。

○【Welch】: 用于检验组平均值是否相等的 Welch 统计量(Welch statistic)。当方差齐性齐性假设不成立时，此方法比 F 统计量更为优越。

○【平均值图(Means plot)】: 显示分组平均值图。

☆【缺失值(Missing Values)】。

○【按分析顺序排除个案(Exclude cases analysis by analysis)】: 因变量或因子变量有缺失值的个案及超出因子变量指定范围的个案不参与分析。

○【按列表排除个案(Exclude cases listwise)】: 因子变量以及任何因变量包含缺失值个案均不参与所有分析。只有指定多个因变量时，此选项才能生效。

6)单击【继续】→【确定】按钮，得到以下主要结果：

Oneway

结果 7-13　描述性(Descriptives)

全肺湿重(weight,g)

		N	平均值(Mean)	标准差(Std. Deviation)	标准误(Std. Error)	平均值的 95% 置信区间(95% Confidence Interval for Mean)	
						下限(Lower Bound)	上限(Upper Bound)
1-一月		6	3.800	.4561	.1862	3.321	4.279
3-三月		6	4.217	.4401	.1797	3.755	4.678
6-六月		6	4.717	.6616	.2701	4.022	5.411
总计(total)		18	4.244	.6289	.1482	3.932	4.557
模型(Model)	固定效应(Fixed Effects)			.5289	.1247	3.979	4.510
	随机效应(Random Effects)				.2650	3.104	5.385

续表

		最小值(Minimum)	最大值(Maximum)	成分间方差(Between-Component Variance)
1-一月		3.3	4.3	
3-三月		3.4	4.7	
6-六月		3.6	5.5	
总计(total)		3.3	5.5	
模型(Model)	固定效应(Fixed Effects)			
	随机效应(Random Effects)			.1640

结果 7-14　方差齐性检验(Test of Homogeneity of Variances)

全肺湿重(weight,g)

Levene 统计量(Levene Statistic)	df1	df2	显著性(Sig.)
.671	2	15	.526

结果 7-15　方差分析(ANOVA)

全肺湿重(weight,g)

			平方和(Sum of Squares)	自由度(df)	均方(Mean Square)	F	显著性(Sig.)
组间(Between Groups)	(组合)(Combined)		2.528	2	1.264	4.517	.029
	线性项(Linear Term)	对比(Contrast)	2.518	1	2.518	9.000	.009
		偏差(Deviation)	.010	1	.010	.035	.854
组内(Within Groups)			4.197	15	.280		
总计(Total)			6.724	17			

结果 7-16　平均值相等的稳健检验(Robust Tests of Equality of Means)

全肺湿重(weight,g)

	统计量(Statistic)	df1	df2	显著性(Sig.)
Welch	3.778	2	9.760	.061
Brown-Forsythe	4.517	2	12.935	.033

事后检验(Post Hoc Tests)

结果 7-17　多重比较(Multiple Comparisons)

因变量：全肺湿重(weight,g)

	(I)时期(time,月)	(J)时期(time,月)	平均差(I-J)(Mean Difference(I-J))	标准误(Std. Error)	显著性(Sig.)	95% 置信区间(95% Confidence Interval) 下限(Lower Bound)	上限(Upper Bound)
Tukey HSD	1 - 一月	3 - 三月	-.4167	.3054	.383	-1.210	.377
		6 - 六月	-.9167*	.3054	.023	-1.710	-.123
	3 - 三月	1 - 一月	.4167	.3054	.383	-.377	1.210
		6 - 六月	-.5000	.3054	.261	-1.293	.293
	6 - 六月	1 - 一月	.9167*	.3054	.023	.123	1.710
		3 - 三月	.5000	.3054	.261	-.293	1.293
Scheffe	1 - 一月	3 - 三月	-.4167	.3054	.416	-1.245	.412
		6 - 六月	-.9167*	.3054	.029	-1.745	-.088
	3 - 三月	1 - 一月	.4167	.3054	.416	-.412	1.245
		6 - 六月	-.5000	.3054	.291	-1.329	.329
	6 - 六月	1 - 一月	.9167*	.3054	.029	.088	1.745
		3 - 三月	.5000	.3054	.291	-.329	1.329

续表

	(I)时期(time,月)	(J)时期(time,月)	平均差(I-J)(Mean Difference(I-J))	标准误(Std. Error)	显著性(Sig.)	95%置信区间(95% Confidence Interval) 下限(Lower Bound)	上限(Upper Bound)
LSD	1 - 一月	3 - 三月	-.4167	.3054	.193	-1.068	.234
		6 - 六月	-.9167*	.3054	.009	-1.568	-.266
	3 - 三月	1 - 一月	.4167	.3054	.193	-.234	1.068
		6 - 六月	-.5000	.3054	.122	-1.151	.151
	6 - 六月	1 - 一月	.9167*	.3054	.009	.266	1.568
		3 - 三月	.5000	.3054	.122	-.151	1.151
Bonferroni	1 - 一月	3 - 三月	-.4167	.3054	.578	-1.239	.406
		6 - 六月	-.9167*	.3054	.027	-1.739	-.094
	3 - 三月	1 - 一月	.4167	.3054	.578	-.406	1.239
		6 - 六月	-.5000	.3054	.367	-1.323	.323
	6 - 六月	1 - 一月	.9167*	.3054	.027	.094	1.739
		3 - 三月	.5000	.3054	.367	-.323	1.323
Sidak	1 - 一月	3 - 三月	-.4167	.3054	.474	-1.237	.403
		6 - 六月	-.9167*	.3054	.027	-1.737	-.097
	3 - 三月	1 - 一月	.4167	.3054	.474	-.403	1.237
		6 - 六月	-.5000	.3054	.324	-1.320	.320
	6 - 六月	1 - 一月	.9167*	.3054	.027	.097	1.737
		3 - 三月	.5000	.3054	.324	-.320	1.320
Gabriel	1 - 一月	3 - 三月	-.4167	.3054	.458	-1.232	.398
		6 - 六月	-.9167*	.3054	.026	-1.732	-.102
	3 - 三月	1 - 一月	.4167	.3054	.458	-.398	1.232
		6 - 六月	-.5000	.3054	.312	-1.315	.315
	6 - 六月	1 - 一月	.9167*	.3054	.026	.102	1.732
		3 - 三月	.5000	.3054	.312	-.315	1.315
Hochberg	1 - 一月	3 - 三月	-.4167	.3054	.458	-1.232	.398
		6 - 六月	-.9167*	.3054	.026	-1.732	-.102
	3 - 三月	1 - 一月	.4167	.3054	.458	-.398	1.232
		6 - 六月	-.5000	.3054	.312	-1.315	.315
	6 - 六月	1 - 一月	.9167*	.3054	.026	.102	1.732
		3 - 三月	.5000	.3054	.312	-.315	1.315
Tamhane	1 - 一月	3 - 三月	-.4167	.2587	.360	-1.157	.324
		6 - 六月	-.9167	.3280	.062	-1.878	.045
	3 - 三月	1 - 一月	.4167	.2587	.360	-.324	1.157
		6 - 六月	-.5000	.3244	.405	-1.455	.455
	6 - 六月	1 - 一月	.9167	.3280	.062	-.045	1.878
		3 - 三月	.5000	.3244	.405	-.455	1.455
Dunnett T3	1 - 一月	3 - 三月	-.4167	.2587	.341	-1.149	.315
		6 - 六月	-.9167	.3280	.058	-1.866	.032
	3 - 三月	1 - 一月	.4167	.2587	.341	-.315	1.149
		6 - 六月	-.5000	.3244	.380	-1.442	.442
	6 - 六月	1 - 一月	.9167	.3280	.058	-.032	1.866
		3 - 三月	.5000	.3244	.380	-.442	1.442

续表

	(I)时期(time,月)	(J)时期(time,月)	平均差(I-J)(Mean Difference(I-J))	标准误(Std. Error)	显著性(Sig.)	95%置信区间(95% Confidence Interval)	
						下限(Lower Bound)	上限(Upper Bound)
Games-Howell	1 - 一月	3 - 三月	-.4167	.2587	.286	-1.126	.293
		6 - 六月	-.9167	.3280	.050	-1.835	.002
	3 - 三月	1 - 一月	.4167	.2587	.286	-.293	1.126
		6 - 六月	-.5000	.3244	.320	-1.411	.411
	6 - 六月	1 - 一月	.9167	.3280	.050	-.002	1.835
		3 - 三月	.5000	.3244	.320	-.411	1.411
Dunnett C	1 - 一月	3 - 三月	-.4167	.2587		-1.259	.425
		6 - 六月	-.9167	.3280		-1.984	.151
	3 - 三月	1 - 一月	.4167	.2587		-.425	1.259
		6 - 六月	-.5000	.3244		-1.556	.556
	6 - 六月	1 - 一月	.9167	.3280		-.151	1.984
		3 - 三月	.5000	.3244		-.556	1.556
Dunnett t(双侧)	1 - 一月	6 - 六月	-.9167*	.3054	.017	-1.662	-.172
	3 - 三月	6 - 六月	-.5000	.3054	.209	-1.245	.245

同质子集(Homogeneous Subsets)

结果 7-18　全肺湿重(weight,g)

	时期(time,月)	N	α = 0.05 的子集(Subset for alpha = .05)	
			1	2
Student-Newman-Keuls	1-一月	6	3.800	
	3-三月	6	4.217	4.217
	6-六月	6		4.717
	显著性(Sig.)		.193	.122
Tukey HSD	1-一月	6	3.800	
	3-三月	6	4.217	4.217
	6-六月	6		4.717
	显著性(Sig.)		.383	.261
Tukey B	1-一月	6	3.800	
	3-三月	6	4.217	4.217
	6-六月	6		4.717
Duncan	1-一月	6	3.800	
	3-三月	6	4.217	4.217
	6-六月	6		4.717
	显著性(Sig.)		.193	.122
Scheffe	1-一月	6	3.800	
	3-三月	6	4.217	4.217
	6-六月	6		4.717
	显著性(Sig.)		.416	.291
Gabriel	1-一月	6	3.800	
	3-三月	6	4.217	4.217
	6-六月	6		4.717
	显著性(Sig.)		.458	.312

续表

	时期(time,月)	N	α=0.05 的子集(Subset for alpha=.05)	
			1	2
Ryan-Einot-Gabriel-Welsch F	1-一月	6	3.800	
	3-三月	6	4.217	4.217
	6-六月	6		4.717
	显著性(Sig.)		.193	.122
Ryan-Einot-Gabriel-Welsch 范围	1-一月	6	3.800	
	3-三月	6	4.217	4.217
	6-六月	6		4.717
	显著性(Sig.)		.193	.122
Hochberg	1-一月	6	3.800	
	3-三月	6	4.217	4.217
	6-六月	6		4.717
	显著性(Sig.)		.458	.312
Waller-Duncan	1-一月	6	3.800	
	3-三月	6	4.217	4.217
	6-六月	6		4.717

7)结果分析

(1)描述性(Descriptives)表：大鼠染尘后一月、三月、六月全肺湿重的平均值(Mean)分别为3.800、4.217、4.717，标准差(Std. Deviation)分别为0.4561、0.4401、0.6616，见结果7-13。

(2)方差齐性检验(Test of Homogeneity of Variances)表：Levene 统计量(Levene Statistic)为0.671，P=0.526>0.10，按α=0.10 水准，可认为大鼠染尘后一月、三月、六月全肺湿重的总体方差齐，见结果7-14。

(3)方差分析(ANOVA)表：组间(Between Groups)平方和(Sum of Squares)为2.528，均方(Mean Square)为1.264，F=4.517，P=0.029<0.05，按α=0.05 水准，故可认为3个不同时期全肺湿重(Weight)的总体平均值不全相等，各组方差齐时，应采用F检验的结果，见结果7-15。

(4)平均值相等的稳健检验(Robust Tests of Equality of Means)表：Brown-Forsythe 统计量为4.517，P=0.033<0.05，在各组数据方差不齐时应考虑此结果，见结果7-16。

(5)多重比较(Multiple Comparisons)表：Tukey 真实显著性差异法(Tukey HSD)、Scheffe 检验法(Scheffe)、最小显著性差异法(LSD，Least-significant difference，0<α<1)、修正最小显著性差异法(Bonferroni，LSDMCD)、Sidak 法(Sidak)、Gabriel 法(Gabriel)、Hochberg 法(Hochberg)及 Dunnett t(2-sided)法(T3)等方法。按α=0.05 水准，可认为一月与六月两个时期大鼠全肺湿重的总体平均值不等(P<0.05)，而其余时期的比较，大鼠全肺湿重的总体平均值无差别。采用其他多重比较方法，按α=0.05 水准，可认为任何两时期间，大鼠全肺湿重的总体平均值均无差别(P>0.05)，见结果7-17、结果7-18。

(6)趋势检验的线性项(Linear Term)：对比(Contrast)平方和(Sum of Squares)为2.518，均方(Mean Square)为2.518，F=9.000，P=0.009<0.01，按α=0.05 水准，可认为大鼠全肺湿重与染尘时间有线性趋势(见结果7-15)，结合图7-12所示大鼠全肺湿重平均值图(Means Plots)，可见，大鼠全肺湿重与染尘的时间存在上升的线性趋势，各组平均值的分布和多重比较的结果一致。

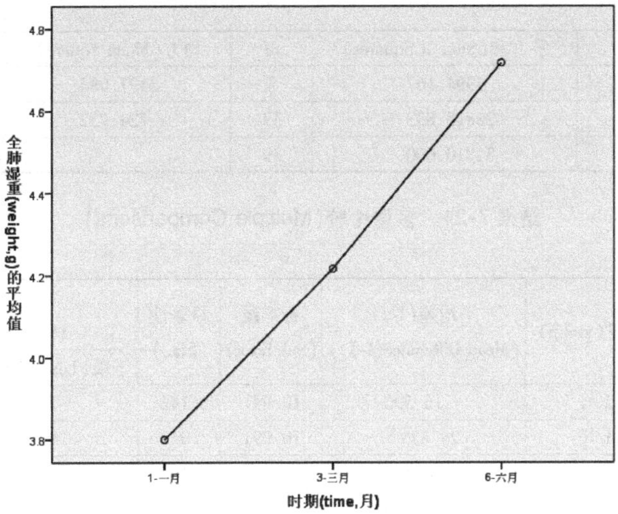

图7-12　不同时期大鼠全肺湿重的平均值图

7.5.2　含量不等的单向方差分析

【例7-7】　为试验3种镇咳药，先以NH. OH 0.2ml对小白鼠喷雾，测定其发生咳嗽的时间，然后分别用药灌胃，在同样条件下再测定发生咳嗽的时间，并以“用药前的时间-用药后的时间”之差为指标，计算延迟发生咳嗽时间(s)，见表7-2，试比较3种药的镇咳作用。

1)建立数据文件oneway2. sav，变量名为y(时间，秒)、g(分组)。

2)单因素方差分析(One-Way ANOVA)主对话框中，【因变量列表(Dependent List)】为“y(时间，秒)”、【因子(Factor)】变量为“g(分组)”。

3)事后多重比较(Post Hoc Multiple Comparisons)对话框中，选择【假定方差齐性(Equal Variances Assumed)】中的【LSD(最小显著性差异法，Least-significant difference)】。

4)选项(Options)对话框中，选择【Statistics(统计)】中的【方差同质性检验(Homogeneity of variance test)】。

5)主要结果如下：

表7-2　3种镇咳药延迟咳嗽的时间(秒)(各组例数不等)

可待因	复方2号	复方1号
60	50	40
30	20	10
100	45	35
85	55	25
20	20	20
55	15	15
45	80	35
30	-10	15
75	105	-5
105	75	30
	10	25
	60	70
	45	65
	60	45
	30	50

单向方差分析(Oneway)

结果7-19　方差齐性检验(Test of Homogeneity of Variances)

时间(y,秒)

Levene统计量(Levene Statistic)	df1	df2	显著性(Sig.)
1.443	2	37	.249

结果 7-20 方差分析(ANOVA 表)

时间(y,秒)

	平方和(Sum of Squares)	df	均方(Mean Square)	F	显著性(Sig.)
组间(Between Groups)	4994.167	2	2497.083	3.445	.042
组内(Within Groups)	26815.833	37	724.752		
总计(Total)	31810.000	39			

结果 7-21 多重比较(Multiple Comparisons)

时间(y,秒)LSD

(I)分组(group)	(J)分组(group)	平均差(I-J)(Mean Difference(I-J))	标准误(Std. Error)	显著性(Sig.)	95% 置信区间(95% Confidence Interval)	
					下限(Lower Bound)	上限(Upper Bound)
1-可待因	2-复方 2 号	16.500	10.991	.142	-5.77	38.77
	3-复方 1 号	28.833*	10.991	.013	6.56	51.10
2-复方 2 号	1-可待因	-16.500	10.991	.142	-38.77	5.77
	3-复方 1 号	12.333	9.830	.217	7.58	32.25
3-复方 1 号	1-可待因	-28.833*	10.991	.013	-51.10	-6.56
	2-复方 2 号	-12.333	9.830	.217	-32.25	7.58

*. 平均差的显著性水平为 0.05。(The mean difference is significant at the .05 level.)

6)结果分析

(1)方差齐性检验(Test of Homogeneity of Variances)表:Levene 统计量(Levene Statistic)为 1.443,P=0.249>0.10,按 α=0.10 水准,可认为 3 种药物镇咳延迟时间的总体方差齐,见结果 7-19。

(2)方差分析(ANOVA)表:组间(Between Groups)平方和(Sum of Squares)为 4994.167,均方(Mean Square)为 2497.083,F=3.445,P=0.042<0.05,按 α=0.05 水准,可认为 3 种镇咳药延迟咳嗽时间的总体平均值不全相等,即 3 种药对小白鼠有的镇咳效果有差别,见结果 7-20。

(3)多重比较(Multiple Comparisons)表,(LSD 方法)表明,可待因与复方 1 号延迟咳嗽时间的平均差(Mean Difference)为 28.833,P=0.013<0.05,按 α=0.05 水准,可认为可待因与复方 1 号延迟咳嗽时间的总体平均值不相等,见结果 7-21。

7.5.3 几何平均数的单向方差分析

科学研究中,对于多组成等比数列的资料,通常要通过对数变换后才能进行方差分析。

【例 7-8】 某市对 4 个不同年龄组的健康男子接种某疫苗后,测定其抗体滴度资料,见表 7-3,问各组的抗体平均滴度(即几何平均数)之间的差别有无统计学意义?

1)建立数据文件 oneway4.sav,变量名为 g(分组)、x(抗体滴度)。

2)单因素方差分析(One-Way ANOVA)主对话框中,【因变量列表(Dependent List)】为“x(抗体滴度)”,【因子(Factor)】变量为“g(分组)”。

3)选项(Options)对话框中,选择【Statistics(统计)】中的【方差同质性检验(Homogeneity of variance test)】。

4)主要结果如下:

表 7-3 健康男子各年龄组抗体滴度的测定结果

1~10 岁	11~20 岁	21~30 岁	31~40 岁
1:2	1:8	1:16	1:32
1:4	1:8	1:32	1:64
1:4	1:16	1:32	1:64
1:8	1:32	1:64	1:128
1:8	1:32	1:64	1:256
1:16	1:64	1:128	1:256
1:32	1:128	1:256	1:512

Oneway(单向方差分析)

结果 7-22 方差齐性检验(Test of Homogeneity of Variances)

抗体滴度(x)

Levene 统计量(Levene Statistic)	df1	df2	显著性(Sig.)
6.829	3	24	0.002

方差齐性检验(Test of Homogeneity of Variances)表中, Levene 统计量(Levene Statistic)为6.829, $P=0.002<0.10$, 按 $\alpha=0.10$ 水准, 可认为4组健康男子抗体滴度的总体方差不齐, 见结果7-22。

5)由于4组健康男子抗体滴度的总体方差不相等或不完全相等, 有必要对x进行常用对数变换, 计算变量(Computing Variables)对话框中,【目标变量(Target Variable)】为"lgx",【数字表达式(Numeric Expression)】为"LG10(x)后", 参见第4.1节。

6)单因素方差分析(One-Way ANOVA)主对话框中,【因变量列表(Dependent List)】为"lgx(抗体滴度)",【因子(Factor)】变量为"g(分组)"。

7)对比(Contrasts)对话框中, 选择【多项式(Polynomial)】, 在【度(Degree)】下拉菜单中选择【线性(Linear)】。

8)事后多重比较(Post Hoc Multiple Comparisons)对话框中, 选择【假定方差齐性(Equal Variances Assumed)】中的【LSD(最小显著性差异法, Least-significant difference)】及【Bonferroni(修正最小显著性差异法, LSDMCD)】。

9)选项(Options)对话框中, 选择【Statistics(统计)】中的【描述性(Descriptive)】及【方差同质性检验(Homogeneity of variance test)】。

10)单击【继续】→【确定】按钮, 得到如下计算结果:

单向方差分析(Oneway)

结果 7-23 描述性(Descriptives)

lgx

	N	平均值(Mean)	标准差(Std. Deviation)	标准误(Std. Error)	平均值的95%置信区间(95% Confidence Interval for Mean)		最小值(Minimum)	最大值(Maximum)
					下限(Lower Bound)	上限(Upper Bound)		
1=1~10岁	7	.8601	.40494	.15305	.4856	1.2346	.30	1.51
2=11~20岁	7	1.4191	.45035	.17022	1.0026	1.8356	.90	2.11
3=21~30岁	7	1.7632	.40494	.15305	1.3887	2.1377	1.20	2.41
4=31~40岁	7	2.1072	.42572	.16091	1.7135	2.5009	1.51	2.71
总数(Total)	28	1.5374	.61496	.11622	1.2989	1.7759	.30	2.71

结果 7-24 方差齐性检验(Test of Homogeneity of Variances)

lgx

Levene 统计量(Levene Statistic)	df1	df2	显著性(Sig.)
.087	3	24	.966

结果 7-25 ANOVA(方差分析表)

			平方和(Sum of Squares)	df	均方(Mean Square)	F	显著性(Sig.)
组间(Between Groups)	(组合)((Combined))		5.939	3	1.980	11.121	.000
	线性项(Linear Term)	对比(Contrast)	5.842	1	5.842	32.818	.000
		偏差(Deviation)	.097	2	.049	.273	.764
组内(Within Groups)			4.272	24	.178		
总计(Total)			10.211	27			

结果 7-26　多重比较(Multiple Comparisons)

因变量:lgx

	(I)年龄分组(g)	(J)年龄分组(g)	平均差(I-J)(Mean Difference(I-J))	标准误(Std. Error)	显著性(Sig.)	95%置信区间(95% Confidence Interval)	
						下限(Lower Bound)	上限(Upper Bound)
LSD	1=1~10岁	2=11~20岁	-.55906*	.22552	.021	-1.0245	-.0936
		3=21~30岁	-.90309*	.22552	.001	-1.3685	-.4376
		4=31~40岁	-1.24712*	.22552	.000	-1.7126	-.7817
	2=11~20岁	1=1~10岁	.55906*	.22552	.021	.0936	1.0245
		3=21~30岁	-.34403	.22552	.140	-.8095	.1214
		4=31~40岁	-.68807*	.22552	.005	-1.1535	-.2226
	3=21~30岁	1=1~10岁	.90309*	.22552	.001	.4376	1.3685
		2=11~20岁	.34403	.22552	.140	-.1214	.8095
		4=31~40岁	-.34403	.22552	.140	-.8095	.1214
	4=31~40岁	1=1~10岁	1.24712*	.22552	.000	.7817	1.7126
		2=11~20岁	.68807*	.22552	.005	.2226	1.1535
		3=21~30岁	.34403	.22552	.140	-.1214	.8095
Bonferroni	1=1-10岁	2=11-20岁	-.55906	.22552	.124	-1.2074	.0893
		3=21-30岁	-.90309*	.22552	.003	-1.5515	-.2547
		4=31-40岁	-1.24712*	.22552	.000	-1.8955	-.5987
	2=11-20岁	1=1-10岁	.55906	.22552	.124	-.0893	1.2074
		3=21-30岁	-.34403	.22552	.841	-.9924	.3043
		4=31-40岁	-.68807*	.22552	.033	-1.3364	-.0397
	3=21-30岁	1=1-10岁	.90309*	.22552	.003	.2547	1.5515
		2=11-20岁	.34403	.22552	.841	-.3043	.9924
		4=31-40岁	-.34403	.22552	.841	-.9924	.3043
	4=31-40岁	1=1-10岁	1.24712*	.22552	.000	.5987	1.8955
		2=11-20岁	.68807*	.22552	.033	.0397	1.3364
		3=21-30岁	.34403	.22552	.841	-.3043	.9924

*. 均值差的显著性水平为 0.05。(The mean difference is significant at the .05 level.)

11)结果分析。

由于方差不齐(P=0.002<0.10),其结果不可取。经对数变换后,由计算结果可知方差齐(P=0.966>0.10)。方差分析(ANOVA)表表明各组抗体滴度的总体几何平均数不全相等(P=0.000<0.01),而多组样本平均值的两两比较检验方法结果如下,见结果 7-26。

对比组	LSD	Bonferroni
1与2	*	*
1与3	*	*
1与4	*	*
2与3		
2与4	*	*
3与4		

其中,"*"号表示差别有统计学意义(P<0.05)。本例的两种检验方法的结果略有不同,其余略。

练习题

(请访问 www.hxedu.com.cn 下载。)

第8章　一般线性模型

科学实验中得到的数据，往往要比较各组平均值间的差异以获得科学结论。一般线性模型(General Linear Model)可完成实验设计的多自变量、多水平、多因变量、重复测量方差分析及协方差分析等，包括单变量方差分析(Univariate Analysis of Variance)、多元方差分析(Multivariate Analysis of Variance)、重复测量方差分析(Repeated Measures Analysis of Variance)和方差分量分析(Variance Components Analysis)等。

8.1　单变量方差分析

GLM单变量方差分析(GLM Univariate Analysis of Variance)可处理各种不同设计的资料，如随机完全区组设计(randomized complete block-design)、析因设计(factorial design)、拉丁方设计(Latin square design)、裂区实验设计(split plot experiment design)、交叉设计(cross-over design)资料的方差分析及协方差分析(analysis of covariance)等。生成的统计量包括事后极差检验(post hoc range test)、多重比较(multiple comparisons)，描述统计(descriptive statistics)及Levene方差齐性检验(Levene test for homogeneity of variance)。

8.1.1　随机化区组设计资料的方差分析

随机化区组设计(randomized block design)，又称配伍组设计，是按实验对象的生物学(如社会、心理等)特征分成若干个配伍组(区组)，每个配伍组的实验对象再随机分配到各个处理组。随机化区组设计是一种双因素实验设计的方法，其双因素是指处理因素和配伍组因素，处理因素是研究者感兴趣的主要因素，而配伍组因素是可能影响实验效应的一种干扰因素。用配伍组设计可以排除配伍组因素对实验效应的干扰而真实地反映出处理因素的作用，以提高实验效率，但不足之处是配伍组设计不能分析因素间的交互效应。

【例8-1】　用4种不同方法治疗8名患者，其血浆凝固时间(分)的资料见表8-1，试进行(单变量)随机化区组方差分析。

表8-1　不同疗法时患者的血浆凝固时间(分)(x)

受试者编号(区组，b)	处理组(a)			
	1	2	3	4
1	8.4	9.4	9.8	12.2
2	12.8	15.2	12.9	14.4
3	9.6	9.1	11.2	9.8
4	9.8	8.8	9.9	12.0
5	8.4	8.2	8.5	8.5
6	8.6	9.9	9.8	10.9
7	8.9	9.0	9.2	10.4
8	7.9	8.1	8.2	10.0

1)建立数据文件glm1.sav，变量名为x(血浆凝固时间，分)、a(处理组数)、b(区组数)。

2)选择【分析(Analyze)】→【一般线性模型(General Linear Model)】→【单变量(Univariate)...】，打开单变量(Univariate)主对话框，见图8-1。

☆【因变量(Dependent Variable)】：定量变量，本例为"x(血浆凝固时间(分))"。

☆【固定因子(Fixed Factor(s))】变量：分类变量，本例为"a(处理组数)"。

☆【随机因子(Random Factor(s))】变量：分类变量，本例为"b(区组数)"。

☆【协变量(Covariate(s))】为与因变量相关的定量变量。

☆【WLS 权重(WLS Weight)】: 加权最小二乘分析(weighted least-squares analysis)的权重变量(weight variable), 可补偿不同测量精度(precision of measurement)。当权重变量值为 0、负数或缺失时, 个案不参与分析。已用在模型中的变量不能用作权重变量。

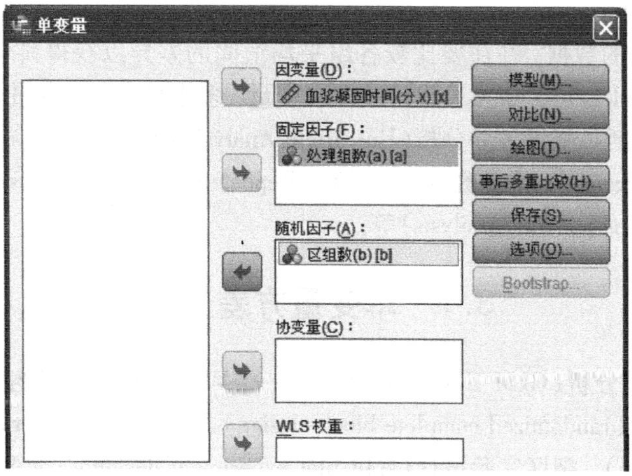

图 8-1 单变量(Univariate)主对话框

3)单击【模型(Model)...】按钮, 打开模型(Model)对话框, 见图 8-2。

☆【指定模型(Specify Model)】。

○【全因子(Full factorial, 完全析因)】: 完全析因模型(full factorial model)包括所有因子主效应(main effect)、所有协变量主效应及所有因子间的交互效应(interaction), 但不包括协变量交互效应

○【定制(Custom)】: 自定义模型(custom model)指定一部分交互效应的子集或因子协变量交互效应, 用户必须指定模型中所有项目, 本例选择此项。

☆【因子与协变量(Factors & Covariates)】列表: 显示因子和协变量。本例为"a"和"b"。

☆【模型(Model)】列表: 模型选择取决于数据的性质, 选择【定制(Custom)】后, 用户可选择主效应及交互效应。本例引入"a"、"b"。

☆【构建项(Build Term(s))】的【类型(Type)】下拉菜单。

○【交互(Interaction)】效应: 建立所有被选变量最高水平的交互效应项(interaction term), 为默认值。

○【主效应(Main effects)】: 建立每个被选变量主效应项(main-effects term)。

○【所有二阶(All 2-way)】交互效应项: 建立被选变量所有可能的二阶交互效应。

○【所有三阶(All 3-way)】交互效应项: 建立被选变量所有可能的三阶交互效应。

○【所有四阶(All 4-way)】交互效应项: 建立被选变量所有可能的四阶交互效应。

○【所有五阶(All 5-way)】交互效应项: 建立被选变量所有可能的五阶交互效应。

☆【平方和(Sum of squares)】下拉菜单。

○【类型 I(Type I)】: I 型平方和(type I sum of squares), 又称平方和分层分解法(hierarchical decomposition of the sum-of-squares method), 常用于平衡方差分析模型(balanced ANOVA model)、多项式回归模型(polynomial regression model)、纯嵌套模型(purely nested model)。

○【类型 II(Type II)】: II 型平方和(type II sum of squares)，常用于平衡方差分析模型、只有因子主效应(main factor effect)的模型、回归模型(regression model)或纯嵌套设计(purely nested design)。

○【类型 III(Type III)】: III 型平方和(type III sum of squares)，常用于所有适合 I、II 型平方和的模型、无缺失值的平衡模型(balanced model)或不平衡模型(unbalanced model)。此选项最常用，为默认选项。

○【类型 IV(Type IV)】: IV 型平方和(type IV sum of squares)，常用于所有适合 I、II 型平方和的所有模型、有缺失值的平衡模型或不平衡模型。

☆【在模型中包含截距(Include intercept in model)】: 本例选择此项。若假设数据经过原点，可不选此项。

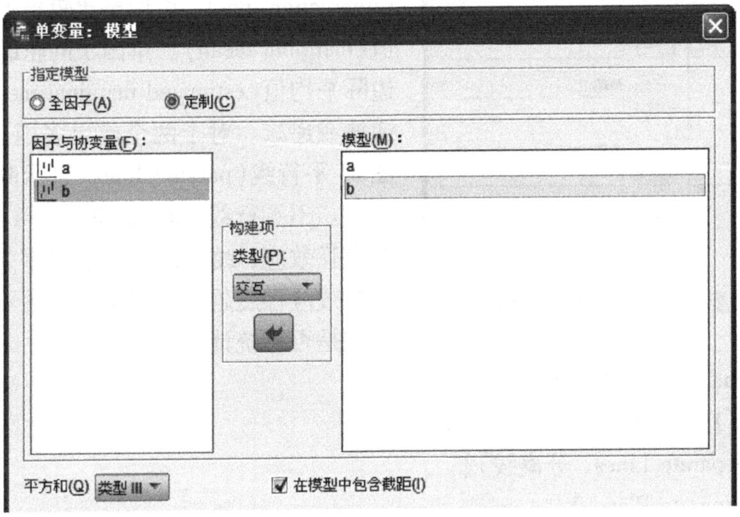

图 8-2　模型(Model)对话框

4)单击【继续】→【对比(Contrasts)...】按钮，打开对比(Contrasts)对话框，见图 8-3。用于检验因子水平间的差别。

☆【因子(Factors)】变量: 有“a”、“b”。

☆【更改对比(Change Contrast)】方法。

○【对比(Contrast)】下拉菜单有以下选项。

- 【无(None)】: 不设立对比，本例选择此项，为默认值。
- 【偏差(Deviation)】对比: 除参考分类(reference category)外，将各水平(每组)平均值与总平均值(grand mean)进行比较。因子水平(level of the factor)可以为任何顺序。

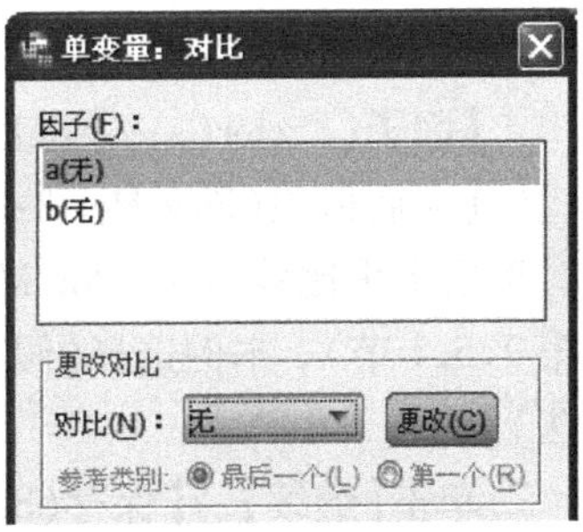

图 8-3　对比(Contrasts)对话框

- 【简单(Simple)】对比: 将每组平均值与控制组(control group)的平均值进行比较，可选择第一类或最后一类作为参考分类。
- 【差值(Difference)】对比: 又称逆 Helmert 对比(reverse Helmert contrasts)，将每组平均值(第一组除外)与前面所有分组的平均值进行比较。

- 【Helmert】对比：将每组平均值(最后一组除外)与后面所有分组的平均值进行比较。
- 【重复(Repeated)】对比：将每组平均值(最后一组除外)与后一组平均值进行比较。
- 【多项式(Polynomial)】对比：比较线性效应(linear effect)、二次效应(quadratic effect)、三次效应(cubic effect)等。第 1 自由度包含跨所有分组的线性效应；第 2 自由度包含二次效应，依此类推。常用于估计多项式趋势(polynomial trend)。

○【参考类别(Reference Category，参考分类)】：可选择最后一个(Last)或第一个(First)水平。

选择对比方法后，输出的结果包含每组对比的 F 检验及差值。

5)单击【继续】→【绘图(Plots)...】按钮，打开概要图(Profile Plots)对话框，见图 8-4。

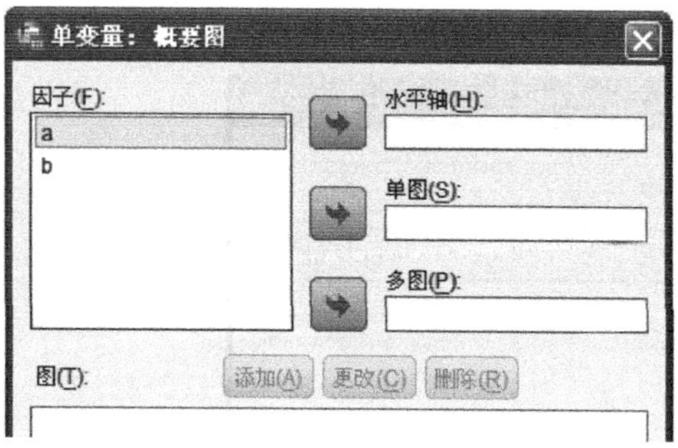

图 8-4　概要图(Profile Plots)对话框

概要图(Profile Plots，轮廓图)又称交互图(interaction plot)，可用于比较模型中的边际平均值(marginal mean)。单因子的轮廓图(单图)估计边际平均值(estimated marginal mean)是否按水平递增或递减。对于两个或更多因子的轮廓图(多图)，平行线(parallel lines)表示两因子间无交互效应。不平行线(nonparallel lines)则表示两因子有交互效应，线与线之间的斜率差别越大，表示交互效应程度越高。但是轮廓图不能说明该交互效应是否有统计学意义。

☆【因子(Factors)】：本例有“a”、“b”。

☆【水平轴(Horizontal Axis，横轴)】。

☆【单图(Separate Lines，分离线)】。

☆【多图(Separate Plots)】。

☆【图(Plots)】列表：可将备选因子变量“a”或“b”引入水平轴(Horizontal Axis，横轴)、单图(Separate Lines)或多图(Separate Plots)。单击【添加】按钮，将需要的图形到【图(Plots)】列表中，本例未选择图形。

6)单击【继续】→【事后多重比较(Post Hoc)...】按钮，打开观测平均值的事后多重比较(Post Hoc Multiple Comparisons Observed Means)对话框，见图 8-5。

☆【因子(Factor(s))】列表：备选因子为“a”。

☆【事后检验(Post Hoc Tests for)】列表：本例为“a”。

事后多重比较(Post Hoc Multiple Comparisons)即验后多重比较，有 18 种不同检验方法(参见第 7.5.1 节)，本例选择【假定方差齐性(Equal Variances Assumed)】的【LSD(最小显著性差异法)】。

7)单击【继续】→【保存(Save)...】按钮，打开保存(Save)对话框，见图 8-6。

☆【预测值(Predicted Values)】：保存每个个案的预测值。

○【未标准化(Unstandardized)】：因变量的预测值。

○【加权(Weighted)】：加权非标准化预测值(weighted unstandardized predicted value)只能用于主对话框中选择【WLS 权重(WLS Weight)】变量的情况。

○【标准误差(Standard error，标准误)】：与自变量具有相同数值的个案所对应的因变量平均值标准差的估计。

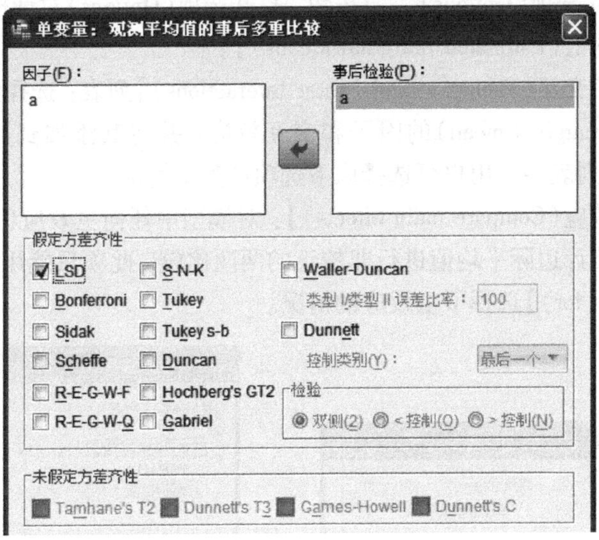

图 8-5　观测平均值的事后多重比较(Post Hoc Multiple Comparisons Observed Means)对话框

☆【诊断(Diagnostics)】：用于标识自变量值具有异常组合的个案及可能对模型产生较大影响的个案。

○【Cook 距离(Cook's distance)】：回归系数计算中剔除某个案时，所有个案的残差改变量。Cook 距离较大时，表明从回归系数计算中剔除此个案之后，回归系数会发生根本变化。

○【杠杆值(Leverage values)】：非中心杠杆值(uncentered leverage values)表示每个观测值对模型拟合(model's fit)的相对影响。

☆【残差(Residuals)】。

○【未标准化(Unstandardized)】：非标准化残差(unstandardized residuals)是观测值(observed value)与模型预测值之差。

○【加权(Weighted)】：加权非标准化残差(weighted unstandardized residuals)，只能用于主对话框中选择 WLS 权重(WLS Weight)变量的情况。

○【标准化(Standardized)】：标准化残差(standardized residual)又称 Pearson 残差(Pearson residual)，为残差除以其标准差的商，其平均值为 0，标准差为 1。

○【学生化(Studentized)】：t 化残差(studentized residual)为残差除以其随个案变化的标准差的商，取决于每个个案的自变量值与自变量平均值之间的距离。

○【删除(Deleted)】：删除残差(deleted residual)为当回归系数计算中剔除某个案时，该个案的残差，即因变量值和调整预测值之差。

☆【系数统计(Coefficient Statistics)】：将模型参数估计的方差协方差矩阵(variance-covariance matrix)写入新数据集或外部 SPSS 数据文件。每个因变量可保存一行参数估计值(parameter estimate)、一行与参数估计值对应 t 统计量的显著性值(significance value)、一行残差自由度(residual degrees of freedom)。对于多变量模型，可保存每个因变量的上述参数。

○【创建系数统计(Create coefficient statistics)】：可选择【创建新数据集(Create new dataset)】并输入【数据集名称(Dataset name)】或【写入新数据文件(Write a new data file)】。

8)单击【继续】→【选项(Options)...】按钮，打开选项(Options)对话框，见图 8-7。

☆【估计边际平均值(Estimated Marginal Means)】。

○【因子与因子交互(Factor(s) and Factor Interactions)】列表：选择用于总体边际平均值(population marginal mean)的因子和交互效应，并将其添加到【显示平均值(Display Means for)】列表中。用户可选择以下选项调整平均值：

● 【比较主效应(Compare main effects)】：对模型中任何主效应(主体间因子或主体内因子)的估计边际平均值进行非校正的两两比较，此项只能用于【显示平均值(Display Means for)】选择了主效应的情况。

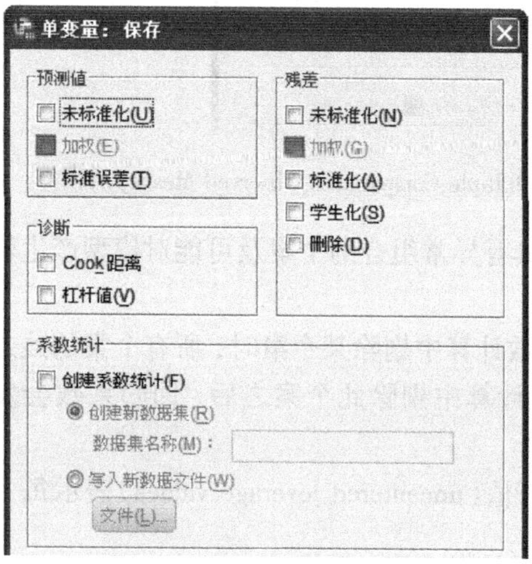

图 8-6　保存(Save)对话框

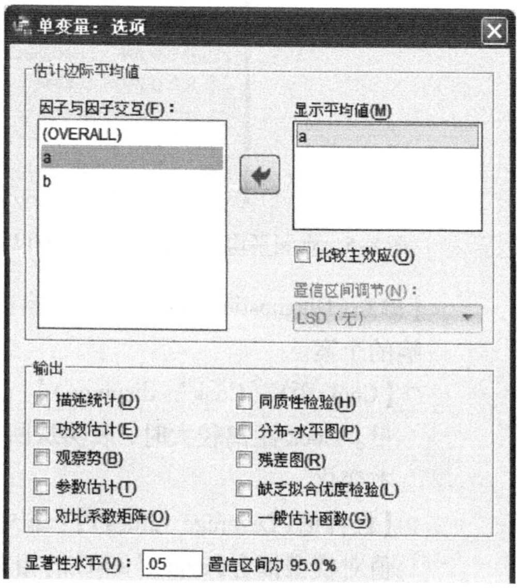

图 8-7　选项(Options)对话框

● 【置信区间调节(Confidence interval adjustment)】下拉菜单：可选择【LSD(最小显著性差异法)】、【Bonferroni(修正最小显著性差异法)】或【Sidak(Sidak 法)】用于调整置信区间和显著性。

☆ 输出(Display)。

○【描述统计(Descriptive statistics)】：计算各单元格中各因变量的观测平均值、标准差及例数。

○【功效估计(Estimates of effect size)】：计算每个效应及参数估计值的偏 η^2 值(partial eta-squared value)，η^2 值用于描述某因子对总变异贡献的比例。

○【观察势(Observed power，观测功效)】：可获得基于观测值备择假设的检验功效(power of the test)。

○【参数估计(Parameter estimates)】：计算每个检验的参数估计值、标准误、t 检验、置信区间和检验的观测功效。

○【对比系数矩阵(Contrast coefficient matrix)】：可生成 L 矩阵(L matrix)。

○【同质性检验(Homogeneity tests)】：为跨主体间因子所有水平组合的每个因变量进行 Levene 方差齐性检验。

○【分布-水平图(Spread vs. level plot，散布-水平图)】：可绘制观测值对残差的散点图。

○【残差图(Residual plot)】: 生成每个因变量的观测-预测-标准化残差图，残差图是考察方差齐性最为简单、直观和有效的判断方法。

○【缺乏拟合优度检验(Lack of fit，拟合不佳)】: 检查模型能否充分描述因变量与自变量之间的关系。

○【一般估计函数(General estimable function)】: 可建立一般估计函数的假设检验。对比系数矩阵的行是一般估计函数的线性组合。

☆【显著性水平(Significance level)】:【置信区间为(Confidence interval are)】可调整事后检验的显著性水平及置信区间的置信水平，指定值还可用于检验的观测功效。

9)单击【继续】→【确定】按钮，得到以下主要结果:

单变量方差分析(Univariate Analysis of Variance)

结果 8-1　主体间效应检验(Tests of Between-Subjects Effects)

因变量(Dependent Variable):血浆凝固时间(分,x)

变异来源 (Source)		III 型平方和 (Type III Sum of Squares)	自由度 (df)	均方 (Mean Square)	F	显著性 (Sig.)
截距 (Intercept)	假设(Hypothesis)	3196.001	1	3196.001	283.230	.000
	误差(Error)	78.989	7	11.284[a]		
A	假设(Hypothesis)	13.016	3	4.339	6.615	.003
	误差(Error)	13.774	21	.656[b]		
b	假设(Hypothesis)	78.989	7	11.284	17.204	.000
	误差(Error)	13.774	21	.656[b]		

a. MS(b)

b. MS(Error)

估计边际平均值(Estimated Marginal Means)

结果 8-2　处理组数(a)

因变量(Dependent Variable):血浆凝固时间(分,x)

处理组数(a)	平均值 (Mean)	标准误 (Std. Error)	95% 置信区间(95% Confidence Interval) 下限(Lower Bound)	上限(Upper Bound)
1	9.300	.286	8.705	9.895
2	9.712	.286	9.117	10.308
3	9.938	.286	9.342	10.533
4	11.025	.286	10.430	11.620

事后检验(Post Hoc Tests)

处理组数(a)

结果 8-3　多重比较(Multiple Comparisons)

血浆凝固时间(分,x)

LSD

(I)处理组数(a)	(J)处理组数(a)	平均差(I-J) (Mean Difference(I-J))	标准误 (Std. Error)	显著性 (Sig.)	95% 置信区间(95% Confidence Interval) 下限(Lower Bound)	上限(Upper Bound)
1	2	-.413	.4049	.320	-1.255	.430
	3	-.637	.4049	.130	-1.480	.205
	4	-1.725*	.4049	.000	-2.567	-.883
2	1	.413	.4049	.320	-.430	1.255
	3	-.225	.4049	.584	-1.067	.617
	4	-1.312*	.4049	.004	-2.155	-.470

续表

(I)处理组数(a)	(J)处理组数(a)	平均差(I-J)(Mean Difference(I-J))	标准误(Std. Error)	显著性(Sig.)	95%置信区间(95% Confidence Interval)	
					下限(Lower Bound)	上限(Upper Bound)
3	1	.637	.4049	.130	-.205	1.480
	2	.225	.4049	.584	-.617	1.067
	4	-1.088*	.4049	.014	-1.930	-.245
4	1	1.725*	.4049	.000	.883	2.567
	2	1.312*	.4049	.004	.470	2.155
	3	1.088*	.4049	.014	.245	1.930

10)主要结果分析。

(1)主体间效应检验(Tests of Between-Subjects Effects)表：因素 a(处理组)，F = 6.615，P = 0.003 < 0.01，按 α = 0.05 水准，认为不同疗法的病人血浆凝固时间的总体平均值间差异有统计学意义。因素 b(区组)，F = 17.204，P = 0.000 < 0.01，按 α = 0.05 水准，认为不同受试对象(区组)血浆凝固时间的总体平均值间差异有统计学意义，见结果 8-1。

(2)多重比较(Multiple Comparisons)表：处理组(a)，1 组与 4 组间，P = 0.000 < 0.01；2 组与 4 组间，P = 0.004 < 0.01；3 组与 4 组间，P = 0.014 < 0.05，按 α = 0.05 水准，除了处理组(a)1、2、3 组与 4 组间的血浆凝固时间的总体平均值间差异有统计学意义外，其他任两组间总体平均值差异均没有统计学意义，见结果 8-3。结合估计边际平均值(Estimated Marginal Means)的结果，认为 4 组的平均值(11.025)高于 1 组(9.300)、2 组(9.712)和 3 组(9.938)，见结果 8-2、8-3。

8.1.2 A×B 析因设计资料的方差分析

析因实验设计(factorial experiment design)是一种多因素的交叉分组实验设计，是对各因素各水平的所有组合都进行实验的方法，能够清楚地揭示事物内部的规律性，是一种高效率的实验设计。它既可以分析各因素的主效应又可分析各因素的交互效应。

【例 8-2】 治疗缺铁性贫血病人 12 例，分为 4 组给予不同治疗，一个月后观察红细胞增加数(百万/mm^3)(见表 8-2)，假设甲药为因素 A，用甲药和不用甲药为因素的两个水平；又假设乙药为因素 B，用乙药和不用乙药也为因素的两个水平，次级组各有 3 个病例。试问甲药、乙药单独使用的治疗效果如何？甲药、乙药同时使用的治疗效果又如何？

1)建立数据文件 glm2.sav，变量名为 x(血红细胞增加数)、a(甲药状态)、b(乙药状态)。

表 8-2 两种药物治疗缺铁性贫血后红细胞增加数(百万/mm^3)

乙药(B)	甲药(A)	
	用(1)	不用(2)
用(1)	2.1	0.9
	2.2	1.1
	2.0	1.0
不用(2)	1.3	0.8
	1.2	0.9
	1.1	0.7

2)单变量(Univariate)主对话框，【因变量(Dependent Variable)】为"x(红细胞增加数(百万/mm^3)"，【固定因子(Fixed Factor(s))】为"a(甲药状态)"、"b(乙药状态)"。

3)概要图(Profile Plots)对话框中，先将"a"引入【水平轴(Horizontal Axis，横轴)】，再将"b"引入【单图(Separate Lines)】，最后单击【添加】按钮。这时，【图(Plots)】列表中可显示"a * b"。

4)选项(Options)对话框中，【显示平均值(Display Means for)】为"a"、"b"、"a * b"。选择【输出(Display)】中的【描述统计(Descriptive statistics)】、【功效估计(Estimates of effect size)】、【观察势(Observed power，观测功效)】、【同质性检验(Homogeneity tests)】，其他均为默认选项。

5）主要结果如下：

单变量方差分析(Univariate Analysis of Variance)

结果 8-4　Levene 误差方差齐性检验(Levene's Test of Equality of Error Variances)

因变量(Dependent Variable)：血红细胞增加数(x)

F	df1	df2	显著性(Sig.)
.000	3	8	1.000

结果 8-5　主体间效应检验(Tests of Between-Subjects Effects)

因变量(Dependent Variable)：血红细胞增加数(x)

变异来源 (Source)	III 型平方和 (Type III Sum of Squares)	自由度 (df)	均方 (Mean Square)	F	显著性 (Sig.)	偏 η^2 (Partial Eta Squared)	非中心参数 (Noncent. Parameter)	观测功效 (Observed Power)
校正模型 (Corrected Model)	2.962[a]	3	.987	98.750	.000	.974	296.250	1.000
截距(Intercept)	19.508	1	19.508	1950.750	.000	.996	1950.750	1.000
a	1.687	1	1.687	168.750	.000	.955	168.750	1.000
b	.908	1	.908	90.750	.000	.919	90.750	1.000
a * b	.368	1	.368	36.750	.000	.821	36.750	.999
误差(Error)	.080	8	.010					
总计(Total)	22.550	12						
校正总计 (Corrected Total)	3.042	11						

a. R 方 = .974(调整 R 方 = .964)(a. R Squared = .974(Adjust R Squared = .964))

估计边际平均值(Estimated Marginal Means)

结果 8-6　1. 甲药状态(A)

因变量(Dependent Variable)：血红细胞增加数(x)

甲药状态(A)	平均值 (Mean)	标准误 (Std. Error)	95% 置信区间(95% Confidence Interval)	
			下限(Lower Bound)	上限(Upper Bound)
1-用 A 药	1.650	.041	1.556	1.744
2-不用 A 药	.900	.041	.806	.994

结果 8-7　2. 乙药状态(B)

因变量(Dependent Variable)：血红细胞增加数(x)

乙药状态(B)	平均值 (Mean)	标准误 (Std. Error)	95% 置信区间(95% Confidence Interval)	
			下限(Lower Bound)	上限(Upper Bound)
1-用 B 药	1.550	.041	1.456	1.644
2-不用 B 药	1.000	.041	.906	1.094

结果 8-8　3. 甲药状态(A) * 乙药状态(B)

因变量(Dependent Variable)：血红细胞增加数(x)

甲药状态(A)	乙药状态(B)	平均值 (Mean)	标准误 (Std. Error)	95% 置信区间(95% Confidence Interval)	
				下限(Lower Bound)	上限(Upper Bound)
1-用 A 药	1-用 B 药	2.100	.058	1.967	2.233
	2-不用 B 药	1.200	.058	1.067	1.333
2-不用 A 药	1-用 B 药	1.000	.058	.867	1.133
	2-不用 B 药	.800	.058	.667	.933

6）主要结果分析。

(1)Levene 误差方差齐性检验(Levene's Test of Equality of Error Variances)表：F = 0.000，P = 1.000 > 0.10，按 α = 0.10 水准，认为各组病人红细胞增加数的总体方差齐同，见结果 8-4。

(2)主体间效应检验(Tests of Between-Subjects Effects)表：因素 A，F = 168.750，P = 0.000 < 0.01，按 α = 0.05 水准，认为使用甲药与不使用甲药治疗缺铁性贫血后患者红细胞增加数的总体平均值间差异有统计学意义，使用甲药的平均值(1.650)大于不使用甲药的平均值(0.900)，即甲药治疗缺铁性贫血有效；因素 B，F = 90.750，P = 0.000 < 0.01，按 α = 0.05 水准，认为使用乙药与不使用乙药治疗缺铁性贫血后患者红细胞增加数的总体平均值间差异有统计学意义，使用乙药的平均值(1.550)大于不使用乙药的平均值(1.000)，即甲药治疗缺铁性贫血有效；因素 A * B：F = 36.750，P = 0.000 < 0.01，按 α = 0.05 水准，因素 A(甲药)与因素 B(乙药)的交互效应有统计学意义，即甲药与乙药之间存在交互效应，见结果 8-5 ~ 8-7。

(3)估计边际平均值(Estimated Marginal Means)表：甲药、乙药同时使用时，平均值最大(2.100)；单独使用甲药(A)时，平均值次之(1.200)；而单独使用乙药(B)时，平均值更小(1.000)；甲药(A)、乙药(B)均不使用时，平均值最小(0.800)，认为同时使用甲药和乙药治疗缺铁性贫血的红细胞增加数的平均值最高，单独使用甲药次之，单独使用乙药最低。可见，甲药和乙药均有治疗缺铁性贫血的作用，联合使用甲药和乙药治疗缺铁性贫血效果更佳，见结果 8-8。

(4)主体间效应检验(Tests of Between-Subjects Effects)表：偏 η^2 (Partial Eta Squared)，偏 η^2(A)(0.955) > 偏 η^2(B)(0.919) > 偏 η^2(A * B)(0.821)，偏 η^2 为各因素对红细胞增加数方差的贡献比例，从大到小依次为因素 A(95.5%)，因素 B(91.9%)，因素 A * B(82.1%)。R^2 = 0.974，表示自变量因素 A、因素 B 及交互效应项对因变量方差的贡献比例为 97.4%，见结果 8-5。

(5)轮廓图(Profile Plots)：血红细胞增加数(x)的估计边缘平均值的轮廓图，两条直线不平行，提示因素 A 与因素 B 存在交互效应，这和前面得出的结论是一致的，但是图形表示更加直观易解，见图 8-8。

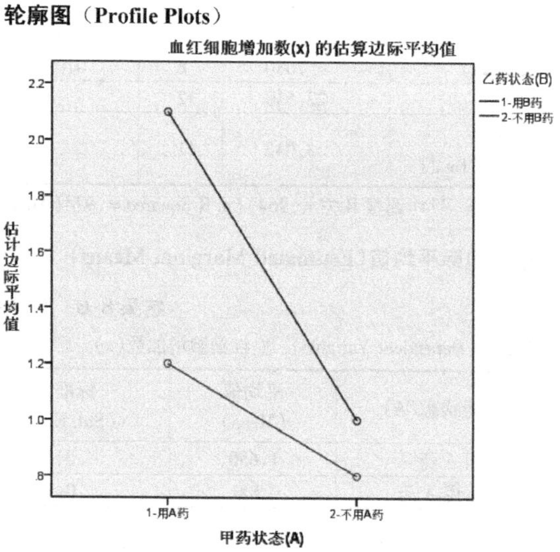

图 8-8　血红细胞增加数(x)的估计边际平均值的轮廓图(Profile Plots)

8.1.3　拉丁方设计资料的方差分析

用 r 个拉丁字母排列成 r 行 r 列方阵，使每行每列中这 r 个字母都恰好出现一次，称为拉丁方(Latin square)，r 叫作拉丁方的阶，按拉丁方字母的行和列来安排处理因素和两个被控制因素的实验设计称为拉丁方设计(Latin square design)。

【例 8-3】　5 种防护服，有 5 个人在 5 天中穿着测定其脉搏数(实验以脉搏作为人对高温反应的指标)，试比较 5 种防护服在不同天气对人脉搏的影响是否不同。5 套防护服编号分别为 A、B、C、D、E，5 名实验对象编号分别为甲、乙、丙、丁、戊，实验日期编号分别为 1、2、3、4、5。实验结果见表 8-3。

表 8-3　不同日期 5 个受试者穿着 5 种不同防护服时脉搏次数(次/min)

实验日期(j)	受试者(i)				
	甲(1)	乙(2)	丙(3)	丁(4)	戊(5)
1	A 129.8	B 116.2	C 114.8	D 104.0	E 100.6
2	B 144.4	C 119.2	D 113.2	E 132.8	A 115.2
3	C 143.0	D 118.0	E 115.8	A 123.0	B 103.8
4	D 133.4	E 110.8	A 114.0	B 98.0	C 110.6
5	E 142.8	A 110.6	B 105.8	C 120.0	D 109.8

1)建立数据文件 latin. sav，变量名为 i(受试者编号)、j(实验日期)、k(防护服编号)、x(脉搏)。

2)单变量(Univariate)主对话框中，【因变量(Dependent)】为“x(脉搏)”，【固定因子(Fixed Factor(s))】为“i(受试者编号)”、“j(实验日期)”、“k(防护服编号)”。

3)模型(Model)对话框中，【指定模型(Specify Model)】为【定制(Custom)】、【模型(Model)】列表选择“i(受试者编号)”、“j(实验日期)”、“k(防护服编号)”，选择【构建项(Build Term(s))】的【类型(Type)】中的【主效应(Main effects)】，其他为默认选项。

4)选项(Options)对话框中，【显示平均值(Display Means for)】为“j(实验日期)”，并选择【比较主效应(Compare main effects)】，其他为默认选项。

5)主要结果如下：

单变量方差分析(Univariate Analysis of Variance)

结果 8-9　主体间效应检验(Tests of Between-Subjects Effects)

因变量(Dependent Variable)：脉搏

变异来源(Source)	Ⅲ 型平方和(Type Ⅲ Sum of Squares)	df	均方(Mean Square)	F	显著性(Sig.)
校正模型(Corrected Model)	3579.773[a]	12	298.314	6.804	.001
截距(Intercept)	348005.606	1	348005.606	7937.167	.000
i	2853.674	4	713.418	16.271	.000
j	508.074	4	127.018	2.897	.068
k	218.026	4	54.506	1.243	.344
误差(Error)	526.141	12	43.845		
总计(Total)	352111.520	25			
校正总计(Corrected Total)	4105.914	24			

a. R 方 = .872(调整 R 方 = .744)(a. R Squared = .872(Adjusted R Squared = .744))

结果 8-10　单变量检验(Univariate Tests)

因变量(Dependent Variable)：脉搏

	平方和(Sum of Squares)	自由度(df)	均方(Mean Square)	F	显著性(Sig.)
对比(Contrast)	508.074	4	127.018	2.897	.068
误差(Error)	526.141	12	43.845		

6)主要结果分析。

(1)主体间效应检验(Tests of Between-Subjects Effects)表：因素 i(受试者编号)，$F = 16.271$，$P = 0.000 < 0.01$，按 $\alpha = 0.05$ 水准，认为 5 个受试者在高温时脉搏次数的总体平均值间差异有统计学意义；因素 j(实验日期)，$F = 2.897$，$P = 0.068 > 0.05$，按 $\alpha = 0.05$ 水准，认为 5 个实验日期受试者在高温时脉搏次数的总体平均值间差异没有统计学意义；因素 k(防护服编号)，F = 1.243，P = 0.344 > 0.05，按 α = 0.05 水准，认为 5 种防护服受试者在高温时脉搏次数的总体平均值间差异没有统计学意义。可得出结论：5 种防护服在不同天气对预防高温效果无差别，见结果 8-9。

(2)单变量检验(Univariate Tests)表：实验日期效应的 F 检验，F = 2.897，P = 0.068 > 0.05，结果与主体间效应检验(Tests of Between-Subjects Effects)的结果完全一样，见结果 8-10。

8.1.4 裂区设计资料的方差分析

裂区设计(split-plot design)又称分割实验设计，其目的是为了节省实验费用，提高实验效率，常把完全随机实验设计，配伍组(随机化区组)实验设计或拉丁方实验设计中的一种或两种混合使用。

【例 8-4】 研究蛇毒的抑瘤作用，用 48 只小白鼠做实验。实验用瘤株共 4 种：小鼠肉瘤(S180)、小鼠肝肉瘤(HS)、小鼠艾氏腹水瘤(EC)及小鼠网状细胞肉瘤(ARS)。先将瘤株匀浆接种小白鼠，1 天后分别用 0mg/kg、0.03mg/kg、0.05mg/kg、0.07mg/kg 4 种不同浓度蛇毒腹腔注射，每日 1 次，连续 10 天，停药 1 天，解剖测瘤重，试做裂区设计。先将 48 只小白鼠随机分为 I、II、III 3 个配伍组，做配伍实验，实验结果见表 8-4。

表 8-4　小白鼠注射蛇毒 10 次后的瘤重(g)

因素 A	因素 B	配伍组 C		
瘤株	浓度(mg/kg)	I	II	III
S180(1)	0	0.80	0.76	0.36
	0.030	0.36	0.26	0.31
	0.050	0.17	0.28	0.16
	0.075	0.28	0.13	0.11
HS(2)	0	0.74	0.43	0.57
	0.030	0.50	0.46	0.32
	0.050	0.42	0.20	0.20
	0.075	0.36	0.26	0.32
EC(3)	0	0.31	0.55	0.32
	0.030	0.20	0.15	0.20
	0.050	0.38	0.18	0.26
	0.075	0.25	0.21	0.14
ARS(4)	0	0.48	0.57	0.33
	0.030	0.18	0.30	0.29
	0.050	0.44	0.27	0.27
	0.075	0.22	0.30	0.37

1)建立数据文件 split1.sav，变量名为 a(瘤株)、b(浓度 mg/kg)、c(配伍组)、x(瘤重 g)。

2)单变量(Univariate)主对话框中，【因变量(Dependent Variable)】为"x(瘤重，g)"，【固定因子(Fixed Factor(s))】为"a(瘤株)"、"b(浓度 mg/kg)"，【随机因子(Random Factor(s))】为"c(配伍组)"。

3)模型(Model)对话框中，【指定模型(Specify Model)】为【定制(Custom)】、【模型(Model)】列表选择"a"、"b"、"c"、"a * b"。

4)单击【粘贴】按钮，可生成如下命令：

```
UNIANOVA
  x  BY a b c
  /RANDOM = c
  /METHOD = SSTYPE(3)
  /INTERCEPT = INCLUDE
  /CRITERIA = ALPHA(.05)
  /DESIGN = a b c a* b .
```

5)将最后一行命令“/DESIGN = a b c a * b.”修改成“/DESIGN = a b c(a)a * b.”。

6)选择菜单【运行】→【全部】，得到以下主要结果：

单变量方差分析(Univariate Analysis of Variance)

结果 8-11　主体间效应检验(Tests of Between-Subjects Effects)

因变量(Dependent Variable)：瘤重(g)

变异来源 (Source)		Ⅲ 型平方和 (Type III Sum of Squares)	自由度 (df)	均方 (Mean Square)	F	显著性 (Sig.)
截距 (Intercept)	假设(Hypothesis)	5.287	1	5.287	302.786	.000
	误差(Error)	.140	8	.017		
A	假设(Hypothesis)	.111	3	.037	2.117	.176
	误差(Error)	.140	8	.017[a]		
b	假设(Hypothesis)	.570	3	.190	18.467	.000
	误差(Error)	.247	24	.010		
c(a)	假设(Hypothesis)	.140	8	.017	1.696	.151
	误差(Error)	.247	24	.010		
a * b	假设(Hypothesis)	.163	9	.018	1.760	.130
	误差(Error)	.247	24	.010		

7)主要结果分析。

主体间效应检验(Tests of Between-Subjects Effects)表中，因素 a(瘤株)，F = 2.117，P = 0.176 >0.05，按 α =0.05 水准，认为不同瘤株间瘤重的总体平均值间差异没有统计学意义；因素 b(浓度)，F =18.467，P =0.001 <0.01，按 α =0.05 水准，认为不同浓度蛇毒腹腔注射后瘤重的总体平均值间差异有统计学意义，即不同浓度蛇毒的抑瘤效果有差别；因素 c(a)，F =1.696，P =0.151 >0.05，按 α =0.05 水准，认为不同小鼠瘤重的总体平均值间差异没有统计学意义；因素 a * b，F =1.760，P =0.130 >0.05，按 α =0.05 水准，认为瘤株与蛇毒浓度的交互效应没有统计学意义，见结果 8-11。

8.1.5　二阶段交叉设计资料的方差分析

二阶段交叉设计将实验分成两个阶段，在 I 阶段，随机地将一半实验对象施以 A 处理，另一半对象实验施以 B 处理；期间停止实验一段时间为清洗期，以消除 I 阶段的影响。在 II 阶段，交换一下，将 I 阶段接受 A 处理的，改为 B 处理，I 阶段接受 B 处理的，改为 A 处理。

【例 8-5】 为比较血液透析过程中，低分子肝素钙(A)与速避凝(B)对凝血酶原时间(TT)的影响，选择 20 例接受血液透析的病人为研究对象，采取二阶段交叉设计，实验数据见表 8-5，试进行分析。

表 8-5 两种抗凝药物对 TT(s)的影响

	第 1 阶段	第 2 阶段		第 1 阶段	第 2 阶段
A→B	11.00	15.60	B→A	32.60	19.90
	11.50	18.30		14.10	32.30
	19.50	17.60		36.70	59.90
	16.20	20.00		23.10	16.20
	19.90	22.20		13.80	13.80
	15.70	18.80		13.30	11.30
	12.30	13.60		17.90	21.90
	12.00	31.80		15.00	19.70
	22.30	22.50		13.50	12.30
	14.60	17.90		44.80	27.40

1)建立数据文件 crosover. sav，变量名为 subjet(病人编号)、stage(阶段)、drug(药物)、tt(凝血酶原时间 sec)。

2)单变量(Univariate)主对话框中，【因变量(Dependent Variable)】为“tt(凝血酶原时间 sec)”，【固定因子(Fixed Factor(s))】为“stage(阶段)”、“drug(药物)”，【随机因子(Random Factor(s))】为“subjet(病人编号)”。

3)模型(Model)对话框中，【指定模型(Specify Model)】为【定制(Custom)】、【模型(Model)】列表选择“stage(阶段)”、“drug(药物)”、“subjet(病人编号)”；选择【构建项(Build Term(s))】中的【主效应(Main effects)】。

4)主要结果如下：

单变量方差分析(Univariate Analysis of Variance)

结果 8-12 主体间效应检验(Tests of Between-Subjects Effects)

因变量(Dependent Variable):凝血酶原时间(sec)

变异来源(Source)		III 型平方和(Type III Sum of Squares)	自由度(df)	均方(Mean Square)	F	显著性(Sig.)
截距(Intercept)	假设(Hypothesis)	16516.096	1	16516.096	110.412	.000
	误差(Error)	2842.124	19	149.585		
stage	假设(Hypothesis)	70.756	1	70.756	1.470	.241
	误差(Error)	866.195	18	48.122		
drug	假设(Hypothesis)	27.889	1	27.889	.580	.456
	误差(Error)	866.195	18	48.122		
subject	假设(Hypothesis)	2842.124	19	149.585	3.108	.010
	误差(Error)	866.195	18	48.122		

5)结果分析。

主体间效应检验(Tests of Between-Subjects Effects)表中，drug(药物)，F = 0.580，P = 0.456 > 0.05，按 α = 0.05 水准，认为低分子肝素钙(A)与速避凝(B)治疗组间凝血酶原时间(TT)的总体平均值差异没有统计学意义；stage(阶段)，F = 1.470，P = 0.241 > 0.05，按 α = 0.05 水准，认为不同阶段血液透析病人的凝血酶原时间(TT)的总体平均值间差异没有统计学意义；subjet(病人编号)，F = 3.108，P = 0.010 < 0.05，按 α = 0.05 水准，认为不同病人血液透析病人的凝血酶原时间(TT)的总体平均值间差异有统计学意义，见结果 8-12。

8.1.6 正交设计资料的方差分析

与析因设计不同，正交设计(Orthogonal design)是非全面实验，它仅对各因素各水平的一部分进行实验，是析因设计的部分实施。当实验因素较多时，采用正交设计可大大减少实验次数。

【例 8-6】　研究高频呼吸机 A、B、C、D、E 5 个参数对通气量的影响，每个参数有高、低两个水平，实验的具体安排和实验结果列于表 8-6，试对该数据进行方差分析。

表 8-6　高频呼吸机 5 个参数选择的正交设计与实验结果

实验序号	A(1)	B(2)	C(4)	D(8)	E(15)	通气量(L/min)
1	1	1	1	1	1	16.26
2	1	1	1	2	2	19.38
3	1	1	2	1	2	23.60
4	1	1	2	2	1	28.43
5	1	2	1	1	1	20.48
6	1	2	1	2	2	34.88
7	1	2	2	1	2	49.10
8	1	2	2	2	1	47.44
9	2	1	1	1	1	18.32
10	2	1	1	2	2	24.85
11	2	1	2	1	2	39.45
12	2	1	2	2	1	32.08
13	2	2	1	1	1	45.50
14	2	2	1	2	2	50.30
15	2	2	2	1	2	55.26
16	2	2	2	2	1	66.64

注：表中(1)、(2)、(4)、(8)、(15)为 $L_{16}(2^{15})$ 正交表的列号。

1)建立数据文件 orthogonal. sav，变量名为 NO(实验编号)、A、B、C、D、E、X(通气量，L/min)。

2)单变量(Univariate)主对话框中，【因变量(Dependent Variable)】为“X(通气量，L/min)”，【固定因子(Fixed Factor(s))】为“A”、“B”、“C”、“D”、“E”。

3)模型(Model)对话框中，【指定模型(Specify Model)】为【定制(Custom)】，【模型(Model)】列表选择“A”、“B”、“C”、“D”、“E”，选择【构建项(Build Term(s)】中的【主效应(Main effects)】，其他为默认选项。

4)主要结果如下：

单变量方差分析(Univariate Analysis of Variance)

结果 8-13　主体间效应检验(Tests of Between-Subjects Effects)

因变量(Dependent Variable)：通气量，L/min

变异来源(Source)	III 型平方和(Type III Sum of Squares)	自由度(df)	均方(Mean Square)	F	显著性(Sig.)
校正模型(Corrected Model)	3181.360[a]	5	636.272	20.667	.000
截距(Intercept)	20446.855	1	20446.855	664.157	.000
A	538.588	1	538.588	17.494	.002
B	1747.867	1	1747.867	56.774	.000
C	784.420	1	784.420	25.480	.001
D	81.135	1	81.135	2.635	.136
E	29.349	1	29.349	.953	.352
误差(Error)	307.862	10	30.786		
总计(Total)	23936.076	16			
校正总计(Corrected Total)	3489.221	15			

a. R 方(R Squared) = .912(调整 R 平方(Adjusted R Squared) = .868)

5)结果分析。

主体间效应检验(Tests of Between-Subjects Effects)表中，按 α=0.05 水准，高频呼吸机参数 A、B、C(高、低两个水平)对通气量有影响(P<0.01)，参数 D、E(高、低两个水平)对通气量没有影响(P>0.05)，可见高频呼吸机的通气量主要受参数 A、B、C 的影响，见结果 8-13。

8.1.7　套设计资料的方差分析

套设计(nested design)又称窝设计或嵌套设计，与析因设计不同的是，套设计的处理不是各因素各水平的全面组合，而是各因素按隶属关系分组，各因素水平没有交叉。

【例 8-7】　研究甲、乙、丙 3 种催化剂在不同温度下对某化合物的转化作用。由于各催化剂所要求的温度范围不同，将催化剂作为一级实验因素(I=3)，温度作为二级实验因素(J=3)，采用套设计，每个处理重复 2 次(n=2)，实验结果见表 8-7，试做方差分析。

表 8-7　某化合物的转化率(%)

催化剂温度(℃)	A			B			C		
	70	80	90	55	65	75	90	95	100
实验	82	91	85	65	62	56	71	75	85
结果(X)	84	88	83	61	59	60	67	78	89

1)建立数据文件 nested.sav，变量名为 a(催化剂)、b(温度)、x(实验结果)。

2)单变量(Univariate)主对话框中，【因变量(Dependent Variable)】为"x(实验结果)"，【固定因子(Fixed Factor(s))】为"a(催化剂)"、"b(温度)"。

3)模型(Model)对话框中，【指定模型(Specify Model)】为【定制(Custom)】，【模型(Model)】列表选择"a(催化剂)"、"b(温度)"，选择【构建项(Build Term(s))】中的【主效应(Main effects)】，【平方和(Sum of squares)】选择【类型 I(Type I，I 型平方和)】。

4)主要结果如下：

结果 8-14　主体间效应检验(Tests of Between-Subjects Effects)

因变量(Dependent Variable)：实验结果

变异来源(Source)	III 型平方和(Type III Sum of Squares)	自由度(df)	均方(Mean Square)	F	显著性(Sig.)
校正模型(Corrected Model)	2357.000[a]	8	294.625	53.568	.000
截距(Intercept)	99904.500	1	99904.500	18164.455	.000
a	1956.000	2	978.000	177.818	.000
b	401.000	6	66.833	12.152	.001
误差(Error)	49.500	9	5.500		
总计(Total)	102311.000	18			
校正总计(Corrected Total)	2406.500	17			

a. R Squared = .979(Adjusted R Squared = .961)

5)结果分析。

主体间效应检验(Tests of Between-Subjects Effects)表中，a(催化剂)，F=177.818，P=0.000<0.01，按 α=0.05 水准，认为不同催化剂对该化合物的转化率不同；b(温度)，F=12.152，P=0.001<0.01，按 α=0.05 水准，认为对于同一催化剂，不同温度下该化合物的转化率不同，见结果 8-14。

8.2　协方差分析

协方差分析(analysis of covariance, ANCOVA/MANCOVA)是把线性回归(linear regression)与方差分析(analysis of variance, ANOVA/MANOVA)结合起来应用的一种方法，其目的是把与因变量 y 值呈线性关系的自变量(independent variable) x 值调整成相等后，用于检验两个或多个修正平均值间有无差别的方法。通过协方差分析，能够校正和对比由于各组 x 值的不同所引起的偏倚，更恰当地评价各种处理的优劣。

8.2.1　完全随机设计资料的协方差分析

【例8-8】 研究镉作业工人暴露于烟尘的年数与肺活量的关系。按暴露年数将工人分为两组：甲组暴露≥10年，乙组暴露<10年，两组工人的年龄未经控制(见表8-8)，其中x代表年龄(岁)，y代表肺活量(L)。试进行协方差分析，问两组暴露于镉烟尘工人的平均肺活量是否相同?

表8-8　镉作业工人暴露于烟尘的年数(x)与肺活量(y)的数据

甲组(暴露于镉烟尘≥10年)		乙组(暴露于镉烟尘<10年)	
X1	Y1	X2	Y2
39	4.62	43	4.61
40	5.29	39	4.73
41	5.52	38	4.58
41	3.71	42	5.12
45	4.02	43	3.89
49	5.09	43	4.62
52	2.70	37	4.30
47	4.31	50	2.70
61	2.70	50	3.50
65	3.03	45	3.06
58	2.73	48	4.06
59	3.67	51	4.51
		46	4.66
		58	2.88
		38	3.64
		38	5.09

1)建立数据文件 ancova1.sav，变量名为x(年龄，岁)、y(肺活量，L)、g(分组)。

2)单变量(Univariate)主对话框中，【因变量(Dependent Variable)】为"y(肺活量，L)"，【固定因子(Fixed Factor(s))】为"g(分组)"，【协变量(Covariate(s))】为"x(年龄，岁)"。

3)选项(Options)对话框中，【显示平均值(Display Means for)】列表选择"g"；选择【输出(Display)】中的【描述统计(Descriptive statistics)】、【观察势(Observed power，观测功效)】、【参数估计(Parameter estimates)】、【同质性检验(Homogeneity tests)】。

4)主要结果如下：

单变量方差分析(Univariate Analysis of Variance)

结果8-15　描述统计(Descriptive Statistics)

因变量(Dependent Variable)：肺活量(L)

分组	平均值(Mean)	标准差(Std. Deviation)	例数(N)
甲组-暴露>=10年	3.9492	1.03306	12
乙组-暴露<10年	4.1219	.76767	16
总计(Total)	4.0479	.87736	28

结果8-16　Levene误差方差齐性检验(Levene's Test of Equality of Error Variances)

因变量(Dependent Variable)：肺活量(L)

F	df1	df2	显著性(Sig.)
.237	1	26	.630

结果 8-17 主体间效应检验(Tests of Between-Subjects Effects)

因变量(Dependent Variable):肺活量(L)

变异来源(Source)	Ⅲ型平方和(Type Ⅲ Sum of Squares)	自由度(df)	均方(Mean Square)	F	显著性(Sig.)	非中心参数(Noncent. Parameter)	观测功效(Observed Power)
校正模型(Corrected Model)	9.810[a]	2	4.905	11.174	.000	22.348	.984
截距(Intercept)	39.422	1	39.422	89.809	.000	89.809	1.000
x	9.605	1	9.605	21.882	.000	21.882	.994
g	.444	1	.444	1.011	.324	1.011	.162
误差(Error)	10.974	25	.439				
总计(Total)	479.568	28					
校正总计(Corrected Total)	20.783	27					

结果 8-18 参数估计值(Parameter Estimates)

因变量(Dependent Variable):肺活量(L)

参数(Parameter)	B	标准误(Std. Error)	t	Sig.	95% 置信区间(95% Confidence Interval)		非中心参数(Noncent. Parameter)	观测功效(Observed Power)
					下限(Lower Bound)	上限(Upper Bound)		
截距(Intercept)	7.744	.792	9.780	.000	6.113	9.375	9.780	1.000
x	-.082	.017	-4.678	.000	-.118	-.046	4.678	.994
[g=1]	.272	.270	1.005	.324	-.285	.828	1.005	.162
[g=2]	0	.	.	.	.	.	.	.

估计边际平均值(Estimated Marginal Means)

结果 8-19 分组

因变量(Dependent Variable):肺活量(L)

分组	平均值(Mean)	标准误(Std. Error)	95% 置信区间(95% Confidence Interval)	
			下限(Lower Bound)	上限(Upper Bound)
甲组 - 暴露 >=10 年	4.203	.199	3.794	4.613
乙组 - 暴露 <10 年	3.931	.171	3.580	4.283

5)主要结果分析。

(1)Levene 误差方差齐性检验(Levene's Test of Equality of Error Variances)表:F=0.237,P=0.630>0.10,按 α=0.10 水准,认为两组暴露于镉烟尘的工人的肺活量的总体方差齐同,见结果 8-16。

(2)主体间效应检验(Tests of Between-Subjects Effects)表:校正模型(Corrected Model)的 F 检验,F=11.174,P=0.000<0.01,按 α=0.05 水准,认为年龄与肺活量存在直线回归关系;协变量效应检验,年龄(x),F=21.882,P=0.000<0.01,按 α=0.05 水准,认为年龄与肺活量存在较强的线性关系,与校正模型的 F 检验得出的结论一致,因此进行协方差分析是有必要的。因素变量效应检验,分组(g),F=1.011,P=0.324>0.05,按 α=0.05 水准,不能认为不同暴露年数肺活量调整平均值不相等。x(年龄)的观测功效(Observed Power)为 0.994,表明其有极高的功效;g(分组)的检验功效为 0.162,表明其功效非常低。由于 g(分组)的功效较低,对于 g(分组)的差异就不必太看重。本例可得出如下结论,由于对暴露于镉烟尘的工人年龄的控制,两组工人的肺活量实质上没有差异,见结果 8-17。

(3)参数估计值(Parameter Estimates)表:给出了因变量(肺活量)对协变量(年龄)的回

归系数(B = -0.082)，表示年龄越大，肺活量越小，其回归模型为 Y = 7.744-0.082X，t = -4.678，P = 0.000 < 0.01，见结果 8-18。

(4)描述统计(Descriptive Statistics)表：甲组(暴露于镉烟尘≥10 年)肺活量的平均值为 3.9492，而乙组(暴露于镉烟尘 < 10 年)肺活量的平均值为 4.1219，似乎得出了暴露时间越长，肺活量越低的结论，见结果 8-15。估计边际平均值(Estimated Marginal Means)，消除协变量影响后(年龄(岁) = 46.64)的边际平均值的估计值，甲组(暴露于镉烟尘≥10 年)肺活量的平均值为 4.203，乙组(暴露于镉烟尘 < 10 年)肺活量的平均值为 3.931，见结果 8-19。

8.2.2 配伍组设计资料的协方差分析

在配伍组的实验设计中，如果每个实验单位的记录均为具有依存关系(如呈直线关系)的成对数据(X,Y)，就可适用协方差分析。

【例 8-9】 在“核黄素缺乏对于蛋白质利用的影响之研究”中，将体重相近(34 ~ 38g)、出生 3 周的 36 只大白鼠，按照窝别、性别等条件分成 12 窝，每窝 3 只，随机分到 3 个不同饲料组进行喂养，观测记录见表 8-9。试进行协方差分析。

表 8-9　3 组大白鼠的进食量(X,g)与所增体重(Y,g)

窝别(c)	1-核黄素缺乏组		2-限食量组		3-不限食量组	
	x1	y1	x2	y2	x3	y3
1	256.9	27.0	260.3	32.0	544.7	160.3
2	271.6	41.7	171.1	47.7	481.2	96.1
3	210.2	25.0	214.7	36.7	418.9	114.6
4	300.1	52.0	300.1	65.0	556.6	134.8
5	262.2	14.5	269.7	39.0	394.5	76.3
6	304.4	48.8	307.5	37.9	426.6	72.8
7	272.4	48.0	278.9	51.5	416.1	99.4
8	248.2	9.5	256.2	26.7	549.9	133.7
9	242.8	37.0	240.8	41.0	580.5	147.0
10	342.9	56.5	340.7	61.3	608.3	165.8
11	356.9	76.0	356.3	102.1	559.6	169.8
12	198.2	9.2	199.2	8.1	371.9	54.3

1)建立数据文件 ancova3.sav，变量名为 x(进食量)、y(所增体重)、g(分组)、c(窝别)。

2)单变量(Univariate)主对话框中，【因变量(Dependent Variable)】为“y(所增体重)”，【固定因子(Fixed Factor(s))】为“g(分组)”，【随机因子(Random Factor(s))】为“c(窝别)”，【协变量(Covariate(s))】为“x(进食量)”。

3)模型(Model)对话框中，【指定模型(Specify Model)】选择【定制(Custom)】，【模型(Model)】因子为“g”、“c”、“x”，选择【构建项(Build Term(s))】中的【主效应(Main effects)】。

4)选项(Options)对话框中，【显示平均值(Display Means for)】为“g(分组)”，选择【比较主效应(Compare main effects)】、【置信区间调节(Confidence interval adjustment)】中的【Bonferroni(修正最小显著性差异法)】、【输出(Display)】中的【参数估计(Parameter estimates)】。

5)主要结果如下：

单变量方差分析(Univariate Analysis of Variance)

结果 8-20 主体间效应检验(Tests of Between-Subjects Effects)

因变量(Dependent Variable):所增体重

变异来源(Source)		III 型平方和(Type III Sum of Squares)	自由度(df)	均方(Mean Square)	F	显著性(Sig.)
截距(Intercept)	假设(Hypothesis)	1691.054	1	1691.054	15.589	.001
	误差(Error)	2409.854	22.216	108.474		
g	假设(Hypothesis)	469.157	2	234.578	2.206	.135
	误差(Error)	2233.139	21	106.340		
c	假设(Hypothesis)	3761.319	11	341.938	3.216	.010
	误差(Error)	2233.139	21	106.340		
x	假设(Hypothesis)	6175.031	1	6175.031	58.069	.000
	误差(Error)	2233.139	21	106.340		

结果 8-21 参数估计值(Parameter Estimates)

因变量(Dependent Variable):所增体重

参数(Parameter)	B	标准误(Std. Error)	t	显著性(Sig.)	95% 置信区间(95% Confidence Interval)	
					下限(Lower Bound)	上限(Upper Bound)
截距(Intercept)	-89.111	22.527	-3.956	.001	-135.960	-42.263
[g=1]	8.371	12.540	.668	.512	-17.707	34.449
[g=2]	16.043	12.419	1.292	.210	-9.784	41.870
[g=3]	0	.	.	.	.	.
[c=1]	9.358	9.913	.944	.356	-11.258	29.974
[c=2]	3.270	9.572	.342	.736	-16.636	23.176
[c=3]	24.747	8.525	2.903	.009	7.019	42.475
[c=4]	7.258	10.905	.666	.513	-15.420	29.936
[c=5]	-2.010	8.876	-.226	.823	-20.469	16.450
[c=6]	-7.386	9.699	-.762	.455	-27.557	12.784
[c=7]	15.436	9.135	1.690	.106	-3.561	34.433
[c=8]	-6.073	9.842	-.617	.544	-26.541	14.395
[c=9]	10.958	9.934	1.103	.282	-9.701	31.617
[c=10]	-.553	12.579	-.044	.965	-26.713	25.607
[c=11]	23.483	12.328	1.905	.071	-2.154	49.120
[c=12]	0	.	.	.	.	.
x	.409	.054	7.620	.000	.297	.520

估计边际平均值(Estimated Marginal Means)

分组

结果 8-22 估计值(Estimates)

因变量(Dependent Variable):所增体重

分组	平均值(Mean)	标准误(Std. Error)	95% 置信区间(95% Confidence Interval)	
			下限(Lower Bound)	上限(Upper Bound)
1-核黄素缺乏组	67.430	4.970	57.094	77.766
2-限食量组	75.102	4.868	64.979	85.226
3-不限食量组	59.059	8.379	41.635	76.484

结果 8-23　两两比较(Pairwise Comparisons)

因变量(Dependent Variable)：所增体重

(I)分组	(J)分组	平均差(I-J) (Mean Difference(I-J))	标准误 (Std. Error)	显著性 (Sig.)	差值的 95% 置信区间 (95% Confidence Interval for Difference)	
					下限(Lower Bound)	上限(Upper Bound)
1-核黄素缺乏组	2-限食量组	-7.672	4.212	.248	-18.629	3.284
	3-不限食量组	8.371	12.540	1.000	-24.250	40.992
2-限食量组	1-核黄素缺乏组	7.672	4.212	.248	-3.284	18.629
	3-不限食量组	16.043	12.419	.631	-16.264	48.350
3-不限食量组	1-核黄素缺乏组	-8.371	12.540	1.000	-40.992	24.250
	2-限食量组	-16.043	12.419	.631	-48.350	16.264

结果 8-24　单变量检验(Univariate Tests)

因变量(Dependent Variable)：所增体重

	平方和(Sum of Squares)	自由度(df)	均方(Mean Square)	F	显著性(Sig.)
对比(Contrast)	469.157	2	234.578	2.206	.135
误差(Error)	2233.139	21	106.340		

6)主要结果分析。

(1)主体间效应检验(Tests of Between-Subjects Effects)表：分组(g)，$F=2.206$，$P=0.135>0.05$，按 $\alpha=0.05$ 水准，认为不同饲料组的大白鼠所增体重的总体平均值间差异没有统计学意义；窝别(c)，$F=3.216$，$P=0.010<0.05$，按 $\alpha=0.05$ 水准，认为不同窝别的大白鼠所增体重总体平均值间差异有统计学意义；协变量效应检验，进食量(x)，$F=58.069$，$P=0.000<0.01$，按 $\alpha=0.05$ 水准，认为进食量与大白鼠所增体重存在较强的线性关系，见结果 8-20。

(2)参数估计值(Parameter Estimates)表：给出了因变量(所增体重)对协变量(进食量)的回归系数($B=0.409$)，表示进食量越大，大白鼠所增体重越大，可得回归方程，见结果 8-21。

$$Y=-89.111+0.409X,\qquad t=7.620,\ P=0.000<0.01$$

(3)估计边际平均值(Estimated Marginal Means)表：1-核黄素缺乏组、2-限食量组、3-不限食量组所增体重的调整平均值分别为 67.430、75.102、59.059，见结果 8-22。

(4)两两比较(Pairwise Comparisons)表：各饲料组间两两比较，P 值均大于 0.05，按 $\alpha=0.05$ 水准，任两组间所增体重的总体平均值差异均没有统计学意义，见结果 8-23。

(5)单变量检验(Univariate Tests)表：$F=2.206$，$P=0.135>0.05$，结果与主体间效应检验(Tests of Between-Subjects Effects)的结果完全一样，见结果 8-24。

8.2.3　多元协方差分析

在多重线性回归中，当需要比较两组或多组因变量，而这些因变量 Y 又与多个自变量 X 间存在一定的线性关系时，要考虑 X 的影响，必要时应将各 X 调整到相同水平。对 Y 的平均值进行调整后再做比较，就需要进行多元协方差分析。

【例 8-10】　研究两种不同方法处理的水解蛋白质与酪蛋白 3 种饲料的营养价值是否不同。实验将 24 只同种系的幼年大白鼠随机分为 3 组，每组 8 只，每只鼠的初始年龄及 4 周内的进食量与所增体重的数据见表 8-10，试进行多元协方差分析。

表 8-10 3 组大白鼠初始年龄、进食量与所增体重

水解蛋白质Ⅰ(Hydrolysate-Ⅰ)			水解蛋白质Ⅱ(Hydrolysate-Ⅱ)			酪蛋白(Casein)		
x1	x2	Y	x1	x2	y	x1	x2	y
6	281.7	37	5	309.8	24	8	259.3	82
10	274.0	47	6	317.8	43	5	241.2	66
8	253.8	37	10	326.1	60	6	248.5	74
5	261.4	34	8	322.1	50	7	242.8	79
7	272.8	42	7	323.5	47	8	255.7	82
5	272.2	27	6	321.2	42	7	254.3	76
6	272.3	32	5	311.8	39	5	244.6	73
7	293.2	44	10	324.5	53	10	243.8	90

1)建立数据文件 ancova2. sav，变量名为 group(分组)、x1(年龄)、x2(进食量)、y(所增体重)。

2)单变量(Univariate)主对话框中，【因变量(Dependent Variable)】为“y(所增体重)”，【固定因子(Fixed Factor(s))】为“group(分组)”，【协变量(Covariate(s))】为“x1(年龄)”、“x2(进食量)”。

3)选项(Options)对话框中，【显示平均值(Display Means for)】为【group(分组)】，选择【输出(Display)】中的【描述统计(Descriptive statistics)】、【观察势(Observed power，观测功效)】、【参数估计(Parameter estimates)】及【同质性检验(Homogeneity tests)】。

4)主要结果如下：

单变量方差分析(Univariate Analysis of Variance)

结果 8-25 描述统计(Descriptive Statistics)

因变量(Dependent Variable)：所增体重

分组	平均值(Mean)	标准差(Std. Deviation)	例数(N)
1-水解蛋白 I	37.50	6.612	8
2-水解蛋白 II	44.75	10.740	8
3-酪蛋白	77.75	7.226	8
总计(Total)	53.33	19.608	24

结果 8-26 Levene 误差方差齐性检验(Levene's Test of Equality of Error Variances)

因变量(Dependent Variable)：所增体重

F	df1	df2	Sig.
.967	2	21	.396

结果 8-27 主体间效应检验(Tests of Between-Subjects Effects)

因变量(Dependent Variable)：所增体重

变异来源(Source)	III 型平方和(Type III Sum of Squares)	自由度(df)	均方(Mean Square)	F	显著性(Sig).	非中心参数(Noncent. Parameter)	观测功效(Observed Power)
校正模型(Corrected Model)	8557.690[a]	4	2139.422	142.307	.000	569.227	1.000
截距(Intercept)	22.825	1	22.825	1.518	.233	1.518	.216
x1	868.749	1	868.749	57.786	.000	57.786	1.000
x2	69.151	1	69.151	4.600	.045	4.600	.530
group	4452.035	2	2226.017	148.067	.000	296.134	1.000
误差(Error)	285.644	19	15.034				
总计(Total)	77110.000	24					
校正总计(Corrected Total)	8843.333	23					

a. R 方(R Squared) = .968(调整 R 平方(Adjusted R Squared) = .961)

结果 8-28　参数估计值(Parameter Estimates)

因变量(Dependent Variable)：所增体重

参数 (Parameter)	B	标准误 (Std. Error)	t	Sig.	95%置信区间(95% Confidence Interval)		非中心参数 (Noncent. Parameter)	观测功效 (Observed Power)
					下限(Lower Bound)	上限(Upper Bound)		
截距(Intercept)	-3.277	24.802	-.132	.896	-55.190	48.635	.132	.052
x1	3.738	.492	7.602	.000	2.709	4.767	7.602	1.000
x2	.221	.103	2.145	.045	.005	.436	2.145	.530
[group = 1]	-44.586	3.162	-14.103	.000	-51.204	-37.969	14.103	1.000
[group = 2]	-49.087	7.519	-6.528	.000	-64.824	-33.350	6.528	1.000
[group = 3]	0	.	.	.	.	.	.	.

估计边缘平均值(Estimated Marginal Means)

结果 8-29　分组

因变量(Dependent Variable)：所增体重

分组	平均值(Mean)	标准误(Std. Error)	95%置信区间(95% Confidence Interval)	
			下限(Lower Bound)	上限(Upper Bound)
1-水解蛋白 I	39.971	1.570	36.686	43.257
2-水解蛋白 II	35.471	4.240	26.597	44.345
3-酪蛋白	84.558	3.530	77.169	91.946

5)主要结果分析。

(1)Levene 误差方差齐性检验(Levene's Test of Equality of Error Variances)表：F = 0.967，P = 0.396 > 0.10，按 α = 0.10 水准，认为 3 组大白鼠所增体重的方差齐同，见结果 8-26。

(2)主体间效应检验(Tests of Between-Subjects Effects)表：校正模型(Corrected Model)F 检验，F = 142.307，P = 0.000 < 0.01，按 α = 0.05 水准，认为年龄、进食量与所增体重存在多元线性回归关系。变量效应检验，初始年龄(x1)，F = 57.786，P = 0.000 < 0.01，进食量(x2)，F = 4.600，P = 0.045 < 0.05，按 α = 0.05 水准，认为初始年龄、进食量与所增体重存在线性关系。分组变量(group)效应检验，F = 148.067，P = 0.000 < 0.01，按 α = 0.05 水准，认为不同饲料组大白鼠所增体重的总体平均值间差异有统计学意义，见结果 8-27。

(3)参数估计值(Parameter Estimates)表：给出了因变量(所增体重)对协变量(初始年龄)的回归系数(B_1 = 3.738)及对协变量(进食量)的回归系数(B_2 = 0.221)，表示初始年龄越大、进食量越大，所增体重越大，得出多元线性回归方程为 Y = -3.277 + 3.738x1 + 0.221x2，P < 0.01，见结果 8-28。

(4)调整前与调整后的平均值(见结果 8-25、8-29)如下：

	调整前平均值	调整后平均值
水解蛋白质 I	37.50	39.971
水解蛋白质 II	44.75	35.471
酪蛋白	77.75	84.558

可见，调整前与调整后的平均值是有变化的。

8.3　多元方差分析

在一个实验中，假设有 k(k > 2)个处理组，其中有 k - 1 个实验组、1 个共同的对照组，这就是各实验组与对照组平均值的比较，多元方差分析(multivariate analysis of variance)能实现这一目的。

生成的统计量包括验后极差检验及多重比较、描述统计、Levene 方差齐性检验、因变量协方差矩阵齐性的 Box M 检验(Box's M test of the homogeneity of the covariance matrices)及 Bartlett 球形检验(Bartlett's test of sphericity)。生成的图形有散布-水平图及交互轮廓图。

8.3.1　各实验组与对照组平均值的比较

多个实验组与对照组平均值的比较是配对样本 t 检验的拓广。

【例 8-11】　实验三菱莪术的抑癌作用，将小白鼠分 4 组，先致癌，然后对甲、乙、丙组依次注药 0.5ml、1.0ml、1.5ml，对照组不用药。表 8-11 中是小白鼠的肿瘤重量(g)。问各用药组的瘤重是否减轻?

表 8-11　4 组小白鼠的肿瘤重量

对照组(x)	实验组		
	甲(v1)	乙(v2)	丙(v3)
3.6	3.0	0.4	3.3
4.5	2.3	1.7	1.2
4.2	2.4	2.3	0.0
4.4	1.1	4.5	2.7
3.7	4.0	3.6	3.0
5.6	3.7	1.3	3.2
7.0	2.7	3.2	0.6
4.1	1.9	3.0	1.4
5.0	2.6	2.1	1.2
4.5	1.3	2.5	2.1

1)建立数据文件 manova1.sav，变量名为 x(对照组)、v1(实验组，甲)、v2(实验组，乙)、v3(实验组，丙)。

2)进行数据变换，计算变量(Compute Variable)对话框中，【目标变量(Target Variable)】为"d1(甲组与对照组的差值)"，【数字表达式(Numeric Expression)】为"v1-x"。单击【确定】按钮将生成新变量 d1。同理，计算乙组、丙组与对照组的差值："d2(乙组与对照组的差值)"、"d3(丙组与对照组的差值)"，参见第 4.1 节。

3)选择【分析(Analyze)】→【一般线性模型(General Linear Model)】→【多变量(Multivariate)...】，打开多变量(Multivariate)主对话框，见图 8-9。

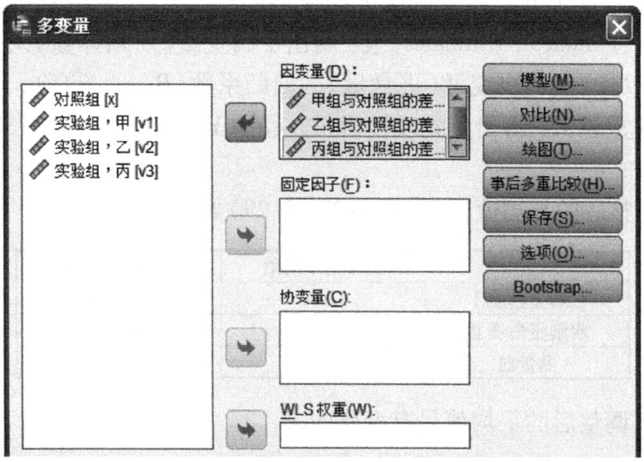

图 8-9　多变量(Multivariate)主对话框

【因变量(Dependent Variable)】为"d1(甲组与对照组的差值)"、"d2(乙组与对照组的值)"、"d3(丙组与对照组的差值)"；用户还可选择【固定因子(Fixed Factor(s))】、【协变量(Covariate(s))】、【WLS 权重(WLS Weight)】的权数(weight)，本例均未选择。

4)单击【继续】→【保存(Save)...】按钮，打开保存(Save)对话框，选择【预测值(Predicted Values)】中的【未标准化(Unstandardized)】，【诊断(Diagnostics)】中的【Cook 距离(Cook's distance)】、【残差(Residuals)】中的【未标准化(Unstandardized)】。

5)单击【继续】→【选项(Options)...】按钮，打开选项(Options)对话框，【显示平均值(Display Means for)】为【(OVERALL)】；选择【输出(Display)】中的【描述统计(Descriptive statistics)】、【功效估计(Estimates of effect size)】、【参数估计(Parameter estimates)】、【SSCP 矩阵(SSCP matrices)】及【残差 SSCP 矩阵(Residual SSCP matrix)】。

6)其他子对话框均选择默认选项。

注：多元方差分析(Multivariate)各子对话框的项目解释参见第 8.1.1 节。

7)单击【继续】→【确定】按钮，得到以下主要结果：

一般线性模型(General Linear Model)

结果 8-30　Bartlett 球形检验(Bartlett's Test of Sphericity)

似然比(Likelihood Ratio)	.007
近似卡方(Approx. Chi-Square)	7.756
自由度(df)	5
显著性(Sig.)	.173

结果 8-31　多元检验(Multivariate Tests)

效应(Effect)		值(Value)	F	假设自由度(Hypothesis df)	误差自由度(Error df)	Sig.	偏 η 方(Partial Eta Squared)
截距(Intercept)	Pillai 轨迹(Pillai's Trace)	.817	10.401	3.000	7.000	.006	.817
	Wilks 的 Lambda 值(Wilks' Lambda)	.183	10.401	3.000	7.000	.006	.817
	Hotelling 轨迹(Hotelling's Trace)	4.458	10.401	3.000	7.000	.006	.817
	Roy 最大根(Roy's Largest Root)	4.458	10.401	3.000	7.000	.006	.817

结果 8-32　参数估计值(Parameter Estimates)

因变量(Dependent Variable)	参数(Parameter)	B	标准误(Std. Error)	t	显著性(Sig).	95% 置信区间(95% Confidence Interval)		偏 η 方(Partial Eta Squared)
						下限(Lower Bound)	上限(Upper Bound)	
甲组与对照组的差值	截距(Intercept)	-2.160	.418	-5.171	.001	-3.105	-1.215	.748
乙组与对照组的差值	截距(Intercept)	-2.200	.470	-4.683	.001	-3.263	-1.137	.709
丙组与对照组的差值	截距(Intercept)	-2.790	.561	-4.969	.001	-4.060	-1.520	.733

8)主要结果分析。

(1)Bartlett 球形检验(Bartlett's Test of Sphericity)表：近似卡方(Approx. Chi-Square)为 7.756，$P=0.173>0.05$，按 $\alpha=0.05$ 水准，满足协方差矩阵球形对称的条件，不需对结果进行校正，见结果 8-30。

(2)多元检验(Multivariate Tests)表：Hotelling 轨迹(Hotelling's Trace)为 4.458，$F=10.401$，$P=0.006<0.01$，按 $\alpha=0.05$ 水准，甲、乙、丙 3 组小白鼠的肿瘤重量与对照组肿瘤重量差值的总体平均值向量差异有统计学意义，见结果 8-31。

(3)参数估计值(Parameter Estimates)表：甲组与对照组的差值的 95% 置信区间为(-3.105，-1.215)；乙组与对照组的差值的 95% 置信区间为(-3.263，-1.137)；丙组与对照组的差值的 95% 置信区间为(-4.060，-1.520)。上述 3 个区间不包含 0，其 t 值分别为 -5.171、-4.683、-4.969，P 均小于 0.01，按 $\alpha=0.05$ 水准，认为甲、乙、丙 3 个实验组的肿瘤平均重量均低于对照组(4.66)，即 3 种剂量的三菱莪术对小白鼠均有抑癌作用，见结果 8-32。

8.3.2 Hotelling T^2 检验

常规的 t 检验只适用单变量计量资料的分析，在多变量情况下，要做全面综合分析，就要用 Hotelling T^2 检验。

【例 8-12】 用胸腺素治疗 15 例病毒性心肌炎细胞免疫功能低下症(数据见表 8-12)，试问总的治疗效果如何?

表 8-12　病毒性心肌炎细胞免疫功能数据

IgG		IgA		IgM	
治疗前(ax1)	治疗后(bx1)	治疗前(ax2)	治疗后(bx2)	治疗前(ax3)	治疗后(bx3)
1810	1654	246	196	292	243
1744	1568	213	208	286	272
1806	1742	226	214	297	276
1712	1584	238	168	265	274
1642	1649	227	242	307	289
1685	1543	260	198	246	265
1728	1624	138	212	312	288
1695	1500	196	207	266	262
1760	1340	233	179	243	259
1690	1454	256	196	334	296
1667	1453	297	209	285	263
1703	1564	212	223	296	274
1715	1664	228	237	249	260
1699	1543	236	205	266	262
1733	1684	202	197	308	288

1)建立数据文件 hotell1. sav，变量名为"ax1(IgG 治疗前)"、"bx1(IgG 治疗后)"、"ax2(IgA 治疗前)"、"bx2(IgA 治疗后)"、"ax3(IgM 治疗前)"、"bx3(IgM 治疗后)"。

2)进行数据变换，计算变量(Compute Variable)对话框中，【目标变量(Target Variable)】为"dx1(治疗前后 IgG 差值)"，【数字表达式(Numeric Expression)】为"ax1-bx1"，单击【确定】按钮将生成新变量"dx1"。同理计算 IgA、IgM 治疗前后的差值:"dx2(治疗前后 IgA 差值)"、"dx3(治疗前后 IgM 差值)"，参见第 4.1 节。

3)多变量(Multivariate)主对话框中，【因变量(Dependent Variables)】为"dx1(治疗前后 IgG 差值)"、"dx2(治疗前后 IgA 差值)"、"dx3(治疗前后 IgM 差值)"。

4)选项(Options)对话框中，【显示平均值(Display Means for)】为"(OVERALL)"，选择【输出(Display)】中的【描述统计(Descriptive statistics)】，其他均为默认选择。

5)主要结果如下:

一般线性模型(General Linear Model)

结果 8-33　多元检验(Multivariate Tests)

效应(Effect)		值 (Value)	F	假设自由度 (Hypothesis df)	误差自由度 (Error df)	显著性 (Sig.)
截距 (Intercept)	Pillai 轨迹(Pillai's Trace)	.773	13.639	3.000	12.000	.000
	Wilks 的 Lambda 值(Wilks' Lambda)	.227	13.639	3.000	12.000	.000
	Hotelling 轨迹(Hotelling's Trace)	3.410	13.639	3.000	12.000	.000
	Roy 最大根(Roy's Largest Root)	3.410	13.639	3.000	12.000	.000

结果 8-34 主体间效应检验(Tests of Between-Subjects Effects)

变异来源 (Source)	因变量 (Dependent Variable)	III 型平方和 (Type III Sum of Squares)	自由度 (df)	均方 (Mean Square)	F	显著性 (Sig.)
校正模型 (Corrected Model)	治疗前后 IgG 差值	.000	0	.	.	.
	治疗前后 IgA 差值	.000	0	.	.	.
	治疗前后 IgM 差值	.000	0	.	.	.
截距 (Intercept)	治疗前后 IgG 差值	335403.267	1	335403.267	33.920	.000
	治疗前后 IgM 差值	6699.267	1	6699.267	3.610	.078
	治疗前后 IgM 差值	2184.067	1	2184.067	5.645	.032
误差 (Error)	治疗前后 IgG 差值	138433.733	14	9888.124		
	治疗前后 IgM 差值	25983.733	14	1855.981		
	治疗前后 IgM 差值	5416.933	14	386.924		
总计 (Total)	治疗前后 IgG 差值	473837.000	15			
	治疗前后 IgM 差值	32683.000	15			
	治疗前后 IgM 差值	7601.000	15			
校正总计 (Corrected Total)	治疗前后 IgG 差值	138433.733	14			
	治疗前后 IgM 差值	25983.733	14			
	治疗前后 IgM 差值	5416.933	14			

6)主要结果分析。

(1)多元检验(Multivariate Tests)表：Hotelling 轨迹(Hotelling's Trace)为 3.410，F = 13.639，P = 0.000 < 0.01，整体来说，按 α = 0.05 水准，认为治疗前后 IgG、IgA、IgM 值的总体平均值向量间差异有统计学意义；IgG、IgA、IgM 3 个指标综合起来分析，认为胸腺素治疗前后免疫功能有明显变化，总的治疗效果显著，见结果 8-33。

(2)主体间效应检验(Tests of Between-Subjects Effects)表：治疗前后 IgG 差值，F = 33.920，P = 0.000 < 0.01，按 α = 0.05 水准，认为治疗前后的 IgG 不相等，治疗后 IgG 明显下降；治疗前后 IgA 差值，F = 3.610，P = 0.078 > 0.05，按 α = 0.05 水准，认为治疗后 IgA 变化不明显；治疗前后 IgM 差值，F = 5.645，P = 0.032 < 0.05，按 α = 0.05 水准，认为治疗前后的 IgM 不相等，治疗后 IgM 明显下降，见结果 8-34。

(3)本例为两相关样本 3 组的实验设计，用类似的方法可对两相关样本多组实验设计的资料进行分析。

(4)如果本例使用配对样本 t 检验(Paired Samples T Test)，只能得到 IgG、IgA 与 IgM 治疗前后的疗效。

【例 8-13】 调查西安市某中学男生 12 人、女生 10 人，测量其身高(height)、体重(weight)和胸围(chest)，结果见表 8-13，试检验该中学全体 16 岁男女生的身体发育状况的差别有无统计学意义。

1)建立数据文件 hotelli2.sav，变量名为"sex(性别)"、"height(身高)"、"weight(体重)"、"chest(胸围)"。

表 8-13 某中学生 22 人体检资料

男生			女生		
身高	体重	胸围	身高	体重	胸围
171.0	58.5	81.0	152.0	44.8	74.0
175.0	65.0	87.0	153.0	46.5	80.0
159.0	38.0	71.0	158.0	48.5	73.5
155.3	45.0	74.0	150.0	50.5	87.0
152.0	35.0	63.0	144.0	36.3	68.0
158.3	44.5	75.0	160.5	54.7	86.0
154.8	44.5	74.0	158.0	49.0	84.0
164.0	51.0	72.0	154.0	50.8	76.0
165.2	55.0	79.0	153.0	40.0	70.0
164.5	46.0	71.0	159.6	52.0	76.0
159.1	48.0	72.5			
164.2	46.5	73.0			

2)多变量(Multivariate)主对话框中,【因变量(Dependent Variables)】为“height(身高)”、“weight(体重)”、“chest(胸围)”,【固定因子(Fixed Factor(s))】为“sex(性别)”。

3)对比(Contrasts)对话框中,选择【更改对比(Change Contrast)】中的【偏差(Deviation,离差)】,【参考类别(Reference Category)】中的【最后一个(Last)】,单击【更改】按钮。

4)选项(Options)对话框,【显示平均值(Display Means for)】为“(OVERALL)”和“sex”,选择【输出(Display)】中的【描述统计(Descriptive statistics)】、【同质性检验(Homogeneity tests)】。

5)主要结果如下:

一般线性模型(General Linear Model)

结果 8-35　多元检验(Multivariate Tests)

效应(Effect)		值(Value)	F	假设自由度 (Hypothesis df)	误差自由度 (Error df)	显著性 (Sig.)
截距 Intercept	Pillai 轨迹(Pillai's Trace)	1.000	14260.236	3.000	18.000	.000
	Wilks 的 Lambda 值(Wilks' Lambda)	.000	14260.236	3.000	18.000	.000
	Hotelling 轨迹(Hotelling's Trace)	2376.706	14260.236	3.000	18.000	.000
	Roy 最大根(Roy's Largest Root)	2376.706	14260.236	3.000	18.000	.000
sex	Pillai 轨迹(Pillai's Trace)	.596	8.862	3.000	18.000	.001
	Wilks 的 Lambda 值(Wilks' Lambda)	.404	8.862	3.000	18.000	.001
	Hotelling 轨迹(Hotelling's Trace)	1.477	8.862	3.000	18.000	.001
	Roy 最大根(Roy's Largest Root)	1.477	8.862	3.000	18.000	.001

结果 8-36　Levene 误差方差齐性检验(Levene's Test of Equality of Error Variances)

	F	df1	df2	Sig.
身高	1.236	1	20	.279
体重	.943	1	20	.343
胸围	.710	1	20	.409

定制假设检验(Custom Hypothesis Tests)

结果 8-37　单变量检验结果(Univariate Test Results)

变异来源 (Source)	因变量 (Dependent Variable)	平方和 (Sum of Squares)	自由度 (df)	均方 (Mean Square)	F	显著性 (Sig.)
对比 (Contrast)	身高	319.770	1	319.770	8.759	.008
	体重	3.262	1	3.262	.062	.806
	胸围	51.576	1	51.576	1.325	.263
误差 (Error)	身高	730.116	20	36.506		
	体重	1050.766	20	52.538		
	胸围	778.788	20	38.939		

6)主要结果分析。

(1)多元检验结果(Multivariate Test Results)表:全体 16 岁男女生的身体发育状况(身高、体重、胸围),Wilks' $\lambda = 0.404$,$F = 8.862$,$P = 0.001 < 0.01$,Hotelling 轨迹(Hotelling's Trace)$= 1.477$,按 $\alpha = 0.05$ 水准,认为该中学男女生的身高、体重、胸围的总体平均值向量有差别,即男女生身体发育状况有差别,见结果 8-35。

(2)Levene 误差方差齐性检验(Levene's Test of Equality of Error Variances)表:身高,$F = 1.236$,$P = 0.279 > 0.10$;体重,$F = 0.943$,$P = 0.343 > 0.10$;胸围,$F = 0.710$,$P = 0.409 >$

0.10，按 $\alpha=0.10$ 水准，认为该中学男女生身体发育指标（身高、体重、胸围）的总体方差齐同，见结果 8-36。

（3）单变量检验结果（Univariate Test Results）表：身高，$F=8.759$，$P=0.008<0.01$，按 $\alpha=0.05$ 水准，认为该中学男女生身高的总体平均值间差异有统计学意义；体重，$F=0.062$，$P=0.806>0.05$；胸围，$F=1.325$，$P=0.263>0.05$，按 $\alpha=0.05$ 水准，认为男女生体重、胸围的总体平均值差异没有统计学意义，见结果 8-37。

8.3.3 多元方差分析

多元方差分析（Multivariate ANOVA，MANOVA）是单变量方差分析的一种自然拓广。

【例 8-14】 已知 3 组贫血病患者的血红蛋白浓度（x1，%）及红细胞计数（x2，万/mm^3）的数据，见表 8-14，试进行多元方差分析。

表 8-14　三组贫血病患者的观测值

A 组		B 组		C 组	
x1	x2	x1	x2	x1	x2
3.9	210	4.8	270	4.4	250
4.2	190	4.7	180	3.7	305
3.7	240	5.4	230	2.9	240
4.0	170	4.5	245	4.5	330
4.4	220	4.6	270	3.3	230
5.2	230	4.4	220	4.5	195
2.7	160	5.9	290	3.8	275
2.4	260	5.5	220	3.7	310
3.6	240	4.3	290		
5.5	180	5.1	310		
2.9	200				
3.3	300				

1）建立数据文件 manova2.sav，变量名为“group（患者分组）”、“x1（血红蛋白浓度，%）”、“x2（红细胞计数，万/mm^3）”。

2）多变量（Multivariate）主对话框中，【因变量（Dependent Variables）】为“x1（血红蛋白浓度，%）”、“x2（红细胞计数，万/mm^3）”，【固定因子（Fixed Factor(s)）】为“group（患者分组）”。

3）对比（Contrasts）对话框中，选择【更改对比（Change Contrast）】中的【重复（Repeated）】，单击【更改】按钮。

4）观察到的平均值的事后多重比较（Post Hoc Multiple Comparisons Observed Means）对话框中，【事后检验（Post Hoc Tests for）】的变量为“group（患者分组）”，选择【假定方差齐性（Equal Variances Assumed）】中的【LSD（最小显著性差异法）】。

5）保存（Save）对话框中，选择【预测值（Predicted Values）】中的【未标准化（Unstandardized）】。

6）选项（Options）对话框中。【显示平均值（Display Means for）】为“（OVERALL）”和“group”，选择【输出（Display）】中的【描述统计（Descriptive statistics）】和【同质性检验（Homogeneity tests）】。

7）主要结果如下：

一般线性模型（General Linear Model）

结果 8-38　协方差矩阵齐性的 Box 检验（Box's Test of Equality of Covariance Matrices）

Box's M	4.558
F	.675
df1	6
df2	9324.416
Sig.	.670

结果 8-39 多元检验(Multivariate Tests)

效应(Effect)		值(Value)	F	假设自由度 (Hypothesis df)	误差自由度 (Error df)	显著性 (Sig.)
截距 Intercept	Pillai 轨迹(Pillai's Trace)	.987	1001.859	2.000	26.000	.000
	Wilks 的 Lambda 值(Wilks' Lambda)	.013	1001.859	2.000	26.000	.000
	Hotelling 轨迹(Hotelling's Trace)	77.066	1001.859	2.000	26.000	.000
	Roy 最大根(Roy's Largest Root)	77.066	1001.859	2.000	26.000	.000
group	Pillai 轨迹(Pillai's Trace)	.566	5.323	4.000	54.000	.001
	Wilks 的 Lambda 值(Wilks' Lambda)	.503	5.335	4.000	52.000	.001
	Hotelling 轨迹(Hotelling's Trace)	.853	5.333	4.000	50.000	.001
	Roy 最大根(Roy's Largest Root)	.642	8.662	2.000	27.000	.001

结果 8-40 Levene 误差方差齐性检验(Levene's Test of Equality of Error Variances)

	F	df1	df2	Sig.
血红蛋白浓度(x1,%)	1.418	2	27	.260
红细胞计数(x2,万/mm **3)	.220	2	27	.804

结果 8-41 单变量检验结果(Univariate Test Results)

变异来源 (Source)	因变量 (Dependent Variable)	平方和 (Sum of Squares)	自由度 (df)	均方 (Mean Square)	F	显著性 (Sig.)
对比 (Contrast)	血红蛋白浓度(x1,%)	7.926	2	3.963	7.302	.003
	红细胞计数(x2,万/mm **3)	13753.958	2	6876.979	3.915	.032
误差 (Error)	血红蛋白浓度(x1,%)	14.653	27	.543		
	红细胞计数(x2,万/mm **3)	47426.042	27	1756.520		

事后检验(Post Hoc Tests)

患者分组(group)

结果 8-42 多重比较(Multiple Comparisons)

LSD

因变量 (Dependent Variable)	(I)患者分组 (group)	(J)患者分组 (group)	平均差(I-J) (Mean Difference (I-J))	标准误 (Std. Error)	显著性 (Sig.)	95%置信区间 (95% Confidence Interval)	
						下限 (Lower Bound)	上限 (Upper Bound)
血红蛋白浓度 (x1,%)	1-A 组	2-B 组	-1.103 *	.3154	.002	-1.751	-.456
		3-C 组	-.033	.3362	.922	-.723	.657
	2-B 组	1-A 组	1.103 *	.3154	.002	.456	1.751
		3-C 组	1.070 *	.3494	.005	.353	1.787
	3-C 组	1-A 组	.033	.3362	.922	-.657	.723
		2-B 组	-1.070 *	.3494	.005	-1.787	-.353
红细胞计数 (x2,万/mm **3)	1-A 组	2-B 组	-35.83	17.945	.056	-72.65	.99
		3-C 组	-50.21 *	19.130	.014	-89.46	-10.96
	2-B 组	1-A 组	35.83	17.945	.056	-.99	72.65
		3-C 组	-14.38	19.880	.476	-55.17	26.42
	3-C 组	1-A 组	50.21 *	19.130	.014	10.96	89.46
		2-B 组	14.38	19.880	.476	-26.42	55.17

8)主要结果分析。

(1)协方差矩阵齐性的 Box 检验(Box's Test of Equality of Covariance Matrices)表：$F = 0.675$，$P = 0.670 > 0.10$，认为各组的协方差齐性，适合做多元方差分析，见结果 8-38。

（2）多元检验（Multivariate Tests）表：Wilks $\lambda = 0.503$，$P = 0.001 < 0.01$，Hotelling 轨迹（Hotelling's Trace）为 0.853，$P = 0.001 < 0.01$，就整体而言，以血红蛋白浓度（x1，%）及红细胞计数（x2，万/mm^3）衡量贫血病患者的贫血程度，按 $\alpha = 0.05$ 水准，认为 A、B、C 3 组贫血病患者的贫血程度的总体平均值向量有差异，见结果 8-39。

（3）Levene 误差方差齐性检验（Levene's Test of Equality of Error Variances）表：血红蛋白浓度（x1，%），$F = 1.418$，$P = 0.260 > 0.10$；红细胞计数（x2，万/mm^3），$F = 0.220$，$P = 0.804 > 0.10$，按 $\alpha = 0.10$ 水准，认为 3 组贫血病患者红蛋白浓度（x1，%）及红细胞计数（x2，万/mm^3）的总体方差齐同，见结果 8-40。

（4）单变量检验结果（Univariate Test Results）表：血红蛋白浓度（x1，%），$F = 7.302$，$P = 0.003 < 0.01$，按 $\alpha = 0.05$ 水准，认为 3 组贫血病患者血红蛋白浓度总体平均值间差异有统计学意义；红细胞计数（x2，万/mm^3），$F = 3.915$，$P = 0.032 < 0.05$，按 $\alpha = 0.05$ 水准，认为 3 组贫血病患者红细胞计数的总体平均值间差异有统计学意义，见结果 8-41。

（5）多重比较（Multiple Comparisons）表：对单变量 x1、x2 各组（A、B、C）之间进行两两比较，见结果 8-42。

①血红蛋白浓度（x1，%）：A 组与 B 组的平均差（Mean Difference）为 -1.103，$P = 0.002 < 0.01$；A 组与 C 组的平均差为 -0.033，$P = 0.922 > 0.05$；B 组与 C 组的平均差为 1.070，$P = 0.005 < 0.01$。按 $\alpha = 0.05$ 水准，认为 A 组与 B 组、B 组与 C 组血红蛋白浓度的总体平均值间差异有统计学意义，A 组与 C 组血红蛋白浓度的总体平均值间差异没有统计学意义。

②红细胞计数（x2，万/mm^3）：A 组与 B 组的平均差为 -35.83，$P = 0.056 > 0.05$；A 组与 C 组的平均差为 -50.21，$P = 0.014 < 0.05$；B 组与 C 组的平均差为 -14.38，$P = 0.476 > 0.05$。按 $\alpha = 0.05$ 水准，认为 A 组与 C 组细胞计数的总体平均值间差异有统计学意义，A 组与 B 组、B 组与 C 组红细胞计数的总体平均值间差异没有统计学意义。

由此可见，多元方差分析比单变量方差分析有更全面的深入细致的结果。

8.4　重复测量设计资料的方差分析

重复测量设计资料的方差分析是对同一因变量进行重复测量。可以是同一条件下进行的重复测量，目的在于分析各处理组间是否存在统计学意义的同时，分析受试者之间的差异、受试者几次测量之间的差异及受试者与各处理组间的交互效应；也可以是不同条件下的重复测量，目的在于分析各种处理组间是否存在统计学意义的同时，分析形成重复测量条件间的差异及这些条件与处理组间的交互效应。在重复测量设计资料的方差分析中，总偏差平方和被分解为处理组间的偏差平方和、受试者之间的偏差平方和、受试者之内的偏差平方和。处理组间的偏差与受试者间的偏差称为主体间因子（between-subject factors）造成的组间偏差；受试者内部的偏差称为主体内因子（within-subject factors）造成的组内偏差。

生成的统计量包括验后极差检验、多重比较、描述统计、Levene 方差齐性检验、因变量协方差矩阵齐性的 Box M 检验、Bartlett 球形检验；生成的图形包括散布水平图及交互轮廓图。

【例 8-15】　教育心理研究中，对刺激反应时测量的实验方法，设置 3 个级别的视觉刺激作为处理因素变量，12 位受试者随机分配到 3 个数据刺激等级的实验组中，数据见表 8-15。试对上述数据做重复测量设计资料的方差分析。

表 8-15 刺激反应测量数据

刺激反应, vsno	受试者, number	测量 1, time1	测量 2, time2	测量 3, time3
1	1	0.9	1.2	0.7
1	2	1.5	1.1	0.8
1	3	0.5	0.8	0.5
1	4	0.8	1.3	0.9
2	5	2.4	2.8	2.1
2	6	1.9	2.4	2.2
2	7	2.9	3.3	2.7
2	8	2.4	2.8	2.9
3	9	1.5	1.2	1.9
3	10	2.1	1.9	2.2
3	11	1.1	1.5	1.0
3	12	1.6	1.8	1.3

1)建立数据文件 repeatm. sav,变量名为 vsno(视觉刺激等级)、number(受试者编号)、time1(反应时测量 1)、time2(反应时测量 2)、time3(反应时测量 3)。

2)选择【分析(Analyze)】→【一般线性模型(General Linear Model)】→【重复测量(Repeated Measures)...】,打开重复测量定义因子(Repeated Measures Define Factor(s))对话框,见图 8-10。

☆【被试内因子名称(Within-Subject Factor Name)】:默认为"因子 1(factor1)"。

☆【级别数(Number of Levels,水平数)】:本例为"3"。

☆ 单击【添加】按钮后,可设定重复测量确定因素为"因子 1(3)(factor1(3))"。

☆【测量名称(Measure Name)】:本例未设定。

3)单击【定义(Define)】按钮,打开重复测量(Repeated Measures)主对话框,见图 8-11。

☆【主体内部变量(Within-Subjects Variable)】列表:应为定量变量,本例为"time1"、"time2"、"time3"。

☆【因子列表(Between-Subjects Factor(s))列表】:应为分类变量(数值型或字符串),本例为"vsno(视觉刺激等级)"。

☆【协变量(Covariates)】列表:本例未选择。

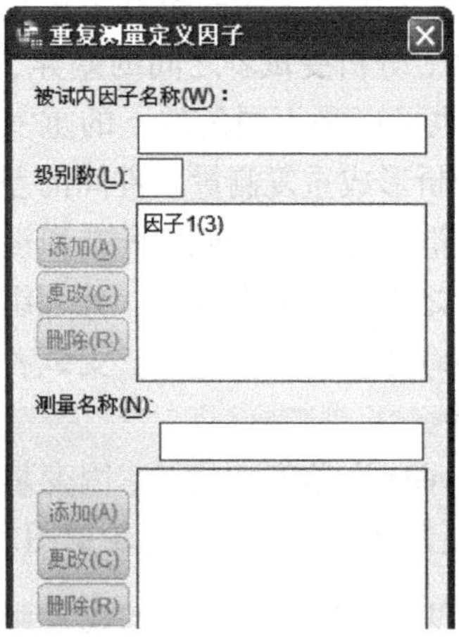

图 8-10 重复测量定义因子(Define Factor(s))对话框

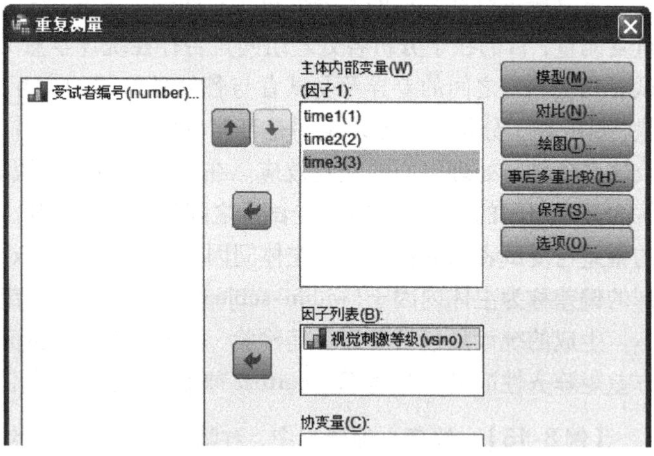

图 8-11 重复测量(Repeated Measures)主对话框

4)单击【模型(Model)...】按钮，打开模型(Model)对话框，见图 8-12。

☆【指定模型(Specify Model)】：取决于数据的特性，可选择【全因子(Full factorial，完全析因)】模型或【定制(Custom)】模型，本例选择【定制(Custom)】，此时用户可选择【主体内模型(Within-Subjects Model)】、【主体间模型(Between-Subjects Model)】。

☆【主体内模型(Within-Subjects Model)】列表：显示主体内因子。

☆【主体间模型(Between-Subjects Model)】列表：显示主体间因子及协变量(C)。

注：【构建项(Build Term(s))】及【平方和(Sum of squares)】下拉菜单的选项参见第 8.1.1 节。

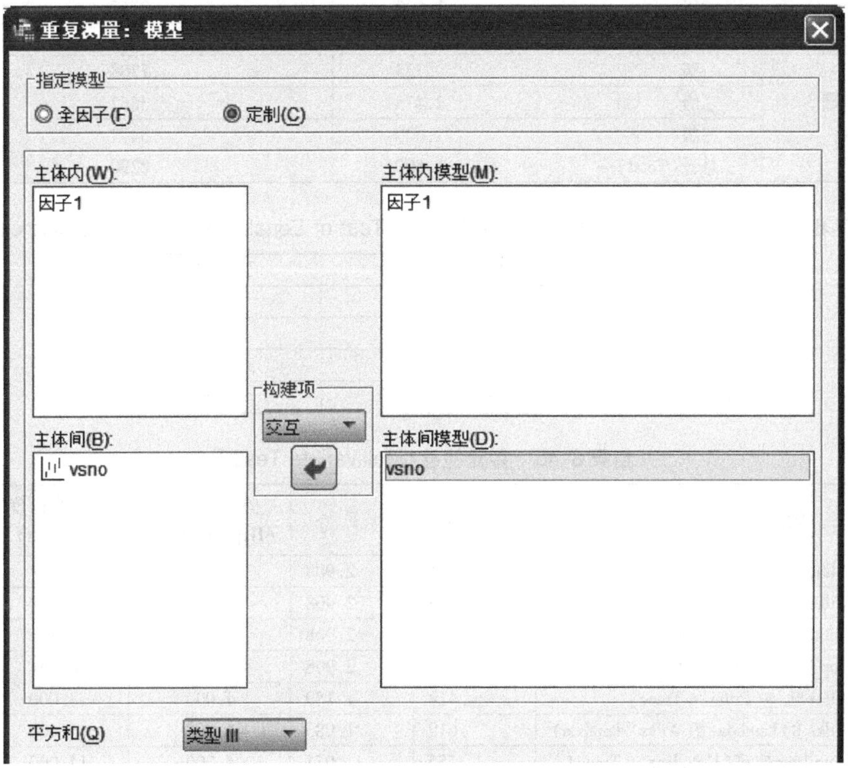

图 8-12　模型(Model)对话框

5)单击【继续】→【对比(Contrasts)...】按钮，打开对比(Contracts)对话框，【因子(Factors)】变量为"因子 1(多项式)(factor1(Polynomial))"及"vsno(差值)(vsno(Difference))"。

6)单击【继续】→【事后多重比较(Post Hoc)...】按钮，打开观察到的平均值的事后多重比较(Post Hoc Multiple Comparisons for Observed Means)对话框，【事后检验(Post Hoc Tests for)】为【vsno】；并选择【假定方差齐性(Equal Variances Assumed)】中的【LSD(最小显著性差异法)】。

7)单击【继续】→【选项(Options)...】按钮，打开选项(Options)对话框，【显示平均值(Display Means for)】为"(OVERALL)"、"vsno"、"因子 1(factor1)"；选择【输出(Display)】中的【描述统计(Descriptive statistics)】及【同质性检验(Homogeneity tests)】。

注：重复测量(Repeated Measures)各子对话框的项目解释参见第 8.1.1 节。

8)单击【继续】按钮→【确定】，得到以下主要结果：

一般线性模型(General Linear Model)

结果 8-43　描述统计(Descriptive Statistics)

	视觉刺激等级(vsno)	平均值(Mean)	标准差(Std. Deviation)	例数(N)
反应时测量 1 (time1)	一级	.925	.4193	4
	二级	2.400	.4082	4
	三级	1.575	.4113	4
	总计(Total)	1.633	.7328	12
反应时测量 2 (time2)	一级	1.100	.2160	4
	二级	2.825	.3686	4
	三级	1.600	.3162	4
	总计(Total)	1.842	.8062	12
反应时测量 3 (time3)	一级	.725	.1708	4
	二级	2.475	.3862	4
	三级	1.600	.5477	4
	总计(Total)	1.600	.8290	12

结果 8-44　协方差矩阵齐性的 Box 检验(Box's Test of Equality of Covariance Matrices)

Box's M	28.615
F	1.164
df1	12
df2	392.538
显著性(Sig.)	.308

结果 8-45　多元检验(Multivariate Tests)

效应(Effect)		值(Value)	F	假设自由度 (Hypothesis df)	误差自由度 (Error df)	显著性 (Sig.)
因子 1	Pillai 轨迹(Pillai's Trace)	.421	2.908	2.000	8.000	.112
	Wilks 的 Lambda 值(Wilks' Lambda)	.579	2.908	2.000	8.000	.112
	Hotelling 轨迹(Hotelling's Trace)	.727	2.908	2.000	8.000	.112
	Roy 最大根(Roy's Largest Root)	.727	2.908	2.000	8.000	.112
因子 1 * vsno	Pillai 轨迹(Pillai's Trace)	.418	1.189	4.000	18.000	.349
	Wilks 的 Lambda 值(Wilks' Lambda)	.619	1.083	4.000	16.000	.398
	Hotelling 轨迹(Hotelling's Trace)	.555	.971	4.000	14.000	.454
	Roy 最大根(Roy's Largest Root)	.407	1.832[b]	2.000	9.000	.215

结果 8-46　Mauchly 球形检验(Mauchly's Test of Sphericity)

测量(Measure):MEASURE_1

主体(组)内效应 (Within Subjects Effect)	Mauchly's W	近似卡方 (Approx. Chi-Square)	自由度 (df)	显著性 (Sig.)	Epsilon		
					Greenhouse-Geisser	Huynh-Feldt	下限(Lower-bound)
因子 1	.867	1.141	2	.565	.883	1.000	.500

结果 8-47　主体内效应检验(Tests of Within-Subjects Effects)

测量(Measure):MEASURE_1

变异来源 (Source)		III 型平方和 (Type III Sum of Squares)	自由度 (df)	均方 (Mean Square)	F	显著性 (Sig.)
因子 1	假设为球形(Sphericity Assumed)	.412	2	.206	3.255	.062
	Greenhouse-Geisser	.412	1.765	.233	3.255	.070
	Huynh-Feldt	.412	2.000	.206	3.255	.062
	下限(Lower-bound)	.412	1.000	.412	3.255	.105

续表

变异来源 (Source)		III 型平方和 (Type III Sum of Squares)	自由度 (df)	均方 (Mean Square)	F	显著性 (Sig.)
因子 1 * vsno	假设为球形(Sphericity Assumed)	.283	4	.071	1.120	.378
	Greenhouse-Geisser	.283	3.531	.080	1.120	.377
	Huynh-Feldt	.283	4.000	.071	1.120	.378
	下限(Lower-bound)	.283	2.000	.142	1.120	.368
误差(因子 1) Error(因子 1)	假设为球形(Sphericity Assumed)	1.138	18	.063		
	Greenhouse-Geisser	1.138	15.888	.072		
	Huynh-Feldt	1.138	18.000	.063		
	下限(Lower-bound)	1.138	9.000	.126		

结果 8-48　Levene 误差方差齐性检验(Levene's Test of Equality of Error Variances)

	F	df1	df2	显著性(Sig.)
反应时测量 1(time1)	.020	2	9	.980
反应时测量 2(time2)	.379	2	9	.695
反应时测量 3(time3)	6.911	2	9	.015

结果 8-49　主体间效应检验(Tests of Between-Subjects Effects)

测量(Measure):MEASURE_1

变换后变量:平均值(Transformed Variable:Average)

变异来源(Source)	III 型平方和(Type III Sum of Squares)	自由度(df)	均方(Mean Square)	F	显著性(Sig.)
截距(Intercept)	103.023	1	103.023	346.079	.000
vsno	16.515	2	8.258	27.739	.000
误差(Error)	2.679	9	.298		

定制假设检验(Custom Hypothesis Tests)

结果 8-50　检验结果(Test Results)

测量(Measure):MEASURE_1

变换后变量(Transformed Variable):AVERAGE

变异来源(Source)	平方和(Sum of Squares)	自由度(df)	均方(Mean Square)	F	显著性(Sig.)
对比(Contrast)	5.505	2	2.752	27.739	.000
误差(Error)	.893	9	.099		

估计边际平均值(Estimated Marginal Means)

结果 8-51　3. 视觉刺激等级(vsno)

测量(Measure):MEASURE_1

视觉刺激等级 (vsno)	平均值 (Mean)	标准误 (Std. Error)	95%置信区间(95% Confidence Interval)	
			下限(Lower Bound)	上限(Upper Bound)
一级	.917	.158	.560	1.273
二级	2.567	.158	2.210	2.923
三级	1.592	.158	1.235	1.948

事后检验(Post Hoc Tests)

视觉刺激等级(vsno)

结果 8-52 多重比较(Multiple Comparisons)

MEASURE_1 LSD

(I)视觉刺激等级(vsno)	(J)视觉刺激等级(vsno)	平均差(I-J)(Mean Difference(I-J))	标准误(Std. Error)	显著性(Sig.)	95%置信区间(95% Confidence Interval)	
					下限(Lower Bound)	上限(Upper Bound)
一级	二级	-1.650*	.2227	.000	-2.154	-1.146
	三级	-.675*	.2227	.014	-1.179	-.171
二级	一级	1.650*	.2227	.000	1.146	2.154
	三级	.975*	.2227	.002	.471	1.479
三级	一级	.675*	.2227	.014	.171	1.179
	二级	-.975*	.2227	.002	-1.479	-.471

9)主要结果分析。

(1)各因变量的描述统计(Descriptive Statistics)表：见结果 8-43。

(2)协方差矩阵齐性的 Box 检验(Box's Test of Equality of Covariance Matrices)表：F = 1.164，P = 0.308 > 0.05，按 α = 0.05 水准，认为因变量在各组(有因子 1)的协方差齐同，见结果 8-44。

(3)多元检验(Multivariate Tests)结果(见结果 8-45)。

①组内因子(Factor1)：4 种检验方法，F = 2.908，P = 0.112 > 0.05，按 α = 0.05 水准，认为不同时间测量视觉刺激反应时的总体平均值间差异没有统计学意义。

②交互因素(Factor1 * vsno)的显著性检验：4 种检验方法，P > 0.05，按 α = 0.05 水准，认为测量时间与刺激等级的交互效应没有统计学意义。

(4)Mauchly 球形检验(Mauchly's Test of Sphericity)表：Mauchly W = 0.867，P = 0.565 > 0.05，按 α = 0.05 水准，满足协方差矩阵球形对称的条件，不需对结果进行校正，见结果 8-46。

(5)主体内效应检验(Tests of Within-Subjects Effects)表：组内因子(Factor1)的 III 型平方和为 0.412，组内与组间因素交互效应(Time * vsno)的 III 型平方和为 0.283，而误差偏差平方和为 1.138；因子 1，F = 3.255，P > 0.05，按 α = 0.05 水准，认为不同时间测量视觉刺激反应时的总体平均值间差异没有统计学意义；而交互效应(因子 1 * vsno)，F = 1.120，P > 0.05，按 α = 0.05 水准，认为测量时间与刺激等级交互效应没有统计学意义，见结果 8-47。

(6)Levene 误差方差齐性检验(Levene's Test of Equality of Error Variance)表：按 α = 0.10 水准，认为各组(因子 1)反应时测量 1、反应时测量 2 的总体方差齐同(P > 0.10)，各组(因子 1)反应时测量 3 的方差不齐(P < 0.05)，见结果 8-48。

(7)主体间效应检验(Tests of Between-Subjects Effects)表：主效应(vsno)的偏差平方和为 16.515，F = 27.739，P = 0.001 < 0.01，而误差偏差平方和为 2.679，按 α = 0.05 水准，认为不同刺激等级的视觉刺激反应时的总体平均值间差异有统计学意义，见结果 8-49。

(8)检验结果(Test Results)表：对比(Contrast)，F = 27.739，P = 0.000 < 0.01，与主体间效应检验(Tests of Between-Subjects Effects)的结论一致，见结果 8-50。

(9)多重比较(Multiple Comparisons)表：视觉刺激等级(vsno)，一级与二级间 P = 0.000 < 0.01；一级与三级间，P = 0.014 < 0.05；二级与三级间，P = 0.002 < 0.01，按 α = 0.05 水准，认为不同刺激等级的视觉刺激反应时总体平均值两两间差异均有统计学意义，见结果 8-52。一级、二级、三级估计边际平均值(Estimated Marginal Means)分别为 0.917、2.567、1.592，见结果 8-51。

8.5　方差分量分析

方差分量分析(variance components analysis)可用于固定效应模型，用于估计每个随机效应的分布对因变量方差的影响，特别适用于混合模型分析，如裂区设计、单变量重复测量分析及随机化区组设计。通过方差分量分析可考察各层次因素的变异大小，提供可能减少数据变异的方法。估计方差分量的方法有 4 种：最小范数二次无偏估计量(minimum norm quadratic unbiased estimator，MINQUE)、方差分析(analysis of variance，ANOVA)、极大似然法(Maximum likelihood，ML)及约束极大似然法(restricted maximum likelihood，REML)。

【例 8-16】　现测量了 4 个家庭 18 个个体的高度及性别，数据见表 8-16。请分析不同家庭、性别间身高的变异情况。

表 8-16　四个家庭的 18 个个体的高度和性别

家庭(family)	性别(sex)	高度(height)	家庭(family)	性别(sex)	高度(height)
1	女	67	2	男	68
1	女	66	2	男	70
1	女	64	3	女	63
1	男	71	3	男	64
1	男	72	4	女	67
2	女	63	4	女	66
2	女	63	4	男	67
2	女	67	4	男	67
2	男	69	4	男	69

1)建立数据文件 var_com. sav，变量名为 family(家庭)、sex(性别)、height(高度)。

2)选择【分析(Analyze)】→【一般线性模型(General Linear Model)】→【方差分量估计(Variance Components)...】，打开方差成分(Variance Components)主对话框(参见 8.1.1 节)。

【因变量(Dependent Variable)】为"height(高度)"，【固定因子(Fixed Factor(s))】为"sex(性别)"，【随机因子(Random Factor(s))】为"family(家庭)"。还可选择【协变量(Covariate(s))】与【WLS 权重(WLS Weight)】，本例未选择。

3)单击【选项(Options)...】按钮，打开选项(Options)对话框，见图 8-13。

☆【方法(Method)】：估计方差成分的方法，共有 4 种。

- ○【MINQUE(最小范数二次无偏估计量)】：计算相对于固定效应(fixed effect)不变的估计值。如果数据服从正态分布且估计值是正确的，则可计算所有无偏估计量(unbiased estimator)的最小方差。
- ○【ANOVA(方差分析)】：使用各种效应的 I 型或 III 型平方和计算无偏估计值(unbiased estimate)，如生成负方差估计值(negative variance estimate)。
- ○【最大似然(Maximum likelihood，ML，极大似然法)】：用迭代法计算与观测值最一致的估计值。这些估计值可能存在偏差。ML 法是渐近正态分布，ML 和 REML 估计值在变换时保持不变。此方法不考虑估计固定效应时使用的自由度。
- ○【约束最大似然法(Restricted maximum likelihood，REML，约束极大似然法)】：REML 估计值在大多数平衡数据(balanced data)的情况下均可降低 ANOVA 估计值。由于需要调整固定效应，因此其标准误应比 ML 法的标准误小，并考虑估计固定效应时使用的自由度。

☆【随机效果优先(Random-Effect Priors，随机效应优先)】。

○【相等(Uniform)】：所有随机效应(random effect)及残差项(residual term)对观测值的影响均相同。

○【零(Zero)】：假设随机效应方差(random-effect variance)为 0，只能用于 MINQUE 法。

☆【平方和(Sum of Squares)】：只能用于 ANOVA 法。

○【类型 I(Type I，I 型平方和)】：可用于与方差分量有关的分层模型(hierarchical model)，常用于平衡方差分析模型、多项式回归模型、纯嵌套模型。

○【类型 III(Type III，III 型平方和)】：为默认值，常用于所有适合 I 型平方和的模型、无缺失值的平衡模型或不平衡模型。

☆【标准(Criteria)】：只能用于 ML 法或 REML 法。可设定【收敛性(Convergence)】及【最大迭代(Maximum iterations)】。

☆【输出(Display)】。

○【平方和(Sums of squares)】：只能用于 ANOVA 法。

○【期望均方(Expected mean squares)】：只能用于 ANOVA 法。

○【迭代历史记录(Iterations history)】：只能用于 ML 法和 REML 法。

4)单击【继续】→【Save(保存)...】按钮，打开保存(Save)对话框，见图 8-14。

☆【方差成分估计(Variance component estimates，方差分量估计)】：保存方差分量估计值及估计值标签到数据文件中。可便于用户计算更多统计量及进一步执行一般线性模型过程，如计算置信区间或假设检验。

☆【成分共变(Component covariation)】：只能用于 ML 法和 REML 法，可选择【协方差矩阵(Covariance matrix)】或【相关性矩阵(Correlation matrix，相关矩阵)】。

☆【创建值的目的文件(Destination for created values)】：可选择【创建新数据集(Create a new dataset)】或【写入新数据文件(Write a new data file)】，选择前者需要指定【数据集名称(Dataset name)】。

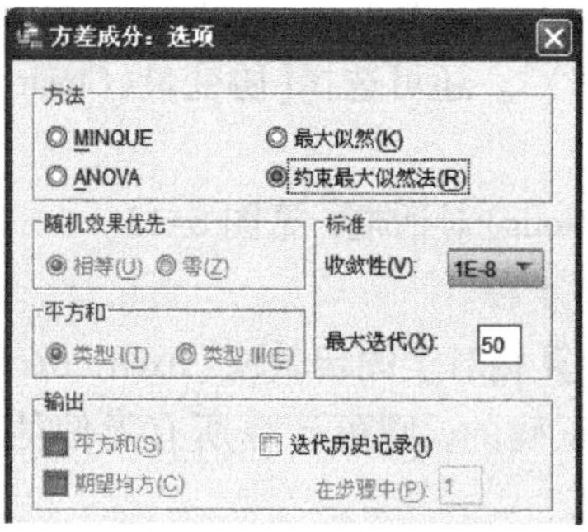

图 8-13　选项(Options)对话框

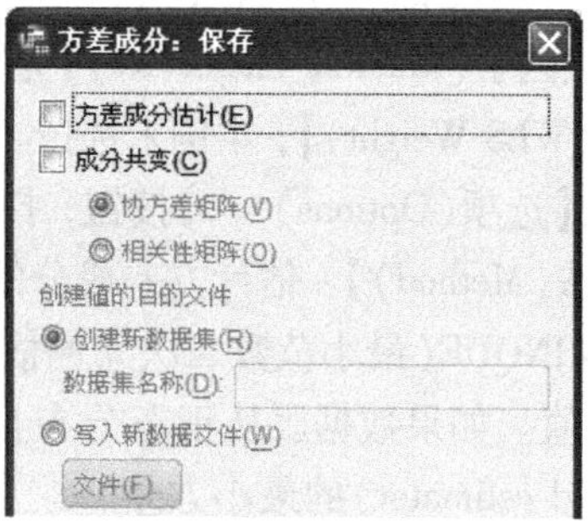

图 8-14　保存(Save)对话框

5)单击【继续】→【确定】按钮，得到以下主要结果：

方差分量估计(Variance Components Estimation)

结果 8-53　方差估计(Variance Estimates)

成分(Component)	估计(Estimate)
Var(family)	2.401
Var(family * sex)	1.766
方差(误差)(Var(Error))	2.167

结果 8-54　渐近协方差矩阵(Asymptotic Covariance Matrix)

	Var(family)	Var(family * sex)	方差(误差)(Var(Error))
Var(family)	11.220	-2.684	-.015
Var(family * sex)	-2.684	5.591	-.448
方差(误差)(Var(Error))	-.015	-.448	.932

6)主要结果分析。

(1)方差估计(Variance Estimates)表：显示主效应和交互效应的方差估计，见结果 8-53。

(2)渐近协方差矩阵(Asymptotic Covariance Matrix)，见结果 8-54。

练习题

(请访问 www.hxedu.com.cn 下载。)

第9章 相　关

相关(Correlate)是研究变量间密切程度的一种统计方法，包括双变量相关(Bivariate Correlation)、偏相关(Partial Correlation)和距离(Distances)相关。

9.1 双变量相关

在分析多个事物之间的关系，而这种关系又往往是变量之间的数量关系时，可用双变量相关(Bivariate Correlation)方法，并作出统计学推断。相关分析可以用于检验变量或等级顺序间的相关性，双变量相关可计算 Pearson 相关系数(Pearson's correlation coefficient)、Spearman 等级相关系数(Spearman's rho)和 Kendall 相关系数(Kendall's tau-b)及其显著性水平(significance level)。由于离群值(outlier)可导致错误的结果，在分析之前应筛选出数据中的离群值并找出线性关系的证据。

生成的统计量包括每个变量的有效例数、平均值及标准差，每对变量的 Pearson 相关系数、Spearman 等级相关系数、Kendall 相关系数、叉积离差(cross-product of deviation)及协方差(covariance)。

9.1.1 Pearson 线性相关

Pearson 线性相关系数 r，又称 Pearson 积矩相关系数，是定量描述两个连续变量间线性关系密切程度和相关方向的统计指标。

【例 9-1】 现有某妇幼保健院对 33 名产妇进行产前检查及其婴儿体重的原始观测值，包括髂前上棘间径(x1，cm)、髂脊间径(x2，cm)、耻骶外径(x3，cm)、坐骨节间径(x4，cm)、血红蛋白(x5，g)和婴儿体重(x6，kg)等 6 个指标。已建立数据文件 hong1.sav，试计算 x1 ~ x4 的 Pearson 相关系数。

1)打开数据文件 hong1.sav。

2)选择【分析(Analyze)】→【相关(Correlate)】→【双变量(Bivariate)...】，打开双变量相关性(Bivariate Correlations)主对话框，见图 9-1。

☆【变量(Variables)】列表：计算 Pearson 相关系数应使用对称的定量变量，计算 Spearman 和 Kendall 等级相关则应使用定量变量或等级变量。本例为"x1(髂前上棘间径)"、"x2(髂脊间径)"、"x3(耻骶外径)"和"x4(坐骨节间径)"。

☆【相关系数(Correlation Coefficients)】。

○【Pearson(Pearson 相关系数，r)】：r 介于 −1 ~ 1 之间，r 的正负值表示两变量之间线性关系的方向，即 $r>0$ 为正相关，$r<0$ 为负相关，$r=0$ 为零相关。r 的绝对值大小则表示两变量之间线性相关的密切程度，$|r|$越接近 0，说明密切程度越低。$r=0$ 时，也可能会存在非线性关系，可通过散点图来确定。Pearson 相关系数不适合描述两变量的非线性关系。

○ Kendall's tau-b(Kendall 等级相关系数 τ)，τ 的计算以观测值的秩次为基础，介于 −1 ~

1之间，其绝对值越大，表示两变量相关程度越密切，正值或负值表示相关的方向即正相关或负相关。(参见第6.5.1节)

○【Spearman(Spearman等级相关)】：Spearman等级相关系数r_s，r_s介于$-1 \sim 1$之间，即$r_s > 0$为正相关，$r_s < 0$为负相关，$r_s = 0$为零相关。

☆【显著性检验(Test of Significance)】。

○【双尾检验(Two-tailed，双侧检验)】：为默认选项。

○【单尾检验(One-tailed，单侧检验)】：当相关方向很明显时，如身高与体重的关系，选择此项。

○【标记显著性相关(Flag significant correlations)】：用1个星号“*”标记在$\alpha = 0.05$水平上有统计学意义的相关系数；用2个星号“**”标记在$\alpha = 0.01$水平上有统计学意义的相关系数。

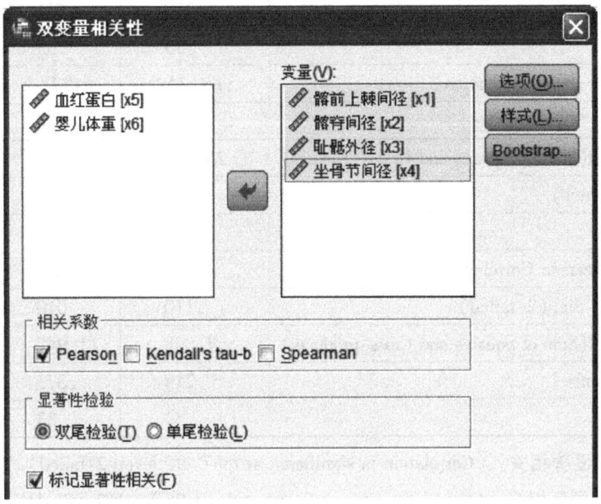

图9-1　双变量相关性(Bivariate Correlations)主对话框

3)单击【选项(Options)...】按钮，打开选项(Options)对话框，见图9-2。

☆【Statistics(统计)】：只能用于Pearson相关系数。

○【平均值和标准差(Means and standard deviations)】：显示每个变量的平均值、标准差及非缺失值的例数。

○【叉积偏差和协方差(Cross-product deviations and covariances，叉积离差和协方差)】：显示每对变量的叉积离差和协方差。叉积离差为平均校正变量的乘积和，为Pearson相关系数的分子。协方差为两个变量关系的非标准化度量，等于叉积离差除以(N－1)。

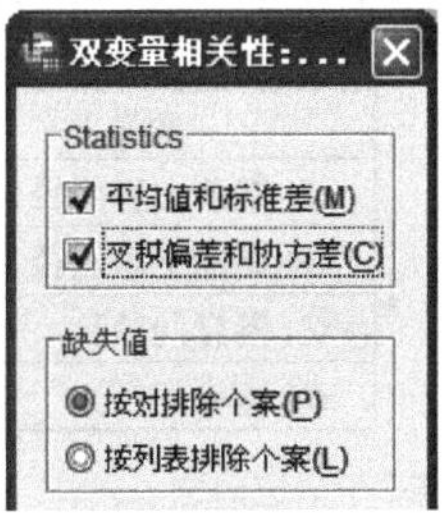

图9-2　选项(Options)对话框

☆【缺失值(Missing Values)】：可采用不同处理方法。

○【按对排除个案(Exclude cases pairwise)】：剔除相关中含有缺失值的变量对。由于相关系数是根据特定变量的有效值计算(每个计算均使用了最大的信息)，因此相关矩阵的相关系数是根据不同例数来计算的。

○【按列表排除个案(Exclude cases listwise)】：剔除参加相关的变量含有缺失值的所有个案。

4)单击【继续】→【确定】按钮，得到以下主要结果：

相关(Correlations)

结果 9-1　相关(Correlations)

		髂前上棘间径	髂脊间径	耻骶外径	坐骨节间径
髂前上棘间径	Pearson 相关(Pearson Correlation)	1	.796**	.684**	.283
	显著性(双侧)(Sig. (2-tailed))		.000	.000	.110
	平方和与乘积和(Sum of Squares and Cross-products)	46.242	40.303	25.795	7.008
	协方差(Covariance)	1.445	1.259	.806	.219
	例数(N)	33	33	33	33
髂脊间径	Pearson 相关(Pearson Correlation)	.796**	1	.617**	.441*
	显著性(双侧)(Sig. (2-tailed))	.000		.000	.010
	平方和与乘积和(Sum of Squares and Cross-products)	40.303	55.379	25.432	11.947
	协方差(Covariance)	1.259	1.731	.795	.373
	例数(N)	33	33	33	33
耻骶外径	Pearson 相关(Pearson Correlation)	.684**	.617**	1	.171
	显著性(双侧)(Sig. (2-tailed))	.000	.000		.341
	平方和与乘积和(Sum of Squares and Cross-products)	25.795	25.432	30.727	3.455
	协方差(Covariance)	.806	.795	.960	.108
	例数(N)	33	33	33	33
坐骨节间径	Pearson 相关(Pearson Correlation)	.283	.441*	.171	1
	显著性(双侧)(Sig. (2-tailed))	.110	.010	.341	
	平方和与乘积和(Sum of Squares and Cross-products)	7.008	11.947	3.455	13.242
	协方差(Covariance)	.219	.373	.108	.414
	例数(N)	33	33	33	33

**. 在.01 水平(双侧)上显著相关。(Correlation is significant at the 0.01 level(2-tailed).)

*. 在 0.05 水平(双侧)上显著相关。(Correlation is significant at the 0.05 level(2-tailed).)

5)主要结果分析。

相关(Correlations)，按 $\alpha=0.05$ 水准，以下变量间的相关系数有统计学意义，即它们之间有正相关关系(见结果 9-1)：

变量 1	变量 2	相关系数 r	P 值	意义
x1(髂前上棘间径)	x2(髂脊间径)	0.796	$P<0.01$	正相关关系
x1(髂前上棘间径)	x3(耻骶外径)	0.684	$P<0.01$	正相关关系
x2(髂脊间径)	x3(耻骶外径)	0.617	$P<0.01$	正相关关系
x2(髂脊间径)	x4(坐骨节间径)	0.441	$P<0.05$	正相关关系

9.1.2　Kendall 等级相关

Kendall 等级相关系数 τ 是用于描述非正态分布计量资料或等级资料相关性的统计指标。

【例 9-2】　现有一些环状化合物的分子量与用药后大白鼠 24 小时胆汁排泄量资料，见表 9-1，试问分子量数值(value)与胆汁排泄量(excrete)有无相关关系？

本例可用 Kendall 等级相关。

1)建立数据文件 kendall1.sav，变量名为 value(分子量数值)、excrete(排泄量占投药量%)。

表 9-1　环状化合物的分子量与用药后大白鼠 24 小时胆汁排泄量

化　合　物	分子量数值	24 小时胆汁排泄量占投药量%
联苯	154	22
4-烃基联苯	170	37
4, 4, -二烃基联苯	186	65
4-葡萄糖醛酸联苯	346	59
4-葡萄糖醛酸-4, -烃基联苯	362	92
己烯雌酚	268	94
己烯雌酚的葡萄糖醛酸甙	445	100
酚酞	318	100
酚酞葡萄糖酸甙	495	75
1, 2, 3, 4-四氢化萘	132	13

2）双变量相关性（Bivariate Correlations）主对话框中，【变量（Variables）】为“value（分子量数值）”、“excrete（排泄量占投药量%）”。【相关系数（Correlation Coefficients）】中只选择【Kendall's tau-b（Kendall 相关系数）】，其他均为默认选项。

3）主要结果如下：

非参数相关（Nonparametric Correlations）

结果 9-2　相关（Correlations）

			分子量数值	排泄量占投药量%
Kendall 相关系数（Kendall's tau_b）	分子量数值（value）	相关系数（Correlation Coefficient）	1.000	.539*
		显著性（双侧）（Sig.（2-tailed））	.	.031
		例数（N）	10	10
	排泄量占投药量%（excrete）	相关系数（Correlation Coefficient）	.539*	1.000
		显著性（双侧）（Sig.（2-tailed））	.031	.
		例数（N）	10	10

*. 在置信水平（双侧）为 0.05 时，相关系数是显著的。（Correlation is significant at the 0.05 level（2-tailed）.）

4）主要结果分析。

相关（Correlations），Kendall 相关系数 tau_b = 0.539，P = 0.031 < 0.05，按 α = 0.05 水准，认为分子量（value）等级与胆汁排泄量（excrete）等级之间的相关系数有统计学意义，它们之间呈正相关关系，见结果 9-2。

9.1.3　Kendall 等级相关（计数资料）

【例 9-3】　现有 116 名婴儿的辅食添加和营养状况评价资料（见表 9-2），试问辅食添加（food）与营养状况评价（appraise）有无相关关系？

本例对婴儿的辅食品（food）供给情况分为两个等级（足与不足），营养状况评价（appraise）分为三个等级（差、中、好），可看作是按等级但有很多重复等级的（计数）资料，为 2 * k 列联表（contingency tables），可用 Kendall 等级相关方法。

表 9-2　辅食添加和营养状况评价资料

辅食添加（food）	营养状况评价（appraise）		
	差（1）	中（2）	好（3）
不足（1）	4	20	6
充足（2）	7	38	41

1）建立数据文件 kendall2.sav，变量名为 food（辅食添加），1 为“不足”、2 为“充足”；appraise（营养状况评价），1 为“差”，2 为“中”，3 为“好”；count（计数）。

2)进行数据加权，加权个案(Weight Cases)对话框中，【加权个案(Weight Cases by)】的【频率变量(Frequency Variable)】为"计数(Count)"，单击【确定】按钮，完成数据加权，参见第 3.2.5 节。

3)双变量相关性(Bivariate Correlations)主对话框中，【变量(Variables)】为"food(辅食添加)"、"appraise(营养状况评价)"。【相关系数(Correlation Coefficients)】选择【Kendall's tau_b (Kendall 相关系数)】，其他均为默认选项。

4)主要结果如下：

非参数相关(Nonparametric Correlations)

结果 9-3 相关(Correlations)

			辅食添加	营养状况评价
Kendall 相关系数 (Kendall's tau_b)	辅食添加 (food)	相关系数(Correlation Coefficient)	1.000	.229*
		显著性(双侧)(Sig. (2-tailed))	.	.011
		例数(N)	116	116
	营养状况评价 (appraise)	相关系数(Correlation Coefficient)	.229*	1.000
		显著性(双侧)(Sig. (2-tailed))	.011	.
		例数(N)	116	116

*. 在置信水平(双侧)为 0.05 时，相关系数是显著的。(Correlation is significant at the 0.05 level(2-tailed).)

4)主要结果分析。

(1)相关(Correlations)，Kendall 等级相关系数，tau_b = 0.229，P = 0.011 < 0.05，按 $\alpha = 0.05$ 水准，认为辅食添加(food)与营养状况评价(appraise)之间呈正相关关系，见结果 9-3。

(2)四格表资料的相关是 2 * k 列联表的特例，也可用 Kendall 等级相关方法。

(3)同理，R(行，Rows) * C(列，Columns)表资料的相关，也可参考本例得到相应的结果。

9.1.4 Spearman 等级相关

Spearman 等级相关可用于描述两个等级变量间关联程度与方向，其相关系数用 r_s 表示。这类方法对原变量的分布不作要求，属于非参数统计方法，可用于不服从正态分布或不知道总体分布类型的连续性资料、结果不能用具体数字表示、半定量资料或等级资料的相关分析。

【例 9-4】 现有 12 个病人血小板数和出血症状程度的资料，试分析血小板数和出血症状程度的相关关系。

病例号	1	2	3	4	5	6	7	8	9	10	11	12
血小板数(10^9/L)	120	130	160	310	420	540	740	1060	1260	1230	1440	2000
出血症状	++	+++	+-	-	+	+	-	-	-	-	++	-

由于出血症状是等级资料，应该先将出血症状编成等级，然后再做等级相关。

1)建立数据文件 spearman.sav，变量名为 x1(血小板数)、x2(出血症状等级)。

2)双变量相关性(Bivariate Correlations)主对话框中，【变量(Variables)】为"x1(血小板数)"、"x2(出血症状等级)"。选择【相关系数(Correlation Coefficients)】中的【Spearman (Spearman 等级相关)】，其他为默认选项。

3)主要结果如下：

非参数相关(Nonparametric Correlations)

结果9-4 相关(Correlations)

			血小板数	出血症状等级
Spearman 等级相关系数(Spearman's rho)	血小板数	相关系数(Correlation Coefficient)	1.000	-.506
		显著性(双侧)(Sig. (2-tailed))	.	.093
		例数(N)	12	12
	出血症状等级	相关系数(Correlation Coefficient)	-.506	1.000
		显著性(双侧)(Sig. (2-tailed))	.093	.
		例数(N)	12	12

4)主要结果分析。

相关(Correlations)表，Spearman 等级相关系数(Spearman's rho)，$r_s = -0.506$，$P = 0.093 > 0.05$，按 $\alpha = 0.05$ 水准，尚不能认为血小板(x1)和出血症状等级(x2)的相关系数有统计学意义，见结果9-4。

9.2 偏 相 关

偏相关(Partial Correlation)过程可计算偏相关系数(partial correlation coefficient)，此系数在控制一个或多个附加变量的效应后，描述两变量间线性关系(linear relationship)。这两个变量可以完全相关，但如果其关系不是线性关系，则不宜使用偏相关系数。

生成的统计量包括每个变量的有效例数、平均值、标准差、包含自由度(degrees of freedom)与显著性水平的偏相关与零阶相关矩阵(partial and zero-order correlation matrices)。

【例9-5】 某地29名13岁男童身高(x1，cm)、体重(x2，kg)及肺活量(y，L)的实测数据文件为partial.sav。试计算其简单相关系数，当体重(x2)被控制(即固定)时，计算身高(x1)与肺活量(y)的偏相关系数 $r_{31.2}$，并做假设检验。

1)打开数据文件partial.sav。

2)选择【分析(Analyze)】→【相关(Correlate)】→【偏相关(Partial)...】，打开偏相关(Partial Correlations)主对话框，见图9-3。

☆【变量(Variables)】列表：选择2个或以上对称的定量变量，本例为“x1(身高，cm)”、“y(肺活量，L)”。

☆【控制(Controlling for)】变量：可选择1个或以上的控制变量，本例为“x2(体重，kg)”。

☆【显著性检验(Test of Significance)】：可选择【双尾检验(Two-tailed，双侧检验)】或【单尾检验(One-tailed，单侧检验)】。

☆【显示实际显著性水平(Display actual significance level)】：此项设置可影响偏相关矩阵(partial correlation matrix)及零阶相关矩阵(zero-order correlation matrix)的显示。(参见第9.1.1节)

3)单击【选项(Options)...】按钮，打开选项(Options)对话框，见图9-4。

☆【Statistics(统计)】。

○【平均值和标准差(Means and standard deviations)】：显示每个变量的平均值、标准差及有效例数。

○【零阶相关系数(Zero-order correlations)】：显示所有变量(含控制变量(control variable))的简单相关矩阵。

☆【缺失值(Missing Values)】: 可选择【按列表排除个案(Exclude cases listwise)】或【按对排除个案(Exclude cases pairwise)】。

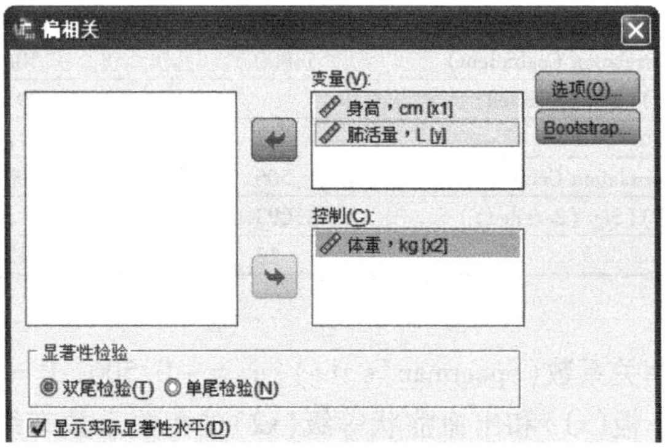

图 9-3 偏相关(Partial Correlations)主对话框

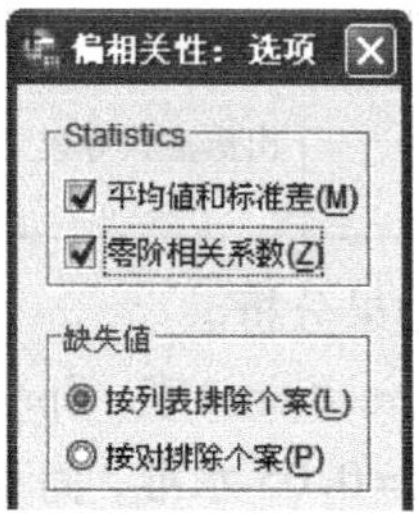

图 9-4 选项(Options)对话框

4)单击【继续】→【确定】按钮，得到以下结果：

偏相关(Partial Corr)

结果 9-5 相关(Correlations)

控制变量			身高, cm	肺活量, L	体重, kg
-无-	身高, cm	相关系数(Correlation Coefficient)	1.000	.588	.742
		显著性(双侧)(Sig. (2-tailed))	.	.001	.000
		自由度(df)	0	27	27
	肺活量, L	相关系数(Correlation Coefficient)	.588	1.000	.736
		显著性(双侧)(Sig. (2-tailed))	.001	.	.000
		自由度(df)	27	0	27
	体重, kg	相关系数(Correlation Coefficient)	.742	.736	1.000
		显著性(双侧)(Sig. (2-tailed))	.000	.000	.
		自由度(df)	27	27	0
体重, kg	身高, cm	相关系数(Correlation Coefficient)	1.000	.093	
		显著性(双侧)(Sig. (2-tailed))	.	.639	
		自由度(df)	0	26	
	肺活量, L	相关系数(Correlation Coefficient)	.093	1.000	
		显著性(双侧)(Sig. (2-tailed))	.639	.	
		自由度(df)	26	0	

注: 单元格包含零阶(Pearson)相关。(Cells contain zero-order(Pearson) correlations.)

5)主要结果分析。

(1)相关(Correlations)，简单相关系数，$r_{12}=0.588$，$P=0.001<0.01$；$r_{31}=0.742$，$P=0.000<0.01$；$r_{32}=0.736$，$P=0.000<0.01$，按 $\alpha=0.05$ 水准，认为 13 岁男童身高(x1，cm)、体重(x2，kg)及肺活量(y，L)3 个指标两两间存在相关关系，见结果 9-5。

(2)控制体重(x2)时，身高(x1)与肺活量(y)的偏相关系数，$r_{12.3}=0.093$，$P=0.639>0.05$，按 $\alpha=0.05$ 水准，认为控制体重(x2)时，身高(x1)与肺活量(y)的偏相关系数无统计学意义，见结果 9-5。

可见，在不控制体重变量时，身高和肺活量之间存在相关关系($P=0.001<0.01$)，但在控制了体重变量后，身高和肺活量之间的相关系数则无统计学意义($P=0.639>0.05$)。因此，认为在体重不变的条件下，身高和肺活量之间不存在相关关系。

9.3 距离相关

距离相关(Distances)用于计算个案或变量之间距离相异性(dissimilarity)或相似性(similarity)度量。相似性或相异性度量还可用于其他统计过程进一步分析如因子分析(factor analysis)、聚类分析(cluster analysis)及多维尺度(multidimensional scaling)分析，对分析复合数据集非常有用。

9.3.1 变量距离相关

【例9-6】 已知我国28个省、市(自治区)19~22岁年龄组城市学生(汉族，男性)形态指标：身高(x1，cm)、坐高(x2，cm)、体重(x3，kg)、胸围(x4，cm)、肩宽(x5，cm)与骨盆宽(x6，cm)的平均值，并已建立数据文件body1.sav，试对身高(x1，cm)、坐高(x2，cm)、体重(x3，kg)及胸围(x4，cm)进行变量距离相关。

1)打开数据文件body1.sav。

2)选择【分析(Analyze)】→【相关(Correlate)】→【距离(Distances...)】，打开距离(Distances)主对话框，见图9-5。

- ☆【变量(Variables)】列表：计算个案间的距离时至少选择一个数值变量，计算变量间的距离时至少选择两个数值变量，本例为“x1(身高，cm)”、“x2(坐高，cm)”、“x3(体重，kg)”、“x4(胸围x4，cm)”。
- ☆【标注个案(Label Cases by)】：当分析个案间的距离时，指明个案(case)的标记，增加可读性。
- ☆【计算距离(Compute Distances)】。
  - ○【个案间(Between cases)】距离：计算个案之间的距离系数。
  - ○【变量间(Between variables)】距离：计算变量之间的距离系数，本例选择此项。
- ☆【测量(Measure，度量)】。
  - ○【非相似性(Dissimilarities，相异性)】：其数值越大表示距离越远。
  - ○【相似性(Similarities)】：其数值越大表示距离越近。

3)单击【测量(Measures)...】按钮，打开相似性测量(Similarity Measures)对话框，见图9-6。

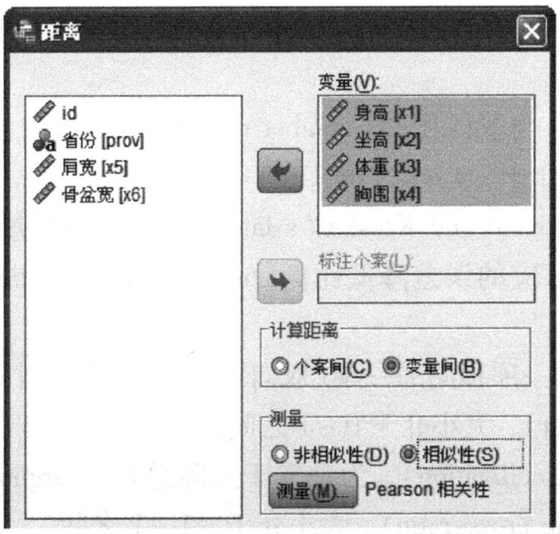

图9-5 距离(Distances)主对话框

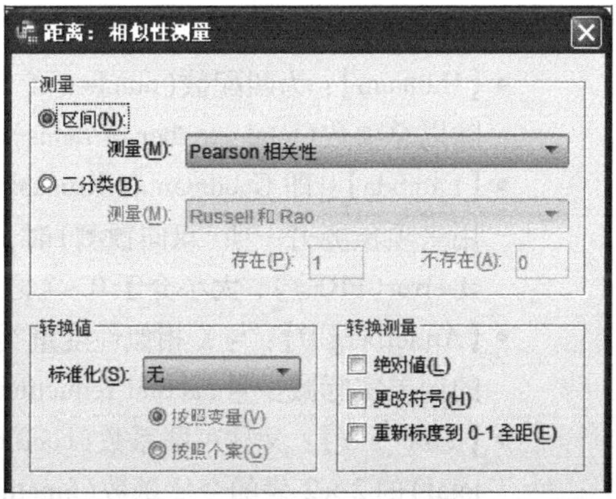

图9-6 相似性测量(Similarity Measures)对话框

☆【测量(Measures, 度量)】。

○【区间测量(Interval Measure, 区间度量)】: 区间资料(interval data)的相似性度量。

- 【Pearson 相关性(Pearson correlation)】: 两个值向量之间的积矩相关(product-moment correlation)系数, 是定距资料的默认相似性度量, 本例选择此项。
- 【余弦(Cosine)】: 两个值向量之间角度的余弦。

○【二分类测量(Binary Measure, 二进制度量)】: 二进制资料(binary data)的相似性度量。

- 【Russell 和 Rao(Russell and Rao)】: 内(点)积(inner(dot)product)的二进制版本, 对匹配项(match)和非匹配项(nonmatch)赋予相等的权重(weight)。这是二进制相似数据(binary similarity data)的默认度量。
- 【简单匹配(Simple matching)】: 匹配项与值总数(total number of values)之比。对匹配项和非匹配项赋予相等的权重。
- 【Jaccard】: 又称相似率(similarity ratio), 此指数不考虑联合不存在项(joint absences)。对匹配项和非匹配项赋予相等的权重。
- 【Dice(骰子)】: 又称 Czekanowski 度量(Czekanowski measure)或 Sorensen 度量(Sorensen measure), 此指数不考虑联合不存在项。对匹配项赋予双倍权重。
- 【Rogers 和 Tanimoto(Rogers and Tanimoto)】: 对非匹配项赋予双倍权重。
- 【Sokal 和 Sneath 1(Sokal and Sneath 1)】: 对匹配项赋予双倍权重。
- 【Sokal 和 Sneath 2(Sokal and Sneath 2)】: 对非匹配项赋予双倍权重, 考虑联合不存在项。
- 【Sokal 和 Sneath 3(Sokal and Sneath 3)】: 匹配项与非匹配项之比, 大小介于 0 ~ +∞ 之间。理论上, 当没有非匹配项时, 则不定义此指数; 在未定义该值或该值大于 9999.999 时会指定随意值“9999.999”。
- 【Kulczynski 1】: 为联合存在项(joint presence)与所有非匹配项之比, 大小介于 0 ~ +∞ 之间。理论上, 当没有非匹配项时, 不定义此指数; 在未定义该值或该值大于 9999.999 时会指定随意值 9999.999。
- 【Kulczynski 2】: 为某个特征一项中存在, 使其在另一项中也存在的条件概率(conditional probability)。
- 【Sokal 和 Sneath 4(Sokal and Sneath 4)】: 为一项中的特征与另一项中的值相匹配的条件概率。
- 【Hamann】: 为匹配数(number of matches)与非匹配数(number of nonmatches)之差除以总项数(total number of items), 大小介于 -1 ~ 1 之间。
- 【Lambda】: 即 Goodman 和 Kruskal λ(Goodman and Kruskal's lambda)相似性度量, 用一项预测另一项(双向预测)时, 与之对应的误差降低比例(proportional reduction of error(PRE)), 大小介于 0 ~ 1 之间。
- 【Anderberg D】: 与 λ 相似性度量类似, 用一项预测另一项(双向预测)时, 与之对应的误差实际减少量(actual reduction of error), 大小介于 0 ~ 1 之间。
- 【Yule's Y】: 又称束联系数(coefficient of colligation), 为独立于边际总计(marginal total)的 2 × 2 表的交比函数(function of the cross-ratio), 大小介于 -1 ~ 1 之间。

- 【Yule's Q】: Goodman 和 Kruskal γ 相似性度量的特例，为独立于边际总计的 2×2 表的交比函数，大小介于 0～1 之间。
- 【Ochiai】: 余弦相似性度量(cosine similarity measure)的二进制形式，大小介于 0～1 之间。
- 【Sokal 和 Sneath 5(Sokal and Sneath 5)】: 正匹配(positive match)和负匹配(negative match)的条件概率的几何平均数的平方，独立于项编码(item coding)，大小介于 0～1之间。
- 【Phi4 点相关性(Phi 4-point correlation)】: 是 Pearson 相关系数(Pearson correlation coefficient)的二进制模拟(binary analogue)，大小介于 -1～1 之间。

○【离散(Dispersion)】: 其大小介于 -1～1 之间。

○【存在(Present)】: 设定存在特征的值。

○【不存在(Absent)】: 设定不存在特征的值。

☆【转换值(Transform Values，变换值)】。

○【标准化(Standardize)】下拉菜单。

- 【无(None)】: 默认选项。
- 【Z 分数(Z Scores)】: 将值标准化为平均值为 0，标准差为 1 的 Z 得分(Z Score)。
- 【范围 -1 到 1(Range -1 to 1)】: 将要进行标准化的项均除以极差(range)，使其标准化为介于 -1～1 之间的数值。
- 【范围 0 到 1(Range 0 to 1)】: 将要进行标准化的项与最小值之差除以极差，使其标准化为介于 0～1 之间的数值。
- 【1 的最大范围(Maximum magnitude of 1，最大值为 1)】: 将要进行标准化的项除以最大值，使其标准化为最大值(maximum)为 1 的数值。
- 【1 的平均值(Mean of 1，平均值为 1)】: 将要进行标准化的项除以平均值，使其标准化为平均值(mean)为 1 的数值。
- 【1 的标准偏差(Standard deviation of 1，标准差为 1)】: 将要进行标准化的变量或个案值除以标准差，使其标准化成标准差(standard deviation)为 1 的数值。

此外，可选择进行标准化的方式，选项有【按照变量(By variable)】或【按照个案(By case)】。

☆【转换测量(Transform Measures，变换度量)】: 可选择【绝对值(Absolute values)】、【更改符号(Change sign)】或【重新标度到 0-1 全距(Rescale to 0-1 range)】。

4)单击【继续】→【确定】按钮，得到以下主要结果:

相似性(Proximities)

结果 9-6 近似值矩阵(Proximity Matrix)

	值向量间的相关(Correlation between Vectors of Values)			
	身高	坐高	体重	胸围
身高	1.000	.956	.854	.414
坐高	.956	1.000	.806	.406
体重	.854	.806	1.000	.533
胸围	.414	.406	.533	1.000

注: 这是一个相似性矩阵。(This is a similarity matrix.)

5)结果分析。

结果为相似性矩阵(similarity matrix)，即 Pearson 相关矩阵。可见，Pearson 相关是距离相关的特殊情况。以上是对变量：x1、x2、x3 与 x4，而计算距离(Compute Distances)选择变量间(Between variables)的相似性(Similarities)，测量(Measures，度量)为 Pearson 相关(Pearson correlation)的结果，其数值越大者距离越近。相关系数由大到小分别为 $r_{X1*X2}=0.956$、$r_{X1*X3}=0.854$、$r_{X2*X3}=0.806$ 等，表明其亲密程度由密到疏，见结果 9-6。

9.3.2　个案距离相关

【例 9-7】　在数据文件 body1.sav 中，根据形态指标身高(x1，cm)、坐高(x2，cm)、体重(x3，kg)、胸围(x4，cm)、肩宽(x5，cm)与骨盆宽(x6，cm)，对第 5 个到第 10 个(共计 6 个个案)进行个案距离相关。

1)从 28 个个案中，选择满足条件的 6 个个案，选择个案(Select Cases)对话框，选择【基于时间或个案全距(Based on time or case range)】项。

2)单击【范围(Range)...】按钮，打开范围(Range)对话框，选择【观测值(Observation)】的【第一个个案(First Case)】为“5”，【最后一个案(Last Case)】为“10”。单击【继续】→【确定】按钮，完成选择个案，参见第 3.2.4 节。

3)进行个案距离相关，打开距离相关(Distances)主对话框。选择【计算距离(Compute Distances)】中的【个案间(Between cases)】，【测量(Measure，度量)】中的【非相似性(Dissimilarities)】，默认为【Euclidean 距离(Euclidean distance)】。

4)单击【测量(Measures)...】按钮，打开非相似性测量(Dissimilarity Measures)对话框，见图 9-7。

☆【测量(Measure，度量)】。

- ○【区间测量(Interval Measure，区间度量)】：定距资料的相异性度量(dissimilarity measure)。
  - ●【Euclidean 距离(Euclidean distance)】：各项值间平方差(squared differences)之和的平方根。为默认选项，本例选择此项。
  - ●【平方 Euclidean 距离(Squared Euclidean distance)】：各项值间平方差之和。
  - ●【切比雪夫(Chebychev)距离】：各项值间的最大绝对差(absolute difference)。
  - ●【块(Block)】：又称 Manhattan 距离(Manhattan distance)，各项值间绝对差之和。
  - ●【Minkowski 距离】：各项值间 p 次幂绝对差之和的 p 次根。
  - ●【定制(Customized)】：各项值之间 p 次幂绝对差之和的 r 次根。
    当选择【Minkowski 距离】或【定制(Customized)距离】时，可设定【幂(Power)】及【根(Root)】。

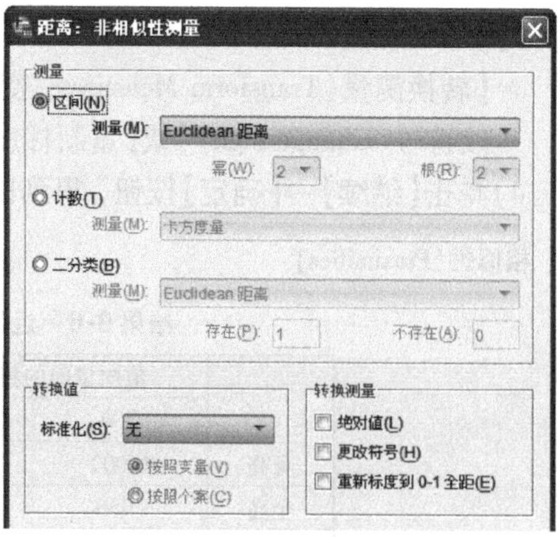

图 9-7　非相似性测量(Dissimilarity Measures)对话框

- ○【计数测量(Counts Measure，计数度量)】：

计数资料(count data)的相异性度量。

- 【卡方度量(Chi-square measure)】: 基于两组频率相等的卡方检验(Chi-square test), 为计数资料的默认选项。
- 【Phi平方度量(Phi-square measure)】: 等于由组合频率(combined frequency)的平方根标准化的卡方度量。

○【二分类测量(Binary Measure, 二进制度量)】: 二进制资料的相异性度量。

- 【Euclidean距离(Euclidean distance)】: 根据四重表(fourfold table)公式SQRT(b + c)计算, b和c表示在一项中存在但在另一项中不存在的个案的对角格子(diagonal cell)。
- 【平方Euclidean距离(Squared Euclidean distance)】: 计算不一致的个案数, 大小介于0 ~ +∞之间。
- 【大小差值(Size difference)】: 为非对称指数(index of asymmetry), 大小介于0 ~ 1之间。
- 【模式差值(Pattern difference)】: 二进制资料的相异性度量, 根据四重表公式bc/(n * * 2)计算, b和c代表在一项中存在, 但在另一项中不存在的个案的对角格子, n表示总观测数。大小介于0 ~ 1之间。
- 【方差(Variance)】: 根据四重表公式(b + c)/4n计算, b和c代表在一项中存在但另一项中不存在的个案的单元格, *n*表示总观测数。大小介于0 ~ 1之间。
- 【形状(Shape)】: 对非匹配项的非对称性加以惩罚, 其大小介于0 ~ 1之间。
- 【Lance和Williams(Lance and Williams)】: 又称Bray-Curtis非量度系数(Bray-Curtis nonnumeric coefficient), 根据四重表公式(b + c)/(2a + b + c)计算, a代表在两项中均存在的个案的单元格, b和c代表在一项中存在但另一项中不存在的个案的对角格子, n表示总观测数。大小介于0 ~ 1之间。用户可在存在(Present)和不存在(Absent)框中改变某一特征存在或不存在的值。分析过程中将忽略其他值。

注: 【转换值(Transform Values, 变换值)】及【转换测量(Transform Measures, 变换度量)】选项参见第9.3.1节。

5)单击【继续】→【确定】按钮, 得到以下结果:

相似性(Proximities)

结果9-7 近似值矩阵(Proximity Matrix)

	Euclidean距离(Euclidean Distance)					
	5	6	7	8	9	10
5	.000	1.208	1.466	1.469	1.307	1.181
6	1.208	.000	.871	.791	1.230	.984
7	1.466	.871	.000	1.478	2.008	.435
8	1.469	.791	1.478	.000	1.328	1.593
9	1.307	1.230	2.008	1.328	.000	1.940
10	1.181	.984	.435	1.593	1.940	.000

注: 这是一个非相似性矩阵。(This is a dissimilarity matrix.)

6)主要结果分析。结果是个案间的距离, 其数值越大者距离越远, 数值越小者距离越近, 见结果9-7。

练习题

(请访问www.hxedu.com.cn下载。)

第10章 回归分析

回归(Regression)是研究一个或多个自变量(independent)与一个因变量(dependent)之间是否存在某种线性或非线性关系的统计分析方法，包括自动线性建模(Automatic Linear modeling)、线性回归(Linear Regression)、曲线估计(Curve Estimation)、偏最小二乘回归(Partial Least Squares Regression)、二元 Logistic 回归(Binary Logistic Regression)、多元 Logistic 回归(Multinomial Logistic Regression)、有序回归(Ordinal Regression)、概率单位法(Probit, probability unit)、非线性回归(Nonlinear Regression)、权重估计法(Weight Estimation)、两步最小二乘回归(2-Stage Least Squares Regression)及分类回归(Categorical Regression)等。

10.1 线性回归

线性回归(linear regression)是基于最小二乘法(least square method)原理生成古典统计假设下的最优线性无偏估计，是研究一个或多个自变量与一个因变量之间是否存在某种线性关系的统计方法。如果引入回归的自变量只有一个，那么就是直线回归，所得方程就是直线回归方程；如果引入回归的自变量有两个以上，那么就是多重线性回归，所得方程就是多重线性回归方程，而直线回归是多重线性回归的特例。

生成的统计量及图形包括每个变量的有效例数、平均值、标准差，每个模型的回归系数(regression coefficient)、相关矩阵(correlation matrix)、部分和偏相关(part and partial correlations)、复相关系数(multiple R)、决定系数(R^2)、调整 R 方(adjusted R^2)、R 方改变量(change in R^2)、估计值的标准误(standard error of the estimate)、方差分析表(analysis-of-variance table)、预测值(predicted value)及残差(residual)，每个回归系数的95%置信区间(confidence interval)、方差-协方差矩阵(variance-covariance matrix)、方差膨胀因子(variance inflation factor, VIF)、容差(tolerance)、Durbin-Watson 检验(Durbin-Watson test)、距离度量(distance measure)、DfBeta 值、DfFit 值、预测区间(prediction interval)及个案诊断(casewise diagnostics)，绘制散点图(scatterplot)、部分图(partial plot)、直方图(histogram)及正态概率图(normal probability plot)。

10.1.1 多重线性回归

SPSS 的多重线性回归提供了 5 种建立回归方程的方法，包括强迫引入法(enter)、逐步回归(stepwise regression)、强迫剔除法(remove)、后向消元法(backward elimination)及前向选择法(forward selection)。

【例 10-1】 为研究男性高血压患者血压与年龄、身高、体重等变量间的关系，随机测量了 32 名 40 岁以上男性的血压(收缩压，y，mmHg)、年龄(x1，岁)、身高(cm)、体重(kg)及吸烟史(x2)。其中，吸烟(过去或现在吸烟)为“1”，不吸烟为“0”。体重指数(x3)为 100(体重/身高^2)。已建立数据文件 mreg2. sav，试建立 x1、x2、x3 对 y 的多重线性回归方程并进行分析。

1)打开数据文件 mreg2. sav，变量名为 y(收缩压)、x1(年龄)、x2(吸烟史)、x3(体重指数)。

2)选择【分析(Analyze)】→【回归(Regression)】→【线性(Linear)...】，打开线性回归(Linear Regression)主对话框，见图10-1。

☆【因变量(Dependent)】：必须是定量变量，本例为“y(血压)”。

☆【自变量(Independent(s))】列表：应选择1个或以上的定量变量，本例为“x1(年龄)”、“x2(吸烟史)”、“x3(体重指数)”。

☆【方法(Method)】下拉菜单：可指定自变量引入回归的方式。通过选择不同方法，可对相同的变量建立不同的回归模型，建立多元回归的方法有5种。

○【输入(Enter，强迫引入法)】：全部被选变量一步引入回归模型。

○【逐步(Stepwise)】：即逐步回归，在每步引入方程外具有最小F概率(概率小于设定值)的自变量(independent variable)。已在回归方程(regression equation)变量，如果其F概率大于设定值，则将其剔除。当没有变量满足引入或剔除的条件时，则终止回归过程。

○【删除(Remove，强迫剔除法)】：将所有不能引入方程的变量一步剔除。

○【后退(Backward)】：即后向消元法，将所有变量引入方程后依次剔除。首先剔除与因变量(dependent variable)间偏相关(partial correlation)最小且满足剔除标准的变量，然后剔除剩余变量中具有最小偏相关的变量。以此类推，直到方程中没有满足剔除标准的变量时，终止回归过程。

○【前进(Forward)】：即前向选择法，将变量依次引入模型，首先引入与因变量最大正相关(positive correlation)或负相关(negative correlation)并满足引入标准的变量，然后引入具有最大偏相关的自变量。当没有满足引入标准的变量时，终止回归过程。

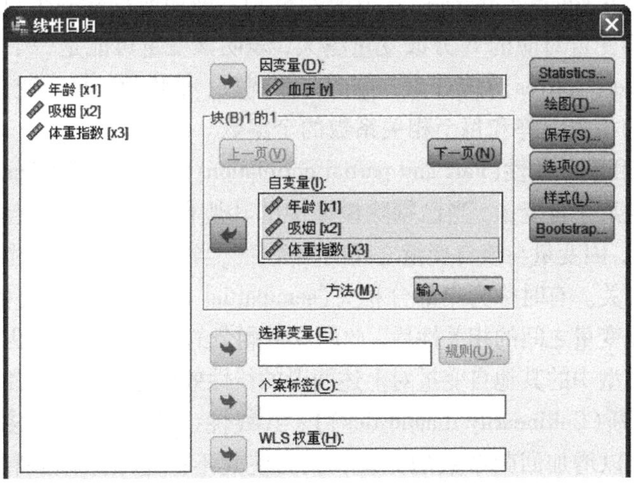

图10-1　线性回归(Linear Regression)主对话框

注：结果中的P值是根据简单模型拟合计算的，因此逐步模型(Stepwise、Forward及Backward)的P值是无效的。

无论选择何种引入方法，引入方程的变量必须满足容差，默认容差是“0.0001”。一个变量若使模型中变量的容差低于默认容差，则不引入方程。

☆【选择变量(Selection Variable)】：指定分析个案的选择规则。若要进行个案选择，可选择需进行【选择变量(Selection Variable)】的变量，然后单击【规则(Rule)...】按钮，打开设置规则(Set Rule)对话框，【定义选择规则(Define Selection Rule)】可选择【等于(equal to)】、【不等于(not equal to)】、【晚于(less than, 小于)】、【小于或等于(less than or equal to)】、【大于(greater than)】、【大于或等于(greater than or equal to)】指定值(Value)。

☆【个案标签(Case Labels)】变量：被选变量可在图形中标注点的值。

☆【WLS 权重(WLS Weight)】变量：被选变量可用于加权最小二乘法。

3)单击【Statistics(统计)...】按钮，打开统计(Statistics)对话框，见图 10-2。

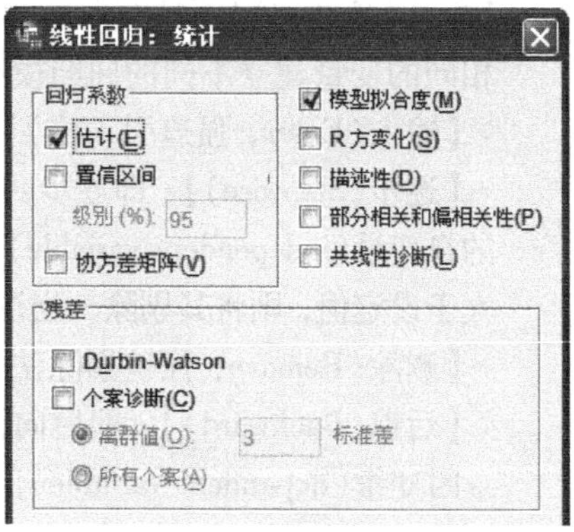

图 10-2　统计(Statistics)对话框

☆【回归系数(Regression Coefficients)】。

○【估计(Estimates)】：计算回归系数 b 及其标准误(SEB)、标准化系数(standardized coefficient, β)，b 的 t 值及双侧显著性(Sig.)。

○【置信区间(Confidence intervals, CI)】：计算指定置信水平(level of confidence)的回归系数或协方差矩阵的置信区间。

○【协方差矩阵(Covariance matrix)】：显示回归系数的方差-协方差矩阵，其对角线(diagonal)以外为协方差(covariance)，对角线上为方差，同时还显示相关矩阵。

○【模型拟合度(Model fit)】：显示模型引入或从模型剔除的变量及拟合优度统计量(goodness-of-fit statistic)，包括复相关系数 R、R 方、调整 R 方、估计值的标准误及方差分析表。

○【R 方变化(R squared change, R 方改变量)】：增加或剔除一个自变量后 R 方统计量的变化。某变量对应的 R 方改变量越大，表明该变量可能是一个较好的回归变量。

○【描述性(Descriptives)】统计量：包括有效例数、平均值，每个变量的标准差，包含单侧显著性的相关矩阵和每个相关系数的个案数。

○【部分相关和偏相关性(Part and partial correlations)】：部分相关(part correlation)是指对于因变量与某个自变量，当已剔除模型中的其他自变量对该自变量的线性效应(linear effect)之后，因变量与该自变量之间的相关性。当变量引入方程时，该部分相关系与 R 方改变量有关。有时称为半部分相关(semipartial correlation)。偏相关是指剔除某两个变量与其他变量之间的相关性后，此两变量剩余的相关性。对于因变量与某个自变量，是指剔除模型中的其他自变量对上述两者的线性效应之后，这两者之间的相关性。

○【共线性诊断(Collinearity diagnostics)】：共线性(collinearity)或多重共线性(multicollinearity)可以增加回归系数的方差，从而使其不稳定或难以解释。此项可计算已标度和非中心化交叉积矩阵(cross-products matrix)的特征值(eigenvalue)、条件指数(condition index)、方差-分解比例(variance-decomposition proportion)，个别变量的方差膨胀因子(VIF)和容差。VIF 表示回归中存在多重共线性(自变量之间的相关)的程度。VIF = 1，认为自变量间不相关；1 < VIF < 5，认为自变量间中等相关；5 < VIF < 10，认为自变量间高度相关；VIF > 10，可能表明多重共线性过度影响了回归结果。在此情况下，可能要通过从模型中剔除不重要的预测变量来减小多重共线性。

☆【残差(Residuals)】。

○【Durbin-Watson】检验统计量：残差序列相关的 Durbin-Watson 检验。

○【个案诊断(Casewise diagnostics)】：满足选择标准的个案诊断信息。

● 【离群值(Outliers outside n standard deviations)】：设定 n 个标准差以上的值为离群值，默认为“3”。

● 【所有个案(All cases)】。

4)单击【继续】→【绘图(Plots)...】按钮，打开图(Plots)对话框，见图 10-3。

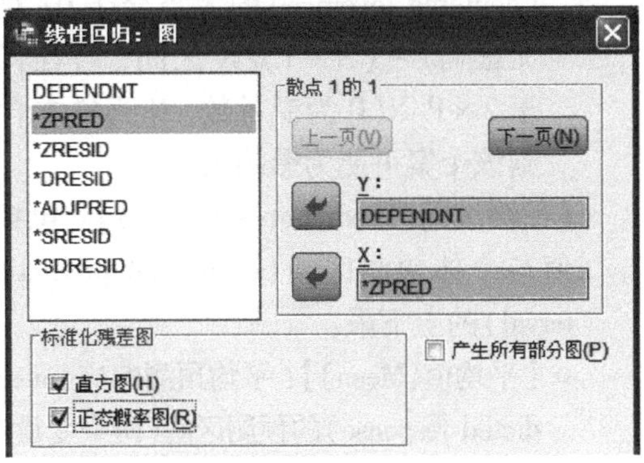

图 10-3 图(Plots)对话框

回归图形对研究变量的正态性(normality)、线性(linearity)关系及方差齐性(equality of variances)等假设非常有帮助，可用于发现离群值(outlier)、异常观测值(unusual observation)和有影响的个案(influential case)。回归图形包括如下类型：

☆ 散点(Scatter)图，用户从源变量列表(Source variable list)中选择变量作为【Y(纵轴变量)】与【X(横轴变量)】。用标准化预测值(standardized predicted value)绘制标准化残差图(standardized residuals plot)可研究线性关系及方差齐性。本例 Y 为“DEPENDNT”，X 为“ * ZPRED”。

☆ 源变量列表(Source variable list)，包括因变量(DEPENDNT)及以下预测变量(predicted variable)和残差变量(residual variable)：标准化预测值(* ZPRED)、标准化残差(* ZRESID, Standardized residual)、删除残差(* DRESID, Deleted residual)、调整预测值(* ADJPRED, Adjusted predicted value)、t 化残差(* SRESID, Studentized residual)及 t 化删除残差(* SDRESID, Studentized deleted residual)。

☆【产生所有部分图(Produce all partial plots)】：根据其余自变量分别对两个变量进行回归时，绘制每个自变量残差和因变量残差的散点图。若要生成部分图，方程中必须至少包含两个自变量。

☆【标准化残差图(Standardized Residual Plots)】：可选择绘制【直方图(Histogram)】及【正态概率图(Normal probability plot)】对标准化残差的分布与正态分布进行比较。

5)单击【继续】→【保存(Save)...】按钮，打开保存(Save)对话框，见图 10-4。

☆【预测值(Predicted Values)】：回归模型中每个个案的预测值。

○【未标准化(Unstandardized, 原始预测值)】：因变量的模型预测值。

○【标准化(Standardized)】预测值：将每个预测值变换成其标准化形式(standardized form)，即用预测值与平均预测值之差除以预测值的标准差，使标准化预测值的平均值为 0，标准差为 1。

○【调节(Adjusted, 调整预测值)】：从回归系数计算中剔除特定个案后，该个案的预测值。

○【平均值预测值的 S. E. (S. E. of mean predictions, 平均预测值的标准误)】：与自变量具有相同值的个案对应因变量平均值的标准误。

☆【距离(Distances)】：测量数据点与拟合模型距离的指标。可标识自变量值有异常组合(unusual combination)以及可能对回归模型产生很大影响(large impact)的个案。

○【Mahalanobis 距离(Mahalanobis)】：观测值与样本平均值的距离。Mahalanobis 距离大时，表示该个案在 1 个或多个自变量含有极值(extreme value)。

○【Cook 距离(Cook's)】：在回归系数计算中剔除特定个案，所有个案残差的变化量，若 Cook 距离大于 1，表示该记录可能为影响点。

○【杠杆值(Leverage values)】：测量数据点对模型拟合的影响程度，中心杠杆值(centered leverage)的大小介于 0(对拟合无影响) ~ (N - 1)/N 之间，若杠杆值大于 2 × P/N(P 为变量数，N 为样本含量)，则该个案可能为影响点。

☆【预测区间(Prediction Intervals)】：包括平均值与个体预测区间(individual prediction interval)的上下限。

○【平均值(Mean)】：平均预测响应(mean predicted response)的预测区间(两个变量)。

○【单值(Individual)】：即个体预测区间，单个个案的因变量预测区间(两个变量)。

○【置信区间(Confidence Interval，CI)】：输入 1 ~ 99.99 之间的值，用于指定上述两个预测区间的置信水平(confidence level)。只有选择平均值(Mean)或单值(Individual)后，才能输入数值。典型的置信水平为 "90"、"95"、"99"。

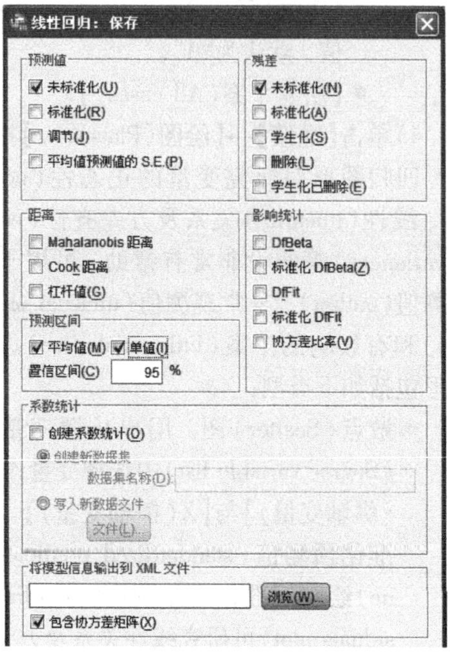

图 10-4　保存(Save)对话框

☆【残差(Residuals)】：为因变量的实际值减去回归方程的预测值。

○【未标准化(Unstandardized)】：又称原始残差(raw residual)，观测值与模型预测值之差。

○【标准化(Standardized)】残差：又称 Pearson 残差(Pearson residual)，残差除以其标准差的商，其平均值为 0，标准差为 1。

○【学生化(Studentized)】：又称 t 化残差，残差除以其随个案变化的标准差的商，取决于每个个案自变量值与自变量平均值间的距离。

○【删除(Deleted)】残差：回归系数的计算时剔除特定个案后，因变量值与调整预测值之差，可发现可疑的影响点。

○【学生化已删除(Studentized deleted)】：又称 t 化删除残差，个案的删除残差除以其标准误。

☆【影响统计(Influence Statistics)】。

○【DfBeta(s)】：β 值的差分(difference in beta value)，剔除特定个案后导致回归系数的改变量。模型中所有项(包括常数)均计算该值。

○【标准化 DfBeta(Standardized DfBeta(s))】：β 值的标准化差分(standardized difference)，剔除某个特定个案后导致的回归系数改变量，当它大于 2/Sqrt(N)时，该点可能为强影响点。模型中所有项(包括常数)均计算该值。

○【DfFit】：拟合值的差分(difference in fit value)，剔除特定个案后导致预测值的改变量。

○【标准化 DfFit(Standardized DfFit)】：拟合值的标准化差分，剔除特定个案后导致预测值改变量，当它大于 2/Sqrt(p/N)时，该点可能为强影响点。

○【协方差比率(Covariance ratio)】：回归系数计算中剔除特定个案后，协方差矩阵行列式(determinant of the covariance matrix)与包含所有个案的协方差矩阵行列式的比值。该值若接近1，表示被剔除个案不能显著改变协方差矩阵。当比率绝对值大于3×P/N时，该点可能为强影响点。

☆【系数统计(Coefficient statistics)】：将回归系数保存到数据集或数据文件。

☆【将模型信息输出到XML文件(Export model information to XML file)】：将参数估计值及其(可选)协方差导出到指定XML(PMML)格式的文件，还可选择【包含协方差矩阵(Include the covariance matrix)】。

6)单击【继续】→【选项(Options)...】按钮，打开选项(Options)对话框，见图10-5。

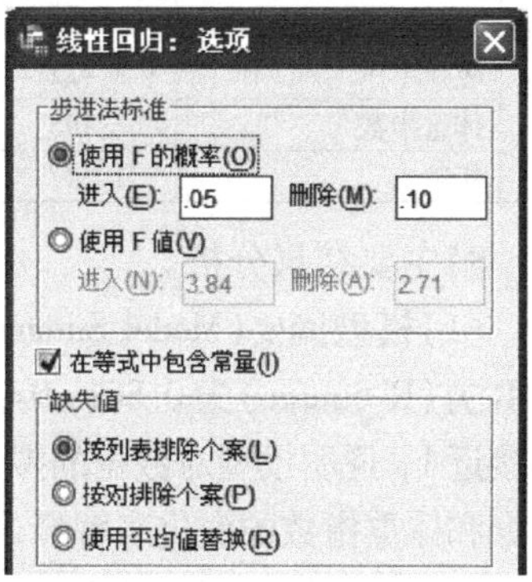

图10-5 选项(Options)对话框

☆【步进方法标准(Stepping Method Criteria，逐步法准则)】：可用于逐步回归法、后向消元法及前向选择法。可根据指定F值或F值的显著性(概率)将变量引入或剔除出模型。

○【使用F的概率(Use probability of F)】：当F值的显著性水平(significance level)小于【进入(Entry)】值时，则将该变量引入模型；若大于【删除(Removal)】值时，则将其从模型中剔除。【进入(Entry)】值必须小于【删除(Removal)】值，且均为正数。提高【进入(Entry)】值可引入更多变量，降低【删除(Removal)】值可剔除更多变量。

○【使用F值(Use F value)】：如果变量的F值大于【进入(Entry)】值，则将其引入模型；如果F值小于【删除(Removal)】值，则将其从模型中剔除。【进入(Entry)】值必须大于【删除(Removal)】值，且均为正数。降低【进入(Entry)】值可引入更多变量，提高的【删除(Removal)】值可剔除更多变量。

○【在等式中包含常量(Include constant in equation)】：默认情况下，回归模型包含常数项，若取消此项可强迫回归方程经过原点(origin)。但是某些通过原点的回归结果无法与包含常数的回归结果相比较，如R方不能以通常方式解释。

☆【缺失值(Missing Values)】。

○【按列表排除个案(Exclude cases listwise)】：所有变量均为有效值的个案才参与分析。

○【按对排除个案(Exclude cases pairwise)】：在回归中，进行相关的变量对均为有效值时，才用来计算回归分析所需要的相关系数，自由度取决于最小对数。

○【使用平均值替换(Replace with mean)】：用变量平均值代替缺失值，所有个案均参与计算。

7)单击【继续】→【确定】按钮，得到以下主要结果。

回归(Regression)，强迫引入法

结果10-1 模型摘要(Model Summary)[b]

模型(Model)	R	R方(R Square)	调整R方(Adjusted R Square)	估计值的标准误(Std. Error of the Estimate)
1	.895[a]	.801	.780	6.70636

a. 预测变量(Predictors)：(常量(Constant))，年龄，吸烟，体重指数

b. 因变量(Dependent Variable)：血压

结果 10-2　方差分析(ANOVA)

模型(Model)		平方和(Sum of Squares)	自由度(df)	均方(Mean Square)	F	显著性(Sig.)
1	回归(Regression)	5082.566	3	1694.189	37.669	.000
	残差(Residual)	1259.309	28	44.975		
	总计(Total)	6341.875	31			

结果 10-3　系数(Coefficients)

模型(Model)		非标准化系数(Unstandardized Coefficients)		标准化系数(Standardized Coefficients)	t	显著性(Sig.)
		B	标准误(Std. Error)	Beta		
1	(常量(Constant))	45.724	9.746		4.692	.000
	吸烟	8.922	2.431	.316	3.670	.001
	体重指数	3.195	1.995	.175	1.601	.120
	年龄	1.547	.228	.745	6.798	.000

8)主要结果分析。

(1)模型摘要(Model Summary)表：显示模型的拟合情况，复相关系数(R)为 0.895，决定系数 R 方(R Square)为 0.801，$0\leqslant R^2\leqslant 1$，说明自变量 x1，x2，…，xm 能够解释 Y 的百分比，其值越接近 1，说明模型对数据的拟合程度越好。本例为 80.1%，表明血压变异的 80.1% 可由年龄、吸烟和体重指数的变化来解释，说明该回归方程数据拟合程度是比较好的，见结果 10-1。

(2)方差分析(ANOVA)表：给出回归模型拟合过程中每步的方差分析结果，回归平方和(Regression Sum of Squares)为 5082.566，残差平方和(Residual Sum of Squares)为 1259.309，回归平方和远大于残差平方和，说明线性模型解释了总平方和(Total Sum of Squares)中的绝大部分，拟合效果较好。回归模型的 F 检验，$F=37.669$，$P=0.000<0.01$，按 $\alpha=0.05$ 水准，认为拟合回归方程具有统计学意义，见结果 10-2。

(3)回归(Regression)过程绘制了标准化残差的直方图及正态分布曲线，见图 10-6。

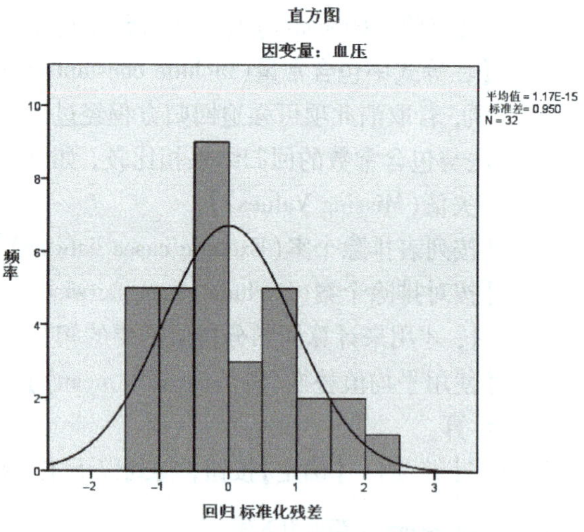

图 10-6　回归标准化残差的直方图

(4)系数(Coefficients)表：吸烟、体重指数、年龄回归系数 b 的 t 检验中，其 t 值分别为 3.670($P=0.001<0.01$)、1.601($P=0.120>0.05$)、6.798($P=0.000<0.01$)，按 $\alpha=0.05$ 水准，认为血压的变化与吸烟和年龄有线性回归关系。体重指数、吸烟、年龄的回归系数均大于 0，说明随着体重指数、年龄的增加，血压越高，吸烟者的血压越高。标准化系数(Standardized Coefficients) β 的绝对值越大，说明相应的自变量对因变量的作用越大，本例年龄对血压的影响最大，见结果 10-3。其回归方程(强迫引入法，Enter)为

$$y = 45.724 + 1.547x1 + 8.922x2 + 3.195x3 (P < 0.01) \tag{1}$$

即　　血压 = 45.724 + 1.547 × 年龄 + 8.922 × 吸烟史 + 3.195 × 体重指数($P<0.01$)

9）如果在图 10-1 中的【方法（Method）】下拉菜单选择不同的多元回归方法，得到的主要结果见表 10-1。

表 10-1 选择不同回归方法的结果

回归方法	R 方	F	P 值	回归系数 b		
				常量	年龄	吸烟
逐步（Stepwise）	0.783	52.395	P<0.01	44.293	1.778	9.623
后退（Backward）	0.783	52.395	P<0.01	44.293	1.778	9.623
前进（Forward）	0.783	52.395	P<0.01	44.293	1.778	9.623

逐步回归法（Stepwise）、后向消元法（Backward）与前向选择法（Forward）的回归方程均为

$$y = 44.293 + 1.778x1 + 9.623x2 (P < 0.01) \quad (2)$$

10.1.2 趋势面分析

趋势面分析以多元多项式回归按最小二乘法理论为基础的统计分析方法。趋势函数 $z(x, y)$ 可用一个多项式表示，最简单的二元一次多项式为

$$z(x,y) = \beta_0 + \beta_1 x + \beta_2 y$$

表示一个平面。

二元二次多项式

$$z(x,y) = \beta_0 + \beta_1 x + \beta_2 y + \beta_3 x^2 + \beta_4 xy + \beta_5 y^2$$

表示一个二次曲面。

二元三次多项式

$$z(x,y) = \beta_0 + \beta_1 x + \beta_2 y + \beta_3 x^2 + \beta_4 xy + \beta_5 y^2 + \beta_6 x^3 + \beta_7 x^2 y + \beta_8 xy^2 + \beta_9 y^3$$

表示一个三次曲面，等等。

【例 10-2】 已知我国 29 省市足月低体重儿的发生率（‰）及其观测点地理位置数据见表 10-2（1986 年 10 月—1987 年 9 月资料），试进行趋势面分析。

表 10-2 足月低体重儿的发生率（‰）及其观测点地理位置数据

观测点	省市	经度（x）	纬度（y）	发生率（‰）
S1	西藏	88.8	31.6	85.2
S2	青海	96.2	35.6	62.1
S3	广西	108.3	23.9	54.2
⋮	⋮	⋮	⋮	⋮
S27	上海	121.5	31.3	26.8
S28	湖北	112.3	31.2	26.4
S29	山东	118.8	36.3	26.2

1）建立数据文件 trend. sav，变量名为 x（经度）、y（纬度）、z（发生率）。

2）建立二元一次多项式，线性回归（Linear Regression）主对话框中，【因变量（Dependent）】为“z（发生率）”，【自变量（Independent(s)）】为“x（经度）”、“y（纬度）”，【方法（Method）】选择【输入（Enter）】。

3）统计（Statistics）对话框中，选择【回归系数（Regression Coefficients）】中的【估计（Estimates）】，并选择【模型拟合度（Model fit）】选项，其他均为默认选项。

4）单击【继续】→【确定】按钮，得到二元一次多项式

$$z(x,y) = 135.699 - 0.733x - 0.465y \quad R^2 = 0.432, \quad P < 0.01 \quad (10\text{-}1)$$

5）进行数据变换，使用计算变量（Compute）功能生成新变量 x^2（x2），xy 与 y^2（y2）

6)建立二元二次多项式，线性回归(Linear Regression)主对话框中，【因变量(Dependent)】为“z(发生率)”，【自变量(Independent(s))】为“x(经度)”、“y(纬度)”、“x^2(x2)”、“xy”与“y^2(y2)”，方法(Method)选择输入(Enter)，其他选项同上。

7)单击【确定】按钮，得到二元二次多项式

$$z(x,y) = 826.194 - 9.544x - 11.166y + 0.0183x^2 + 0.134xy - 0.070y^2 \quad R^2 = 0.769 \quad P < 0.01 \tag{10-2}$$

式(10-2)的拟合优度是 76.9% (R^2 = 0.769)，可见，比式(10-1)的拟合优度 43.2% 提高了 33.7%。

在前面已有数据的基础上，进一步再做数据变换 x^3、x^2y、xy^2、y^3。同理可得到二元三次多项式等。

10.1.3 加权最小二乘回归

加权最小二乘回归(Weighted Least Square Regression, WLS)用于建立含有加权变量最小二乘法意义下的回归方程。

【例 10-3】 实验中搜集到 15 对数据(见表 10-3)，每对数据均为将 n 份样品混合后测得的平均结果，但各对数据的 n 大小不等，显然，n 愈大，则该对数据愈重要。试建立加权最小二乘法意义下的直线回归方程。

表 10-3 加权最小二乘回归数据表

N	x	y
2	188	4.90
3	195	4.58
11	207	4.40
16	217	4.18
18	224	3.90
19	236	3.85
20	246	3.77
22	255	3.54
18	266	3.47
15	275	3.34
12	285	3.19
5	295	3.08
5	312	2.94
4	320	2.79
1	329	2.49

1)建立数据文件 wls1.sav，变量名为 n、x、y。

2)线性回归(Linear Regression)主对话框中，【因变量(Dependent)】为“y”，【自变量(Independent(s))】为“x”，【方法(Method)】选择【输入(Enter)】，【WLS 权重(WLS Weight)】变量为“n”。

3)统计(Statistics)对话框中，选择【回归系数(Regression Coefficients)】中的【估计(Estimates)】，并选择【模型拟合度(Model fit)】及【描述性(Descriptives)】。

4)保存(Save)对话框中，选择【预测值(Predicted Values)】中的【未标准化(Unstandardized)】；【预测区间(Prediction Intervals)】中的【平均值(Mean)】、【置信区间(Confidence Interval, CI)】为“95%”；【残差(Residuals)】中的【未标准化(Unstandardized)】。

5)单击【继续】→【确定】按钮，得到以下主要结果：

回归(Regression)，加权最小二乘回归

结果 10-4 相关(Correlations)

		y	x
Pearson 相关 (Pearson Correlation)	y	1.000	-.982
	x	-.982	1.000
显著性(单侧) (Sig. (1-tailed))	y	.	.000
	x	.000	.
例数 (N)	y	15	15
	x	15	15

结果 10-5 模型摘要(Model Summary)

模型(Model)	R	R 方(R Square)	调整 R 方(Adjusted R Square)	估计值的标准误(Std. Error of the Estimate)
1	.982	.965	.962	.29365

结果 10-6 方差分析(ANOVA)

模型(Model)		平方和(Sum of Squares)	自由度(df)	均方(Mean Square)	F	显著性(Sig.)
1	回归(Regression)	30.530	1	30.530	354.054	.000
	残差(Residual)	1.121	13	.086		
	总计(Total)	31.651	14			

结果 10-7 系数(Coefficients)

模型(Model)		非标准化系数(Unstandardized Coefficients)		标准化系数(Standardized Coefficients)	t	显著性(Sig.)
		B	标准误(Std. Error)	Beta		
1	(常量(Constant))	7.190	.188		38.316	.000
	x	-.014	.001	-.982	-18.816	.000

6)主要结果分析。

(1)相关(Correlations)表：Pearson 相关(Pearson Correlation)，$r_{x.y}=-0.982$，$P=0.000<0.01$，按 $\alpha=0.05$ 水准，x 与 y 的相关系数有统计学意义，即 x 与 y 呈负相关关系，见结果 10-4。

(2)模型摘要(Model Summary)表：决定系数 $R^2=0.965$，表明因变量 y 变异的 96.5% 可由 x 的变化来解释，R^2 接近 1，说明该回归模型对数据的拟合程度非常好，见结果 10-5。

(3)方差分析(ANOVA)表：回归平方和(Regression Sum of Squares)为 30.530，残差平方和(Residual Sum of Squares)为 1.121，回归平方和远大于残差平方和，说明线性模型解释了总平方和(Total Sum of Squares)中的绝大部分，拟合效果较好。回归模型的 F 检验，$F=354.054$，$P=0.000<0.01$，按 $\alpha=0.05$ 水准，认为拟合回归方程具有统计学意义，见结果 10-6。

(4)系数(Coefficients)表：回归系数 b 的 t 检验中，$t=-18.816$，$P=0.000<0.01$，按 $\alpha=0.05$ 水准，可认为 x 与 y 之间有线性回归关系。其加权最小二乘回归方程是 $Y=7.190-0.014X$，$P=0.000<0.01$，见结果 10-7。

10.2 曲线估计

很多科学数据，两变量间的关系往往是曲线形的，如细菌繁殖与培养时间的关系、婴幼儿体重与年龄的关系等，用曲线描述变量间的关系时，就要估计曲线参数。曲线估计(Curve Estimation)模块能自动拟合 11 种曲线模型，包括线性模型(linear model)、对数曲线模型(logarithmic curve model)、逆曲线模型(inverse curve model)、二次曲线模型(quadratic curve model)、三次曲线模型(cubic curve model)、乘幂曲线模型(power curve model)、复合曲线模型(compound curve model)、S 曲线模型(S-curve model)、Logistic(Logistic curve model 曲线模型)、增长曲线模型(growth curve model)及指数曲线模型(exponential curve model)。每个因变量将生成一个单独的模型，也可以将预测值、残差和预测区间保存为新变量。

生成的统计量包括每个模型的回归系数、复相关系数、决定系数、调整 R 方、估计值的标准误、方差分析表、预测值、残差及预测区间。

【例 10-4】 钩虫病复查阳性率 y 和治疗次数 x 的关系见表 10-4，试用曲线估计(Curve Estimation)进行多种曲线拟合。

表 10-4 钩虫病阳性率(y)和治疗次数(x)数据表

治疗次数(x)	阳性率(y(%))
1	63.9
2	36.0
3	17.1
4	10.5
5	7.3
6	4.5
7	2.8
8	1.7

1)建立数据文件 curve1. sav, 变量名为 x(治疗次数)、y(阳性率,%)。

2)选择【分析(Analyze)】→【回归(Regression)】→【曲线估计(Curve Estimation)...】,打开曲线估计(Curve Estimation)主对话框, 见图 10-7。

☆【因变量(Dependent(s))】列表: 可选择 1 个或以上的连续变量作为因变量, 本例为"y(阳性率,%)", 可对每个因变量分别建立回归模型。

☆【自变量(Independent)】: 可选择 1 个连续【变量(Variable)】或【时间(Time)】序列变量, 本例选择前者, 为"x(治疗次数)"。

☆【个案标签(Case Labels)】变量: 可用于在散点图中显示个案标签。

☆【模型(Models)】: 用户可选择 1 个或以上的曲线估计回归模型。

○【线性(Linear, 线性模型)】: $y = b_0 + b_1 t$, t 是自变量或时间序列变量。

○【对数(Logarithmic, 对数曲线模型)】: $y = b_0 + b_1 \ln t$。

○【逆模型(Inverse, 逆曲线模型)】: $y = b_0 + b_1/t$。

○【二次项(Quadratic, 二次曲线模型)】: $y = b_0 + b_1 t + b_2 t^2$, 可用于衰减序列模型或阻尼衰减序列模型。

○【立方(Cubic, 三次曲线模型)】: $y = b_0 + b_1 t + b_2 t^2 + b_3 t^3$。

○【幂(Power, 乘幂曲线模型)】: $y = b_0 t^{b_1}$ 或 $\ln y = \ln b_0 + b_1 \ln t$。

○【复合(Compound, 复合曲线模型)】: $y = b_0 b_1^t$ 或 $\ln y = \ln b_0 + t \ln b_1$。

○【S(S 形曲线模型)】: $y = e^{b_0 + b_1/t}$ 或 $\ln y = b_0 + b_1/t$。

○【Logistic(Logistic 曲线模型)】: $y = \frac{1}{1/u + b_0 b_1^t}$ 或 $\ln(1/y - 1/u) = \ln b_0 + t \ln b_1$, u 为上限值, 需指定用于回归方程的【上限(Upper bound)】, 上限必须为大于因变量值的正数。

○【增长(Growth, 增长曲线模型)】: $y = e^{b_0 + b_1 t}$ 或 $\ln y = b_0 + b_1 t$

○【指数分布(Exponential, 指数曲线模型)】: $y = b_0 e^{b_1 t}$ 或 $\ln y = \ln b_0 + b_1 t$。

○【在等式中包含常量(Include constant in equation)】。

○【根据模型绘图(Plot models)】: 显示所选模型的连续曲线与观测值的线图, 每个因变量分别生成一个图形。

○【显示 ANOVA 表格(Display ANOVA table, 显示方差分析表)】: 显示每个被选模型的方差分析表。

3)单击【保存(Save)...】按钮, 打开保存(Save)对话框, 见图 10-8。

☆【保存变量(Save Variables)】: 对于每个被选模型, 可保存预测值、残差值(因变量观测值减模型预测值)、预测区间上下限。在结果中可显示新变量名及标签对照表。

○【预测值(Predicted values)】: 即拟合值。

○【残差(Residuals)】: 因变量观测值减模型预测值。

○【预测区间(Prediction intervals)】: 预测值的 90%、95% 或 99% 置信区间(Confidence Interval, CI)。

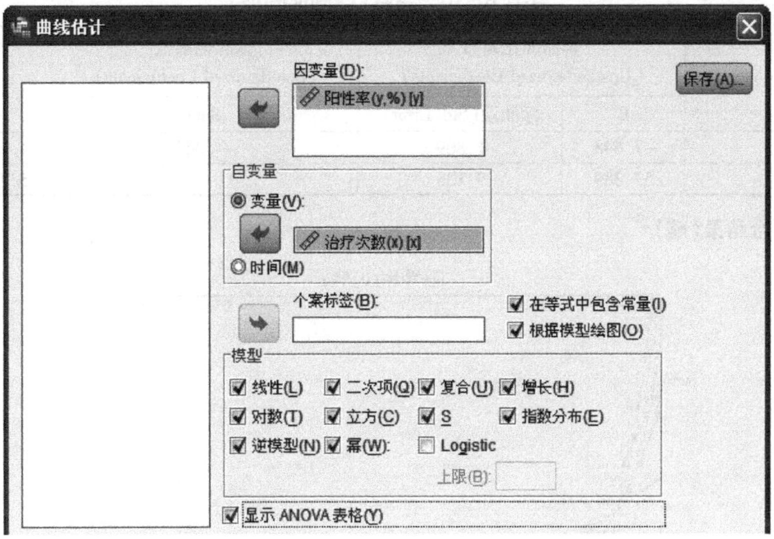

图 10-7 曲线估计(Curve Estimation)主对话框

☆【预测个案(Predict Cases)】: 若选择了【时间(Time)】变量作为自变量, 用户可设定超出时间序列结尾的预测期。

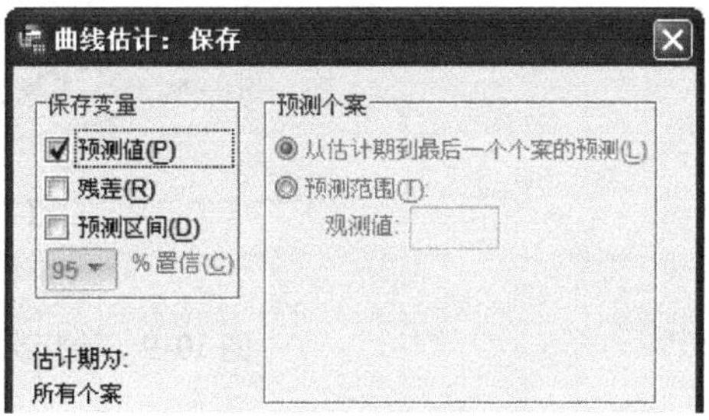

图 10-8 保存(Save)对话框

○【从估计期到最后一个个案的预测(Predict from estimation period through last case)】: 在估计期(estimation period)内个案的基础上预测文件中个案的值。如果未定义估计期, 则使用所有个案来预测值。

○【预测范围(Predict through)】: 根据估计期个案, 预测指定日期、时间或观测号范围内的值。可预测超出时间序列结尾的值。如果没有定义日期变量, 可指定结尾的观测号。

4)单击【继续】→【确定】按钮, 得到以下主要结果:

Curve Fit(曲线拟合)

阳性率(y,%)

线性(Linear), 线性模型

结果 10-8 模型摘要(Model Summary)

R	R 方(R Square)	调整 R 方(Adjusted R Square)	估计值的标准误(Std. Error of the Estimate)
.865	.749	.707	11.725

结果 10-9 方差分析(ANOVA)

	平方和(Sum of Squares)	自由度(df)	均方(Mean Square)	F	显著性(Sig.)
回归(Regression)	2456.415	1	2456.415	17.867	.006
残差(Residual)	824.920	6	137.487		
总计(Total)	3281.335	7			

结果 10-10　系数(Coefficients)

模型(Model)	非标准化系数(Unstandardized Coefficients)		标准化系数(Standardized Coefficients)	t	显著性(Sig.)
	B	标准误(Std. Error)	Beta		
治疗次数(x)	-7.648	1.809	-.865	-4.227	.006
(常量(Constant))	52.389	9.136		5.734	.001

其他曲线拟合结果(略)

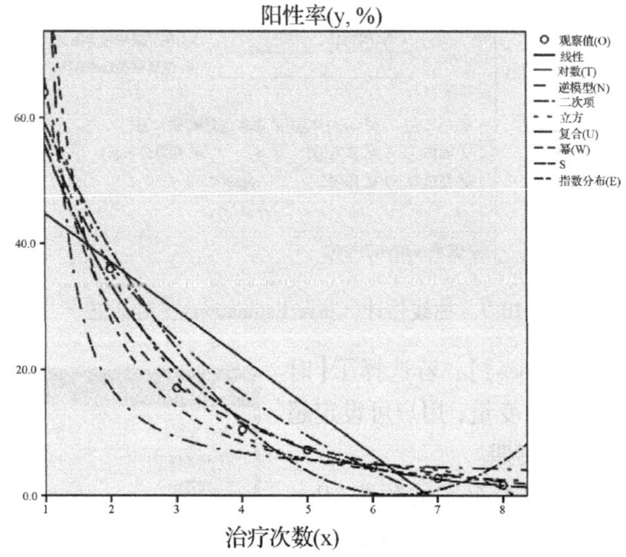

图 10-9　治疗次数与钩虫阳性率的拟合曲线

5)主要结果分析。

(1)当用户无把握确定所研究的曲线拟合用哪一种模型时，可使用曲线估计(Curve Estimation)模块，可生成 10 种模型，如果不含常数项，模型种类更多，见表 10-5。

表 10-5　治疗次数与钩虫阳性率的拟合曲线模型

曲线模型	模型表达式	R 方	标准误	F 值	P 值
1. 线性模型，Linear model	$Y = 52.389 - 7.648x$	0.749	11.725	17.867	0.006
2. 对数曲线，Logarithmic curve	$Y = 57.599 - 29.892\ln x$	0.943	5.578	99.447	0.000
3. 逆曲线，Inverse curve	$Y = -6.80 + 73.159/x$	0.985	2.832	403.076	0.000
4. 二次曲线，Quadratic curve	$Y = 83.121 - 26.087x + 2.049x^2$	0.964	4.893	66.021	0.000
5. 三次曲线，Cubic curve	$Y = 104.571 - 48.404x + 7.899x^2 - 0.433x^3$	0.998	1.430	533.552	0.000
6. 复合曲线，Compound curve	$Y = 92.393(0.603x)$	0.993	0.115	807.151	0.000
7. 乘幂曲线，Power curve	$Y = 93.1925x^{-1.725}$	0.950	0.299	115.056	0.000
8. S 曲线，S curve	$Y = e^{0.991 + 3.700/x}$	0.763	0.655	19.297	0.005
9. 增长曲线，Growth curve	$Y = e^{4.526 - 0.506x}$	0.993	0.115	807.151	0.000
10. 指数曲线，Exponential curve	$Y = 92.393e^{-0.506x}$	0.993	0.115	807.151	0.000

(2)本例输出的 10 个曲线模型均给出了决定系数 R^2 值与方程的 P 值，若方程的检验水平取 $\alpha = 0.01$，那么，这 10 个模型均有统计学意义；若取 $\alpha = 0.001$，则线性(Linear)模型和 S 曲线模型无统计学意义。

(3)曲线模型 6、9、10 的名称与模型表达式不同，但其决定系数 R^2、标准误、F 值与 P 值均相同，用户可根据需要选择其中一个表达式。

(4)决定系数(R^2)最高的是三次曲线模型(Cubic), $R^2=0.998=99.8\%$; 最低的是线性模型(Linear), $R^2=0.749=74.9\%$。

【例10-5】 已知数据如下所示, 试作对数(Logarithmic)与三次(Cubic)曲线拟合并作图。

X	0.100	0.150	0.175	0.200	0.300	0.400	0.500	0.600	0.700	1.000	5.000	10.000
Y	50.40	41.20	33.60	19.00	11.60	10.60	8.40	6.30	6.20	4.30	2.20	1.20

与例10-4类似, 先建立数据文件 curve2.sav, 然后在【模型(Models)】中只选择【对数(Logarithmic)】与【立方(Cubic)】。得到

曲线模型	方　程	R方	标准误	F值	P值
对数曲线(Logarithmic)	$Y=10.672-9.142\ln x$	0.592	11.021	14.528	0.003
三次曲线(Cubic)	$Y=41.336-64.071x+16.230x^2-1.033x^3$	0.732	9.985	7.294	0.011

如果检验水平, 取 $\alpha=0.01$, 则对数曲线模型, $F=14.528$, $P=0.003<0.01$, 表明对数曲线模型有统计学意义, 三次曲线模型, $F=7.294$, $P=0.011>0.01$, 表明三次曲线模型无有统计学意义, 但前者的决定系数 $R^2(0.592)$, 却小于后者的决定系数 $R^2(0.732)$。

如果所选曲线模型不属于曲线估计(Curve Estimation)中的某一种, 则可在回归(Regression)模块中选择【非线性(Nonlinear)】方法, 这时, 要建立【模型表达式(Model Expression)】, 给定参数的初始值, 其输出结果有估计值, 决定系数 R^2 等, 但无回归方程的 P 值。

10.3 二元 Logistic 回归

在医学科学研究中, 经常会遇到因变量为二进制(二分法)数据(binary, dichotomous data), 如疾病的发生或不发生、治愈或未愈、生存或死亡、取0和1的值等。同时, 可能有多个自变量对因变量(或结果变量)产生影响, 就可用二元 Logistic 回归进行分析, 这一方法在医学流行病学研究中具有极广泛的应用。

SPSS 的 Logistic 模块能建立模型

$$P=\frac{e^{\beta_0+\beta_1x_1+\cdots+\beta_mx_m}}{1+e^{\beta_0+\beta_1x_1+\cdots+\beta_mx_m}}$$

或

$$P=\frac{1}{1+e^{-(\beta_0+\beta_1x_1+\cdots+\beta_mx_m)}}$$

其中, β_0是与诸因素 x_i无关的常数项, β_1, β_2,…, β_m是回归系数, 表示诸因素 x_i对 P 的贡献量。如果, $Q=1-P$, 则

$$Q=\frac{1}{e^{\beta_0+\beta_1x_1+\cdots+\beta_mx_m}}$$

而

$$\ln(P/Q)=\beta_0+\beta_1x_1+\cdots+\beta_mx_m$$

就是流行病学中常用的统计指标优势比(odds ratio)的对数。所以, β_i的意义为当因素 x_i每改变一个测量单位时所引起优势比的自然对数改变量。

Logistic 回归有7种方法建立模型。

(1) Enter: 强迫引入法。

(2) Forward Selection (Conditional): 前向选择法(条件)。

(3) Forward Selection (Likelihood Ratio): 前向选择法(似然比)。

(4) Forward Selection (Wald):前向选择法(Wald)。

(5) Backward Elimination (Conditional):后向消元法(条件似然比)。

(6) Backward Elimination (Likelihood Ratio):后向消元法(似然比)。

(7) Backward Elimination (Wald):后向消元法(Wald)。

生成的统计量包括每个分析的总例数(total cases)、选择例数(selected cases)及有效例数(valid cases),每个分类变量(categorical variable)的参数编码(parameter coding)、每步引入或剔除的变量、迭代历史(iteration history)、-2 对数似然值(-2 log-likelihood)、拟合优度(goodness of fit)、Hosmer-Lemeshow 拟合优度统计量(Hosmer-Lemeshow goodness-of-fit statistic)、模型卡方(model chi-square)、改进卡方(improvement chi-square)、分类表(classification table)、变量间相关(correlation between variables)、观测组与预测概率图(observed groups and predicted probabilities chart)及残差卡方(residual chi-square),方程中每个变量的回归系数、回归系数的标准误(standard error of B)、Wald 统计量(Wald statistic)、估计优势比(estimated odds ratio(exp(B)))、估计优势比的置信区间(confidence interval for exp(B))及模型剔除项的对数似然值(log-likelihood),剔除出方程的每个变量的得分统计量(score statistic),每个个案的观测组(observed group)、预测概率(predicted probability)、预测分组(predicted group)、残差及标准化残差。

【例 10-6】 50 例急性淋巴细胞性白血病病人,在入院治疗时取得了外周血中的细胞数 x1(千/mm^3)、淋巴结浸润等级 x2(分为 0、1、2、3 四级),出院后巩固治疗 x3(有巩固治疗为 1,无巩固治疗为 0),并随访取得病人的生存时间 t(月),变量 y(生存时间 1 年以内为 0、1 年以上为 1)。试进行非条件 Logistic 回归。

1)建立数据文件 leukemia.sav,变量名为 x1(白细胞数)、x2(浸润等级)、x3(巩固治疗)、t(生存时间)、y(结局)、d(指示变量)

2)选择【分析(Analyze)】→【回归(Regression)】→【二元 Logistic(Binary Logistic)...】菜单,打开 Logistic 回归(Logistic Regression)主对话框,见图 10-10。

☆【因变量(Dependent)】:可选择 1 个二进制变量作为因变量,可以是数值型或短串变量,本例为"y(结局)"。

☆【协变量(Covariates)】列表:可选择 1 个或以上的区间水平变量(interval level variable)或分类变量,若要包含交互选项,可选择多个变量后单击【>a*b>】按钮,本例为"x1(白细胞数)"、"x2(浸润等级)"、"x3(巩固治疗)"。

☆【方法(Method)】下拉菜单:可指定自变量引入方程的方式,可根据相同的变量构建不同的回归模型。建立 Logistic 多元回归的方法有 7 种:

- 【输入(Enter)】:所有变量一步引入回归模型,本例选择此项。
- 【向前:有条件的(Forward:Conditional,前向选择法:条件)】:引入检验(entry testing)基于得分统计量的显著性,剔除检验(removal testing)基于条件参数估计值(conditional parameter estimate)基础上的似然比统计量(likelihood-ratio statistic)的概率。
- 【向前:LR(Forward:LR,前向选择法:似然比)】:引入检验基于得分统计量的显著性,剔除检验基于极大偏似然估计值(maximum partial likelihood estimate)基础上的似然比统计量的概率。
- 【向前:Wald(Forward:Wald,前向选择法:Wald)】:引入检验基于得分统计量的显著性,剔除检验基于 Wald 统计量(Wald statistic)的概率。

○【向后：有条件的(Backward：Conditional，后向消元法：条件)】：剔除检验基于条件参数估计值基础上的似然比统计量的概率。

○【向后：LR(Backward：LR，后向消元法：似然比)】：剔除检验基于极大偏似然估计值基础上的似然比统计量的概率。

○【向后：Wald(Backward：Wald，后向消元法：Wald)】：剔除检验基于 Wald 统计量的概率。

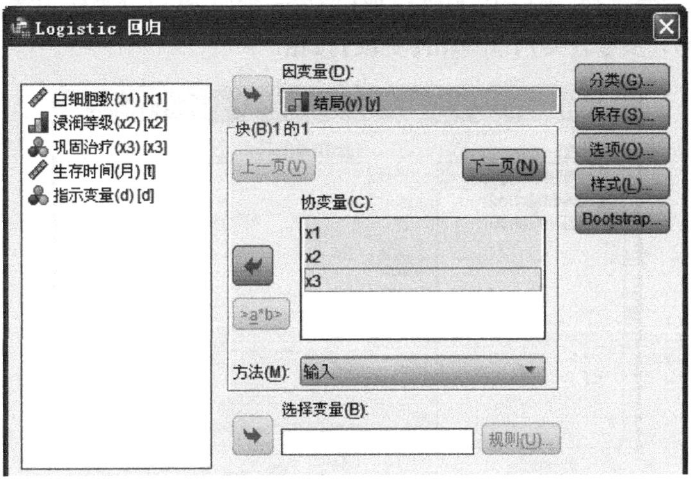

图10-10　Logistic 回归(Logistic Regression)主对话框

注：结果中的 P 值是根据简单模型拟合计算的，因此逐步模型的 P 值是无效的。

无论选择哪种引入方法，引入方程的变量必须满足容差的条件，默认容差是0.0001。如果某个变量导致模型中其他变量的容差低于默认容差，则该变量不引入方程。

☆【选择变量(Selection Variable)】：指定分析个案的选择规则。

3)单击【分类(Categorical)...】按钮，打开定义分类变量(Define Categorical Variables)对话框，见图10-11。用户设定 Logistic 回归过程处理分类变量的方法。

☆【协变量(Covariates)】列表：Logistic 回归的协变量可以是连续变量或分类变量，对于协变量是串变量(string variable)或分类变量时，必须作为分类协变量处理，在分析时应将其变换成哑变量(dummy variate)或指示符编码(indicator code)

☆【分类协变量(Categorical Covariates)】列表：列出分类协变量，每个变量的括号中包含所选的对比编码(contrast coding)。

☆【更改对比(Change Contrast)】。

○【对比(Contrast)】。

- 【指示灯(Indicator，指示符)】：指示分类成员(category membership)是否存在。对比矩阵(contrast matrix)中全部为0的行代表参考分类(reference category)。
- 【简单(Simple，简单对比)】：预测变量(predictor variable)的每类(参考分类除外)均与参考分类比较。
- 【差值(Difference，差分对比)】：又称逆 Helmert 对比(reverse Helmert contrast)，预测变量每类(第一类除外)均与前面所有分类的平均效应(average effect)比较。

- 【Helmert 对比】：预测变量的每类(最后一类除外)均与后面所有分类的平均效应比较。
- 【重复(Repeated，重复对比)】：预测变量的每类(第一类除外)均与前一分类比较。
- 【多项式(Polynomial)】：即正交多项式对比(orthogonal polynomial contrast)假设分类均匀分布，只能用于数值变量(numeric variable)。
- 【偏差(Deviation，偏差对比)】：每类(参考分类除外)均与总体效应比较。
- 若选择【偏差(Deviation)】、【简单(Simple)】或【指示灯(Indicator，指示符)】等方法，还需要选择【第一个(First)】或【最后一个(Last)】分类作为参考类别(Reference Category，参考分类)，并单击【更改】按钮。

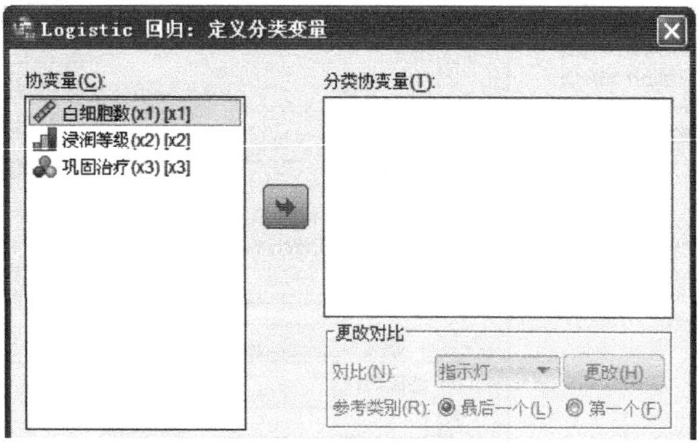

图 10-11　定义分类变量(Define Categorical Variables)对话框

4)单击【继续】→【保存(Save)...】按钮，打开保存(Save)对话框，见图 10-12。可将 Logistic 回归的结果保存到工作数据文件中。

☆【预测值(Predicted Values)】：模型的预测值。

○【概率(Probabilities)】：对于每个个案，事件(event)出现的预测概率，在结果中将显示新变量名及内容。事件是因变量分类值中较大者，如因变量取值 0 和 1，则保存分类 1 的预测概率。

○【组成员(Group membership)】：即预测组成员(predicted group membership)，根据判别值(discriminant score)，具有最大后验概率(posterior probability)的分组为模型预测该个案所属的分组。

☆【影响(Influence)】统计量：保存每个个案预测值的影响统计量。

○【Cook 距离(Cook's)】：Logistic 回归的模拟 Cook 影响统计量(Cook's influence statistic)，为在回归系数的计算中剔除特定个案后，导致所有个案残差的改变量。

○【杠杆值(Leverage values)】：每个观测值对模型拟合度(model's fit)的相对影响。

○【DfBeta】：β 值的差分，为剔除特定个案后导致回归系数的改变量。模型各项(含常数项)均计算一个值。

☆【残差(Residuals)】。

○【未标准化(Unstandardized，原始残差)】：观测值与模型预测值之差。

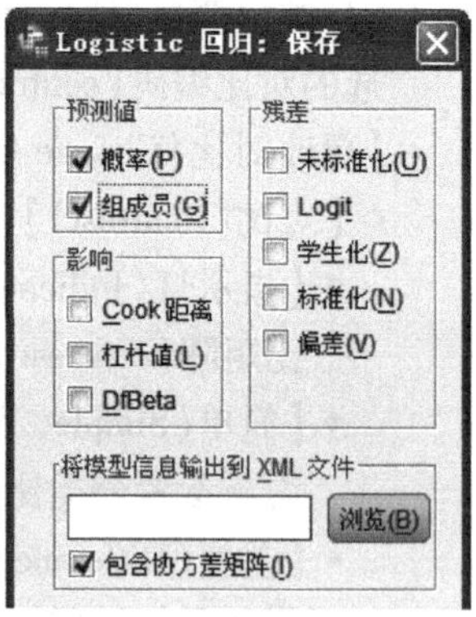

图 10-12　保存(Save)对话框

○【Logit 残差】：使用对数单位尺度（logit scale）对个案进行预测时个案的残差，为残差与（预测概率和 1 减预测概率乘积）的商。

○【学生化（Studentized，t 化残差）】：剔除特定个案后，导致模型离差的改变量。

○【标准化（Standardize，标准化残差）】：又称 Pearson 残差，残差除以其标准差，其平均值为 0，标准差为 1。

○【偏差（Deviance，偏差残差）】：基于模型偏差的残差。

☆【将模型信息输出到 XML 文件（Export model information to XML file）】。

○【包含协方差矩阵（Include the covariance matrix）】。

5）单击【继续】→【选项（Options）...】按钮，打开 Options（选项）对话框，见图 10-13。

☆【统计和图（Statistics and Plots）】。

○【分类图（Classification plots）】。

○【Hosmer- Lemeshow 拟合度（Hosmer- Lemeshow goodness- of- fit）】：该拟合优度比传统的 Logistic 回归的拟合优度更稳健，特别是含有连续协变量（continuous covariate）的模型和小样本研究。该方法是将个案按照危险度的十分位数分组，并比较每组的观测概率（observed probability）和期望概率（expected probability）。

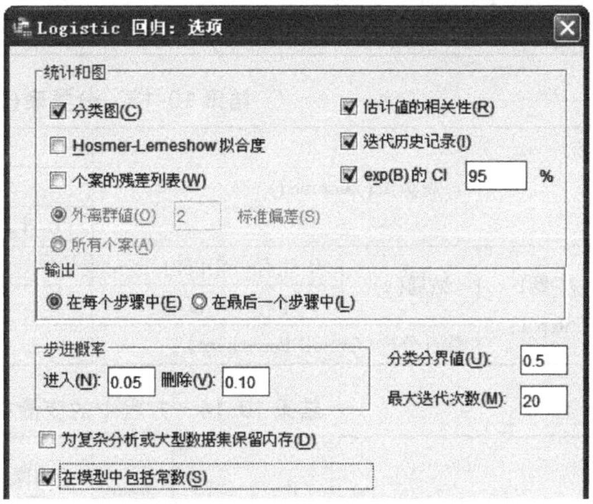

图 10-13　选项（Options）对话框

○【个案的残差列表（Casewise listing of residuals）】：n 个【标准偏差（std. Dev，标准差）外的离群值（Outliers outside）】或【所有个案（All cases）】。

○【估计值的相关性（Correlations of estimates，估计值的相关）】。

○【迭代历史记录（Iteration history）】。

○【exp（B）的 CI（CI for exp（B），估计优势比的置信区间）】。

☆【输出（Display）】：可选择【在每个步骤中（At each step）】或【在最后一个步骤中（At last step）】。

☆【步进概率（Probability for Stepwise，逐步概率）】：设定变量引入或从方程剔除的标准。当得分统计量的概率小于【进入（Entry）】值时，则变量引入模型；当概率大于【删除（Removal）】值时，则变量从模型中剔除。【进入（Entry）】值必须小于【删除（Removal）】值，且均为正值。

☆【分类分界值（Classification cutoff）】：指定个案分类界值，预测值大于界值的个案分类为阳性，小于界值的个案分类为阴性。默认值为 0.5，取值范围介于 0.01 ~0.99 之间。

☆【最大迭代次数（Maximum Iterations）】：模型终止前的最大迭代次数。

○【为复杂分析或大型数据集保留内存（Conserve memory for complex analyses or large datasets）】。

○【在模型中包括常数（Include constant in model）】。

6）单击【继续】→【确定】按钮，得到：三因素（x1，x2，x3），强迫引入法，结果如下：

Logistic 回归(Logistic Regression)

块 1：方法 = 引入(Block 1：Method = Enter)

结果 10-11　模型系数综合检验(Omnibus Tests of Model Coefficients)

		卡方(Chi-square)	自由度(df)	显著性(Sig.)
步骤 1 (Step 1)	步骤(Step)	20.734	3	.000
	块(Block)	20.734	3	.000
	模型(Model)	20.734	3	.000

结果 10-12　模型摘要(Model Summary)

步骤 (Step)	−2 对数似然 (−2 Log likelihood)	Cox & Snell R 方 (Cox & Snell R Square)	Nagelkerke R 方 (Nagelkerke R Square)
1	46.567	.339	.459

结果 10-13　分类表(Classification Table)

观测值(Observed)			预测值(Predicted)		
			结局(y)		符合率 (Percentage Correct)
			0-生存一年以内	1-生存一年以上	
步骤 1 (Step 1)	结局(y)	0-生存一年以内	25	5	83.3
		1-生存一年以上	5	15	75.0
	总百分比(Overall Percentage)				80.0

结果 10-14　方程中的变量(Variables in the Equation)

		B	S. E.	Wald	自由度 (df)	显著性 (Sig.)	估计优势比 (Exp(B))	估计优势比的 95% 置信区间 (95% C. I. for EXP(B))	
								下限(Lower)	上限(Upper)
步骤 1 Step 1	x1	.002	.006	.167	1	.682	1.002	.991	1.014
	x2	−.792	.487	2.643	1	.104	.453	.174	1.177
	x3	2.830	.793	12.726	1	.000	16.952	3.580	80.271
	常量(Constant)	-1.697	.659	6.635	1	.010	.183		

7)结果分析。

(1)模型系数综合检验(Omnibus Tests of Model Coefficients)表：模型(Model)：$\chi^2 = 20.734$，$P = 0.000 < 0.01$，按 $\alpha = 0.05$ 水准，认为自变量 x1(白细胞数)、x2(浸润等级)、x3(巩固治疗)与因变量 y(结局)的 Logistic 回归方程有统计学意义，见结果 10-11。

(2)模型摘要(Model Summary)表：Cox & Snell R 方以及 Nagelkerke R 方检验是回归方程的拟合优度检验，类似于线性回归的 R 方统计量，其数值大小反映方程对被解释变量变异解释的程度。这两个统计量常用于不同模型之间的比较，R 方($R^2 < 1$)越大表明模型拟合效果越好。本例的 Nagelkerke R 方为 0.459，Cox & Snell R 方为 0.339，见结果 10-12。

(3)方程中的变量(Variables in the Equation)表：x1、x2、x3 的 Wald 值分别为 0.167($P = 0.682 > 0.05$)、2.643($P = 0.104 > 0.05$)、12.726($P = 0.000 < 0.01$)，按 $\alpha = 0.05$ 水准，认为 x1 与 y、x2 与 y 无显著性关系，x3 与 y 有显著性关系；x3 的估计优势比 OR(EXP(B))及其 95% 置信区间为 16.952(3.580,80.271)，出院后有巩固治疗的患者生存 1 年以上的概率是出院后无巩固治疗的患者的 16.952 倍，三因素(x1，x2，x3)所建立的 Logistic 回归方程如下(见结果 10-14)：

$$P = Exp(-1.697 + 0.002 * x1 - 0.792 * x2 + 2.830 * x3)/(1 + Exp(-1.697 + 0.002 * x1 - 0.792 * x2 + 2.830 * x3)) \quad (10\text{-}3)$$

(4)分类表(Classification Table)：列出了观测值(Observed)与预测值(Predicted)的交叉表，参加建模的数据中，结局为“0-生存一年以内”的病人判断正确率为83.3%，结局为“1-生存一年以上”的病人判断正确率为75.0%，对建模数据总回判正确率为80.0%。这说明模型的预测效果不错(如果预概率大于50%，预测为良好，反之预测为不好)，尤其是对那些结局为“0-生存一年以内”的病人的预测。本例总回判正确率达到80.0%，说明模型较为稳定，见结果10-13。

(5)预测概率的直方图：如图10-14所示，横轴是对结局的预测概率值，纵轴是观测的频率。图中的符号表示观测量实际归属的分类：0代表“生存一年以内”，1代表“生存一年以上”。如果模型对原数据成功地进行了模拟，则“生存一年以内”的观测值(0)应分布在图形的左侧，其他观测值(1)更多地位于右侧；而且两类观测值越是分布在两端，预测效果越好。本例中，分类为“0”的观测值主要分布在左侧(横轴坐标小于0.5)，分类为“1”的观测值主要分布在右侧(横轴坐标大于0.5)，只有少部分观测值错误地分布，总的来看，模型的拟合效果还是不错的。

```
          Step number: 1

          Observed Groups and Predicted Probabilities

     16 +                                                                                                    +
        |                                                                                                    |
        |                                                                                                    |
F       |                                                                           1                        |
R    12 +                                                                           1                        +
E       |               1                                                           1                        |
Q       |               1                                                           1                        |
U       |               0                                                           1                        |
E     8 +               0                                                           1                        +
N       |               0                                                           1                        |
C       |   0           0                                                           11                       |
Y       |   0           0                                                           11                       |
      4 +   0           0                                                           01                       +
        |   0           00                      1                                   01                       |
        |   0           001                     1                                   01                       |
        |   000    0    000                     00     0     1                      00                       |
Predicted ---------+---------+---------+---------+---------+---------+---------+---------+---------+----------
  Prob:   0        .1        .2        .3        .4        .5        .6        .7        .8        .9         1
  Group:  0000000000000000000000000000000000000000000000000011111111111111111111111111111111111111111111111111

          Predicted Probability is of Membership for 1-生存一年以上
          The Cut Value is .50
          Symbols: 0 - 0-生存一年以内
                   1 - 1-生存一年以上
          Each Symbol Represents 1 Case.
```

图10-14 根据预测概率的观测量分组

(6)对因素x1，x2与x3，用前向选择法(条件、似然比、Wald)，经筛选后，引入方程的变量有x3。

$$P = Exp(-1.992 + 2.746 * x3)/(1 + Exp(-1.992 + 2.746 * x3)) \quad (10\text{-}4)$$

(7)对因素x1，x2与x3，用后向消元法(条件，似然比，Wald)，经筛选后，引入方程的变量有x2、x3。

$$P = Exp(-1.642 - 0.707 * x2 + 2.784 * x3)/(1 + Exp(-1.642 - 0.707 * x2 + 2.784 * x3)) \quad (10\text{-}5)$$

(8)单因素，即对x1，x2，x3逐个引入建立Logistic回归模型，得到

对x1： $P = Exp(-0.272 - 0.004 * x1)/(1 + Exp(-0.272 - 0.004 * x1))$ (10-6)

对 x2:　$P = Exp(-0.057 - 0.665 * x2)/(1 + Exp(-0.057 - 0.665 * x2))$　(10-7)

对 x3:　$P = Exp(-1.992 + 2.746 * x3)/(1 + Exp(-1.992 + 2.746 * x3))$　(10-8)

(9)如果将因素 x1, x2, x3 及其交互效应项 x1 * x2、x1 * x3、x2 * x3、x1 * x2 * x3 均引入建立 Logistic 回归方程，用强迫引入法，得到

$$p1 = Exp(-1.708 + 0.013 * x1 - 3.747 * x2 + 2.487 * x3 - 006 * x1 * x2 + 0.023 * x1 * x3 + 3.224 * x2 * x3 - 0.009 * x1 * x2 * x3)$$

$$P = p1/(1 + p1) \quad (10\text{-}9)$$

①情况 1：一个病人，x1 = 5，x2 = 0，x3 = 0(无巩固治疗)，用三因素(x1、x2、x3)，强迫引入法建立的 Logistic 回归方程，其概率 $P_0 = 0.1562$；如果这个病人进行了巩固治疗(x3 = 1)，则其概率 $P_1 = 0.7582$。可见，后者是前者的 0.7582/0.1562 = 4.85 倍。

②情况 2：一个病人，x1 = 5，x2 = 2，x3 = 0(无巩固治疗)，用三因素(x1、x2、x3)，强迫引入法建立的 Logistic 回归方程，其概率 $P_0 = 0.0366$；如果这个病人进行了巩固治疗(x3 = 1)，则其概率 $P_1 = 0.3920$。可见，后者是前者的 0.3920/0.0366 = 10.7 倍。

③情况 3：一个病人，x3 = 0(无巩固治疗)，用前向选择法(条件、似然比、Wald)建立的 Logistic 回归方程，其概率 $P_0 = 0.1200$；如果这个病人进行了巩固治疗(x3 = 1)，则其概率 $P_1 = 0.6800$。可见，后者是前者的 0.68/0.12 = 5.7 倍。同理可进行其他比较分析。

10.4　多元 Logistic 回归

多元 Logistic 回归(multinomial Logistic regression)又称多分类 Logistic 回归。医学研究或其他科学技术领域中，有时会遇到因变量是多项资料的情况，多项资料又可分为无序多项资料(例如，胃病分为胃炎、不典型增生和胃癌；口味分为苦、甜、酸；颜色分为红、蓝、黑；学校科目分为数学、自然科学、艺术)和有序多项资料(例如，疾病的疗效结果可能是治愈、好转、无效；口味分为微辣、中辣、极辣；调查结果分为不同意、中立、同意)。对于这类资料就不能直接用二元 Logistic 回归来分析治疗措施等自变量与疗效这一因变量的关系，而要用到多元 Logistic 回归。

多元 Logistic 回归实际上就是用多个二元 Logistic 回归模型描述各类与参考分类相比各因素的作用。例如，对于一个三分类的结果变量(治愈、好转、无效)，可建立两个二元 Logistic 回归模型，分别描述好转与治愈相比及无效与治愈相比，各种疗法的作用。但在估计这些模型的参数时，所有对象是一起估计的，其他参数的意义及模型的筛选等与二元 Logistic 回归相似。

生成的统计量包括迭代历史、参数系数(parameter coefficient)、渐近协方差与相关矩阵(asymptotic covariance and correlation matrix)、模型与局部效应的似然比检验、-2 对数似然值，Pearson 与偏差卡方拟合优度(Pearson and deviance chi-square goodness of fit)，Cox-Snell R 方统计量、Nagelkerke R 方统计量及 McFadden R 方统计量，响应分类(response category)的观测频数与期望频数，交叉表：按协变量模式(covariate pattern)和响应分类区分的观测频率和期望频数(带残差)及其比例。

【例 10-7】　为了研究胃癌及癌前病变核仁组织变化情况，分析核仁组成区嗜银蛋白(AgNoR)颗粒数量(x1，分为 1—较少、2—中等、3—较多)及大小(x2，分为 1—小、2—中、3—大)，在胃炎、不典型增生和胃癌(id，表达为 1、2、3)中的变化规律及临床的诊断意义，共检测了 129 例患者，检测结果整理后见表 10-6。试进行多元 Logistic 回归。

表 10-6 三种胃疾病 AgNoR 颗粒检测结果整理表

分层 g	颗粒数 x1	颗粒大小 x2	频率 freq	胃炎 id = 1	不典型增生 id = 2	癌变 id = 3
1	1	1	9	9	0	0
2	1	2	19	18	1	0
3	1	3	23	15	8	0
4	2	1	3	0	3	0
5	2	2	19	2	15	2
6	2	3	18	0	14	4
7	3	1	1	0	1	0
8	3	2	14	0	2	12
9	3	3	23	0	0	23

这是一个频率表资料，而且是无序多项(多分类)Logistic 回归。

1)建立数据文件 mlogis1. sav。

本例数据结构类似其他回归资料的数据结构，每个观测对象有一个胃病结果变量 id 和多个自变量 x1(颗粒数)、x2(颗粒大小)。由于已经整理成频率表资料，因此要添加一个频率变量(freq)。

2)对频率变量(freq)加权，加权个案(Weight Cases)对话框中，加权的【频率变量(Frequency Variable)】为"freq(频率)"，参见第 3.2.5 节。

3)选择【分析(Analyze)】→【回归(Regression)】→【多项 Logistic(Multinomial Logistic)...】，打开多项 Logistic 回归(Multinomial Logistic Regression)主对话框，见图 10-15。

☆【因变量(Dependent)】：应为分类变量，本例选择"id(胃疾病结果)"。

☆【因子(Factor(s))】变量列表：可选择多个分类变量作为因子变量，本例未选择。

☆【协变量(Covariate(s))】列表：可选择多个连续变量作为协变量，本例为"x1(颗粒数)"、"x2(颗粒大小)"。

4)单击【参考类别(Reference Category)...】按钮，打开参考类别(Reference Category)对话框，见图 10-16。

☆【参考类别(Reference，参考分类)】：可选择【第一类别(First Category，第一类)】、【最后类别(Last Category，最后一类)】或【定制(Custom Value)】，本例选择【第一类别(First Category)】。

☆【类别顺序(Category Order，分类顺序)】：可选择【升序(Ascending)】或【降序(Descending)】。

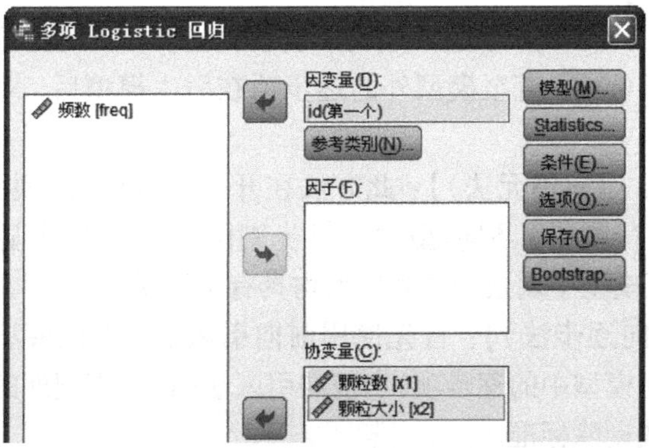

图 10-15 多项 Logistic 回归(Multinomial Logistic Regression)主对话框

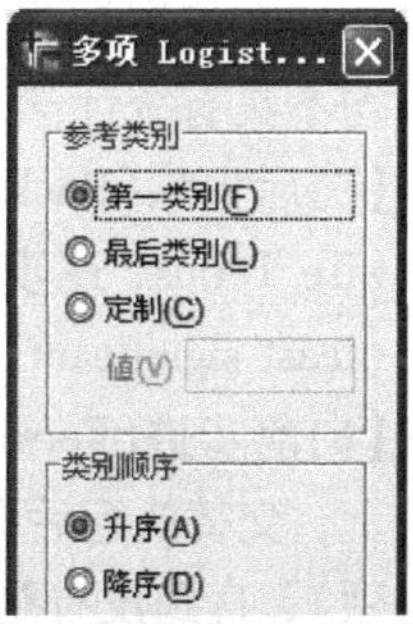

图 10-16 参考类别(Reference Category)对话框

5)单击【继续】→【模型(Model)...】按钮，打开模型(Model)对话框，见图 10-17。

☆【指定模型(Specify Model)】。

○【主效应(Main effects)】：主效应模型(main-effects model)包含协变量与因子变量的主效应，但不包含交互效应(interaction effect)。

○【全因子(Full factorial)】：完全析因模型(full factorial model)包含所有主效应和所有因子与因子的交互效应(factor-by-factor interaction)，但不包含协变量交互效应(covariate interaction)。

○【定制/步进式(Custom/Stepwise)】：可指定因子交互效应(factor interaction)、协变量交互效应的子集或设置模型的逐步选项。

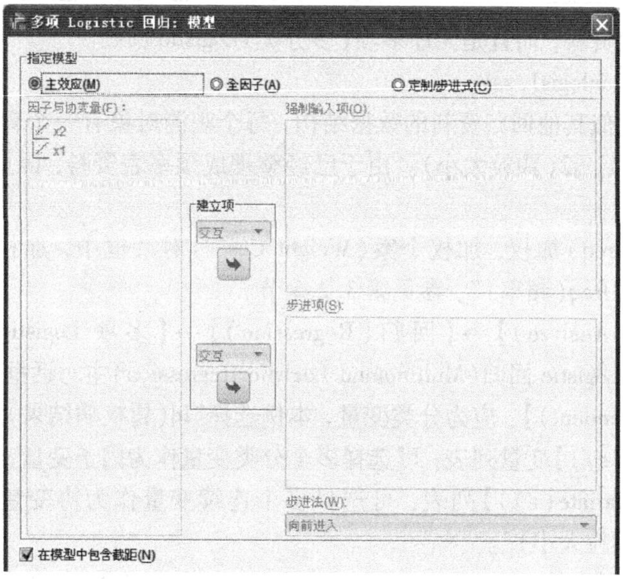

图 10-17　模型(Models)对话框

☆【因子与协变量(Factors & Covariates)】。

☆【强制输入项(Forced Entry Terms，强迫引入项)】列表：模型中总包含在列表中的变量。

☆【步进项(Stepwise Terms，逐步项)】列表：将变量加入此列表后，可选择以下逐步回归的方法。

☆【步进法(Stepwise Method，逐步法)】。

○【向前进入(Forward entry，前向引入法)】：模型开始时不含任何逐步项，模型每步引入一个最高显著性(most significant)项，直至模型外的逐步项在引入模型后，对模型均不具有统计学意义。

○【向后去除(Backward elimination，后向消元法)】：此方法在开始时将【步进项(Stepwise Terms，逐步项)】列表中所有项引入到模型中。每步剔除模型中最小显著性(least significant)的逐步项，直至模型中剩余的项对模型均具有统计学意义。

○【向前步进(Forward stepwise，前向逐步法)】：首先使用前向引入法，在此模型基础上，交替执行后向消元法(针对在模型中的逐步项)和前向引入法(针对模型外的剩余项)，直到没有剩余项满足引入或剔除标准。

○【向后步进(Backward stepwise，后向逐步法)】：首先使用后向消元法，在此模型基础上，交替执行前向引入法(针对模型外的剩余项)和后向消元法(针对在模型中的逐步项)，直到没有剩余项满足引入或剔除标准。

☆【在模型中包含截距(Include intercept in model)】。

☆【建立项(Build Term)】下拉菜单：参见第 10. 1. 1 节，【构建项(Build Term(s))】中【类型(Type)】下拉菜单的介绍。

6)单击【继续】→【Statistics(统计)...】按钮，打开统计(Statistics)对话框，见图 10-18。

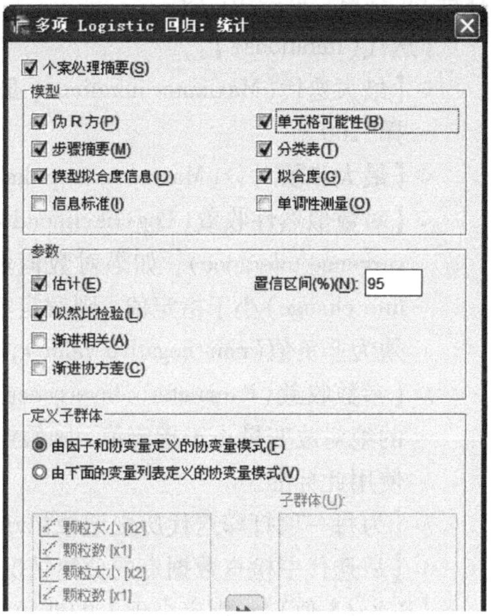

图 10-18　统计(Statistics)对话框

☆【个案处理摘要(Case processing summary)】：该表格包含指定分类变量的信息。

☆【模型(Model)】：包含总体模型的统计量。

○【伪 R 方(Pseudo R-square)】：计算 Cox 和 Snell R 方、Nagelkerke R 方以及 McFadden R 方统计量。

○【步骤摘要(Step summary)】：生成逐步法每步引入或剔除效应的汇总表。此选项仅在逐步模型中有效。

○【模型拟合度信息(Model fitting information)】：将拟合模型与只含截距模型或零模型(null model)进行比较。

○【信息标准(Information Criteria，信息准则)】：计算 Akaike 信息准则(Akaike's information criterion，AIC)和 Schwarz 的 Bayesian 信息准则(Schwarz's Bayesian information criterion，BIC)。

○【单元格可能性(Cell probabilities，单元格概率)】：按协变量模式和响应分类显示观测频数、带残差的期望频数及比例。按协变量模式和响应分类打印观测和期望频率(带残差)和比例的表。

○【分类表(Classification table)】：生成观测响应(observed response)与预测响应(predicted response)表。

○【拟合度(Goodness-of-fit，拟合优度)】：生成所有因子和协变量或由用户定制因子和协变量子集确定的协变量模式计算的 Pearson 卡方(Pearson's chi-square)与似然比卡方(likelihood-ratio chi-square)统计量。

○【单调性测量(Monotonicity measures，单调性度量)】：生成包含有关协调对(concordant pair)、非协调对(discordant pair)和相等对(tied pair)数目的 Somers D 统计量、Goodman 和 Kruskal γ 值、Kendall τ_a 以及协调指数 C(concordance index C)的信息表。

☆【参数(Parameters)】：与模型参数相关的统计量。

○【估计(Estimates)】：计算模型参数估计值及指定置信水平参数估计值的置信区间(Confidence intervals)。

○【似然比检验(Likelihood ratio tests)】：计算模型局部效应(partial effect)的似然比检验，自动显示模型总体的检验。

○【渐进相关(Asymptotic correlations，渐近相关)】：生成参数估计值的相关矩阵。

○【渐进协方差(Asymptotic covariances，渐近协方差)】：生成参数估计值的协方差矩阵。

☆【定义子群体(Define Subpopulations，定义子总体)】：可选择【由因子和协变量定义的协变量模式(Covariate patterns defined by factors and covariates)】或【由下面的变量列表定义的协变量模式(Covariate patterns defined by variable list below)】，本例选择前者。

7)单击【继续】→【条件(Criteria)...】按钮，打开收敛性准则(Convergence Criteria，收敛判别标准)对话框，见图 10-19。

☆【迭代(Iterations)】。

○【最大迭代(Maximum iterations，最大迭代次数)】：指定算法循环的最大次数，本例选择“100”。

○【最大步骤对分(Maximum step-halving)】：步骤对分中的最大步骤数，默认为“5”。

○【对数似然性收敛(Log-likelihood convergence)】：对数似然改变的收敛性容差(convergence tolerance)，如果对数似然函数(log-likelihood function)的绝对改变量(absolute change)小于指定值，则假定收敛性；如果数值为“0”，则不执行此准则。该值必须为非负值(non-negative value)，默认为“0”。

○【参数收敛(Parameter convergence)】下拉菜单，如果参数估计值(parameter estimate)的绝对改变量小于指定值，则假定收敛性，默认为“0.000001”，若设定为“0”，则不使用此标准。

○【为每一项打印迭代历史记录(Print iteration history for every n step(s))】。

○【从迭代中检查数据点的分离情况(Check separation of data points from iteration)】。

☆【Delta(δ 值)】：指定小于 1 的非负值，此值将按协变量模式添加到响应分类交叉表的每个空单元格中以达到稳定算法和避免估计值偏倚的目的。

☆【奇异性容差(Singularity tolerance)】：指定用于检查奇异性的容差。

8)单击【继续】→【选项(Options)...】按钮，打开选项(Options)对话框，见图 10-20。

☆【离散度量(Dispersion Scale，离散尺度)】：指定用于校正参数协方差矩阵估计值的离散尺度值。

刻度(Scale)菜单选项：

○【无(None)】。

○【用户自定义(User-defined)】：必须是正值。

○【Pearson】：使用 Pearson 卡方统计量估计尺度值。

○【偏差(Deviance)】：使用偏差函数(deviance function)，即似然比卡方统计量估计尺度值。

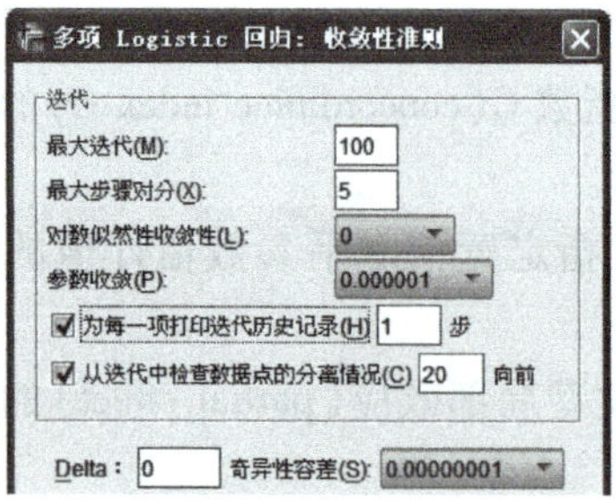

图 10-19　收敛性准则(Convergence Criteria，收敛判别标准)对话框

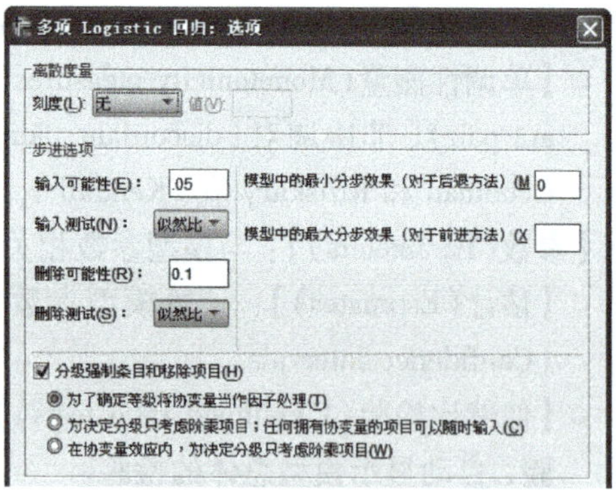

图 10-20　选项(Options)对话框

☆【步进选项(Stepwise Options, 逐步选项)】: 用于控制用逐步回归方法建立模型时的统计标准。

○【输入可能性(Entry Probability, 引入概率)】: 变量引入似然比统计量的概率, 指定概率越大, 变量就越容易引入模型。可用于前向引入法、前向逐步法、后向逐步法。

○【输入测试(Entry test, 引入检验)】: 可选择似然比(Likelihood-ratio)检验或得分(Score)检验。可用于前向引入法、前向逐步法、后向逐步法。

○【删除可能性(Removal Probability, 剔除概率)】: 用于变量剔除的似然比统计量的概率。指定概率越大, 变量就越容易保留在模型中。可用于后向消元法、前向逐步法、后向逐步法。

○【删除测试(Removal Test, 剔除检验)】: 可选择似然比(Likelihood-ratio)检验或Wald检验。可用于后向消元法、前向逐步法、后向逐步法。

○【模型中的最小分步效果(对于后退方法)(Minimum Stepped Effects in Model(for backward ethods))】: 当使用后向消元法或后向逐步法时, 可指定模型包含的最小项数(不包含截距)。

○【模型中的最大分步效果(对于前进方法)(Maximum Stepped Effect in Model(for forward methods))】, 当使用前向引入法或前向逐步法, 可指定模型包含的最大项数(不包含截距)。

☆【分级强制条目和移除项目(Hierarchically constrain entry and removal of terms)】: 用于设置是否对模型项目的包含方式进行限制。可选择【为了确定等级将协变量当作因子处理(Treat covariates like factors for the purpose of determining hierarchy)】、【为决定分级只考虑阶乘项目; 任何拥有协变量的项目可以随时输入(Consider only factorial terms for determining hierarchy; any terms with covariates can be entered at any time)】或【在协变量效应内, 为决定分级只考虑阶乘项目(Within covariate effects, consider only factorial terms for determining hierarchy)】。

9)单击【继续】→【保存(Save)...】按钮, 打开保存(Save)对话框, 见图10-21。该对话框可保存新变量到活动数据集中及将模型信息保存到外部文件。

☆【保存变量(Saved variables)】。

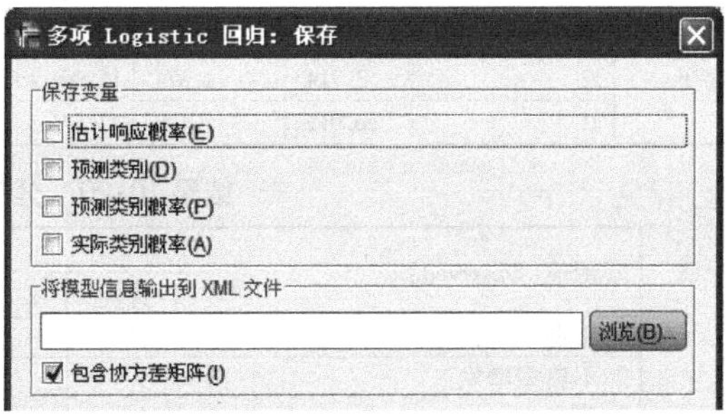

图10-21 保存(Save)对话框

○【估计响应概率(Estimated response probabilities)】: 将因子/协变量模式分类为响应分类的估计概率。估计概率数与响应变量的分类数相当, 最多保存25个概率。

○【预测类别(Predicted category, 预测分类)】: 具有因子/协变量模式的最大预测概率的响应分类。

○【预测类别概率(Predicted category probability, 预测分类概率)】: 估计响应概率的最大概率。

○【实际类别概率(Actual category probability, 实际分类概率)】: 将因子/协变量模式分类到观测分类的估计概率。

☆【将模型信息输出到 XML 文件(Export model information to XML file)】。

○【包含协方差矩阵(Include the covariance matrix)】。

10)单击【继续】→【确定】按钮，得到以下主要结果：

名义回归(Nominal Regression)

结果 10-15　模型拟合信息(Model Fitting Information)

模型(Model)	模型拟合准则(Model Fitting Criteria)	似然比检验(Likelihood Ratio Tests)		
	-2 对数似然(-2 Log Likelihood)	卡方(Chi-Square)	自由度(df)	显著性(Sig.)
仅有截距(Intercept Only)	206.024			
最终(Final)	23.060	182.964	4	.000

结果 10-16　拟合优度(Goodness-of-Fit)

	卡方(Chi-Square)	自由度(df)	显著性(Sig.)
Pearson	5.581	12	.936
偏差(Deviance)	7.127	12	.849

结果 10-17　伪 R 方(Pseudo R-Square)

Cox and Snell	.758
Nagelkerke	.853
McFadden	.646

结果 10-18　似然比检验(Likelihood Ratio Tests)

效应(Effect)	模型拟合准则(Model Fitting Criteria)	似然比检验(Likelihood Ratio Tests)		
	简化模型的 -2 对数似然(-2 Log Likelihood of Reduced Model)	卡方(Chi-Square)	自由度(df)	显著性(Sig.)
截距(Intercept)	139.335	116.275	2	.000
x1	192.183	169.123	2	.000
x2	40.333	17.273	2	.000

结果 10-19　参数估计(Parameter Estimates)

胃疾病结果		B	标准误(Std. Error)	Wald	自由度(df)	显著性(Sig.)	估计优势比(Exp(B))	估计优势比的95%置信区间(95% Confidence Interval for Exp(B))	
								下限(Lower Bound)	上限(Upper Bound)
2-不典型增生	截距(Intercept)	-11.357	2.873	15.628	1				
	x2	1.776	.703	6.390	1	.011	5.907	1.490	23.412
	x1	5.291	1.117	22.415	1	.000	198.443	22.206	1773.399
3-癌变	截距(Intercept)	-27.563	4.840	32.425	1				
	x2	3.714	1.074	11.961	1	.001	41.014	4.999	336.513
	x1	10.012	1.490	45.146	1	.000	22285.049	1201.420	413363.510

结果 10-20　分类(Classification)

观测值(Observed)	预测值(Predicted)			
	1-胃炎	2-不典型增生	3-癌变	符合率(Percent Correct)
1-胃炎	42	2	0	95.5%
2-不典型增生	9	33	2	75.0%
3-癌变	0	6	35	85.4%
总百分比(Overall Percentage)	39.5%	31.8%	28.7%	85.3%

11)主要结果分析。

(1)模型拟合信息(Model Fitting Information)表：给出了仅有截距(Intercept Only)的模型和最终(Final)模型的似然比检验结果，其 -2 对数似然(-2 Log Likelihood)值分别为 206.024、23.060，$\chi^2 = 206.024 - 23.060 = 182.964$，$P = 0.000 < 0.01$，按 $\alpha = 0.05$ 水准，认为最终模型要优于只含截距的模型，即最终模型成立，见结果 10-15。

(2)拟合优度(Goodness-of-Fit)表：Pearson卡方(Pearson Chi-Square)及偏差卡方(Deviance Chi-Square)分别为5.581($P=0.936>0.05$)及7.127($P=0.849>0.05$)，表明没有足够证据断定模型未与数据充分拟合，即多元Logistic回归对本例资料是合适的，见结果10-16。

(3)伪R方(Pseudo R-Square)表：Cox与Snell R方、Nagelkerke R方及McFadden R方检验是回归方程的拟合优度检验，类似于线性回归的R方统计量，其数值大小反映方程对被解释变量变异解释的程度。这3个统计量常用于不同模型之间的比较，R方($R^2<1$)越大表明模型拟合效果越好。它们分别为0.758、0.853、0.646，表明根据上述3种决定系数，在因变量id的变异中，可由自变量x1、x2解释的部分占75.8%、85.3%及64.6%，均大于64%，见结果10-17。

(4)似然比检验(Likelihood Ratio Tests)表：模型中x1、x2的似然比检验卡方(Likelihood Ratio Tests Chi-Square)分别为169.123($P=0.000<0.01$)、17.273($P=0.000<0.01$)，按$\alpha=0.05$水准，认为x1、x2对回归方程均有统计学意义，见结果10-18。

(5)参数估计(Parameter Estimates)表：Wald检验的显著性(Sig.)均小于0.01，按$\alpha=0.05$水准，认为x1、x2对回归方程均有统计学意义，以胃炎(id=1)为基准，分别用两个回归方程进行id水平2与id水平1、id水平3与id水平1的比较，得到线性预测方程

$$\text{logit}[P(id=2\mid x1, x2)] = -11.357+5.291x1+1.776x2$$

$$\text{logit}[P(id=3\mid x1, x2)] = -27.563+10.012x1+3.714x2$$

x1的回归系数均为正值，说明颗粒数多，不典型增生和癌变的危险大于胃炎的危险；x2的回归系数也是正值，说明颗粒越大，不典型增生和癌变的危险大于胃炎的危险，见结果10-19。

(6)分类(Classification)表：符合率(Percent Correct)的总百分比(Overall Percentage)为85.3%，表明模型的总符合率(Percent Correct)为85.3%，这说明模型的预测效果不错(如果预概率大于50%，预测为良好，反之预测为不好)，见结果10-20。

如果多项的结果变量具有等级变量的数量特征，则应做有序多元Logistic回归。对于这些资料，有序多元Logistic回归类似无序多元Logistic回归建立多个模型，但不是将多个类与某个固定的参考分类相比，而是逐步改变参考分类。

在有序多元Logistic回归中，最常用的是累积有序多元Logistic回归模型，其建模思想为设有4个类，分别赋值0、1、2、3。第1个模型是将1、2、3合并与0相比，第2个模型是将2、3合并与0、1合并相比，第3个模型是将3与0、1、2合并相比。假定回归模型的系数不变(平行性假设)，只是常数项改变，得到回归参数的估计值。回归系数的意义与一般二元Logistic回归相同，反映某自变量(致病危险因素)增加一个单位，累积事件发生的危险性程度上升的倍数。

10.5 有序回归

在回归的研究中，有时会遇到研究1个或多个协变量与1个因变量的回归关系，当因变量是有序分类变量时，可应用有序回归(Ordinal Regression)。有序回归又称等级回归，可以在一组预测变量(因子变量或协变量)上对多分类有序响应(polytomous ordinal response)的依赖性进行建模。有序回归可用于研究药物对病人的疗效，疗效可分为无效、缓解、好转、治愈4个等级，其中缓解与好转是病人的主观体验，难以测量与量化，可用有序回归了解疗效的影响因素。

生成的统计量与图形包括每个协变量项中每个响应分类的观测频数(observed frequency)、期望频数(expected frequency)、累积频率(cumulative frequency)、频率与累积频率的 Pearson 残差(Pearson residual)、观测概率、预测概率、以协变量模式表示的观测累积概率(observed cumulative probability)、期望累积概率(expected cumulative probability)；参数估计值的渐近相关与协方差矩阵(asymptotic correlation and covariance matrix)、Pearson 卡方、似然比卡方、拟合优度统计量、迭代历史、平行线假设检验(test of parallel lines assumption)、参数估计值、标准误、置信区间、Cox-Snell R 方统计量、Nagelkerke R 方统计量和 McFadden R 方统计量。

【例 10-8】 50 例急性淋巴细胞性白血病病人，在入院治疗时取得了外周血中的细胞数 x1(千/mm^3)、淋巴结浸润等级 x2(分为 0、1、2、3 四级)，出院后巩固治疗 x3(有巩固治疗为 1，无巩固治疗为 0)，并随访取得病人的生存时间 t(月)，变量 group 是有序分组的。本例将生存时间(t,月)分为 4 个组：生存 6 个月以内为 1，6(含 6 个月)~12 个月以内为 2，12(含 12 个月)~24 个月以内为 3，24 个月(含 24 个月)以上为 4。已建立数据文件 ordinal. sav，试进行有序回归。

1)打开数据文件 ordinal. sav。

2)单击【分析(Analyze)】→【回归(Regression)】→【有序(Ordinal)...】按钮，打开 Ordinal 回归(Ordinal Regression)主对话框，见图 10-22。

☆【因变量(Dependent)】：应为有序变量(数值型或字符串)，本例为"group(分组)"。

☆【协变量(Covariate(s))】列表：选择一个或以上的数值变量，本例为"x1"、"x2"、"x3"。

☆【因子(Factor(s))】变量：应为分类变量。

3)单击【选项(Options)...】按钮，打开选项(Options)对话框，见图 10-23。

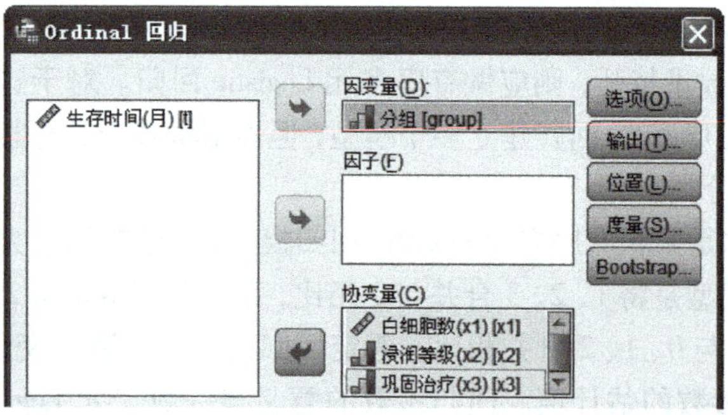

图 10-22　Ordinal 回归(Ordinal Regression)主对话框

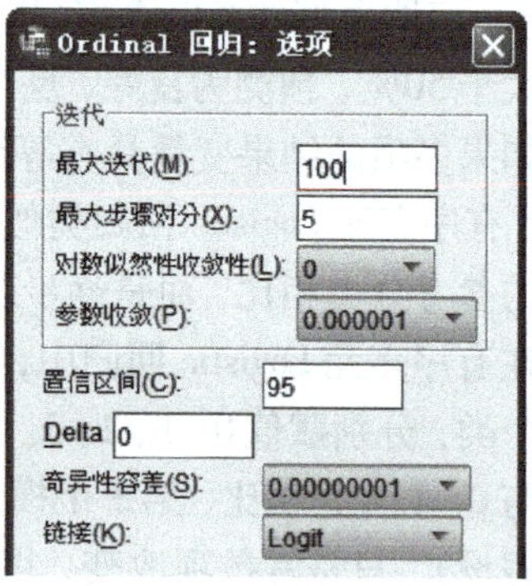

图 10-23　选项(Options)对话框

☆【迭代(Iterations)】：参见第 10.4 节。

☆【置信区间(Confidence Interval, CI)】：默认为"95%"。

☆【Delta】：用于频率为 0 的单元格的值，默认为 0，应指定一个小于 1 的非负值。

☆【奇异性容差(Singularity tolerance)】：用于检查有高度依赖性的预测变量，默认为 10^{-8}，即"0.00000001"。

☆【链接(Link)】：设置连接函数(link function)，连接函数是累积概率的变换形式，可用于模型估计。

○【Logit】函数：$f(x) = \lg\left(\dfrac{x}{1-x}\right)$，常用于均匀分布的分类的情况。

○【补充对数-对数(Complementary Log-log，互补双对数函数)】：$f(x) = -\lg(1-x)$，常用于可能存在更多较高分类的情况。

○【负对数-对数(Negative Log-log，负双对数函数)】：$f(x) = -\lg(-\lg x)$，常用于可能存在更多较低分类的情况。

○【Probit】函数：$f(x) = \phi^{-1}(x)$，常用于潜在变量(latent variable)是正态分布的情况。

○【Cauchit】函数(逆Cauchy)：$f(x) = \tan[\pi(x-0.5)]$，常用于潜在变量有多个极值的情况。

4)单击【继续】→【输出(Output)...】按钮，打开输出(Output)对话框，见图10-24。

☆【输出(Display)】。

○【为每一项打印迭代历史记录(Print iteration history for every n step(s))】：打印对数似然估计值(log-likelihood estimate)及参数估计值，始终显示迭代的第一步与最后一步。

○【拟合度统计(Goodness of fit statistics，拟合优度统计)】：根据指定分类计算Pearson与似然比卡方统计量。

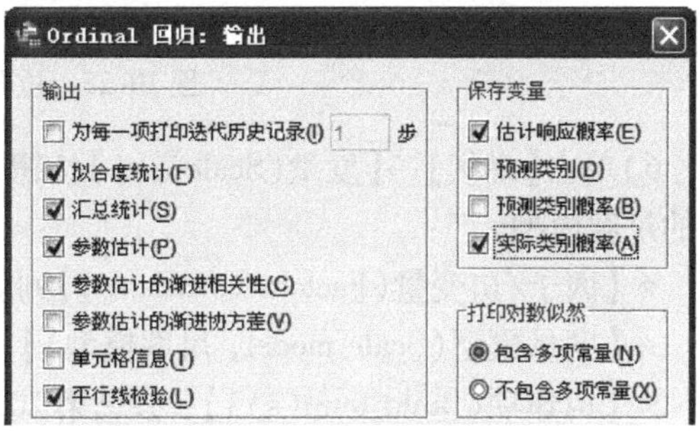

图10-24 输出(Output)对话框

○【汇总统计(Summary statistics)】：包括Cox与Snell R方、Nagelkerke R方、McFadden R方统计量。

○【参数估计(Parameter estimates)】：参数估计值、标准误与置信区间。

○【参数估计的渐进相关性(Asymptotic correlation of parameter estimates，参数估计的渐近相关)】：参数估计值的相关矩阵。

○【参数估计的渐进协方差(Asymptotic covariance of parameter estimates，参数估计的渐近协方差)】：参数估计值的协方差矩阵。

○【单元格信息(Cell information)】：包括观测与期望频数、累积频率、频率与累积频率的Pearson残差、观测与预测概率、以协变量模式表示的每个响应分类的观测与期望累积概率。

○【平行线检验(Test of parallel lines)】：位置参数在多个因变量水平上都相等的假设检验，该检验只可用于位置模型(location-only model)，本例选择此项。

☆【保存变量(Saved variables)】：参见第10.4节。

☆【打印对数似然(Print Log-Likelihood)】：可选择【包含多项常量(Including multinomial constant)】或【不包含多项常量(Excluding multinomial constant)】。

5)单击【继续】→【位置(Location)...】按钮，打开位置(Location)对话框，见图10-25，可指定分析的位置模型。

☆【指定模型(Specify model)】。

○【主效应(Main effects)】：主效应模型包含协变量与因子变量的主效应，但不包含交互效应。

○【定制(Custom)】：可指定因子交互效应的子集或协变量间交互效应的子集。

☆【因子/协变量(Factors/covariates)】列表。

☆【位置模型(Location model)】：该模型取决于所选择的主效应与交互效应。

☆【构建项(Build term(s))】：参见第10.1.1节。

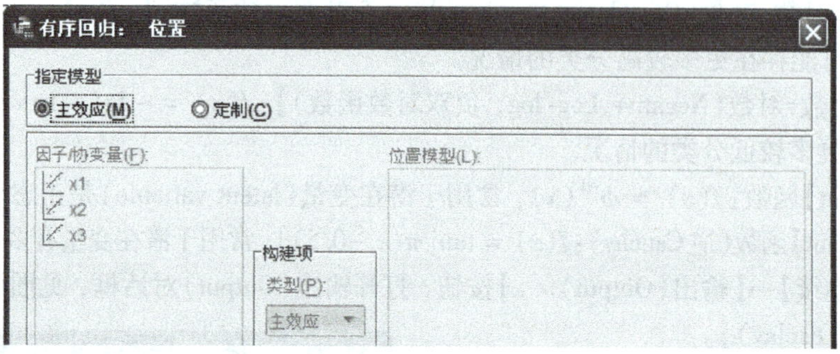

图 10-25　位置(Location)对话框

6)单击【继续】→【度量(Scale)...】按钮，打开度量(Scale)对话框，见图 10-26，可指定分析的尺度模型。

☆【因子/协变量(Factors/covariates)】列表。

☆【度量模型(Scale model，尺度模型)】：模型取决于所选择的主效应与交互效应。

☆【构建项(Build term(s))】：参见第 10.1.1 节。

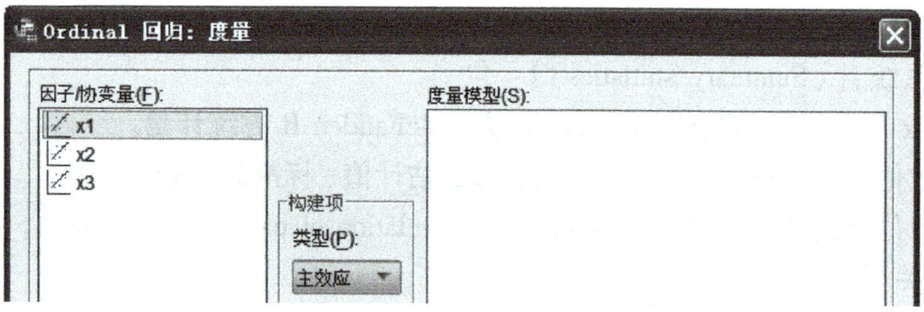

图 10-26　度量(Scale)对话框

7)单击【取消】→【确定】按钮，得到以下主要结果：

PLUM-有序回归(PLUM-Ordinal Regression)

结果 10-21　模型拟合信息(Model Fitting Information)

模型(Model)	-2 对数似然(-2 Log Likelihood)	卡方(Chi-Square)	自由度(df)	显著性(Sig.)
仅有截距(Intercept Only)	129.421			
最终(Final)	98.125	31.296	3	.000

连结函数(Link function)：Logit.

结果 10-22　拟合优度(Goodness-of-Fit)

	卡方(Chi-Square)	自由度(df)	显著性(Sig.)
Pearson	96.962	132	.990
偏差(Deviance)	93.966	132	.995

结果 10-23　伪 R 方(Pseudo R-Square)

Cox and Snell	.465
Nagelkerke	.500
McFadden	.234

结果 10-24 参数估计(Parameter Estimates)

		估计(Estimate)	标准误(Std. Error)	Wald	df	显著性(Sig.)	95%置信区间(95% Confidence Interval)	
							下限(Lower Bound)	上限(Upper Bound)
阈值(Threshold)	[group = 1]	-.655	.474	1.914	1	.166	-1.584	.273
	[group = 2]	1.967	.648	9.202	1	.002	.696	3.238
	[group = 3]	3.939	.785	25.207	1	.000	2.402	5.477
位置(Location)	x1	-.005	.005	.766	1	.381	-.015	.006
	x2	-.402	.336	1.431	1	.232	-1.060	.256
	x3	3.206	.750	18.283	1	.000	1.736	4.675

结果 10-25 平行线检验(Test of Parallel Lines)

模型(Model)	-2 对数似然(-2 Log Likelihood)	卡方(Chi-Square)	自由度(df)	显著性(Sig.)
零假设(Null Hypothesis)	98.125			
一般(General)	40.924	57.201	6	.000

8)主要结果分析。

(1)模型拟合信息(Model Fitting Information)表：给出了仅有截距(Intercept Only)的模型和最终(Final)模型的似然比检验结果，其 -2 对数似然(-2 Log Likelihood)值分别为 129.421 和 98.125，$\chi^2 = 129.421 - 98.125 = 31.296$，$P = 0.000 < 0.01$，按 $\alpha = 0.05$ 水准，认为最终模型要优于只含截距的模型，即最终模型成立，见结果 10-21。

(2)拟合优度(Goodness-of-Fit)表：Pearson 卡方(Pearson Chi-Square)及偏差卡方(Deviance Chi-Square)分别为 96.962($P = 0.990 > 0.05$)及 93.966($P = 0.995 > 0.05$)，认为有序回归对本例资料是合适的，见结果 10-22。

(3)伪 R 方(Pseudo R-Square)表：Cox 与 Snell R 方、Nagelkerke R 方及 McFadden R 方分别为 0.465、0.500、0.234，表明根据上述 3 种决定系数，在因变量 group 的变异中，可由自变量 x1、x2、x3 解释的部分分别占 46.5%、50.0%、23.4%，见结果 10-23。

(4)参数估计(Parameter Estimates)表，位置(Location)参数 x1、x2、x3 的 Wald 统计量分别为 0.766($P = 0.381 > 0.05$)、1.431($P = 0.232 > 0.05$)及 18.283($P = 0.000 < 0.01$)，按 $\alpha = 0.05$ 水准，认为 x1、x2 与 group 之间的回归系数无统计学意义，而 x3 与 group 之间的回归系数有统计学意义，见结果 10-24。

Logit 连接函数(Link function)分别为

第 1 组水平：$$\text{Link1} = -0.655 - (-0.005 * x1 - 0.402 * x2 + 3.206 * x3) \tag{10-10}$$

第 2 组水平：$$\text{Link2} = 1.967 - (-0.005 * x1 - 0.402 * x2 + 3.206 * x3) \tag{10-11}$$

第 3 组水平：$$\text{Link3} = 3.939 - (-0.005 * x1 - 0.402 * x2 + 3.206 * x3) \tag{10-12}$$

(5)个案预测，已知某病人的数据：x1(白细胞数) = 20，x2(浸润等级) = 0，x3(是否巩固治疗) = 1(已进行巩固治疗)。试问该病人的生存时间估计是那一组？即估计该病人的生存时间有多久。

①将已知的 x1、x2、x3 值代入 Logit 连接函数 Link1，得到

$$\begin{aligned}\text{Link1} &= -0.655 - (-0.005 * 20 - 0.402 * 0 + 3.206 * 1)\\ &= -0.655 - 3.115\\ &= -3.77\end{aligned}$$

同理，得到

$$Link2 = 1.967 - 3.115 = -1.148$$
$$Link3 = 3.939 - 3.115 = 0.824$$

②再计算

$P1 = 1/(1 + Exp(-(-3.77))) = 0.0225$

$P2 = 1/(1 + Exp(-(-1.148))) - P1 = 0.2409 - 0.0225 = 0.2183$

$P3 = 1/(1 + Exp(-(0.824))) - (P1 + P2) = 0.6951 - (0.0225 + 0.2183) = 0.4542$

$P4 = 1 - (P1 + P2 + P3) = 1 - (0.0225 + 0.2183 + 0.4542) = 0.3049$

③因为在 P1、P2、P3、P4 中，P3 =0.4542 的值最大，因此，该病人的生存时间估计是第3组，即估计该病人的生存时间为 1 ~2 年。

(6)平行线检验(Test of Parallel Lines)表：一般卡方(General Chi-Square)为 57.201，P = 0.000 <0.01，按 α =0.05 水准，认为位置参数(斜率系数)x1、x2、x3 在不同因变量水平上是不相等的，见结果 10-25。

10.6 概率单位法

概率单位法(PROBIT, probability unit)是用于计算半数效量(ED50, median effective dose)的有效方法。在医学科学研究中，半数效量是指半数动物发生特定效应所需某药之剂量。如果这种效应是以动物之死亡表示的，则所需某剂量称为半数致死量(LD50, median lethal dose)。PROBIT 过程用极大似然法(maximum-likelihood)给出 Probit 模式(概率单位)与 Logit 模式(对数优势比)及以 10 或以 e(e =2.7178)为底进行对数变换，或不进行对数变换(None)。

生成的统计量与图形包括回归系数及其标准误、截距及其标准误、Pearson 拟合优度卡方(Pearson goodness-of-fit chi-square)、观测频数、期望频数、自变量有效水平(effective level)的置信区间；绘制转换反应图(transformed response plot)。

【例 10-9】 用某农药对雌性大白鼠做灌胃的急性毒性实验(见表 10-7)，试求半数致死量 LD50、95%置信限、卡方、P 值与 LD_{95}等。

1)建立数据文件 probit. sav，变量名为 dose(剂量,mg/kg)、animals(受试动物数)、dead(死亡动物数)。

表 10-7 急性毒性试验资料

剂量(mg/kg)，dose	受试动物数，animals	死亡动物数，dead
1000	10	1
1200	10	3
1400	10	7
1600	10	8
1800	10	9

2)选择【分析(Analyze)】→【回归(Regression)】→【Probit...】选项，打开 Probit 分析(Probit Analysis)主对话框，见图 10-27。

☆【响应频率(Response Frequency，反应频率)】变量：选择 1 个反应频率变量，该变量检验表示对检验刺激的反应数，如有效数、阳性数、死亡数、中毒数等。变量值不能为负数，本例为“dead(死亡动物数)”。

☆【观测值汇总(Total Observed，总观测数)】变量：该变量表示接受检验刺激的个案数，变量值不能为负数，且必须大于或等于响应频率(Response Frequency)变量值，本例为“animals(受试动物数)”。

☆【因子(Factor)】变量：以整数编码的分类变量，必须确定因子变量的【最小值(Minimum)】与【最大值(Maximum)】的【定义范围(Define Range)】。

☆【协变量(Covariate(s))】列表：可选择 1 个或以上的协变量，该变量包含每个观测值的刺激级别，本例为“dose(剂量,mg/kg)”。

☆【转换(Transform，变换)】：对协变量进行变换，选择【无(None)】、【以 10 为底的对数(Log base 10)】或【自然对数(Natural log)】变换。如果不进行变换，且有对照组，则分析中将包含该对照组。

☆【模型(Model)】：以控制反应率的变换。

○【概率(Probit)】单位模型：对反应比例进行 Probit 变换(累积标准正态分布函数的逆函数)。

○【Logit】模型：对反应比例进行 Logit(对数优势比)变换。

3)单击【选项(Options)...】按钮，打开选项(Options)对话框，见图 10-28。

☆【Statistics(统计)】。

○【频率(Frequencies)】：输出每个观测值的实际频率与理论频率。

○【相对中位数(Relative median potency，相对中位数效能)】：显示每对因子水平的中位数效能比(ratio of median potencies)及相对中位数效能的 95% 置信区间，如果没有因子变量或具有多个协变量时，则不输出此选项。

○【平行检验(Parallelism test)】：又称替换检验，假设所有因子水平均有相同斜率的检验。

○【信仰置信区间(Fiducial confidence intervals，信任置信区间)】：即基准置信区间，生成反应确定概率所需剂量(dosage)的置信区间。

○【异质因子使用的显著性水平(Significance level for use of heterogeneity factor)】：默认值为“0.15”，如果模式拟合优度检验显著性水平小于 0.15，则输出非齐性相关，并计算其反应比的置信区间。

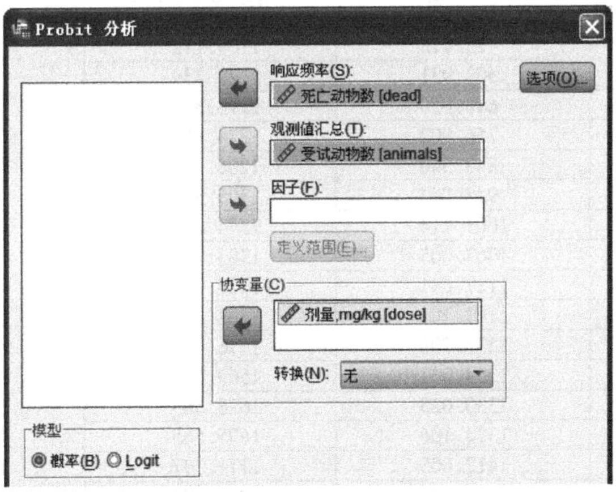

图 10-27 Probit 分析(Probit Analysis)主对话框

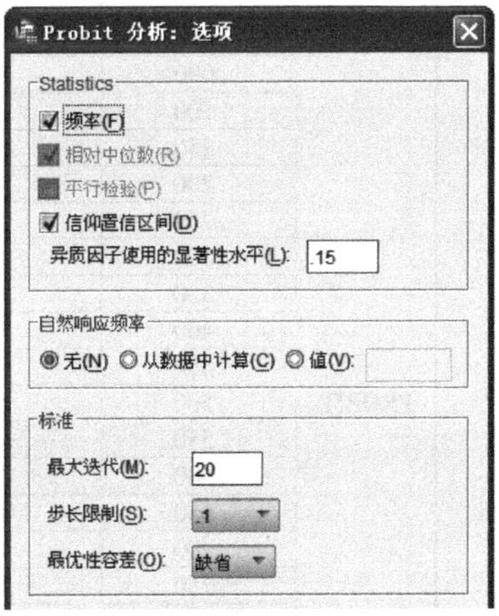

图 10-28 选项(Options)对话框

☆【自然响应频率(Natural Response Rate，自然反应率)】：在没有检验刺激的情况也可以指定自然反应率。

○【无(None)】。

○【从数据中计算(Calculate from Data)】：根据样本数据估计自然反应率。数据应包含代表对照水平的个案，而该水平的协变量值为 0。Probit 使用该对照水平的反应比例来估计自然反应率以作为初始值。

○【值(Value)】：在模型中设置自然反应率，该值必须小于 1。

☆【标准(Criteria)】：可设定【最大迭代(Maximum iterations)】、【步长限制(Step limit)】及【最优性容差(Optimality tolerance)】。

4)单击【继续】→【确定】按钮，得到以下主要结果：

概率单位分析(Probit Analysis)

结果 10-26　参数估计值(Parameter Estimates)

	参数 (Parameter)	估计 (Estimate)	标准误 (Std. Error)	Z	显著性 (Sig.)	95% 置信区间(95% Confidence Interval)	
						下限(Lower Bound)	上限(Upper Bound)
PROBIT[a]	剂量,mg/kg	.003	.001	4.015	.000	.002	.005
	Intercept	-4.410	1.147	-3.844	.000	-5.557	-3.263

a. PROBIT model: PROBIT(p) = Intercept + BX

结果 10-27　卡方检验(Chi-Square Tests)

		卡方(Chi-Square)	自由度(df)	显著性(Sig).
PROBIT	Pearson 拟合优度检验(Pearson Goodness-of-Fit Test)	.923	3	.820

结果 10-28　置信限(Confidence Limits)

	概率 (Probability)	剂量,mg/kg 的 95% 置信限(95% Confidence Limits for 剂量,mg/kg)		
		估计(Estimate)	下限(Lower Bound)	上限(Upper Bound)
PROBIT	.010	631.979	-96.452	895.785
	.020	714.656	62.674	953.757
	.030	767.112	163.320	990.852
	.040	806.573	238.829	1018.962
	.050	838.671	300.093	1041.982
	.060	865.992	352.111	1061.704
	.070	889.947	397.610	1079.107
	.080	911.396	438.250	1094.789
	.090	930.902	475.118	1109.142
	.100	948.858	508.971	1122.439
	.150	1023.201	648.050	1178.572
	.200	1082.286	756.902	1224.869
	.250	1132.976	848.540	1266.334
	.300	1178.497	928.894	1305.511
	.350	1220.679	1001.114	1344.055
	.400	1260.705	1067.005	1383.267
	.450	1299.432	1127.641	1424.320
	.500	1337.544	1183.701	1468.337
	.550	1375.656	1235.708	1516.407
	.600	1414.382	1284.231	1569.572
	.650	1454.409	1330.025	1628.883
	.700	1496.591	1374.106	1695.565
	.750	1542.112	1417.805	1771.397
	.800	1592.801	1462.913	1859.393
	.850	1651.887	1512.148	1965.306
	.900	1726.229	1570.700	2101.966
	.910	1744.185	1584.436	2135.380
	.920	1763.692	1599.217	2171.821
	.930	1785.141	1615.319	2212.040
	.940	1809.095	1633.136	2257.124
	.950	1836.416	1653.272	2308.729
	.960	1868.514	1676.710	2369.575
	.970	1907.975	1705.252	2444.651
	.980	1960.431	1742.814	2544.831
	.990	2043.108	1801.339	2703.404

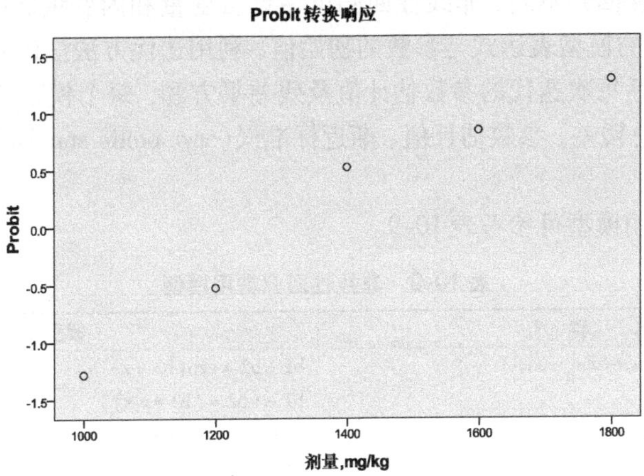

图10-29 剂量反应曲线

同理，可按不同反应模式与不同协变量变换方式得到相应的结果。

5)按不同反应模式与协变量变换方式归纳见表10-8。

表10-8 不同反应模式

协变量变换	参 数	Probit模式	Logit模式
None	半数致死量：LD50	1337.5434	1332.636
	反应方程：回归系数	0.003	0.006
	截距	-4.410	-7.528
	拟合优度：卡方	0.923	0.782
	P值	0.820	0.854
	95%置信限	(1183.701, 1468.337)	(1175.259, 1471.446)
	LD95	1836.416	1853.839
Log base 10 (log10)	半数致死量：LD50	1315.546	1313.941
	反应方程：回归系数	10.431	17.792
	截距	-32.536	-55.486
	拟合优度：卡方	0.484	0.402
	P值	0.922	0.942
	95%置信限	(1173.205, 1445.192)	(1164.744, 1450.595)
	LD95	1891.435	1923.393
Natural log (ln)	半数致死量：LD50	1315.546	1313.941
	反应方程：回归系数	4.530	7.727
	截距	-32.536	-55.486
	拟合优度：卡方	0.484	0.402
	P值	0.922	0.940
	95%置信限	(1173.205, 1445.493)	(1164.744, 1450.595)
	LD95	1891.436	1923.395

本例表明，6个结果的拟合优度均很好($P>0.80$)，说明剂量反应方程拟合是好的。但以Logit模式的对数变换(Log base 10或Natural log)的拟合优度最佳($P=0.940>0.05$)。

10.7 非线性回归

科学研究中的观测数据，变量之间的关系往往是非线性的或在某一范围内呈非线性关系，如模型$\lg Y=a+bX$、$Y=1/(a+be^{-x})$、$\lg Y=a+b\lg X$等。对这一类问题的研究要用非线性回归(Non-linear Regression)方法。非线性回归是寻找因变量和一组自变量之间关系的非线性模型的方法。与传统线性回归不同，非线性回归可估计自变量和因变量之间具有任意关系的模型。SPSS 能根据建立的模型表达式与参数的初始值，利用迭代方法估计非线性回归模型。

生成的统计量包括每次迭代的参数估计值及残差平方和，每个模型的回归平方和、残差、未调整总残差、调整总残差、参数估计值、渐近标准误(asymptotic standard error)、参数估计值的渐近相关矩阵。

非线性回归的常用模型可参考表 10-9。

表 10-9　非线性回归常用模型

名　称	模型表达式
渐近回归模型(asymptotic regression model)	b1 + b2 * exp(b3 * x)
渐近回归模型	b1 - (b2 * (b3 ** x))
密度模型(density model, D)	(b1 + b2 * x) ** (-1/b3)
Gauss 模型	b1 * (1 - b3 * exp(- b2 * x ** 2))
Gompertz 模型	b1 * exp(- b2 * exp(- b3 * x))
Johnson-Schumacher 模型	b1 * exp(- b2/(x + b3))
对数修正模型(Log-modified model)	(b1 + b3 * x) ** b2
对数 Logistic 回归模型(Log-Logistic model)	b1 - ln(1 + b2 * exp(- b3 * x))
Metcherlich 报酬递减律模型(Metcherlich law of diminishing returns model)	b1 + b2 * exp(- b3 * x)
Michaelis Menten 模型	b1 * x/(x + b2)
Morgan-Mercer-Florin 模型	(b1 * b2 + b3 * x ** b4)/(b2 + x ** b4)
Peal-Reed 模型	b1/(1 + b2 * exp(- (b3 * x + b4 * x ** 2 + b5 * x ** 3)))
三次比模型(ratio of cubics model)	(b1 + b2 * x + b3 * x ** 2 + b4 * x ** 3)/(b5 * x ** 3)
二次比模型(ratio of quadratics model)	(b1 + b2 * x + b3 * x ** 2)/(b4 * x ** 2)
Richards 模型	b1/((1 + b3 * exp(- b2 * x)) ** (1/b4))
Verhulst 模型	b1/(1 + b3 * exp(- b2 * x))
Von Bertalanffy 模型	(b1 ** (1 - b4) - b2 * exp(- b3 * x)) ** (1/(1 - b4))
Weibull 模型	b1 - b2 * exp(- b3 * x ** b4)
产量密度模型(yield density model)	(b1 + b2 * x + b3 * x ** 2) ** (- 1)

10.7.1　拟合指数曲线

【例 10-10】　某医院测定正常孕妇不同孕周(GA)羊水内的甲胎蛋白(AFP)含量见表 10-10，试拟合指数曲线。

表 10-10　孕妇不同孕周(GA)羊水内的甲胎蛋白(AFP)含量

孕周(GA, x):	甲胎蛋白(AFP, y):
1	19250
2	17420
3	12360
4	11270
5	7310
6	4690
7	4000
8	3810
9	2840
10	2760
11	620
12	610
13	408
14	428
15	305

1)观察表中数据，原始数据呈下降趋势，不妨选择指数曲线拟合，即

$$y = ae^{bx}$$

2)建立数据文件 nonlin1.sav，变量名为 ga(孕周)、afp(甲胎蛋白)。

3)选择【分析(Analyze)】→【回归(Regression)】→【非线性(Nonlinear)...】选项，打开非线性回归(Nonlinear Regression)主对话框，见图 10-30。

☆【因变量(Dependent)】：必须为连续变量，本例为“afp(甲胎蛋白)”。

☆【模型表达式(Model Expression)】为“a * EXP(b * ga)”。

为了满足

$$\sum (yi - ae^{bx}i)^2 = min$$

先估计参数 a、b 的初始值，不妨假设：y = 20000，取 x = 1，得到

$$20000 = ae^{b} \tag{10-13}$$

再设 y = 300，取 x = 15，得到

$$300 = ae^{15b} \tag{10-14}$$

联立式(10-13)与式(10-14)，得到参数 a、b 的初始值：a = 26997，b = −0.3。

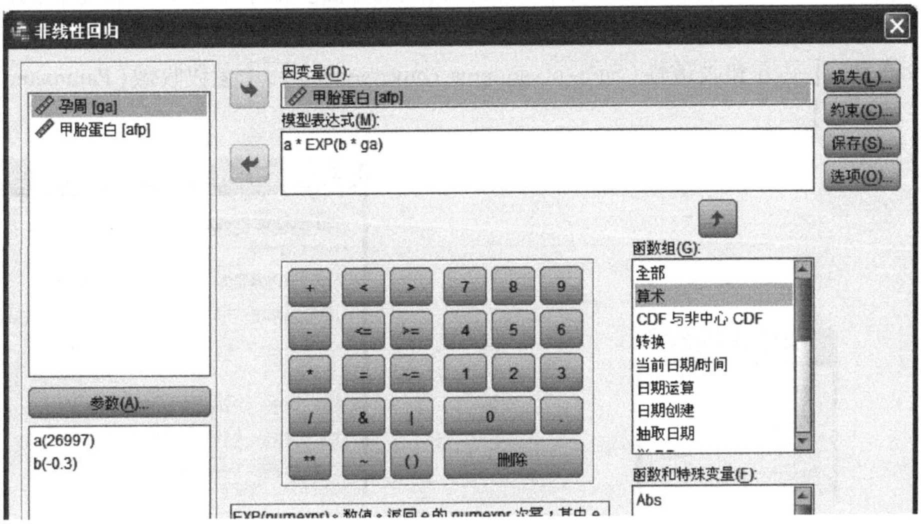

图 10-30　非线性回归(Nonlinear Regression)主对话框

4)单击【参数(Parameters)...】按钮，打开参数(Parameters)对话框。

参数是非线性回归过程估计的一部分，可使用加法常数(additive constant)、乘法系数(multiplicative coefficient)、指数(exponent)或函数计算中使用的值。

☆【名称(Name，参数名称)】：参数名称必须与主对话框模型表达式中使用的名称一致。

☆【初始值(Starting Value)】：参数初始值与期望终解(expected final solution)越接近越好，参数初始值设置不合适，可能会导致收敛失败、局部解收敛或者不能生成结果。

○【使用上一次分析的起始值(Use starting values from previous analysis)】：若已经使用此对话框进行非线性回归，可用此项保留上次分析的初始值。

操作步骤：输入参数的【名称(Name)】为“a”，【初始值(Starting Value)】为“26997”，单击【添加】按钮。再输入“b”、“ −0.3”，单击【添加】→【继续】按钮，返回主对话框。

5)单击【保存(Save)...】按钮，打开保存新变量(Save New Variables)对话框，见图 10-31，可选择保存【预测值(Predicted values)】、【残差(Residuals)】、【导数(Derivatives)】及【损失函数值(Loss function values)】。

6)单击【继续】→【选项(Options)...】按钮，打开选项(Options)对话框，见图 10-32。

☆【标准误差的 Bootstrap 估计(Bootstrap estimates of standard error，标准误自助估计)】：从原始数据集中重复抽样来估计标准误的方法。其做法是：抽取(有放回抽样)样本量与原始数据集样本量相同的大量样本，每个样本均估计一个非线性方程；然后计算每个参

数估计值的标准误作为自助估计的标准差。从原始数据得到的参数估计值用作每个自助样本的初始值。此选项需要在顺序二次规划中实现。

☆【估计方法(Estimation Method)】。

○【序列二次编程(Sequential Quadratic Programming，顺序二次规划)】：适用于约束模型(constrained model)与非约束模型(unconstrained model)。若指定了约束模型、用户定义的损失函数或自助估计(bootstrapping)，将自动使用此方法。可设定【最大迭代(Maximum iterations)】次数、【步长限制(Step limit)】、【最优性容差(Optimality tolerance)】、【函数精度(Function precision)】及【无限步长(Infinite step size)】。

○【Levenberg- Marquardt】法：非约束模型的默认方法。如果指定了约束模型、用户定义损失函数或自助估计，则不能使用此方法。可设定【最大迭代(Maximum iterations)】次数、【平方和收敛性(Sum- of- squares convergence)】、【参数收敛(Parameter convergence)】。

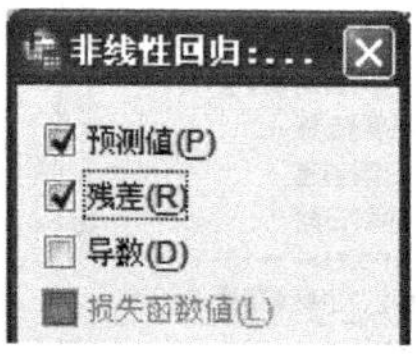

图 10-31 保存新变量(Save New Variables)对话框

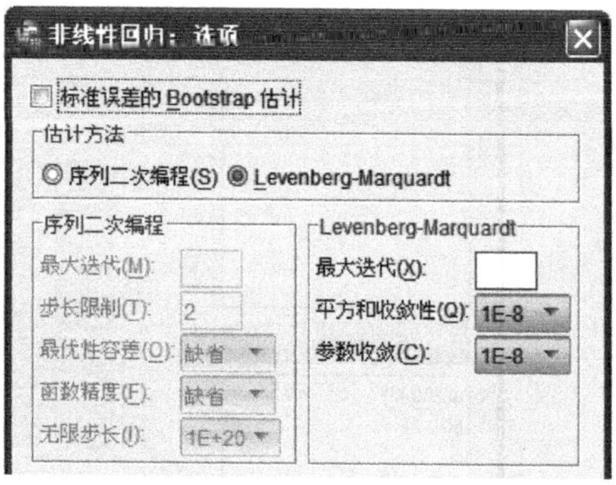

图 10-32 选项(Options)对话框

7)单击【继续】→【确定】按钮，得到以下主要结果：

非线性回归分析(Nonlinear Regression Analysis)

结果 10-29 参数估计值(Parameter Estimates)

参数 (Parameter)	估计值 (Estimate)	标准误 (Std. Error)	95%置信区间(95% Confidence Interval)	
			下限(Lower Bound)	上限(Upper Bound)
a	26480.647	1203.413	23880.831	29080.463
b	-.253	.014	-.284	-.222

结果 10-30 方差分析(ANOVA)[a]

变异来源(Source)	平方和(Sum of Squares)	自由度(df)	均方(Mean Squares)
回归(Regression)	1.066E9	2	5.330E8
残差(Residual)	1.061E7	13	815908.274
未校正总计(Uncorrected Total)	1.077E9	15	
校正总计(Corrected Total)	5.594E8	14	

因变量(Dependent variable)：甲胎蛋白。

a. R 方(R squared) = 1 -(残差平方和(Residual Sum of Squares))/(修正偏差平方和(Corrected Sum of Squares)) = .981。

8)主要结果分析。

(1)方差分析(ANOVA)表：$R^2 = 0.981$，拟合模型能够解释因变量 98.1% 的变异，说明模型的拟合效果不错，见结果 10-30。

(2)【参数估计值(Parameter Estimates)表(见结果10-29)】：可得出指数方程为

$$y = 26480.647e^{-0.253x},\ R^2 = 0.981 \tag{10-15}$$

参数估计值的渐近95%置信区间(Asymptotic 95% Confidence Interval)为

$$a \sim (23880.831, 29080.463)$$

$$b \sim (-0.284, -0.222)$$

本例也可使用曲线估计(Curve Estimation)，得到指数曲线方程

$$y = 34725.14e^{-0.317x},\ R^2 = 0.959 \tag{10-16}$$

由此可见，用非线性回归(Nonlinear)分析得到的方程(10-15)的决定系数 R^2(0.981)大于用曲线估计(Curve Estimation)得到的方程(10-16)的决定系数 R^2(0.959)。也就是说，用非线性回归(Nonlinear)分析得到的方程比用曲线估计(Curve Estimation)得到的方程的精确度要高。

10.7.2 最小一乘法建立直线回归方程

【例10-11】 给7例糖尿病患者某种药物后，测量其血中血糖(x, mg%)和胰岛素(y, μu/ml)的含量见表10-11，试建立最小一乘法的回归方程。

表10-11 糖尿病患者的血糖(x, mg%)和胰岛素(y, μu/ml)含量

血糖(x, mg%)	胰岛素(y, μu/ml)
142	24
170	17
194	18
213	12
214	15
238	121
249	10

1)建立数据文件 nonlin2. sav，变量名为 x(血糖,mg%)、y(胰岛素)。

2)对数据 nonlin2. sav 做直线回归(最小二乘法)，满足

$$\sum [y_i - (a + bx_i)]2 = \min$$

3)选择【分析(Analyze)】→【回归(Regression)】→【曲线估计(Curve Estimation)...】选项，打开曲线估计(Curve Estimation)主对话框，【因变量(Dependent(s))】为"y(胰岛素)"，【自变量(Independent)】为"x(血糖,mg%)"；选择【模型(Models)】中的【线性(Linear)】；并选择【在等式中包含常量(Include constant in equation)】、【根据模型绘图(Plot models)】、【显示ANOVA表格(Display ANOVA table, 显示方差分析表)】。单击【确定】按钮，得到以下主要结果：

曲线拟合(Curve Fit)

线性(Linear)

结果10-31 模型摘要(Model Summary)

R	R方(R Square)	调整R方(Adjusted R Square)	估计值的标准误(Std. Error of the Estimate)
.314	.099	-.082	41.542

自变量为(The independent variable is)血糖,mg%.

结果10-32 方差分析(ANOVA)

	平方和(Sum of Squares)	自由度(df)	均方(Mean Square)	F	显著性(Sig.)
回归(Regression)	943.465	1	943.465	.547	.493
残差(Residual)	8628.535	5	1725.707		
总计(Total)	9572.000	6			

结果 10-33 系数(Coefficients)

模型(Model)	非标准化系数 (Unstandardized Coefficients)		标准化系数 (Standardized Coefficients)	t	显著性 (Sig.)
	B	标准误(Std. Error)	Beta		
血糖,mg%	.334	.452	.314	.739	.493
常数(Constant)	-36.772	92.993		-.395	.709

$$y = -36.7722 + 0.3341x \quad (P > 0.05)$$

其残差平方和(Residual Sum of Squares)为 8628.5349。上述散点图与线图均表明，这批数据有 1 个离群值(238, 121)。

4)进一步作【损失函数(Loss Function)】，取残差(Residuals)的绝对值(Absolute)为损失函数。为此，做非线性回归，满足

$$\sum | y_i - (a + bx_i) | = \min$$

5)非线性回归(Nonlinear Regression)主对话框中，【因变量(Dependent)】为"y(胰岛素)"，【(模型表达式)Model Expression】为 a + b * x。

先估计参数 a、b 的初始值，不妨取过点(142,24)与(249,10)的值，即

$$24 = a + 142b$$
$$10 = a + 249b$$

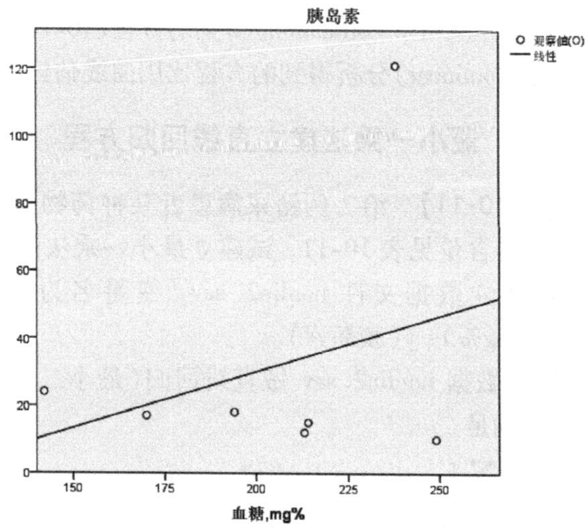

图 10-33 直线与散点(观测值)图

联立解得

$$a = 42.579$$
$$b = -0.131$$

6)参数(Parameters)对话框，设定参数的初始值(Starting Value)为 a(42.579)、b(-0.131)。

7)单击【继续】→【损失(Loss)...】按钮，打开损失函数(Loss Function)对话框，见图 10-34。非线性回归的损失函数是通过算法最小化的函数。

☆【残差平方和(Sum of squared residuals)】：最小化残差平方和。

☆【用户定义的损失函数(User-defined loss function)】：可最小化不同函数，本例选择此项，其表达式为"ABS(RESID_)"。用户必须定义损失函数以最小化参数值选择。

多数损失函数包括特殊变量 RESID_(残差)、残差平方和损失函数直接显示 RESID_**2，若需在损失函数中使用预测值，预测值则等于因变量减残差。还可使用条件逻辑(conditional logic)指定条件损失函数(conditional loss function)。

8)单击【继续】→【约束(Constraints)...】按钮，打开参数约束(Parameter Constraints)对话框，见图 10-35。

约束是在迭代求解过程中对参数容许值(allowable value)进行限制，线性表达式(linear expression)是在步骤之前执行线性约束(linear constraint)以预防可能的结果溢出；非线性表达式(nonlinear expression)则在步骤之前执行。

☆【未约束(Unconstrained)】：不需要对参数值进行限制时，选择此项，为默认格式。

图 10-34 损失函数(Loss Function)对话框

☆【定义参数约束(Define parameter constraint)】：本例选择“a <= 1500”，“b <= 1000”。每个表达式必须包括如下元素。

- 每个表达式至少包含 1 个模型参数。不能在约束中使用普通变量(ordinary variable)。
- 包含 1 个逻辑运算符(logical operator)：<=、= 或 >=。
- 1 个数值常量(numeric constant)，使用逻辑运算符与表达式相比较。

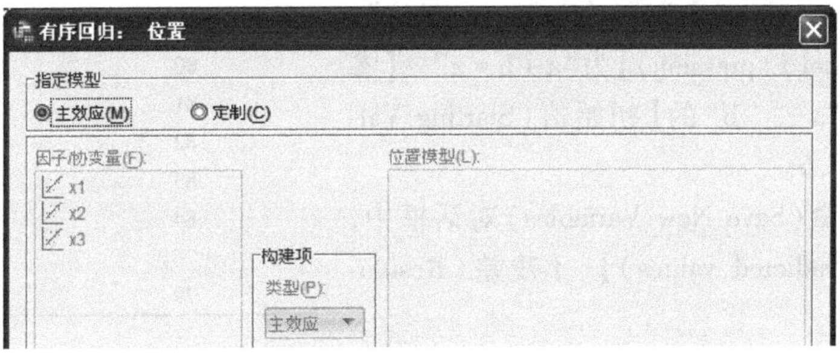

图 10-35 参数约束(Parameter Constraints)对话框

9)单击【继续】→【保存(Save)...】按钮，打开保存新变量(Save New Variables)对话框，选择保存【预测值(Predicted values)】、【残差(Residuals)】选项。

10)主要结果如下：

约束非线性回归分析(Constrained Nonlinear Regression Analysis)

结果 10-34 迭代历史(Iteration History)

迭代数 (Iteration Number)	损失函数值 (Value of Loss Function)	参数(Parameter)	
		a	b
0.1	116.937	42.579	-.131
1.1	116.846	42.579	-.131
2.1	116.833	42.496	-.130
3.1	116.826	42.518	-.130
4.1	116.826	42.518	-.130
5.1	116.826	42.518	-.130

11)结果分析。

最后得到最小一乘法意义下的回归方程为

$$y = 42.518 - 0.130x。$$

绝对偏差总和为 116.826。

在活动数据集中生成两个新变量:

PRED_——Predicted Values,预测值。

RESID——Residuals,残差。

10.7.3　最小平方距离法(Ⅱ型回归)建立直线方程

【例 10-12】 某医生用 TCMI 型皮肤氧测定仪,测定 10 名健康成年男子的动脉氧分压 Tc-PO_2(mmHg),同时用 BMS2 MK2 型血氧气分析仪取动脉血测定氧分压 PaO_2(mmHg),数据见表 10-12,试用最小平方距离法建立一直线回归方程

$$y = a + bx$$

满足 $\sum\{[y_i - (a + bx_i)]/SQRT(1 + b^2)\}^2 = min$。

1)建立数据文件 nonlin3. sav,变量名为 x(Tc-Po2,mmHg)、y(PaO2,mmHg)。

2)非线性回归(Nonlinear Regression)主对话框中,【因变量(Dependent)】为"y(PaO2, mmHg)",【模型表达式(Model Expression)】为"a + b * x"。【参数(Parameters)】"a"、"b"的【初始值(Starting Value)】分别为 34、0.6。

3)保存新变量(Save New Variables)对话框中,选择【预测值(Predicted values)】、【残差(Residuals)】。

表 10-12　健康成年男子的动脉氧分压数据

$TcPO_2$,x	PaO_2,y
77	87
78	90
79	89
80	90
81	91
82	89
83	91
84	92
76	86
79	88

4)主要结果(一)如下:

非线性回归分析(Nonlinear Regression Analysis)

结果 10-35　迭代历史(Iteration History)

迭代数(Iteration Number)	残差平方和(Residual Sum of Squares)	参数(Parameter)	
		a	b
1.0	550.960	34.000	.600
1.1	9.255	40.363	.612
2.0	9.255	40.363	.612

结果 10-36　参数估计值(Parameter Estimates)

参数(Parameter)	估计(Estimate)	标准误(Std. Error)	95%置信区间(95% Confidence Interval)	
			下限(Lower Bound)	上限(Upper Bound)
a	40.363	11.017	14.957	65.769
b	.612	.138	.295	.930

结果 10-37 方差分析(ANOVA)[a]

变异来源(Source)	平方和(Sum of Squares)	自由度(df)	均方(Mean Squares)
回归(Regression)	79767.745	2	39883.873
残差(Residual)	9.255	8	1.157
未校正总计(Uncorrected Total)	79777.000	10	
校正总计(Corrected Total)	32.100	9	

因变量(Dependent variable): pao2(mmhg)。

a. R 方(R squared) = 1 - 残差平方和(Residual Sum of Squares)/修正偏差平方和(Corrected Sum of Squares) = .712。

5)损失函数(Loss Function)对话框中，选择【用户定义的损失函数(User-defined loss function)】，其表达式为“(ABS(RESID_)/SQRT(1 + b **2)) **2”。

6)参数约束(Parameter Constraints)对话框中，选择【定义参数约束(Define parameter constraint)】，设定 a <= 150，b <= 100。

7)主要结果(二)如下:

约束非线性回归分析(Constrained Nonlinear Regression Analysis)

结果 10-38 迭代历史(Iteration History)

迭代数 (Iteration Number)	损失函数值 (Value of Loss Function)	参数(Parameter)	
		a	b
0.2	405.118	34.000	.600
1.2	134.744	34.042	.638
2.1	6.903	38.627	.632
3.1	6.633	38.875	.631
4.1	6.603	38.222	.639
5.1	6.545	35.989	.668
6.1	6.517	34.544	.685
7.1	6.517	34.501	.686
8.1	6.517	34.499	.686
9.1	6.517	34.499	.686

得到最小平方距离法意义下的直线方程

$$y = 34.499 + 0.686x$$

10.8 权重估计法

标准线性回归模型(Standard Linear Regression Model)假设研究对象的总体方差是固定的。当方差不恒定时(如某属性中数值大的个案比数值小的个案变异性更大)，使用普通最小二乘法(Ordinary Least Squares，OLS)的线性回归不再提供最优模型估计(Optimal Model Estimate)。权重估计法(Weight Estimation)可使用加权最小二乘法(Weighted Least Square，WLS)计算线性回归模型的系数，以便用其他变量预测变异的差异，这样在确定回归系数时，将对更精确的观测值(即变异小的观测值)赋予更高的权重。权重估计法通过检验一系列权重变换过程，给出最佳数据拟合变换。

生成的统计量包括权重源变量每个幂的对数似然值(log-likelihood value)、复相关系数、决定系数(R^2)、调整 R 方(adjusted R-squared)、WLS 模型的方差分析表、非标准化与标准化参数估计值及 WLS 模型的对数似然值。

【例 10-13】 已知表 10-13 所列数据，试用权重估计法建立线性回归模型。

1)建立数据文件 weighte. sav，变量名为 age(月龄)、w(权重)、height(身高)。

表 10-13　体检数据

Age(月龄)	W(权重)	Height(身高)
60	0.95	105.267
61	0.91	107.033
62	0.65	103.500
63	0.91	109.000
64	0.72	108.580
65	0.92	109.436
66	0.68	108.800

2)选择【分析(Analyze)】→【回归(Regression)】→【权重估计(Weight Estimation)...】选项，打开权重估计(Weight Estimation)主对话框，见图 10-36。

☆【因变量(Dependent)】：可选择 1 个定量变量，本例为“height(身高)”。

☆【自变量(Independent(s))】列表：可选择 1 个或以上的定量变量，本例为“age(月龄)”。

☆【权重函数是 1/(权重变量) ** 幂(Weight Function is 1/(Weight Var) ** Power)】。

○【权重变量(Weight Variable)】：选择 1 个与因变量变异有关的定量变量，本例为“w(权重)”。根据此变量取幂后的倒数进行加权，回归方程将计算指定范围内的每个幂值，并标示使对数似然函数最大化的幂。

○【幂的范围(Power range，幂范围)】：与加权变量结合使用计算权重，根据幂范围中的每个值拟合多个回归方程。幂范围必须介于 -6.5 ~ 7.5 之间，增量为指定值。幂范围中值的总数不能超过 150。

☆【在等式中包含常量(Include constant in equation)】。

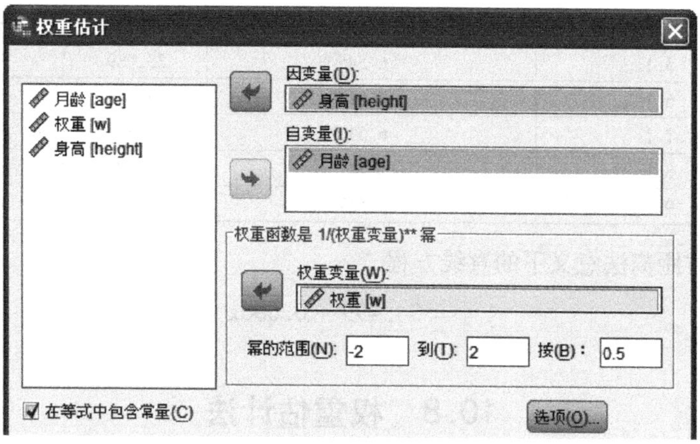

图 10-36　权重估计(Weight Estimation)主对话框

3)单击【继续】→【选项(Options)...】按钮，打开选项(Options)对话框，见图 10-37。

☆【将最佳权重保存为新变量(Save best weight as new variable)】：变量为“WGT_n”。

☆【显示 ANOVA 和估计(Display ANOVA and Estimates)】：可选择【对于最佳幂(For best power)】或【对于每个幂值(For each power value)】。

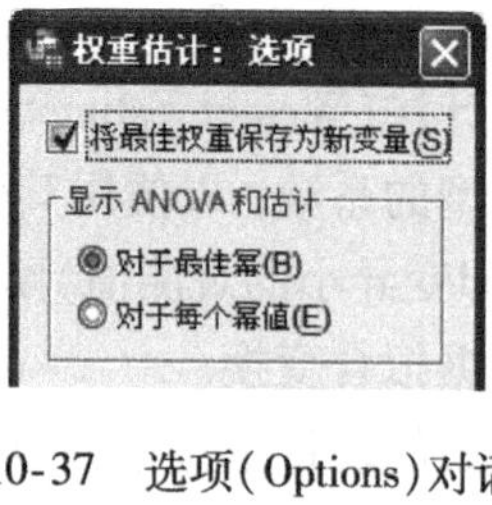

图 10-37　选项(Options)对话框

4)单击【继续】→【确定】按钮，得到以下结果：

加权最小二乘分析(Weighted Least Squares Analysis)

幂摘要(Power Summary)

结果 10-39 对数似然值(Log-Likelihood Values)

幂 (Power)	-2.000	-12.391[a]
	-1.500	-12.486
	-1.000	-12.581
	-.500	-12.675
	.000	-12.768
	.500	-12.861
	1.000	-12.953
	1.500	-13.045
	2.000	-13.135

最佳模型统计(Best Model Statistics)

结果 10-40 模型摘要(Model Summary)

复相关系数(Multiple R)	.724
R 方(R Square)	.524
调整 R 方(Adjusted R Square)	.429
估计值的标准误(Std. Error of the Estimate)	1.475
对数似然函数值(Log-likelihood Function Value)	-12.391

结果 10-41 方差分析(ANOVA)

	平方和(Sum of Squares)	自由度(df)	均方(Mean Square)	F	显著性(Sig.)
回归(Regression)	11.981	1	11.981	5.507	.066
残差(Residual)	10.878	5	2.176		
总计(Total)	22.858	6			

结果 10-42 系数(Coefficients)

	非标准化系数(Unstandardized Coefficients)		标准化系数(Standardized Coefficients)		t	显著性(Sig.)
	B	标准误(Std. Error)	Beta	标准误(Std. Error)		
常数(Constant)	62.193	19.303			3.222	.023
age	.720	.307	.724	.309	2.347	.066

5)主要结果分析。

(1)对数似然值(Log-Likelihood Values)表：变异来源变量(Source variable)为 w，因变量(Dependent variable)为 HEIGHT；该表列出了指定幂范围内所有对数似然值(Log-Likelihood Values)，使这个对数似然值达到最大的指数就为最佳指数，表中右上角的小 a 表示最大对数似然函数值(Maximizing Log-likelihood Function)，为 -2.00，见结果 10-39。

(2)模型摘要(Model Summary)表：复相关系数 R(Multiple R)为 0.724，决定系数 R^2 为 0.524，调整 R 方(Adjusted R Square)为 0.429，标准误(Standard Error)为 1.475，见结果 10-40。

(3)方差分析(ANOVA)表：$F=5.507$，$P=0.066>0.05$，按 $\alpha=0.05$ 水准，认为拟合回归方程有统计学意义，见结果 10-41。

(4)系数(Coefficients)表：自变量年龄(age)的 t 检验，$t=3.222$，$P=0.066>0.05$，按 $\alpha=0.05$ 水准，不能认为身高和年龄有线性回归关系，说明该模型还有改进的余地，最后得出回归方程，见结果 10-42。

$$\text{height(身高)} = 62.193 + 0.720\text{age(月龄)} \qquad P = 0.066 > 0.05$$

10.9　两步最小二乘回归

在回归过程中，当误差项影响或涉及预测值时，可考虑用两步最小二乘回归(2-stage least-squares regression)建立回归方程，两步最小二乘回归又称两步最小二乘法。两步最小二乘回归使用与误差项(error term)不相关的工具变量(instrumental variable)来计算或然性预测值(problematic predictor)的估计值(第 1 阶段)，然后使用这些值来估计因变量的线性回归模型(第 2 阶段)。由于所计算的值基于与误差不相关的变量，所以两步模型的结果是最优的。

生成的统计量有每个模型的标准化回归系数(standardized regression coefficient)与非标准化回归系数(unstandardized regression coefficient)、复相关系数、决定系数(R^2)、调整 R 方、估计值的标准误、方差分析表、预测值及残差，回归系数的 95% 置信区间、参数估计值的相关与协方差矩阵。

【例 10-14】　已知 29 例儿童的血红蛋白(hemogl, g)、钙(Ca, μg)、镁(Mg, μg)、铁(Fe, μg)、锰(Mn, μg)与铜(Cu, μg)的含量，并已建立数据文件 hemoglo. sav。试用两步最小二乘法建立 Ca、Mg、Fe、Mn、Cu 对 hemogl 的多重线性回归。

1)打开数据文件 hemoglo. sav。

2)选择【分析(Analyze)】→【回归(Regression)】→【两阶段最小二乘法(2- stage Least Squares，二阶段最小二乘法)...】选项，打开二阶最小二乘法(Two-Stage Least-Squares)主对话框，见图 10-38。

☆【因变量(Dependent)】：选择 1 个定量变量，本例为“hemogl(血红蛋白)”。

☆【解释变量(Explanatory)】列表：选择 1 个或以上的定量变量，本例为“ca(钙)”、“fe(铁)”。

☆【工具变量(Instrumental)】列表：选择 1 个或以上的定量变量，本例为“cu(铜)”、“mg(镁)”、“mn(锰)”。工具变量可用于两步最小二乘法的第 1 阶段中计算内生变量(endogenous variable)的预测值。相同变量可同时出现在【解释变量(Explanatory)】和【工具变量(Instrumental)】列表中。工具变量数不能少于解释变量(explanatory variable)数。若解释变量与工具变量完全相同时，分析结果与线性回归的结果相同。未指定为工具变量的解释变量可看作是内生变量。一般来说，【解释变量(Explanatory)】列表中的外生变量(exogenous variable)可指定为工具变量。

☆【在等式中包含常量(Include constant in equation)】。

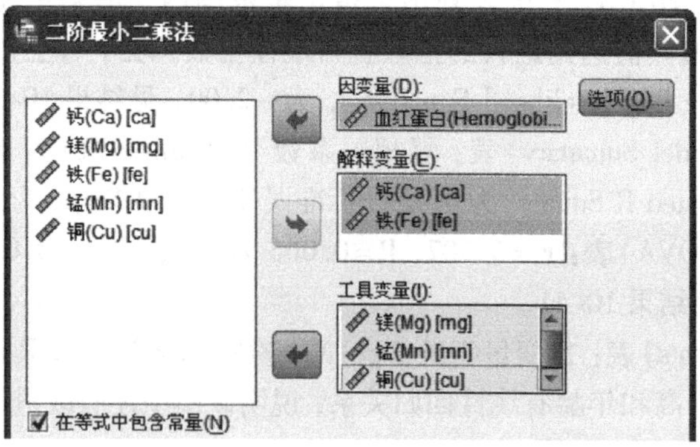

图 10-38　二阶最小二乘法(Two-Stage Least-Squares)主对话框

3)单击【选项(Options)...】选项，打开选项(Options)对话框，见图10-39。

☆【保存新变量(Save New Variables)】：可选择【预测值(Predicted)】及【残差(Residuals)】。

☆【显示参数估计的协方差矩阵(Display covariance of parameters)】。

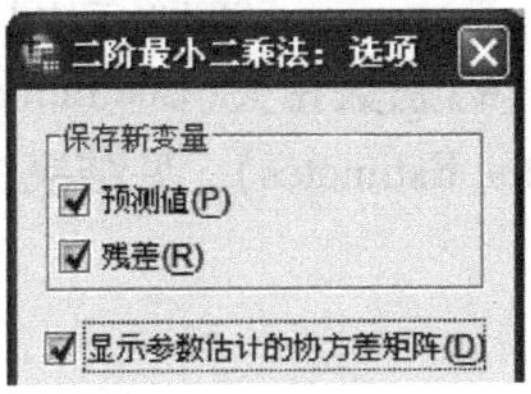

图10-39 选项(Options)对话框

4)单击【继续】→【确定】按钮，得到以下结果：

两步最小二乘分析(Two-stage Least Squares Analysis)

结果10-43 模型摘要(Model Summary)

方程(Equation)1	复相关系数(Multiple R)	.777
	R方(R Square)	.603
	调整R方(Adjusted R Square)	.573
	估计值的标准误(Std. Error of the Estimate)	1.132

结果10-44 方差分析(ANOVA)

		平方和(Sum of Squares)	自由度(df)	均方(Mean Square)	F	显著性(Sig.)
方程式(Equation)1	回归(Regression)	50.660	2	25.330	19.757	.000
	残差(Residual)	33.333	26	1.282		
	总计(Total)	83.993	28			

结果10-45 系数(Coefficients)

		非标准化系数(Unstandardized Coefficients)		Beta	t	显著性(Sig.)
		B	标准误(Std. Error)			
方程式(Equation)1	常数(Constant)	-1.303	2.180		-.598	.555
	fe	.032	.007	.947	4.899	.000
	ca	-.007	.044	-.032	-.166	.869

结果10-46 系数相关(Coefficient Correlations)

			fe	ca
方程式(Equation)1	相关(Correlations)	fe	1.000	-.647
		ca	-.647	1.000
	协方差(Covariances)	fe	4.328E-5	.000
		ca	.000	.002

5)结果分析。

(1)模型摘要(Model Summary)表：输出模型的拟合情况，决定系数R^2(R Square)为0.603，说明模型可解释的变异占总变异的比例为60.3%，该回归方程尚可，见结果10-43。

(2)方差分析(ANOVA)表：回归模型的F检验，$F=19.757$，$P=0.000<0.01$，按$\alpha=0.05$水准，认为拟合回归模型具有统计学意义，见结果10-44。

(3)系数(Coefficients)表：铁(fe)回归系数($B=0.032$)的t检验，$t=4.899$，$P=0.000<0.01$；钙(ca)回归系数($B=-0.007$)的t检验，$t=-0.166$，$P=0.869>0.05$，按$\alpha=0.05$水准，认为血红蛋白与铁有线性回归关系，而不能认为血红蛋白与钙有线性回归关系；建立两步最小二乘回归方程，见结果10-45。

hemogl = −1.303 −0.007 * ca +0.032 * fe　　P =0.000 <0.01。

(4)系数相关(Coefficient Correlations)表：参数估计值的相关矩阵(Correlation Matrix of Parameter Estimates)，见结果 10-46。

10.10 分类回归

分类回归(Categorical Regression, CATREG)可通过对分类进行赋值以量化分类数据，并建立变换后变量的最优线性回归方程(optimal linear regression equation)。分类回归是标准线性回归的扩展，可同时调整名义变量(nominal variable)、有序变量(ordinal variable)及数值变量(numerical variable)。分类回归可量化分类变量，并把量化后分类变量作为数值变量进行处理，对分析变量的各水平进行非线性变换(nonlinear transformation)以发现最佳拟合模型(best-fitting model)。如使用分类回归可对职业满意度与不同职业、地区及上班距离的关系进行研究，可发现职业为管理者与上班距离短的满意度高。建立的回归方程可通过上述 3 个自变量预测职业满意度。

生成的统计量与图形包括频率、回归系数、方差分析表、迭代历史、分类量化(category quantification)、未变换预测值的相关(correlations between untransformed predictors)、变换预测值的相关(correlations between transformed predictors)，绘制残差图(residual plot)及变换图(transformation plot)。

【例 10-15】 某次市场调查中收集了 344 名受访者的年龄(age)、性别(sex)、文化程度(edu)、职业(occup)、生活水平(lifelvel)和上月固定电话话费支出(telcost)。并已建立数据文件 catreg. sav，请分析这几个变量对话费支出水平有无影响。其中，话费分级如下：1—20 元以下；2—20 ~50 元；3—50 ~100 元；4—100 ~150 元；5—150 ~200 元；6—200 元以上；7—不知道，为缺失值。

1)选择【分析(Analyze)】→【回归(Regression)】→【最佳刻度(CATREG)(Optimal Scaling (CATREG))...】选项，打开分类回归(Categorical Regression)主对话框，见图 10-40。

☆【因变量(Dependent Variable)】：选择 1 个因变量，本例为“telcost(上月固定电话话费支出)”。

☆【自变量(Independent Variable(s))】列表：选择 1 个或以上的自变量，本例为“age(年龄)”、“sex(性别)”、“edu(文化程度)”、“occup(职业)”、“lifelvel(生活水平)”。

2)单击【因变量(Dependent Variable)】下的【定义度量(Define Scale)...】按钮，打开定义度量(Define Scale)对话框，见图 10-41。用户可设定因变量与自变量的最优尺度水平，默认尺度水平为【有序样条(Spline Ordinal)】。

☆【最佳度量水平(Optimal Scaling Level，最优尺度水平)】：选择用于量化每个变量的尺度水平。

○【有序样条(Spline Ordinal)】：将观测变量的分类顺序保存到最优尺度变量(optimally scaled variable)中，分类点(category point)在通过原点的直线(向量)上。生成的变换为指定【度数(Degree)】的光滑单调分段多项式(smooth monotonic piecewise polynomial)。分段由用户指定【内部结点(interior knot)】数及过程决定位置确定。

○【标称样条(Spline Nominal，名义样条)】：将观测变量的分类对象中的分组唯一信息保存到最优尺度变量，但不保存分类顺序。分类点在通过原点的直线(向量)上，生成的变换为指定度数的光滑非单调分段多项式。分段由用户指定【内部结点(Interior Knots)】数及过程决定位置确定。

○【有序(Ordinal)】: 将观测变量的分类顺序保存到最优尺度变量, 分类点在通过原点的直线(向量)上, 生成的变换拟合优度比有序样条变换好, 但光滑度较低。本例选择此项。

○【名义(Nominal)】: 将观测变量的分类对象中的分组唯一信息保存到最优尺度变量, 但不保存分类顺序。分类点在通过原点的直线(向量)上, 生成的变换拟合优度比名义样条好, 但平滑度较低。

○【数值(Numeric)】: 按照有序并且等距(区间水平)的原则处理分类。将观测变量的分类顺序及分类数字间的相等距离保存到最优尺度变量。分类点在通过原点的直线(向量)上。当所有变量均为数值水平时, 此分析与标准主成分分析(standard principal components analysis)类似。

☆【样条(Spline)】: 可设定度(Degree)及内部结点(Interior Knots)。

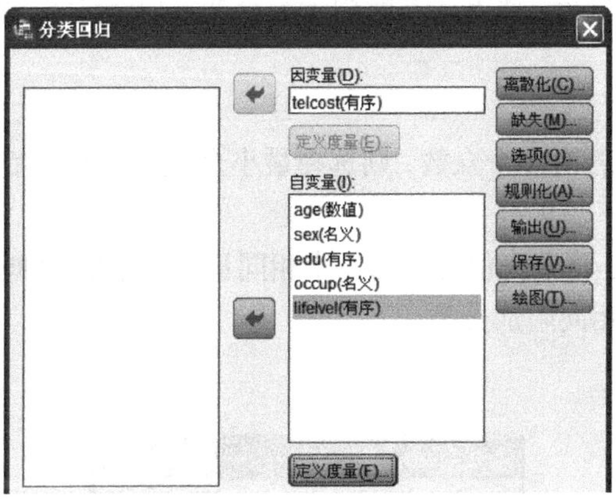

图 10-40　分类回归(Categorical Regression)主对话框

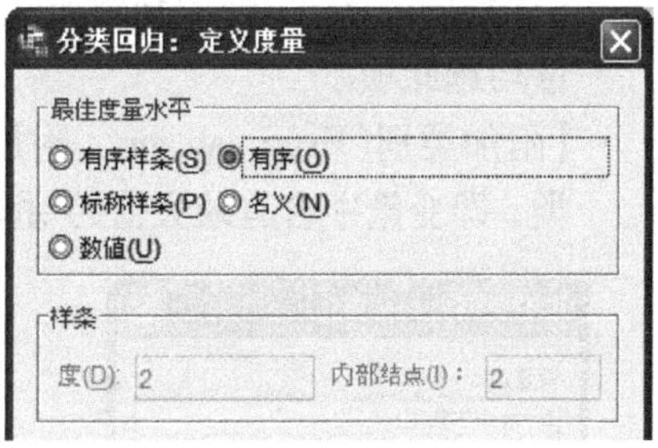

图 10-41　定义度量(Define Scale)对话框

3)同理, 在【自变量(Independent Variable(s))】列表中选择相应的自变量后, 单击下方的【定义度量(Define Scale)...】按钮, 定义各自变量的最优尺度水平, “age(年龄)”为【数值(Numeric)】; “edu(文化程度)”、“lifelvel(生活水平)”为【有序(Ordinal)】; “sex(性别)”、“occup(职业)”为【名义(Nominal)】。

4)单击【离散化(Discretize)...】按钮, 打开分箱化(Discretization)对话框, 见图 10-42, 可选择变量的重新编码方法。一般情况下, 除非另有指定, 否则小数值变量(fractional-value variable)将分组成具有近似正态分布(approximately normal distribution)的 7 类(如果变量的不同值的数目小于 7, 则将按此数目分类)。串变量则按照字母数字顺序(alphanumeric order)升序排序后分配正整数的分类指示符(category indicator)。其他变量保留原样。

☆【方法(Method)】。

○【未指定(Unspecified)】: 不指定重新编码方法。

○【分组(Grouping)】: 重新编码成指定类别数(Number of categories, 分类数)或按相等区间(Equal intervals, 等间隔)重新编码。

○【等级(Ranking)】: 通过个案排秩进行变量的分箱化。

○【乘(Multiplying)】: 对变量值进行标准化, 即变量值乘以 10 且经过四舍五入并加上一个常数, 使最小离散值(discretized value)为 1。

☆【分组(Grouping)】: 分组方法的设定,按分组分箱化变量时,可选择以下选项。
  ○【类别数(Number of categories,分类数)】。
  ○【分布(Distribution)】。
    ●【常规(Normal)】: 生成的分类值服从近似正态分布。
    ●【相等(Uniform)】: 生成的分类值服从均匀分布。
  ○【相等区间(Equal intervals,等间隔)】: 按设定间隔长度对变量进行分类。
  本例在此不选择任何选项。

5)单击【取消】→【缺失(Missing)...】按钮,打开缺失值(Missing Values)对话框,见图 10-43。

☆【缺失值方案—分析变量(Missing Value Strategy-Analysis Variables)】列表: 显示分析变量的缺失值处理方法。

☆【方案(Strategy)】。
  ○【排除此变量具有缺失值的对象(Exclude objects with missing values on this variable)】: 被选变量中含有缺失值的对象将不参与分析,此方案不能用于补充变量(supplementary variable)。
  ○【插补缺失值(Impute missing values)】。
  ○【众数(Mode)】: 使用众数替代缺失值,若有多个众数,则选择最小众数,本例所有变量均选此项。
  ○【附加类别(Extra category,附加分类)】: 将缺失值替换为一个相同量化水平的附加分类,即变量中含有缺失值的对象均属于相同附加分类。

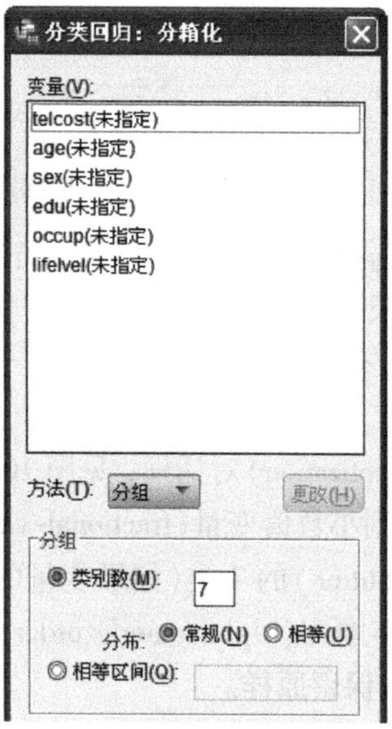

图 10-42 分箱化(Discretization)对话框

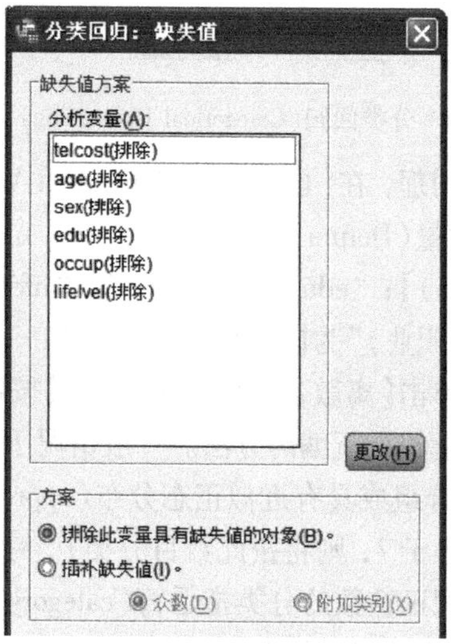

图 10-43 缺失值(Missing Values)对话框

操作方法: 在【分析变量(Analysis Variables)】列表中选择相应的变量,在【方案(Strategy)】组中选择相应的选项,单击【更改】按钮,即可完成该变量缺失值方案的设定。本例不作任何改动。

6)单击【取消】→【选项(Options)...】按钮,打开选项(Options)对话框,见图 10-44。

☆【补充对象(Supplementary Objects)】: 指定按补充方式处理的对象,可设定【个案全距

(Range of cases)】及【单个个案(Single case)】，并单击【添加】按钮添加至【视为补充的个案(Case to Treat as Supplementary)】列表。不可以对补充变量进行加权。

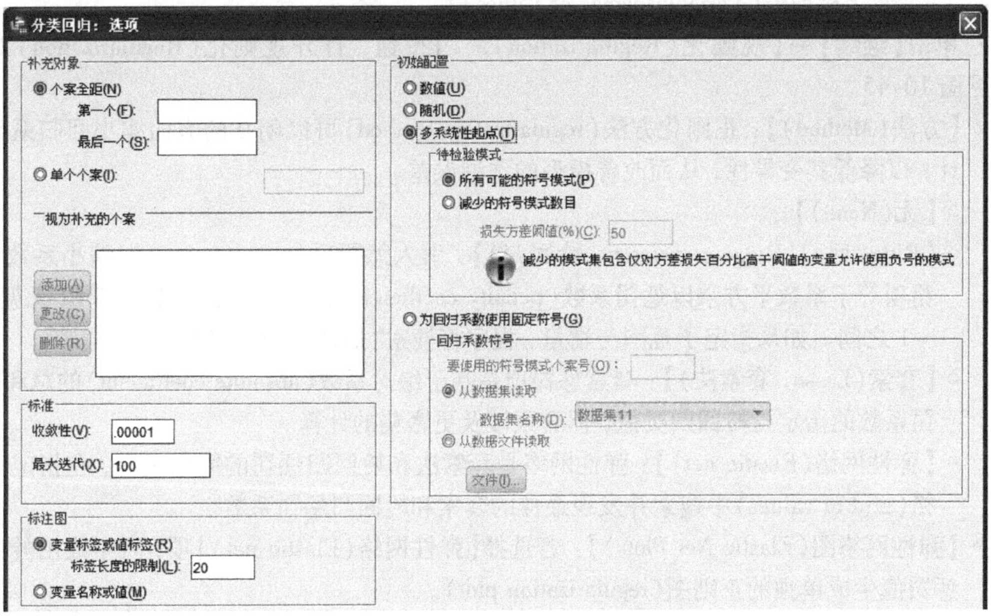

图 10-44　选项(Options)对话框

☆【初始配置(Initial Configuration)】。

○【数值(Numerical)】：如果没有变量视为名义变量，选择此项。

○【随机(Random)】：如果至少有 1 个变量视为名义变量，选择此项。

○【多系统性起点(Multiple systematic starts)】：至少 1 个变量为有序或有序样条，选择此项。【待检验模式(Patterns to Test)】包括以下内容。

● 【所有可能的符号模式(All possible sign patterns)】：可始终寻找最优解(optimal solution)，但由于数据集中的有序和有序样条变量数增加，处理时间将大大增加。

● 【减少的符号模式数目(Reduce number of sign patterns)】：可指定【损失方差阈值%(Loss of variance threshold(%))】以减少检验模式(test pattern)数，即阈值(threshold)越高，排除的符号模式(sign pattern)越多。采用此项，虽然不能保证获得最优解，但减少了得到次最优解(suboptimal solution)的机会。如果找不到最优解，次最优解与最优解的差别也不太大。

○【为回归系数使用固定符号(Use fixed signs for the regression coefficients)】。

○【回归系数符号(Signs of Regression Coefficients)】：先输入【要使用的符号模式个案号(Case number of sign pattern to use)】，可选择【从数据集读取(Read from dataset)】或【从数据文件读取(Read from data file)】。

☆【标准(Criteria)】。

○【收敛性(Convergence)】：当两次迭代间总拟合(total fit)的差值小于收敛判别标准值(convergence criterion value)，回归停止迭代。

○【最大迭代(Maximum iterations)】：达到最大迭代次数，回归停止迭代。

☆【标注图(Label Plots By)】。

○【变量标签或值标签(Variables labels or value labels)】: 可设定【标签长度的限制(Limit for label length)】。

○【变量名称或值(Variable names or values)】。

7)单击【继续】→【规则化(Regularization)...】按钮, 打开规则化(Regularization)对话框, 见图 10-45。

☆【方法(Method)】: 正则化方法(regularization method)可以朝 0 的方向缩小回归系数估计, 以降低其变异性, 从而改善模型的预测误差。

○【无(None)】。

○【Ridge 回归(Ridge regression, 岭回归)】: 引入惩罚项(penalty term)以缩小系数, 惩罚项等于系数平方乘以惩罚系数(penalty coefficient)的总和。该系数介于 0(无惩罚)~1 之间。如果指定了范围与增量, 程序将搜索"最佳"的惩罚值。

○【套索(Lasso, 套索法)】: 套索惩罚项是基于绝对系数(absolute coefficient)的总和, 惩罚系数的指定与岭回归类似, 但套索涉及更密集的计算。

○【弹性网络(Elastic net)】: 弹性网络是套索法和岭回归惩罚的简单组合, 在指定值网格(grid of values)中搜索并发现最佳的套索和岭回归惩罚系数。

☆【弹性网络图(Elastic Net Plots)】: 若选择【弹性网络(Elastic net)】项, 可生成由岭回归惩罚值生成单独的正则图(regularization plot)。

○【产生所有可能的弹性网络图(Produce all possible Elastic Net Plots)】。

○【为部分 Ridge 惩罚产生弹性网络图(Produce Elastic Net Plots for some Ridge penalties)】。

○【Ridge 惩罚值(Ridge Penalty Values)】。

☆【显示规则化图(Display regularization plots, 显示正则图)】: 回归系数与正则化惩罚(regularization penalty)图。

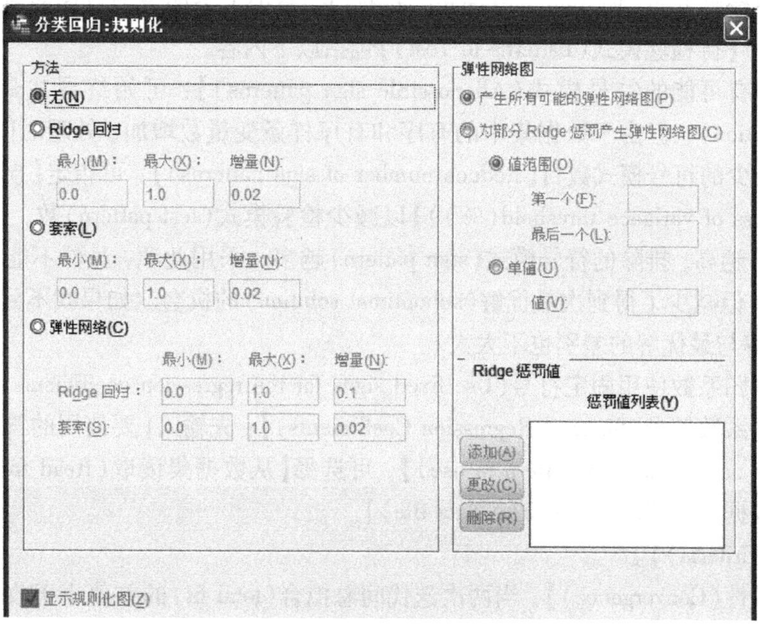

图 10-45 规则化(Regularization)对话框

8)单击【继续】→【输出(Output)...】按钮, 打开输出(Output)对话框, 见图 10-46。

☆【表(Tables)】。

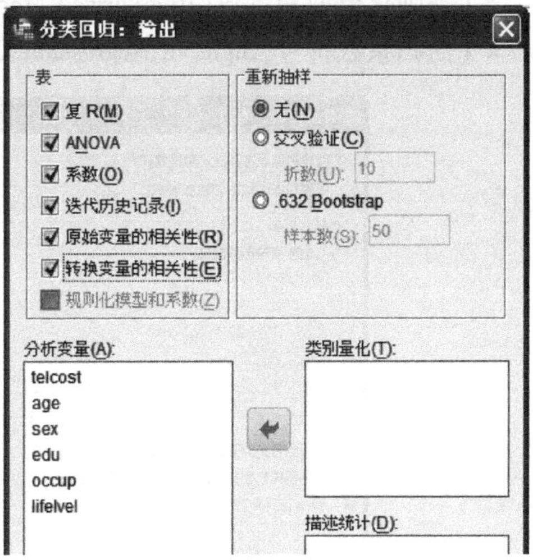

图 10-46 输出(Output)对话框

○【复 R(Multiple R，复相关系数)】：包括决定系数 R^2、调整 R 方及考虑最优尺度的调整 R 方。

○【ANOVA(方差分析表)】：包括回归和残差平方和、均方和 F 值。

○【系数(Coefficients)】：生成回归系数表(coefficients table)、最优尺度系数表(coefficients- optimal scaling table)及相关和容差(correlations and tolerance)。

○【迭代历史记录(Iteration history)】，每次迭代算法的初始值、复相关系数和回归误差(regression error)及复相关系数的增量。

○【原始变量的相关性(Correlations of the original variables，原始变量的相关)】：未变换预测值间的相关矩阵。

○【转换变量的相关性(Correlations of the transformed variables，变换变量的相关)】：变换后变量间的相关矩阵。

○【规则化模型和系数(Regularized models and coefficients，正则化模型和系数)】：每个正则化模型的惩罚值、R 方和回归系数。如果指定了再抽样方法(resampling method)，或指定了补充对象(检验个案)，它还可显示预测误差(prediction error)或检验 MSE。

☆【重新抽样(Resampling，再抽样)】：再抽样方法提供有关模型预测误差的估计。

○【无(None)】。

○【交叉验证(Cross validation)】：交叉验证将样本分为多子样本(subsample)后，生成分类回归模型(categorical regression model)，并依次剔除每个子样本中的数据。第 1 个模型基于第 1 个样本群(sample fold)外的所有个案，第 2 个模型基于第 2 个样本群之外的所有个案，依此类推。将模型应用于生成模型时所剔除的子样本时，可估计每个模型预测误差。

○【.632 Bootstrap，采用自助法(bootstrap)】：通过放回方式从数据中随机抽取观测值，多次重复该过程以获得大量自助样本(bootstrap sample)。并对所有自助样本拟合模型，然后用该拟合模型所估计的模型预测误差应用到未自助抽样的个案。

☆【分析变量(Analysis Variables)】列表：显示所有分析变量。

☆【类别量化(Category Quantifications，分类量化)】：显示被选变量的变换值。

☆【描述统计(Descriptive Statistics)】：显示被选变量的频率、缺失值及众数。

9)单击【继续】→【保存(Save)...】按钮，打开保存(Save)对话框，见图 10-47。

☆【将预测值保存到活动数据集(Save predicted values to the active dataset)】。

☆【将残差保存到活动数据集(Save residuals to the active dataset)】。

☆【离散化数据(Discretized Data)】：可选择【创建离散化数据(Create discretized data)】。

☆【已转换的变量(Transformed Variables，变换后变量)】：可选择【将已转换的变量保存到活动数据集(Save transformed variables to the active dataset)】和【将已转换的变量保存到新数据集或文件(Save transformed variables to new dataset or file)】。

☆【规则化模型和系数(Regularized Models and Coefficients，正则化模型和系数)】。

☆【回归系数符号(Signs of Regression Coefficients)】。

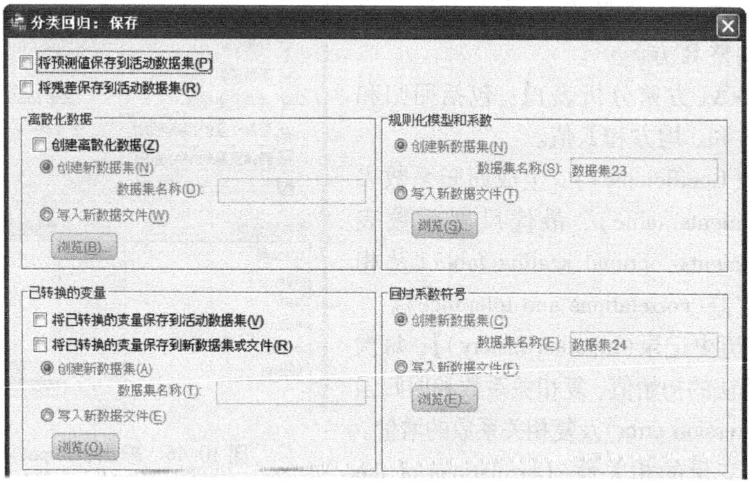

图 10-47　保存(Save)对话框

10)单击【继续】→【绘图(Plots)...】按钮，打开图(Plots)对话框，见图 10-48。

☆【转换图(Transformation Plots，变换图)】列表：绘制每个被选变量分类变换前后的对照线图。

☆【残差图(Residual Plots)】：绘制每个被选变量残差与分类指示符的线图。

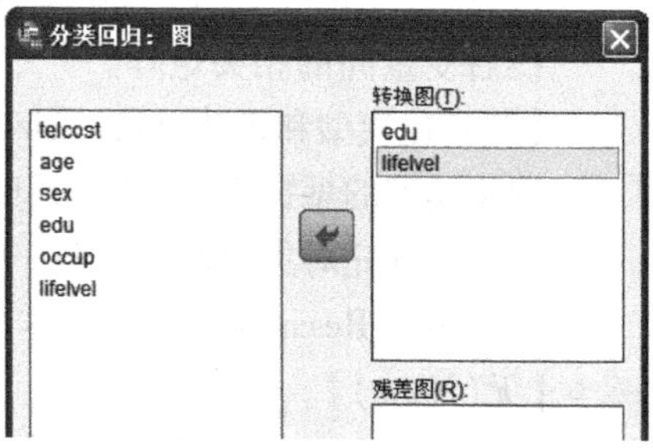

图 10-48　图(Plots)对话框

11)单击【继续】→【确定】按钮，得到以下主要结果：

CATREG - 分类数据回归(Regression for Categorical Data)

结果 10-47　原始变量的相关(Correlations Original Variables)

	年龄	性别	文化程度	职业	生活水平
年龄	1.000	-.176	-.415	.330	-.006
性别	-.176	1.000	.016	-.011	-.121
文化程度	-.415	.016	1.000	-.282	-.060
职业	.330	-.011	-.282	1.000	-.020
生活水平	-.006	-.121	-.060	-.020	1.000
维度(Dimension)	1	2	3	4	5
特征值(Eigenvalue)	1.712	1.119	.911	.724	.535

结果 10-48　变换后变量的相关(Correlations Transformed Variables)

	年龄	性别	文化程度	职业	生活水平
年龄	1.000	-.146	-.377	.453	-.011
性别	-.146	1.000	.026	.056	-.106
文化程度	-.377	.026	1.000	-.261	-.101
职业	.453	.056	-.261	1.000	-.071
生活水平	-.011	-.106	-.101	-.071	1.000
维度(Dimension)	1	2	3	4	5
特征值(Eigenvalue)	1.740	1.148	.932	.696	.484

结果 10-49 模型摘要(Model Summary)

复相关系数(Multiple R)	R方(R Square)	调整R方(Adjusted R Square)	明显预测误差(Apparent Prediction Error)
.425	.181	.127	.819

结果 10-50 方差分析(ANOVA)

	平方和(Sum of Squares)	自由度(df)	均方(Mean Square)	F	显著性(Sig.)
回归(Regression)	62.203	21	2.962	3.385	.000
残差(Residual)	281.797	322	.875		
总计(Total)	344.000	343			

结果 10-51 系数(Coefficients)

	标准化系数(Standardized Coefficients)		自由度(df)	F	显著性(Sig.)
	Beta	标准误的自助(1000)估计(Bootstrap(1000)Estimate of Std. Error)			
年龄	-.084	.145	1	.336	.562
性别	-.036	.039	1	.854	.356
文化程度	.248	.078	2	9.955	.000
职业	.436	.159	15	7.534	.000
生活水平	.079	.091	2	.745	.475

结果 10-52 相关和容差(Correlations and Tolerance)

	相关(Correlations)			重要性(Importance)	容差(Tolerance)	
	零阶(Zero-Order)	偏(Partial)	部分(Part)		变换后(After Transformation)	变换前(Before Transformation)
年龄	.024	-.077	-.070	-.011	.697	.736
性别	-.001	-.038	-.035	.000	.950	.960
文化程度	.157	.242	.226	.215	.834	.784
职业	.325	.388	.382	.784	.767	.837
生活水平	.027	.085	.077	.012	.969	.982

量化(Quantifications)
图(Plot)
变换(Transformation)

12)主要结果分析。

(1)原始变量的相关(Correlations Original Variables)表及变换后变量的相关(Correlations Transformed Variables)表：可见两个表格的相关系数都不高，认为各变量之间是相互独立的，不存在多重共线性，见结果10-47、10-48。

(2)模型摘要(Model Summary)表：复相关系数 $R=0.425$、$R^2=0.181$、调整R方 $=0.127$，认为回归模型的拟合效果一般，见结果10-49。

(3)方差分析(ANOVA)表：$F=3.385$，$P=0.000<0.01$，按 $\alpha=0.05$ 水准，认为拟合回归方程具有统计学意义，见结果10-50。

(4)系数(Coefficients)表：由于分类回归对变量进行了标准化处理，所以得到的系数也是标准化的，从F检验的显著性(Sig.)看，按 $\alpha=0.05$ 水准，性别、年龄和生活水平的标准化系数(Standardized Coefficients) β 无统计学意义，而文化程度和职业的标准化系数 β 有统计学意义，即文化程度、职业对电话费有影响，文化程度越高，每月固定电话话费的支出越多，由于职业是名义尺度变量，β 值只能表明其对话费支出有影响，见结果10-51。

(5)相关和容差(Correlations and Tolerance)表：零阶相关(Zero-Order Correlations)是变换后的自变量和因变量之间的相关系数。职业的偏相关(Partial Correlations)最大，为 0.388，表示不考虑其他变量的影响时，职业解释了因变量的$(0.388)^2=0.15=15\%$的变异；职业的部分相关系数为 0.382，表示从职业中去除其他 4 个因素的影响后，剩余部分解释了因变量$(0.382)^2=0.15=15\%$。重要性(Importance)越大的变量对回归方程的贡献也越大。容差(Tolerance)可以反映自变量之间的线性相关程度，它表示单个变量不能被其他变量解释的变异比例，接近 1 表示它不能被其他变量预测。本例各变量的容差(Tolerance)都比较大(大于 0.65)，说明变量之间没有明显的线性关系，见结果 10-52。

(6)变换图形可直观地显示各变量变换前后取值的对应关系：见图 10-49、图 10-50。

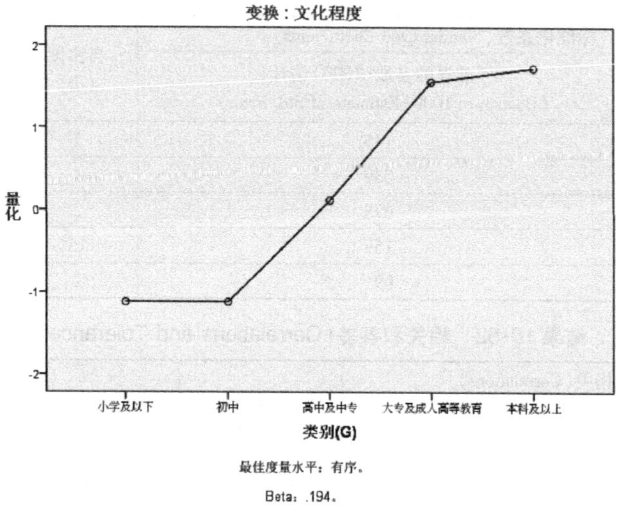

图 10-49　文化程度变换前后数值的对应图

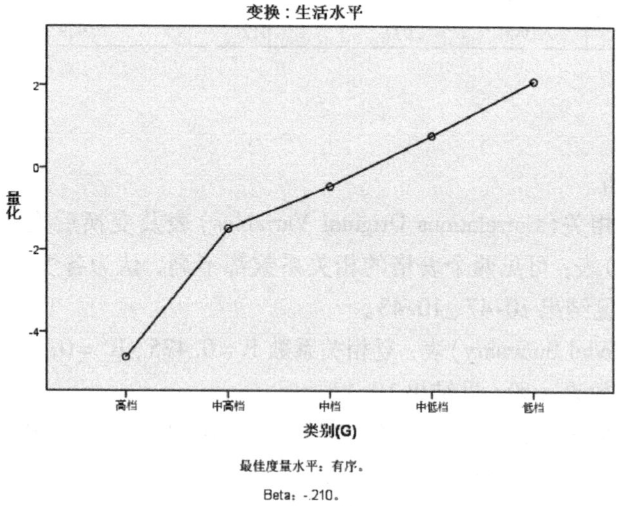

图 10-50　生活水平变换前后数值的对应图

练习题

(请访问 www.hxedu.com.cn 下载。)

第 11 章　对数线性模型

对数线性分析(loglinear analysis)是分析交叉表(crosstabulation)资料的多变量统计模型，把交叉表中单元格的观测频数(frequency counts)看作某些变量特殊组合下随机产生的理论概率的随机体现。因此，对数线性分析的因变量是单元格的概率，而自变量则是各变量在一定组合下的贡献。对数线性分析的目的是识别各变量之间的关系，以便对单元格中的概率产生来源加以合理的解释。对数线性分析在实际中应用于分类变量分析的多元统计方法。SPSS 对数线性模型(loglinear model)包括一般对数线性分析(General Loglinear Analysis)、Logit 对数线性分析(Logit Loglinear Analysis)及模型选择对数线性分析(Model Selection Loglinear Analysis)。

11.1　一般对数线性分析

一般对数线性分析(General Loglinear Analysis)过程可分析落入交叉表中的交叉分类(cross-classification category)中的观察频数。表格中每个交叉分类构成一个单元格，因子(factor)为每个分类变量(categorical variable)，因变量(dependent variable)为交叉表中单元格的例数(频数)，解释变量(explanatory variable)为因子和协变量(covariate)。此分析过程使用 Newton-Raphson 法估计分层对数线性模型(hierarchical loglinear model)和非分层对数线性模型(nonhierarchical loglinear model)的极大似然参数(maximum likelihood parameter)，可分析泊松(Poisson distribution)或多项分布(multinomial distribution)。单元格结构变量(cell structure variable)允许定义不完整表(incomplete table)的结构零(structural zeros)、在模型中包含偏置项(offset term)、拟合对数比率模型(log-rate model)或实现边际表(marginal table)的调整方法。对比变量(contrast variable)允许计算广义对数优势比(generalized log-odds ratios, GLOR)。

产生的统计量与图形包括观测频数与期望频数、原始残差、调整残差及偏差残差(deviance residual)、设计矩阵(design matrix)、参数估计值、优势比、对数优势比、广义对数优势比、Wald 统计量、置信区间，绘制调整残差图、偏差残差图及正态概率图。

【例 11-1】 对 206 名慢性支气管炎患者进行疗效分析，按吸烟状况(吸烟、不吸烟)和治疗效果(显效、无效)分类见表 11-1，试对其进行对数线性分析。

表 11-1　慢性支气管炎病人吸烟状况与治疗效果的 2×2 交叉表

吸烟状况	治疗效果	
	显效(1)	无效(0)
吸烟(1)	70	102
不吸烟(0)	26	8

1)建立数据文件 loglin1.sav，变量名为 smoke(吸烟状况)、effect(治疗效果)、freq(频数)。

2)个案加权，加权个案(Weight Cases)对话框中，【加权个案(Weight Cases by)】的【频率变量(Frequency Variable)】为“freq(频数)”，参见第 3.2.5 节。

3)选择【Analyze(分析)】→【对数线性模型(Loglinear)】→【常规(General)...】选项，打开常规对数线性分析(General Loglinear Analysis)主对话框，见图 11-1。

☆【因子(Factor(s))】列表：定义交叉表分类变量，可选择多达 10 个因子，本例选择“smoke(吸烟状况)”、“effect(治疗效果)”。

☆【单元格协变量(Cell Covariate(s))】列表：选择作为控制变量的连续变量，当模型中含有协变量时，会将单元格中个案的协变量平均值(mean covariate value)应用于该单元格。

☆【单元格结构(Cell Structure)】变量：指定单元格的加权变量，如果部分单元格是结构零，则单元格结构变量值为 0 或 1。

☆【对比变量(Contrasts Variable(s))】：选择一个连续变量，可用于计算广义对数优势比。对比变量值是期望单元格计数的对数线性组合系数。

☆【单元格计数分布(Distribution of Cell Counts)】。

○【泊松(Poisson)分布】：研究前总样本量(total sample size)不固定，分析不依赖于总样本量。单元格计数相对独立。

○【多项式分布(Multinomial，多项分布)】：研究前总样本量固定，分析依赖于总样本量，且各单元格计数相互影响。

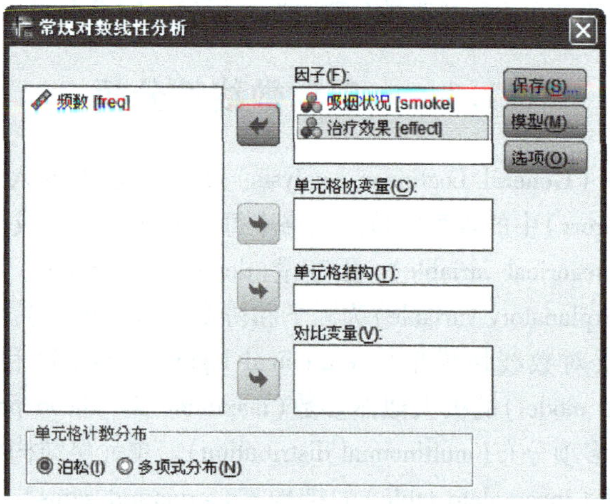

图 11-1　常规对数线性分析(General Loglinear Analysis)主对话框

4)单击【保存(Save)...】按钮，打开保存(Save)对话框，见图 11-2。

☆【残差(Residuals)】：又称简单残差(simple residual)或原始残差，为单元格观测数与期望数的差值。

☆【标准残差值(Standardized residuals，标准化残差)】：又称 Pearson 残差，残差除以其标准误的估计值。

☆【调节的残差值(Adjusted residuals，调整残差)】：标准化残差除以其估计值的标准误，选择模型正确时，调整残差服从渐近标准正态分布(asymptotically standard normal distribution)，在检验正态性方面优于标准化残差。

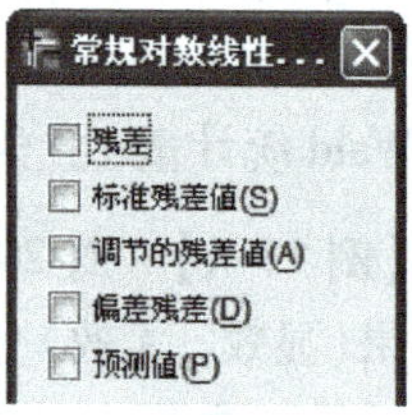

图 11-2　保存(Save)对话框

☆【偏差残差(Deviance residuals)】：个体对似然比卡方统计量贡献的带符号平方根(G^2)，其中符号是残差的符号(观测数减去期望数)，偏差残差服从渐近标准正态分布。

☆【预测值(Predicted values)】。

5)单击【继续】→【模型(Model)...】按钮，打开模型(Model)对话框，见图 11-3。

【指定模型(Specify Model)】选择【定制(Custom，自定义模型)】；【模型中的项(Term in Model)】选择“smoke”、“effect”，【构建项(Build Term(s))】的【类型(Type)】选择【主效应(Main effects)】，参见第 10.1.1 节。

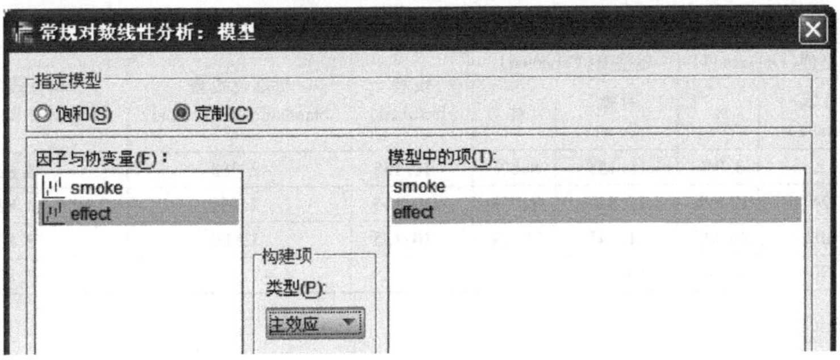

图 11-3　模型(Model)对话框

6)单击【继续】→【选项(Options)...】按钮，打开选项(Options)对话框，见图 11-4。

一般对数线性分析过程可显示模型信息及拟合优度统计量。

☆【输出(Display)】。

○【频率(Frequencies)】：单元格观测数及期望数。

○【残差(Residuals)】：原始残差、调整残差及偏差残差。

○【设计矩阵(Design matrix)】：模型设计矩阵。

○【估计(Estimates)】：模型的参数估计值。

○【迭代历史记录(Iteration history)】。

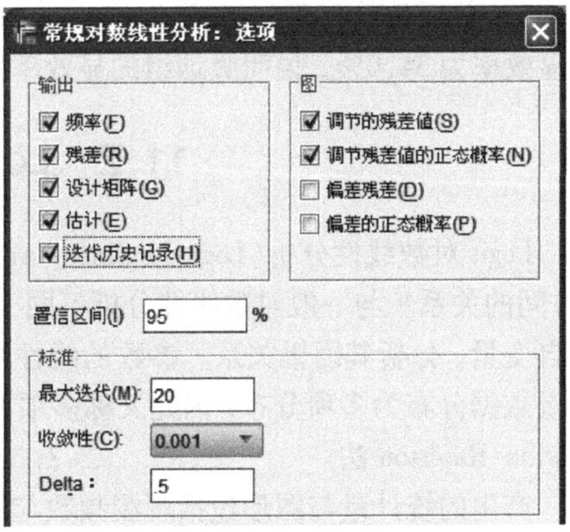

图 11-4　选项(Options)对话框

☆【图(Plot)】。

○【调节的残差值(Adjusted residuals，调整残差)】：单元格观测数和期望数的调整残差的散点图矩阵(scatterplot matrix)。

○【调节残差值的正态概率(Normal probability for adjusted)】：调整残差的正态概率图(normal probability plot)和去趋势正态图(detrended normal plot)。

○【偏差残差(Deviance residuals)】：单元格观测数和期望数的偏差残差的散点图矩阵。

○【偏差的正态概率(Normal probability for deviance)】：偏差残差的正态概率图和去趋势正态图。

☆【置信区间(Confidence Interval)】：参数估计值的置信区间。

☆【标准(Criteria)】：Newton-Raphson 法用于获取极大似然参数估计值(maximum likelihood parameter estimate)。可设定【最大迭代(Maximum iterations)】次数、【收敛性(Convergence)】及【Delta(δ 值)】，即饱和模型(saturated model)的 δ 值。

7)单击【继续】→【确定】按钮，可得到以下主要结果：

一般对数线性(General Loglinear)

结果 11-1　拟合优度检验(Goodness-of-Fit Tests)

	值(Value)	自由度(df)	显著性(Sig.)
似然比(Likelihood Ratio)	15.070	1	.000
Pearson 卡方(Pearson Chi-Square)	14.599	1	.000

结果 11-2 单元计数和残差(Cell Counts and Residuals)

吸烟状况	治疗效果	观测值(Observed) 计数(Count)	观测值(Observed) %	期望值(Expected) 计数(Count)	期望值(Expected) %	残差(Residual)	标准化残差(Standardized Residual)	调整残差(Adjusted Residual)	偏差(Deviance)
不吸烟	无效	8	3.9%	18.155	8.8%	-10.155	-2.383	-3.821	-2.683
	显效	26	12.6%	15.845	7.7%	10.155	2.551	3.821	2.333
吸烟	无效	102	49.5%	91.845	44.6%	10.155	1.060	3.821	1.041
	显效	70	34.0%	80.155	38.9%	-10.155	-1.134	-3.821	-1.160

8)主要结果分析。

(1)拟合优度检验(Goodness-of-Fit Tests)表：似然比(Likelihood Ratio)为 15.070、Pearson 卡方(Pearson Chi-Square)为 14.599，P 均小于 0.01，按 α=0.05 水准，表明吸烟与不吸烟组的疗效差异有统计学意义，见结果 11-1。

(2)单元计数和残差(Cell Counts and Residuals)表：不吸烟组的显效率为 12.6%，吸烟组的显效率为 34.0%，说明吸烟组的显效率比不吸烟组高，见结果 11-2。

11.2 Logit 对数线性分析

Logit 对数线性分析(Logit Loglinear Analysis)可分析因变量(响应变量)与自变量(解释变量)间的关系。与一般对数线性分析不同，Logit 对数线性分析更像方差分析，明确分出因变量与自变量，分析其因果关系。参数的线性组合表示因变量的对数比，Logit 对数线性分析过程假设数据分布为多项分布，因此又称多项 Logit 模型(multinomial logit model)，其参数估计使用 Newton-Raphson 法。

产生的统计量与图形包括观测频数与期望频数、原始残差、调整残差及偏差残差、设计矩阵、参数估计值、广义对数优势比、Wald 统计量、置信区间，绘制调整残差图、偏差残差图及正态概率图。

【例 11-2】 一个队列研究，研究血清胆固醇水平与冠心病发病之间的关系，血压作为可能的混杂因素，已建立数据文件 logit. sav，各变量名及分类标准为，血压分级(bp)：1—<16.9kPa，2—16.9～19.3kPa，3—19.3～22.0kPa，4—>22.0kPa；血清胆固醇分级(chol)：1—<5.2mmol/L，2—5.2～5.72mmol/L，3—5.72～6.76mmol/L，4—>6.76mmol/L；冠心病(chd)：1—发病，0—未发病；频数(freq)。资料列于表 11-2 中，试对数据进行 Logit 对数线性分析。

表 11-2 血压、血清胆固醇与冠心病发病的队列研究

血压分级	血清胆固醇分级 (1) 冠心病 (1)	(1) 冠心病 (2)	(2) 冠心病 (1)	(2) 冠心病 (2)	(3) 冠心病 (1)	(3) 冠心病 (2)	(4) 冠心病 (1)	(4) 冠心病 (2)
(1)	2	117	3	121	3	47	4	22
(2)	3	85	2	98	1	43	3	20
(3)	8	119	11	209	6	68	6	43
(4)	7	67	12	99	11	46	11	33

1)打开数据文件 logit. sav。

2)加权个案。加权个案(Weight Cases)对话框中，【加权个案(Weight Cases by)】的【频率变量(Frequency Variable)】为“freq(频数)”，参见第 3.2.5 节。

3)选择【Analyze(分析)】→【对数线性模型(Loglinear)】→【Logit...】选项，打开 Logit 对数线性分析(Logit Loglinear Analysis)主对话框，见图 11-5。

☆【因变量(Dependent)】：必须为分类变量，本例为“chd(冠心病)”。

☆【因子(Factor(s))】列表：选择 1 个或以上的分类变量，本例为“bp(血压分级)”、“chol(血清胆固醇分级)”。

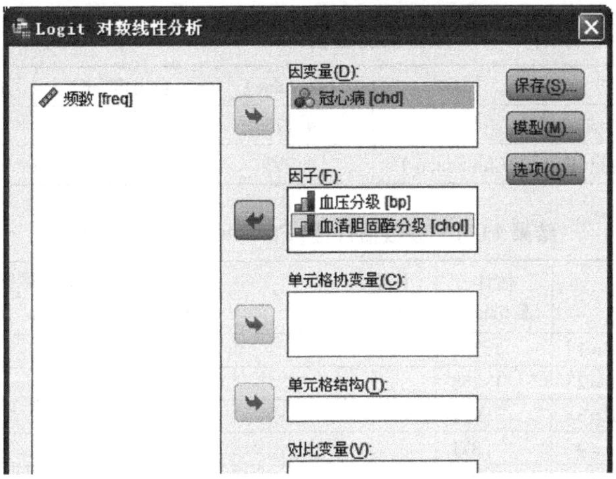

图 11-5　Logit 对数线性分析(Logit Loglinear Analysis)主对话框

4)单击【继续】→【模型(Model)...】按钮，打开模型(Model)对话框，见图 11-6，各项目的说明参见第 10.1.1 节。

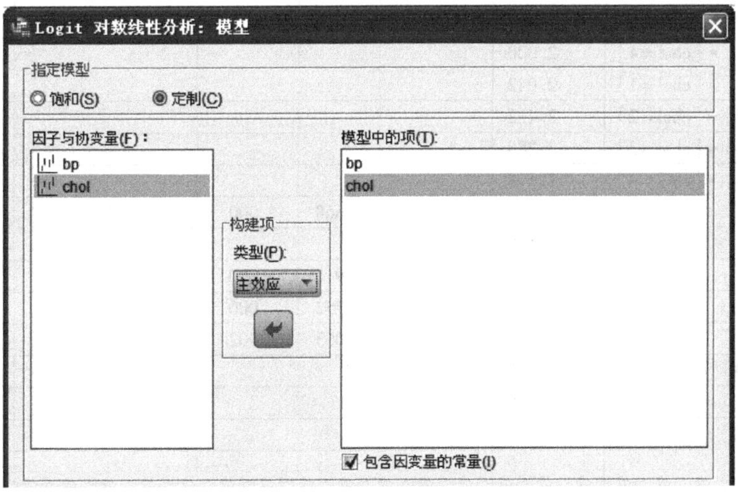

图 11-6　模型(Model)对话框

例如，假设变量 D1、D2 是因变量，Logit 对数线性分析可产生因变量项目列表(D1，D2，D1 * D2)。若模型中的项(Terms in Model)列表包含 M1 及 M2 及常数。则各因变量项目与各模型项目联合的设计结构式为

D1，D2，D1 * D2

M1 * D1，M1 * D2，M1 * D1 * D2

M2 * D1，M2 * D2，M2 * D1 * D2

【包含因变量的常量(Include constant for dependent)】: 在自定义模型中，因变量包含常数。

5)单击【继续】→【选项(Options)...】按钮，打开选项(Options)对话框，选择【输出(Display)】中的【频率(Frequencies)】和【估计(Estimates)】，其他为默认选项。

6)单击【继续】→【确定】按钮，可得到以下主要结果:

一般对数线性分析(General Loglinear)

结果 11-3 拟合优度检验(Goodness-of-Fit Tests)

	值(Value)	自由度(df)	显著性(Sig.)
似然比(Likelihood Ratio)	4.775	9	.853
Pearson 卡方检验(Pearson Chi-Square)	4.793	9	.852

结果 11-4 参数估计值(Parameter Estimates)

参数(Parameter)		估计(Estimate)	标准误(Std. Error)	Z	显著性(Sig).	95% 置信区间(95% Confidence Interval)	
						下限(Lower Bound)	上限(Upper Bound)
常数(Constant)	[bp=1] * [chol=1]	1.254					
	[bp=1] * [chol=2]	1.258					
	[bp=1] * [chol=3]	.951					
	[bp=1] * [chol=4]	.871					
	[bp=2] * [chol=1]	.864					
	[bp=2] * [chol=2]	.954					
	[bp=2] * [chol=3]	.736					
	[bp=2] * [chol=4]	.665					
	[bp=3] * [chol=1]	1.860					
	[bp=3] * [chol=2]	2.372					
	[bp=3] * [chol=3]	1.867					
	[bp=3] * [chol=4]	2.000					
	[bp=4] * [chol=1]	2.042					
	[bp=4] * [chol=2]	2.412					
	[bp=4] * [chol=3]	2.288					
	[bp=4] * [chol=4]	2.508					
[chd=0]		.949	.259	3.668	.000	.442	1.456
[chd=1]		0	.	.	.	.	.
[chd=0] * [bp=1]		1.342	.343	3.914	.000	.670	2.015
[chd=0] * [bp=2]		1.434	.382	3.752	.000	.685	2.183
[chd=0] * [bp=3]		.780	.255	3.063	.002	.281	1.279
[chd=0] * [bp=4]		0	.	.	.	.	.
[chd=1] * [bp=1]		0	.	.	.	.	.
[chd=1] * [bp=2]		0	.	.	.	.	.
[chd=1] * [bp=3]		0	.	.	.	.	.
[chd=1] * [bp=4]		0	.	.	.	.	.
[chd=0] * [chol=1]		1.204	.327	3.686	.000	.564	1.844
[chd=0] * [chol=2]		1.242	.302	4.119	.000	.651	1.833
[chd=0] * [chol=3]		.617	.326	1.889	.059	-.023	1.256
[chd=0] * [chol=4]		0	.	.	.	.	.
[chd=1] * [chol=1]		0	.	.	.	.	.
[chd=1] * [chol=2]		0	.	.	.	.	.
[chd=1] * [chol=3]		0	.	.	.	.	.
[chd=1] * [chol=4]		0	.	.	.	.	.

7)主要结果分析。

(1)拟合优度检验(Goodness-of-Fit Tests)表：似然比(Likelihood Ratio)为 4.775，Pearson 卡方(Pearson Chi-Square)为 4.793，P 值均大于 0.05，按 $\alpha=0.05$ 水准，说明该不饱和模型的拟合优度与含有所有交互选项的饱和模型相比无统计学意义，即用此模型已经充分反映 3 个变量间的关系，见结果 11-3。

(2)参数估计值(Parameter Estimates)表：可见 chd * bp、chd * chol 存在交互效应，$P<0.01$，说明血压、血清胆固醇会影响冠心病的发生。血清胆固醇的交互效应系数为正数，说明血清胆固醇值越高，冠心病的发生率越高；同理，血压越高，冠心病发生率越高，见结果 11-4。

11.3 模型选择对数线性分析

模型选择对数线性分析(Model Selection Loglinear Analysis)可分析多向交叉表(multiway crosstabulation)，使用迭代比例拟合算法(iterative proportional-fitting algorithm)将分层对数线性模型(hierarchical loglinear model)拟合到多向交叉表中。此方法有助于发现哪些分类变量是关联的。模型选择对数线性分析建立模型的方法有两种：强迫引入法(forced entry method)和后向消元法(backward elimination method)。对于饱和模型可计算参数估计值并进行偏关联检验(tests of partial association)。

产生的统计量与图形包括频数、残差参数估计值、标准误、置信区间及偏关联检验，绘制自定义模型的残差图及正态概率图。

【例 11-3】 采用例 11-2 的数据进行模型选择对数线性分析。

1)个案加权。加权个案(Weight Cases)对话框中，【加权个案(Weight Cases by)】的【频率变量(Frequency Variable)】为"freq(频数)"，参见第 3.2.5 节。

2)选择【Analyze(分析)】→【对数线性模型(Loglinear)】→【模型选择(Model Selection)...】选项，打开模型选择对数线性分析(Model Selection Loglinear Analysis)主对话框，见图 11-7。

☆【因子(Factor(s))】列表：选择 2 个或以上的分类变量，本例为"chd(冠心病)"、"chol(血清胆固醇分级)"、"bp(血压分级)"，单击【定义范围(Define Range)...】按钮，打开定义范围(Define Range)对话框，可定义各因子变量的【最小(Minimum)】值和【最大(Maximum)】值。

☆【单元格权重(Cell Weights)】。

☆【建立模型(Model Building)】。

○【使用向后去除(Use backward elimination)】：可设定【最多步骤数(Maximum steps)】及【删除概率(Probability for removal，剔除概率)】。

○【一步进入(Enter in single step)】：即强迫引入法。

3)模型(Model)对话框选择默认选项，参见第 11.1 节。

4)单击【继续】→【选项(Options)...】按钮，打开选项(Options)对话框，见图 11-8。

☆【输出(Display)】：可选择【频率(Frequencies)】及【残差(Residuals)】。在饱和模型中，观测数和期望数相等，残差等于 0。

☆【显示饱和模型(Display for Saturated Model)】。

○【参数估计(Parameter estimates)】：参数估计值可决定模型剔除哪个项目。

○【相关表(Association table，关联表)】：可显示偏相关系数。

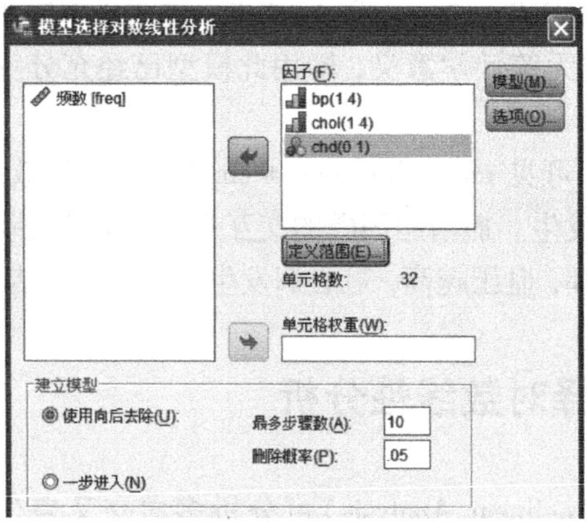

图 11-7 模型选择对数线性分析(Model Selection-Loglinear-Analysis)主对话框

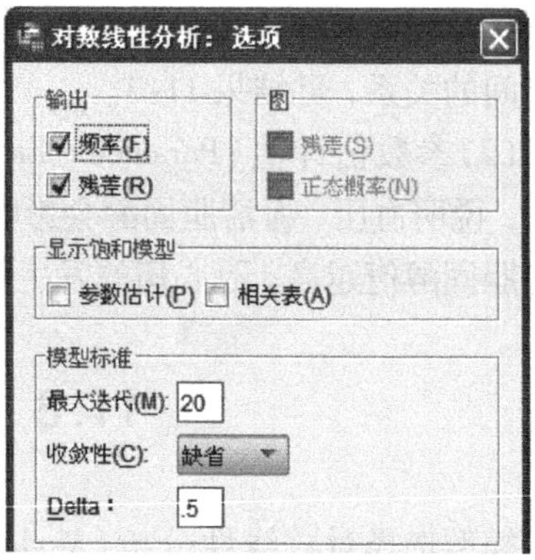

图 11-8 选项(Options)对话框

☆【图(Plot)】：可选择绘制【残差(Residuals)】图及【正态概率(Normal probability)】图，以帮助确定模型与数据的拟合度

☆【模型标准(Model Criteria)】：使用迭代比例拟合算法获取参数估计值，可设定【最大迭代(Maximum iterations)】、【收敛性(Convergence)】及【Delta(δ 值)】。

5)单击【继续】→【确定】按钮，可得到主要结果：

分层对数线性分析(Hierarchical Loglinear Analysis)

设计(Design)1

结果 11-5 收敛信息(Convergence Information)

生成类(Generating Class)	bp * chd * chol
迭代次数(Number of Iterations)	1
"观测边际"与"拟合边际"之间的最大差异(Max. Difference between Observed and Fitted Marginals)	.000
收敛判别标准(Convergence Criterion)	.250

后向消元统计(Backward Elimination Statistics)

结果 11-6 步骤摘要(Step Summary)

步骤(Step)			效应(Effects)	卡方(Chi-Square)	自由度(df)	显著性(Sig.)	迭代次数(Number of Iterations)
0	生成类(Generating Class)		bp * chd * chol	.000	0	.	
	已剔除的效应(Deleted Effect)	1	bp * chd * chol	4.775	9	.853	4
1	生成类(Generating Class)		bp * chd, bp * chol, chd * chol	4.775	9	.853	
	已剔除的效应(Deleted Effect)	1	bp * chd	25.630	3	.000	2
		2	bp * chol	19.626	9	.020	2
		3	chd * chol	19.284	3	.000	2
2	生成类(Generating Class)		bp * chd, bp * chol, chd * chol	4.775	9	.853	

结果 11-7 拟合优度检验(Goodness-of-Fit Tests)

	卡方(Chi-Square)	自由度(df)	显著性(Sig.)
似然比(Likelihood Ratio)	4.775	9	.853
Pearson	4.793	9	.852

6)主要结果分析。

(1)收敛信息(Convergence Information)表：模型选择对数线性分析进行了 1 次迭代，见结果 11-5。

(2)步骤摘要(Step Summary)表：模型最后生成类(Generating Class)为 bp * chol、bp * chd、chol * chd，说明血压与血清胆固醇、血压与冠心病的发生、血清胆固醇与冠心病的发生存在交互关系，见结果 11-6。

(3)拟合优度检验(Goodness-of-Fit Tests)表，似然比(Likelihood Ratio) $\chi^2=4.775$，Pearson $\chi^2=4.793$，$P>0.05$，表明该不饱和模型的拟合优度与含有所有交互选项的饱和模型相比无统计学意义，即用此模型已经充分反映 3 个变量间的关系，结果与例 11-2 一致，见结果 11-7。

(4)上述结果表明，在多维列交叉的分析中，模型选择对数线性分析可进行自动筛选，大大地减少了工作量，用户可继续采用一般对数线性分析或 Logit 对数线性分析，对数据进行进一步的统计分析。

练习题

(请访问 www. hxedu. com. cn 下载。)

第12章　分类分析

分类学是科学研究的重要方法之一，数值分类学又有其极广泛的应用。分类分析(Classify)包括两步聚类分析(TwoStep Cluster Analysis)、逐步聚类分析(K-Means Cluster Analysis)、系统聚类分析(Hierarchical Cluster Analysis)、决策树(Decision Trees)、判别分析(Discriminant Analysis)及最近邻分析(Nearest Neighbor Analysis)等多元统计方法。

12.1　两步聚类分析

两步聚类分析(TwoStep Cluster Analysis)是揭示数据集自然分组(分类)的探索性分析工具。其主要思想是用似然距离度量(likelihood distance measure)假设聚类模型的变量是独立的，即假设连续变量为服从正态分布，分类变量服从多项分布。两步聚类分析可生成不同聚类数的判别信息(AIC 或 BIC)、最终聚类的聚类频数、最终聚类的描述统计量，并可生成聚类频数的饼图、条形图及变量重要性图。两步聚类分析具有如下特征：

(1)分类变量和连续变量的处理方式：通过假设变量是独立的，可以假设分类变量和连续变量服从联合多项正态分布(joint multinomial-normal distribution)。

(2)自动选择聚类数(number of clusters)：通过跨不同聚类解(clustering solution)比较模型选择准则(model-choice criterion)值，自动确定最优聚类数。

(3)扩展性：通过构建摘要记录的聚类特征树(cluster features tree，CFT)，可分析大样本数据。

两步聚类分析的计算过程可分为两步：

第1步，构建聚类特征树(CFT)。

第2步，使用聚集聚类法对 CFT 的节点进行分组，此方法可生成不同聚类数的指标，通过比较 Schwarz Bayesian 信息准则(Schwarz's Bayesian Information Criterion，BIC)或 Akaike 信息准则(Akaike Information Criterion，AIC)来确定最优聚类数。

【例 12-1】　1985 年中国学生体质调查各省 19～22 岁城市男学生(汉族)身体形态指标的平均值，包含身高(x1，cm)、坐高(x2，cm)、体重(x3，kg)、胸围(x4，cm)、肩宽(x5，cm)及骨盆宽(x6，cm)等数据，并已建立数据文件 body1.sav，试根据身体形态指标进行样品聚类分析。

1)打开数据文件 body1.sav。

2)选择【分析(Analyze)】→【分类(Classify)】→【两步聚类(TwoStep Cluster)...】选项，打开二阶聚类分析(TwoStep Cluster Analysis)主对话框，见图 12-1。

- ☆【分类变量(Categorical Variables)】列表：选择进行聚类分析的分类变量。
- ☆【连续变量(Continuous Variables)】列表：选择进行聚类分析的连续变量，本例为“x1”～“x6”。
- ☆【距离测量(Distance Measure，距离度量)】：选择确定两个聚类间相似性(similarity)的方式。
  - ○【对数相似值(Log-likelihood，对数似然值)】：对数似然度量(log-likelihood measure)假设变量服从某种概率分布(probability distribution)，假设连续变量为正态分布、分类变量为多项分布，所有变量均假设是独立的。

○【Euclidean】：Euclidean 距离度量为两个聚类间的“直线距离”，只能用于所有变量均为连续变量的情况。

☆【聚类数量(Number of Clusters，聚类数)】：选择确定聚类数的方式。

○【自动确定(Determine automatically)】：使用【聚类准则(Clustering Criterion)】中指定准则自动确定最优聚类数，应设定【最大(Maximum)】聚类数。

○【指定固定值(Specify fixed Number)】：输入 1 个正整数确定聚类数。

☆【连续变量计数(Count of Continuous Variables)】：在选项(Option)对话框中显示指定连续变量标准化的摘要：【要标准化的计数(To be Standardized)】及【假定已标准化的计数(Assumed Standardized)】。

☆【聚类准则(Clustering Criterion)】：选择确定聚类数的自动聚类算法(automatic clustering algorithm)：【施瓦兹贝叶斯准则(Schwarz's Bayesian Criterion，BIC)】或【Akaike 信息标准(Akaike Information Criterion，AIC)】。

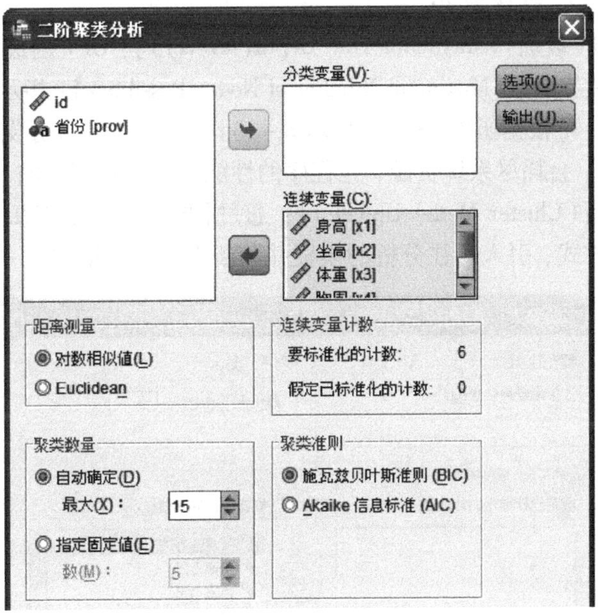

图 12-1　二阶聚类分析(TwoStep Cluster Analysis)主对话框

3)单击【选项(Options)...】按钮，打开选项(Options)对话框，见图 12-2。

☆【离群值处理(Outlier Treatment)】：在聚类过程中，在 CFT 填满时，使用特别的方法处理离群值。如果 CFT 的叶节点(leaf node)中不能接受更多个案且不能拆分时，表示 CFT 已满。

○【使用噪声处理(Use noise handling)】：可设定【百分比(Percentage)】。当 CFT 填满时，在将稀疏叶子中的个案放到“噪声”叶子中后，CFT 将重新生长。如果某个叶子包含的个案数占最大叶大小(leaf size)比例小于指定【百分比(Percentage)】，则认为该叶子是稀疏的。CFT 重新生长之后，尽可能将离群值放置在 CFT 中，否则放弃离群值。若不选此项，当 CFT 填满时，则将使用较大距离更改阈值后重新生长。最终聚类(final clustering)后，不能分配到聚类的变量标记为离群值。离群值聚类将赋值为 -1，并且不包含在聚类数的计数中。

☆【内存分配(Memory Allocation)】: 指定聚类计算时的【最大大小内存(Maximum (MB))】, 必须大于等于 4。若内存设定过小, 则会无法找到正确或指定的聚类数。

☆【连续变量的标准化(Standardization of Continuous Variables)】: 设定需要处理标准化的连续变量。

○【假定已标准化的计数(Assumed Standardized)】列表: 已经被用户进行标准化的变量。

○【要标准化的计数(To be Standardized)】列表: 未被标准化的变量。

☆【CF 树调节准则(CF Tree Tuning Criteria, 聚类特征数调整准则)】: 指定用于 CFT 特殊聚类算法(clustering algorithm)。

○【初始距离更改阈值(Initial Distance Change Threshold)】: 使 CFT 生长的初始阈值(initial threshold), 将指定个案插入 CFT 叶子后, 如紧度((tightness)小于阈值时, 则不拆分叶子, 反之将拆分叶子。

○【最大分支(每个叶节点)(Maximum Branches(per leaf node))】: 叶节点的最大子节点(child node)数, 默认为 20。

○【最大树深度(级别)(Maximum Tree Depth(levels))】: CFT 的最大级别数, 默认为 3。

○【可能的最大节点数(Maximum Number of Nodes Possible)】: 指示程序可能生成的 CFT 最大节点数, 可根据函数$(b^{d+1}-1)/(b-1)$计算, b 为最大分支数, d 为最大树深度。若 CFT 过大, 会耗尽系统资源, 且程序的性能会产生不利影响, 本例为"585"。

☆【聚类模型更新(Cluster Model Update)】: 通过【导入 CF 树 XML 文件(Import CF Tree XML file)】的方式, 引入既往分析的模板并更新当前生成模型。

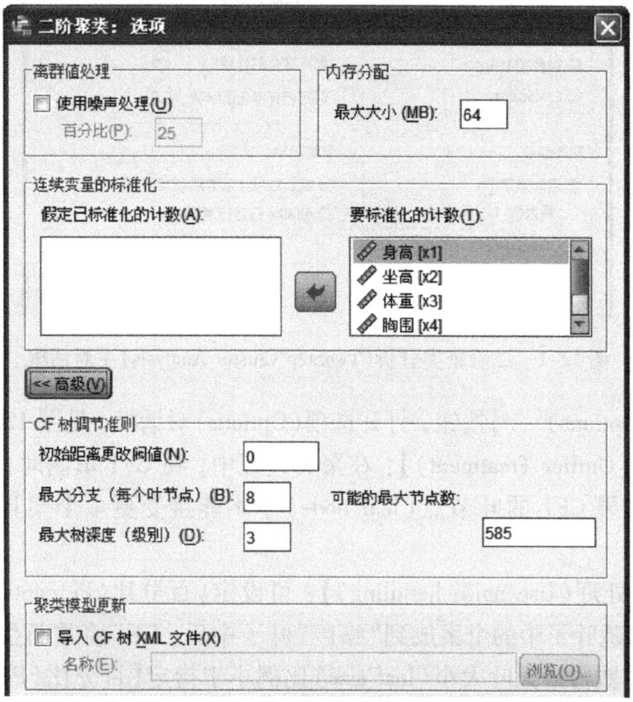

图 12-2 选项(Options)对话框

4)单击【继续】→【输出(Output)...】按钮, 打开输出(Output)对话框, 见图 12-3。

☆【输出(Output)】。

○【透视表(Pivot tables)】：在数据透视表中显示结果。

○【图表和表格(在模型查看器中)(Charts and tables in Model Viewer)】：在模型查看器(Model Viewer)中显示结果。

○【评估字段(Evaluation fields)】：为未在聚类创建中使用的变量计算聚类数据。

☆【工作数据文件(Working Data File)】：将变量保存到活动数据集。

○【创建聚类成员变量(Create cluster membership variable)】：此变量包含每个个案的聚类标识号。名称为 tsc_n，其中 n 为正整数。

☆【XML 文件(XML Files)】：以 XML(PMML)格式导出最终聚类模型(final cluster model)和 CFT 的输出文件，可选择【导出最终模型(Export final model)】及【导出 CF 树(Export CF tree)】。

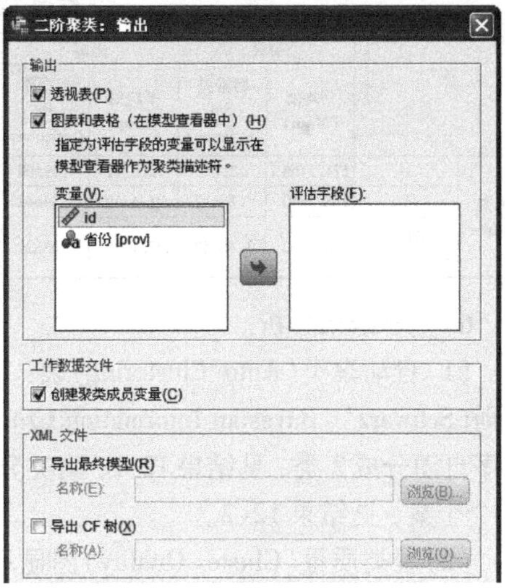

图 12-3　输出(Output)对话框

5)单击【继续】→【确定】按钮，可得到以下主要结果：

两步聚类(TwoStep Cluster)

结果 12-1　自动聚类(Auto-Clustering)

聚类数 (Number of Clusters)	Schwarz Bayesian 准则 (Schwarz's Bayesian Criterion(BIC))	BIC 改变量 (BIC Change)	BIC 改变量的比率 (Ratio of BIC Changes)	距离度量的比率 (Ratio of Distance Measures)
1	153.408			
2	151.420	-1.988	1.000	4.490
3	182.059	30.639	-15.413	1.063
4	213.253	31.194	-15.692	1.180
5	245.786	32.533	-16.365	1.145
6	279.265	33.479	-16.841	1.009
7	312.804	33.539	-16.872	1.453
8	348.353	35.548	-17.882	1.019
9	383.985	35.633	-17.925	1.294
10	420.606	36.620	-18.422	1.408
11	458.202	37.596	-18.912	1.150
12	496.110	37.908	-19.069	1.054
13	534.125	38.015	-19.123	1.176
14	572.435	38.310	-19.271	1.052
15	610.828	38.393	-19.313	1.026

结果 12-2　聚类分布(Cluster Distribution)

		N	组合%(% of Combined)	总计%(% of Total)
聚类(Cluster)	1	18	64.3%	64.3%
	2	10	35.7%	35.7%
	组合(Combined)	28	100.0%	100.0%
总计(Total)		28		100.0%

聚类概要文件(Cluster Profiles)

结果 12-3 质心(Centroids)

		身高		坐高		体重		胸围		肩宽		骨盆宽	
		平均值(Mean)	标准差(Std. Deviation)	平均值(Mean)	标准差(Std. Deviation)	平均值(Mean)	标准差(Std. Deviation)	平均值(Mean)	标准差(Std. Deviation)	平均值(Mean)	标准差(Std. Deviation)	平均值(Mean)	标准差(Std. Deviation)
聚类(Cluster)	1	171.2456	.79081	92.6211	.39608	58.7006	1.17870	86.5494	1.18307	38.5733	.26938	27.2372	.33382
	2	168.7940	.84647	91.4350	.34642	55.8830	.78486	85.1980	1.18666	38.3060	.65676	27.0520	.45587
	组合(Combined)	170.3700	1.43652	92.1975	.68829	57.6943	1.72344	86.0668	1.33623	38.4779	.45441	27.1711	.38419

6)主要结果分析。

(1)自动聚类(Auto-Clustering)表：15 种聚类情况中，分成 2 类时的 Schwarz Bayesian 信息准则(Schwarz's Bayesian Information Criterion, BIC)值最小，说明 2 个聚类为最优的聚类，因此程序自动分成 2 类，见结果 12-1；聚类分布(Cluster Distribution)第 1 类有 18 个个案，第 2 类有 10 个个案，见结果 12-2。

(2)聚类质量(Cluster Quality)图显示，凝聚和分离的轮廓度量(Silhouette measure of cohesion and separation)值为 0.5，表示聚类质量良好，见图 12-4。

(3)预测变量重要性(Predictor Importance)条形图中，各预测变量重要性依次为坐高、身高、体重、胸围、肩宽、骨盆宽，见图 12-5。

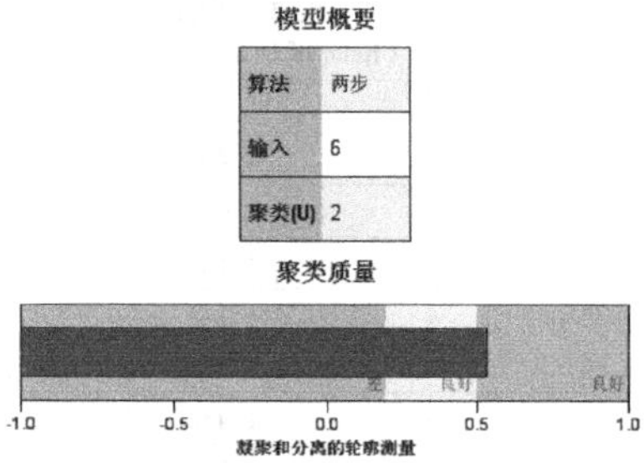

图 12-4 模型概要(Model Summary)与聚类质量(Cluster Quality)图

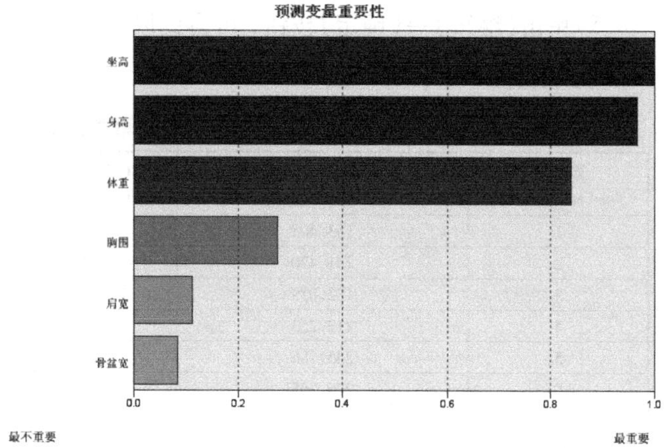

图 12-5 预测变量重要性(Predictor Importance)条形图

(4)质心(Centroids)表：显示两类指标的平均值(Mean)和标准差(Std. Deviation)，见结果 12-3。

(5)活动数据集生成一个新变量 TSC_9794(二阶集群编号)，以此作为分组变量(Grouping Variable)，身高(x1, cm)、坐高(x2, cm)、体重(x3, kg)、胸围(x4, cm)、肩宽(x5, cm)及骨盆宽(x6, cm)作为检验变量(Test Variable(s))进行独立样本 t 检验(Independent-Samples t Test)(参见第 7.3.1 节)，结果显示第 1 类的体重、身高、坐高和胸围高于第 2 类($P<0.01$)。从 TSC_9794(二阶集群编号)变量可知，第 1 类主要为北方各省(直辖市)：安徽、北京、甘肃、河北、河南、黑龙江、吉林、江苏、辽宁、内蒙古、宁夏、山东、山西、陕西、上海、天津、新疆、浙江，第 2 类主要为南方各省：福建、广东、广西、贵州、湖北、湖南、江西、青海、四川、云南。这与北方人身材(身高、坐高、体重、胸围)比南方人高大这一普遍规律是相符的。

12.2　逐步聚类分析

逐步聚类分析(K-Means Cluster)又称快速聚类分析(quick cluster)或动态聚类分析(dynamic cluster),可有效地处理多变量、大样本的样品聚类分析(Q 型聚类分析),而又不占太多的内存空间。用户可事先设定将资料聚成两类或三类,输出结果会自动给出每个样品加以所聚类的标记,从而可对每类样品做进一步分析。逐步聚类分析可计算初始聚类中心(initial cluster center)、方差分析表,每个个案的聚类信息(cluster information)及到聚类中心的距离(distance from cluster center)。

【例 12-2】　某研究对 98 名病人接受放射性治疗整个过程的反应进行评价,所测变量包括 x1(症状次数,如喉咙痛或恶心)、x2(活动量,分为 1～5 个等级)、x3(睡眠量,分为 1～5 个等级)、x4(食物摄取,分为 1～5 个等级)、x5(食欲,分为 1～5 个等级)及 x6(皮肤反应,分为 0～3 个等级),试对 98 名病人的反应情况进行逐步聚类分析(数据文件为 radiation. sav)。

1)打开数据文件 radiation. sav。

2)选择【分析(Analyze)】→【分类(Classify)】→【K 平均值聚类(K-Means Cluster)...】选项,打开 K 平均值聚类分析(K-Means Cluster Analysis)主对话框,见图 12-6。

☆【变量(Variables)】列表:应为定量变量(定距或定比),如果要分析二进制变量或计数变量,请使用系统聚类分析。本例为"x1"～"x6"。

☆【标注个案(Label Cases by)】:本例未选择。

☆【聚类数(Number of Clusters)】:本例为"4"(类)。

☆【方法(Method)】:可选择【迭代与分类(Iterate and classify)】或【仅分类(Classify only)】。

☆【聚类中心(Cluster Centers)】:可选择【读取初始聚类中心(Read initial)】及【写入最终聚类中心(Write final)】。

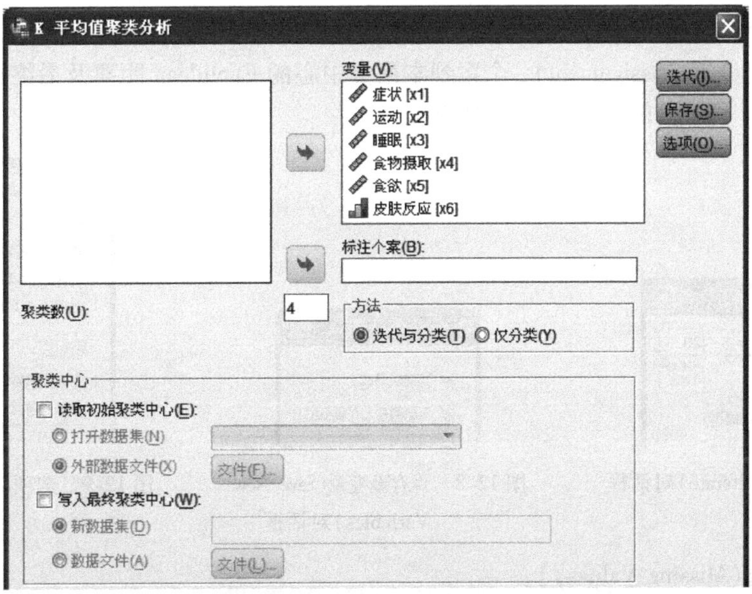

图 12-6　K 平均值聚类分析(K-Means Cluster Analysis)主对话框

3)单击【迭代(Iterate)...】按钮，打开迭代(Iterate)对话框，见图 12-7。只有主对话框中的【方法(Method)】选择了【迭代与分类(Iterate and Classify)】，才能设定此对话框的选项。

☆【最大迭代次数(Maximum Iterations)】：限制逐步聚类的迭代数(number of iterations)，即便尚未满足收敛判别标准，达到迭代数后将终止迭代。其设定范围为 1～999，本例为"20"。如果要使用 SPSS 5.0 以前 Quick Cluster 命令的算法，应将【最大迭代次数(Maximum Iterations)】设置为"1"。

☆【收敛性标准(Convergence Criterion，收敛判别标准)】：确定何时终止迭代，收敛值表示初始聚类中心间最小距离的比例，取值介于 0～1 之间。如准则为"0.02"，则当完整迭代无法将任何聚类中心移动任意初始聚类中心之间最小距离的 2% 时，迭代停止。

☆【使用运行平均值(Use running means，使用游动平均值)】：选择此项将在每个个案分配后均更新聚类中心；反之，在分配所有个案后才更新聚类中心。

4)单击【继续】→【保存(Save)...】按钮，打开保存新变量(Save New Variables)对话框，见图 12-8。

☆【聚类成员(Cluster membership)】：变量值可指示每个个案的最终聚类成员，变量值介于 1 到聚类数之间。

☆【与聚类中心的距离(Distance from cluster center)】：变量值为每个个案到分类中心(classification center)的 Euclidean 距离。

5)单击【继续】→【选项(Options)...】按钮，打开选项(Options)对话框，见图 12-9。

☆【Statistics(统计)】。

○【初始聚类中心(Initial cluster centers)】：各聚类变量平均值的初始估计值，初始聚类中心用于第 1 轮分类并将进一步更新。

○【ANOVA 表(ANOVA table，方差分析表)】：生成一个包括各聚类的单变量 F 检验(univariate F test)的方差分析表。如果所有个案均分配到一个聚类中，则不显示方差分析表。

○【每个个案的聚类信息(Cluster information for each case)】：每个个案的最终聚类分配(final cluster assignment)、个案到本聚类中心的 Euclidean 距离及最终聚类中心(final cluster center)间的 Euclidean 距离。

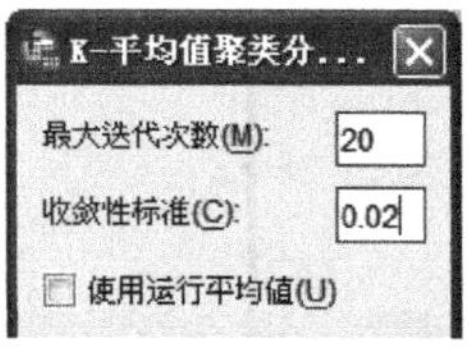

图 12-7　迭代(Iterate)对话框

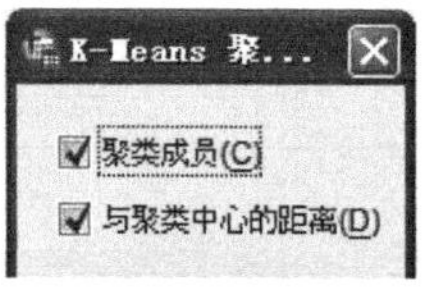

图 12-8　保存新变量(Save New Variables)对话框

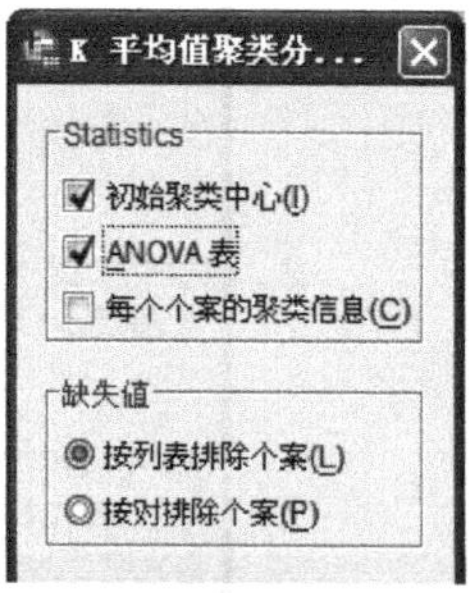

图 12-9　选项(Options)对话框

☆【缺失值(Missing Values)】。

○【按列表排除个案(Exclude cases listwise)】：分析时排除任何聚类变量中有缺失值的个案，为默认格式。

○【按对排除个案(Exclude cases pairwise)】：根据从所有非缺失值的变量计算得到的距离将个案分配到聚类。

6)单击【继续】→【确定】按钮，得到以下主要结果：

快速聚类(Quick Cluster)

结果 12-4　初始聚类中心(Initial Cluster Centers)

	聚类(Cluster)			
	1	2	3	4
症状	.13	10.46	3.50	5.67
运动	1.00	2.15	1.29	3.00
睡眠	1.00	2.77	2.71	1.67
食物摄取	2.00	2.00	1.29	2.67
食欲	1.00	2.92	1.25	5.00
皮肤反应	0	0	3	1

结果 12-5　最终聚类中心(Final Cluster Centers)

	聚类(Cluster)			
	1	2	3	4
症状	1.14	8.31	3.16	5.34
运动	1.17	2.62	1.77	2.29
睡眠	1.92	3.18	2.14	2.29
食物摄取	2.05	2.46	2.14	2.43
食欲	2.10	3.86	2.34	3.17
皮肤反应	1	2	2	1

结果 12-6　方差分析(ANOVA)

	聚类(Cluster)		错误(Error，误差)		F	显著性(Sig.)
	均方(Mean Square)	df	均方(Mean Square)	df		
症状	125.362	3	.607	90	206.444	.000
运动	6.976	3	.407	90	17.151	.000
睡眠	2.665	3	.451	90	5.904	.001
食物摄取	.865	3	.084	90	10.312	.000
食欲	9.048	3	.565	90	16.014	.000
皮肤反应	1.877	3	.827	90	2.269	.086

结果 12-7　每个聚类的个案数(Number of Cases in each Cluster)

聚类(Cluster)	1	25.000
	2	6.000
	3	35.000
	4	28.000
有效(Valid)		94.000
缺失(Missing)		4.000

7)主要结果分析。

(1)本例是对某研究对 98 名病人接受放射性治疗整个过程的反应评价进行快速聚类(Quick Cluster)，聚类数(Numbers of Clusters)指定为 4 类。

(2)初始聚类中心(Initial Cluster Centers)与最终聚类中心(Final Cluster Centers)是不相同的，见结果 12-4、12-5。

(3)方差分析(ANOVA)表：显示聚类间的差别，即对各变量进行单因素方差分析，除皮肤反应外，4 类病人的其他指标的差别均有统计学意义，见结果 12-6。

(4)每个聚类的个案数(Number of Cases in each Cluster)表：4 类的例数分别为 25、26、35 和 28，见结果 12-7。

12.3　系统聚类分析

聚类分析(Cluster Analysis)又称集群分析，是按“物以类聚”原则研究事物分类的一种多元统计分析方法，根据样品的多指标(变量)、多个观测数据，定量地确定样品、指标之间存在的相似性或亲疏关系，并据此连接这些样品或指标归成大小类群，构成分类树系图(dendrogram)或冰柱图(icicle)，系统聚类分析常用于小样本资料的分析。聚类分析用于对观测指标(变量)聚类，称为指标聚类分析或 R 型聚类分析；对样品(个案)进行聚类，称为样品聚类分析或 Q 型聚类分析。

系统聚类分析又称分层聚类分析，其统计结果与图形有凝聚表(agglomeration schedule)、距离矩阵(distance matrix)或相似性矩阵(similarity matrix)、聚类成员解的范围，并可绘制垂直冰柱图(vicicle)、水平冰柱图(hicicle)或树系图等。聚类分析根据用户选择不同聚类方法(method)、不同度量(measure)、是否标准化、不同连接的图形(plot)，其分类的结果是不尽相同的。

12.3.1　样品(Q 型)聚类分析

样品聚类又称为 Q 型聚类，即对个案进行聚类，是根据反映被观测个案各特征变量值进行分类。

【例 12-3】　按能耗、糖耗将运动项目分类，以便针对不同能耗、糖耗的运动提供不同膳食，使运动员既能得到能量补充，又不造成多余体脂堆积。某单位对上海划船队 6 名队员进行了能量代谢测定，得 13 个项目的平均值，见表 12-1，试进行样品(Q 型)系统聚类分析。

表 12-1　能量代谢测定数据

运动项目	y1(能耗：J/min,m^2)	y2(糖耗：%)
1：负重下蹲	27.892	61.42
2：高力翻	26.356	56.78
3：提铃	23.680	74.07
4：引体向上	23.475	56.83
5：腰腹转	22.818	84.53
6：手脚并举	22.483	81.23
7：仰卧蹬腿	22.236	56.10
8：快挺	20.762	62.92
9：趴拉	20.762	58.95
10：卧推	13.716	69.63
11：俯卧撑	18.924	45.13
12：曲臂	17.970	60.63
13：仰卧起坐	20.913	61.25

1)建立数据文件 jclu. sav，变量名为 y1(耗能)、y2(糖耗)。

2)选择【分析(Analyze)】→【分类(Classify)】→【系统聚类(Hierarchical Cluster)...】选项，打开系统聚类分析(Hierarchical Cluster Analysis)主对话框，见图 12-10。

☆【变量(Variables)】列表：可以是定量变量、二进制变量或计数变量，本例为“y1(耗能)”、“y2(糖耗)”。

☆【标注个案(Label Cases by)】：本例未选择。

☆【聚类(Cluster)】：可选择【个案(Cases)】或【变量(Variables)】。本例选择【个案(Cases)】。

☆【输出(Display)】。

○【Statistics(统计)】：聚类分析的统计量。

○【图(Plots)】：绘制冰柱图(icicle)、树系图(dendrogram)等。

3)单击【Statistics(统计)....】按钮，打开统计(Statistics)对话框，见图 12-11。

○【合并进程表(Agglomeration schedule，凝聚表)】：显示每阶段合并个案或聚类间的距离以及个案(或变量)与聚类结合时所在的最终聚类水平(last cluster level)，本例选择此项。

○【近似值矩阵(Proximity matrix，邻近矩阵)】：显示各项间距离或相似性，本例选择此项。

☆【聚类成员(Cluster Membership)】：显示在合并聚类的 1 个或多个阶段中，每个个案分配的聚类。

○【无(None)】：这是默认格式。

○【单一方案(Single solution，单一解)】：若选择此项，应设定【聚类数(Number of clusters)】，必须输入大于 1 的整数，如输入“4”，即表示欲显示 4 类成员。本例为 12 类成员。

○【方案范围(Range of solutions，解的范围)】：选择此项，应设定【最小聚类数(Minimum number of clusters)】及【最大聚类数(Maximum number of clusters)】。

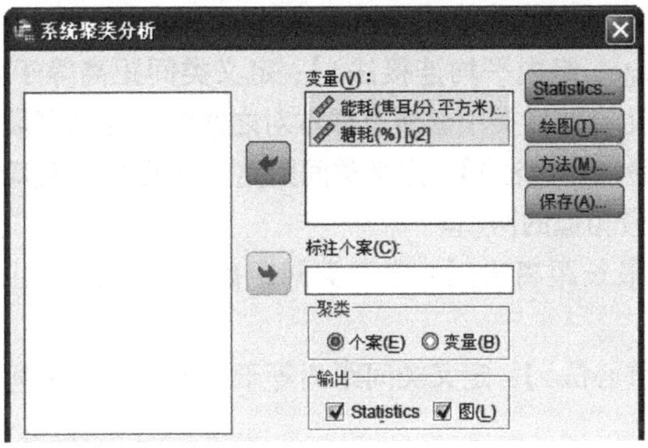

图 12-10　系统聚类分析(Hierarchical Cluster Analysis)主对话框

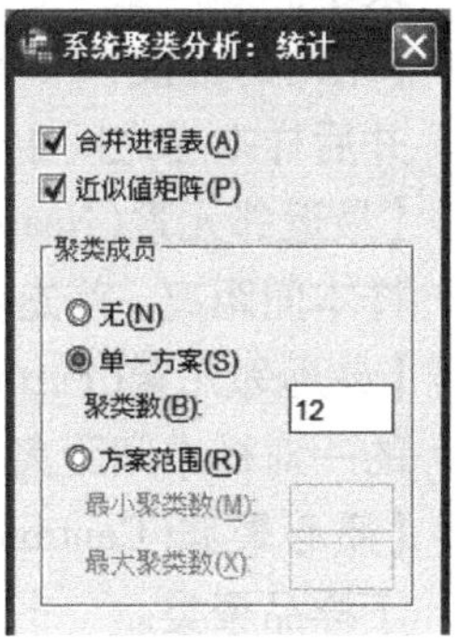

图 12-11　统计(Statistics)对话框

4)单击【继续】→【绘图(Plots)...】按钮，打开图(Plots)对话框，见图 12-12。

☆【谱系图(Dendrogram，树系图)】：树系图可用于评估聚类模型的凝聚性(cohesiveness)，并提供保持适当聚类数的信息。可直观地表示系统聚类分析过程每步结合的聚类及距离系数值。竖线的连接表示个案的结合，树系图将实际距离按比例赋值为 0 ~ 25，并隐藏每步的距离比。树系图是 SPSS 的独特风格，一般均选择此项。

☆【冰柱(Icicle)】：可显示个案合并到聚类的过程，在图形底部(水平图右侧)，未合并任何个案，从下往上阅读此图时(或从右到左)，通过 X 或条进行聚类合并，不同分类用项间空格表示。冰柱图显示分析中每次迭代的个案结合到聚类的信息。

○【所有聚类(All clusters)】：这是默认格式。

○【聚类的指定全距(Specified range of clusters)】：应设定【开始聚类(Start cluster)】、【停止聚类(Stop cluster)】及【排序标准(By)】。

○【无(None)】：不显示冰柱图。

☆【方向(Orientation)】：可选择以【垂直(Vertical)】或【水平(Horizontal)】方式绘制冰柱图。

5)单击【继续】→【方法(Method)...】按钮，打开方法(Method)对话框，见图 12-13。

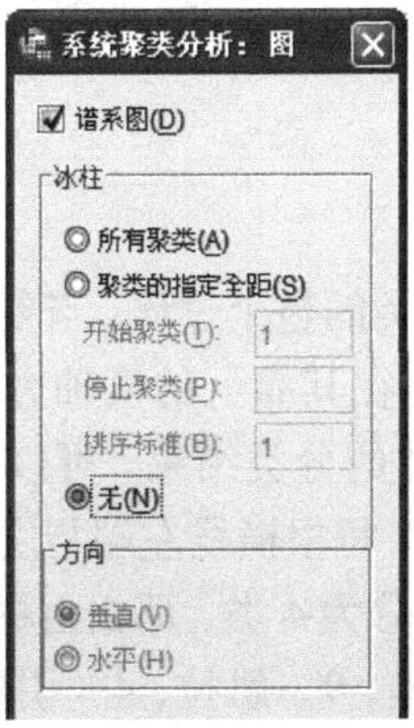

图 12-12　图(Plots)对话框

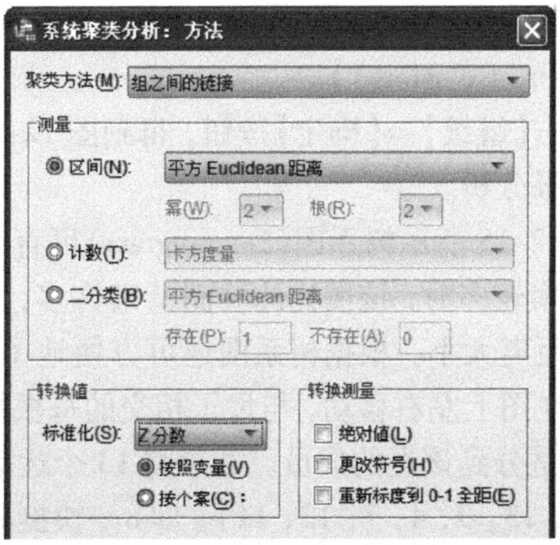

图 12-13　方法(Method)对话框

☆【聚类方法(Cluster Method)】下拉菜单：根据类间距离计算方法的不同，SPSS 提供以下 7 种不同聚类方法：

○【组之间的链接(Between-groups linkage，组间平均连接法)】：定义类间距离等于两类中所有样本对之间距离的平均值，合并两类的结果使所有样本对之间的平均距离最小。

○【组内的链接(Within-groups linkage，组内平均连接法)】：定义类间距离等于两类合并后样本对之间距离的平均值，使合并后类中的所有样本对之间的平均距离最小。

○【最近邻元素(Nearest neighbor，最短距离法)】：定义类间距离等于两类中距离最小的样本间距离，首先合并最近的或最相似的两项。

○【最远邻元素(Furthest neighbor，最长距离法)】：定义类间距离等于两类中距离最远的一对样本间距离。

○【质心聚类(Centroid Clustering，重心法)】：定义类间距离等于两类重心间距离，仅用于样品聚类。

○【中位数聚类(Median Cluster，中位数法)】：定义类间距离等于两类中所有距离的中间值。

○【Ward 的方法(Ward's Method，Ward 离差平方和法)】：定义类间距离等于两类中所有样本的离差平方和，仅用于样品聚类。

注：【测量(Measure，度量)】、【转换值(Transform Values，变换值)】及【转换测量(Transform Measures，变换度量)】的选项参见第 9.3.1 ~ 9.3.2 节。

6)单击【继续】→【保存(Save)...】按钮，打开保存(Save)对话框，见图 12-14。

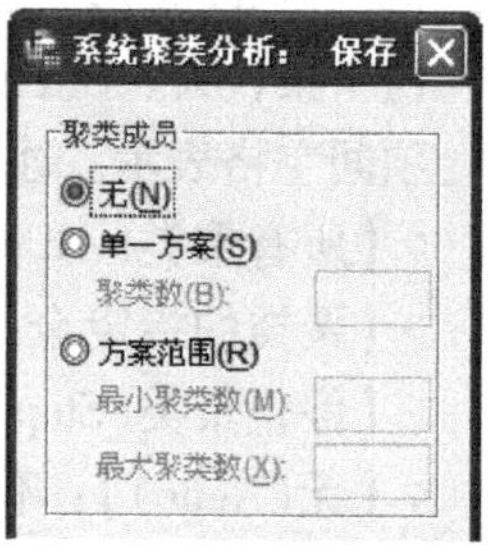

图 12-14　保存(Save)对话框

☆【聚类成员(Cluster Membership)】。

○【无(None)】：不储存聚类成员，此为默认格式。

○【单一方案(Single solution，单一解)】：可增加一个新变量储存某类(如分成 5 类)的成员，若选择此项，可设定聚类数(Number of clusters)。

○【方案范围(Range of solutions，解的范围)】：可增加一些新变量储存某范围内的聚类成员。若选择此项后，应设定【最小聚类数(Minimum number of clusters)】及【最大聚类数(Maximum number of clusters)】。

7)单击【继续】→【确定】按钮，得到图 12-15 所示结果。

8)结果分析。

由图 12-15 所示树系图(Dendrogram)可直观地显示出聚类的整个过程：当要分类的观测值(变量)个案较多时，该图比冰柱图清晰许多，而且树系图还在其靠上的横轴方向给出各类之间的相对距离大小。根据树系图还可方便地了解指定聚类数的分类结果，可以在此图上用一把尺子放在图上左右移动，与尺子相交的每根横线就是一类，每根横线左端与之联系的各个案(变量)就是分到该类的成员。如果将 13 个运动项目(样品)分为 4 类，那么由树系图可见，第Ⅰ类为(8，13，9，4，7，12，11)，即 8—快挺，13—仰卧起坐，9—趴拉，4—引体向上，7—仰卧蹬腿，12—曲臂，11—俯卧撑等 7 个运动项目(样品)为一类；第Ⅱ类为(1，2)，即 1—负重下蹲，2—高力翻等2个运动项目(样品)为一类；第Ⅲ类为(5，6，3)，即5—腰腹转，6—手脚并举，3—提铃等3个运动项目(样品)为一类；第Ⅳ类为(10)，即10—卧推单独一个运动项目(样品)为一类。

聚类(Cluster)

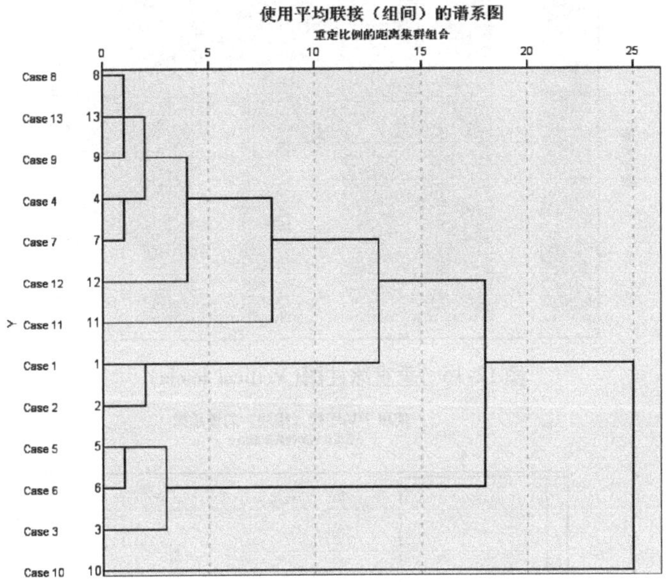

图12-15　不同运动项目能量代谢测定数据的树系图

12.3.2　指标(R型)聚类分析

【例12-4】　已知29例儿童血液中血红蛋白(Hemoglobin，g)、钙(Ca，μg)、镁(Mg，μg)、铁(Fe，μg)、锰(Mn，μg)、铜(Cu，μg)的含量，并已建立数据文件hemoglo. sav，试进行指标(R型)聚类分析。

1)打开数据文件hemoglo. sav。

2)系统聚类分析(Hierarchical Cluster Analysis)主对话框中，聚类分析的【变量(Variables)】为“hemogl(血红蛋白)”、“Ca(钙)”、“Mg(镁)”、“Fe(铁)”、“Mn(锰)”、“Cu(铜)”。选择【聚类(Cluster)】中的【变量(Variables)】，【输出(Display)】选择【Statistics(统计)】和【图(Plots)】。

3)统计(Statistics)对话框中，选择【合并进程表(Agglomeration schedule，凝聚表)】、【聚类成员(Cluster membership)】中的【无(None)】。

4)图(Plots)对话框中，选择【谱系图(Dendrogram)】、【冰柱(Icicle)】中的【所有聚类(All clusters)】、【方向(Orientation)】中的【垂直(Vertical)】。

5)方法(Method)对话框中，选择【聚类方法(Cluster Method)】中的【组之间的链接(Between-groups linkage，组间平均连接法)】，【测量(Measure)】选择【区间(Interval)】下拉菜单中的【Pearson相关性(Pearson Correlation，Pearson相关)】，【转换值(Transform Values，变换值)】的【标准化(Standardize)】下拉菜单中选择【无(None)】。

6)主要结果如图12-16、图12-17所示。

聚类(Cluster)

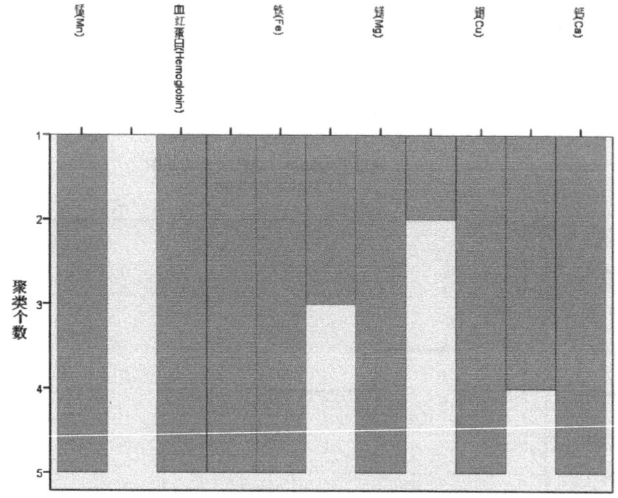

图 12-16 垂直冰柱图(Vertical Icicle)

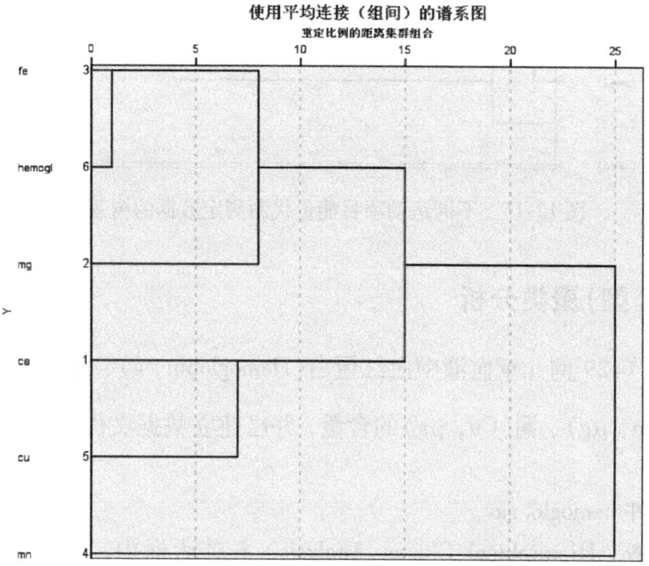

图 12-17 使用平均连接(组间)的树系图

7)主要结果分析。

从图 12-16、图 12-17 所示的垂直冰柱图(Vertical Icicle)与树系图(Dendrogram)可清楚看出，血红蛋白(hemoglobin)、钙(Ca)、镁(Mg)、铁(Fe)、锰(Mn)、铜(Cu)经过 5 次合并后聚合成一类。这样，树系图向用户提供了按实际问题要求的分类数目，同时可得到相应各子类的构成成分。例如，如果用户要求将变量(指标)划分为 3 类，则可在上述树系图的标尺线查到类间距离 10 ~ 15 之间对应着 3 条谱线，聚合为 3 类的变量为(Fe, Hemogl, Mg)、(Ca, Cu)、(Mn)。

8)各类典型指标的选择。

已经聚合的各类指标，可从每类中挑选出一个有代表性的指标作为典型指标。

(1)先作指标铁(Fe)、血红蛋白(Hemogl)与镁(Mg)的 Pearson 相关系数(参见第 11.1.1 节)，本例的结果如下：

相关(Correlations)

结果 12-8　相关(Correlations)

		铁(Fe)	血红蛋白(Hemoglobin)	镁(Mg)
铁(Fe)	Pearson 相关(Pearson Correlation)	1	.863**	.635**
	显著性(双侧)(Sig. (2-tailed))		.000	.000
	N	29	29	29
血红蛋白(Hemoglobin)	Pearson 相关(Pearson Correlation)	.863**	1	.569**
	显著性(双侧)(Sig. (2-tailed))	.000		.001
	N	29	29	29
镁(Mg)	Pearson 相关(Pearson Correlation)	.635**	.569**	1
	显著性(双侧)(Sig. (2-tailed))	.000	.001	
	N	29	29	29

** 在.01 水平(双侧)上显著相关。(Correlation is significant at the 0.01 level(2-tailed).)

(2)再计算每个指标与其他指标的相关指数(相关系数的平方)的平均值，计算公式如下

$$R_i^2 = (\sum {r_{ij}}^2)/(m-1)$$

其中，i=1, 2, …, m, m 是所在类的指标个数；r_{ij}是相关系数，i≠j, j=1, 2, …, m。而 $\sum m$ = 分析的指标个数总和(变量数)。

对于指标“铁(Fe)”：

$$R_1^2 = ({r_{12}}^2 + {r_{13}}^2)/(3-1) = [(0.863)^2 + (0.635)^2]/2$$
$$= (0.745 + 0.403)/2 = 0.574$$

对于指标“血红蛋白(hemoglobin)”：

$$R_2^2 = ({r_{21}}^2 + {r_{23}}^2)/(3-1) = [(0.863)^2 + (0.569)^2]/2$$
$$= (0.745 + 0.324)/2 = 0.535$$

对于指标“镁(Mg)”：

$$R_3{}^2 = (r_{31} + {r_{32}}^2)/(3-1) = [(0.635)^2 + (0.569)^2]/2$$
$$= (0.745 + 0.324)/2 = 0.364$$

在 R_1^2, R_2^2, $R_3{}^2$中，挑选出最大的 R_i^2(i=1, 2, 3)作为该类的典型指标，本例最大的 R_i^2是 R_1^2 = 0.574，其相应的指标为铁(Fe)。即这一类的典型指标为铁(Fe)。

12.4　判别分析

判别分析是多元统计分析中判别样品所属类型的一种重要方法。在卫生防治与医学科学研究中，经常会遇到根据观测值对研究对象进行分类的问题。例如，根据患者的各种症状、体征及生化指标，做出患者是否患某种疾病的哪一类型的诊断；根据患者各种症状的严重程度预测病人的预后。判别分析是根据多种因素(指标)对事物的影响，从而对事物进行判别分类的统计方法。判别分析在根据每个个案的特征建立分组预测模型时非常有用。该过程根据各组最有判别的预测变量的线性结合，生成1个或以上的判别函数，可用于预测未知分组的新个案分组情况。判别分析适用于已经掌握了历史每个分类的若干样品，从而希望根据这些历史的经验(样品)总结出分类的规律性(判别函数)，来指导未来的分类。

SPSS 有 6 种方法建立判别函数，包括强迫引入法(enter independent together)、Wilks λ 法

(Wilks' lambda)、未解释方差法(unexplained variance)、Mahalanobis 距离法(Mahalanobis distance)、最小 F 比法(smallest F ratio)及劳氏 V 法(Rao's V)。

生成的统计量包括每个变量的平均值、标准差、单变量方差分析(univariate ANOVA),每个分析的 Box M(Box's M)统计量、组内相关矩阵(within-groups correlation matrix)、组内协方差矩阵(within-groups covariance matrix)、分组协方差矩阵(separate-groups covariance matrix)及总体协方差矩阵(total covariance matrix),每个典型判别函数(canonical discriminant function)的特征值(eigenvalue)、方差百分比(percentage of variance)、典型相关(canonical correlation)、Wilks λ 统计量(Wilks' lambda)及卡方(chi-square)统计量,判别分析过程中每步的先验概率(prior probability)、Fisher 函数系数(Fisher's function coefficient)、非标准化函数系数(unstandardized function coefficient)、每个典型函数(canonical function)的 Wilks λ 统计量(Wilks' lambda)。

【例 12-5】 现有心电图的 5 个不同指标对健康人(c=1)、硬化症患者(c=2)和冠心病患者(c=3)的数据(discrimi.sav),试作判别分析。

1)建立数据文件 discrimi.sav。

2)选择【分析(Analyze)】→【分类(Classify)】→【判别(Discriminant)...】选项,打开判别分析(Discriminant Analysis)主对话框,见图 12-18。

☆【分组变量(Grouping Variable)】:必须包含有限数目的分类,编码必须为整数,本例为"c(分类)",单击【定义范围(Define Range)...】按钮,设定【最小(Minimum)】值为"1",【最大(Maximum)】值为"3"。

☆【自变量(Independents)】列表:选择 1 个或以上的数值变量,本例为"x1"~"x5"。为用户提供两种选择变量建立判别函数的方法,两种方法的容差标准均为 0.001。

○【一起输入自变量(Enter independents together)】:即强迫引入法或直接法(Direct method)。同时引入满足容差标准(tolerance criteria)的自变量,此为默认方式。本例选择此法。

○【使用步进法(Use stepwise method)】:即逐步判别法,使用逐步分析(stepwise analysis)控制变量的引入与剔除。

☆【选择变量(Selection Variable)】:仅使用选择变量具有指定值(specified value)的个案计算判别函数,并同时为选定和未选定的个案生成统计和分类结果。通过该方法,可将数据分为训练子集(training subset)和检验子集(testing subset),并验证生成模型。

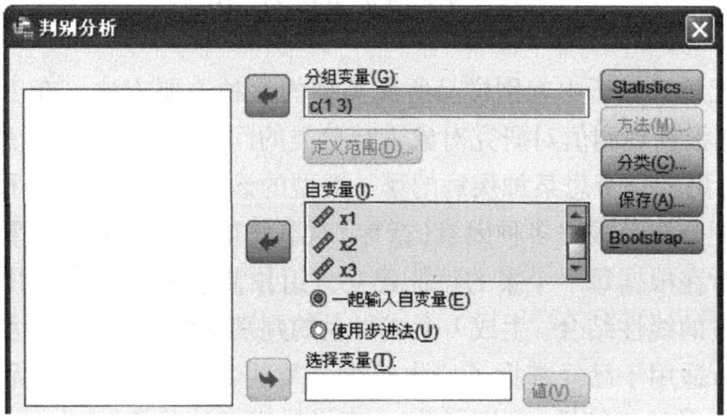

图 12-18　判别分析(Discriminant Analysis)主对话框

若用于选择【使用步进法(Use stepwise method)】选项，单击【方法(Method)...】按钮，打开步进法(Stepwise Method)对话框，见图 12-19。

☆【方法(Method)】：逐步判别有以下 5 种方法。

○【Wilks' Lambda(Wilks λ 法)】：Wilks' λ 统计量又称 U 统计量(U-statistic)，总体 Wilks 统计量最小的变量先引入判别函数。若单独的变量 $\lambda = SS_{within}/SS_t$，即总变异中可由组内变量解释的比例。λ 越大，表示组内平均值间的差异越小；当 λ = 1 时，表示所有观测值的组内平均值均相等；λ 越小，表示组内平均值间的差异越大。

○【未解释方差(Unexplained variance)】：组间未解释变异之和最小的变量先引入判别函数。

○【马氏距离(Mahalanobis distance)】法：自变量个案值与所有个案平均值的相异性度量。组间 Mahalanobis 距离最大的变量先引入判别函数。较大马氏距离表示个案在 1 个或多个自变量上具有极值。

○【最小 F 值(Smallest F ratio，最小 F 比)】：使根据 Mahalanobis 距离法计算的组间最小 F 比最大的变量先引入判别函数。

○【Roa's V(Roa V 值法)】：Roa V 值又称 Lawley-Hotelling 轨迹(Lawley-Hotelling trace)，为组间平均差的度量。Roa V 值增量最大的变量先引入判别函数。用户应设定 V 至输入(V-to-enter)值。

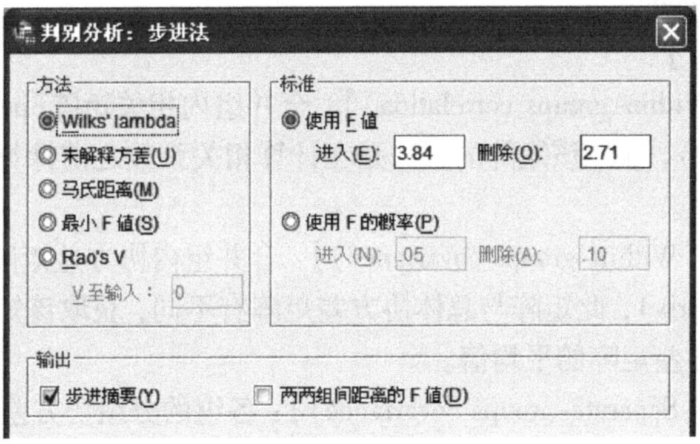

图 12-19　步进法(Stepwise Method)对话框

☆【标准(Criteria)】。

○【使用 F 值(Use F value)】：当变量的 F 值(F value)大于进入(Entry)值时，模型引入该变量；反之，从模型中剔除该变量，【进入(Entry)】值必须大于【删除(Removal)】值，且均为正数。默认【进入(Entry)】值为"3.84"，【删除(Removal)】值为"2.71"。

○【使用 F 的概率(Use probability of F)】：当变量 F 值的显著性水平(significance level)小于【进入(Entry)】值时，模型引入该变量；反之，从模型中剔除该变量，【进入(Entry)】值必须小于【删除(Removal)】值，且介于 0 ~ 1 之间。默认【进入(Entry)】值为"0.05"，【删除(Removal)】值为"0.10"。

☆【输出(Display)】。

○【步进摘要(Summary of steps)】：显示每步所有变量的统计量。

○【两两组间距离的 F 值(F for pairwise distances)】：分组间的两两 F 比矩阵(matrix of pairwise F ratios)。

3)单击【Statistics(统计)...】按钮，打开统计(Statistics)对话框，见图 12-20。

☆【描述性(Descriptives)】。

○【平均值(Means)】：自变量的总平均值(total mean)、组平均值(group mean)与标准差。

○【单变量 ANOVA(Univariate ANOVAs)】：检验每个自变量组平均值相等的单向方差分析检验(one-way analysis-of-variance test)结果。

○【Box's M(Box M 统计量)】：组协方差矩阵的等同性检验。若样本量足够大，P 值如无统计学意义表示断定矩阵不同的证据不足。该检验对多元正态性(multivariate normality)的偏离很敏感。

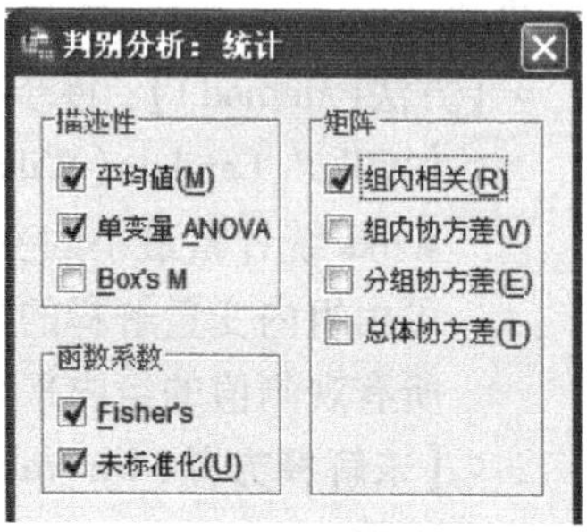

图 12-20 统计(Statistics)对话框

☆【函数系数(Function Coefficients)】。

○【Fisher's(Fisher 系数)】：可以直接用于分类的 Fisher 分类函数系数(Fisher's classification function coefficient)，又称分类系数，每个组均得到一组单独的分类函数系数，某个案在某组的判别值(discriminant score)最大，则将此个案分配给该组，判别值又称分类函数值(classification function value)。

○【未标准化(Unstandardized)】：非标准化的判别函数系数(unstandardized discriminant function coefficients)。

☆【矩阵(Matrices)】。

○【组内相关(Within-groups correlation)】：合并组内相关矩阵(pooled within-groups correlation matrix)，获取该矩阵的方法是在计算相关系数之前计算所有组的分组协方差矩阵的平均值。

○【组内协方差(Within-groups covariance)】：合并组内协方差矩阵(pooled within-groups covariance matrix)，此矩阵与总体协方差矩阵有不同，获取该矩阵的方法是计算所有组的分组协方差矩阵的平均值。

○【分组协方差(Separate-groups covariance)】：各组的分组协方差矩阵。

○【总体协方差(Total covariance)】：显示来自所有个案的协方差矩阵。

4)单击【继续】→【分类(Classify)...】按钮，打开分类(Classification)对话框，见图 12-21。

☆【先验概率(Prior Probabilities)】：用于确定组成员的先验知识(priori knowledge)是否调整分类系数。

○【所有组相等(All groups equal)】：假设各组先验概率相等，系数没有影响。

○【根据组大小计算(Compute from group sizes)】：样本中观测组大小决定组成员的先验概率。如果分析中包括 50% 的观测值属于第 1 组，25% 属于第 2 组，25% 属于第 3 组，则会调整分类系数以增加第 1 组相对于其他两组的成员身份概率。本例选择此项。

☆【输出(Display)】。

○【个案结果(Casewise results)】：显示每个个案的实际分组编码、预测分组(predicted group)、后验概率及判别值。

● 将个案限制在前(Limit cases to first)。

- 【摘要表(Summary table)】：又称混乱矩阵(confusion matrix)，显示判别分析的正确分组或错误分组的个案数。

☆【留一分类(Leave-one-out classification)】：又称U方法(U-method)，分析中的每个个案由该个案之外的所有个案生成的函数来进行分类。

○【使用平均值替换缺失值(Replace missing values with mean)】：仅在分类阶段用自变量的平均值代替缺失值。

☆【使用协方差矩阵(Use Covariance Matrix)】。

○【在组内(Within-groups)】：使用合并组内协方差矩阵进行个案分类。

○【分组(Separate-groups)】：使用分组协方差矩阵进行个案分类，分类的方法是基于判别函数而不是原始变量，因此此选项不总是等同于二次判别(quadratic discrimination)。

☆【图(Plots)】。

○【合并组(Combined-groups)】：绘制前两个判别函数值所有分组散点图(scatterplot)，如果只有一个函数，则绘制直方图(histogram)。

○【分组(Separate-groups)】：绘制前两个判别函数值分组散点图，如果只有一个函数，则绘制直方图。

○【面积图(Territorial map，区域图)】：绘制基于函数值将个案分组的边界图，用其个数对应于个案分组数，每个组平均值在其边界(boundary)内用一个星号 * 表示。如果只有一个判别函数，则不绘制该图。

5)单击【继续】→【保存(Save)...】按钮，打开保存(Save)对话框，见图12-22。

☆【预测组成员(Predicted group membership)】：即具有最大后验概率的组别。

☆【判别分数(Discriminant scores，判别值)】：储存每个判别函数所生成的判别值，即判别组。

☆【组成员概率(Probabilities of group membership)】：生成与组别相同个数的变量，第1个变量包括属于第1组成员的后验概率，第2个变量包括属于第2组成员的后验概率，依次类推。

☆【将模型信息输出到XML文件(Export model information to XML file)】：将模型信息导出到指定XML(PMML)格式文件中。

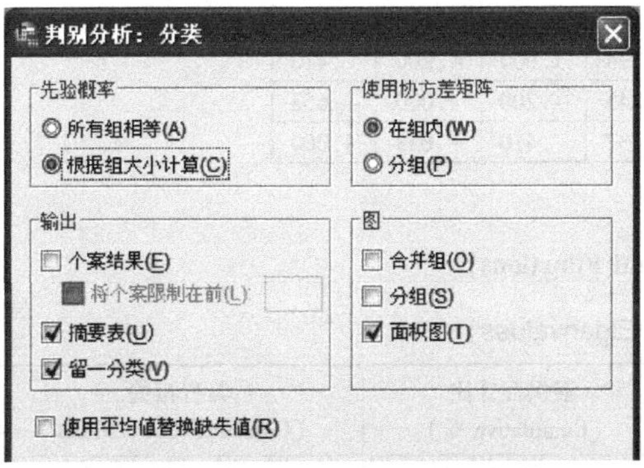

图12-21　分类(Classification)对话框

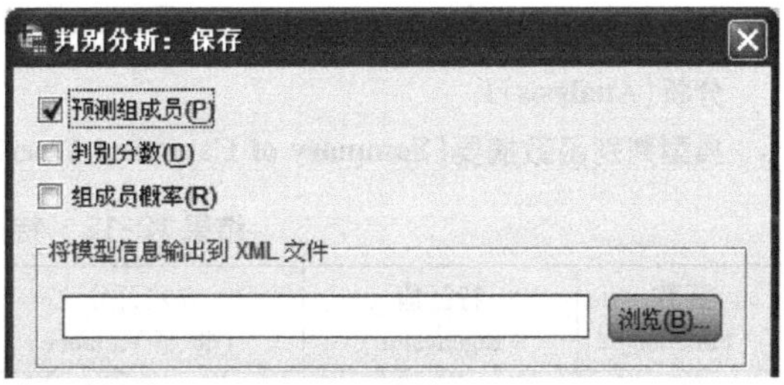

图12-22　保存(Save)对话框

6)单击【继续】→【确定】按钮，得到以下运行结果：

判别(Discriminant)

结果 12-9　组统计(Group Statistics)

c-分类		平均值(Mean)	标准差(Std. Deviation)	有效例数(成列)(Valid N(listwise)) 未加权(Unweighted)	加权(Weighted)
1-健康人	x1	7.4373	2.33287	11	11.000
	x2	238.5500	45.03760	11	11.000
	x3	13.8918	2.88074	11	11.000
	x4	5.4727	.42155	11	11.000
	x5	7.6736	1.80803	11	11.000
2-硬化症患者	x1	6.8886	2.14427	7	7.000
	x2	342.8471	77.58641	7	7.000
	x3	14.9971	3.79894	7	7.000
	x4	5.2586	.42188	7	7.000
	x5	9.2471	1.42264	7	7.000
3-冠心病患者	x1	5.2540	1.82185	5	5.000
	x2	310.2420	68.13816	5	5.000
	x3	18.1760	3.39008	5	5.000
	x4	4.8880	.43814	5	5.000
	x5	10.4920	2.47790	5	5.000
总计(Total)	x1	6.7957	2.25388	23	23.000
	x2	285.8778	75.46786	23	23.000
	x3	15.1596	3.56056	23	23.000
	x4	5.2804	.46675	23	23.000
	x5	8.7652	2.12169	23	23.000

结果 12-10　组平均值相等的检验(Tests of Equality of Group Means)

	Wilks' Lambda	F	df1	df2	显著性(Sig.)
x1	.853	1.729	2	20	.203
x2	.598	6.713	2	20	.006
x3	.773	2.939	2	20	.076
x4	.754	3.266	2	20	.059
x5	.701	4.272	2	20	.029

结果 12-11　合并组内矩阵(Pooled Within-Groups Matrices)

		x1	x2	x3	x4	x5
相关性(Correlation)	x1	1.000	.118	-.087	-.161	-.060
	x2	.118	1.000	.294	-.245	.737
	x3	-.087	.294	1.000	-.200	.410
	x4	-.161	-.245	-.200	1.000	-.658
	x5	-.060	.737	.410	-.658	1.000

分析(Analysis)1

典型判别函数摘要(Summary of Canonical Discriminant Functions)

结果 12-12　特征值(Eigenvalues)

函数(Function)	特征值(Eigenvalue)	方差百分比(% of Variance)	累积百分比(Cumulative %)	典型相关(Canonical Correlation)
1	1.229	71.4	71.4	.743
2	.493	28.6	100.0	.575

结果 12-13　Wilks' Lambda

函数检验(Test of Function(s))	Wilks' Lambda	卡方(Chi-square)	自由度(df)	显著性(Sig).
1 through 2	.300	21.647	10	.017
2	.670	7.216	4	.125

结果 12-14　标准化典型判别函数系数(Standardized Canonical Discriminant Function Coefficients)

	函数(Function)	
	1	2
x1	.655	.241
x2	-1.477	1.000
x3	-.196	-.449
x4	.979	.138
x5	1.321	-.850

结果 12-15　结构矩阵(Structure Matrix)

	函数(Function)	
	1	2
x2	-.724*	.237
x5	-.531*	-.403
x3	-.342	-.552*
x4	.405	.504*
x1	.260	.427*

结果 12-16　典型判别函数系数(Canonical Discriminant Function Coefficients)

	函数(Function)	
	1	2
x1	.300	.110
x2	-.024	.016
x3	-.060	-.137
x4	2.303	.326
x5	.709	-.456
常数(Constant)	-12.611	-1.068

结果 12-17　组质心处的函数(Functions at Group Centroids)

c-分类	函数(Function)	
	1	2
1-健康人	1.079	.032
2-硬化症患者	-1.045	.736
3-冠心病患者	-.910	-1.101

分类统计(Classification Statistics)

结果 12-18　组先验概率(Prior Probabilities for Groups)

c-分类	先验(Prior)	用于分析的案例(Cases Used in Analysis)	
		未加权的(Unweighted)	已加权的(Weighted)
1-健康人	.478	11	11.000
2-硬化症患者	.304	7	7.000
3-冠心病患者	.217	5	5.000
合计(Total)	1.000	23	23.000

结果 12-19　分类函数系数(Classification Function Coefficients)

	c-分类		
	1-健康人	2-硬化症患者	3-冠心病患者
x1	8.027	7.468	7.306
x2	-.463	-.400	-.433
x3	.082	.112	.356
x4	107.502	102.841	102.553
x5	30.071	28.244	29.178
常数(Constant)	-385.484	-360.139	-360.420

Fisher 线性判别函数(Fisher's linear discriminant functions)

结果 12-20　区域图(Territorial Map)

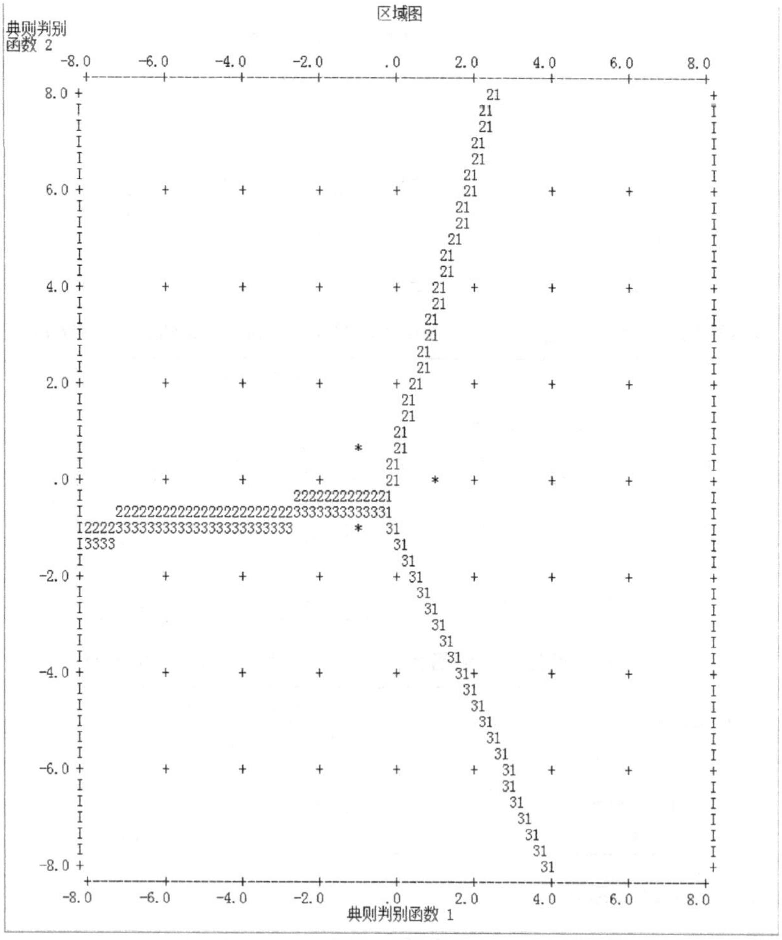

区域图中使用的符号

符号	组	标签
1	1	1-健康人
2	2	2-硬化症患者
3	3	3-冠心病患者
*		表示一个组质心

结果 12-21　分类结果(Classification Results)[b,c]

		c-分类	预测组成员(Predicted Group Membership)			总计(Total)
			1-健康人	2-硬化症患者	3-冠心病患者	
初始(Original)	计数(Count)	1-健康人	11	0	0	11
		2-硬化症患者	0	6	1	7
		3-冠心病患者	1	1	3	5
	%	1-健康人	100.0	.0	.0	100.0
		2-硬化症患者	.0	85.7	14.3	100.0
		3-冠心病患者	20.0	20.0	60.0	100.0
交叉验证(Cross-validated)[a]	计数(Count)	1-健康人	11	0	0	11
		2-硬化症患者	2	3	2	7
		3-冠心病患者	1	2	2	5
	%	1-健康人	100.0	.0	.0	100.0
		2-硬化症患者	28.6	42.9	28.6	100.0
		3-冠心病患者	20.0	40.0	40.0	100.0

b. 原始分组的分类符合率(correctly classified)为87.0%

c. 交叉验证的分类符合率(correctly classified)为69.6%。

7)主要结果分析。

(1)组统计(Group Statistics)表：输出各组变量的平均值(Mean)、标准差(Std. Deviation)等，通过这些数据，可大致了解3组人群在5个心电图指标上的差异，见结果12-9。

(2)组平均值相等的检验(Tests of Equality of Group Means)表：Wilks λ 检验，检验哪些变量是显著的预测变量，x1($P>0.05$)、x2($P<0.01$)、x3($P>0.05$)、x4($P>0.05$)、x5($P<0.05$)，见结果12-10。

(3)合并组内矩阵(Pooled Within-Groups Matrices)表：见结果12-11。

(4)特征值(Eigenvalues)表：在分析中一共提取了两个维度的典型判别函数，其中第1个函数解释了所有变异的71.4%，第2个函数解释了余下的28.6%，见结果12-12。

(5)Wilks' Lambda 表：Wilks λ 检验用于检验各判别函数有无统计学意义，第1个判别函数的 Wilks λ 值为0.300，$\chi^2=21.647$，$P=0.017<0.05$，有统计学意义；第2个判别函数的 Wilks λ 值为0.670，$\chi^2=7.216$，$P=0.125>0.05$，无统计学意义，见结果12-13。

(6)标准化典型判别函数系数(Standardized Canonical Discriminant Function Coefficients)表：给出两个判别函数中各变量的标准化系数，由此可判断各函数主要受哪些变量的影响，得出如下两个标准化典型判别函数表达式(见结果12-14)：

$$ZFunc1=0.655x1-1.477x2-0.196x3+0.979x4+1.321x5$$

$$ZFunc2=0.241x1+1.000x2-0.449x3+0.138x4-0.850x5$$

实际上，两个函数式的系数是各观测值在各维度上的坐标值，因此可以通过这两个函数式计算各观测值的具体空间位置。

(7)结构矩阵(Structure Matrix)：此表按绝对值大小给出判别变量和标准化判别函数之间的相关系数，同样可以用来判断各函数受哪些判别变量影响最大。本例第1个函数受x2、x5影响较大，第2个函数受其他3个指标的影响较大，见结果12-15。

(8)典型判别函数系数(Canonical Discriminant Function Coefficients)表：为非标准化系数(Unstandardized coefficients)，是直接通过原始变量计算的(见结果12-16)：

$$Func1=-12.611+0.300x1-0.024x2-0.060x3+2.303x4+0.709x5$$

$$Func2=-1.068+0.110x1+0.016x2-0.137x3+0.326x4-0.456x5$$

(9)组质心处的函数(Functions at Group Centroids)表：显示各类重心在平面上的坐标位置，如 3-冠心病患者的坐标为(-0.910, -1.101)，见结果 12-17。只要根据典型判别函数系数(Canonical Discriminant Function Coefficients)(见结果 12-16)计算每个个案的平面坐标，再计算它们和各类中心的距离，就可以知道它们的分类了。

(10)区域图(Territorial Map)：根据典型判别函数，按照观测值与各分类重心的距离，在平面图上划分分类区域，图中以" * "表示各分类的重心。本例不同人群的重心坐标为 1-健康人(1.079, 0.032)、2-硬化症患者(-1.045, 0.736)、3-冠心病患者(-0.910, -1.101)，某个案按照典型判别函数计算的坐标坐落在哪个区域，它就被归为哪个分类。本例 1-健康人位于图中右侧区域，2-硬化症患者位于图中左上区域，3-冠心病患者位于图中左下区域，见结果 12-20。

(11)组先验概率(Prior Probabilities for Groups)表：输出各分类的先验概率情况，即 1-健康人为 0.478、2-硬化症患者为 0.304、3-冠心病患者为 0.217，见结果 12-18。

(12)分类函数系数(Classification Function Coefficients)：即 Fisher 线性判别函数(Fisher's linear discriminant functions)，又称分类函数，见结果 12-19。

$$Cfunc1 = -385.484 + 8.027x1 - 0.463x2 + 0.082x3 + 107.502x4 + 30.071x5 \text{(健康人)}$$

$$Cfunc2 = -360.139 + 7.468x1 - 0.400x2 + 0.112x3 + 102.841x4 + 28.244x5 \text{(硬化症患者)}$$

$$Cfunc3 = -360.420 + 7.306x1 - 0.433x2 + 0.356x3 + 102.553x4 + 29.178x5 \text{(冠心病患者)}$$

判别函数用于将观测值分类，即将新观测值代入 3 个判别函数中，哪个判别函数值最大，就判为那类。

(13)分类结果(Classification Results)表：判别分析分类与原始个案分类符合率(correctly classified)为 87%，说明该判别分析的符合率还是较高的，见结果 12-21。

练习题

(请访问 www.hxedu.com.cn 下载。)

第13章 降维分析

多变量大样本资料无疑能为科学研究提供很多有价值的信息，但有时需要简化(降维)数据，即从多变量或大样本中选择少数几个综合的独立新变量或个案，用于反映原来多变量大部分信息。降维(Dimension Reduction)分析中的因子分析(Factor analysis)能实现这个目的。此外，降维分析还包括对应分析(Correspondence analysis)及最优尺度分析(Optimal Scaling)【多重对应分析(Multiple Correspondence Analysis, MCA)、分类主成分分析(Categorical Principal Components Analysis, CATPCA)、非线性典型相关分析(Nonlinear Canonical Correlation Analysis, OVERALS)】。

13.1 因子分析

因子分析(Factor Analysis)是从多个变量(指标)中识别出少数几个综合变量的一种降维多元统计分析方法，以达到数据简化(data reduction)的目的。在分析处理多变量问题时，变量间往往相关极为密切，使观测数据所反映的信息有重叠，因此，人们希望能找出较少的彼此之间互不相关的综合变量，尽可能地反映原来变量的信息。这些不可观测的少数几个综合变量称为公共因子或潜在因子。因子分析也可用于生成关于因果机制的假设或筛选变量以用于其他分析。因子分析过程提供了高度灵活处理方法，包括7种因子提取法(method of factor extraction)、5种旋转法(method of rotation)及3种因子得分(factor score)计算方法。

生成的统计量与图形包括每个变量的有效例数、平均值和标准差，每个因子分析中变量间的相关矩阵(correlation matrix)【显著性水平(significance level)、行列式(determinant)及逆(inverse)矩阵】，包含反影像(anti- image)再生相关矩阵(reproduced correlation matrix)，初始解(initial solution)【公因子方差(communality)、特征值(eigenvalue)、方差解释百分比(percentage of variance explained)】,KMO抽样适度度量(Kaiser- Meyer- Olkin measure of sampling adequacy)与Bartlett球形检验(Bartlett's test of sphericity)，未旋转解(unrotated solution)【因子载荷(factor loading)、公因子方差、特征值】,旋转解(rotated solution)【旋转模型矩阵(rotated pattern matrix)及变换矩阵(transformation matrix)】；对于斜交旋转(oblique rotation)可生成旋转模型矩阵与结构矩阵(structure matrix)，因子得分系数矩阵(factor score coefficient matrix)、因子协方差矩阵(factor covariance matrix)，绘制特征值碎石图(scree plot of eigenvalues)、前2~3个因子的载荷图(loading plot)。

【例13-1】 已知1985年全国各省19~22岁年龄组城市男学生(汉族)身体形态指标：身高(x1, cm)、坐高(x2, cm)、体重(x3, kg)、胸围(x4, cm)、肩宽(x5, cm)与骨盆宽(x6, cm)(body1.sav)，试对这6项体检指标进行因子分析。

1)打开数据文件body1.sav。

2)选择【分析(Analyze)】→【降维(Dimension Reduction)】→【因子分析(Factor)...】选项，打开因子分析(Factor Analysis)主对话框，见图13-1。

引入因子分析的【变量(Variables)】应为定量变量(定距或定比)，分类数据(categorical data)不适合进行因子分析，本例为“x1”~“x6”。用户还可引入【选择变量(Selection Variable)】，并选定【值(Value)】，本例未选择。

3)单击【描述(Descriptives)...】按钮，打开描述统计(Descriptives)对话框，见图 13-2。

☆【Statistics(统计)】。

○【单变量描述性(Univariate descriptives)】：包括每个变量的平均值、标准差及有效例数。

○【原始分析结果(Initial solution，初始解)】：包括初始公因子方差(initial communality)、特征值及方差解释百分比。

☆【相关性矩阵(Correlation Matrix，相关矩阵)】。

○【系数(Coefficients)】。

○【显著性水平(Significance levels)】。

○【行列式(Determinant)】。

○【KMO 和 Bartlett 的球形度检验(KMO and Bartlett's test of sphericity)】：KMO 抽样适度度量(Kaiser-Meyer-Olkin measure of sampling adequacy)检验变量间的偏相关(partial correlation)系数是否较小。Bartlett 球形检验(Bartlett's test of sphericity)可检验相关矩阵是否为单位矩阵(identity matrix)，该检验可以指示因子模型是否不适当。

○【逆模型(Inverse)】。

○【再生(Reproduced，再生相关矩阵)】：因子解(factor solution)的估计相关矩阵(estimated correlation matrix)、残差(估计相关系数和原始相关系数间的差值)。

○【反映象(Anti-image，反影像)】：反影像相关矩阵(anti-image correlation matrix)包括负偏相关系数(partial correlation coefficient)，反影像协方差矩阵(anti-image covariance matrix)包括负偏协方差(partial covariance)。在理想的因子模型中，大部分的非对角元素(off-diagonal element)的数值较小。反影像相关矩阵的对角元素可显示变量的抽样适度度量(measure of sampling adequacy)。

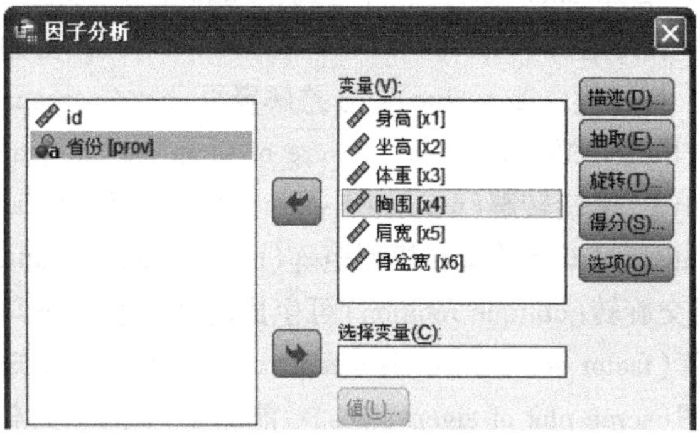

图 13-1　因子分析(Factor Analysis)主对话框

图 13-2　描述统计(Descriptives)对话框

4)单击【继续】→【抽取(Extraction)...】按钮，打开抽取(Extraction)对话框，见图 13-3。

☆【方法(Method)】：因子提取(factor extraction)的方法有以下 7 种。

○【主成份(Principal components)】：主成分分析(principal components analysis)是默认因子提取方法，该方法形成观测变量间不相关的线性组合(uncorrelated linear combination)，第 1 个成分(component)具有最大方差(maximum variance)，其余成分对方差解释的比例逐渐变小，且各成分间均互不相关，主成分分析可用于获取初始因子解(initial factor solution)，该方法可用于相关矩阵是奇异矩阵(singular matrix)的情况。

○【未加权的最小平方法(Unweighted least squares)】：未加权最小二乘法(unweighted least-squares method)，可使原始相关矩阵和再生相关矩阵的差值平方和最小(忽略对角线)。

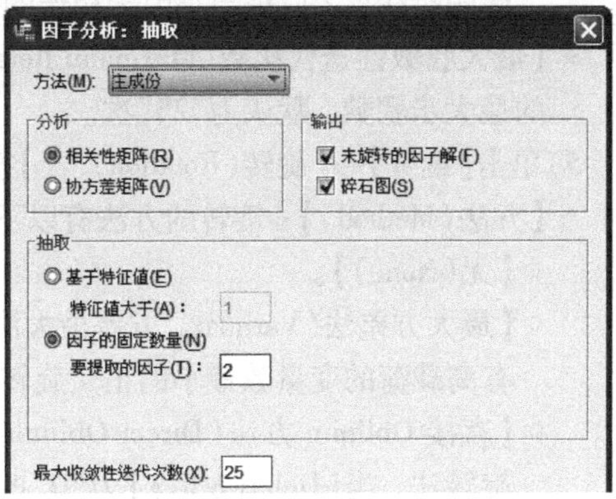

图 13-3　抽取(Extraction)对话框

- ○【综合最小平方法(Generalized least squares，广义最小二乘)】：广义最小二乘法(generalized least- squares method)可使原始相关矩阵和再生相关矩阵的差值平方和最小。相关系数要以变量单值(uniqueness)的倒数(inverse)为权重进行加权，因此单值高的变量的权重比单值低的变量的权重小。
- ○【最大似然(Maximum likelihood)】：极大似然法(maximum- likelihood method)，当样本来自多元正态分布(multivariate normal distribution)时，其生成参数估计值最有可能生成原始相关矩阵。相关系数要以变量单值的倒数为权重进行加权，并使用迭代算法。
- ○【主轴因子法(Principal axis factoring)】：从原始相关矩阵(original correlation matrix)提取因子的方法，用复决定系数(squared multiple correlation coefficient，复相关系数的平方)代替对角线的值作为公因子方差的初始估计值(initial estimate)。这些因子载荷是用来估计替换对角线中旧公因子方差(old communality)的新公因子方差(new communality)。当公因子方差的改变量满足提取的收敛判别标准(convergence criterion)时，终止迭代过程。
- ○【Alpha 因子法(Alpha factoring，α 因子分解)】：把分析变量看作来自一个潜在变量(potential variable)总体的样本，使因子的 α 可靠性(alpha reliability)最大。
- ○【图像因子法(Image factoring)】：由 Guttman 开发的基于影像理论(image theory)的因子提取方法，该法把变量的公共部分即局部影像(partial image)作为剩余变量的线性回归，而不假设因子的函数。

☆【分析(Analyze)】。
- ○【相关性矩阵(Correlation matrix，相关矩阵)】：在分析中使用不同尺度度量的变量时很有用。
- ○【协方差矩阵(Covariance matrix)】：对于每个变量中各组方差不同的因子分析很有用。

☆【抽取(Extract，提取)】。
- ○【基于特征值(Based on Eigenvalue)】：保留【特征值大于(Eigenvalues greater than)】指定值的所有因子，默认值为“1”。
- ○【因子的固定数量(Fixed number of factors)】：保留【要提取的因子(Factors to extract)】数，默认值为“2”。

☆【输出(Display)】。
- ○【未旋转的因子解(Unrotated factor solution)】：未旋转的因子载荷(因子模型矩阵)、公因子方差及因子解的特征值。
- ○【碎石图(Scree plot)】：以降序方式显示每个因子相关联的方差。用在主成分分析和因子分析中，以直观地评估哪些成分或因子占数据变异性的大部分，可用于确定应保留的因子数。典型碎石图会有一个明显的拐点(碎石)，该点之前是与大因子连接的陡峭折线，之后是与小因子相连的平缓折线。

☆【最大收敛性迭代次数(Maximum Iterations for Convergence)】：设定计算因子解过程所需的最大步骤数，默认为“25”次。

5)单击【继续】→【旋转(Rotation)...】按钮，打开旋转(Rotation)对话框，见图 13-4。

☆【方法(Method)】：旋转的方法有以下 5 种。

○【无(None)】。

○【最大方差法(Varimax，方差最大法)】：又称方差最大正交旋转法，使对每个因子具有高载荷的变量数最小的正交旋转法(rotation method)，该方法可简化因子的解释。

○【直接 Oblimin 方法(Direct Oblimin，直接斜交法)】：又称直接斜交旋转法，为斜交旋转法，当【Delta(δ 值)】为“0”时，因子是最斜交，δ 值越小(为负数)，因子斜交程度较小。δ 值介于 -1 ~0 之间，默认值为“0”，如果要覆盖默认值，需输入小于等于 0.8 的数。

○【最大四次方值法(Quartimax)】：使解释各变量所需因子数最小的旋转方法，该方法简化了观测变量的解释。

○【最大平衡值法(Equamax)】：又称相等最大正交旋转法，为方差最大正交旋转法(简化因子)与最大四次方值法(简化变量)的组合，使每个因子中具有最高载荷的变量数最小及解释变量所需的因子数最小。

○【Promax】：最优斜交旋转(promax rotation)，使因子相关的斜交旋转，计算速度比直接斜交旋转(direct oblimin rotation)快，适用于大样本数据，应同时设置【Kappa(κ 值)】，默认值为“4”。

☆【输出(Display)】。

○【旋转解(Rotated solution)】：必须选择旋转方法才能获得旋转解。对于正交旋转(orthogonal rotation)，可显示旋转后模型矩阵和因子变换矩阵(factor transformation matrix)；对于斜交旋转，可显示旋转后的模型矩阵、结构矩阵及因子相关矩阵(factor correlation matrix)。

○【载荷图(Loading plot(s))】：生成前 3 个因子的三维因子载荷图(factor loading plot)，对于双因子解(two-factor solution)，则生成二维图(two-dimensional plot)。如果只提取 1 个因子，则不生成图；如果要求旋转，则生成旋转解图。

☆【最大收敛性迭代次数(Maximum Iterations for Convergence)】：指定算法执行旋转的最大步数，默认为“25”次。

6)单击【继续】→【得分(Scores)...】按钮，打开因子得分(Factor Scores)对话框，见图 13-5。

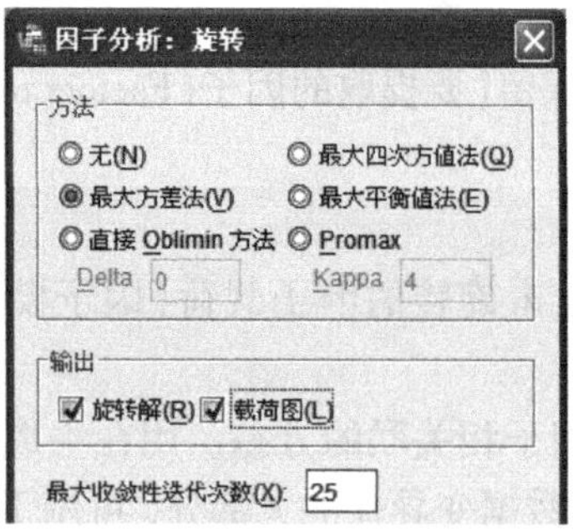

图 13-4　旋转(Rotation)对话框

图 13-5　因子得分(Factor Scores)对话框

☆【保存为变量(Save as variables)】：为最终解(final solution)的每个因子分别创建一个新变量。

☆【方法(Method)】：估计因子得分的方法共有以下 3 种。

○【回归(Regression)】：回归法(regression method)生成因子得分的平均值为 0，方差为估计因子得分与真因子值(true factor value)之间的复决定系数。即便因子是正交的，得分也可能相关。

○【Bartlett(Bartlett 法)】：Bartlett 得分(Bartlett score)生成因子得分的平均值为 0，使整个变量范围中所有唯一因子的平方和达到最小。

○【Anderson-Rubin】：Anderson-Rubin 法(Anderson-Rubin method)，为确保因子的正交性，对 Bartlett 法做了修正，生成因子得分的平均值为 0，标准差为 1，且互不相关。

☆【显示因子得分系数矩阵(Display factor score coefficient matrix)】：与变量相乘获得的因子得分及因子得分之间的相关系数。

7)单击【继续】→【选项(Options)...】按钮，打开 Options(选项)对话框，见图 13-6。

☆【缺失值(Missing Values)】：可选择【按列表排除个案(Exclude cases listwise)】、【按对排除个案(Exclude cases pairwise)】或【使用平均值替换(Replace with mean)】。

☆【系数显示格式(Coefficient Display Format)】：控制因子得分系数矩阵的显示格式。

○【按大小排序(Sorted by size)】：按大小对系数进行排序。

○【取消小系数(Suppress small coefficients)】：排除小于【绝对值如下(Absolute value below)】的系数。

8)单击【继续】→【确定】按钮，得到以下主要结果：

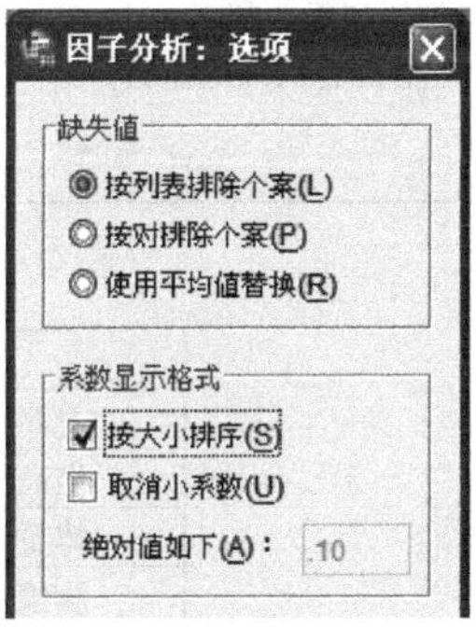

图 13-6 Options(选项)对话框

因子分析(Factor Analysis)

结果 13-1 描述统计(Descriptive Statistics)

	平均值(Mean)	标准差(Std. Deviation)	分析例数(Analysis N)
身高	170.3700	1.43652	28
坐高	92.1975	.68829	28
体重	57.6943	1.72344	28
胸围	86.0668	1.33623	28
肩宽	38.4779	.45441	28
骨盆宽	27.1711	.38419	28

结果 13-2 相关矩阵(Correlation Matrix)[a]

		身高	坐高	体重	胸围	肩宽	骨盆宽
相关(Correlation)	身高	1.000	.956	.854	.414	.181	.100
	坐高	.956	1.000	.806	.406	.246	.235
	体重	.854	.806	1.000	.533	.242	.058
	胸围	.414	.406	.533	1.000	-.054	.330
	肩宽	.181	.246	.242	-.054	1.000	.436
	骨盆宽	.100	.235	.058	.330	.436	1.000
显著性(单侧) Sig. (1-tailed)	身高		.000	.000	.014	.178	.306
	坐高	.000		.000	.016	.104	.115
	体重	.000	.000		.002	.108	.385
	胸围	.014	.016	.002		.392	.043
	肩宽	.178	.104	.108	.392		.010
	骨盆宽	.306	.115	.385	.043	.010	

a. 行列式(Determinant) = .006

结果 13-3　KMO 和 Bartlett 检验(KMO and Bartlett's Test)

KMO 抽样适度度量(Kaiser-Meyer-Olkin Measure of Sampling Adequacy)		.577
Bartlett 球形检验 (Bartlett's Test of Sphericity)	近似卡方(Approx. Chi-Square)	122.138
	自由度(df)	15
	显著性(Sig.)	.000

结果 13-4　反影像矩阵(Anti-image Matrices)

		身高	坐高	体重	胸围	肩宽	骨盆宽
反影像协方差 (Anti-image Covariance)	身高	.056	-.054	-.039	.000	.018	.043
	坐高	-.054	.066	.000	.019	-.003	-.071
	体重	-.039	.000	.186	-.156	-.135	.105
	胸围	.000	.019	-.156	.474	.246	-.252
	肩宽	.018	-.003	-.135	.246	.589	-.279
	骨盆宽	.043	-.071	.105	-.252	-.279	.474
反影像相关系数 (Anti-image Correlation)	身高	.650[a]	-.882	-.380	.002	.098	.261
	坐高	-.882	.659[a]	-.004	.107	-.013	-.402
	体重	-.380	-.004	.708[a]	-.525	-.407	.353
	胸围	.002	.107	.525	.483[a]	.464	-.531
	肩宽	.098	-.013	-.407	.464	.340[a]	-.527
	骨盆宽	.261	-.402	.353	-.531	-.527	.287[a]

结果 13-5　公因子方差(Communalities)

	初始值(Initial)	提取(Extraction)
身高	1.000	.916
坐高	1.000	.885
体重	1.000	.872
胸围	1.000	.384
肩宽	1.000	.681
骨盆宽	1.000	.753

提取方法：主成分分析。(Extraction Method: Principal Components Analysis.)

结果 13-6　总方差解释(Total Variance Explained)

成分 (Component)	初始特征值 (Initial Eigenvalues)			提取载荷平方和 (Extraction Sums of Squared Loadings)			旋转载荷平方和 (Rotation Sums of Squared Loadings)		
	总计 (Total)	方差百分比 (% of Variance)	累积百分比 (Cumulative %)	总计 (Total)	方差百分比 (% of Variance)	累积百分比 (Cumulative %)	总计 (Total)	方差百分比 (% of Variance)	累积百分比 (Cumulative %)
1	3.172	52.874	52.874	3.172	52.874	52.874	3.026	50.427	50.427
2	1.317	21.952	74.825	1.317	21.952	74.825	1.464	24.399	74.825
3	.936	15.604	90.429						
4	.420	7.001	97.430						
5	.122	2.041	99.471						
6	.032	.529	100.000						

结果 13-7　成分矩阵(Component Matrix)

	成分(Component)	
	1	2
坐高	.936	-.093
身高	.930	-.224
体重	.910	-.208
胸围	.617	-.053
骨盆宽	.330	.803
肩宽	.336	.754

结果13-8 再生相关(Reproduced Correlations)

		身高	坐高	体重	胸围	肩宽	骨盆宽
再生相关(Reproduced Correlation)	身高	.916[a]	.892	.894	.586	.143	.127
	坐高	.892	.885[a]	.871	.583	.244	.234
	体重	.894	.871	.872[a]	.573	.149	.133
	胸围	.586	.583	.573	.384[a]	.167	.161
	肩宽	.143	.244	.149	.167	.681[a]	.716
	骨盆宽	.127	.234	.133	.161	.716	.753[a]
残差(Residual)	身高		.064	-.040	-.172	.038	-.026
	坐高	.064		-.065	-.177	.002	.001
	体重	-.040	-.065		-.040	.093	-.075
	胸围	-.172	-.177	-.040		-.221	.169
	肩宽	.038	.002	.093	-.221		-.280
	骨盆宽	-.026	.001	-.075	.169	-.280	

结果13-9 旋转成分矩阵(Rotated Component Matrix)

	成分(Component)	
	1	2
身高	.956	.047
体重	.932	.057
坐高	.924	.174
胸围	.607	.123
骨盆宽	.090	.863
肩宽	.110	.818

结果13-10 成分得分系数矩阵(Component Score Coefficient Matrix)

	成分(Component)	
	1	2
身高	.329	-.081
坐高	.303	.015
体重	.320	-.071
胸围	.198	.016
肩宽	-.059	.579
骨盆宽	-.072	.614

9)主要结果分析。

(1)描述统计(Descriptive Statistics)表：输出各变量的平均值(Mean)、标准差(Std. Deviation)与分析例数(Analysis N)，见结果13-1。

(2)相关矩阵(Correlation Matrix)表：输出原始变量的相关矩阵，身高和坐高(0.956)、身高和体重(0.854)，身高和胸围(0.414)、坐高和体重(0.806)、坐高和胸围(0.406)、体重和胸围(0.533)、胸围和骨盆宽(0.330)、肩宽和骨盆宽(0.436)的相关系数较大，P值均小于0.05，按α=0.05水准，认为这些变量之间的相关系数有统计学意义，因此有必要进行因子分析，通过因子分析，相关系数高的变量很有可能分在相同公因子中。行列式(Determinant)为0.006，大于0.0001，表示6个变量中至少有1个是一系列其他变量的线性组合，见结果13-2。

(3)KMO和Bartlett检验(KMO and Bartlett's Test)表：KMO抽样适度度量(Kaiser-Meyer-Olkin Measure of Sampling Adequacy)用于研究变量之间的偏相关系数，由于计算偏相关系数时控制了其他因子的影响，所以比简单相关系数小。一般认为，KMO值越逼近1，表明对这些变量进行因子分析的效果越好，大于0.9时效果最佳，0.7以上可以接受，0.5以下不宜做因子分析，本例为 0.577，可用于做因子分析。Bartlett 球形检验(Bartlett's Test of Sphericity)，近似卡方(Approx. Chi-Square)为 122.138，$P = 0.000 < 0.001$，按 $\alpha = 0.05$ 水准，可认为相关矩阵不是单位阵，即意味着变量高度相关足够为因子分析提供合理的基础，这与相关矩阵(Correlation Matrix)表(见结果 13-2)得出的结论相符，见结果 13-3。

(4)反影像矩阵(Anti-image Matrices)表：显示反影像协方差矩阵(Anti-image Covariance Matrix)与反影像相关矩阵(Anti-image Correlation Matrix)，见结果 13-4。

(5)公因子方差(Communalities)表：提取方法(Extraction Method)为主成分分析(Principal Components Analysis)，此表给出原始变量的公因子方差，提取(Extraction)表示变量公因子方差的取值。身高的公因子方差为 0.916，可以理解为几个公因子能够解释身高的方差的 91.6%，其他变量公因子方差的解释类似，见结果 13-5。

(6)总方差解释(Total Variance Explained)表：第 1、2 个成分(Component)初始特征值(Initial Eigenvalues)分别为 3.172、1.317，均大于 1，特征值是有用因子的通用标准。当特征值小于 1 时，通常认为这个因子中得到的信息不足以证明应该保留。前两个成分特征值的累积贡献率(Cumulative %)为 74.825%，超过了 70%，即总体将近 75% 的信息可以由这两个公因子来解释，故考虑提取前两个公因子。旋转平方和载荷(Rotation Sums of Squared Loadings)表示经过因子旋转后，得到新公因子方差贡献值、方差贡献率和累积方差贡献率，和未旋转对比，每个因子的方差贡献值有变化，但最终累积方差贡献率不变。见结果 13-6。

(7)特征值碎石图(Scree Plot)：是初始特征值(方差贡献)与因子数的点线图，见图 13-7。

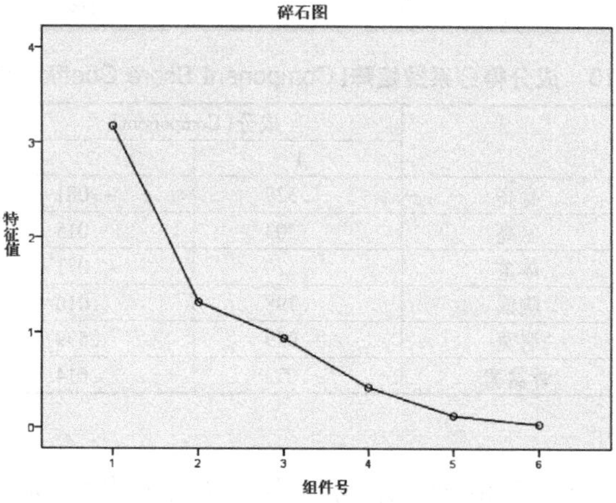

图 13-7　特征值碎石图(Scree Plot)

(8)成分矩阵(Component Matrix)表：是初始未旋转的因子载荷，显示两个主成分(Component)(见结果 13-7)：

$$Z1 = 0.936x2 + 0.930x1 + 0.910x3 + 0.617x4 + 0.330x6 + 0.336x5$$

$$Z2 = -0.093x2 - 0.224x1 - 0.208x3 - 0.053x4 + 0.803x6 + 0.754x5。$$

表明原来 6 个变量反映的信息可由两个主成分(3.172 + 1.317 ≈ 4.489 个变量)反映 74.8%，说明提取两个主成分便可以了。一般说来，累积方差百分比达到 70% 以上，即认为比较满意。

(9)再生相关(Reproduced Correlations)表：见结果 13-8。

①上半部是再生相关矩阵(Reproduced Correlation)，对角线上凡标明"a"符号的，是再生公因子方差(Reproduced Communalities)。

②下半部是观测值的相关系数与再生相关系数间的残差(Residual)矩阵，本例有9个(占60%)残差的绝对值大于0.05。

(10)旋转成分矩阵(Rotated Component Matrix)表：是旋转后的因子载荷矩阵，因子载荷是变量与公因子的相关系数，表示因子对变量的解释程度，载荷绝对值较大的因子和变量的关系更密切，也更能代表这个变量。载荷范围介于-1~1之间，接近于-1或1的载荷表明因子对变量的影响非常强。接近于0的载荷表明因子对变量的影响很弱。一般认为，因子载荷的绝对值<0.3称为低载荷，≥0.4称为高载荷。可见，第1公因子更能代表身高、体重、坐高、胸围；第2公因子更适合代表骨盆宽和肩宽，见结果13-9。

$$x1 = 0.956F1 + 0.047F2$$
$$x3 = 0.932F1 + 0.057F2$$
$$x2 = 0.924F1 + 0.174F2$$
$$x4 = 0.607F1 + 0.123F2$$
$$x6 = 0.090F1 + 0.863F2$$
$$x5 = 0.110F1 + 0.818F2$$

(11)旋转空间成分图(Component Plot in Rotated Space)：是旋转后的因子载荷散点图，是各变量关于前两个公因子载荷的平面图，图中变量x1、x2、x3与x4可以归于同一个公因子解释，变量x5与x6可归另外一个公因子解释，见图13-8。

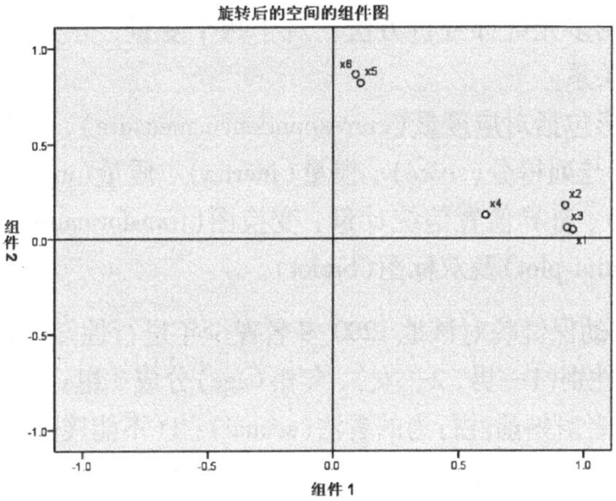

图13-8 旋转空间成分图(Component Plot in Rotated Space)

(12)成分得分系数矩阵(Component Score Coefficient Matrix)表：可得出最终的因子得分方程(见结果13-10)如下。

$$F1 = 0.329x1 + 0.303x2 + 0.320x3 + 0.198x4 - 0.059x5 - 0.072x6$$
$$F2 = -0.081x1 + 0.015x2 - 0.071x3 + 0.016x4 + 0.579x5 + 0.614x6。$$

从上述模型可看出，第1公因子F1，基本上支配了x1、x2、x3、x4(绝对值较大的系数)；而第2公因子F2，基本上支配x5、x6(绝对值较大的系数)。本例对体检数据提示：第1公因子的含义是人体体型；第2公因子的含义是人体体宽。本例寻找了支配体检数据6个指标的2个公因子——人体体型与体宽，从而可用2个公因子解释体检的数据6个指标。这是本例提取公因子的主要用途，即解释用途，公因子得分还有预报作用。

13.2 对应分析

在科学研究中需要准确地描述现象，需要了解某一现象变化与另一现象变化之间的相互联系，常用方法有交叉表分析、因子分析和对应分析(Correspondence analysis)。如使用卡方检验对交叉表资料进行分析，必要时可采用对数线性模型；但当分类变量过多，分类数过大时，卡方检验和对数线性模型不能对变量间本质的联系进行分析。交叉表分析也可提供多个相联度量(measure of association)和相联检验(test of association)，但不能用图形直观地表示变量间的关系，也无法对无序分类资料进行分析。因子分析是描述低维空间(low- dimensional space)中变量间关系的标准技术，然而因子分析只能对区间资料(interval data)进行分析，且观测数应为变量数的 5 倍及以上。而对应分析，可对名义变量(nominal variable)进行分析，描述每个变量分类间的关系和变量间的关系，此外还可分析任何正对应度量(positive correspondence measure)的表。

对应分析又称相应分析，揭示的是环境、结构、行为之间的"对应关系"，而不是各变量间的"因果关系"，只是说明有什么类型的环境和结构就必然会出现什么类型的行为。对应分析常用于研究多个分类变量的关系，是市场细分、产品定位、品牌形象以及满意度研究等领域常用的一种方法，主要描述低维空间中对应表中的两个名义变量之间的关系及每个变量的分类之间的关系。其基本原理是，对二维数据矩阵进行适当的变换，从而可以同时对行和列进行分析，以便发现行列因素间的关系。它实际上是将 R 型因子分析和 Q 型因子分析相结合，对指标与样品同时进行分类的多元统计分析方法。对于每个变量，分类点在图中的距离反映了相似的分类为相互靠近的关系。

生成的统计量与图形包括对应度量(correspondence measure)、行与列的轮廓(profile)、奇异值(singular value)、行与列得分(score)、惯量(inertia)、质量(mass)、行与列得分的置信统计量(confidence statistic)、奇异值置信统计量、变换图(transformation plot)、行点图(row point plot)、列点图(column point plot)及双标图(biplot)。

【例 13-2】 某市妇幼保健院对该地 1200 多名青少年进行性知识调查，并已建立数据文件 corresp. sav，调查对象按性别(1—男，2—女)、年龄(age)分成 3 组：1(≤14 岁)、2(14 ~20 岁)、3(20 岁以上)，调查受访者对婚前性行为的看法(sexual)：1(不能接受)、2(无所谓，只要双方愿意就可以)、3(自己不能接受，但认为是正常现象)、4(准备结婚的男女之间就可以)、5(不知道什么是婚前性行为)，试分析不同年龄组男生的对婚前性行为看法的倾向性有何不同。

1)打开数据文件 corresp. sav。

2)选择进行分析的数据，选择个案(Select Cases)主对话框，选择如果条件满足(If condition is satisfied)项，如果(If)为 sex =1，参见第 3.2.4 节。

3)选择【分析(Analyze)】→【降维(Dimension Reduction)】→【对应分析(Correspondence Analysis)...】选项，打开对应分析(Correspondence Analysis)主对话框，见图 13-9。

注：要分析的分类变量(categorical variable)必须调整为名义变量。

☆【行(Row)】变量：本例为"sexual(对婚前性行为的看法)"。

☆【列(Column)】变量：本例为"agegroup(年龄组)"。

4)选择【行(Row)】变量后，单击【定义范围(Define Range)...】按钮，打开定义行范围(Define Row Range)对话框，见图 13-10。

☆【行变量的分类全距(Category range for row variable)】：本例为“sexual”，在【最小值(Minimum value)】和【最大值(Maximum value)】框中输入相应整数，分别为“1”和“5”，单击【更新】按钮，可在【类别约束(Category Constraints，分类约束)】列表中显示各分类值(category value)。对于小数值，将会舍去变换成整数，超出指定范围的分类值将不参与分析。

☆【类别约束(Category Constraints，分类约束)】。

○【无(None)】：默认选项，所有分类都不受约束并且活动的。

○【类别必须相等(Categories must be equal)】：又称等式约束(equality constraint)，各分类必须具有相同得分。如果所获得的分类顺序不理想或不直观，建议选择此项。相等的行分类(row category)的最大数值可限定为有效行分类数减 1。

○【类别为补充型(Category is supplemental，分类为补充型)】：补充分类(supplementary category)不影响分析，但可在由活动分类(active category)定义的空间中出现，补充分类对维度(dimension)的定义不起作用。补充行分类(supplementary row category)的最大数等于行分类数减 2。

单击【继续】按钮完成行变量的分类范围设定。同理，可设定列变量的分类范围，“agegroup”的【最小值(Minimum value)】为“1”，【最大值(Maximum value)】为“3”。

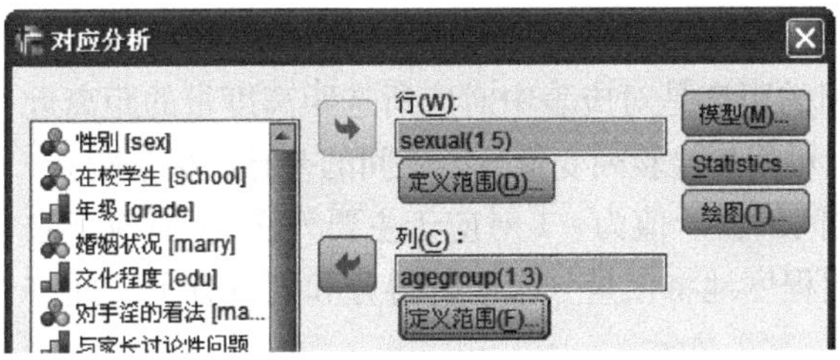

图 13-9 对应分析(Correspondence Analysis)主对话框

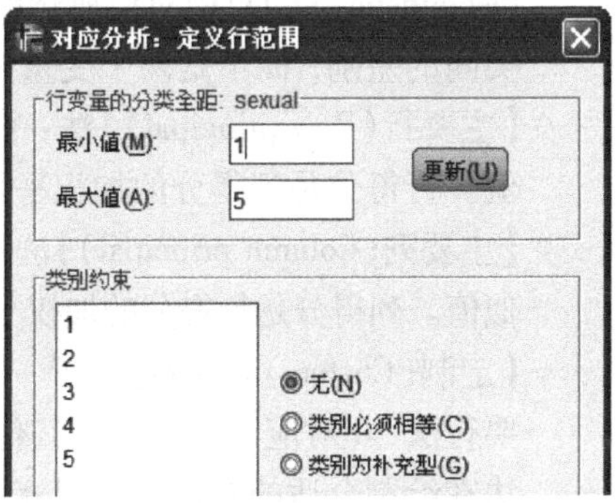

图 13-10 定义行范围(Define Row Range)对话框

5)单击【模型(Model)...】按钮，打开模型(Model)对话框，见图 13-11。

☆【解的维数(Dimensions in solution)】：根据需要选择尽量少的维数(number of dimensions)来解释大多数变异，最大维数取决于活动分类数以及等式约束。最大维数是以下两项中的较小数：

○ 活动行分类数减去约束为相等的行分类数，加上受约束的行分类集(row category set)数。

○ 活动列分类数减去约束为相等的列分类数，加上受约束的列分类集(column category set)数。

☆【距离测量(Distance Measure，距离度量)】：对应表行、列间的距离度量。

○【卡方(Chi square)】：使用加权轮廓距离(weighted profile distance)，权重是行或列的质量，是标准对应分析(standard correspondence analysis)所必需的度量。

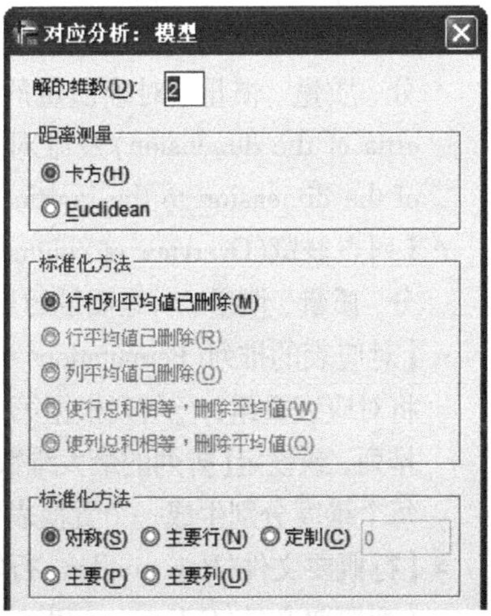

图 13-11 模型(Model)对话框

○【Euclidean】：行对(pair of rows)和列对(pair of columns)间平方差之和的平方根。

☆【标准化方法(Standardization Method)】。

○【行和列平均值已删除(Row and column means are removed)】：行和列都居中，是标准对应分析所必需的方法。

○【行平均值已删除(Row means are removed)】：只有行居中。

○【列平均值已删除(Column means are removed)】：只有列居中。

○【使行总和相等，删除平均值(Row totals are equalized and means are removed)】：行居中之前，使行边距(row margin)相等。

○【使列总和相等，删除平均值(Column totals are equalized and means are removed)】：列居中之前，使列边距(column margin)相等。

☆【标准化方法(Normalization Method，正规化法)】。

○【对称(Symmetrical)】法：对于每个维度，行得分(row score)为列得分(column score)的加权平均值(weighted average)除以对应奇异值的商，列得分为行得分的加权平均值除以对应的奇异值的商。可用于检验两个变量分类之间的差异性或相似性(similarity)。

○【主要(Principal)】法：行点(row point)和列点(column point)间的距离是对应表(correspondence table)中对应所选距离度量的距离近似值。可用于检验一个或两个变量分类间的差别，而不是两个变量间的差别。

○【主要行(Row principal)】法：行点间的距离是对应表中对应所选距离度量的距离近似值。行得分是列得分的加权平均值。可用于检验行变量分类间的差异或相似性。

○【主要列(Column principal)】法：列点间的距离是对应表中对应所选距离度量的距离近似值。列得分是行得分的加权平均值。可用于检验列变量分类之间的差异或相似性。

○【定制(Custom)】：指定介于 -1 ~ 1 之间的值。值为 -1 对应于主要列法，1 对应于主要行法，0 对应于对称法。其他值不同程度地将惯量分布于行得分和列得分上。此方法在绘制合适的双标图时很有用。

6)单击【继续】→【Statistics(统计)...】按钮，打开统计(Statistics)对话框，见图 13-12。

☆【对应表(Correspondence table)】：带有行和列边际总计(marginal total)的输入变量(input variable)交叉表。

☆【行点概览(Overview of row points)】：每个行分类的得分、质量、惯量、对维惯量的贡献(contribution to the inertia of the dimension)及维对点惯量的贡献(contribution of the dimension to the inertia of the point)。

☆【列点概览(Overview of column points)】：每个列分类的得分、质量、惯量、对维惯量的贡献及维对点惯量的贡献。

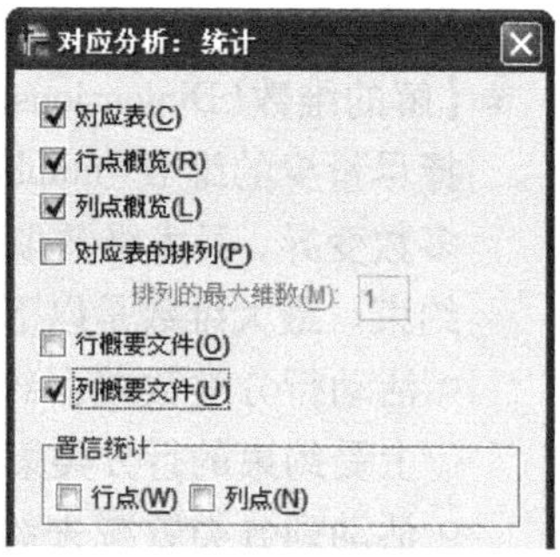

图 13-12　统计(Statistics)对话框

☆【对应表的排列(Permutations of the correspondence table)】：将对应表重组，行与列根据第 1 维度的得分递增顺序进行排列，或设定【排列的最大维数(Maximum dimension for permutations)】，即从 1 到指定数字的每个维度分别生成一个置换表(permuted table)。

☆【行概要文件(Row profiles，行轮廓)】：每个行分类的跨列变量(column variable)分类的分布。

☆【列概要文件(Column profiles，列轮廓)】：每个列分类的跨行变量(row variable)分类的分布。

☆【置信统计(Confidence Statistics for)】：包括所有非补充行(列)点的标准差及相关系数，可选择【行点(Row points)】及【列点(Column points)】的【置信统计(Confidence Statistics for)】。

7)单击【继续】→【绘图(Plots)...】按钮，打开图(Plots)对话框，见图 13-13。

☆【散点图(Scatterplots)】：生成维的成对图(pairwise plots)矩阵。

○【双标图(Biplot)】：生成行点与列点的联合图矩阵(matrix of joint plots)。如果【标准化方法(Normalization Method，正规化法)】选择【主要(Principal)】法，则不能选择此项。

○【行点(Row points)】图：生成行点图(plot of the row points)的矩阵。

○【列点(Column points)】图：生成列点图(plot of the column points)的矩阵。

○【散点图的标识标签宽度(ID label width for scatterplots)】：指定标注点的值标签字符数(小于或等于 20 非负整数)，默认值为“20”。

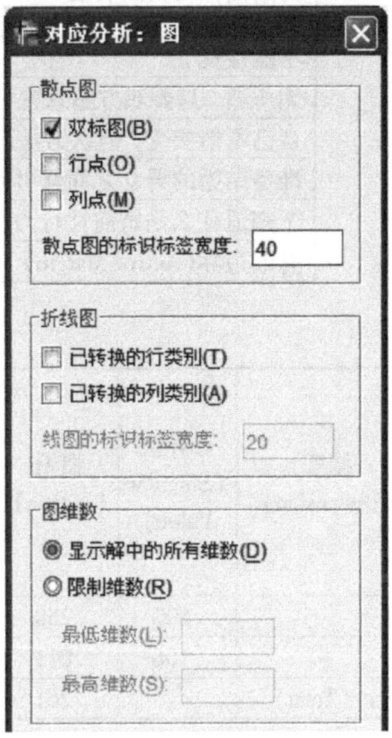

图 13-13 图(Plots)对话框

☆【折线图(Line plots，线图)】：所选变量的每个维度生成一个线图。

○【已转换的行类别(Transformed row categories，变换后行分类)】：生成原始行分类值与其相应行得分的线图。

○【已转换的列类别(Transformed column categories，变换后列分类)】：生成原始列分类值与其相应列得分的线图。

○【线图的标识标签宽度(ID label width for line plots)】：默认值为“20”。

☆【图维数(Plot Dimensions)】：可控制在结果显示的维数。

○【显示解中的所有维数(Display all dimensions in the solution)】：散点图矩阵(scatterplot matrix)中显示解中的所有维数。

○【限制维数(Restrict the number of dimensions)】：显示的维数限制为图形维对，适用于所有多维图(multidimensional plot)。

● 【最低维数(Lowest dimension)】：范围介于 1 到解的维数减 1 之间，并针对较高维数作图。

● 【最高维数(Highest dimension)】：范围介于 2 到解的维数之间，图形维对使用的最高维数。

8)单击【继续】→【确定】按钮，得到以下主要结果：

对应(Correspondence)

结果 13-11 对应表(Correspondence Table)

对婚前性行为的看法	年龄组			
	小于等于 14 岁	14 到 20 岁	20 岁以上	有效边际(Active Margin)
不能接受	52	41	18	111
无所谓，只要双方愿意就可以	30	99	117	246
自己不能接受，但认为是正常现象	9	37	25	71
准备结婚的男女之间就可以	24	31	37	92
不知道什么是婚前性行为	77	25	7	109
有效边际(Active Margin)	192	233	204	629

结果 13-12　列轮廓(Column Profiles)

对婚前性行为的看法	年龄组			
	小于等于 14 岁	14 到 20 岁	20 岁以上	质量(Mass)
不能接受	.271	.176	.088	.176
无所谓,只要双方愿意就可以	.156	.425	.574	.391
自己不能接受,但认为是正常现象	.047	.159	.123	.113
准备结婚的男女之间就可以	.125	.133	.181	.146
不知道什么是婚前性行为	.401	.107	.034	.173
有效边际(Active Margin)	1.000	1.000	1.000	

结果 13-13　摘要(Summary)

维度(Dimension)	奇异值(Singular Value)	惯量(Inertia)	卡方(Chi Square)	显著性(Sig.)	惯量比例(Proportion of Inertia)		置信奇异值(Confidence Singular Value)	
					占(Accounted for)	累积(Cumulative)	标准差(Standard Deviation)	相关系数(Correlation)
								2
1	.500	.250			.957	.957	.034	.053
2	.106	.011			.043	1.000	.041	
总计(Total)		.261	164.391	.000[a]	1.000	1.000		

结果 13-14　概述行点(Overview Row Points)

对婚前性行为的看法	质量(Mass)	维得分(Score in Dimension)		惯量(Inertia)	贡献(Contribution)				
					点对维的惯量(Of Point to Inertia of Dimension)		维对点的惯量(Of Dimension to Inertia of Point)		
		1	2		1	2	1	2	总计
不能接受	.176	-.560	-.330	.030	.111	.181	.932	.068	1.000
无所谓,只要双方愿意就可以	.391	.602	.151	.072	.283	.084	.987	.013	1.000
自己不能接受,但认为是正常现象	.113	.480	-.706	.019	.052	.532	.686	.314	1.000
准备结婚的男女之间就可以	.146	.182	.331	.004	.010	.151	.589	.411	1.000
不知道什么是婚前性行为	.173	-1.254	.177	.137	.545	.052	.996	.004	1.000
有效总计	1.000			.261	1.000	1.000			

结果 13-15　概述列点(Overview Column Points)

年龄组	质量(Mass)	维得分(Score in Dimension)		惯量(Inertia)	贡献(Contribution)				
					点对维的惯量(Of Point to Inertia of Dimension)		维对点的惯量(Of Dimension to Inertia of Point)		
		1	2		1	2	1	2	Total
小于等于 14 岁	.305	-1.030	.128	.163	.648	.047	.997	.003	1.000
14 到 20 岁	.370	.246	-.409	.018	.045	.585	.631	.369	1.000
20 岁以上	.324	.689	.347	.081	.308	.368	.949	.051	1.000
活动总计(Active Total)	1.000			.261	1.000	1.000			

9)主要结果分析。

(1)对应表(Correspondence Table):见结果13-11,显示各年龄组对婚前性行为不同看法的例数,结合列轮廓(Column Profiles),见结果13-12,可知小于等于14岁组主要选择“不知道什么是婚前性行为”,14到20岁组主要认为“无所谓,只要双方愿意就可以”,20岁以上组也是主要认为“无所谓,只要双方愿意就可以”。

(2)摘要(Summary)表:此表主要用于检查每个因子(维度)行得分和列得分的相关关系,并且显示每个维度对于分类变异的解释比例。奇异值(Singular Value)代表行得分和列得分的相关关系,类似于相关系数。惯量(Inertia)为各奇异值的平方,也就是常说的特征值,维度1的惯量比例(Proportion of Inertia)为0.957,说明第1因子(维度)可以解释所有分类变异的95.7%,第2因子(维度)只能解释4.3%,说明二维图形可完全表示两变量间的信息距离,由于第1维的惯量比例为95.7%,因此可忽略其他维的重要性,见结果13-13。

(3)概述行点(Overview Row Points)表(见结果13-14)及概述列点(Overview Column Points)表(见结果13-15):维对点惯量的贡献(Contribution Of Dimension to Inertia of Point)的总数为100%,说明二维图形可完全表示变量中各分类间的信息。

(4)行与列点散点图(见图13-14):可直观地反映不同变量各分类值的位置关系,一般来说,落在从图形原点处出发相同方向大致在相同区域内不同变量的分类点彼此有联系。点之间的距离越近,说明关联倾向越明显;点离原点越远,也说明关联倾向越明显。年龄组和对婚前性行为的看法各分类点距离较近的组合如下:

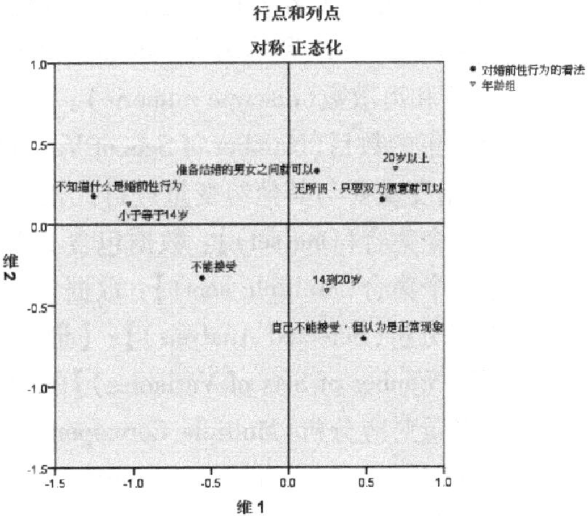

图13-14 行与列点散点图

年龄组	对婚前性行为的看法
小于等于14岁	不知道什么是婚前性行为
14到20岁	自己不能接受,但认为是正常现象
20岁以上	准备结婚的男女之间就可以;无所谓,只要双方愿意就可以

可见行与列点散点图可直观地描述不同年龄组对婚前性行为看法的变化规律,其结果是一个非常有趣的现象:14岁以下组由于获得性知识较少及其心理特点,相对于平均水平,“不知道什么是婚前性行为”的比例高一些是理所当然的;14到20岁组逐渐地获取较多的性知识,结合其心理特点还是有更高的比例选择“自己不能接受,但认为是正常现象”;而20岁以上组获得了更多性知识,对婚前性行为的看法也较为开放,更多人认为“准备结婚的男女之间就可以”或“无所谓,只要双方愿意就可以”。这种解释与目前的社会现象及我们的认识是一致的,这也是使用普通的交叉表分析无法得到的。

13.3 交替最小二乘法的最优尺度分析

SPSS的交替最小二乘法的最优尺度分析(Optimal Scaling by Alternating Least Squares)过程可进行多重对应分析(Multiple Correspondence Analysis, MCA)、分类主成分分析(Categorical

Principal Components Analysis, CATPCA)及非线性典型相关分析(Nonlinear Canonical Correlation Analysis, OVERALS)。

操作方法：选择【分析(Analyze)】→【降维(Dimension Reduction)】→【最佳刻度(Optimal Scaling)...】选项，打开最佳刻度(Optimal Scaling)主对话框，见图 13-15。

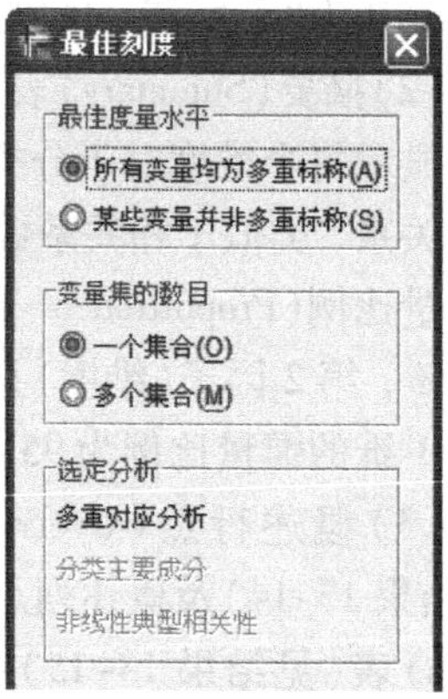

图 13-15　最佳刻度(Optimal Scaling)主对话框

☆【最佳度量水平(Optimal Scaling Level，最优尺度水平)】：指定变量的最优尺度水平。
  ○【所有变量均为多重标称(All variables multiple nominal，所有变量均为多名义)】：分析中所有变量具有对于每个维度不相同的分类量化。
  ○【某些变量并非多重标称(Some variable(s) not multiple nominal，某些变量非多名义)】：分析中 1 个或多个变量调整为非多名义的其他水平。其他可能的尺度水平(scaling level)为单名义(single nominal)、有序(ordinal)和离散数(discrete numeric)。

☆【变量集的数目(Number of Sets of Variables)】：可指定有多少组变量要与其他组变量进行比较。
  ○【一个集合(One set)】：数据包含 1 组变量。
  ○【多个集合(Multiple sets)】：数据包含多组变量。

☆【选定分析(Selected Analysis)】：【最佳度量水平(Optimal Scaling Level)】及【变量集的数目(Number of Sets of Variables)】的选择可决定分析方法的类型。
  ○【多重对应分析(Multiple Correspondence Analysis, MCA)】选择【所有变量均为多重标称(All variables multiple nominal，所有变量均为多名义)】和【一个集合(One set)】。
  ○【分类主要成分(Categorical Principal Components, CATPCA，分类主成分)】：即分类主成分分析，选择【某些变量并非多重标称(Some variable(s) not multiple nominal)】和【一个集合(One set)】。
  ○【非线性典型相关性(Nonlinear Canonical Correlation, OVERALS，非线性典型相关)】：选择【多个集合(Multiple sets)】。

13.3.1　多重对应分析

多重对应分析(Multiple Correspondence Analysis, MCA)通过对个案(对象)和分类赋值的方式量化名义(分类)数据，以使同分类的对象紧靠在一起，不同分类的对象远远分开。每个对象都尽可能地接近应用于该对象的分类点(category point)，因此可将对象分成多个均一子组。当变量将相同分类中的对象分到同一子组中时，这些变量被视为同质的(homogeneous)。MCA 可描述低维空间中多个变量间或变量中分类间的关系。这与对应分析类似，但可分析两个以上的变量。MCA 也可作为名义数据的主成分分析，可发现名义数据变量间的潜在线性关系。由于 MCA 对变量分类进行量化，并对量化的数据进行分析，因此其结果的解释比交叉表分析和对数线性模型更为直接。

生成的统计量与图形包括对象得分(object score)、判别度量(discrimination measures)、迭代历史(iteration history)、原始变量和变换后变量的相关(correlations of original and transformed variables)、分类量化(category quantification)、描述统计量；绘制对象点图(object points plot)、

双标图、分类图(category plot)、联合分类图(joint category plot)、变换图和判别度量图(discrimination measures plot)。

【例 13-3】 对例 13-2 的资料进行更进一步的分析，数据文件 corresp. sav 还包含对手淫的看法(mast)：1—获得性满足的正常行为；2—偶尔为之并不会影响健康，但过度会影响健康；3—会对健康产生损害；4—不道德的行为；5—不了解。试分析不同年龄组男生对婚前性行为及手淫的看法的倾向性有何不同。

1)打开数据文件 corresp. sav。

2)选择进行分析的数据，选择个案(Select Cases)主对话框中，选择【如果条件满足(If condition is satisfied)】项，【如果(If)】为“sex = 1”。

3)最佳刻度(Optimal Scaling)主对话框中，选择【最佳度量水平(Optimal Scaling Level)】的【所有变量均为多重标称(All variables multiple nominal，所有变量均为多名义)】及【变量集的数目(Number of Sets of Variables)】的【一个集合(One set)】。

4)单击【定义】按钮，打开多重对应分析(Multiple Correspondence Analysis)主对话框，见图 13-16。

☆【分析变量(Analysis Variables)】列表：选择 2 个以上变量，本例为“agegroup(年龄组)”、“mast(对手淫的看法)”、“sexual(对婚前性行为的看法)”。单击【定义变量权重(Define Variable Weight)...】按钮可设定各【变量权重(Variable Weight)】，本例取默认值。

☆【补充变量(Supplementary Variables)】。

☆【标记变量(Labeling Variables)】。

☆【解的维数(Dimensions in Solution)】：默认值为“2”，通常需要设定尽可能小的维数来解释大多数的变量，若分析中包含 2 个以上维数，SPSS 过程可自动生成前 3 个维度的三维图形，用户可通过编辑图形显示其他维数。

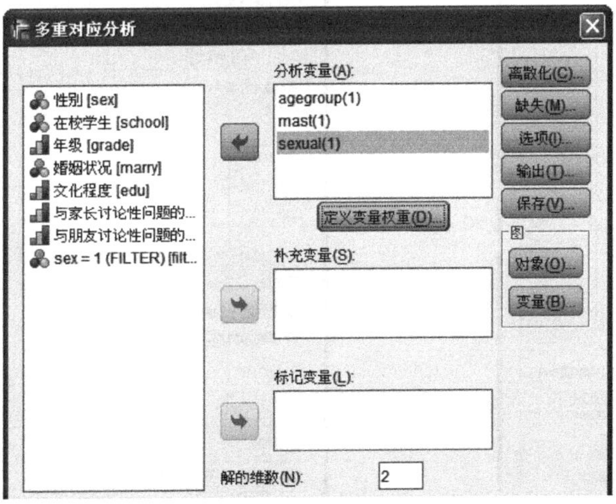

图 13-16　多重对应分析(Multiple Correspondence Analysis)主对话框

5)单击【离散化(Discretize)...】按钮，打开分箱化(Discretization)对话框。

在此可设定变量的重新编码方法。若未指定其他方法，含有小数的变量将转化成含有 7 个分类(若变量值小于 7，则变换为小于 7 的数值)的近似正态分布；串变量则根据字母顺序变换成正整数(详细选项参见第 10.10 节)。

6)单击【取消】→【Missing...】按钮，打开缺失值(Missing Values)对话框，见图 13-17，可设定分析变量和补充变量缺失值的处理方案。

☆【缺失值方案(Missing Value Strategy)】：显示已选择的缺失值处理方案。
先选择需要处理缺失值的【分析变量(Analysis Variables)】和【补充变量(Supplementary Variables)】。

☆【方案(Strategy)】。

○【排除缺失值；量化后为相关性插补(Exclude missing values; for correlations impute after quantification)】：选定变量有缺失值的对象对于此变量的分析不起作用。如果消极处理所有变量，则所有变量都有缺失值的对象将看作补充对象。若在输出(Output)对话框中选择了【相关系数(Correlation)】项，则(分析后)缺失值通过原始变量(original variable)相关变量的众数进行插补。

● 【众数(Mode)】：对于最优尺度变量(optimally scaled variable)的相关系数，将缺失值替换为最优尺度变量的众数。

● 【附加类别(Extra category，附加分类)】：用替换为附加分类的量化值来替换缺失值，表示变量中缺失值被看作属于同一个(附加)分类。

○【插补缺失值(Impute missing values)】：参见第 10.10 节。

○【排除此变量具有缺失值的对象(Exclude objects with missing values on this variable)】：选定变量有缺失值的对象将不参与分析。此选项不适用于补充变量。

7)单击【取消】→【选项(Options)...】按钮，打开选项(Options)对话框，见图 13-18，部分选项参见第 10.10 节。

图 13-17　缺失值(Missing Values)对话框

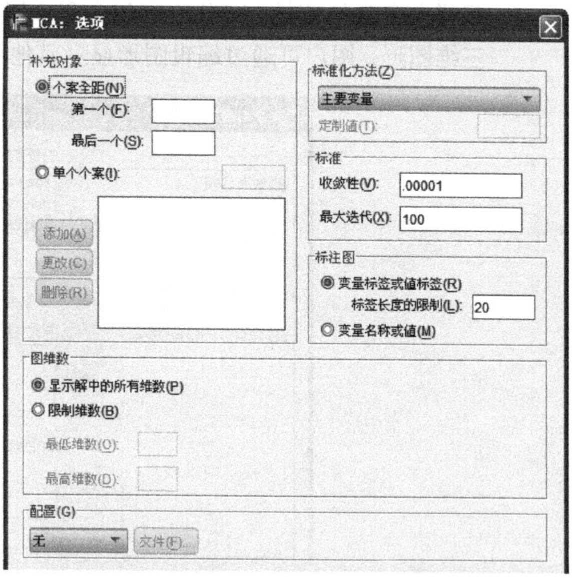

图 13-18　选项(Options)对话框

☆【补充对象(Supplementary Objects)】：参见第 10.10 节。

☆【标准化方法(Normalization Method，正规化法)】：设定对象得分及变量的正规化法。

○【主要变量(Variable Principal)】法：可优化变量间的关联性(association)，对象空间(object space)中的变量坐标(coordinates)为成分载荷(component loading)：主成分的

相关系数，如维度和对象得分。此选项主要用于了解变量间的相关性。

- ○【主要对象(Object Principal)】法：可优化对象间的距离，主要用于了解对象间的差别或相似性。
- ○【对称(Symmetrical)】法：主要用于了解变量和对象间的关系。
- ○【自变量(Independent，独立)】法：分别检查对象间的距离及变量间的相关性。
- ○【定制(Custom)】：1 为主要对象法(object principal method)，0 为对称法(symmetrical method)，-1 为主要变量法(variable principal method)，通过指定一个介于 -1 ~1 之间任意数值，可在对象和变量间展开特征值。此方法对于绘制合适的双标图或三标图(triplot)很有用。

☆【标准(Criteria)】：参见第 10.10 节。

☆【标注图(Label Plots By)】：可选择【变量标签或值标签(Variables labels or value labels)】并设定【标签长度的限制(Limit for label length)】或选择【变量名称或值(Variable names or values)】。

☆【图维数(Plot Dimensions)】：参见第 13.2 节中，图 13-13 的解释。

☆【配置(Configuration)】：可从包含配置的坐标文件中读取数据，第 1 个变量应包含第 1 维的坐标，第 2 个变量应包含第 2 维的坐标，以此类推。

- ○【无(None)】。
- ○【初始值(Initial)】：指定文件中的配置将用作分析起点(starting point)。
- ○【固定(Fixed)】：文件指定配置将用于拟合变量，拟合变量必须作为分析变量，但因为配置是固定的，拟合变量只能按补充变量的方式处理。

8)单击【继续】→【输出(Output)...】按钮，打开输出(Output)对话框，见图 13-19。

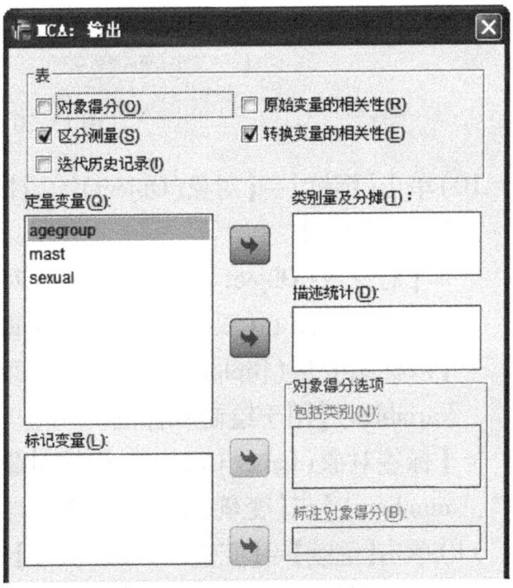

图 13-19　输出(Output)对话框

☆【表(Tables)】。

- ○【对象得分(Object scores)】：包括质量、惯量和贡献(contribution)。
- ○【对象得分选项(Object Scores Options)】：可选择：
  - ●【包括类别(Include Categories Of)】：所选分析变量的分类指示符(category indicator)。
  - ●【标注对象得分(Label Object Scores By)】：从【标记变量(Labeling Variables)】列表中选择用于标注对象的变量。
- ○【区分测量(Discrimination measures，判别度量)】：每个变量和每个维度的判别度量。
- ○【迭代历史记录(Iteration history)】：每次迭代的方差解释(variance accounted for)以及方差解释中的损失(loss)和增量(increase)。
- ○【原始变量的相关性(Correlations of original variables，原始变量的相关)】：原始变量的相关矩阵以及其特征值。
- ○【转换变量的相关性(Correlations of transformed variables，变换后变量的相关)】：已变

换(最优尺度)变量的相关矩阵以及其特征值。

○【类别量及分摊(Category Quantifications and Contributions，分类量化及贡献)】：对所选变量每个维度的分类量化(坐标)：包括质量、惯量和贡献。

○【描述统计(Descriptive Statistics)】：所选变量的频率、缺失值数以及众数。

9)单击【继续】→【保存(Save)...】按钮，打开保存(Save)对话框，见图 13-20。

☆【离散化数据(Discretized Data)】：可选择【创建离散化数据(Create discretized data)】。

☆【已转换的变量(Transformed variables，变换后变量)】：可选择【将已转换的变量保存到活动数据集(Save transformed variables to the active dataset)】和【创建已转换的变量(Create transformed variables)】。

☆【对象得分(Object Scores)】：可选择【将对象得分保存到活动数据集(Save object scores to the active dataset)】和【创建对象得分(Create object scores)】。

☆【多标定尺寸(Multiple nominal dimensions，多名义维度)】：可选择【全部(All)】或【第一个(First)】。

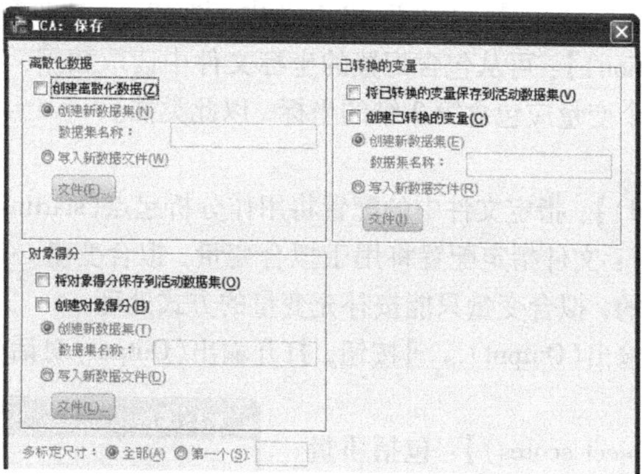

图 13-20 保存(Save)对话框

10)单击【继续】→【对象(Object)...】按钮，打开对象图(Object Plots)对话框，见图 13-21。

☆【图(Plots)】。

○【对象点(Object points)】：绘制对象点图。

○【对象和质心(双标图)(Objects and variables(biplot))】。

☆【双标图变量(Biplot Variables)】：可选择【所有变量(All variables)】或【选定变量(Select variables)】用于绘制双标图。

☆【标签对象(Label Objects，标注对象)】：其【标注方式(Label by)】可选择【个案号(Case numbers)】或【变量(Variable)】。

11)单击【继续】→【变量(Variable)...】按钮，打开变量图(Variable Plots)对话框，见图 13-22。

☆【类别图(Category Plots，分类图)】：绘制每个被选变量的质心坐标图(plot of the centroid coordinates)，分类在特殊分类中对象的质心中。

☆【联合类别图(Joint Category Plots，联合分类图)】：绘制每个被选变量质心坐标的单图(single plot)。

☆【转换图(Transformation Plots，变换图)】：绘制最优分类量化(optimal category quantification)与分类指示符的比较图。

○【维数(Dimensions)】：每个维分别生成一个图。

○【包含残差图(Include residual plots)】：绘制每个选定变量的残差图(residual plot)。

☆【区分测量(Discrimination Measures，判别度量)】：绘制选定变量的判别度量的单图。

○【显示图(Display plot)】：可选择【使用所有变量(Use all variables)】或【使用选定变量(Use selected variables)】。

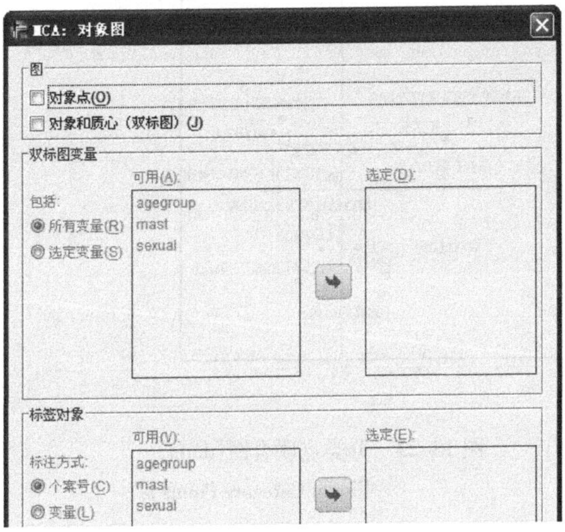

图 13-21　对象图(Object Plots)对话框

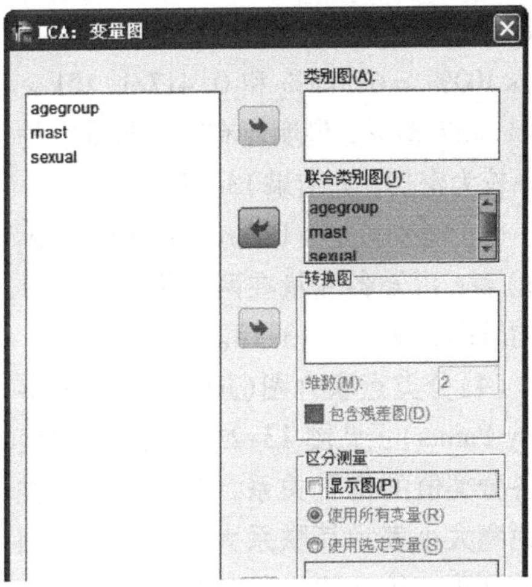

图 13-22　变量图(Variable Plots)对话框

12)单击【继续】→【确定】按钮，得到以下主要结果：

多重对应(Multiple Correspondence)

结果 13-16　迭代历史(Iteration History)

迭代数 (Iteration Number)	方差解释(Variance Accounted For)		损失 (Loss)
	总计(Total)	增量(Increase)	
43	1.651497	.000009	1.348503

结果 13-17　模型摘要(Model Summary)

维度 (Dimension)	克隆巴赫系数 (Cronbach's Alpha)	方差解释(Variance Accounted For)	
		总计(特征值)(Total(Eigenvalue))	惯量(Inertia)
1	.769	2.051	.684
2	.302	1.252	.417
总计(Total)		3.303	1.101
平均值(Mean)	.592[a]	1.651	.550

量化(Quantifications)

图(Plot)

分类点(Category Points)

结果 13-18　判别度量(Discrimination Measures)

	维度(Dimension)		平均值 (Mean)
	1	2	
年　龄　组	.685	.328	.506
对手淫的看法	.666	.419	.542
对婚前性行为的看法	.700	.506	.603
有效总计(Active Total)	2.051	1.252	1.651

13)主要结果分析。

(1)迭代历史(Iteration History)表：MCA 共进行了 43 次迭代，由于达到了收敛值的要求，终止迭代过程，见结果 13-16。

(2)模型摘要(Model Summary)表：两个维度(Dimension)的特征值(Eigenvalue)分别为 2.051、1.252，惯量(Inertia)分别为 0.684、0.417，惯量比例分别为 0.684/1.101 × 100% = 61.13% 和 0.417/1.101 × 100% = 37.87%，说明所有变量与维度的关系较为密切，见结果 13-17。

(3)判别度量(Discrimination Measures)表：可知各变量在两个维度的区分度均较高，见结果 13-18。

(4)分类点联合图(Joint Plot of Category Points)：见图 13-23，显示不同变量各分类值的位置关系，不同变量分类点距离大小表示其联系大小，从散点图可看到距离较近的分类点如下

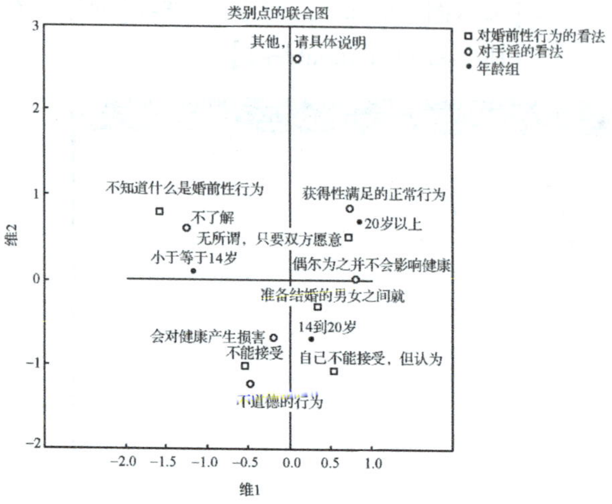

图 13-23　分类点联合图(Joint Plot of Category Points)

年　龄　组	对婚前性行为的看法	对手淫的看法
△ 小于等于 14 岁	○ 不知道什么是婚前性行为	□ 不了解
△ 14 到 20 岁	○ 自己不能接受，但认为是正常现象 ○ 不能接受	□ 会对健康产生损害 □ 不道德的行为
△ 20 岁以上	○ 无所谓，只要双方愿意就可以 ○ 准备结婚的男女间就可以	□ 获得性满足的正常行为 □ 偶尔为之并不会影响健康，过度会影响健康

可见其结果与例 13-2 的结果基本相似，读者可结合专业知识和社会经验对此结果进行分析。

13.3.2　分类主成分分析

分类主成分分析(Categorical Principal Components Analysis，CATPCA)可在降低数据维数的同时量化分类变量。主成分分析的目的是将一系列原始变量集简化成少数不相关的主成分集来反映原始变量的大部分信息，通过降维，只需解释少量主成分，而不是大量变量。当大量变量妨碍有效解释对象(主体和单元格)间关系时，CATPCA 最为有用。标准主成分分析(standard principal components analysis)假设数值变量(numeric variable)间的线性关系(linear relationship)，而 CATPCA 可处理不同尺度水平的资料，使用最优尺度法(optimal-scaling approach)将变量调整为不同的水平，使分类变量在指定维数内最优量化(optimally quantified)，因此可建立变量间的非线性关系模型。

生成的统计量与图形包括频率、缺失值、最优尺度水平、众数，按质心坐标、向量坐标(vector coordinates)、每个变量和每个维的总方差解释，向量量化变量(vector-quantified variable)的成分载荷、分类量化和坐标、迭代历史、变换后变量和相关矩阵特征值(eigenvalue of the correlation matrix)的相关系数、原始变量与相关矩阵特征值的相关系数、对象得分，绘制分类

图、联合分类图、变换图、残差图、投影质心图(projected centroid plot)、对象图、双标图、三标图及成分载荷图。

【例 13-4】　某市场调查公司对 5 个商店的 582 名顾客进行满意度调查，并已建立数据文件 satisf. sav，调查顾客的满意度为 price(价格满意度)、numitems(品种满意度)、org(组织满意度)、service(服务满意度)及 quality(产品质量满意度)5 个项目，各项目的分类值及标签为 1(非常不满意)、2(有些不满意)、3(一般)、4(有些满意)、5(非常满意)。试对这 5 个满意度进行主成分分析。

1)打开数据文件 satisf. sav。

2)最佳刻度(Optimal Scaling)主对话框中，选择【最佳度量水平(Optimal Scaling Level)】中的【某些变量并非多重标称(Some variable(s) not multiple nominal)】及【变量集的数目(Number of Sets of Variables)】的【一个集合(One set)】。

3)单击【定义...】按钮，打开分类主要成分(Categorical Principal Components)主对话框，见图 13-24。

☆【分析变量(Analysis Variables)】列表：可选择 2 个及以上的变量，本例为“price(价格满意度)”、“numitems(品种满意度)”、“org(组织满意度)”、“service(服务满意度)”及“quality(产品质量满意度)”。

☆【补充变量(Supplementary Variables)】列表：可用于拟合结果的建立。

☆【标记变量(Labeling Variables)】列表：用于图形中的标签。

☆【解的维数(Dimensions in the solution)】：默认值为“2”。

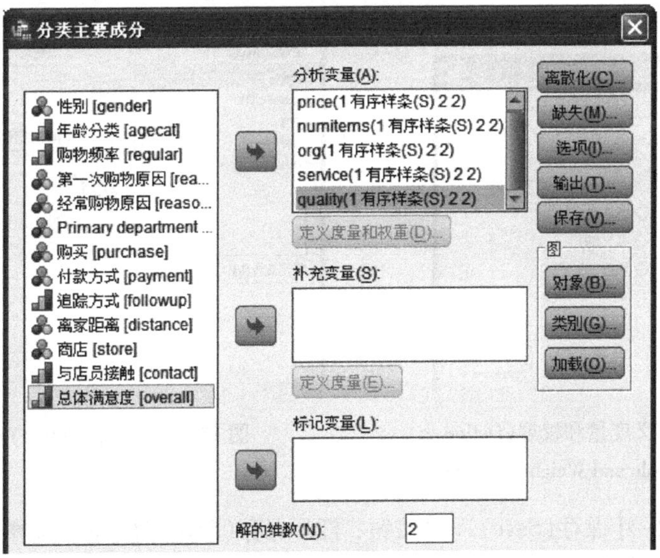

图 13-24　分类主要成分(Categorical Principal Components)主对话框

4)定义变量的尺度和权重，以 price(价格满意度)为例，先选择“price(价格满意度)”，然后单击【定义度量和权重(Define Scale and Weight)...】按钮，打开定义度量和权重(Define Scale and Weight)对话框，见图 13-25。

☆【变量权重(Variable weight)】：设定每个变量的权重，默认值为“1”。

☆【最佳度量水平(Optimal Scaling Level，最佳尺度水平)】：用于量化每个变量的尺度水平，有关指标的解释参见第 10.10 节。可选择【有序样条(Spline ordinal)】、【名义样条(Spline nominal)】、【多标定(Multiple nominal，多名义)】、【有序(Ordinal)】、【名义(Nominal)】及【数值(Numeric)】。其中，【多标定(Multiple nominal，多名义)】为观测变量中保留在最优尺度化变量中的唯一信息是分类中对象的分组，且不保存观测变量的分类顺序，多表示为每个维数中获得不同的量化集。

☆【样条(Spline)】：可设定【度(Degree)】和【内部结点(Interior knots)】。

5)单击【继续】按钮，返回主对话框，同理可设定“numitems(品种满意度)”、“org(组织满意度)”、“service(服务满意度)”及“quality(产品质量满意度)”的尺度与加权为相同设置。

6)单击【继续】→【输出(Output)...】按钮，打开输出(Output)对话框，见图 13-26。

☆【表(Tables)】：有关选项参见第 13.3.1 节。

○【成分加载(Component loadings，成分载荷)】：未获得多名义尺度水平(multiple nominal scaling level)的所有变量的成分载荷。

○【偏差考虑情况(Variance accounted for，方差解释)】：按质心坐标、向量坐标以及每个变量和每个维(合并的质心坐标和向量坐标)方差解释。

☆【类别量化(Category Quantifications，分类量化)】：对所选变量的每个维度给出分类量化(坐标)，包括质量、惯量和贡献。

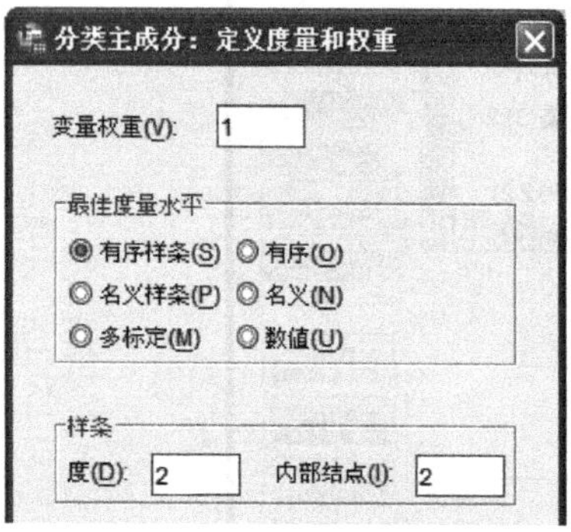

图 13-25　定义度量和权重(Define Scale and Weight)对话框

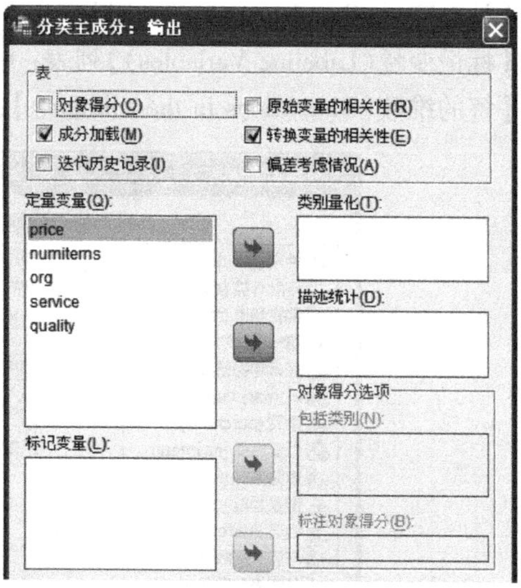

图 13-26　输出(Output)对话框

7)单击【继续】→【保存(Save)...】按钮，打开保存(Save)对话框，见图 13-27。

除了选择保存【离散化数据(Discretized Data)】、【已转换的变量(Transformed variables)】、【对象得分(Object Scores)】外(有关选项参见第 13.3.1 节)，还可选择保存【近似值(Approximations)】，可选择【保存至活动数据集(Save to the active dataset)】和【创建近似值(Create approximations)】。

8)单击【继续】→【对象(Object)...】按钮，打开对象和变量图(Object Plots)对话框，见图 13-28。

☆【图(Plots)】。

○【对象点(Object points)】：绘制对象点图。

○【对象和变量(双标图)(Objects and variables(biplot))】。

● 【变量坐标(Variable coordinates)】：可选择【加载(Loading，载荷)】、【质心(Centroids)】。

○【对象、加载和质心(三标图)(Objects，loadings，and centroids(triplot))】：绘制多名义尺度水平变量(multiple nominal- scaling- level variable)的质心与其他变量的成分载荷对象点图。

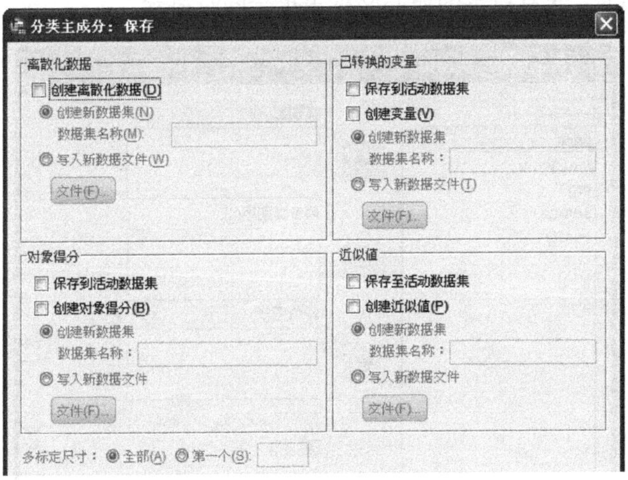

图 13-27 保存(Save)对话框

☆【双标图和三标图变量(Biplot and Triplot Variables)】：可选择【所有变量(All variables)】或【选定变量(Select variables)】。

☆【标签对象(Label Objects，标注对象)】：其【标注方式(Label by)】可选择【个案号(Case numbers)】或【变量(Variable)】。

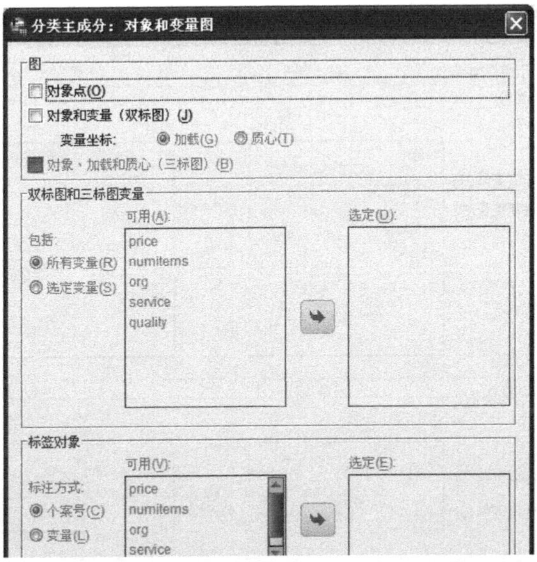

图 13-28 对象和变量图(Object Plots)对话框

9)单击【继续】→【类别(Category)...】按钮，打开类别图(Category Plots，分类图)对话框，见图 13-29。

除绘制【类别图(Category Plots，分类图)】、【联合类别图(Joint Category Plots，联合分类图)】外(有关选项参见第 13.3.1 节)，还可绘制：

☆【转换图(Transformation Plots，变换图)】：可设定【多标定维数(Dimensions for multiple nominal，多名义维数)】或选择【包含残差图(Include residual plots)】。

☆【质心投影(Project Centroids Of)】：可选择 1 个变量并将其质心投影【到】选定的变量上。选择此项时，含有投影的质心坐标表也会同时显示。

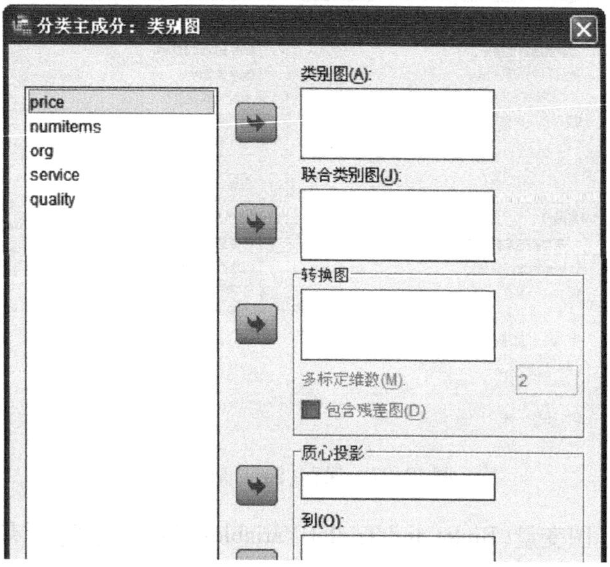

图 13-29　类别图(Category Plots，分类图)对话框

10)单击【继续】→【加载(Loading)...】按钮，打开载荷图(Loading Plots)对话框，见图 13-30。

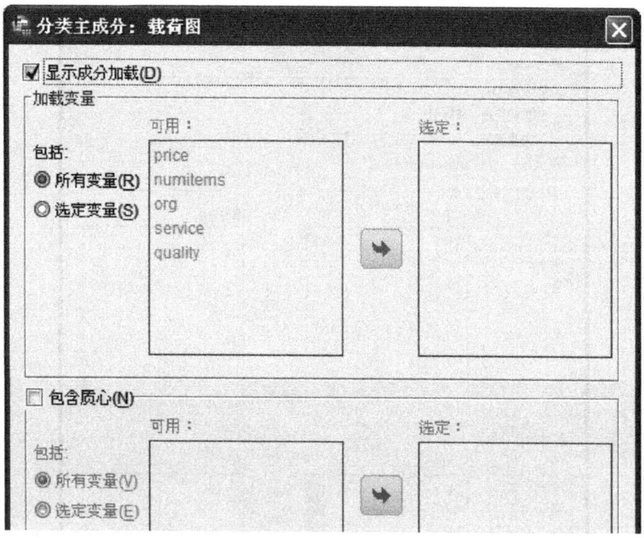

图 13-30　载荷图(Loading Plots)对话框

☆【显示成分加载(Display component loadings, 显示成分载荷)】: 绘制成分载荷图(plot of the component loading)。

☆【加载变量(Loading Variables, 载荷变量)】:【包括(Include)】, 可选择【所有变量(All variables)】或【选定变量(Selected variables)】。

○【包含质心(Include centroids)】: 多名义尺度水平的变量无成分载荷, 但用户可选择图形包含这些变量的质心。【包括(Include)】可选择【所有变量(All variables)】或【选定变量(Selected variables)】。

11)单击【继续】→【确定】按钮, 得到以下主要结果:

CATPCA-分类数据的主成分分析(CATPCA-Principal Components Analysis for Categorical Data)

结果 13-19　迭代历史(Iteration History)

迭代数 (Iteration Number)	方差解释 (Variance Accounted For)		Loss (损失)		
	总计 (Total)	增量 (Increase)	总计 (Total)	质心坐标 (Centroid Coordinates)	对向量坐标的质心约束 (Restriction of Centroid to Vector Coordinates)
0	3.698565	.000010	6.301435	6.236678	.064758
100	3.709375	.000010	6.290625	6.243432	.047193

结果 13-20　模型摘要(Model Summary)

(维度) Dimension	克隆巴赫系数 (Cronbach's Alpha)	方差解释(Variance Accounted For)	
		总计(特征值)(Total(Eigenvalue))	方差百分比(% of Variance)
1	.809	2.834	56.689
2	-.178	.875	17.498
总计(Total)	.913[a]	3.709	74.188

结果 13-21　成分载荷(Component Loadings)

	维度(Dimension)	
	1	2
价格满意度	.860	-.048
品种满意度	.848	-.253
组织满意度	.457	.880
服务满意度	.802	-.020
产品质量满意度	.723	-.182

12)主要结果分析。

(1)迭代历史(Iteration History)表: 本例共进行了 100 次迭代, 达到了最大迭代次数, 见结果 13-19。

(2)模型摘要(Model Summary)表: 第 1 维度的方差百分比(% of Variance)为 56.689%, 第 2 维度的方差百分比为 17.498%, 2 个维度的方差百分比合计为 74.188%, 说明该 5 个变量可简化成 2 个主成分, 2 个主成分可解释所有变量的 74.188% 的信息, 见结果 13-20。

(3)成分载荷(Component Loadings)表: 显示两个主成分分别在各变量上的成分载荷, 第 1 主成分主要解释 4 个变量, 其成分载荷分别为 price(价格满意度)0.860、numitems(品种满意度)0.848、service(服务满意度)0.802、quality(产品质量满意度)0.723, 4 个变量的第 2 主成分主要解释 1 个变量: org(组织满意度)0.880, 见结果 13-21。

(4)成分载荷图(Component Loadings Plot)：可直观地描绘两个主成分和变量之间关系，见图 13-31。

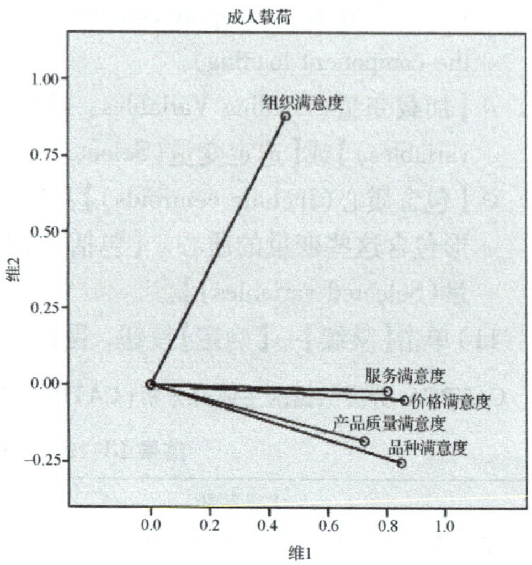

图 13-31　成分载荷图(Component Loadings Plot)

13.3.3　非线性典型相关分析

非线性典型相关分析(Nonlinear canonical correlation analysis, OVERALS)相当于最优尺度的分类典型相关分析(categorical canonical correlation analysis)，其目的是计算两个分类变量集的相似程度。标准典型相关分析(standard canonical correlation analysis)是多重回归(multiple regression)的扩展，其中第 2 个集不包含单响应变量(single response variable)，而是包含多响应变量(multiple response variable)。其目标是尽可能解释低维空间中 2 个数值变量集之间关系中的方差。首先对每个集的变量进行线性组合(linear combination)，使线性组合有最大相关(maximal correlation)；然后根据这些组合，确定后续线性组合与之前的组合不相关，并确定后续组合具可能的最大相关。最优尺度法(optimal scaling approach)过程通过三个关键途径扩展标准典型相关分析。首先，OVERALS 可分析 2 个或以上的变量集；其次，变量可以是名义变量、有序变量或数值变量，可对变量间的非线性关系(nonlinear relationship)进行分析；最后，变量集与根据对象得分定义的未知折中集(compromise set)进行比较，而不是变量间的最大相关。

生成的统计量与图形包括频率、质心、迭代历史、对象得分、分类量化、权重、成分载荷、单拟合(single fit)和多拟合(multiple fit)，绘制对象得分图(object scores plot)、分类坐标图(category coordinates plot)、成分载荷图、分类质心图(category centroids plot)及变换图。

【例 13-5】 某市妇幼保健院对该地的 1200 多名青少年进行性知识调查，并已建立数据文件 corresp. sav，调查项目包括性别(sex)、年龄(age)(≤14 岁、14～20 岁、20 岁以上)、与家长讨论性问题的频率(parents，1—经常，2—偶尔，3—从不)、与朋友讨论性问题的频率(friends，1—经常，2—偶尔，3—从不)，试分析性别、年龄和与家长或朋友讨论性问题的关系(进行非线性典型相关分析)。

1)打开数据文件 corresp. sav。

2)最佳刻度(Optimal Scaling)主对话框中，选择【最佳度量水平(Optimal Scaling Level)】中的【某些变量并非多重标称(Some variable(s) not multiple nominal)】及【变量集的数目(Number of Sets of Variables)】中的【多个集合(Multiple sets)】，单击【定义...】按钮，打开非线性正态协变量分析(Nonlinear Canonical Correlation Analysis(OVERALS))主对话框，见图 13-32。

☆【1 的集 1(Set 1 of 1)】的【变量(Variables)】为“sex(性别)”、“agegroup(年龄组)”。

☆【2 的集 2(Set 2 of 2)】的【变量(Variables)】为“parents(与家长讨论性问题的频率)”、“friends(与朋友讨论性问题的频率)”。

☆【标注对象得分图(Label Object Scores Plot(s) by)】。

☆【解的维数(Dimensions in Solution)】：默认值为“2”。

3)定义变量的范围与尺度：选择“sex(性别)”后，单击【定义范围和比例(Define Range and

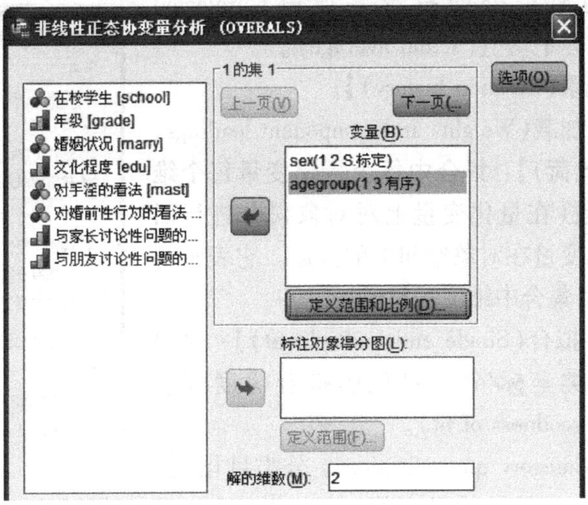

图 13-32　非线性正态协变量分析(Nonlinear Canonical Correlation Analysis(OVERALS))主对话框

Scale)...】按钮，打开定义范围和比例(Define Range and Scale)对话框，见图 13-33。

☆【最小(Minimum)】：系统自动默认为"1"，用户不能修改。

☆【最大(Maximum)】：设定被选变量的最大值。

注：分析中将对分类进行取整，在指定范围外的数值将被忽略，为了使结果更为简洁，用户可使用自动重新编码(Automatic Recode)创建一个从 1 开始的连续名义或有序分类变量。对于数值变量则重新编码成最小值为 1、增量为 1 的变量。

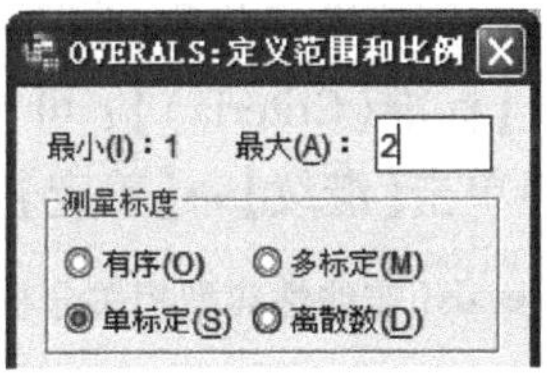

图 13-33　定义范围和比例(Define Range and Scale)对话框

☆【测量标度(Measurement Scale，计量水平)】。

○【有序(Ordinal)】：观测变量的分类顺序保存在量化变量(quantified variable)中。

○【单标定(Single nominal，单名义)】：即单名义尺度，在量化变量中，相同分类将获得相同得分。

○【多标定(Multiple nominal)】：即多名义尺度，在每个维度中量化值将不同。

○【离散数(Discrete numeric)】：分类看作有序等距，分类号(category number)与观测变量的分类顺序的差异将保存在量化变量中。

4)单击【继续】按钮，返回主对话框，同理可对其他变量进行设定，具体如下：

变　量　名	最大值(Maximum)	计量水平(Measurement Scale)
sex(性别)	2	单名义(Single nominal)
agegroup(年龄组)	3	有序(Ordinal)
parents(家长讨论性问题的频率)	3	有序(Ordinal)
Friends(与朋友讨论性问题的频率)	3	有序(Ordinal)

5)单击【选项(Options)...】按钮，打开选项(Options)对话框，见图 13-34。

☆【输出(Display)】。

○【频率(Frequencies)】：边际次数(marginal frequency)。

○【质心(Centroids)】：是指属于同一个变量分类个案的每个集合中对象(个案)的分类

量化以及对象得分的投影平均值(projected average)和实际平均值(actual average)。

○【迭代历史记录(Iteration history)】。

○【权重和成分加载(Weights and component loadings, 权重和成分载荷)】:集合中每个量化变量每个维度的回归系数(在量化变量上对对象得分进行回归)以及量化变量在对象空间中的投影。它表示每个变量对每个集合中维度的贡献。

○【单拟合和多拟合(Single and multiple fit)】:对象单分类和多类坐标/分类量化的拟合优度度量(measures of goodness of fit)。

○【类别量化(Category quantifications, 分类量化)】:分配给变量分类的最优尺度值(optimal scale value)。

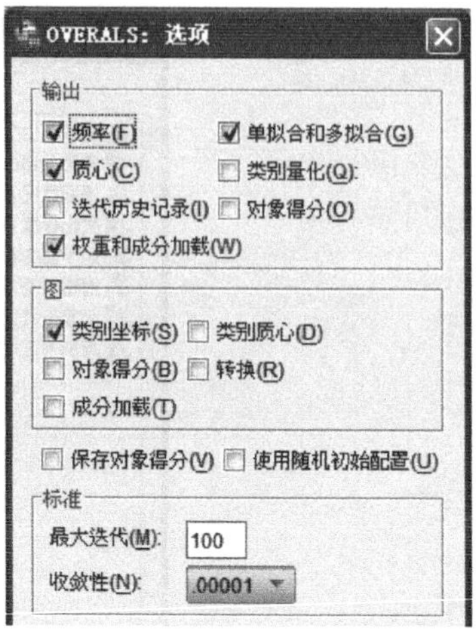

图 13-34 选项(Options)对话框

○【对象得分(Object Scores)】:分配给特定维度中对象(个案)的最优得分(optimal score)。

☆【图(Plot)】:可选择【类别坐标(Category coordinates, 分类坐标)】、【对象得分(Object scores)】、【成分加载(Component loadings, 成分载荷)】、【类别质心(Category centroids, 分类质心)】及【转换(Transformations, 变换)】。

○【保存对象得分(Save object scores)】。

○【使用随机初始配置(Use random initial configuration)】:若所有变量或部分变量为单名义,则应选择此项;若不选此项,则【使用嵌套初始配置(nested initial configuration)】。

☆【标准(Criteria)】:可设定【最大迭代(Maximum iterations)】及【收敛性(Convergence)】。

6)单击【继续】→【确定】按钮,得到如下结果。

Overals(非线性典型相关分析)

结果 13-22 变量列表(List of Variables)

集合(Set)		分类数(Number of Categories)	最优尺度水平(Optimal Scaling Level)
1	性别	2	单名义(Single Nominal)
	年龄组	3	有序(Ordinal)
2	与家长讨论性问题的频率	3	有序(Ordinal)
	与朋友讨论性问题的频率	3	有序(Ordinal)

边际次数(Marginal Frequencies)

集合 1(Set 1)

结果 13-23 性别

	边际次数(Marginal Frequency)
男	652
女	640
缺失(Missing)	0
集合内的缺失值(Missing within the set)	0

结果 13-24 年龄组

	边际次数(Marginal Frequency)
小于等于14岁	415
14到20岁	459
20岁以上	418
缺失(Missing)	0
集合内的缺失值(Missing within the set)	0

集合2(Set 2)

结果13-25　与家长讨论性问题的频率

	边际次数(Marginal Frequency)
经常	30
偶尔	651
从不	586
缺失(Missing)	19
集合内的缺失值(Missing within the set)	25

结果13-26　与朋友讨论性问题的频率

	边际次数(Marginal Frequency)
经常	131
偶尔	841
从不	295
缺失(Missing)	20
集合内的缺失值(Missing within the set)	25

结果13-27　迭代历史(Iteration History)

	损失(Loss)	拟合(Fit)	与上次迭代间的差值(Difference from the Previous Iteration)
0	.722718	1.277282	
16	.690156	1.309844	.000006

结果13-28　权重(Weights)

集合(Set)		维度(Dimension)	
		1	2
1	性别	.283	-.753
	年龄组	.805	.242
2	与家长讨论性问题的频率	-.155	.786
	与朋友讨论性问题的频率	-.768	-.370

结果13-29　成分载荷(Component Loadings)

集合(Set)		维度(Dimension)	
		1	2
1	性别	.262	-.759
	年龄组	.797	.262
2	与家长讨论性问题的频率	-.379	.678
	与朋友讨论性问题的频率	-.813	-.141

结果13-30　拟合(Fit)

集合(Set)		多拟合(Multiple Fit)			单拟合(Single Fit)			单损失(Single Loss)		
		维度(Dimension)		合计	维度(Dimension)		和	维度(Dimension)		合计
		1	2	(Sum)	1	2	(Sum)	1	2	(Sum)
1	性别	.080	.567	.647	.080	.567	.647	.000	.000	.000
	年龄组	.648	.059	.707	.648	.059	.706	.000	.000	.000
2	与家长讨论性问题的频率	.027	.618	.645	.024	.618	.641	.003	.000	.003
	与朋友讨论性问题的频率	.591	.139	.730	.591	.137	.728	.001	.002	.003

7)结果分析。

(1)变量列表(List of Variables):显示非线性典型相关分析各变量集的变量,集合 1(Set1)的变量为 sex(性别)和 agegroup(年龄组);集合 2(Set2)的变量为 parents(与家长讨论性问题的频率)和 friends(与朋友讨论性问题的频率),见结果 13-22。

(2)边际次数(Marginal Frequencies)表:结果 13-23、13-24、13-25、13-26 显示各变量的边际次数(Marginal Frequencies)。

(3)迭代历史(Iteration History)表:非线性典型相关分析共进行了 16 次迭代,最后一次迭代与前次迭代间的差值(Difference from the Previous Iteration)小于收敛判别标准,迭代过程终止,见结果 13-27。

(4)权重(Weights)表(见结果 13-28)与成分载荷(Component Loadings)表(见结果 13-29):第 1 维度中权重(成分载荷)较大的变量为 agegroup(年龄组)和 friends(与朋友讨论性问题的频率),两者的系数符号相反;第 2 维度中权重(成分载荷)较大的变量为 sex(性别)和 parents(与家长讨论性问题的频率),两者的系数符号相反。表明年龄较大的被访对象倾向于和朋友讨论性问题,而女生倾向于和家长讨论性问题。

(5)拟合(Fit)表:第 1 维度中 agegroup(年龄组)和 friends(与朋友讨论性问题的频率)的多拟合(Multiple Fit)和单拟合(Single Fit)均较高;第 2 维度中 sex(性别)和 parents(与家长讨论性问题的频率)的多拟合和单拟合均较高,见结果 13-30。

(6)多分类坐标(Multiple Category Coordinates)图:可更深入地分析两组变量中各分类值之间的关系,在坐标图上各分类值距离的远近可表示它们之间关系的密切程度,见图 13-35,可见,年龄在 20 岁以上者"经常"与朋友讨论性问题;年龄在 14 ~ 20 岁者"偶尔"与朋友讨论性问题;年龄小于等于 14 岁者"从不"与朋友讨论性问题;女生"偶尔"或"经常"和家长讨论性问题,而男生"从不"和家长讨论性问题。这个分析结果与权重(Weights)与成分载荷(Component Loadings)的结果是一致的,但更为深入。

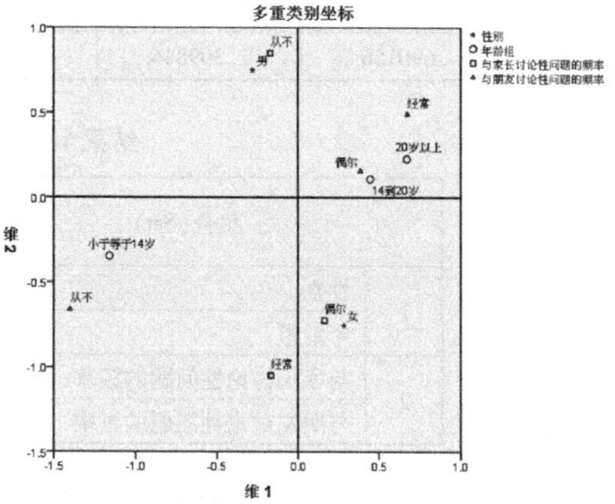

图 13-35　多分类坐标(Multiple Category Coordinates)图

综上所述,非线性典型相关分析与一般交叉表分析、对数线性模型、对应分析相比,能够更深入地对数据进行挖掘,发现更多信息,特别是对于多个变量集的分类数据分析,有其独特的优势。

练习题

(请访问 www. hxedu. com. cn 下载。)

第 14 章 尺度分析

尺度分析(Scale Analysis)包括可靠性分析(Reliability Analysis)、多维尺度分析(Multidimensional Scaling Analysis, ALSCAL)和多维邻近尺度分析(Multidimensional Scaling Analysis, PROXSCAL)及多维展开分析(Multidimensional Unfolding Analysis, PREFSCAL)。

14.1 可靠性分析

可靠性分析(Reliability Analysis)又称信度分析，是检验测量工具可靠性和稳定性的主要方法，在教育学上，可衡量教学评价过程受干扰因素所造成的随机误差大小。信度(reliability)和效度(effect)在教育学方面是衡量考试质量的两个重要指标，信度代表可靠性，效度代表意向性，信度的高低用可靠性系数(reliability coefficient，信度系数)表示。SPSS 的可靠性分析提供了 5 种模型计算可靠性系数。

生成的统计量包括每个变量和各尺度的描述统计量、跨项的概括统计(summary statistics)、项间相关(inter-item correlation)及项间协方差(inter-item covariance)、可靠性估计值(reliability estimate)、方差分析表、组内相关系数(intraclass correlation coefficient)、Hotelling T^2 检验及 Tukey 可加性检验(Tukey's test of additivity)。

【例 14-1】 某医学院某年级 60 名学生生物化学考试成绩(7 个试题：s31 ~ s37)已建立数据文件 reliabil. sav，试求该考试成绩的可靠性(信度)系数。

1)打开数据文件 reliabil. sav。

2)选择【Analyze(分析)】→【度量(Scale)】→【可靠性分析(Reliability Analysis)...】选项，打开可靠性分析(Reliability Analysis)主对话框，见图 14-1。

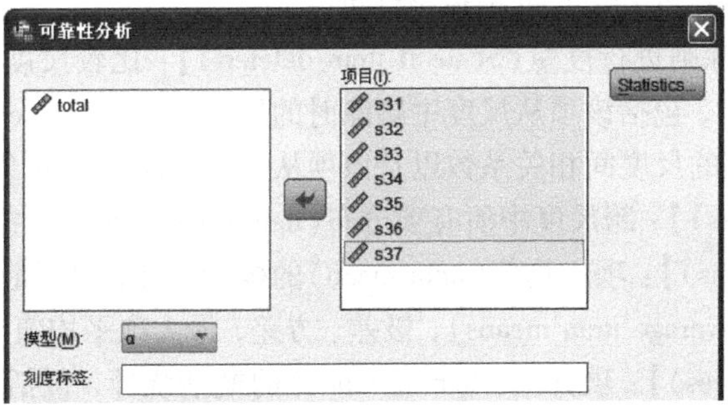

图 14-1 可靠性分析(Reliability Analysis)主对话框

☆【项目(Items)】：进行信度分析的项目，可以是二值变量、有序变量或区间变量，但数据应为数值编码，的本例为"s31" ~ "s37"。

☆【模型(Model)】：有 5 种，可选其中一种。

○【α(Alpha)】模型：即 Cronbach α 模型，为基于平均值的项间相关(inter-item correlation)的内部一致性模型(model of internal consistency)。

○【半分(Split-half)】：模型将尺度分成两部分，并检查两部分之间的相关性。

○【Guttman】模型：通过计算 Guttman 下边界(lower bound)获取真实可靠性(true reliability)。
○【平行(Parallel)】模型：假设所有项方差相等及重复项的误差方差(error variance)相等。
○【严格平行(Strict parallel)】模型：假设为平行模型(parallel model)且所有项平均值相等。

☆【刻度标签(Scale label，尺度标签)】。

3)单击【Statistics(统计)...】按钮，打开统计(Statistics)对话框，见图 14-2。

用户可选择不同的描述统计量，默认统计量包括个案数(number of cases)、项数(number of items)及可靠性估计值(reliability estimates)，并根据不同模型计算不同统计量。

○ α 模型(Alpha model)生成 α 系数(coefficient alpha)，对于二分数据(dichotomous data)，α 系数与 Kuder-Richardson 20(KR20)系数相同。
○ 分半模型(Split-half model)生成表间相关(correlation between forms)、Guttman 分半信度(Guttman split-half reliability)、Spearman-Brown 信度(Spearman-Brown reliability，长度相等和不相等)以及每半 α 系数(coefficient alpha for each half)。

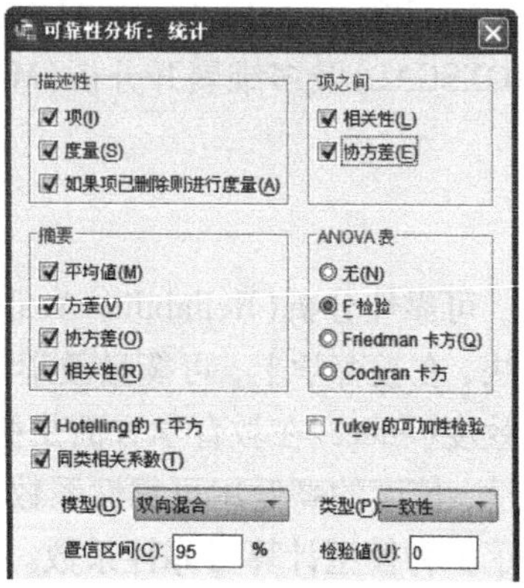

图 14-2　统计(Statistics)对话框

○ Guttman 模型(Guttman model)生成可靠性系数 $\lambda_1 \sim \lambda_6$。
○ 平行模型与严格平行模型(Strict parallel model)进行模型拟合优度检验(test for goodness of fit of model)，生成误差方差估计值(estimate of error variance)、共同方差(common variance)、真方差(true variance)、估计公共项间相关(estimated common inter-item correlation)、估计的可靠性(estimated reliability)及可靠性系数的无偏估计值(unbiased estimate of reliability)。

☆【描述性(Descriptives for)】：跨个案的尺度或项描述统计量。
○【项(Item)】：跨个案的项描述统计量。
○【度量(Scale，尺度)】：尺度描述统计量。
○【如果项已删除则进行度量(Scale if item deleted)】：比较尺度中各项概括统计(summary statistics)，包括该项从尺度中删除时的尺度平均值(scale mean)和方差、该项与由其他项组成的尺度间相关系数以及该项从尺度中删除时的 Cronbach α 值。

☆【摘要(Summaries)】：跨尺度中所有项分布(item distribution)的描述统计量。
○【平均值(Means)】：项平均值(item mean)的概括统计，包括最小值、最大值，项平均值的平均值(average item means)、极差、方差，最大项平均值与最小项平均值之比。
○【方差(Variances)】：项方差(item variance)的概括统计，包括最小值、最大值、平均项方差(average item variances)、极差、方差及最大项方差与最小项方差之比。
○【协方差(Covariances)】：项间协方差(inter-item covariance)的概括统计，包括最小值、最大值、平均项间协方差(average inter-item covariances)、极差、方差及最大项间协方差与最小项间协方差之比。
○【相关性(Correlations，相关)】：项间相关(inter-item correlation)的概括统计，包括最小值、最大值、平均项间相关(average inter-item correlation)、极差、方差及最大项间相关与最小项间相关之比。

☆【项之间(Inter-Item)】：生成项间的相关矩阵(matrix of correlations)或协方差矩阵(matrix of covariances)，可选择【相关性(Correlations，相关)】及【协方差(Covariances)】。

☆【ANOVA 表(ANOVA Table，方差分析表)】：平均值相等的检验。

○【无(None)】。

○【F 检验(F test)】：重复测量方差分析表(repeated measures analysis-of-variance table)。

○【Friedman 卡方(Friedman chi-square)】：计算等级资料的 Friedman 卡方与 Kendall 协调系数(Kendall's coefficient of concordance)。卡方检验(chi-square test)替换方差分析表中的 F 检验。

○【Cochran 卡方(Cochran chi-square)】：计算二分数据的 Cochran Q 值，Q 统计量(Q statistic)替换方差分析表中的 F 检验。

☆【Hotelling 的 T 平方(Hotelling's T-square)】：即 Hotelling T^2检验，假设尺度上所有项均具有相同平均值的多元检验(multivariate test)。

☆【Tukey 的可加性检验(Tukey's test of additivity，Tukey 可加性检验)】：假设项中不存在相乘交互效应(multiplicative interaction)的检验。

☆【同类相关系数(Intraclass correlation coefficient，组内相关系数)】：生成个案内值的一致性度量(measure of consistency)或符合度度量(measure of agreement)。

☆【模型(Model)】下拉菜单：计算组内相关系数的模型。

○【双向混合(Two-Way Mixed)】：为默认选项，当人为效应(people effect)是随机的，而项效应(item effect)固定时，选择此项。

○【双向随机(Two-Way Random)】：当人为效应和项效应均为随机时选择此项。

○【单向随机(One-Way Random)】：当人为效应为随机时选择此项。

☆【类型(Type)】下拉菜单：指标的类型，可选择【一致性(Consistency)】或【绝对一致(Absolute Agreement)】。

☆【置信区间(Confidence interval)】：默认为“95%”。

☆【检验值(Test value)】：假设检验(hypothesis test)系数的假设值(hypothesized value)，用来与观测值进行比较，可输入 0 ~ 1 之间的值。

4)单击【继续】→【确定】按钮，得到以下主要结果：

信度(Reliability)

结果 14-1　可靠性统计(Reliability Statistics)

克隆巴赫系数 (Cronbach's Alpha)	基于标准化项的 Cronbachα 系数 (Cronbach's Alpha Based on Standardized Items)	项数 (N of Items)
.875	.881	7

结果 14-2　项统计(Item Statistics)

	平均值(Mean)	标准差(Std. Deviation)	例数(N)
s31	7.042	2.4222	60
s32	7.333	2.2599	60
s33	6.533	2.7415	60
s34	7.842	1.9277	60
s35	4.483	3.1272	60
s36	7.075	2.2129	60
s37	6.742	1.8922	60

结果 14-3 项总统计(Item-Total Statistics)

	删除项后的尺度平均值(Scale Mean if Item Deleted)	删除项后的尺度方差(Scale Variance if Item Deleted)	校正项与总分相关(Corrected Item-Total Correlation)	复决定系数(Squared Multiple Correlation)	删除项后的 Cronbach α 系数(Cronbach's Alpha if Item Deleted)
s31	40.008	119.352	.694	.537	.852
s32	39.717	127.232	.581	.413	.867
s33	40.517	110.610	.760	.637	.843
s34	39.208	124.282	.790	.697	.845
s35	42.567	109.979	.643	.519	.865
s36	39.975	122.283	.711	.623	.851
s37	40.308	136.543	.494	.262	.876

结果 14-4 ANOVA

		平方和(Sum of Squares)	自由度(df)	均方(Mean Square)	F	显著性(Sig)
人员之间(Between People)		1365.121	59	23.138		
人员内部(Within People)	项间(Between Items)	414.107	6	69.018	23.902	.000
	残差(Residual)	1022.179	354	2.888		
	总计(Total)	1436.286	360	3.990		
总计(Total)		2801.407	419	6.686		

总平均值(Grand Mean)=6.721

结果 14-5 Hotelling T 方检验(Hotelling's T-Squared Test)

Hotelling T 方(Hotelling's T-Squared)	F	df1	df2	Sig
116.204	17.726	6	54	.000

5)主要结果分析

(1)可靠性统计(Reliability Statistics)表：输出 α 模型的信度系数，即 Cronbach α 系数，为 0.875。通常在探索性研究中要求 Cronbach α 系数至少达到 0.6，量表 Cronbach α 系数达到 0.7 或更高认为一致性信度较好，达到 0.8 或更高即认为一致性信度很好，因此认为本例一致性信度很好，见结果 14-1。

(2)项统计(Item Statistics)表：输出各项的平均值(Mean)、标准差(Std. Deviation)和例数(N)，见结果 14-2。

(3)项总统计(Item-Total Statistics)表：删除项后的尺度平均值(Scale Mean if Item Deleted)是删除相应的变量后，成绩总分平均值的改变。同理，删除项后的尺度方差(Scale Variance if Item Deleted)是总分方差的改变，删除项后的 Cronbach α 系数(Cronbach's Alpha if Item Deleted)是 Cronbach α 系数的改变，校正项与总分相关(Corrected Item-Total Correlation)是每项与总分的相关系数。如果该系数相关程度达到中等及以上(如 0.40 以上)，说明该项与其他大部分题项至少是中等相关程度，是测量这个总和评分尺度一个好的组合成分；如果该系数是负的或者过低(小于 0.30)，可考虑重新修正该题项或剔除该题项；如果删除某变量后 Cronbach α 系数相对较大，提示问卷的信度提高，可考虑将此变量修正或删除，见结果 14-3。

(4)方差分析(ANOVA)表：对各变量进行重复测量方差分析，项间(Between Items)，$F = 23.902$，$P = 0.000 < 0.01$，按 $\alpha = 0.05$ 水准，认为该测试重复测量效果良好，见结果 14-4。

(5)Hotelling T 方检验(Hotelling's T-Squared Test)表：$F = 17.726$，$P = 0.000 < 0.05$，按 $\alpha = 0.05$ 水准，认为不同变量得分的总体平均值不同，见结果 14-5。

14.2 多维尺度分析(ALSCAL)

在多维空间中，人们常以点表示每个事件或物体，这些点是根据事件或物体彼此间的相似关系安排位置。越相似的物体，其两点间的距离越近；而相异物体，其两点间的距离较远。这些点所在的空间即 Euclidean 空间，可为二维、三维或多维的，这种模型称为 Euclidean 模型(Euclidean Model)。另一种模型称为个体差异尺度模型(Individual differences scaling model, INDSCAL)。多维尺度分析是分析距离资料，即相异性资料(dissimilarity data)，以指出两个相似或相异事件的一致性。

根据相异性矩阵的个数，资料的测量水平及分析的模型，多维尺度分析(Multidimensional Scaling, MDS)有以下几种不同形态的分类。

(1)数据矩阵的个数及分析模型：包括古典多维尺度分析(classical MDS, CMDS)，1 个矩阵的 Euclidean 模型；复多维尺度分析(replicated MDS, RMDS)，数个矩阵的 Euclidean 模型；加权多维尺度分析(weight MDS, WMDS)，数个矩阵的加权 Euclidean 模型；广义多维尺度分析(generalized GMDS)，数个矩阵的广义 Euclidean 模型。

(2)相异性资料所用的尺度分析包括数据为有序(等级)尺度的非计量多维尺度分析(non-numeric MDS)和数据为等距尺度或等比尺度的计量多维尺度分析(metric MDS)。

第 2 种分类方式与第 1 种分类方式的前 3 类相组合，可有 6 种不同的 MDS 模型。

生成的统计量与图形包括每个模型的数据矩阵(data matrix)、最优尺度数据矩阵(optimally scaled data matrix)、Young S 应力(S-stress(Young's))、Kruskal 应力(stress(Kruskal's))、R 方值(RSQ)、刺激坐标(stimulus coordinates)、RMDS 模型每个刺激的平均应力(average stress)和 R 方，对于个体差异模型(individual difference model, INDSCAL)的统计量包括每个对象的主题权重(subject weight)和怪异指数(weirdness index)，对于复多维尺度分析生成每个矩阵每个刺激的应力及 R 方，可绘制二维或三维的刺激坐标图及不平衡点对距离的散点图(scatterplot of disparities versus distances)

【例 14-2】 美国 9 个大城市间的飞行距离(单位是 mile, 1mile = 1.6093km)见表 14-1，试以这 9 个城市间的飞行距离进行多维尺度分析。(其中，Atlanta 是亚特兰大，Chicago 是芝加哥，Denver 是丹佛，Los_ange 是洛杉矶，Miami 是迈阿密，New_york 是纽约，San_fran 是三藩市，Seattle 是西雅图，Washing 是华盛顿。)

表 14-1 美国 9 个大城市间的飞行距离(英里)

亚特兰大	芝加哥	丹佛	洛杉矶	迈阿密	纽约	三藩市	西雅图	华盛顿
0	.	.	.	.	.	.	.	.
587	0	.	.	.	.	.	.	.
1212	920	0	.	.	.	.	.	.
1936	1745	831	0	.	.	.	.	.
604	1188	1726	2339	0	.	.	.	.
748	713	1631	2451	1092	0	.	.	.
2139	1858	949	347	2594	2511	0	.	.
2182	1737	1021	959	2734	2048	678	0	.
543	597	1494	2300	923	205	2442	2329	0

1)建立数据文件(9×9 对称矩阵)mds.sav。

2)选择【Analyze(分析)】→【度量(Scale)】→【多维刻度(ALSCAL)(Multidimensional Scaling(ALSCAL))...】选项，打开多维刻度(Multidimensional Scaling)主对话框，见图 14-3。

☆【变量(Variables)】：如果是相异性数据(dissimilarity data)，要求所有变量都是相同度量(same metric)的定量资料；如果是多元数据(multivariate data)，变量可以为定量资料、二进制资料或计数资料。本例全部引入。

☆【单个矩阵(Individual Matrices for)】：只有选择【距离(Distances)】中的【从数据创建距离(Create distances from data)】时，才能选择此项。由于本例是矩阵资料，不必选择此项。

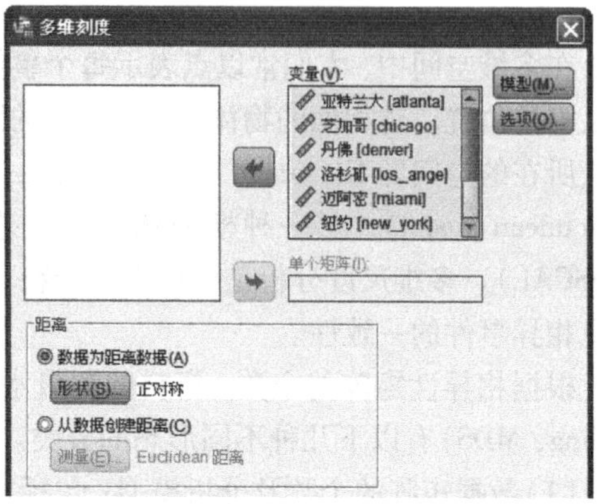

图 14-3　多维刻度(Multidimensional Scaling)主对话框

☆【距离(Distanccs)】。

○【数据为距离数据(Data are distances)】：相异性矩阵中每个元素是矩阵中行与列的相异程度。本例是相异性资料。

○【从数据创建距离(Create distances from data)】：将源数据变换为相异正方形对称矩阵。

3)单击【形状(Shape)...】按钮，打开数据形状(Shape of Data)对话框，见图 14-4。

如果活动数据集代表一组对象中的距离或者代表两组对象间的距离，需指定数据矩阵的形状才能得到正确的结果，可选择【正对称(Square symmetric)】、【正不对称(Square asymmetric)】或【矩形(Rectangular)】。若选择【矩形(Rectangular)】，应设定【行数(Number of rows)】。

单击【继续】按钮，返回主对话框。

此外，用户若选择【从数据创建距离(Create distances from data)】后，单击【测量(Measure)...】按钮，打开从数据中创建测量(Create Measure from Data)对话框，见图 14-5。

☆【测量(Measure，度量)】：其选项参见第 11.3.2 节。

☆【转换值(Transform Values，变换值)】：其选项参见第 11.3.1 节。

☆【创建距离矩阵(Create Distance Matrix)】：可选择【变量间(Between variables)】或【个案间(Between cases)】。

4)单击【继续】→【模型(Model)...】按钮，打开模型(Model)对话框，见图 14-6。

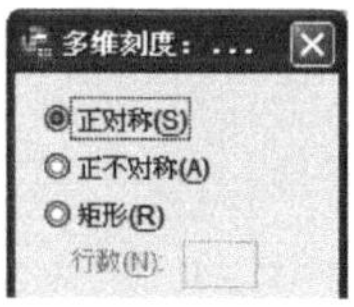

图 14-4　数据形状(Shape of Data)对话框

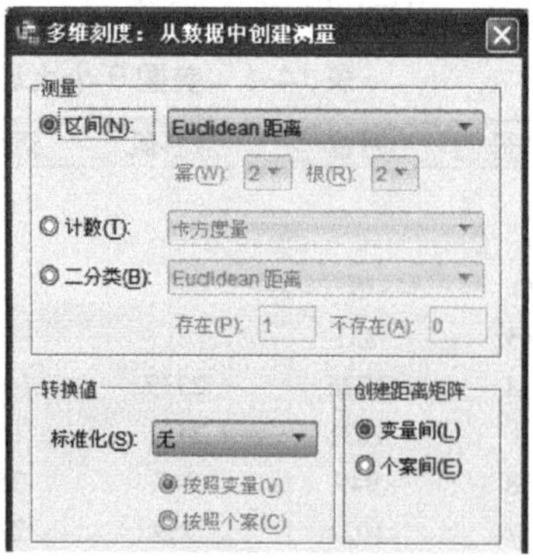

图 14-5　从数据中创建测量(Create Measure from Data)对话框

多维尺度分析模型的正确估计取决于数据及模型本身的特征。

☆【测量级别(Level of Measurement，测量水平)】：指定数据的测量水平。

○【序数(Ordinal，有序)】：视所有资料为有序尺度。

●【打开结观察值(Untie tied observations)】：将变量视为连续变量。

○【区间(Interval)】：进行计量分析。

○【比率(Ratio)】：进行计量分析。

☆【条件性(Conditionality)】：指定哪些比较是有意义的。

○【矩阵(Matrix)】：每个变量的单位或意义均相同。

○【行(Row)】：只在非对称及长正方形矩阵时才可选择，可进行每个矩阵各列间的比较。

○【无约束(Unconditional)】：观测值不受任何约束，可进行数据矩阵中所有值的比较。

☆【维数(Dimensions)】：指定尺度解决方案的维数，在设定范围内每个维数将生成 1 个结果，维数的范围介于 1 ~6 之间，若只需得到 1 个结果，则在【最小(Minimum)】及【最大(Maximum)】中设定相同数值，本例均为“2”。

☆【度量模型(Scaling Model，尺度模型)】：设定尺度分析的模型，可选择【Euclidean 距离(Euclidean distance)】或【个别差异 Euclidean 距离(Individual differences Euclidean distance)】，后者又称 INDSCAL，选择此项可选择【允许负的主体权重(Allow negative subject weights，允许负主体权重)】。

5)单击【继续】→【选项(Options)...】按钮，打开选项(Options)对话框，见图 14-7。

☆【输出(Display)】。

○【组图(Group plots)】：显示团体刺激坐标图及加权模式的加权矩阵，还可显示数据与模型间线性拟合(linear fit)散点图及数据变换的非线性拟合散点图。

○【个别主体图(Individual subject plots)】：显示次序性，矩阵限制资料变换的散点图。

○【数据矩阵(Data matrix)】。

○【模型和选项摘要(Model and options summary)】。

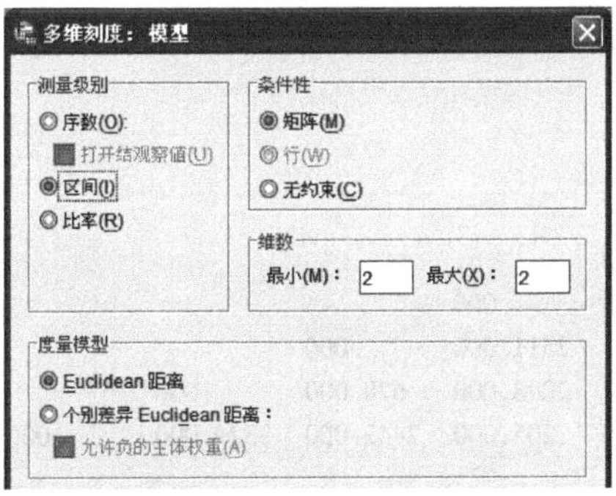

图 14-6　模型(Model)对话框

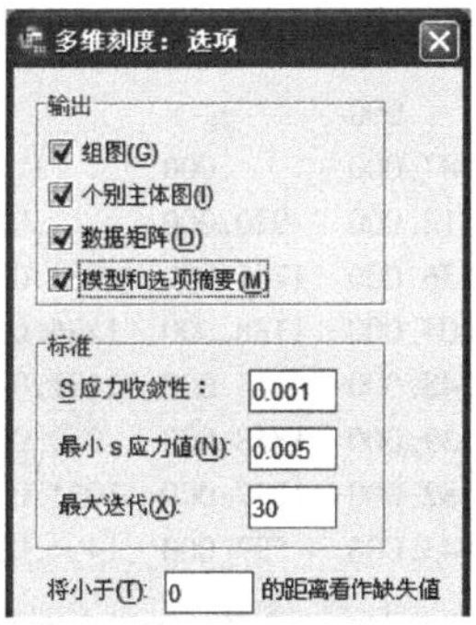

图 14-7　选项(Options)对话框

☆【标准(Criteria)】。

○【S 应力收敛性(S-stress convergence)】：默认值为“0.001”。当两次迭代间 S 应力的增量小于或等于 0.001 时，则停止迭代。

○【最小 S 应力值(Minimum s-stress value)】：默认值为“0.005”。

○【最大迭代(Maximum iterations)】：设定最大迭代次数，默认为“30”次。一般来说，迭代次数越多，其结果越精确，但计算时间较长。

☆【将小于】n【的距离看作缺失值(Treat distances less than n as missing)】：少于指定值的距离按缺失值处理，分析时被删除，默认值为“0”。

6)单击【继续】→【确定】按钮，得到以下结果：

Alscal，多维尺度分析(ALSCAL)

Alscal Procedure Options

Data Options-	
Number of Rows(Observations/Matrix).	9
Number of Columns(Variables) . . .	9
Number of Matrices	1
Measurement Level	Interval
Data Matrix Shape	Symmetric
Type	Dissimilarity
Approach to Ties	Leave Tied
Conditionality	Matrix
Data Cutoff at	000000
Model Options-	
Model	Euolid
Maximum Dimensionality	2
Minimum Dimensionality	2
Negative Weights	Not Permitted
Output Options-	
Job Option Header	Printed
Data Matrices	Printed
Configurations and Transformations .	Plotted
Output Dataset	Not Created
Initial Stimulus Coordinates . . .	Computed
Algorithmic Options-	
Maximum Iterations	30
Convergence Criterion	.00100
Minimum S-stress	.00500
Missing Data Estimated by	Ulbounds

Raw(unscaled) Data for Subject 1

	1	2	3	4	5	6	7	8	9
1	.000								
2	587.000	.000							
3	1212.000	920.000	.000						
4	1936.000	1745.000	831.000	.000					
5	604.000	1188.000	1726.000	2339.000	.000				
6	748.000	713.000	1631.000	2451.000	1092.000	.000			
7	2139.000	1858.000	949.000	347.000	2594.000	2511.000	.000		
8	2182.000	1737.000	1021.000	959.000	2734.000	2048.000	678.000	.000	
9	543.000	597.000	1494.000	2300.000	923.000	205.000	2442.000	2329.000	.000

Iteration history for the 2 dimensional solution(in squared distances)

Young's S-stress formula 1 is used.

Iteration	S-stress	Improvement
1	.05061	
2	.04413	.00648
3	.04390	.00023

Iterations stopped because

S-stress improvement is less than .001000

Stress and squared correlation(RSQ) in distances

RSQ values are the proportion of variance of the scaled data(disparities)

in the partition(row, matrix, or entire data) which
is accounted for by their corresponding distances.
Stress values are Kruskal' s stress formula 1.

For matrix
Stress = .03788 RSQ = .99271
Configuration derived in 2 dimensions
Stimulus Coordinates
Dimension

Stimulus Number	Stimulus Name	1	2
1	atlanta	.9691	-.3311
2	chicago	.5505	.3091
3	denver	-.6243	-.1489
4	los_ange	-1.5508	-.5994
5	miami	1.4920	-.8512
6	new_york	1.2392	.7566
7	san_fran	-1.8115	-.2177
8	seattle	-1.5846	.8139
9	washing	1.3204	.2685

Optimally scaled data(disparities) for subject 1

	1	2	3	4	5	6	7	8	9
1	.000								
2	.822	.000							
3	1.606	1.240	.000						
4	2.515	2.275	1.128	.000					
5	.843	1.576	2.251	3.020	.000				
6	1.024	.980	2.132	3.161	1.455	.000			
7	2.769	2.417	1.276	.520	3.340	3.236	.000		
8	2.823	2.265	1.366	1.289	3.516	2.655	.936	.000	
9	.766	.834	1.960	2.972	1.243	.342	3.150	3.008	.000

7)结果分析。

(1)首先生成数据选项(Data Options)、分析模型选项(Model Options)、输出选项(Output Options)及算法选项(Algorithmic Options)。

(2)原始资料(非尺度)(Raw(unscaled)Data)矩阵: 9×9 对称矩阵。

(3)使用 Young S 应力公式 1(Young's S-stress formula 1)进行迭代,总共迭代 3 次,第 3 次迭代 S 应力(S-stress) =0.04390,增量(Improvement)为 0.00023,小于 0.001 的收敛标准,停止迭代过程。

(4)应力(Stress) =0.03788, RSQ =0.99271,由此可见,用二维 Euclidean 模型描述美国 9 个大城市间的飞行距离是十分满意的。

(5)二维刺激坐标(Stimulus Coordinates): Atlanta(亚特兰大)为(0.9689, -0.3312)、Chicago(芝加哥)为(0.5503, 0.3091)、Denver(丹佛)为(-0.6245, -0.1490)、Los_Angeles(洛杉矶)为(-1.5511, -0.5994)、Miami(迈阿密)为(1.4919, -0.8513)、New_York(纽约)为(1.2391, 0.7566)、San_Francisco(三藩市)为(-1.8117, -0.2178)、Seattle(西雅图)为(-1.5835, 0.8156)、Washington(华盛顿)为(1.3206, 0.2675)。

(6)最优尺度数据(Optimally scaled data)矩阵:也就是变换后相异性数据矩阵。

(7)派生激励配置(Derived Stimulus Configuration)图,见图 14-8。

(8)线性拟合散点图(Scatterplot of Linear Fit)：由此可看出所有点均落在一条直线附近，无单个分散现象，此资料与模型拟合很好。对照 RSQ = 0.99269，相关性也很高，见图 14-9。

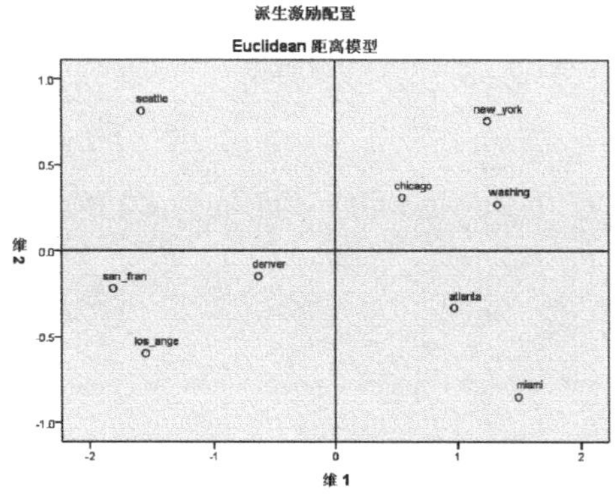

图 14-8　派生激励配置(Derived Stimulus Configuration)图

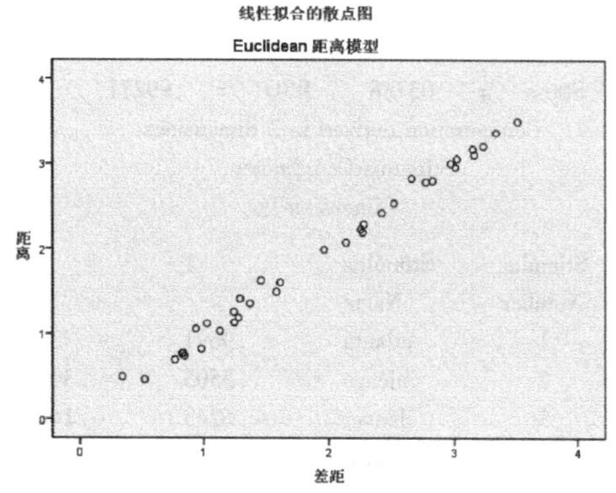

图 14-9　线性拟合散点图(Scatterplot of Linear Fit)

14.3　多维邻近尺度分析(PROXSCAL)

多维邻近尺度分析(PROXSCAL)过程与多维尺度分析(ALSCAL)过程相类似，多维尺度分析(ALSCAL)只能分析相异性资料、多维邻近尺度分析(PROXSCAL)过程既可分析相异性资料也可分析相似性资料，同时还提供更加丰富的模型诊断、设置和结果输出。

生成的统计量与图形包括迭代历史(iteration history)、应力度量(stress measure)、应力分解(stress decomposition)、公共空间的坐标(coordinates of the common space)、最终配置中的对象距离(object distance within the final configuration)、私有空间权重(individual space weight)、私有空间(individual space)、变换近似值(transformed proximity)、变换自变量(transformed independent variable)；绘制应力图(stress plot)、公共空间散点图(common space scatterplots)、私有空间权重散点图(individual space weight scatterplots)、私有空间散点图(individual spaces scatterplots)、变换图(transformation plot)、Shepard 残差图(Shepard residual plot)及自变量变换图(independent variables transformation plot)。

【例 14-3】　表 14-2 给出了某些不同年代的考古场所之间的距离。确定这些距离的依据是这些考古场发现的不同陶器的频数。试用多维尺度分析寻找考古场所与年代的关系。

表 14-2　各考古场所之间的距离

	P1980918 (1)	P1931131 (2)	P1550960 (3)	P1530987 (4)	P1361024 (5)	P1351005 (6)	P1340945 (7)	P1311137 (8)	P1301106 (9)
(1)	0.000	.	.	.	.	.	.	.	.
(2)	2.202	0.000	.	.	.	.	.	.	.
(3)	1.004	2.025	0.000	.	.	.	.	.	.
(4)	1.108	1.943	0.233	0.000	.	.	.	.	.
(5)	1.122	1.870	0.719	0.541	0.000	.	.	.	.
(6)	0.914	2.070	0.719	0.679	0.539	0.000	.	.	.
(7)	0.914	2.186	0.452	0.681	1.102	0.916	0.000	.	.
(8)	2.056	2.055	1.986	1.990	1.963	2.056	2.027	0.000	.
(9)	1.608	1.722	1.358	1.168	0.681	1.005	1.719	1.991	0.000

说明：P1980918 指场所编号 P198，年代为公元 918 年；P1931131 指场所编号 P193，年代为公元 1131 年等。

1)建立数据文件 mds_a. sav(9 ×9 矩阵)。

2)选择【Analyze(分析)】→【度量(Scale)】→【多维刻度(PROXSCAL)(Multidimensional Scaling(PROXSCAL))...】选项，打开数据格式(Data Format)对话框，见图 14-10。

☆【数据格式(Data Format)】：可选择【数据是近似值(The data are proximities)】或【从数据中创建近似值(Create proximities from data)】，本例选择前者。

☆【源的数目(Number of Sources)】：可选择【一个矩阵源(One matrix source)】或【多个矩阵源(Multiple matrix sources)】，本例选择前者。选择不同的选项后可激活或灭活下列选项组。

☆【一个源(One Source)】：选择【一个矩阵源(One matrix source)】后，可激活此组选项。

○【矩阵中的跨列近似值(The proximities are in a matrix across columns)】：近似值矩阵(proximity matrix)与对象同数量的跨列分布。本例选择此项。

○【矩阵中的单列近似值(The proximities are in a single column)】：近似值矩阵合并到单个列或变量中，此选项需要两个附加变量(additional variable)以识别每个单元格的行和列。

☆【多个源(Multiple Sources)】：选择【多个矩阵源(Multiple matrix sources)】后，可激活此组选项。

○【堆积矩阵中的跨列近似值(The proximities are in stacked matrices across columns)】：近似值矩阵与对象同数量的跨列分布，并跨行相互堆积(行数等于对象数乘以源数)。

○【多列的近似值，每列一个源(The proximities are in columns, one source per column)】：近似值矩阵合并到多个列或变量中，此选项需要两个附加变量以识别每个单元格的行和列。

○【单列中堆积的近似值(The proximities are stacked in a single column)】：近似值矩阵合并到单个列或变量中，此选项需要 3 个附加变量以识别每个单元格的行、列和源。

3)单击【Define(定义)...】按钮，打开多维刻度(矩阵中的跨列近似值)(Multidimensional Scaling(Proximities in Matrices Across Columns))对话框，见图 14-11。

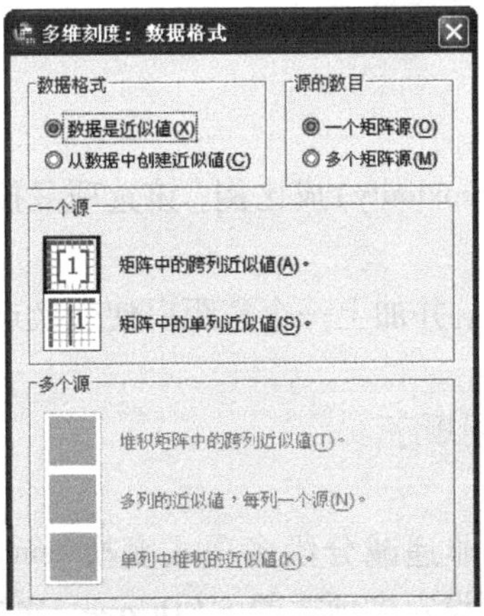

图 14-10 数据格式(Data Format)对话框

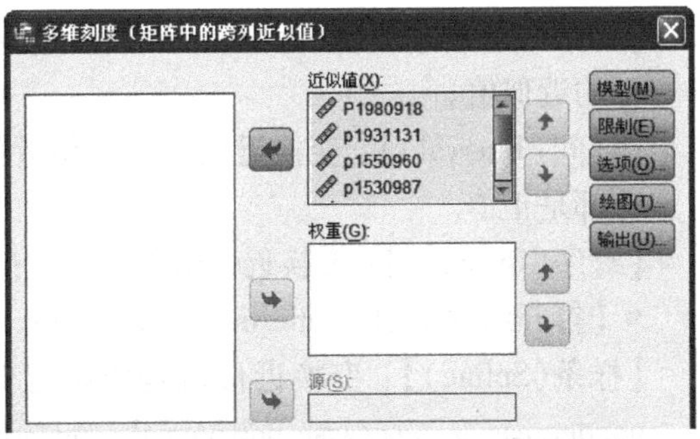

图 14-11 多维刻度(矩阵中的跨列近似值)(Multidimensional Scaling(Proximities in Matrices Across Columns))对话框

☆【近似值(Proximities)】：选择 3 个或以上的近似值变量(proximity variable)(列表中的变量顺序与近似值的列顺序一致)，本例选择全部变量。

☆【权重(Weights)】变量列表：选择与近似值变量数相等权重的(weight matche)变量(权重的顺序与其加权的近似值顺序一致)。

☆【源(Sources)】变量：如果存在多个源，则选择源变量(source variable)(每个近似值变量中的个案数应等于近似值变量数乘以源数)。

4)单击【模型(Model)...】按钮，打开模型(Model)对话框，见图 14-12。

☆【度量模型(Scaling Model，尺度模型)】。

○【恒等函数(Identity)】：所有源均具有相同配置。

○【加权欧几里得(Weighted Euclidean)】：为个体差异模型(individual differences model)，每个源都具有私有空间，在该空间中公共空间每个维都有不同的权重。

○【广义欧几里得(Generalized Euclidean)】：为个体差异模型，每个源都有私有空间(等于公共空间的一个旋转度，后跟各个维的不同权重)。

○【减少的等级(Reduced rank)】：即约化秩模型(reduced rank model)，为指定私有空间秩次的广义 Euclidean 模型，用户必须指定介于 1 至最大维数之间的【等级(Rank)】。

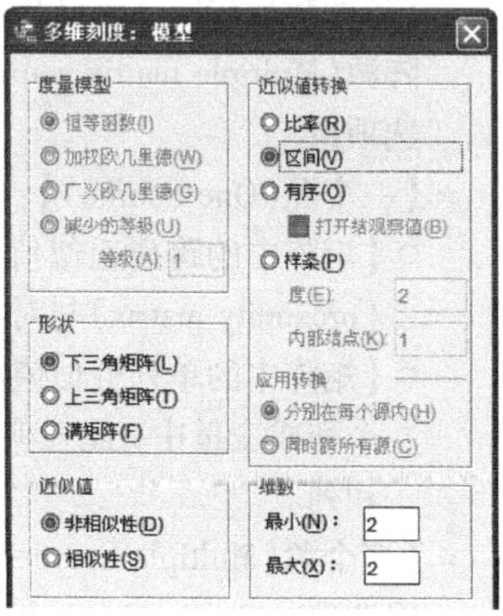

图 14-12　模型(Model)对话框

☆【形状(Shape)】：指定相似性矩阵的形状。

○【下三角矩阵(Lower-triangular matrix)】：近似值(proximity)从近似值矩阵的下三角部分(lower-triangular part)获取。

○【上三角矩阵(Upper-triangular matrix)】：近似值从近似值矩阵的上三角部分(upper-triangular part)获取。

○【满矩阵(Full matrix)】：分析上三角部分和下三角部分的权重总和。虽然将只用到指定部分，但是在任何情况下，都应该指定包括对角线的完整矩阵。

☆【近似值(Proximities)】：指定相似性矩阵包含的度量。

○【非相似性(Dissimilarities，相异性)】：矩阵包含相异性度量。

○【相似性(Similarities)】：矩阵包含相似性度量。

☆【近似值转换(Proximity Transformations，近似值变换)】。

○【比率(Ratio)】：变换近似值与原始近似值(original proximity)成比例，该选项只接受正的近似值。

○【区间(Interval)】：变换近似值与原始近似值成比例，并加上一个截距以使变换近似值都是正值。

○【有序(Ordinal)】：变换近似值与原始近似值具有相同顺序。

●【打开结观察值(Untie tied observations)】。

○【样条(Spline)】：变换近似值是原始近似值的光滑非递减分段多项式变换(smooth nondecreasing piecewise polynomial transformation)。可设定多项式的度(Degree，次数)及内部结点(Interior knots)数。

☆【应用转换(Apply Transformations，应用变换)】：可选择【分别在每个源内(Within each source separately)】的近似值进行相互比较还是在【同时跨所有源(Across all sources simultaneously)】上进行无条件比较。

☆【维数(Dimensions)】：默认情况下，在两个维(【最小(Minimum)】为“2”，【最大(Maximum)】为“2”)中求解，设定维介于 1 至对象数(number of objects)减 1 之间，程序首先计算最大维数中的解，然后逐步降低维数，直至达到最低值。

5)单击【继续】→【限制(Restrictions)...】按钮，打开约束(Restrictions)对话框，见图 14-13。

☆【公共空间的约束(Restrictions on Common Space)】：指定约束类型。

○【无约束(No restrictions)】：对公共空间中不施加约束。

○【某些坐标已固定(Some coordinates fixed)】：选定(Selected)变量列表中的第 1 个变量包含对象在第 1 维上对象的坐标，第 2 个变量对应于第 2 维的坐标，依次类推。选择变量数必须等于所设定的最大维数。

○【自变量的线性组合(Linear combination of independent variables)】：公共空间限制为被选变量的线性组合。

☆【约束变量(Restriction Variables)】：选择定义公共空间约束的变量。

○【读取变量(Read variables from)】。

○【可用(Available)】变量列表。

○【选定(Selected)】变量列表

○【自变量转换(Independent variable transformations，自变量变换)】下拉菜单：可选择【区间(Interval)】、【名义(Nominal)】、【有序(断开连接)(Ordinal(break ties)】、【有序(保持连接)(Ordinal(keep ties))】或【样条(Spline)】变换。

6)单击【继续】→【选项(Options)...】按钮，打开选项(Options)对话框，见图 14-14。

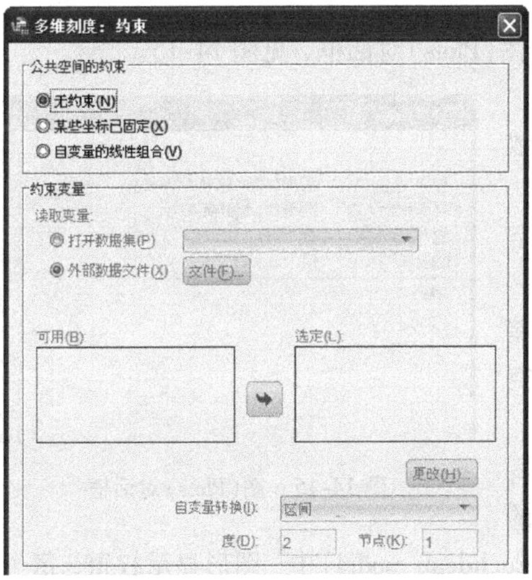

图 14-13　约束(Restrictions)对话框

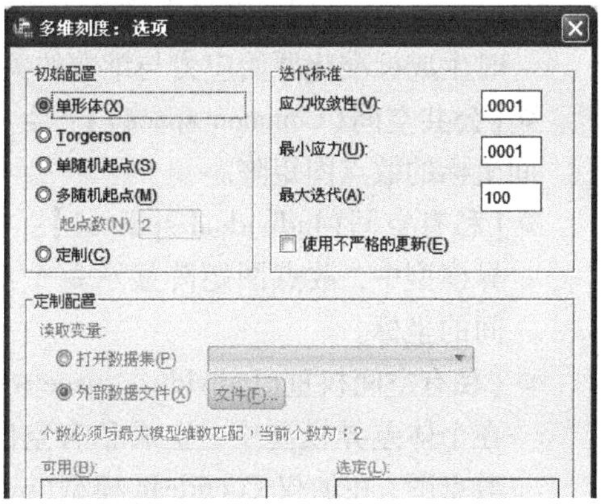

图 14-14　选项(Options)对话框

☆【初始配置(Initial Configuration)】。

○【单形体(Simplex)】：对象相互之间等距放置在最大维中。执行一次迭代以改进这种高维配置(high-dimensional configuration)，随后执行降维操作以获取在模型(Model)对话框中指定最大维数的初始配置。

○【Torgerson(Torgerson 变换)】：用经典尺度解(classical scaling solution)作为初始配置。

○【单随机起点(Single random start)】：随机选择配置。

○【多随机起点(Multiple random starts)】：随机选择多个配置，并且以最低标准化原始应力(lowest normalized raw stress)配置作为初始配置，可设定【起点数(Number of starts)】。

○【定制(Custom)】。

☆【定制配置(Custom Configuration)】：可选择包含初始配置坐标的变量，选择变量数等于指定最大维数。第 1 个变量与第 1 维的坐标对应，第 2 个变量与第 2 维的坐标对应，依次类推。每个变量数等于对象数。

○【读取变量(Read variables from)】：从文件中读取变量。

○【个数必须与最大模型维数匹配，当前个数为(Number must match maximum model dimensionality, currently)】。

○【可用(Available)】变量列表。

○【选定(Selected)】变量列表。

☆【迭代标准(Iteration Criteria)】。

○【应力收敛性(Stress convergence)】：当保守标准化原始应力值(consecutive normalized raw stress value)间的差小于此处指定值(介于 0 ~ 1 之间)时，算法将停止。

○【最小应力(Minimum stress)】：当标准化原始应力(normalized raw stress)小于此处指定值(介于 0 ~ 1 之间)时，算法将停止。

○【最大迭代(Maximum iterations)】：算法将执行指定迭代次数，已先满足了上述某个条件者除外。

○【使用不严格的更新(Use relaxed updates)】：可加快运算速度，但与恒等模型以外的模型及约束一起使用。

7)单击【继续】→【绘图(Plots)...】按钮，打开图(Plots)对话框，见图 14-15。

☆【图(Plots)】：指定绘制的图形。

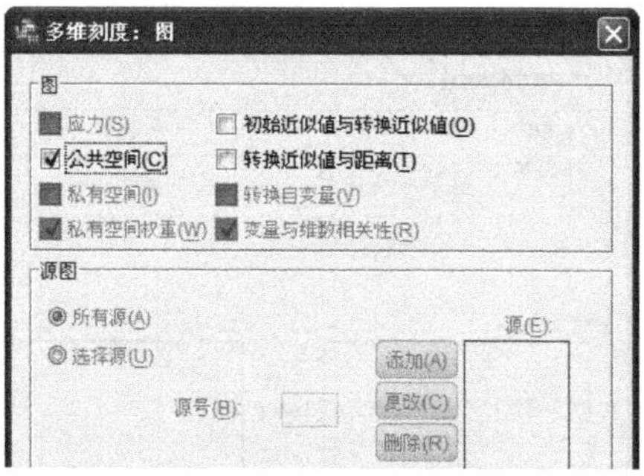

图 14-15 图(Plots)对话框

○【应力(Stress)】：在最大维数大于最小维数时生成标准化原始应力与维数的关系图。

○【公共空间(Common space)】：生成公共空间坐标的散点图矩阵。

○【私有空间(Individual spaces)】：在个体差异模型中，散点图矩阵显示每个源私有空间的坐标。

○【私有空间权重(Individual space weights)】：在个体差异模型中，生成私有空间权重的散点图；在加权 Euclidean 模型(weighted Euclidean model)中，图形显示权重，每个轴代表 1 个维；在广义 Euclidean 模型(generalized Euclidean model)中，每个维生成 1 个图，表示该维数的旋转及权重。约化秩模型(reduced rank model)生成与广义 Euclidean 模型相同的图，但会减少私有空间的维数。

○【初始近似值与转换近似值(Original vs. transformed proximities，原始近似值与变换近似值)】：生成原始近似值与变换近似值的关系图。

○【转换近似值与距离(Transformed proximities vs. distances，变换近似值与距离)】：生成变换近似值与距离的散点图。

○【转换自变量(Transformed independent variables)】：生成自变量变换图。

○【变量与维数相关性(Variable and dimension correlations)】：生成自变量与公共空间维数的相关图。

☆【源图(Source Plots)】：可选择【所有源(All sources)】或【选择源(Select sources)】，并设定【源号(Source number)】。

8)单击【继续】→【输出(Output)...】按钮，打开输出(Output)对话框，见图 14-16。

☆【输出(Display)】

○【公共空间坐标(Common space coordinates)】

○【私有空间坐标(Individual space coordinates)】：非恒等模型的私有空间坐标。

○【私有空间权重(Individual space weights)】：个体差异模型的私有空间权重。根据模型的不同，空间权重分解成旋转权重(rotation weight)及维权数(dimension weight)。

○【距离(Distances)】：配置(configuration)中对象间的距离。

○【转换近似值(Transformed proximities，变换近似值)】：配置中对象间变换近似值。

○【输入数据(Input data)】：包括原始近似值(original proximity)、数据权重、初始配置及自变量的固定坐标(fixed coordinates)。

○【随机起点的应力(Stress for random starts)】：每个随机起点的随机数种子(random number seed)及标准化原始应力值(normalized raw stress value)。

○【迭代历史记录(Iteration history)】：主要算法的迭代历史。

○【多应力测量(Multiple stress measures，多应力度量)】：显示不同的应力值：标准化原始应力值、应力 I 值(stress-I)、应力 II 值(stress-II)、S 应力(S-stress)，离散考虑情况(dispersion accounted for(DAF))、Tucker 同余系数(Tucker's coefficient of congruence)。

○【应力分解(Stress decomposition)】：对象和源的最终标准化原始应力(final normalized raw stress)的分解，包括每个对象的平均值和每个源的平均值。

○【转换自变量(Transformed independent variables)】：若选择了【线性组合约束(linear combination restriction)】选项，可显示变换后自变量及对应的回归权重(regression weight)。

○【变量与维数相关性(Variable and dimension correlations)】：若选择了【线性组合约束(linear combination restriction)】选项，可显示自变量与公共空间维数的相关系数。

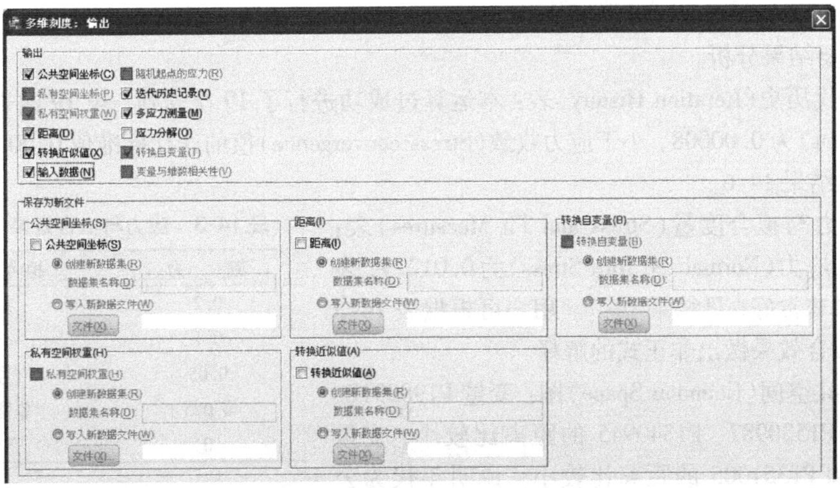

图 14-16 输出(Output)对话框

☆【保存为新文件(Save to New File)】:根据不同选项将相应的指标保存到独立的 SPSS 数据文件中,可选择【公共空间坐标(Common space coordinates)】、【距离(Distances)】、【转换自变量(Transformed independent variables)】、【私有空间权重(Individual space weights)】及【转换近似值(Transformed proximities,变换近似值)】。

9)单击【继续】→【确定】按钮,得到以下主要结果:

多维邻近尺度分析(PROXSCAL)

拟合优度(Goodness of Fit)

结果 14-6 迭代历史(Iteration History)

迭代(Iteration)	标准化原始应力(Normalized Raw Stress)	改进(Improvement)
0	.22991[a]	
1	.02749	.20242
2	.02269	.00481
3	.02054	.00214
…	…	…
…	…	…
…	…	…
17	.01249	.00015
18	.01238	.00011
19	.01229	.00008[b]

结果 14-7 应力和拟合度量(Stress and Fit Measures)

标准化原始应力(Normalized Raw Stress)	.01229
应力 I(Stress-I)	.11088[a]
应力 II(Stress-II)	.22499[a]
S 应力(S-Stress)	.04350[b]
离散考虑情况(Dispersion Accounted For(D. A. F.))	.98771
Tucker 同余系数(Tucker's Coefficient of Congruence)	.99383

PROXSCAL 使"标准化原始应力"最小化。(PROXSCAL minimizes Normalized Raw Stress.)

a. 最优尺度因子(Optimal scaling factor) = 1.012。

b. 最优尺度因子(Optimal scaling factor) = .967。

公共空间(Common Space)

10)主要结果分析。

(1)迭代历史(Iteration History)表:本运算过成功进行了 19 次迭代,第 19 次迭代的增量(Improvement)为 0.00008,小于应力收敛(Stress convergence)值的迭代标准值 0.0001,迭代过程终止,见结果 14-6。

(2)应力与拟合度量(Stress and Fit Measures)表:标准化原始应力(Normalized Raw Stress)为 0.01229,表明拟合效果非常好,见结果 14-7。用户可根据表 14-3 对应力的拟合效果做出非正式的解释。

表 14-3 应力与拟合效果的关系

应 力	拟合效果
0.2	差
0.1	一般
0.05	号
0.025	非常好
0	完美

(3)公共空间(Common Space)图:变量 P1980918、P1550960、P1530987、P1340945 的距离比较小,变量 P1361024 和 P1351005 的距离比较小。说明年代为公

元918年、960年、987年、945年的考古场发现的不同类型陶器的频数较为相近；公元1024年和1005年的考古场发现的不同类型陶器的频数较为相近，见图14-17。

11)继续绘制应力图。重复上述操作，模型(Model)对话框中的【维数(Dimensions)】中设定【最小(Minimum)】为“1”、【最大(Maximum)】为“8”。图(Plots)对话框中的【图(Plots)】中选择【应力(Stress)】选项。其他选择同上，单击【继续】按钮，可生成应力图，见图14-18。

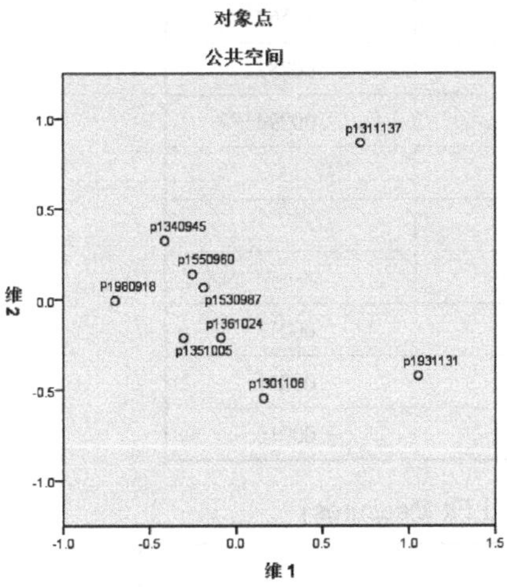

图14-17 公共空间(Common Space)图

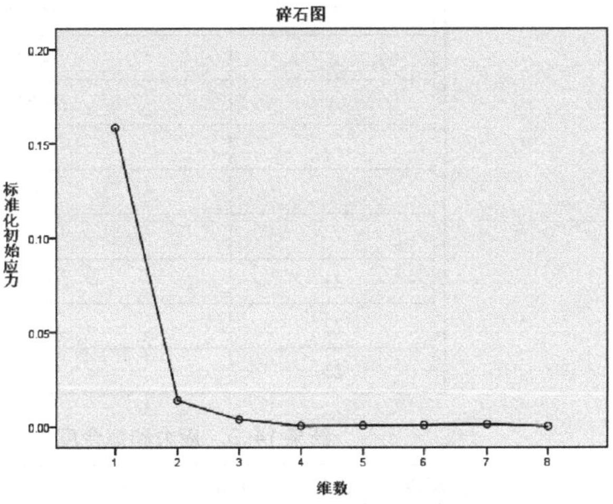

图14-18 正态化原始应力图

12)结果解释。应力图为根据正态化原始应力与维数绘制的曲线图，观察图形，随着维数的增加，应力逐渐下降，当维数为8(N-1)时，应力为0；当维数为2时，曲线出现拐点，下降趋势到这一点开始接近水平状态，形成一个“肘”形曲线，说明维数2是“最佳”的维数。

【例14-4】 已知25所美国大学有关的数据(已建立距离度量的多重矩阵文件)，包括新生入学的平均SAT得分、新生在高中时排名前10%的人数百分比、报考者的入学百分比、学生教师比、估计的年费用及毕业率%。试对这25所大学进行维数为2的多维尺度分析。

1)建立数据文件mds_u. sav，25×25矩阵。

2)数据格式(Data Format)对话框中，选择【数据格式(Data Format)】中的【数据是近似值(The data are proximities)】，【源的数目(Number of Sources)】中的【多个矩阵源(Multiple matrix sources)】及【多个源(Multiple Sources)】中的【堆积矩阵中的跨列近似值(The proximities are in stacked matrices across columns)】选项。

3)多维尺度(矩阵中的跨列近似值)(Multidimensional Scaling Proximities in Matrices Across Columns)对话框中，【近似值(Proximities)】选择变量“x1”~“x25”。

4)模型(Model)对话框，选择【近似值转换(Proximity Transformations)】中的【区间(Interval)】，其他为默认设置。

5)图(Plots)对话框中，选择【图(Plots)】中的【公共空间(Common space)】。

6)输出(Output)对话框中，选择【输出(Display)】中的【公共空间坐标(Common space coordinates)】、【迭代历史记录(Iteration history)】、【多应力测量(Multiple stress measures)】。

7)主要结果如下：

多维邻近尺度分析(PROXSCAL)

拟合优度(Goodness of Fit)

结果 14-8 迭代历史(Iteration History)

迭代(Iteration)	标准化原始应力(Normalized Raw Stress)	增量(Improvement)
0	.56034	
1	.15471	.40562
2	.14585	.00887
3	.14290	.00294
…	…	…
…	…	…
…	…	…
21	.09451	.00013
22	.09440	.00011
23	.09430	.00010

结果 14-9 应力和拟合度量(Stress and Fit Measures)

标准化原始应力(Normalized Raw Stress)	.09430
应力 I(Stress-I)	.30709[a]
应力 II(Stress-II)	.69961[a]
S 应力(S-Stress)	.21927[b]
离散考虑情况(Dispersion Accounted For(D. A. F.))	.90570
Tucker 同余系数(Tucker's Coefficient of Congruence)	.95168

PROXSCAL 使"标准化原始应力"最小化。(PROXSCAL minimizes Normalized Raw Stress.)

a. 最优尺度因子(Optimal scaling factor) = 1.104.

b. 最优尺度因子(Optimal scaling factor) = .942.

公共空间(Common Space)

8)主要结果分析。

(1)迭代历史(Iteration History)表：本运算过成功进行了 23 次迭代，在第 23 次迭代后，增量(Improvement)为 0.00010，小于应力收敛(Stress convergence)值的迭代准则 0.0001，迭代过程终止，见结果 14-8。

(2)应力与拟合度量(Stress and Fit Measures)表：标准化原始应力(Normalized Raw Stress)为 0.09430，表明拟合优度一般，见结果 14-9。

(3)公共空间(Common Space)图：私立大学在图的右侧聚集，而大型公立大学一般位于左侧，见图 14-19。

9)继续绘制应力图。重复上述操作，模型(Model)对话框中的【维数(Dimensions)】中设定【最小(Minimum)】为"1"、【最大(Maximum)】为"24"。图(Plots)对话框的【图(Plots)】中选择【应力(Stress)】选项。其他选择同上，单击【继续】按钮，可生成应力图，见图 14-20。

10)结果解释。二维空间正态化原始应力(Normalized Raw Stress)为 0.09430，其拟合优度一般，结合应力图，可见"最佳"维数应为 7。按维数为 7 进行多维尺度分析，其原始正态化应力为 0.02300，拟合效果非常好。

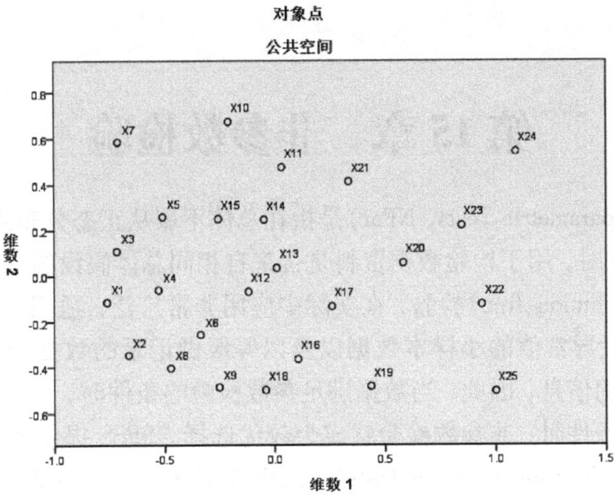

图 14-19　公共空间(Common Space)图

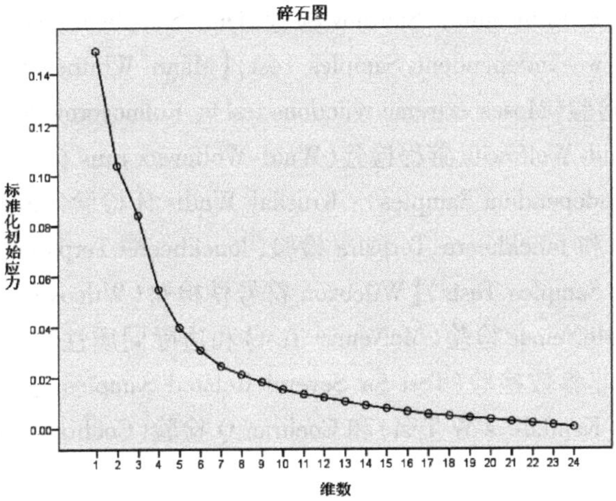

图 14-20　正态化原始应力图

练习题

(请访问 www. hxedu. com. cn 下载。)

第 15 章　非参数检验

非参数检验(Nonparametric Tests, NPar)是指在总体不服从正态分布或分布情况不明(不依赖于总体分布的类型)时，用于检验数据资料是否来自相同总体假设的一类检验方法。这类方法又称自由分布(distribution-free)检验，在实际中应用非常广泛，适用于分布类型未知、一端或两端无界、出现少量异常值的小样本数据以及以等级做记录的数据分析。由于此方法在分析时丢弃了原始数据的信息，因此，当数据满足参数检验的条件时，应首选参数检验；当数据不能满足参数检验的条件时，非参数检验就成为较优选择。SPSS 提供的非参数检验有单样本非参数检验(One-Sample Nonparametric Tests)，两个或更多独立样本非参数检验(Two or More Independent Samples Nonparametric Tests)，两个或更多相关样本非参数检验(Two or More Related Samples Nonparametric Tests)，卡方检验(Chi-Square Test)，二项检验(Binomial Test)，游程检验(Runs Test)，单样本 Kolmogorov-Smirnov 检验(One-Sample Kolmogorov-Smirnov Test)，两独立样本非参数检验(Two-Independent-Samples Test)【Mann-Whitney U 检验(Mann-Whitney U test)、Moses 极端反应检验(Moses extreme reactions test)、Kolmogorov-Smirnov Z 检验(Kolmogorov-Smirnov Z test)、Wald-Wolfowitz 游程检验(Wald-Wolfowitz runs test)，多个独立样本非参数检验(Tests for Several Independent Samples)：Kruskal-Wallis H 检验(Kruskal-Wallis H Test)、中位数检验(Median Test)和 Jonckheere-Terpstra 检验(Jonckheere-Terpstra Test)】，两相关样本非参数检验(Two-Related-Samples Tests)【Wilcoxon 符号秩检验(Wilcoxon Signed Ranks Test)、符号检验(Signed Test)、McNemar 检验(McNemar Test)和边际同质性检验(Marginal Homogeneity Test)】，多个相关样本非参数检验(Test for Several Related Samples)【Friedman 检验(Friedman Test)、Kendall W 检验(Kendall's W Test)和 Cochran Q 检验(Cochran's Q Test)】。

15.1　单样本卡方检验

单样本卡方检验是利用近似卡方分布的统计量，将变量分成几类并计算卡方统计量(chi-square statistic)。此拟合优度检验(goodness-of-fit test)可比较各类观测频数(observed frequency)与期望频数(expected frequency)，并检验各类的比例是否相同，或是否符合用户指定比例。

生成的统计量包括平均值、标准差、最大值、最小值、四分位数，缺失值与非缺失值个案的例数及百分比、各类的观测数与期望数、残差及卡方统计量。

【例 15-1】 已知某医院 5 周每天的门诊人数记录，见表 15-1，试进行卡方拟合优度检验(每周开诊 5 天，全部人数为 890)。

表 15-1　某医院门诊人数记录

周日(x)	星期一	星期二	星期三	星期四	星期五
门诊人数(y)	304	176	139	141	130

1)建立数据文件 chi-sq. sav，变量名为 x(周日)、y(门诊人数)。

2)对 y(门诊人数)加权，加权个案(Weight Cases)对话框中，【加权个案(Weight Cases

by)】的【频率变量(Frequency Variable)】为“y(门诊人数)”，参见第 3.2.5 节。

3)选择【分析(Analyze)】→【非参数检验(Nonparametric Tests)】→【旧对话框(Legacy Dialogs)】→【卡方(Chi-square)...】选项，打开卡方检验(Chi-square Test)主对话框，见图 15-1。

☆【检验变量列表(Test Variable List)】：选择 1 个或以上的数值分类变量(numeric categorical variable)，有序变量或名义变量，每个变量进行单独分析，本例为“x(周日)”。

☆【期望全距(Expected Range)】。

○【从数据中获取(Get from data)】：为默认选项，变量中每个不同的值定义一类。

○【使用指定的范围(Use specified range)】：用户可在【下限(Lower)】及【上限(Upper)】中输入相应的整数值(integer value)。在指定范围内，每个整数值看作一类，界外值的个案不参与统计。

☆【期望值(Expected Values)】。

○【所有类别相等(All categories equal)】：所有分类的期望值均相等。

○【值(Values)】：由用户指定各类的期望比例(expected proportion)，为检验变量的每类输入 1 个正值，其顺序与检验变量分类值的升序相对应。第 1 个值对应于最小分类，最后 1 个值对应于最大分类。每个值除以其总和可计算对应分类个案的期望比例。例如，输入“3”、“4”、“5”、“4”，则各类的期望比例依次为 3/16、4/16、5/16 及 4/16。

4)单击【精确(Exact)...】按钮，打开精确检验(Exact Tests)对话框，见图 15-2。

精确检验(Exact Test)提供了另外两种计算方法，用于计算通过交叉表(crosstabs)和非参数检验(nonparametric test)过程得到的统计显著性水平。当数据不能满足使用标准渐近法(standard asymptotic method)得出可靠结果所需的基础假设时，这两种方法为获得准确结果提供了一种手段。无论数据大小、分布、稀疏性或均衡情况如何，精确显著性(exact significance)总是可靠。渐近法假设数据集相当大，且表格填充得很密集，均衡性也很好。如果数据集较小，或者表格稀疏或失衡，则不满足渐近法所必需的假设，而应该使用精确法或 Monte Carlo 法。

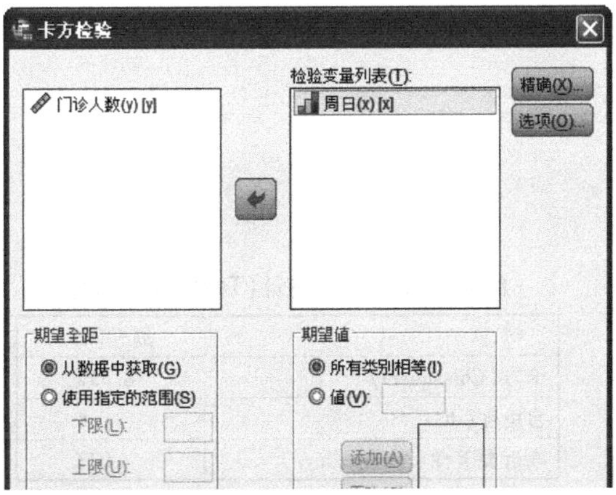

图 15-1　卡方检验(Chi-square Test)主对话框

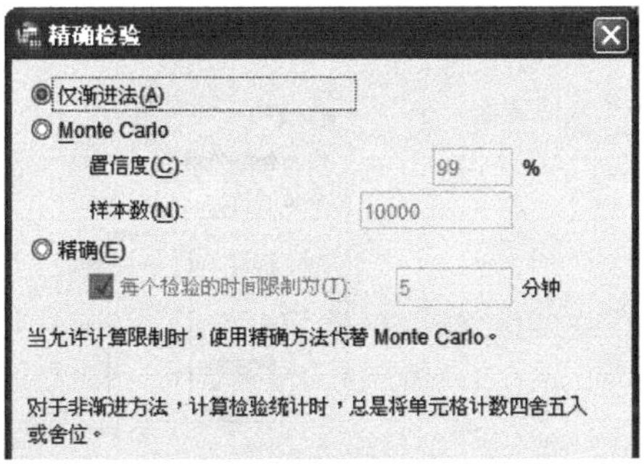

图 15-2　精确检验(Exact Tests)对话框

○【仅渐进法(Asymptotic only)】：基于检验统计量渐近分布(asymptotic distribution)的显著性水平，$P<0.05$，可认为具有统计学意义。渐近显著性适用于大样本量数据，对于样本量较小或不均匀的数据，其效果则不太理想。

○【Monte Carlo(Monte Carlo Estimate, Monte Carlo 估计)】: 是精确显著性水平(exact significance level)的无偏估计(unbiased estimate), 其计算方法是从观测具有相同维数和行列边际的参考表集(reference set of table)中重复抽样(repeatedly sampling)。Monte Carlo 法不依赖于渐近法所必需的假设就可以估计精确显著性, 在因样本量太大而无法计算精确显著性且数据不满足渐近法的假设时, 此方法最有用。可设定【置信度(Confidence level, 置信水平)】和【样本数(Number of samples)】。

○【精确(Exact)】: 精确地计算观测结果或极端结果概率。P <0.05 时, 可认为行变量和列变量之间存在某种关系。

●【每个检验的时间限制为(Time limit per test)】。

5)单击【继续】→【选项(Options)...】按钮, 打开选项(Options)对话框, 见图 15-3。

☆【Statistics(统计)】。

○【描述性(Descriptive)】: 平均值、标准差、最小值、最大值及非缺失值个案数。

○【四分位数(Quartiles)】。

☆【缺失值(Missing Values)】的处理方法: 可选择【按检验排除个案(Exclude cases test-by-test)】或【按列表排除个案(Exclude cases listwise)】。

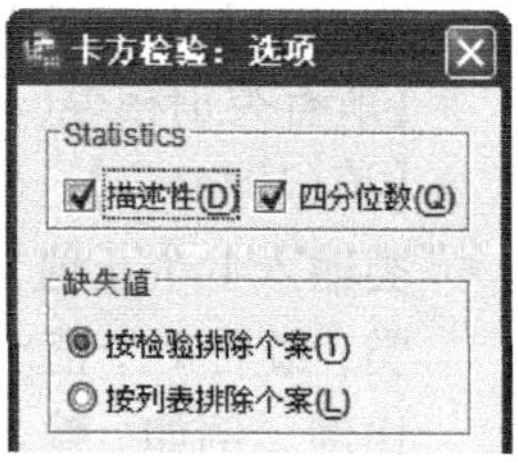

图 15-3　选项(Options)对话框

6)单击【继续】→【确定】按钮, 得到以下主要结果(一):

卡方检验(Chi-square Test)

结果 15-1　检验统计(Test Statistics)

	周日(x)
卡方(Chi-square)	118.393
自由度(df)	4
渐近显著性(Asymp. Sig.)	.000

7)卡方检验(Chi-square Test)主对话框见图 15-4, 其【期望值(Expected Values)】选择比例值为“2”、“1”、“1”、“1”、“1”, 其余选择同前。

8)单击【确定】按钮, 得到以下主要结果(二):

卡方检验(Chi-square Test)

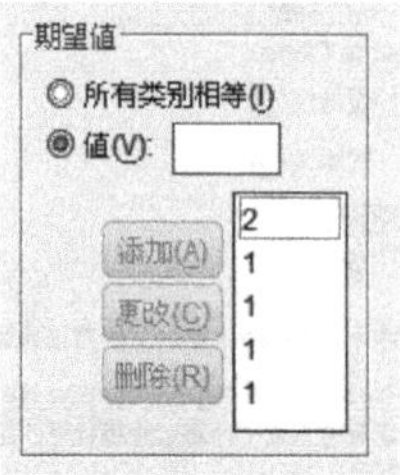

图 15-4　期望值(Expected Values)设定

结果 15-2　检验统计(Test Statistics)

	周日(x)
卡方(Chi-square)	8.557
自由度(df)	4
渐近显著性(Asymp. Sig.)	.073

9)主要结果分析。

卡方检验(Chi-square Test)的检验统计(Test Statistics)表, 根据结果(一), $\chi^2=118.393$, $P=0.000<0.01$, 按 $\alpha=0.05$ 水准, 认为某医院周一至周五的门诊人数是不相同的, 见结果15-1。根

据结果(二)，$\chi^2=8.557$，$P=0.073>0.05$，按 $\alpha=0.05$ 水准，认为星期一的门诊人数是平时的两倍，服从 $f(x)=2/5$，$i=1$ 时；$f(x)=1/5$，$i=2, 3, 4, 5$ 时的分布，见结果 15-2。

15.2　二项检验

二项检验用于检验二分变量(dichotomous variable)是否服从指定概率参数的二项分布(binomial distribution)。生成的统计量有平均值、标准差、最小值、最大值、非缺失值个案数及四分位数。

【例 15-2】　已知数列(x)：1 1 1 1 1 1 1 1 1 1 1 1 1 1 1 1 2 2，试进行二项检验。

1)建立数据文件 binomial. sav，变量名为 x(数列)。

2)选择【分析(Analyze)】→【非参数检验(Nonparametric Tests)】→【旧对话框(Legacy Dialogs)】→【二项式(Binomial)...】选项，打开二项式检验(Binomial Test)主对话框，见图 15-5。

☆【检验变量列表(Test Variable List)】：检验变量应为数值变量或二分变量。二分变量是只能取两个可能值的变量，如 yes 或 no、true 或 false、0 或 1 等。可选择 1 个或以上的检验变量，本例为“x(数列)”。

☆【定义二分法(Define Dichotomy)】。

○【从数据中获取(Get from data)】：在数据集中遇到的第 1 个值定义第 1 组，其他值定义第 2 组。

○【分割点(Cut point)】：如果变量不是二分变量时，选择此项，小于或等于分割点值的个案分配到第 1 组，其余个案分配到第 2 组。

☆【检验比例(Test Proportion)】：设定第 1 组检验的概率，两组的默认概率均为“0.50”。

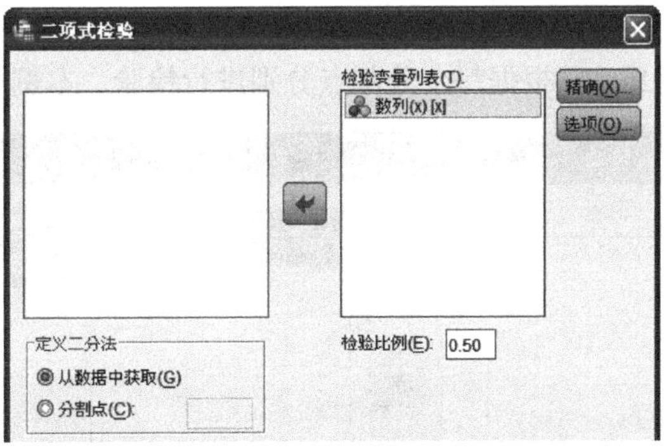

图 15-5　二项式检验(Binomial Test)主对话框

3)选项(Options)对话框中，选择【Statistics(统计)】中的【描述性(Descriptive)】，其他为默认选项。

4)主要结果如下：

结果 15-3　二项检验(Binomial Test)

		分类 (Category)	例数 (N)	观测比例 (Observed Prop.)	检验比例 (Test Prop.)	精确显著性(双侧) (Exact Sig. (2-tailed))
数列(x)	组 1(Group 1)	1	16	.89	.50	.001
	组 2(Group 2)	2	2	.11		
	总计(Total)		18	1.00		

5)主要结果分析。

二项检验(Binomial Test)表中，组 1(Group 1)和组 2(Group 2)的观测比例(Observed Prop.)分别为 0.89 和 0.11，双侧精确显著性(Exact Sig. (2-tailed))，P = 0.001 < 0.05，按 α = 0.05 水准，尚不能认为数列 x 服从平均概率为 0.5 的二项分布，见结果 15-3。

15.3　游 程 检 验

游程检验又称连检验，用于检验一个变量中两个值出现的顺序是否随机。游程(run)是相似的观测值的一个序列。游程太多或太少的样本不是随机样本。生成的统计量有平均值、标准差、最小值、最大值、非缺失值个案数及四分位数。

【例 15-3】　某村发现某种地方病。住户沿一条溪水排列，调查后对 9 家病户标以“ + ”号，17 家非病户标以“ - ”号。问病户的分布是否具有随机性?

－ ＋ ＋ － － － ＋ － － ＋ － － － － ＋ ＋ － － ＋ － － － － ＋ － ＋或

0 1 1 0 0 0 1 0 0 1 0 0 0 0 1 1 0 0 1 0 0 0 0 1 0 1

1)建立数据文件 runs.sav，变量名为 x(病户分布)。

2)选择【分析(Analyze)】→【非参数检验(Nonparametric Tests)】→【旧对话框(Legacy Dialogs)】→【游程(Runs)...】选项，打开游程检验(Runs Test)主对话框，见图 15-6。

☆【检验变量列表(Test Variable List)】：可选择 1 个或以上的数值变量，本例为“x(病户分布)”。

☆【分割点(Cut Point)】：可选择【中位数(Median)】、【众数(Mode)】、【平均值(Mean)】及【定制(Custom)】作为分割点，变量值小于分割点的个案分为一组，大于或等于分割点的个案分为另一组，并根据每个分割点分别进行检验。本例的【定制】值为“1”。

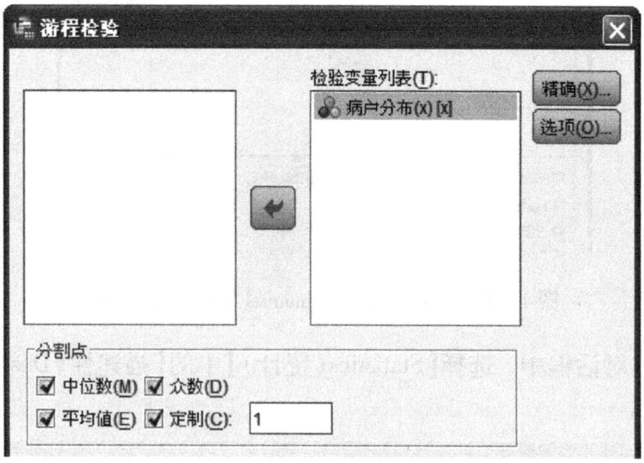

图 15-6　游程检验(Runs Test)主对话框

3)选项(Options)对话框中，选择【Statistics(统计)】中的【描述性(Descriptive)】，其他为默认选项。

4)主要结果如下：

结果 15-4　游程检验(Runs Test)2

	病户分布(x)
检验值(Test Value)	.35
个案数(Cases) <检验值(Test Value)	17
个案数(Cases) >=检验值(Test Value)	9
总例数(Total Cases)	26
游程数(Number of Runs)	14
Z	.325
渐近显著性(双侧)(Asymp. Sig. (2-tailed))	.746

结果 15-5　游程检验(Runs Test)4

	病户分布(x)
检验值(Test Value)	1.00
总例数(Total Cases)	26
游程数(Number of Runs)	14
Z	.325
渐近显著性(双侧)(Asymp. Sig. (2-tailed))	.746

5)主要结果分析。

本例的总例数为 26，游程检验(Runs Test)2，游程数(Number of Runs)为 14，分割点(Cut Point)为平均值(Mean)，个案数(Cases) <检验值(Test Value)为 17，个案数(Cases) >=检验值(Test Value)为 9；游程检验(Runs Test)4，游程数(Number of Runs)为 14。两个游程检验，$Z=0.325$，$P=0.746>0.05$，按 $\alpha=0.05$ 水准，认为此病的病户分布是随机的，尚看不出有聚集性(见结果 15-4、结果 15-5)。

15.4　单样本 Kolmogorov-Smirnov 检验

单样本 Kolmogorov-Smirnov 检验将变量观测累积分布函数(cumulative distribution function)与指定理论分布进行比较，以检验数据是否服从指定理论分布，包括正态分布(normal distribution)、均匀分布(uniform distribution)、Poisson 分布(Poisson distribution)及指数分布(exponential distribution)。Kolmogorov-Smirnov Z 值根据测值累积分布函数与理论累积分布函数的最大差分的绝对值获得。生成的统计量包括平均值、标准差、最小值、最大值、非缺失值个案数及四分位数。

【例 15-4】　某单位对 100 名健康女大学生测定了血清总蛋白含量(serum，克/升)数据，并已建立了数据文件 frequen1. sav(参见第 6. 1 节)。问血清总蛋白含量数据是否服从正态分布?

1)打开数据文件 frequen1. sav。

2)选择【分析(Analyze)】→【非参数检验(Nonparametric Tests)】→【旧对话框(Legacy Dialogs)】→【1-样本 K-S(1-Sample K-S)...】选项，打开单样本 Kolmogorov-Smirnov 检验(One-Sample Kolmogorov-Smirnov Test)主对话框，见图 15-7。

☆【检验变量列表(Test Variable List)】：可选择 1 个或以上的定量变量(定距或定比变量)，本例为“serum(血清总蛋白)”。

☆【检验分布(Test Distribution)】: 可选择【常规(Normal, 正态分布)】、【相等(Uniform, 均匀分布)】、【泊松(Poisson, Poisson 分布)】及【指数分布(Exponential)】, 本例选择【常规(Normal, 正态分布)】。

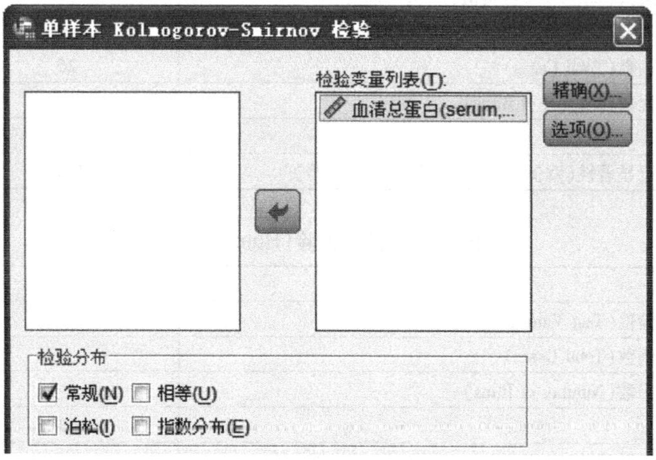

图 15-7　单样本 Kolmogorov-Smirnov 检验(One-Sample Kolmogorov-Smirnov Test)主对话框

3)选项(Options)对话框中, 选择【Statistics(统计)】中的【描述性(Descriptive)】及【四分位数(Quartiles)】, 其他为默认选项。

4)单击【继续】→【确定】按钮, 得到以下主要结果:

结果 15-6　单样本 Kolmogorov-Smirnov 检验(One-Sample Kolmogorov-Smirnov Test)

		血清总蛋白(serum,克/升)
例数(N)		100
正态参数 (Normal Parameters)	平均值(Mean)	73.696
	标准差(Std. Deviation)	3.9264
最极端差分 (Most Extreme Differences)	绝对值(Absolute)	.070
	正(Positive)	.068
	负(Negative)	-.070
检验统计量(Test Statistic)		.070
渐近显著性(双侧)(Asymp. Sig. (2-tailed))		.200

5)主要结果分析。

单样本 Kolmogorov-Smirnov 检验(One-Sample Kolmogorov-Smirnov Test)表: 正态参数(Normal Parameters), 血清总蛋白的平均值(Mean)为 73.696, 标准差(Std. Deviation)为 3.9264。最极端差分(Most Extreme Differences)的绝对值(Absolute)为 0.070、正极差为 0.068, 负极差为 -0.070, 检验统计量(Test Statistic)为 0.070, $P=0.200>0.05$, 按 $\alpha=0.05$ 水准, 认为 100 名健康女大学生的血清总蛋白含量数据服从正态分布, 见结果 15-6。本例数据在频率分析的结果中, 偏度(Skewness)为 0.039, 峰度(Kurtosis)为 0.071, 其值均较小, 也可得出相同结论。

6)绘制 P-P 正态概率图(参见第 20.12 节)这批数据在"血清总蛋白"正态 P-P 图中呈一条直线趋势, 表明本例数据服从正态分布, 见结果 20-77。

15.5　两独立样本非参数检验

两独立样本非参数检验用于检验两个独立样本是否来自相同总体，包括 Mann- Whitney U 检验、Moses 极端反应检验、Kolmogorov- Smirnov Z 检验和 Wald- Wolfowitz 游程检验。生成的统计量有平均值、标准差、最小值、最大值、非缺失值个案数及四分位数。

15.5.1　Mann- Whitney U 检验

Mann- Whitney U 检验是最常用的两独立样本非参数检验，等同于两组 Wilcoxon 秩和检验 (Wilcoxon rank sum test)和 Kruskal- Wallis H 检验，利用两样本观测值的秩来推断两样本分别代表的总体中位数有无差别。可检验两样本(两组)所在的总体是否具有相同分布，如果两样本来自相同总体，则在两样本上等级的分布应该比较随机。因此，U 若出现极端值表示非随机，当样本例数小于 30 时，则计算双侧精确 P 值(exact 2- tailed P)；对于大样本，则 U 被变换为正态分布的 Z 统计量。Mann- Whitney U 检验使用样本数据的排秩而不是它们的特定值来检测统计显著性，适用于定量变量和有序分类变量资料。

【例 15- 5】　测得铅作业工人与非铅作业工人的血铅值(μg/100g)，已建立数据文件 2inds. sav，变量名为 x(血铅值)、group(分组)，试检验两组工人的血铅值有无差别。

1)打开数据文件 2inds. sav。

2)选择【分析(Analyze)】→【非参数检验(Nonparametric Tests)】→【旧对话框(Legacy Dialogs)】→【2 个独立样本(2 Independent Samples)...】选项，打开两个独立样本检验(Two Independent Samples Tests)主对话框，见图 15-8。

☆【检验变量列表(Test Variable List)】：可选择 1 个或以上有序数值变量，本例为“x(血铅值)”。

☆【分组变量(Grouping Variable)】为“group(分组)”，有两组。单击【定义组(Define Groups)...】按钮，打开定义组(Define Groups)对话框，设定【组(Group)1】为“1(非铅作业工人)”，【组(Group)2】为“2(铅作业工人)”，单击【继续】按钮返回主对话框。

☆【检验类型(Test Type)】：可选择【Mann- Whitney U】、【Moses 极限反应(Moses extreme reactions)】、【Kolmogorov- Smirnov Z】或【Wald- Wolfowitz 游程(Wald- Wolfowitz runs)】这 4 种方法。本例选择【Mann- Whitney U】。

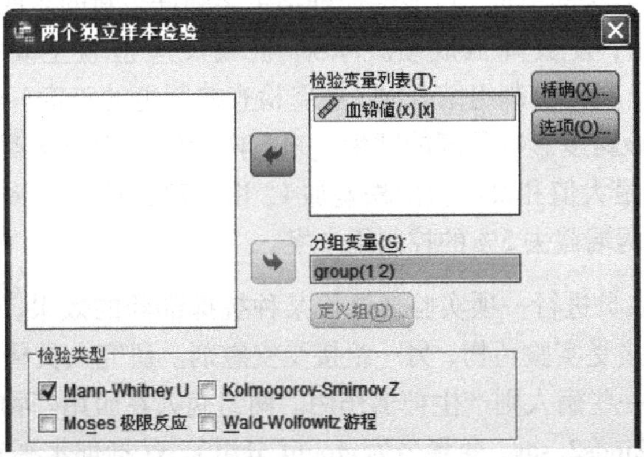

图 15-8　两个独立样本检验(Two Independent Samples Tests)主对话框

3)选项(Options)对话框中,选择【Statistics(统计)】中的【描述性(Descriptive)】及【四分位数(Quartiles)】,其他为默认选项。

4)主要结果如下:

Mann-Whitney 检验(Mann-Whitney Test)

结果 15-7 排秩(Ranks)

	分组(group)	N	平均秩(Mean Rank)	秩和(Sum of Ranks)
血铅值(x)	非铅作业组(1)	10	5.95	59.50
	铅作业组(2)	7	13.36	93.50
	总计(Total)	17		

结果 15-8 检验统计量(Test Statistics)

	血铅值(x)
Mann-Whitney U	4.500
Wilcoxon W	59.500
Z	2.982
渐近显著性(双侧)(Asymp. Sig. (2-tailed))	.003
精确显著性[2 * (单侧显著性)](Exact Sig. [2 * (1-tailed Sig.)])	.001

5)主要结果分析。

(1)Mann-Whitney 检验(Mann-Whitney Test)的检验统计(Test Statistics)表:Mann-Whitney U 值为 4.500,$P=0.003<0.01$,按 $\alpha=0.05$ 水准,认为两组工人血铅值的总体分布不同,即两组工人的血铅值有差别;Wilcoxon W 值为 59.500,$P=0.003<0.01$,按 $\alpha=0.05$ 水准,认为两组工人血铅值的差异有统计学意义,见结果 15-8。结合排秩(Ranks)表,即铅作业组的平均秩(13.36)高于非铅作业组的平均秩(5.95),可认为铅作业工人(第 2 组)的血铅值高于非铅作业工人(第 1 组)的血铅值,见结果 15-7。

(2)本例选择独立样本 t 检验时,得到 $t=-4.214$,$P=0.001<0.01$,与本结果一致。

15.5.2 Moses 极端反应检验

Moses 极端反应检验适用于实验条件导致两个不同方向的极端反应情况,实验条件可能会对某些个体有所帮助,而对其他个体则起反作用,称为极端反应(extreme reaction)。例如,一种药物可使某些观测对象出现抑制,而使其他观测对象出现兴奋,这就是实验效应两个方向的极端反应。某种新教学方法的引进,可能会使好学生学到许多新的东西,以提高成绩;但是也会使差的学生更加糊涂,使其降低成绩。Moses 极端反应检验主要检验与控制组(control group)相比的极端反应,当与控制组结合时,主要检查控制组的跨度(span),这是实验组中的极值(extreme value)对该跨度影响程度的度量。来自两个组的观测值都进行组合和等级排秩。由于控制组的跨度是其最大值和最小值的秩差加 1,由于离群值(outlier)容易导致跨度范围扭曲,因此计算时将自动两端截去 5% 的控制组个案。

【例 15-6】 研究人员进行一项实验来评价某种抗抑郁药的效果。将 19 名轻度抑郁症患者随机分为两组,一组接受实验药物,另一组接受安慰剂。研究人员猜测,药物可能对某些病人有抗抑郁作用,对另一些病人则产生抑郁作用。两组病人在服用药物和安慰剂后,检测他们的抑郁水平(数据文件 2inds2.sav,变量名为 group(分组)、x(抑郁水平))。这些数据能否证实药物会产生极端反应?

1）打开数据文件 2inds2. sav。

2）两个独立样本检验（Two Independent Samples Tests）主对话框中，【检验变量列表（Test Variable List）】为“x（抑郁水平）”，【分组变量（Grouping Variable）】为“group（分组）”，设定组（Group）1 为“1（安慰剂组）”，组（Group）2 为“2（用药组）”。【检验类型（Test Type）】选择【Moses 极限反应（Moses extreme reactions）】。

注： 组（Group）1 必须设定为控制组（对照组）。

3）主要结果如下：

Moses 检验（Moses Test）

结果 15-9　检验统计（Test Statistics）

		抑郁水平
观测控制组跨度 （Observed Control Group Span）		14
	显著性（单侧）（Sig.（1-tailed））	.091
截尾控制组跨度 （Trimmed Control Group Span）		9
	显著性（单侧）（Sig.（1-tailed））	.055
从每个末端截尾的离群值（Outliers Trimmed from each End）		1

4）主要结果分析分析。

Moses 检验（Moses Test）的检验统计（Test Statistics）表：截尾控制组跨度（Trimmed Control Group Span）为 9，$P = 0.055 > 0.05$，按 $\alpha = 0.05$ 水准，认为用药组病人不会产生极端反应，见结果 15-9。

15.5.3　两样本 Kolmogorov-Smirnov Z 检验

两样本 Kolmogorov-Smirnov Z 检验是以变量的经验分布为基础的检验，适用于定量变量及有序分类变量资料，其目的是推断两样本分别代表的两总体分布是否相同。Kolmogorov-Smirnov Z 检验可计算是以两个样本的观测累积分布函数之间的最大绝对差（maximum absolute difference）为基础的。当差值很大时，可认为将这两个分布不同。

【例 15-7】　13 名男性肺癌患者与 13 名女性肺癌患者发现症状的年龄（岁）已建立数据文件 2inds3. sav，变量名为 sex（性别）、age（年龄），问两组人群发现症状的年龄有无差别？

1）打开数据文件 2inds3. sav。

2）两个独立样本检验（Two Independent Samples Tests）主对话框中，【检验变量列表（Test Variable List）】为“age（年龄）”，【分组变量（Grouping Variable）】为“sex（性别）”，设定组（Group）1 为“1（男）”，组（Group）2 为“2（女）”。【检验类型（Test Type）】选择【Kolmogorov-Smirnov Z】。

3）主要结果如下：

两样本 Kolmogorov-Smirnov 检验（Two-Sample Kolmogorov-Smirnov Test）

结果 15-10　检验统计（Test Statistics）

		年龄（岁）
最极端差分 （Most Extreme Differences）	绝对值（Absolute）	.231
	正（Positive）	.231
	负（Negative）	.000
Kolmogorov-Smirnov Z		.588
渐近显著性（双侧）（Asymp. Sig.（2-tailed））		.879

4)主要结果分析。

两样本 Kolmogorov-Smirnov 检验(Two-Sample Kolmogorov-Smirnov Test)的检验统计(Test Statistics)表：最极端差分(Most Extreme Differences)为两个样本的观测累积分布函数之间的最大绝对差，当差值很大时，可将两个分布视为不同的分布。Kolmogorov-Smirnov Z 值为 0.588，$P = 0.879 > 0.05$，按 $\alpha = 0.05$ 水准，认为两组患者发现症状年龄的总体分布相同，两组人群发现症状的年龄无差别，见结果 15-10。

15.5.4 Wald-Wolfowitz 游程检验

Wald-Wolfowitz 游程检验用于检验两样本是否来自相同总体，在游程(runs)数计算中，如果两样本间发生数值相同时，则尝试不同的排列顺序组合，以求得最大和最小游程数；当样本含量小于或等于 30 时，计算单侧精确 P 值(exact 1-tailed P)。

【例 15-8】 两组样本数据各有 12 例，已建立数据文件 2inds4sav，变量名为 data(数据)、group(分组)，欲检验两组是否来自相同总体。

1)打开数据文件 2inds4sav。

2)两个独立样本检验(Two Independent Samples Tests)主对话框中，【检验变量列表(Test Variable List)】为"data(数据)"，【分组变量(Grouping Variable)】为"group(分组)"，设定【组(Group)1】为"1(A 组)"，【组(Group)2】为"2(B 组)"。【检验类型(Test Type)】选择【Wald-Wolfowitz 游程(Wald-Wolfowitz runs)】。

3)主要结果如下：

Wald-Wolfowitz 检验(Wald-Wolfowitz Test)

结果 15-11 检验统计(Test Statistics)

		游程数(Number of Runs)	Z	精确显著性(单侧)(Exact Sig. (1-tailed))
数据	精确游程数(Exact Number of Runs)	4	-3.548	.000

4)主要结果分析。

Wald-Wolfowitz 检验(Wald-Wolfowitz test)的检验统计量(Test Statistics)表：精确游程数(Exact Number of Runs)为 4，Z 值为 -3.548，精确显著性(单侧)(Exact Sig. (1-tailed))，$P = 0.000 < 0.01$，按 $\alpha = 0.05$ 水准，认为两样本来自不同的总体，见结果 15-11。

15.6 多个独立样本非参数检验

多个独立样本非参数检验用于检验多个独立样本是否来自相同总体，包括 Kruskal-Wallis H 检验、中位数检验、Jonckheere-Terpstra 检验。生成的统计量包括平均值、标准差、最小值、最大值、非缺失值个案数及四分位数。

15.6.1 Kruskal-Wallis H 检验

Kruskal-Wallis H 检验是最常用的多样本比较的秩和检验，该检验是 Mann-Whitney U 检验的扩展，是单向方差分析的非参数模拟，用于检验定量变量或有序分类变量总体分布位置的差别。该方法也适用于两样本的比较，此时与 Mann-Whitney U 检验等价。

【例 15-9】　对 4 组大白鼠用不同剂量的某种激素后，测量耻骨间隙宽度的增加量(mm)并建立数据文件 kinds. sav，变量名为 x(增加量)、group(分组)，问各组的增加量有无差异?

1)打开数据文件 kinds. sav。

2)选择【分析(Analyze)】→【非参数检验(Nonparametric Tests)】→【旧对话框(Legacy Dialogs)】→【K 个独立样本(K Independent Samples)...】选项，打开多个独立样本检验(Tests for Several Independent Samples)主对话框，见图 15-9。

☆【检验变量列表(Test Variable List)】：可选择 1 个或以上有序数值变量，本例为“x(增加量)”。

☆【分组变量(Grouping Variable)】为“group(分组)”，本例有 4 组。【定义范围(Define Range)】设定【最小(Minimum)】为“1”，【最大(Maximum)】为“4”。

☆【检验类型(Test Type)】：可选择【Kruskal- Wallis H】、【中位数(Median)】及【Jonckheere-Terpstra】这 3 种检验来确定多个独立样本是否来自相同总体，本例选择【Kruskal- Wallis H】。

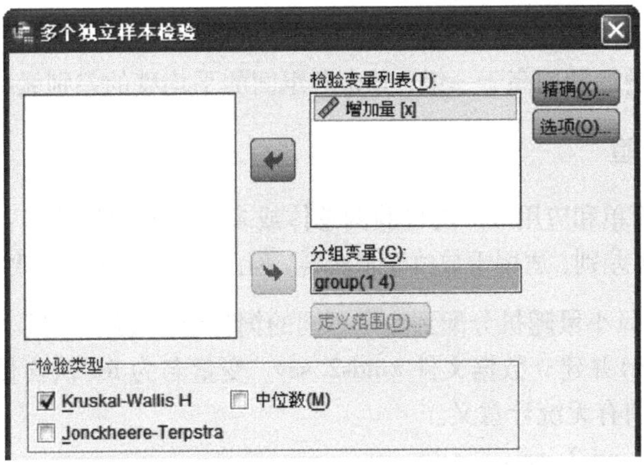

图 15-9　多个独立样本检验(Tests for Several Independent Samples)主对话框

3)单击【确定】按钮，得到以下主要结果：

Kruskal- Wallis 检验(Kruskal- Wallis Test)

结果 15-12　等级(Ranks)

	分组	N	平均秩(Mean Rank)
增加量	1-一组	5	3.10
	2-二组	6	12.33
	3-三组	6	12.42
	4-四组	4	16.75
	总数(Total)	21	

结果 15-13　检验统计量(Test Statistics)

	增加量
卡方(Chi- square)	12.209
自由度(df)	3
渐近显著性(Asymp. Sig.)	.007

4)主要结果分析。

(1)等级(Ranks)表：一组、二组、三组和四组大白鼠的耻骨间隙宽度增加量的平均秩(Mean Rank)分别为 3.10、12.33、12.42 和 16.75，见结果 15-12。

(2)Kruskal Wallis 检验(Kruskal Wallis Test)的检验统计(Test Statistics)表：$\chi^2=12.209$，$P=0.007<0.01$，按 $\alpha=0.05$ 水准，认为 4 组大白鼠的耻骨间隙宽度增加量对应总体分布的中位数不等或不完全相等，见结果 15-13。

5)多个独立样本间两两比较的非参数检验：本例经 Kruskal- Wallis 检验认为 4 组大白鼠的

耻骨间隙宽度增加量对应总体分布的中位数不同。进一步需要检验哪两个总体间有差别？哪两个总体间无差别？这可以用两独立样本 Mann-Whitney U 检验，【检验变量(Test Variable)】为“x(耻骨间隙宽度增加量)”，【分组变量(Grouping Variable)】设定【组(Group)1】与【组(Group)1】依次为(对比组)“一组”与“二组”、“一组”与“三组”、“一组”与“四组”、“二组”与“三组”、“二组”与“四组”、“三组”与“四组”。4 个样本间两两间比较的结果见表 15-2。

表 15-2　四个样本间两两间比较的结果

对比组	Mann-Whitney U	Wilcoxon W	Z	Exact Sig.	P 值
一组与二组	0.000	15.000	-2.745	0.004	P<0.01
一组与三组	0.500	15.500	-2.666	0.004	P<0.01
一组与四组	0.000	15.000	-2.481	0.016	P<0.05
二组与三组	18.000	39.000	0.000	1.000	P>0.05
二组与四组	5.000	26.000	-1.516	0.170	P>0.05
三组与四组	6.000	27.000	-1.291	0.257	P>0.05

按 $\alpha=0.05$ 水准，一组与二、三、四组的平均秩的差别有统计学意义，即二、三、四组大白鼠的耻骨间隙宽度增加量均高于一组，其余各组间的平均秩的差别无统计学意义。

15.6.2　中位数检验

中位数检验是最简单和应用最广的检验两总体或多总体的中位数是否有差别的方法，用于检验位置和形状的分布差别，适用于数值变量资料，但此方法比 Kruskal-Wallis H 检验的效能低。

【例 15-10】 50 只小鼠随机分配到 5 个不同的饲料组，每组 10 只。在喂养一定时间后测得鼠肝中铁含量(μg/g)并建立数据文件 kinds2. sav，变量名为 fe(铁含量)、group(分组)，试检验各组铁含量的差别有无统计意义。

1)打开数据文件 kinds2. sav。

2)选择【分析(Analyze)】→【非参数检验(Nonparametric Tests)】→【旧对话框(Legacy Dialogs)】→【K 个独立样本(K Independent Samples)...】选项，打开多个独立样本检验(Tests for Several Independent Samples)主对话框，【检验变量列表(Test Variable List)】，选择“fe(铁含量)”，【分组变量(Grouping Variable)】为“group(分组)”，【定义范围(Define Range)】中设定【最小(Minimum)】为“1”，【最大(Maximum)】为“5”，【检验类型(Test Type)】选择【中位数(Median)】。

3)主要结果如下：

中位数检验(Median Test)

结果 15-14　检验统计(Test Statistics)

	铁含量
例数(N)	50
中位数(Median)	1.8500
卡方(Chi-square)	18.400
自由度(df)	4
渐近显著性(Asymp. Sig.)	.001

4)主要结果分析。

中位数检验(Median Test)的检验统计(Test Statistics)表：卡方值为 18.400，$P=0.001<0.01$，按 $\alpha=0.05$ 水准，认为 5 组小鼠肝脏铁含量对应总体分布的中位数不等或不完全相等，见结果 15-14。

15.6.3　Jonckheere-Terpstra 检验

Jonckheere-Terpstra 检验用于处理完全随机设计的资料，而且专门用于检验各处理组是否有顺序效应，常用于双向有序变量资料分析，检验效能高于 Kruskal-Wallis H 检验。例如，对实验动物进行药理作用的研究，随药物剂量的增加，动物出现的反应强度也增加，这种实验动物由弱到强的反应称为顺序效应。

【例 15-11】　科学家研究不同年龄组(6 ~8 岁)的听力损伤儿童的学习成绩状况。学习成绩已建立数据文件 kinds3. sav，变量名为 score(学习成绩)、group(分组)。据此资料，能否认为随年龄增加，听力损伤儿童的学习成绩也增加?

1)打开数据文件 kinds3. sav。

2)多个独立样本检验(Tests for Several Independent Samples)主对话框中，【检验变量列表(Test Variable List)】为"score(学习成绩)"，【分组变量(Grouping Variable)】为"group(分组)"，【定义范围(Define Range)】设定【最小(Minimum)】为"1"，【最大(Maximum)】为"3"，【检验类型(Test Type)】选择【Jonckheere-Terpstra】。

3)主要结果如下：

结果 15-15　Jonckheere-Terpstra 检验(Jonckheere-Terpstra Test)

	学习成绩
分组水平数(Number of Levels in 分组)	3
例数(N)	24
J-T 观测统计量(Observed J-T Statistic)	118.000
J-T 统计量平均值(Mean J-T Statistic)	90.000
J-T 统计量的标准差(Std. Deviation of J-T Statistic)	18.281
标准 J-T 统计量(Std. J-T Statistic)	1.532
渐近显著性(双侧)(Asymp. Sig. (2-tailed))	.126

4)主要结果分析。

Jonckheere-Terpstra 检验(Jonckheere-Terpstra Test)：标准 J-T 统计量(Std. J-T Statistic)为 1.532，$P = 0.126 > 0.01$，按 $\alpha = 0.05$ 水准，认为不同年龄组的听力损伤儿童的学习成绩无顺序效应，即听力损伤儿童的学习成绩不随年龄增加而增加，见结果 15-15。

15.7　两相关样本非参数检验

两相关样本非参数检验用于检验配对变量的分布差别，共有 4 种检验：Wilcoxon 符号秩检验、符号检验、McNemar 检验和边际同质性检验。生成的统计量包括平均值、标准差、最小值、最大值、非缺失值个案数及四分位数。

15.7.1　Wilcoxon 符号秩检验

Wilcoxon 符号秩检验又称配对符号秩检验，用于检验配对资料的差值是否来自于中位数为 0 的总体，适用于连续性资料；可用于推断总体中位数是否等于某个指定值或推断配对样本差值的总体中位数是否为 0。由于该检验利用了差值大小的信息，因此其效率较配对资料的符号检验高。

【例 15-12】 某种新药治疗高血压病患者 18 例，治疗前后的收缩压(毫米汞柱)数据如下，问某新药治疗前后收缩压的差别有无统计学意义?

治疗前：　184，173，181，159，148，161，172，183，194，152，173，180，162，167，154，184，172，148
治疗后：　171，169，172，162，134，161，167，180，191，152，162，167，160，179，152，171，169，140

1)建立数据文件 2relas.sav，变量名为 x1(治疗前)、x2(治疗后)。

2)选择【分析(Analyze)】→【非参数检验(Nonparametric Tests)】→【旧对话框(Legacy Dialogs)】→【2 个相关样本(2 Related Samples)...】选项，打开两个关联样本检验(Two-Related-Samples Tests)主对话框，见图 15-10。

☆【检验对(Test Pair(s))】：选择【Variable 1】为"x1(治疗前)"、【Variable 2】为"x2(治疗后)"。

☆【检验类型(Test Type)】：用户应根据数据类型选择适当的检验方法，可选择【Wilcoxon】、【符号检验(Sign)】、【McNemar】和【边际同质性(Marginal Homogeneity)】检验。本例选择【Wilcoxon】。

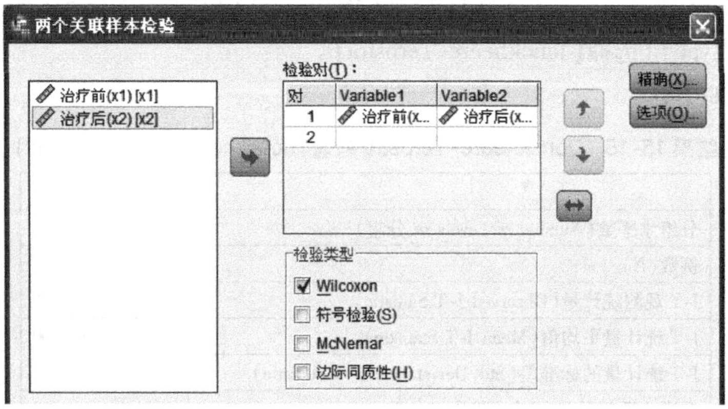

图 15-10　两个关联样本检验(Two-Related-Samples Tests)主对话框

3)单击【继续】→【确定】按钮，得到以下主要结果：

Wilcoxon 符号秩检验(Wilcoxon Signed Ranks Test)

结果 15-16　检验统计(Test Statistics)

	治疗后(x2) - 治疗前(x1)
Z	-2.670^{a}
渐近显著性(双侧)(Asymp. Sig. (2-tailed))	.008

4)主要结果分析。

Wilcoxon 符号秩检验(Wilcoxon Signed Ranks Test)的检验统计(Test Statistics)表：$Z=-2.670$，$P=0.008<0.01$，按 $\alpha=0.05$ 水准，尚不能认为治疗前后收缩压的差值自于中位数为 0 的总体，即该药有降压作用，见结果 15-16。

15.7.2　符号检验

符号检验(又称差数秩检验)以各对数值间的差值的正负号为依据，检验两种处理或一组受试对象处理前后的效果有无差别，其检验效能较低。当配对计量资料不具备参数检验条件时，可采用此方法。

【例 15-13】 在研究少量酒精对反应时间的影响时，测试了 10 个人在喝了两杯啤酒前后的反应时间如下（单位：s）并建立了数据文件 2relas2. sav，变量名为 x1（喝酒前）、x2（喝酒后），该数据是否说明酒精和反应时间有关？

1）打开数据文件 2relas2. sav。

2）两个关联样本检验（Two-Related-Samples Tests）主对话框中，【检验对（Test Pair(s)）】选择【Variable 1】为“x1（喝酒前）”、【Variable 2】为“x2（喝酒后）”，【检验类型（Test Type）】选择【符号检验（Sign）】。

3）主要结果如下：

符号检验（Sign Test）

结果 15-17　检验统计（Test Statistics）

	喝酒后(x2) - 喝酒前(x1)
精确显著性（双侧）(Exact Sig. (2-tailed))	.344[a]

a. 使用二项分布（Binomial distribution used.）

4）主要结果分析。

符号检验（Sign Test）的检验统计（Test Statistics）表：该检验以二项分布（Binomial distribution）计算精确的双侧显著性，P = 0.344 > 0.05，按 α = 0.05 水准，认为喝酒前后反应时间的差值来自于中位数为 0 的总体，即酒精和反应时间无关，见结果 15-17。

15.7.3　McNemar 检验

McNemar 检验（McNemar Test）用于配对计数资料的分析，主要分析配对资料中控制组和处理组的频率或比率是否有差异，对于比较同一批观测对象用药前后或实验前后的结果有无差异时非常有用。配对资料中控制组和处理组是二进制资料，如“是”或“否”、“阳性”或“阴性”、“有反应”或“无反应”等。该检验只适用于二分变量，对于非二分变量，应在分析前进行数据变换。

【例 15-14】 研究人员将患霍奇金病的病人和非病人按性别及年龄差别在 5 岁以内进行配对，得到 85 对观测对象。两组人群中扁桃体切除的为“是”，未切除的为“否”，数据见表 15-3。试问配对的两组人群扁桃体切除率有否差别？

表 15-3　两组病人扁桃体切除情况

		(非病人组)对照组		合计
		是	否	
(病人组)	是	26	15	41
处理组	否	7	37	44
合计		33	52	85

1）建立数据文件 2relas3. sav，变量名为 patient（病人扁桃体切除）、health（非病人扁桃体切除）、number（数量）。

2）对 number（数量）加权，个案（Weight Cases）对话框中，【加权个案（Weight Cases by）】的【频率变量（Frequency Variable）】为“number（数量）”，参见第 3.2.5 节。

3）两个关联样本检验（Two-Related-Samples Tests）主对话框中，【检验对（Test Pair(s)）】选择【Variable 1】为“patient（病人扁桃体切除）”、【Variable 2】为“health（非病人扁桃体切除）”，【检验类型（Test Type）】选择【McNemar】。

4）主要结果如下：

McNemar 检验(McNemar Test)

结果 15-18　检验统计(Test Statistics)

	病人扁桃体切除 & 非病人扁桃体切除
例数(N)	85
精确显著性(双侧)(Exact Sig. (2-tailed))	.134[a]

a. 使用二项分布(Binomial distribution used.)

5)主要结果分析。

McNemar 检验(McNemar Test)检验统计(Test Statistics)表:该检验以二项分布(Binomial distribution)计算精确的双侧显著性,P = 0.134 > 0.05,按 α = 0.05 水准,配对资料中病人组与非病人组的扁桃体切除率的差别无统计学意义,见结果 15-18。

15.7.4　边际同质性检验

边际同质性检验(Marginal Homogeneity Test)是 McNemar 检验从二元响应(binary response)到多项响应(multinomial response)的扩展,主要用于多分类配对计数资料的检验,适用于无序分类变量或有序分类变量资料,对于在前后对比设计中检测因实验干预所导致的响应变化非常有用。检验结果 P≤0.05 时,认为平方表中对称格子的频率或频率不全相同。如想确切知道哪两个对称格子频率或频率的差异有统计学意义,则须对平方表进行分割,然后再对分割后的若干个四格表进行 McNemar 检验才能得出相应的结论。

【例 15-15】　甲、乙两观察者对 1000 名妇女的宫颈脱落细胞涂片检查结果见表 15-4,试分析两观察者对宫颈脱落细胞涂片的诊断结果有无差异。

表 15-4　甲、乙两观察者对宫颈脱落细胞涂片诊断分析

		观察者甲				合计
		阴性	Ⅰ级	Ⅱ级	Ⅲ级	
观察者乙	阴性	700	35	15	10	766
	Ⅰ级	30	60	10	10	110
	Ⅱ级	20	20	30	5	75
	Ⅲ级	15	5	5	30	55
	合计	765	120	60	55	1000

1)建立数据文件 2relas4.sav,变量名为 x1(观察者甲)、x2(观察者乙)、number(数量)。

2)对 number(数量)加权,加权个案(Weight Cases)对话框中,【加权个案(Weight Cases by)】的【频率变量(Frequency Variable)】为"number(数量)",参见第 3.2.5 节。

3)两个关联样本检验(Two-Related-Samples Tests)主对话框中,【检验对(Test Pair(s))】选择【Variable 1】为"x1(观察者甲)"、【Variable 2】为"x2(观察者乙)"。【检验类型(Test Type)】选择【边际同质性(Marginal Homogeneity)】。

4)主要结果如下:

结果 15-19　边际同质性检验(Marginal Homogeneity Test)

	甲观察者 & 乙观察者
不同值(Distinct Values)	4
非对角个案(Off-Diagonal Cases)	180
MH 观测统计量(Observed MH Statistic)	195.000
MH 统计量平均值(Mean MH Statistic)	205.000
MH 统计量的标准差(Std. Deviation of MH Statistic)	11.511
标准 MH 统计量(Std. MH Statistic)	-.869
渐近显著性(双侧)(Asymp. Sig. (2-tailed))	.385

5)主要结果分析。

边际同质性检验(Marginal Homogeneity Test):标准 MH 统计量(Std. MH Statistic)为 -0.869，P=0.385>0.05，按 α=0.05 水准，认为两观察者对宫颈脱落细胞涂片的诊断结果的差别无统计学意义，见结果 15-19。

15.8　多个相关样本非参数检验

多个相关样本非参数检验比较多个相关样本变量的分布，有 3 种检验：Friedman 检验、Kendall W 检验和 Cochran Q 检验。生成的统计量包括平均值、标准差、最小值、最大值、非缺失值个案数及四分位数。

15.8.1　Friedman 检验

Friedman 检验又称 M 检验，用于推断各处理组样本分别代表的总体分布是否不同。先就每个配伍数据编秩，然后计算每个变量的平均秩，再以此根据卡方分布，计算检验统计量。此检验适用于配伍组(即随机区组)设计资料的多个样本比较。

【例 15-16】　用某新药治疗血吸虫病患者，采用三天疗法，在治疗前及治疗后测量 7 名患者的血清谷丙转氨酶(SGPT)的变化，以观测该新药对肝功能的影响(见表 15-5)，问 4 个阶段的 SGPT 有无差别?

1)建立数据文件 krelas. sav，变量名为 b(治疗前)、w1(治疗后一周)、w2(治疗后二周)、w4(治疗后四周)。

2)选择【分析(Analyze)】→【非参数检验(Nonparametric Tests)】→【旧对话框(Legacy Dialogs)】→【K 个相关样本(K Related Samples)...】选项，打开多个关联样本检验(Tests for Several Related Samples)主对话框，见图 15-11。

表 15-5　某新药治疗血吸虫病患者治疗前后SGPT(单位)的变化

患者号	治疗前(b)	治疗后 1 周(w1)	2 周(w2)	4 周(w4)
1	63	188	138	54
2	90	238	220	144
3	54	300	83	92
4	45	140	213	10
5	54	175	150	36
6	72	300	163	90
7	64	207	185	87

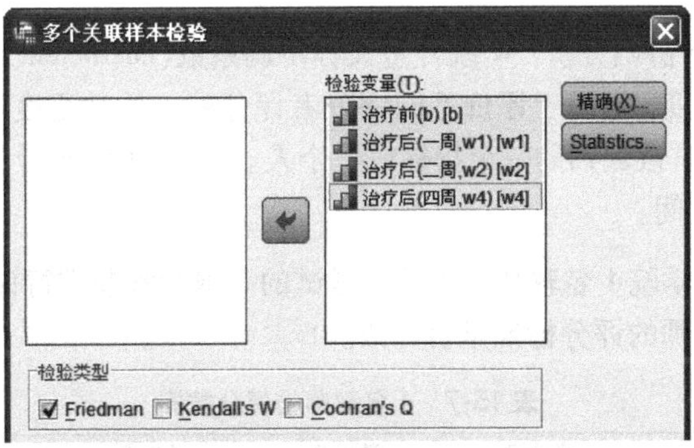

图 15-11　多个关联样本检验(Tests for Several Related Samples)主对话框

☆【检验变量(Test Variables)】:可选择 2 个或以上的变量，本例为“b(治疗前)”、“w1(治疗后一周)”、“w2(治疗后二周)”、“w4(治疗后四周)”。

☆【检验类型(Test Type)】:可选择【Friedman】、【Kendall's W】、【Cochran's Q】3 种检验,本例选择【Friedman】。

3)Statistics(统计)对话框中,选择【描述性(Descriptives)】及【四分位数(Quartiles)】。

4)主要结果如下:

Friedman 检验(Friedman Test)

结果 15-20　等级(Ranks)

	平均秩(Mean Rank)
治疗前(b)	1.29
治疗后(一周,w1)	3.86
治疗后(二周,w2)	3.00
治疗后(四周,w4)	1.86

结果 15-21　检验统计(Test Statistics)

例数(N)	7
卡方(Chi-square)	16.714
自由度(df)	3
渐近显著性(Asymp. Sig.)	.001

5)主要结果分析。

(1)等级(Ranks):治疗前、治疗后(一周,w1)、治疗后(二周,w2)、治疗后(四周,w4)SGPT 的平均秩分别为 1.29、3.86、3.00、1.86,见结果 15-20。

(2)Friedman 检验(Friedman Test)的检验统计(Test Statistics)表:$\chi^2=16.714$,$P=0.001<0.01$,按 $\alpha=0.05$ 水准,尚不能认为治疗前后 4 个阶段的 SGPT 来自于同一个分布的总体,即 4 个阶段的 SGPT 有差别,见结果 15-21。

6)进一步对 w1 与 b、w2 与 b、w4 与 b 进行两相关样本非参数检验,这可以用相关样本 Wilcoxon 符号秩检验,见表 15-6。

表 15-6　两相关样本 Wilcoxon 符号秩检验

对比组	Z	Asymp. Sig. (2-tailed)	P 值
治疗前(b)与治疗后(一周, w1)	-2.366	0.018	P<0.05
治疗前(b)与治疗后(二周, w2)	-2.366	0.018	P<0.05
治疗前(b)与治疗后(四周, w4)	-1.778	0.075	P>0.05

按 $\alpha=0.05$ 水准,w1 组与 b 组间、w2 组与 b 组间,$P<0.05$,认为治疗一周、二周后和治疗前 SGPT 的平均秩差别有统计学意义。治疗四周后和治疗前 SGPT 的平均秩差别无统计学意义。

15.8.2　Kendall W 检验

Kendall W 检验属于协调分析,W 统计量又称协调系数(coefficient of concordance),表示多个指标间相互关联的程度,常用于评价不同评分者评分的一致性程度。每个个案是一名裁判员或评分者,每个变量是被裁判的一个指标或一个人。Kendall W 统计量的范围介于0(完全不一致)~1(完全一致)之间。

【例 15-17】 某医学院 4 名教师对生理学考试的一道问答题进行评分(满分 10 分)结果见表 15-7,试分析 4 名教师的评分标准是否一致。

表 15-7　4 名教师的评分数据

	学生 1	学生 2	学生 3	学生 4	学生 5	学生 6
教师 1	8.75	9.60	9.20	9.65	9.30	9.80
教师 2	8.90	9.55	9.25	9.75	9.45	9.75
教师 3	8.75	9.70	9.25	9.60	9.30	9.70
教师 4	8.80	9.60	9.25	9.75	9.40	9.85

1）建立数据文件 krelas2. sav，变量名为 x1 ~ x6。

2）多个关联样本检验（Tests for Several Related Samples）主对话框中，【检验变量（Test Variables）】为“x1”~“x6”，【检验类型（Test Type）】选择【Kendall's W】。

3）主要结果如下：

Kendall W 检验（Kendall's W Test）

结果 15-22　秩（Ranks）

	平均秩（Mean Rank）
学生 1	1.00
学生 2	4.38
学生 3	2.00
学生 4	4.88
学生 5	3.00
学生 6	5.75

结果 15-23　检验统计（Test Statistics）

例数（N）	4
Kendall's W[a]	.955
卡方（Chi-square）	19.094
自由度（df）	5
渐近显著性（Asymp. Sig.）	.002

a. Kendall 协调系数（Kendall's Coefficient of Concordance）

4）主要结果分析。

（1）Kendall W 检验（Kendall's W Test）的等级（Ranks）表：6 名学生得分的平均秩（Mean Rank）分别为 1.00、4.38、2.00、4.88、3.00 和 5.75。$\chi^2 = 19.094$，$P = 0.002 < 0.01$，按 $\alpha = 0.05$ 水准，认为 6 名学生得分的平均秩差别有统计学意义，见结果 15-22。

（2）检验统计（Test Statistics）：Kendall 协调系数（Kendall's Coefficient of Concordance）为 0.955，接近 1，表明 4 名教师的评分标准是一致的，见结果 15-23。

15.8.3　Cochran Q 检验

Cochran Q 检验（Cochran's Q Test）与 Friedman 检验相同，是 McNemar 检验向多样本情况的延伸，用于检验完全随机区组设计的二分变量是否具有相同效应的假设，Cochran's Q 统计量是近似卡方分布的。

【例 15-18】　根据症状、体征和实验室检查，比较 3 种计算机辅助诊断系统和医生思维诊断的能力。以 11 名甲状腺功能减退的病人作为诊断对象，诊断正确的记为 1，诊断错误的记为 0，结果见表 15-8，试问医生与计算机的诊断结果有无不同？

表 15-8　医生与计算机诊断结果

病人（区组）	医生诊断	计算机诊断系统（处理组）		
		A	B	C
1	1	0	0	0
2	1	1	1	1
3	0	0	0	0
4	0	1	1	1
5	1	1	1	1
6	1	0	0	1
7	1	0	1	1
8	1	0	0	1
9	1	0	0	0
10	1	0	0	0
11	1	1	1	1

1)建立数据文件 krelas3. sav，变量名为 d(医生诊断)、c1(计算机 A)、c2(计算机 B)、c3(计算机 C)。

2)多个关联样本检验(Tests for Several Related Samples)主对话框中，【检验变量(Test Variables)】为“d(医生诊断)”、“c1(计算机 A)”、“c2(计算机 B)”、“c2(计算机 C)”，【检验类型(Test Type)】选择【Cochran’s Q】。

3)主要结果如下：

Cochran 检验(Cochran Test)

结果 15-24　检验统计(Test Statistics)

例数(N)	11
Cochran’s Q	7.696
自由度(df)	3
渐近显著性(Asymp. Sig.)	.053

4)主要结果分析。

Cochran 检验(Cochran Test)的检验统计(Test Statistics)表：Cochran Q 值为 7.696，$P = 0.053 > 0.05$，按 $\alpha = 0.05$ 水准，认为医生诊断和计算机 4 种诊断方法的结果相同，见结果 15-24。

练习题

(请访问 www. hxedu. com. cn 下载。)

第 16 章　时间序列分析

按某种(相等或不相等)时间间隔(如年、月、日、季节等)对客观事物进行动态观测的指标$\{x_1, x_2, \cdots, x_n\}$，以时间顺序排列的随机变量的一组实测值称为时间序列(Time Series)，又称动态数据(dynamic data)。时间序列分析可从时间序列相互间存在的某种联系中深入认识事物的本质，如对某一个时间序列的未来情况进行预测预报，得到最满意的效果，几个时间序列的差别有无统计学意义；一个较长的时间序列有无周期性等。

时间序列分析(time series analysis)用于对某一时间间隔顺序排列的序列进行分析，SPSS 预测(Forecasting)包括时间序列建模器(Time Series Modeler)【专家建模器(Expert Modeler)、指数平滑法(Exponential Smoothing)】，综合自回归移动平均模型(ARIMA)、季节分解法(Seasonal Decomposition)，谱分析(Spectral Analysis)，序列图(Sequence Charts)，自相关(Autocorrelations)和互相关(Cross-Correlations)图。

此外，SPSS 还提供定义日期(Define Dates)、创建时间序列(Create Time Series)及替换缺失值(Replace Missing Values)3 个时间序列数据整理工具。

16.1　数 据 准 备

在进行时间序列分析之前，往往需要对原始数据进行整理才能进行时间序列分析，SPSS 提供的与时间序列分析有关的数据整理功能包括定义日期(Define Dates)、创建时间序列(Create Time Series)、替换缺失值(Replace Missing Values)及日期和时间向导(Date and Time Wizard)。

16.1.1　定义日期

定义日期(Define Dates)可生成用于建立时间序列周期性(periodicity)和标注时间序列分析结果的日期变量(date variable)。

【例 16-1】　我国 1986—1992 年彩色电视机月销售数量(万台)资料已建立数据文件 ctv. sav，变量为 year(年份)、month(月份)、sale(销售量)，试对该资料按年为周期进行定义日期。

1)打开数据文件 ctv. sav。

2)选择【数据(Data)】→【定义日期(Define Dates)...】选项，打开定义日期(Define Dates)对话框，见图 16-1。

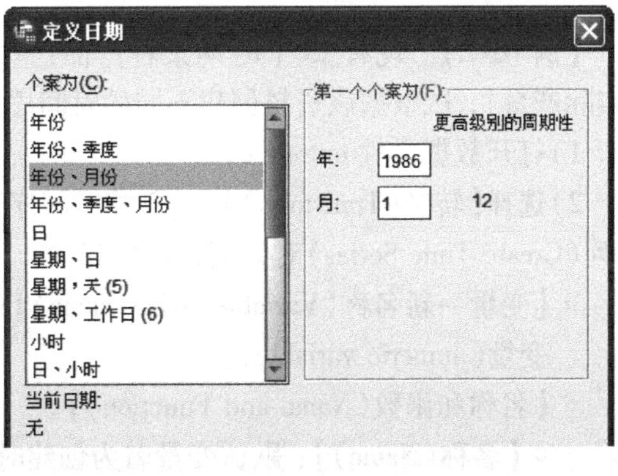

图 16-1　定义日期(Define Dates)对话框

☆【个案为(Cases Are)】：定义用于生成日期的时间间隔(time interval)，可选择的时间间隔见表 16-1。本例选择【年份、月份(Years, months)】。

☆【第一个个案为(First Case Is)】：指定第 1 个个案的起始日期值(starting date

value)，并根据时间间隔的序列值(series value)为后面的个案赋值。

○【更高级别的周期性(Periodicity at higher level)】：表示重复循环变动(repetitive cyclical variation)，如一年中的月数或者一周中的天数，显示的值表示可以输入的最大值(maximum value)。对于小时、分钟和秒数，其最大值为显示值减去 1。本例为"12"，【年(Year)】为"1986"，【月(Month)】为"1"。

表 16-1　用于生成日期的时间间隔及其意义

简体中文版	英文版	简体中文版	英文版
年份	Years	星期、日、小时	Weeks, days, hours
年份、季度	Years, quarters	星期、工作日、小时	Weeks, work days, hours
年份、月份	Years, months	分钟	Minutes
年份、季度、月份	Years, quarters, months	小时、分钟	Hours, minutes
日	Days	日、小时、分钟	Days, hours, minutes
星期、日	Weeks, days	秒钟	Seconds
星期，天(5)	Weeks, work days(5)	分钟、秒钟	Minutes, seconds
星期，天工作日(6)	Weeks, work days(6)	小时、分钟、秒钟	Hours, minutes, seconds
小时	Hours	未注日期	Not dated
日、小时	Days, hours	定制	Custom
日、工时(8)	Days, work hours(8)		

注：若选择【未注日期(Not dated)】，则剔除既往定义的所有日期变量，所有以下列字符为变量名起始字符的变量将被删除：year_、quarter_、month_、week_、day_、hour_、minute_、second_和 date_。【定制(Custom)】表示通过命令语法(command syntax)创建的自定义日期变量(如四天制工作周)。

3)单击【确定】按钮，将为用于定义日期的每个成分创建新数值变量(numeric variable)，新变量名以下画线结尾，并从成分中创建一个描述性串变量(string variable)"date_"。例如，如果选择【Weeks, days, hours】，则创建 4 个新变量："week_"、"day_"、"hour_"和"date_"。本例生成 3 个变量，"YEAR_"、"MONTH_"、"DATE_"。如果已经定义了日期变量，当定义的新日期变量与现有日期变量同名时，现有日期变量将被替换。

16.1.2　创建时间序列

创建时间序列(Create Time Series)根据现有数值时间序列变量(numeric time series variables)的函数创建新变量，新变量在时间序列分析中非常有用。新变量将保留原始变量中的值标签(value label)。

【例 16-2】　现有 25 个时期某种产品产量的数据文件 output. sav，变量名为 t(时间)、x(实际产量)，试根据该资料创建不同的时间序列。

1)打开数据文件 output. sav。

2)选择【转换(Transform)】→【创建时间序列(Create Time Series)...】选项，打开创建时间序列(Create Time Series)对话框，见图 16-2。

☆【变量→新名称(Variable→New name)】列表：要创建的新时间序列变量，仅可使用数值变量(numeric variable)。

☆【名称和函数(Name and Function)】。

○【名称(Name)】：默认变量名为创建时间序列源变量名的前 6 个字符 + "_" + 序列号。

○【函数(Function)】：共提供 9 个时间序列变换函数(time series transformation function)。

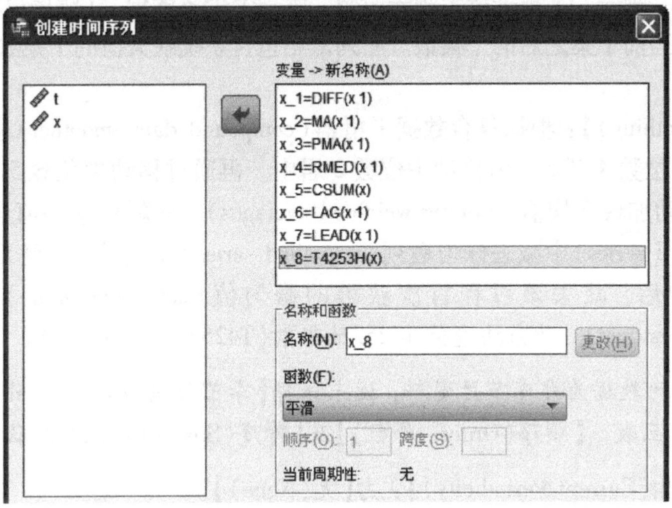

图 16-2　创建时间序列(Create Time Series)对话框

- 【差值(Difference，差分)】：序列中相邻值之间的非季节性差分(nonseasonal difference)。【顺序(Order，阶数)】是用于计算差分的之先前值数，由于每阶差分丢失 1 个观测值，因此序列开头将为系统缺失值(system- missing value)。例如，差分阶数(difference order)为 2，则新变量前两个个案将为系统缺失值。
- 【季节性差分(Seasonal difference)】：相隔恒定跨度的序列值之间的差分，【跨度(Span)】根据当前定义的周期性设定，该函数只能用于进行定义日期(Define Dates)后的数据，其中包含周期性成分(如 1 年中的月份)。【顺序(Order，阶数)】用于计算差分的季节周期(seasonal period)数。序列开头含有系统缺失值的个案数等于阶数乘以周期性。例如，当前周期性为 12，且阶数为 2，则新变量前 24 个个案将包含系统缺失值。
- 【中心移动平均值(Centered moving average，集中移动平均值)】：当前序列值与其周围某个跨度内序列值的平均值。【跨度(Span)】为用于计算平均值的序列值数。如果跨度为偶数，则移动平均值为每对非集中平均值的平均值。跨度为 n 的序列开头和末尾，包含系统缺失值的个案数等于 n/2(偶数跨度值)和(n－1)/2(奇数跨度值)。例如，跨度为“5”，则序列开头和末尾包含系统缺失值个案数为 2。
- 【先前移动平均值(Prior moving average，前移动平均值)】：当前序列值之前的序列值的平均值。【跨度(Span)】为用于计算平均值的先前序列值数。序列开头包含系统缺失值的个案数等于跨度值(span value)。
- 【运行中位数(Running medians，移动中位数)】：当前序列值与其周围某个跨度内序列值的中位数。【跨度(Span)】为用于计算中位数的序列值数。如果跨度为偶数，则移动中位数为每组非集中中位数的平均值。跨度为 n 的序列开头和末尾，包含系统缺失值的个案数等于 n/2(偶数跨度值)和(n－1)/2(奇数跨度值)。例如，跨度为“5”，则序列开头和末尾包含系统缺失值个案数为 2。
- 【累计求和(Cumulative sum，累积和)】：当前序列值与其周围序列值的累积和。
- 【延迟(Lag，滞后)】：根据指定滞后阶数，上一个个案的值。【顺序(Order，阶数)】为从中获取值的当前个案之前的个案数。序列开头包含系统缺失值的个案数等于阶数值(order value)。

- 【提前(Lead, 领先)】: 根据指定领先阶数, 后一个个案的值。【顺序(Order, 阶数)】为从中获取值的当前个案之后的个案数。序列末尾包含系统缺失值的个案数等于阶数值(order value)。
- 【平滑(Smoothing)】: 根据复合数据平滑器(compound data smoother)生成序列值。平滑器从移动中位数4开始, 由移动中位数2居中。再通过移动中位数5、移动中位数3和Hanning移动加权平均值(running weighted averages), 重新对这些值进行平滑。从原始序列(original series)中减去修匀数列(smoothed series)得出残差, 然后用残差重复这整个过程。最后, 减去该过程首次获得的修匀值(smoothed value), 得到修匀残差(smoothed residual), 此方法也称T4253H平滑(T4253H smoothing)。

注: 由于本例的数据为非季节性资料, 故未选择【季节性差分(Seasonal difference)】函数, 而选择了其他所有函数。【顺序(Order, 阶数)】及【跨度(Span)】均采用默认值。

○【当前周期性(Current Periodicity)】: 为【无(None)】。

3)单击【确定】按钮, 完成创建时间序列(Create Time Series)过程, 可生成8个新变量, 分别为x_1(差分)、x_2(集中移动平均值)、x_3(前移动平均值)、x_4(移动中位数)、x_5(累积和)、x_6(滞后值)、x_7(领先值)和x_8(平滑值)。

16.1.3　替换缺失值

当序列值中含有缺失值时, 将无法计算某些时间序列度量(time series measure), 产生缺失值的原因除了特定观测值未知外, 还可能包括: 每个差分度(degree of differencing)会使序列长度减1, 每个季节差分度(degree of seasonal differencing)会使序列长度减少1个季节, 创建的新序列包含在现有序列末尾之外的预测值, 原始序列和残差序列会缺少新观测值的数据, 某些变换(如对数变换)会导致缺失原始序列的特定值数据。序列开头和末尾的缺失数据不会引发特殊的问题, 只会缩短序列的有效长度。序列中间内嵌缺失数据(embedded missing data)会导致更为严重的问题, 因此需要对缺失值进行替换。替换缺失值可根据现有时间序列创建新时间序列变量, 选择其中一个方法估计并替换缺失值。

【例16-3】 1947—1976年某国木材产量的资料见表16-2, 现人为地剔除其中的3个数据(带*号的为缺失值), 试对剔除的数据(缺失值)进行替换。

表16-2　某国1947—1976年木材产量　　单位: 百万立方英尺

年份	木材产量	年份	木材产量	年份	木材产量	年份	木材产量	年份	木材产量
1947	35404	1953	36762	1959	32901	1965*	38902	1971	37515
1948	37462	1954	36742	1960	36356	1966	37858	1972*	38629
1949	32901	1955	33385	1961	37166	1967	32926	1973	32019
1950	33178	1956*	34171	1962	35733	1968	35697	1974	35710
1951	34449	1957	36124	1963	35791	1969	34548	1975	36693
1952	38044	1958	38658	1964	34592	1970	32087	1976	37153

1)建立数据文件wood.sav, 变量名为year(年份)、wood(木材产量), 删除1956年、1965年及1972年的木材产量值。

2)选择【转换(Transform)】→【替换缺失值(Replace Missing Values)...】选项, 打开替换缺失值(Replace Missing Values)对话框, 见图16-3。

☆【新变量(New Variable(s))】列表：生成新变量名。

☆【名称和方法(Name and Method)】：

○【名称(Name)】：默认变量名为创建时间序列源变量名的前 6 个字符 + "_" + 序列号。

○【方法(Method)】：共提供 5 种替换缺失值的估计方法。

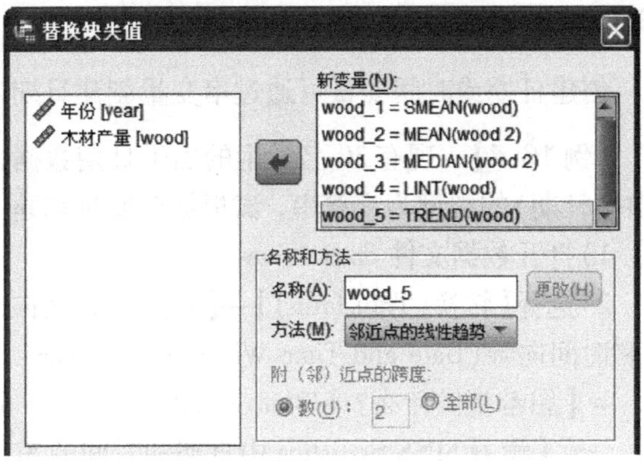

图 16-3　替换缺失值(Replace Missing Values)对话框

● 【序列平均值(Series mean)】：用整个序列的平均值替换缺失值。

● 【邻近点的平均值(Mean of nearby points)】：使用周围有效值的平均值替换缺失值。【附(邻)近点的跨度(Span of nearby points)】为缺失值上下用于计算平均值的有效值数。

● 【邻近点的中位数(Median of nearby points)】：使用周围有效值的中位数替换缺失值。

● 【附(邻)近点的跨度(Span of nearby points)】为缺失值上下用于计算中位数的有效值数。

● 【线性插值(Linear interpolation)】：使用线性插值替换缺失值。缺失值之前的最后一个有效值和之后的第一个有效值用来作为插值(interpolation)。如果序列中的第一个或最后一个个案包含缺失值，则不必替换。

● 【邻近点的线性趋势(Linear trend at point)】：使用该点的线性趋势替换缺失值，现有序列在刻度为从 1 ~ n 的索引变量(index variable)上回归，用其预测值替换缺失值。

○【附(邻)近点的跨度(Span of nearby points)】：可选择【数(Number)】(默认值为"2")或【全部(All)】。

注：*本例采用所有方法替换缺失值【附(邻)近点的跨度(Span of nearby points)】为默认值。*

3)单击【确定】按钮，完成替换缺失值(Replace Missing Values)过程，可生成 5 个新变量，结果见表 16-3。

表 16-3　不同方法估计替换缺失值的效果

年份	木材产量	序列平均值法(wood_1)	邻近点平均值法(wood_2)	邻近点中位数法(wood_3)	线性插值法(wood_4)	点的线性趋势法(wood_5)
1956	34171	35476.1	36227.3	36433.0	34754.5	35509.1
1965	38902	35476.1	35291.8	35191.5	36225.0	35451.8
1972	38629	35476.1	34332.8	33898.5	34767.0	35407.1

看来无论采用何种方法估计替换缺失值，与实际测量还是存在一定的误差，因此在数据收集的过程中应尽可能地避免出现缺失值。若必须进行替换缺失值的估计，用户应根据数据特点及分析要求，选择一种合适方法，以使误差最小化。

16.2　日期和时间向导

SPSS 的日期和时间向导(Date and Time Wizard)简化了与日期和时间变量关联的许多常见任务，如创建日期或时间变量、使用日期或时间计算、提取日期或时间的一部分和指定时间序列等，免去了使用时间与日期函数的烦琐计算。

16.2.1 创建日期或时间变量

创建日期或时间变量可通过串变量创建日期或时间变量。

【例 16-4】 现有 30 名学生的出生日期数据，已建立数据文件 date01. sav，其中变量 bdate（出生日期）的类型为字符串，试根据该变量创建一个日期型的新变量。

1)打开数据文件 date01. sav

2)选择【转换(Transform)】→【日期和时间向导(Date and Time Wizard)...】选项，打开日期和时间向导(Date and Time Wizard)主对话框，见图 16-4。

☆【您希望做什么？(What would you like to do?)】可选择：

○【学习 SPSS Statistics 中日期和时间的表示方式(Learn how dates and times are represented in SPSS Statistics)】。

○【从包含日期或时间的字符串创建日期/时间变量(Create a date/time variable from a string containing a date or time)】，本例选择此项。

○【使用包含日期或时间的组成部分的变量创建日期/时间变量(Create a date/time variable from variables holding parts of dates or times)】。

○【使用日期和时间进行计算(Calculate with dates and times)】。

○【提取日期或时间变量的一部分(Extract a part of a date or time variable)】。

○【为数据集指定周期性(时间序列数据)(Assign periodicity to a dataset(for time series data))】。

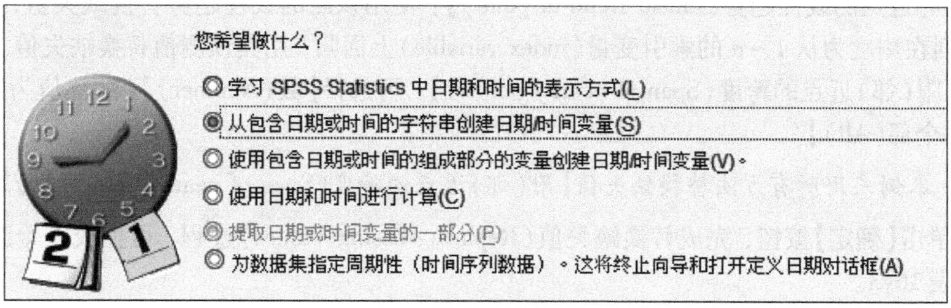

图 16-4 日期和时间向导(Date and Time Wizard)主对话框

3)单击【下一步(Next)】按钮，打开日期和时间向导(Date and Time Wizard) – 第 1 步对话框，见图 16-5。

☆【变量(Variables)】：显示所有串变量。

☆【样本值(Sample Values)】：显示选定变量的具体数值。

☆【模式(Patterns)】：显示备选的所有日期和时间格式，根据 bdate(出生日期)的数据格式，本例选择【mm/dd/yyyy】。

4)单击【下一步(Next)】按钮，打开日期和时间向导(Date and Time Wizard) – 第 2 步对话框，见图 16-6。

☆【输入变量(Input Variable)】：显示已选择的串变量，本例为“bdate”。

☆【输入格式(Input Format)】：显示输入变量的实际格式，本例为【mm/dd/yyyy】。

☆【结果变量(Result Variable)】：设定结果变量名，本例为“bdate01”。

☆【输出格式(Output Format)】：设定结果变量的日期或时间格式，本例为【dd-mmm-yyyy】。

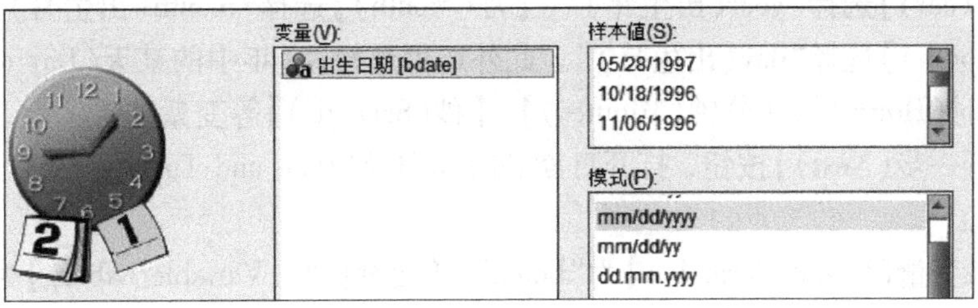

图 16-5　日期和时间向导(Date and Time Wizard) – 第 1 步对话框

☆【变量标签(Variable Label)】：设定结果变量的标签，本例为“出生日期”。

☆【执行(Excution)】：可选择【立即创建变量(Create the variable now)】或【将语法粘贴到语法窗口(Paste the syntax into syntax window)】。

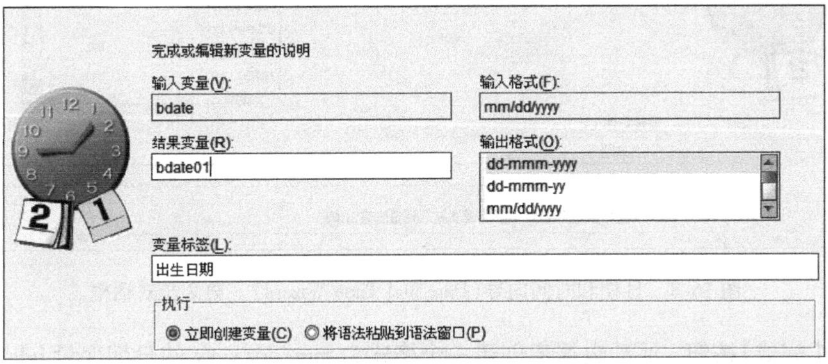

图 16-6　日期和时间向导(Date and Time Wizard) – 第 1 步对话框

5)单击【完成】按钮，活动数据集创建一个格式为“dd-mmm-yyyy”的日期变量“bdate01”。

【例 16-5】　现有 35 名学生的出生日期数据，已建立数据文件 date02. sav，其中数值变量 year、month、day 分别代表其出生日期的年、月、日，试根据这些变量创建一个出生日期的日期型变量。

1)打开数据文件 date02. sav。

2)日期和时间向导(Date and Time Wizard)主对话框中，选择【使用包含日期或时间的组成部分的变量创建日期/时间变量(Create a date/time variable from variables holding parts of dates or times)】。

3)打开日期和时间向导(Date and Time Wizard) – 第 1 步对话框，见图 16-7。

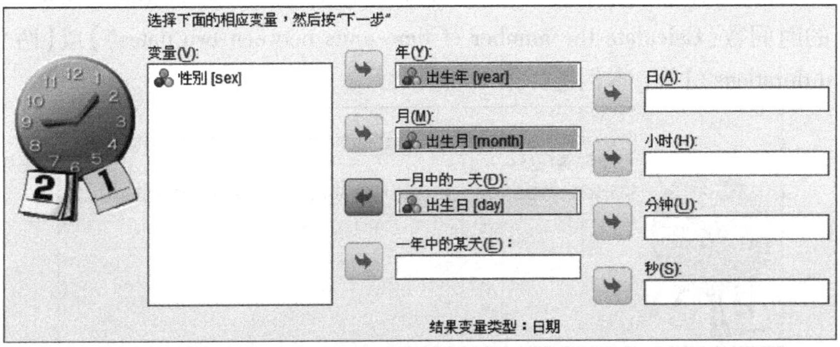

图 16-7　日期和时间向导(Date and Time Wizard) – 第 1 步对话框

本例【年(Year)】选择“year(出生年)”,【月(Month)】选择“month(出生月)”,【一月中的一天(Day of Month)】选择“day(出生日)”。此外还可选择【一年中的某天(Day of year)】、【日(Days)】、【小时(Hours)】、【分钟(Minutes)】、【秒(Seconds)】等变量。

4)单击【下一步(Next)】按钮,打开日期和时间向导(Date and Time Wizard)－第 2 步对话框,见图 16-8。

本例【结果变量(Result Variable)】为“bdate”,【变量标签(Variable Label)】为“出生日期”,【输出格式(Output Format)】为【mm/dd/yyyy】,【执行(Excution)】选择【立即创建变量(Create the variable now)】。

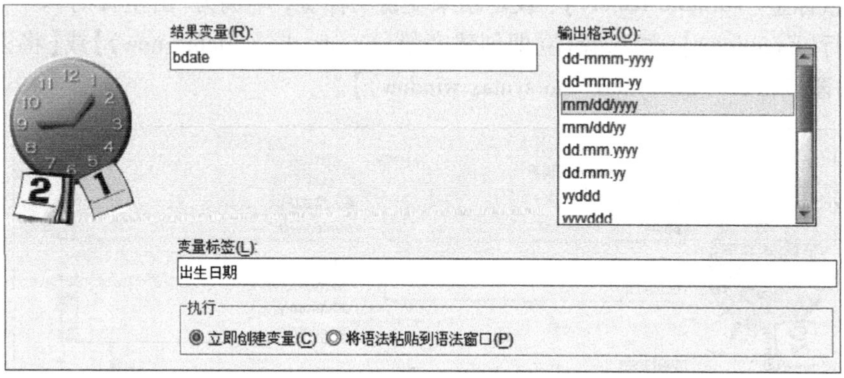

图 16-8　日期和时间向导(Date and Time Wizard)－第 2 步对话框

5)单击【完成】按钮,活动数据集创建一个格式为 mm/dd/yyyy 的日期变量 bdate。

16.2.2　使用日期或时间计算

使用日期或时间计算可根据日期加上或减去特定持续时间(如根据出生日期计算退休日期),计算两个日期之间的差值或两个持续时间的差值等。

【例 16-6】　现有 181 名孕妇末次月经的资料,已建立数据文件 date03.sav,试计算其预产期。

1)打开数据文件 date03.sav。

2)日期和时间向导(Date and Time Wizard)主对话框中,选择【使用日期和时间进行计算(Calculate with dates and times)】。

3)打开日期和时间向导(Date and Time Wizard)－第 1 步对话框,见图 16-9。

可选择【从日期中添加或提取持续时间(Add or subtract a duration from a date)】、【计算两个日期之间的时间数(Calculate the number of time units between two dates)】或【两个期间相减(Subtract two durations)】等,本例选择第 1 项。

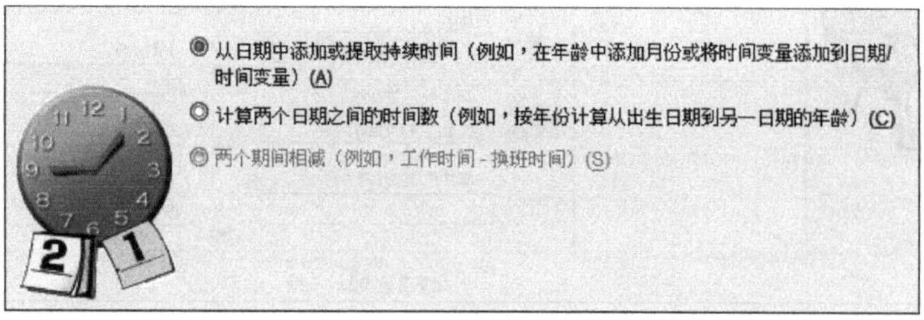

图 16-9　日期和时间向导(Date and Time Wizard)－第 1 步对话框

4）打开日期和时间向导（Date and Time Wizard）－第 2 步对话框，见图 16-10。

【日期（Date）】选择“lmp（末次月经）”，【期间常量（Duration Constant）】为“40”，【单位（Units）】选择【周（Weeks）】，【运算（Operation）】可选择【加法（Addition）】或【减法（Subtraction）】，本例为末次月经日期加上 40 周。此外，还可选择加上或减去 1 个【期间变量（Duration Variable）】。

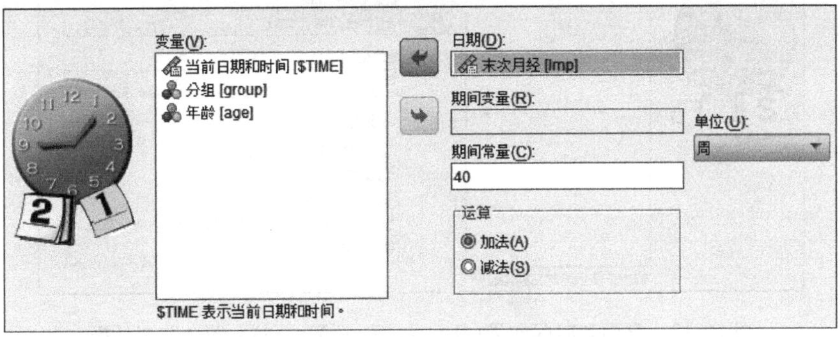

图 16-10 日期和时间向导（Date and Time Wizard）－第 2 步对话框

5）打开日期和时间向导（Date and Time Wizard）－第 3 步对话框，见图 16-11。

本例【结果变量（Result Variable）】为“edc”，【变量标签（Variable Label）】为“预产期”，【执行（Excution）】选择【立即创建变量（Create the variable now）】。

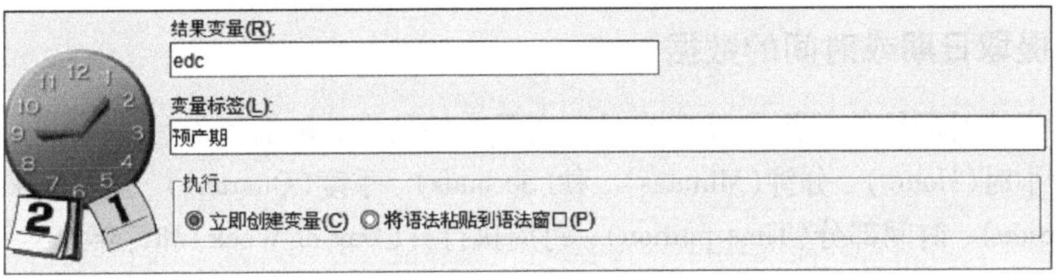

图 16-11 日期和时间向导（Date and Time Wizard）－第 3 步对话框

6）单击【完成】按钮，活动数据集创建一个日期变量“edc”。

【例 16-7】 现有 108 名的儿童死亡数据，已建立数据文件 date04. sav，试根据出生日期和死亡日期计算其死亡的月龄。

1）打开数据文件 date04. sav。

2）日期和时间向导（Date and Time Wizard）主对话框中，选择【使用日期和时间进行计算（Calculate with dates and times）】。

3）日期和时间向导（Date and Time Wizard）－第 1 步对话框中，选择【计算两个日期之间的时间数（Calculate the number of time units between two dates）】。

4）打开日期和时间向导（Date and Time Wizard）－第 2 步对话框，见图 16-12。

本例【Date1】为“ddate（死亡日期）”，【减去 Date2（minus Date2）】为“bdate（出生日期）”，【单位（Units）】选择【月（Months）】。

☆【结果处理（Result Treatment）】：选择计算结果的方法。

○【舍零取整（Truncate to integer）】：忽略结果的任何小数。

○【取整（Round to integer）】：结果四舍五入为最接近的整数。

○【保留小数部分（Retain fractional part）】：保留结果的完整值，本例选择此项。

注：为保留舍入和小数，年份结果根据年平均天数(365.25)计算，月份根据月平均天数(30.4375)计算。

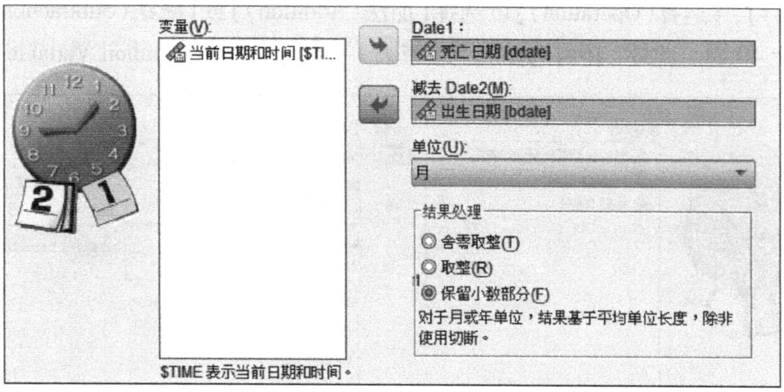

图 16-12　日期和时间向导(Date and Time Wizard) – 第 2 步对话框

5)打开日期和时间向导(Date and Time Wizard) – 第 3 步对话框(参见例 16-6)，本例【结果变量(Result Variable)】为“m_age”，【变量标签(Variable Label)】为“死亡月龄”，【执行(Excution)】选择【立即创建变量(Create the variable now)】。

6)单击【完成】按钮，活动数据集创建一个日期变量“m_age”。

16.2.3　提取日期或时间的数据

提取日期或时间的数据提取日期或时间变量中的信息，包括年份(Years)、月(Months)、日(Days)、小时(Hours)、分钟(Minutes)、秒(Seconds)、季度(Quarters)、周(Weeks)、日期部分(Date portion)、时间部分(Time portion)、每周执行日(Day of Week)和每年的某一天(Day of Year)等。

【例 16-8】　为了按季度统计死亡的人数，提取 108 名儿童死亡数据(已建立数据文件 date04.sav)死亡日期中的季度数据。

1)打开数据文件 date04.sav。

2)日期和时间向导(Date and Time Wizard)主对话框中，选择【提取日期或时间变量的一部分(Extract a part of a date or time variable)】。

3)日期和时间向导(Date and Time Wizard)第 1 步对话框中，【日期或时间(Date or Time)】选择“ddate(死亡日期)”，【要提取的单位(Unit to Extract)】选择【季度(Quarters)】。

4)日期和时间向导(Date and Time Wizard) – 第 3 步对话框中，【结果变量(Result Variable)】为“quarter”，【变量标签(Variable Label)】为“死亡季度”，【执行(Excution)】选择【立即创建变量(Create the variable now)】。

5)单击【完成】按钮，活动数据集创建一个数值变量“quarter”。

16.3　时间序列图

时间序列图是时间序列分析的重要工具，包括序列图(Sequence Chart)、自相关图、互相关图及谱图(Spectral Plot)。

16.3.1　序列图

序列图(Sequence Charts)，又称时间序列动态图，按顺序对个案作图，该过程需要时间序列数据或按某个有意义的顺序排序个案。

【例 16-9】　现有一个包括 45 期数据的时间序列，已建立数据文件 arima1. sav，试按该数据绘制序列图。

1)打开数据文件 arima1. sav。

2)选择【预测(Forecasting)】→【序列图(Sequence)...】选项，打开序列图(Sequence Charts)主对话框，见图 16-13。

☆【变量(Variables)】列表：选择 1 个或以上绘制序列图的数值变量，本例为“x”。

☆【时间轴标签(Time Axis Labels)】：变量可为数值变量、串变量，变量值用于标识时间轴，本例为“t”。

☆【转换(Transform，变换)】：可选择【自然对数转换(Natural log transform，自然对数变换)】、【差分(Difference)】或【季节性差分(Seasonally difference)】变换。

【当前周期性(Current Periodicity)】，本例【为(None)】。

○【每个变量对应一个图表(One chart per variable)】：若不选此项则在一个图中包含所有变量。

3)单击【时间线(Time Lines)...】按钮，打开时间轴参考线(Time Axis Reference Lines)对话框，见图 16-14。

☆【无参考线(No reference lines)】。

☆【每一个更改的线(Lines at each change of)】：当【参考变量(Reference Variable)】每次在序列中发生改变时，将显示参考线(reference line)。

☆【在日期上的线(Line at date)】：在指定点中显示一条垂直参考线，可指定日期或观测值(Observation)。

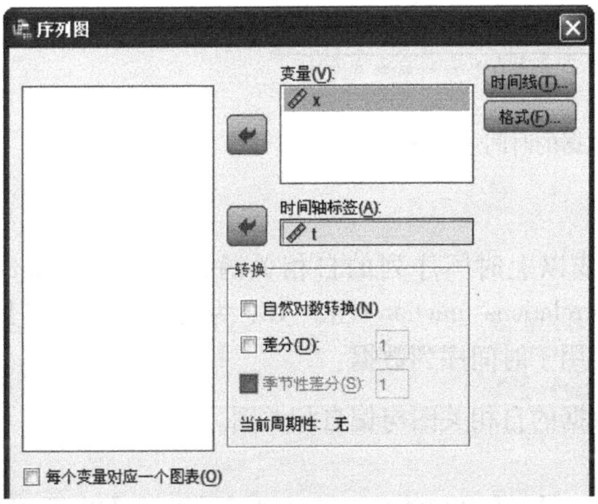

图 16-13　序列图(Sequence Charts)主对话框

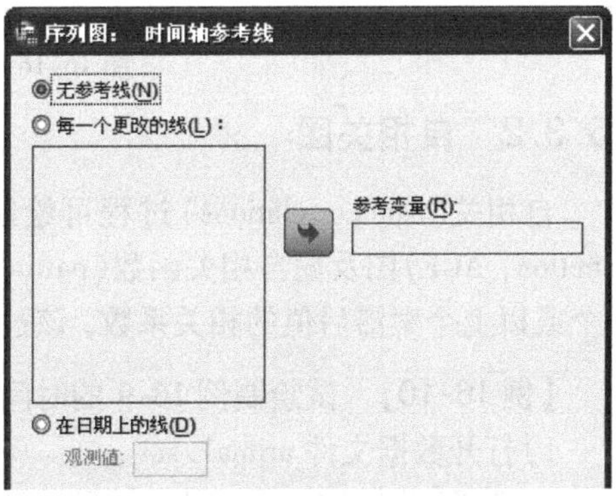

图 16-14　时间轴参考线(Time Axis Reference Lines)对话框

4)单击【继续】→【格式(Format)...】按钮，打开格式(Format)对话框，见图 16-15。

☆【水平轴上的时间(Time on horizontal axis，横轴上的时间)】：生成一个以时间为横轴与序列值为纵轴的序列图；反之，时间为纵轴，序列值为横轴。

☆【单个变量图(Single Variable Chart(s))】：对于只选择 1 个变量作图或在主对话框中选择【每个变量对应 1 个图表(One chart per variable)】。

○【折线图(Line chart)】：绘制序列线图。

○【面积图(Area chart)】：绘制序列面积图。

○【序列平均值的参考线(Reference line at mean of series)】：绘制一条表示序列平均值的参考线。

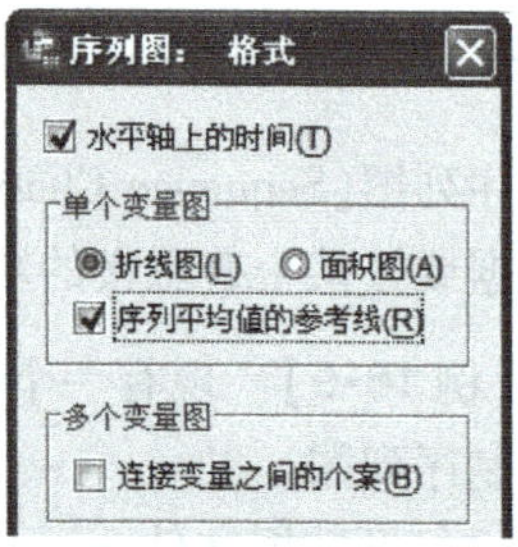

图 16-15　格式(Format)对话框

☆【多个变量图(Multiple Variable Chart)】：对于在一个图中显示多个变量的情况，可设定【连接变量之间的个案(Connect cases between variables)】，即用直线将每个观测对象的序列值相连。

5)单击【继续】→【确定】按钮，可生成序列图，见图 16-16。

6)结果分析。从图 16-16 可知，该序列无明显上升或下降趋势，说明该时间序列具有稳定性。

序列图(Sequence Plot)

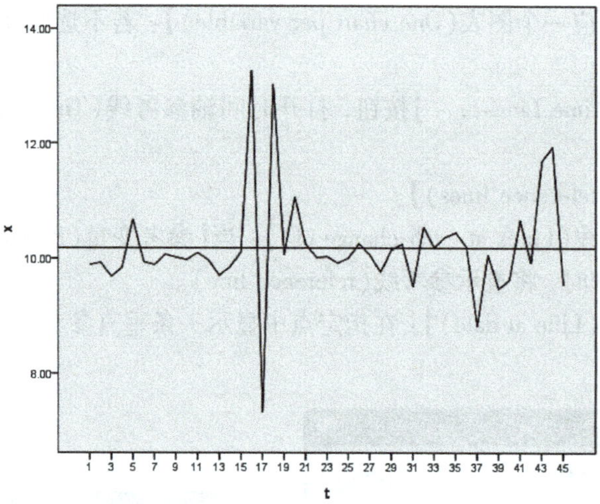

图 16-16　45 个数据的时间序列图

16.3.2　自相关图

自相关(Autocorrelations)过程可绘制一个或以上时间序列的自相关函数(autocorrelation function，ACF)图及偏自相关函数(partial autocorrelations function)图。ACF 为时间序列值与其 1 个或以上个案滞后值的相关系数，该过程只能用于时间序列数据。

【例 16-10】　试绘制例 16-9 的时间序列数据的自相关图与偏自相关图。

1)打开数据文件 arima1. sav。

2)选择【分析(Analyze)】→【预测(Forecasting)】→【自相关(Autocorrelations)...】选项，打开自相关(Autocorrelations)主对话框，见图 16-17。

☆【变量(Variables)】列表：选择 1 个或以上绘制自相关图的数值变量，本例为“x”。

☆【转换(Transform，变换)】：其选项参见第 16. 3. 1 节。

☆【输出(Display)】：可选择【自相关(Autocorrelations)】及【偏自相关(Partial autocorrelations)】。

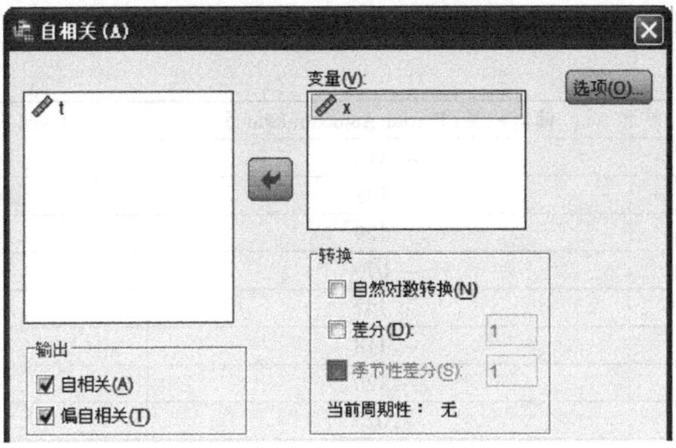

图 16-17　自相关(Autocorrelations)主对话框

3)单击【选项(Options)...】按钮，打开选项(Options)对话框，见图 16-18。

☆【最大延迟数(Maximum Number of Lags)】。

☆【标准误差法(Standard Error Method)】：计算标准误的方法。

○【独立模型(Independence model)】：假设以白噪声过程为基础计算标准误。

○【Bartlett 的近似值(Bartlett's approximation)】：当序列表现次数为 k－1 的移动平均过程时可适用于近似法计算标准误。使用此方法计算的标准误会随着滞后数的增加而增高。

图 16-18　选项(Options)对话框

☆【在周期延迟处显示自相关(Display autocorrelations at periodic lags)】：对于定义了数据季节性的情况，此选项仅在季节滞后位置显示自相关图。

4)单击【继续】→【确定】按钮，得到以下结果：

ACF(自相关函数)

x

结果 16-1　自相关(Autocorrelations)

序列(Series):x

滞后 (Lag)	自相关 (Autocorrelation)	标准误 (Std. Error)	Box-Ljung 统计量(Box-Ljung Statistic)		
			值(Value)	自由度(df)	显著性(Sig.)
1	-.418	.144	8.397	1	.004
2	.286	.143	12.424	2	.002
3	-.055	.141	12.577	3	.006
4	-.037	.139	12.648	4	.013
5	-.055	.138	12.806	5	.025
6	-.060	.136	13.002	6	.043
7	-.084	.134	13.397	7	.063
8	.015	.132	13.409	8	.099
9	.001	.130	13.409	9	.145
10	-.016	.129	13.425	10	.201
11	.073	.127	13.761	11	.247
12	-.088	.125	14.260	12	.284
13	-.069	.123	14.573	13	.335
14	.106	.121	15.334	14	.356
15	-.101	.119	16.058	15	.378
16	.026	.117	16.108	16	.445

结果 16-2 偏自相关(Partial Autocorrelations)

序列(Series):x

滞后(Lag)	偏自相关(Partial Autocorrelation)	标准误(Std. Error)
1	-.418	.149
2	.135	.149
3	.129	.149
4	-.070	.149
5	-.147	.149
6	-.118	.149
7	-.120	.149
8	-.023	.149
9	.049	.149
10	-.016	.149
11	.020	.149
12	-.096	.149
13	-.228	.149
14	.038	.149
15	.058	.149
16	-.038	.149

5)结果分析。

(1)自相关(Autocorrelations):自相关系数 r_k 在 $k>3$ 时均落入置信区间并逐渐趋于 0，说明该时间序列具有平稳性，见图 16-19、结果 16-1。

(2)偏自相关(Partial Autocorrelations)图：偏自相关系数序列呈衰减正弦曲线状，其自相关系数只有两个明显不等于 0，可初步判断该序列适用于二阶移动平均模型，见图 16-20、结果 16-2。

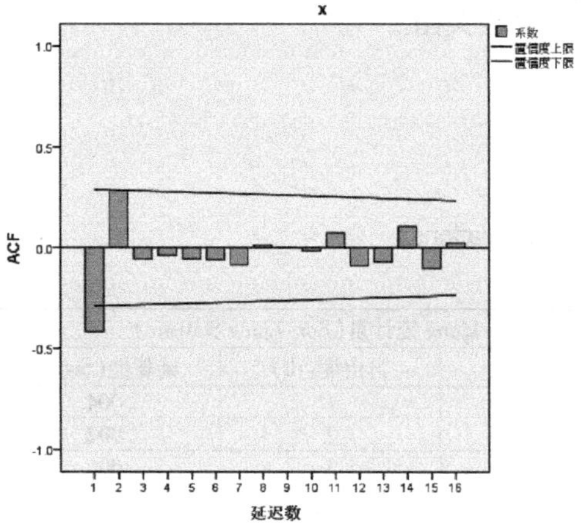

图 16-19 45 个时间序列数据的自相关图

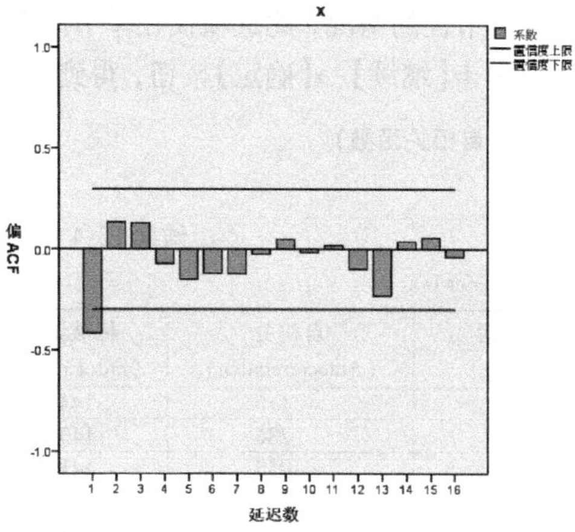

图 16-20 45 个时间序列数据的偏自相关图

16.3.3 互相关图

互相关图为 2 个或以上时间序列的正、负或零滞后的互相关函数图形。互相关函数(cross-correlation function, CCF)是两个时间序列间的相关系数，即一个序列观测值与另一个序列不同滞后值或领先值的相关系数。互相关往往以图形的形式表示，可有助于识别具有其他变量的前导指数的变量，只能用于时间序列数据。

【例 16-11】　某饮料公司发现，饮料的销售量与气温之间存在相关关系，即气温越高，人们对饮料的需求量就越大，不同时期饮料销售量与气温的数据已建立数据文件 ccf. sav，变量名为 t(时期)、y(销售量)、x(气温)，试绘制饮料销售量与气温的互相关图。

1)打开数据文件 ccf. sav。

2)选择【分析(Analyze)】→【预测(Forecasting)】→【交叉相关性(Cross-Correlations)...】选项，打开交叉相关性(Cross-Correlations)主对话框，见图 16-21。

☆【变量(Variables)】列表：选择 2 个或以上用于绘制互相关图的数值变量，本例为“y(销售量)”、“x(气温)”。

☆【转换(Transform，变换)】：参见第 16.3.1 节。

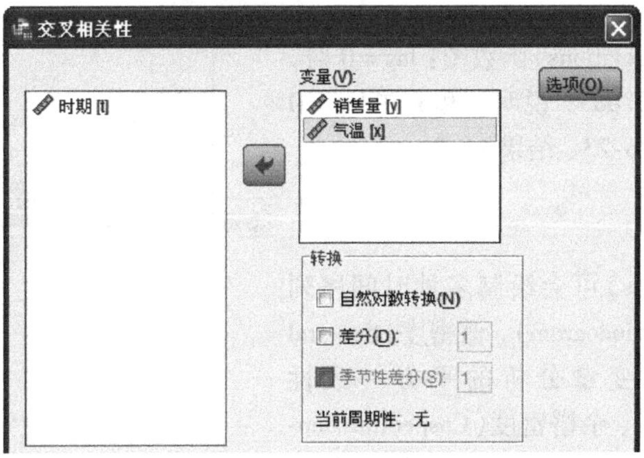

图 16-21　交叉相关性(Cross-Correlations)主对话框

3)单击【选项(Options)...】按钮，打开选项(Options)对话框，见图 16-22。

☆【最大延迟数(Maximum number of lags)】：设定序列的最大滞后数，默认值为“7”，即滞后数的范围介于 -7 ~ 7 之间。

☆【在周期延迟处显示交叉相关性(Display cross-correlations at periodic lags)】：用于在周期性滞后处绘制互相关图，以便突出季节成分。

图 16-22　选项(Options)对话框

4)单击【继续】→【确定】按钮，得到以下结果：

CCF(互相关)

结果 16-3　互相关(Cross Correlations)

序列对(Series Pair)：销售量与气温

滞后(Lag)	互相关(Cross Correlation)	标准误(Std. Error)
-7	.039	.577
-6	.189	.500
-5	.141	.447
-4	-.216	.408
-3	-.541	.378
-2	-.545	.354
-1	.051	.333

续表

滞后(Lag)	互相关(Cross Correlation)	标准误(Std. Error)
0	.685	.316
1	.646	.333
2	.257	.354
3	-.241	.378
4	-.339	.408
5	-.034	.447
6	-.005	.500
7	-.106	.577

5)结果分析。

互相关(Cross Correlations)函数图：lag = 0 时，互相关系数最高，r = 0.685，说明 y 和 x 在 lag = 0 时呈相关关系，见图 16-23、结果 16-3。

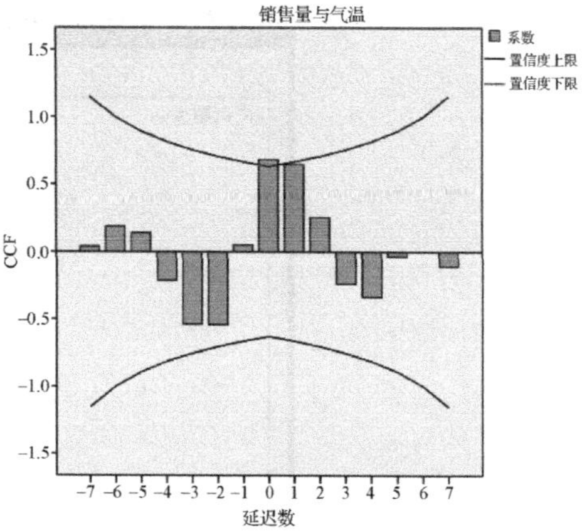

图 16-23 饮料销售量与气温的互相关函数图

16.3.4 谱图

谱图(Spectral Plots)可会绘制多种时间序列图形，包括周期图(Periodogram)、谱密度(Spectral density)图及对于双变量分析的平方一致性(Squared coherency)图、余谱密度(Cospectral density)图、正交谱(Quadrature spectrum)图、相位谱(Phase spectrum)图、交叉振幅(Cross amplitude)图及增益(Gain)图。

16.4 时间序列建模器

时间序列建模器(Time Series Modeler)可建立时间序列的指数平滑法(exponential smoothing)模型、单变量综合自回归移动平均(autoregressive integrated moving average, ARIMA)模型和多变量 ARIMA(或变换函数)模型，并生成预测值。该程序中的专家建模器(Expert Modeler)可自动为 1 个或多个因变量序列标识和估计最佳拟合 ARIMA 或指数平滑法模型，省去了通过反复试验来标识适当模型的过程。此外，还可以指定定制的 ARIMA 模型或指数平滑法模型。

可生成平稳 R 方(stationary R-square)、R 方、均方根误差(root mean square error, RMSE)、平均绝对误差(mean absolute error, MAE)、平均绝对误差百分比(mean absolute percentage error, MAPE)、最大绝对误差(maximum absolute error, MaxAE)、最大绝对误差百分比(maximum absolute percentage error, MaxAPE)、标准化 Bayesian 信息准则(normalized Bayesian information criterion, NORMBIC)等拟合优度度量(goodness-of-fit measure)；自相关函数(autocorrelation function)、偏自相关函数(partial autocorrelation function)、Ljung-Box Q 等残差统计量。对于 ARIMA 模型(ARIMA model)，可生成因变量的 ARIMA 阶数(ARIMA orders for dependent variables)、自变量的变换函数阶数(transfer function orders for independent variables)以及离群值估计值(outlier estimate)；对于指数平滑法模型(exponential smoothing model)，可生成平滑法参数估计值(smoothing parameter estimate)。此外，还生成所有模型的概要图：平稳 R 方、R 方、均方

根误差、平均绝对误差、平均绝对误差百分比、最大绝对误差、最大绝对误差百分比、标准化BIC准则的直方图，残差自相关（residual autocorrelation）和偏自相关的箱图，个别模型的预测值（forecast value）、拟合值（fit value）、观测值（observed value）、置信上限和下限（upper and lower confidence limits）、残差自相关和偏自相关的图形。

【例16-12】　请用时间序列建模器对例16-1的我国1986—1992年彩色电视机销售数量资料（数据文件ctv.sav）进行分析，建立合适的时间序列模型。

1）按照例16-1的方法定义日期（Define Dates）。

2）选择【预测（Forecasting）】→【创建模型（Create Models）...】选项，打开时间序列建模器（Time Series Modeler）对话框的【变量（Variables）】选项卡，见图16-24。

☆【变量（Variables）】列表：显示所有候选变量。

☆【因变量（Dependent Variables）】列表：选择一个数值变量作为建模的因变量。

☆【自变量（Independent Variables）】列表：选择一个数值变量作为建模的自变量。

☆【方法（Method）】，可选择以下建模方法：

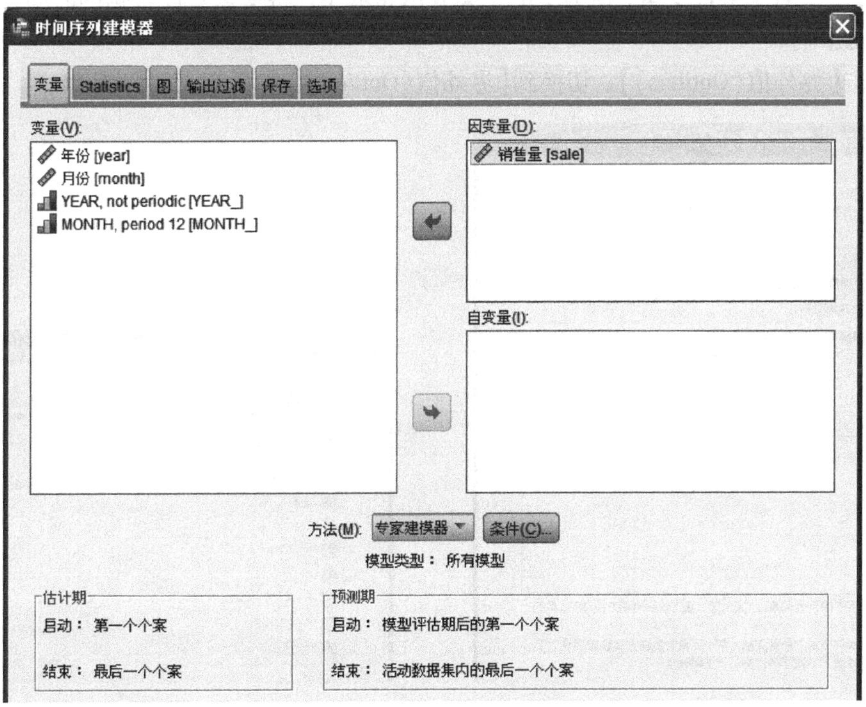

图16-24　变量（Variables）选项卡

○【专家建模器（Expert Modeler）】：专家建模器会自动查找每个相依序列（dependent series）的最佳拟合模型（best-fitting model）。如果指定了自变量（预测）变量，则专家建模器为ARIMA模型中那些与该相依序列具有统计显著性关系（statistically significant relationship）的模型。专家建模器使用差分和/或平方根或自然对数变换对模型变量进行变换。专家建模器既考虑指数平滑法模型也考虑ARIMA模型。也可以将专家建模器设定为仅搜索ARIMA模型或指数平滑法模型，还可以指定自动检测离群值。

○【指数平滑法（Exponential Smoothing）】：使用此方法可指定定制的指数平滑法模型。可以从各种指数平滑法模型中进行选择，它们在处理趋势和季节性上有所不同。

○【ARIMA】：使用此方法可指定定制的 ARIMA 模型。其中包含显式指定自回归(autoregressive)和移动平均值(moving average)的阶数以及差分度。可以包含自变量(预测变量)并为它们当中的任一个或全部定义变换函数，还可以指定自动检测离群值或指定显式离群值集合。

3)单击【条件(Criteria)】按钮，打开【模型(Model)】选项卡，见图 16-25。

☆【模型类型(Model Type)】：可选择【所有模型(All models)】、【仅限指数平滑法模型(Exponential smoothing models only)】或【仅限 ARIMA 模型(ARIMA models only)】。此外，还可设定【专家建模器考虑季节性模型(Expert Modeler considers seasonal models)】，只有在为活动数据集定义了周期性时才启用此选项。若选择此项，专家建模器既考虑季节模型，又考虑非季节模型，反之仅考虑非季节模型。

【当前周期性(Current Periodicity)】为当前为活动数据集定义的周期性，以整数形式显示，如“12”表示年度周期性，每个个案代表一个月份。

☆【事件(Events)】：选择作为【事件变量(event variable)】的【自变量(Independent Variables)】。对于事件变量，值为 1 的个案表示相依序列将受该事件影响的时间，其他值表示无影响。

4)单击【界外值(Outliers)】，切换到【界外值(Outliers)】选项卡，见图 16-26。

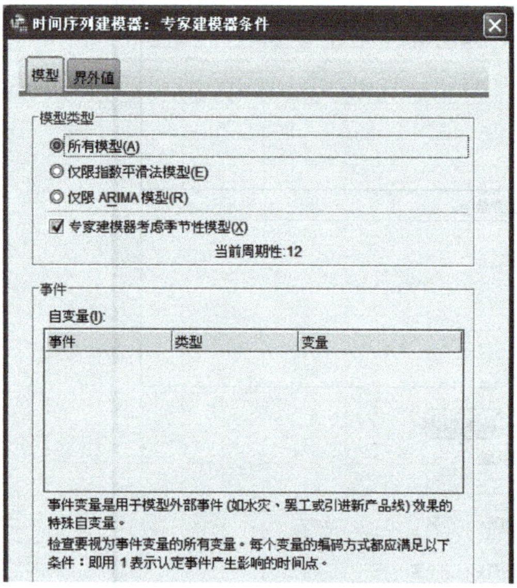

图 16-25　模型(Model)选项卡

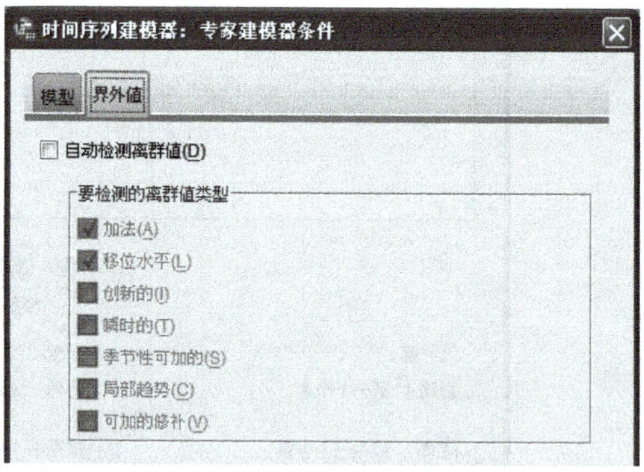

图 16-26　界外值(Outliers)选项卡

【界外值(Outliers，离群值)】选项卡可设定【自动检测离群值(Detect outliers automatically)】，若选择此项，可设定【要检测的离群值类型(Type of Outliers to Detect)】：【加法(Additive)】、【移位水平(Level shift，水平移位)】、【创新的(Innovational)】、【瞬时的(Transient)】、【季节性可加的(Seasonal additive)】、【局部趋势(Local trend)】及【可加的修补(Additive patch)】。

5)单击【继续】→【Statistics(统计)】按钮，切换到【Statistics(统计)】选项卡，见图 16-27。

☆【按模型显示拟合测量、Ljung-Box 统计和离群值的数量(Display fit measures，Ljung-Box statistic，and number of outliers by model)】：生成包含每个估计模型的所选拟合度量、Ljung-Box 值以及离群值数的表。

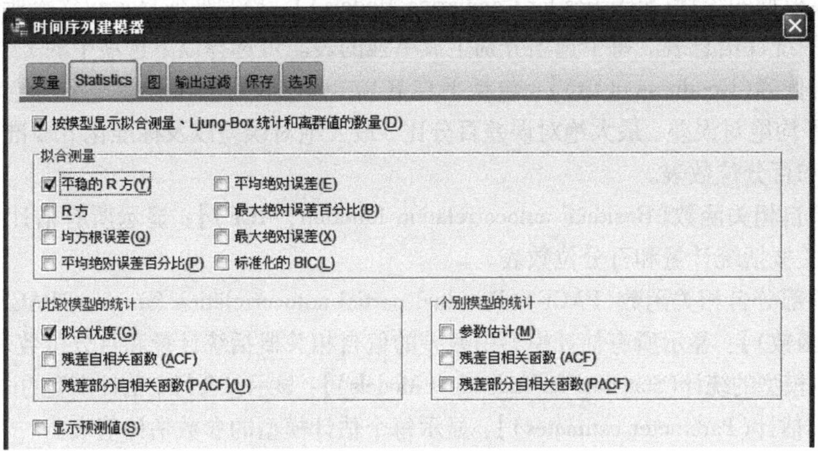

图 16-27 Statistics(统计)选项卡

☆【拟合测量(Fit Measures，拟合度量)】。

- ○【平稳的 R 方(Stationary R square)】：将模型的平稳部分与简单平均值模型相比较的度量。当具有趋势或季节模型时，该度量适用于普通 R 方。其范围是(- ∞ ,1)，负值表示考虑的模型比基线模型差；正值表示考虑的模型比基线模型好，平稳 R 方越大表明模型拟合越好。
- ○【R 方(R-square)】：总变异在由模型解释的序列中的比例估计。当序列很平稳时，此度量最有用。其范围是(- ∞ ,1)，负值表示考虑的模型比基线模型差；正值表示考虑的模型比基线模型好，R 方越大表明模型拟合越好。
- ○【均方根误差(Root mean square error, RMSE)】：均方误差的平方根。测量因变量序列与其模型预测水平的相差程度，其单位和因变量序列相同，RMSE 越小表明模型拟合越好。
- ○【平均绝对误差百分比(Mean absolute percentage error，MAPE)】：测量因变量序列与其模型预测水平的相差程度。它与使用的单位无关，因此可用于比较具有不同单位的序列，MAPE 越小表明模型拟合越好。
- ○【平均绝对误差(Mean absolute error，MAE)】：测量序列与其模型预测水平的差别程度。MAE 以原始序列单位报告，MAE 越小表明模型拟合越好。
- ○【最大绝对误差百分比(Maximum absolute percentage error，MaxAPE)】：最大的预测误差，以百分比表示。该度量对于预测的最坏情况方案很有用，MaxAPE 越小表明模型拟合越好。
- ○【最大绝对误差(Maximum absolute error，MaxAE)】：最大的预测误差，其单位和因变量序列相同。与 MaxAPE 相同，它对于预测的最坏情况方案很有用。MaxAE 和 MaxAPE 可能发生在不同的序列点上，例如，当较大序列的绝对误差比较小值的绝对误差稍微大一些时。在此情况下，MaxAE 将发生在较大序列值处，而 MaxAPE 将发生在较小序列值处，MaxAE 越小表明模型拟合越好。
- ○【标准化的 BIC(Normalized BIC，NORMBIC)】：尝试代表模型复杂性的模型整体拟合的一般度量。它是基于均方误差的分数，包括模型中参数数量的罚分和序列长度。罚分去除了具有更多参数的模型优势，从而可以容易地比较相同序列的不同模型的统计量。NORMBIC 越小表明模型拟合越好。

☆【比较模型的统计(Statistics for Comparing Models)】: 控制如何显示包含跨所有估计模型计算的统计信息表。每个选项分别生成单独的表。可选择以下选项中的 1 个或多个。

○【拟合优度(Goodness of fit)】: 包括平稳 R 方、R 方、均方根误差、平均绝对误差百分比、平均绝对误差、最大绝对误差百分比、最大绝对误差以及标准化 BIC 准则的概括统计量和百分位数表。

○【残差自相关函数(Residual autocorrelation function, ACF)】: 显示所有估计模型中残差自相关概括统计量和百分位数表。

○【残差部分自相关函数(PACF)(Residual partial autocorrelation function, PACF, 残差偏自相关函数)】: 显示所有估计模型中残差的偏自相关概括统计量和百分位数表。

☆【个别模型的统计(Statistics for Individual Models)】: 显示包含每个估计模型的详细信息。

○【参数估计(Parameter estimates)】: 显示每个估计模型的参数估计值表。

○【残差自相关函数(Residual autocorrelation function, ACF)】: 按每个估计模型的滞后显示残差自相关表, 该表包含自相关的置信区间

○【残差部分自相关函数(Residual partial autocorrelation function, PACF, 残差偏自相关函数)】: 按每个估计模型的滞后显示残差偏自相关表, 该表包含偏自相关的置信区间。

☆【显示预测值(Display forecasts)】: 显示每个估计模型的模型预测和置信区间表。预测期在【选项(Options)】选项卡中设置。

6)单击【图(Plots)】, 切换到【图(Plots)】选项卡, 见图 16-28。

☆【模型比较图(Plots for Comparing Models)】: 设定所有估计模型的统计信息图, 每个选项分别生成一个单独的图, 可选择【平稳的 R 方(Stationary R-square)】、【R 方(R-square, R^2)】、【均方根误差(Root mean square error, RMSE)】、【平均绝对误差百分比(Mean absolute percentage error, MAPE)】、【平均绝对误差(Mean absolute error, MAE)】、【最大绝对误差百分比(Maximum absolute percentage error, MaxAPE)】、【最大绝对误差(Maximum absolute error, MaxAE)】、【标准化的 BIC(Normalized BIC, NORM-BIC)】、【残差自相关函数(Residual autocorrelation function, ACF)】或【残差部分自相关函数(Residual partial autocorrelation function, PACF)】。

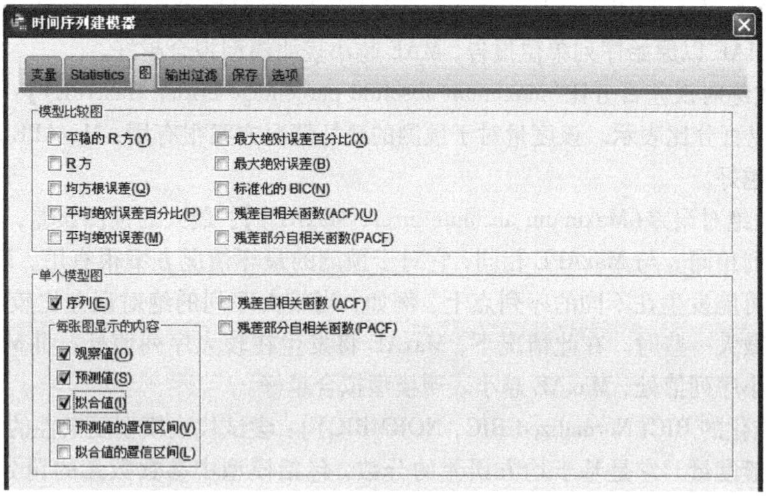

图 16-28　图(Plots)选项卡

☆【单个模型图(Plots for Individual Models，个别模型图)】。

○【序列(Series)】：生成每个估计模型的预测值图。【每张图显示的内容(Each Plot Displays)】可选择【观察值(Observed values，观测值)】、【预测值(Forecasts)】、【拟合值(Fit values)】、【预测值的置信区间(Confidence intervals for forecasts)】及【拟合值的置信区间(Confidence intervals for fit values)】。

○【残差自相关函数(Residual autocorrelation function，ACF)】：绘制每个估计模型的残差自相关图。

○【残差部分自相关函数(Residual partial autocorrelation function，PACF)】：绘制每个估计模型的残差偏自相关图。

7)单击【输出过滤(Output Filter)】，切换到【输出过滤(Output Filter)】选项卡，见图 16-29。【输出过滤(Output Filter)】选项卡可设定表格输出和图形输出限制为最佳和/或最差拟合模型。

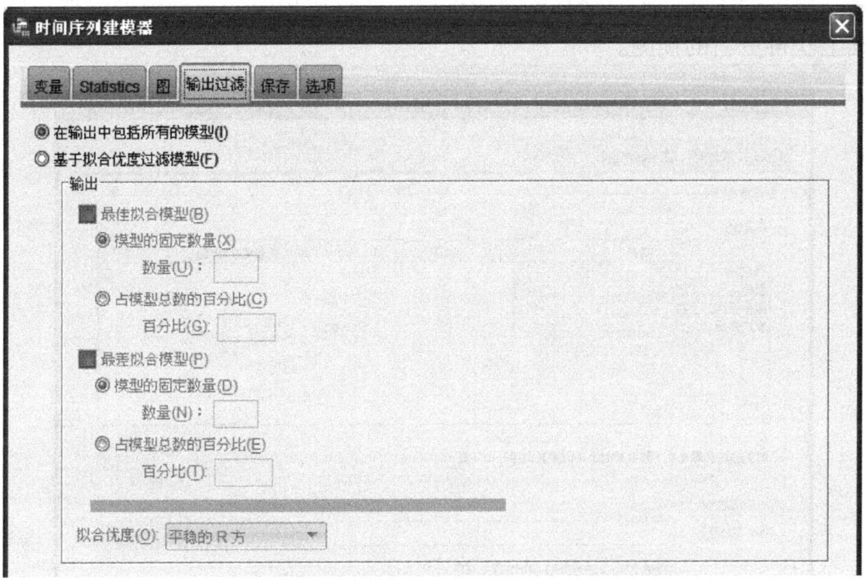

图 16-29　输出过滤(Output Filter)选项卡

☆【在输出中包括所有的模型(Include all models in output)】：此项为默认选择。

☆【基于拟合优度过滤模型(Filter models based on goodness of fit)】。

☆【输出(Display)】。

○【最佳拟合模型(Best-fitting models)】：结果包含最佳拟合模型。

●【模型的固定数量(Fixed number of models)】：指定为 n 个最佳拟合模型显示结果，如果该数量超过估计模型的数量，则显示所有模型。

●【占模型总数的百分比(Percentage of total number of models)】：指定为其拟合优度值在所有估计模型的前 n 个百分比范围内的模型显示结果。

○【最差拟合模型(Poorest-fitting models)】：结果包含最差拟合模型，可设定【模型的固定数量(Fixed number of models)】或【占模型总数的百分比(Percentage of total number of models)】。

○【拟合优度(Goodness of Fit Measure，拟合优度度量)】：选择用于过滤模型的拟合优度度量，可选择【平稳的 R 方(Stationary R-square)】、【R 方(R-square, R^2)】、【均方根误差(Root mean square error, RMSE)】、【平均绝对误差百分比(Mean absolute percentage error, MAPE)】、【平均绝对误差(Mean absolute error, MAE)】、【最大绝对误差百分比(Maximum absolute percentage error, MaxAPE)】、【最大绝对误差(Maximum absolute error, MaxAE)】或【标准化的 BIC(Normalized BIC, NORMBIC)】。

8)单击【保存(Save)】，切换到【保存(Save)】选项卡，见图 16-30。

☆【保存变量(Save Variables)】，可选择【预测值(Predicted Values)】、【置信区间的下限(Lower Confidence Limits，置信下限)】、【置信区间的上限(Upper Confidence Limits，置信上限)】、【噪声残值(Noise Residuals，噪声残差)】，并设定【变量名的前缀(Variable Name Prefix)】。其中，【噪声残差】为模型残差。如果进行了因变量变换(如自然对数)，则为变换后序列的残差。

☆【导出模型文件(Export Model File)】：所有估计模型的模型规格都将以 XML 或 PMML 格式导出到指定文件中。保存的模型可用于通过应用时间序列模型过程在较新数据的基础上获得更新的预测。

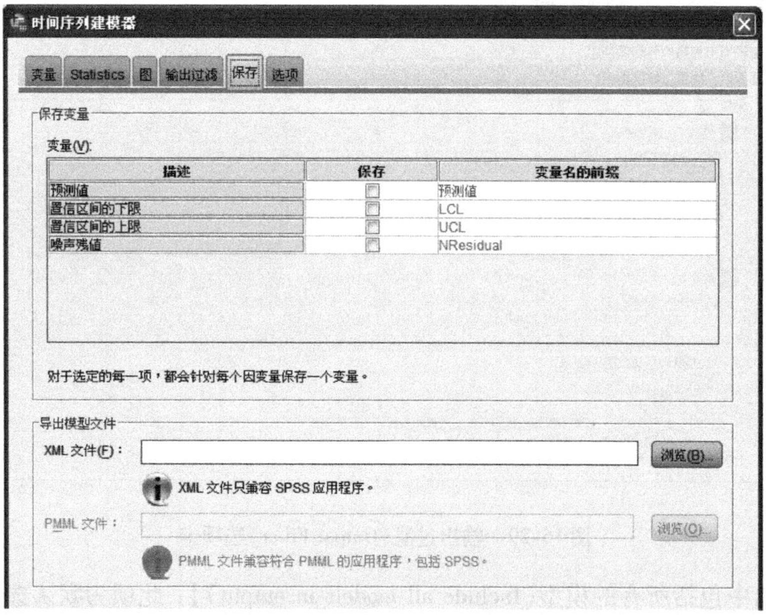

图 16-30　保存(Save)选项卡

9)单击【选项(Options)】，切换到【选项(Options)】选项卡，见图 16-31。

☆【预测期(Forecast Period)】：设定要进行预测的时间范围或个案范围，可选择【模型评估期后的第一个个案到活动数据集内的最后一个个案(First case after end of estimation period through last case in active dataset)】或【模型评估期后的第一个个案到指定日期之间的个案(First case after end of estimation period through a specified date)】。

☆【用户缺失值(User-Missing Values)】：设定用户缺失值的处理方式，可选择【视为无效(Treat as invalid)】或【视为有效(Treat as valid)】。

☆【置信区间宽度(%)(Confidence Interval Width(%))】：计算模型预测值和残差自相关置信区间。

☆【输出中的模型标识前缀(Prefix for Model Identifiers in Output)】。

☆【ACF 和 PACF 输出中的显示标签最大数(Maximum Number of Lags Shown in ACF and PACF Output)】：在自相关和偏自相关表和图中显示的最大滞后数。

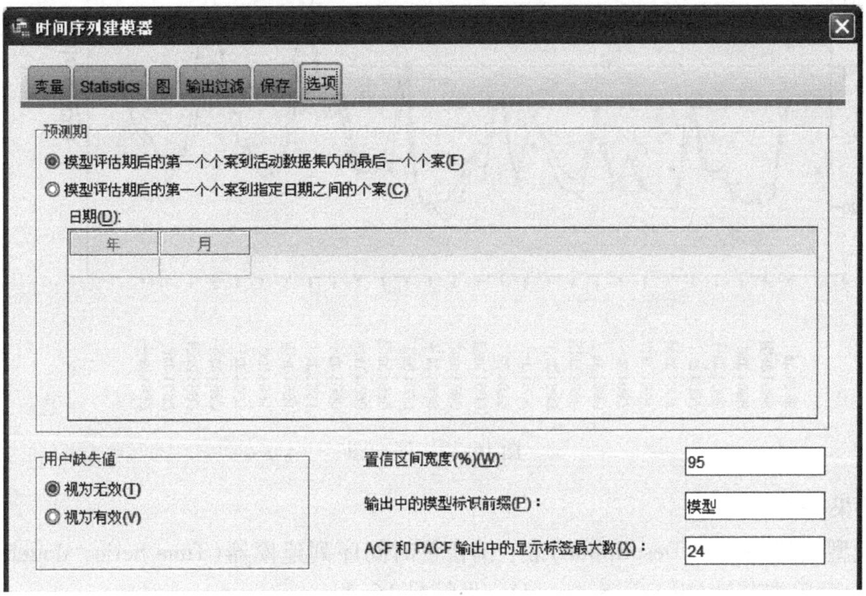

图 16-31　选项(Options)选项卡

10)单击【确定】按钮，得到以下结果和序列图(见图 16-32)。

时间序列建模器(Time Series Modeler)

结果 16-4　模型描述(Model Description)

			模型类型(Model Type)
模型(Model) ID	销售量	模型_1	简单季节性(Simple Seasonal)

模型摘要(Model Summary)

结果 16-5　模型拟合度(Model Fit)

拟合统计量(Fit Statistic)	平均值(Mean)	SE	最小值(Minimum)	最大值(Maximum)	百分位数(Percentile)						
					5	10	25	50	75	90	95
平稳 R 方(Stationary R-squared)	.356	.	.356	.356	.356	.356	.356	.356	.356	.356	.356
R 方(R-squared)	.807	.	.807	.807	.807	.807	.807	.807	.807	.807	.807
RMSE	6.385	.	6.385	6.385	6.385	6.385	6.385	6.385	6.385	6.385	6.385
MAPE	12.529	.	12.529	12.529	12.529	12.529	12.529	12.529	12.529	12.529	12.529
MaxAPE	42.731	.	42.731	42.731	42.731	42.731	42.731	42.731	42.731	42.731	42.731
MAE	4.601	.	4.601	4.601	4.601	4.601	4.601	4.601	4.601	4.601	4.601
MaxAE	21.280	.	21.280	21.280	21.280	21.280	21.280	21.280	21.280	21.280	21.280
标准化 BIC(Normalized BIC)	3.813	.	3.813	3.813	3.813	3.813	3.813	3.813	3.813	3.813	3.813

结果 16-6　模型统计(Model Statistics)

模型(Model)	预测变量数(Number of Predictors)	模型拟合统计量(Model Fit statistics)	Ljung-Box Q(18)			离群值数(Number of Outliers)
		平稳 R 方(Stationary R-squared)	统计量(Statistics)	DF	Sig.	
销售量-模型_1	0	.356	32.294	16	.009	0

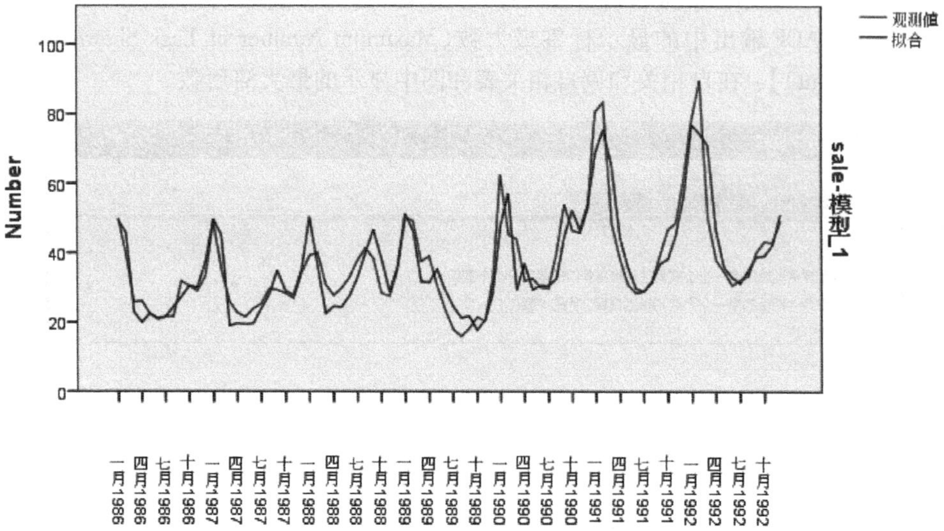

图 16-32　序列图

11)结果分析。

(1)模型描述(Model Description)表：销售量时间序列建模器(Time Series Modeler)的最佳拟合模型为简单季节性(Simple Seasonal)，见结果 16-4。

(2)模型拟合(Model Fit)表：拟合统计量(Fit Statistic)平稳 R 方(Stationary R- squared)为 0.356，为正值，表明拟合模型比基线方程优，见结果 16-5。

16.5　指数平滑法

指数平滑法(Exponential Smoothing)可使不规则的时间序列数据变得平滑。对于已知的一组历史时间序列实测值$\{x_i\}$，指数平滑法可得到拟合值与未来第 τ 个时间周期的预测值。指数平滑法模型(Gardner, 1985)分为季节模型和非季节模型。非季节模型包括简单指数平滑法(simple exponential smoothing)、Holt 指数平滑法(Holt's exponential smoothing)、Brown 指数平滑法(Brown's exponential smoothing)及阻尼指数平滑法(damped exponential smoothing)。季节模型包括简单季节性指数平滑法(simple seasonal exponential smoothing)、Winters 加法指数平滑法(Winters' additive exponential smoothing)及 Winters 乘法指数平滑法(Winters' multiplicative exponential smoothing)。

【例 16-13】　已知某医院 1982—1992 年住院人次资料(已建立数据文件 exponen2. sav)，试用指数平滑趋势法进行分析并预测 1993 年住院人次。

1)打开数据文件 exponen2. sav。

2)定义日期。定义日期(Define Dates)对话框中，【个案为(Cases Are)】选择“年份(Years)”，【第一个个案为(First Case Is)：年(Year)】为“1982”。完成上述操作后，并可生成两个变量：“YEAR_、DATE_”。

3)时间序列建模器(Time Series Modeler)对话框的【变量(Variables)】选项卡中，【因变量(Dependent Variables)】列表选择“住院人次(x)”。【方法(Method)】选择【指数平滑法(Exponential Smoothing)】。

4）单击【条件（Criteria）...】按钮，打开期望频率（Exponential Smoothing Criteria）对话框，见图 16-33。

☆【模型类型（Model Type）】：指数平滑法模型分为季节模型（seasonal model）和非季节模型（nonseasonal model）。季节模型只有在为活动数据集定义了周期时才可用。

○【非季节性（Nonseasonal）】。

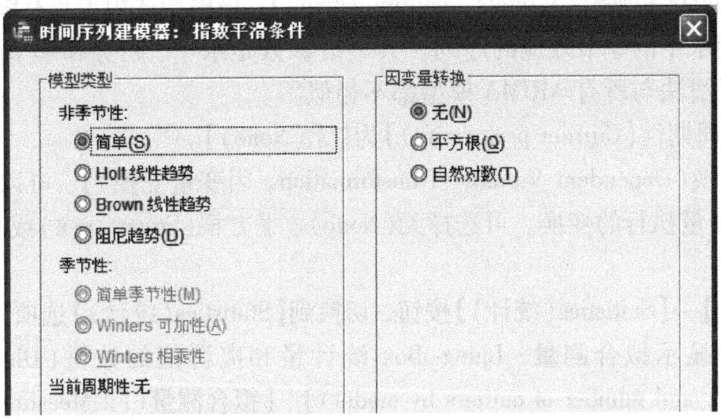

图 16-33　指数平滑条件（Exponential Smoothing Criteria）对话框

○【简单（Simple）】：该模型适用于没有趋势或季节性的序列。其唯一的平滑参数（smoothing parameter）是水平。简单指数平滑法与 ARIMA 模型极为相似，包含零阶自回归（zero orders of autoregression）、一阶差分（one order of differencing）、一阶移动平均值（one order of moving average），并且没有常数（constant）。

● 【Holt 线性趋势（Holt's linear trend）】：该模型适用于没有季节性的线性趋势序列。其平滑参数是水平（level）和趋势（trend），不受相互之间的值的约束。Holt 模型（Holt's model）比 Brown 模型（Brown's model）更通用，但在计算大序列时花的时间更长。Holt 指数平滑法与 ARIMA 模型极为相似，包含零阶自回归、二阶差分（two orders of differencing）以及二阶移动平均值（two orders of moving average）。

● 【Brown 线性趋势（Brown's linear trend）】：该模型适用于没有季节性的线性趋势序列。其平滑参数是水平和趋势，并假定二者相等，Brown 模型是 Holt 模型的特例。Brown 指数平滑法与具有零阶自回归、二阶差分和二阶移动平均的 ARIMA 模型极为相似，且移动平均二阶（second order）系数等于一阶（first order）系数二分之一的平方。

● 【阻尼趋势（Damped trend）】：此模型适用于具有线性趋势的序列，且该线性趋势正逐渐消失并且没有季节性。其平滑参数是水平、趋势和阻尼趋势（damping trend）。阻尼指数平滑法与具有一阶自回归、一阶差分和二阶移动平均的 ARIMA 模型极为相似。

○【季节性（Seasonal）】。

● 【简单季节性（Simple seasonal）】：该模型适用于没有趋势并且季节效应（seasonal effect）随时间变动保持恒定的序列。其平滑参数是水平和季节（season）。简单季节性指数平滑法与以下 ARIMA 模型极为相似，包含零阶自回归、一阶差分、一阶季节差分（seasonal differencing）与一阶、p 阶和 p + 1 阶移动平均值，其中 p 是季节区间（seasonal interval）中的周期数（对于月数据，p = 12）。

- 【Winters 可加性(Winters' additive)】: 该模型适用于具有线性趋势和不依赖于序列水平(level of the series)的季节效应的序列。其平滑参数是水平、趋势和季节。Winters 加法指数平滑法与以下 ARIMA 模型极为相似, 包含零阶自回归、一阶差分、一阶季节差分和 p+1 阶移动平均值, 其中 p 是季节区间中的周期数(对于月数据, p=12)。
- 【Winters 相乘性(Winters' multiplicative)】: 该模型适用于具有线性趋势和依赖于序列水平的季节效应的序列。其平滑参数是水平、趋势和季节。Winters 乘法指数平滑法与所有 ARIMA 模型都不相似。

○【当前周期性(Current periodicity)】为【无(None)】。

☆【因变量转换(Dependent Variable Transformation, 因变量变换)】: 可以指定在建模之前对每个因变量执行的变换。可选择无(None)、平方根(Square root)或自然对数(Natural log)变换。

5)单击【继续】→【Statistics(统计)】按钮, 切换到【Statistics(统计)】选项卡。

选择【按模型显示拟合测量、Ljung Box 统计量和离群值的数量(Display fit measures, Ljung-Box statistic, and number of outliers by model)】、【拟合测量(Fit Measures, 拟合度量)】中的【平稳的 R 方(Stationary R-square)】、【比较模型的统计(Statistics for Comparing Models)】中的【拟合优度(Goodness of fit)】及【个别模型的统计(Statistics for Individual Models)】中的【参数估计(Parameter estimates)】。

6)单击【确定】按钮, 得到结果。(注: 其他选项同例 16-12, 详细结果略。)

7)继续在指数平滑条件(Exponential Smoothing Criteria)对话框中, 选择不同的【模型类型(Model Type)】及【因变量转换(Dependent Variable Transformation)】, 得到不同的结果。(详细结果略。)

8)结果分析。

(1)各指数平滑法模型类型及因变量变换方法的拟合度量: 表 16-4 列出了指数平滑法模型类型及因变量变换方法的拟合度量, 用户可根据各拟合度量大小判断各拟合模型的优劣。

表 16-4 各指数平滑法模型类型及因变量变换方法的拟合度量

模型类型	因变量变换	平稳 R 方	R 方	RMSE	MAPE	MaxAPE	MAE	MaxAE	NORMBIC
简单	无	-0.135	0.509	554.123	7.083	393.468	23.913	1235.101	12.853
	平方根	-0.146	0.517	549.442	7.157	397.830	23.558	1216.758	12.836
	自然对数	-0.153	0.522	546.930	7.231	401.849	23.383	1207.752	12.827
Holt 线性趋势	无	0.700	0.601	526.913	8.040	412.287	18.519	848.244	12.970
	平方根	0.657	0.541	564.727	7.992	418.820	21.084	1114.922	13.109
	自然对数	0.555	0.541	564.953	7.859	432.959	20.076	1036.949	13.109
Brown 线性趋势	无	0.509	0.429	597.651	9.524	493.947	19.847	1025.095	13.004
	平方根	0.480	0.391	617.144	9.552	497.883	21.728	1148.966	13.068
	自然对数	0.452	0.324	650.423	9.663	506.127	24.743	1308.413	13.173
阻尼趋势	无	0.212	0.648	524.594	7.757	402.820	13.360	652.252	13.179
	平方根	0.179	0.612	550.783	8.106	424.162	12.928	697.341	13.277
	自然对数	0.139	0.557	588.396	8.431	447.637	15.373	812.943	13.409

(2)各指数平滑法模型参数: 表 16-5 列出指数平滑法模型的参数, 用户可结合表 16-4 拟合度量数据以及专业的判断, 确定最优的模型, 建立相应的指数平滑法回归方程。

表 16-5　各指数平滑法模型参数

模　型			估　计	SE	t	显著性(Sig.)
简单	无变换	Alpha(水平)	0.959	0.315	3.041	0.012
	平方根	Alpha(水平)	1.000	.316	3.161	0.010
	自然对数	Alpha(水平)	1.000	0.316	3.163	.010
Holt 线性趋势	无	Alpha(水平)	0.300	0.200	1.502	0.167
		Gamma(趋势)	1.000	0.760	1.316	0.221
	平方根	Alpha(水平)	0.395	0.245	1.613	0.141
		Gamma(趋势)	1.000	0.814	1.228	0.250
	自然对数	Alpha(水平)	0.800	0.340	2.352	0.043
		Gamma(趋势)	4.345E-6	0.215	2.022E-5	1.000
Brown 线性趋势	无变换	Alpha(水平和趋势)	0.583	0.136	4.297	0.002
	平方根	Alpha(水平和趋势)	.602	.135	4.454	0.001
	自然对数	Alpha(水平和趋势)	.619	.135	4.600	0.001
阻尼趋势	无	Alpha(水平)	0.306	0.295	1.036	0.331
		Gamma(趋势)	0.999	1.685	0.593	0.570
		Phi(趋势阻尼因子)	0.905	0.137	6.614	0.000
	平方根	Alpha(水平)	0.318	0.290	1.095	0.305
		Gamma(趋势)	0.999	1.606	0.622	0.551
		Phi(趋势阻尼因子)	0.903	0.138	6.539	0.000
	自然对数	Alpha(水平)	0.360	0.305	1.180	0.272
		Gamma(趋势)	1.000	1.538	0.650	0.534
		Phi(趋势阻尼因子)	0.895	.149	6.002	0.000

16.6　博克斯-詹金斯法

博克斯-詹金斯法，即综合自回归移动平均模型，简称 ARIMA 模型，该方法估计非季节性或季节性的单变量 ARIMA 模型，又称 Box-Jenkins 1 模型(Box-Jenkins 1 model)。其模型可分为自回归模型(简称 AR 模型)、移动平均模型(简称 MA 模型)及自回归移动平均混合模型(简称 ARMA)。

【例 16-14】　试用博克斯-詹金斯法对例 16-9 的时间序列数据进行分析。

1)模型识别：从例 16-9 的序列图及例 16-10 的自相关图可见，该时间序列具有稳定性；从例 16-10 的偏自相关图可初步判定该时间序列适用于二阶滑动平均模型。

2)打开数据文件 arima1.sav。

3)时间序列建模器(Time Series Modeler)对话框的【变量(Variables)】选项卡中，【因变量(Dependent Variables)】列表选择“x”，【方法(Method)】选择【ARIMA】。

4)单击【条件(Criteria)...】按钮，打开【模型(Model)】选项卡，见图 16-34。

☆【ARIMA 阶数(ARIMA Orders)】：在【结构(Structure)】网格的相应单元格中输入【季节性(Seasonal)】或【非季节性(Nonseasonal)】模型的各个 ARIMA 成分(ARIMA component)的值，包括【自回归(Autoregressive)】、【差分(Difference)】和【移动平均值(Moving Average)】成分。所有值都必须为非负整数。对于【自回归(Autoregressive)】和【移动平均值(Moving Average)】成分，该值表示最大阶(maximum order)。模型中将包含所有正的较低阶。只有在为活动数据集定义了周期性时，才会启用【季节性(Seasonal)】列中的各个单元格。

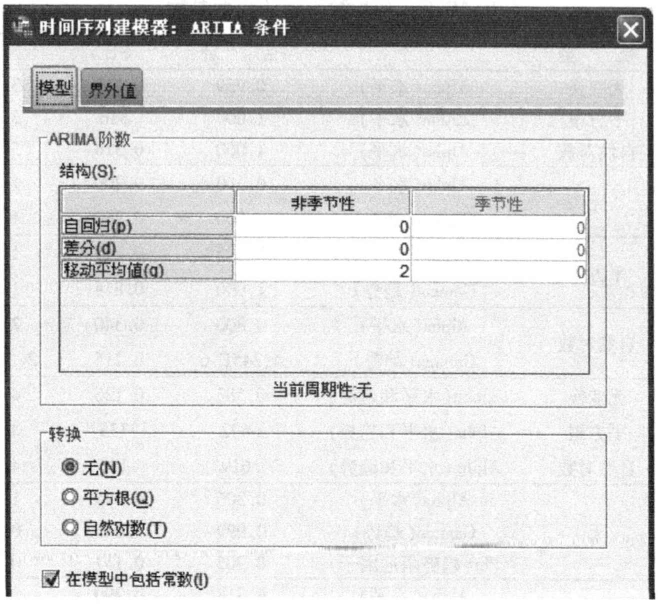

图 16-34　模型(Model)选项卡

○【自回归(Autoregressive, p)】: 模型中的自回归阶数(autoregressive orders)。自回归阶指定要使用序列中以前的哪些值来预测当前值(current value)。例如, 自回归阶为 2 时, 指定序列中过去两个时间周期(time period)的值用于预测当前值。

○【差分(Difference, d)】: 指定在估计模型之前应用于序列差分的阶(order of differencing)。在出现趋势(具有趋势的序列通常是不稳序列, 而 ARIMA 建模假定其稳定)时需要差分, 并将其用于去除其影响。差分的阶与序列趋势度(degree of series trend)相对应, 一阶差分导致线性趋势, 二阶差分导致二次趋势(quadratic trend)等。

○【移动平均值(Moving Average, q)】: 模型中移动平均值的阶数。移动平均值的阶(Moving average order)指定如何使用先前值(previous value)的序列平均离差(deviations from the series mean)来预测当前值。例如, 如果移动平均值的阶为 1 和 2, 则指定在预测序列的当前值时将考虑上两个时间周期的每个时间周期中序列的平均值离差。

季节性自回归(Autoregressive)、差分(Difference)和移动平均值(Moving Average)与其非季节性对应成分起着相同作用。但对于季节性阶(seasonal order), 当前序列值(current series value)受先前序列值(previous series value)的影响, 序列值之间间隔一个或多个季节周期。例如, 对于月数据(季节周期为 12), 季节性 1 阶表示当前序列值受自当前周期起 12 个周期之前的序列值影响。因此, 对于月数据, 指定季节性 1 阶等同于指定非季节性 12 阶。

☆【转换(Transformation, 变换)】: 可选择【无(None)】、【平方根(Square root)】或【自然对数(Natural log)】变换。

☆【在模型中包括常数(Include constant in model)】。

5)【Statistics(统计)】选项卡中, 选择【按模型显示拟合测量、Ljung-Box 统计量和离群值的数量(Display fit measures, Ljung-Box statistic, and number of outliers by model)】、【拟合测量(Fit Measures, 拟合度量)】中的【平稳的 R 方(Stationary R-square)】、【比较模型的统计(Statistics for Comparing Models)】中的【拟合优度(Goodness of fit)】及【个别模型的统计(Statistics for Individual Models)】中的【参数估计(Parameter estimates)】。

其他选项同例 16-13。

6)主要结果如下，序列图如图 16-35 所示。

时间序列建模器(Time Series Modeler)

结果 16-7　模型描述(Model Description)

			模型类型(Model Type)
模型标识(Model ID)	x	模型_1	ARIMA(0,0,2)

模型摘要(Model Summary)

结果 16-8　模型拟合度(Model Fit)

拟合统计量(Fit Statistic)	平均值(Mean)	SE	最小值(Minimum)	最大值(Maximum)	百分位数(Percentile)						
					5	10	25	50	75	90	95
平稳 R 方(Stationary R-squared)	.244	.	.244	.244	.244	.244	.244	.244	.244	.244	.244
R 方(R-squared)	.244	.	.244	.244	.244	.244	.244	.244	.244	.244	.244
RMSE	.826	.	.826	.826	.826	.826	.826	.826	.826	.826	.826
MAPE	4.977	.	4.977	4.977	4.977	4.977	4.977	4.977	4.977	4.977	4.977
MaxAPE	24.606	.	24.606	24.606	24.606	24.606	24.606	24.606	24.606	24.606	24.606
MAE	.516	.	.516	.516	.516	.516	.516	.516	.516	.516	.516
MaxAE	3.265	.	3.265	3.265	3.265	3.265	3.265	3.265	3.265	3.265	3.265
标准化 BIC(Normalized BIC)	-.130	.	-.130	-.130	-.130	-.130	-.130	-.130	-.130	-.130	-.130

结果 16-9　模型统计(Model Statistics)

模型(Model)	预测变量数(Number of Predictors)	模型拟合统计量(Model Fit statistics)	Ljung-Box Q(18)			离群值数(Number of Outliers)
		平稳 R 方(Stationary R-squared)	统计量(Statistics)	DF	Sig.	
x-模型_1	0	.244	7.710	16	.957	0

结果 16-10　ARIMA　模型参数(ARIMA Model Parameters)

					估计(Estimate)	SE	t	Sig.
x-模型_1	x	不变换(No Transformation)	常量(Constant)		10.197	.127	80.535	.000
			MA	滞后(Lag)1	.404	.144	2.810	.007
				滞后(Lag)2	-.442	.160	-2.760	.009

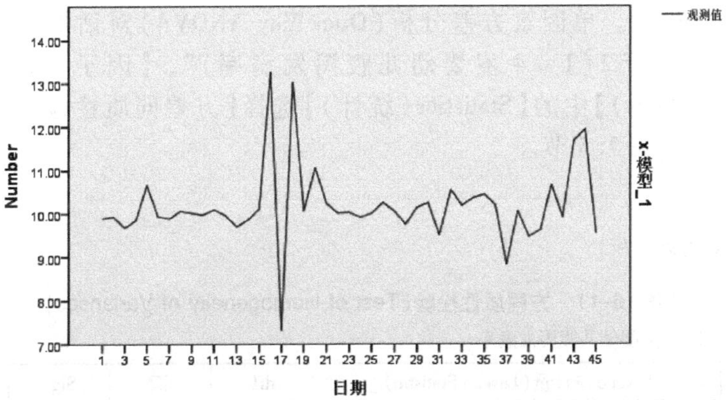

图 16-35　序列图

7)主要结果分析。

(1)模型拟合(Model Fit)表：平稳 R 方(Stationary R-squared)及 R 方(R-squared)均为 0.244，表明拟合方程比基线方程更好，见结果 16-8

(2)ARIMA 模型参数(ARIMA Model Parameters)表：MA1、MA2 的估计值(Estimate)分别为 0.404 和 -0.442，P 均小于 0.01，常数(Constant)为 10.197，见结果 16-10。

16.7 季节分解法

在实际工作中，人们会经常处理按月(或年、季度、日、小时等)记录的资料，如每个月的出生人口数、死亡率、某种疾病的发病率、某产品的销售额等。这些资料可能符合某种季节分布，但这些数值的大小往往受多种因素的影响，从原始数据中很难看出季节趋势。这些资料均为时间序列资料，有长期趋势、季节趋势、周期变动及随机变异。季节分解法(Seasonal Decomposition)可对这些资料进行分析，可将一个序列分解成一个季节成分(seasonal component)、一个组合趋势和循环成分(combined trend and cycle component)及一个“误差”成分("error" component)。季节分解法是 Census I 法(Census method I)的实现，又称比率与移动平均值法(ratio-to-moving-average method)

【例 16-15】 某地区 4 年(1993 年 10 月—1997 年 9 月)1～4 岁婴幼儿腹泻病每月的发病率见表 16-6，并已建立数据文件 cfy.sav，试对腹泻病的发病率进行季节分析。

1)打开数据文件 cfy.sav。

2)定义日期。打开定义日期(Define Dates)对话框，【个案为(Cases Are)】选择【年份、月份(Years、months)】，【第一个个案为(First Case Is)】为“1993 年 10 月”，【年(Year)】为“1993”，【月(Month)】为“10”。完成上述操作后，可生成 3 个变量：“YEAR_”、“MONTH_”、“DATE_”。

3)按时间(year, month)顺序对变量进行排序。【排序个案(Sort Cases)】对话框中，【排序依据(Sort by)】依次为“year”、“month”，并按【升序(Ascending)】排序，参见第 3.2.3 节。

表 16-6 婴幼儿腹泻病的发病率

年(year)	月(month)	腹泻病年发病率(%)
93	10	55.86
93	11	65.06
93	12	52.20
94	1	69.72
94	2	50.93
⋮	⋮	⋮
97	6	4.76
97	7	21.54
97	8	18.14
97	9	17.55

4)进行周期性检验。单因素方差分析(One-Way ANOVA)对话框中，【因变量列表(Dependent List)】为“fx2(1～4 岁婴幼儿腹泻发病率)”，【因子(Factor)】为“month(月)”。【选项(Options)】中的【Statistics(统计)】选择【方差同质性检验(Homogeneity of variance test)】，参见第 7.5 节。

得到以下结果：

Oneway(单因素方差分析)

结果 16-11 方同质性检验(Test of Homogeneity of Variances)

1～4 岁婴幼儿腹泻发病率

Levene 统计量(Levene Statistic)	df1	df2	Sig.
1.377	11	36	.226

结果 16-12　ANOVA

1-4 岁婴幼儿腹泻发病率

	平方和(Sum of Squares)	自由度(df)	均方(Mean Square)	F	显著性(Sig.)
组间(Between Groups)	9389.406	11	853.582	2.895	.008
组内(Within Groups)	10614.238	36	294.840		
总计(Total)	20003.645	47			

方差齐性检验(Test of Homogeneity of Variances)，Levene 统计量(Levene Statistic)为 1.377，P = 0.226 > 0.20，而单向方差分析结果为 F = 2.895，P = 0.008 < 0.01。故可认为 fx2(1-4 岁婴幼儿腹泻发病率)序列有长度为 12 的周期性。

5)最后使用季节分解法，选择【分析(Analyze)】→【预测(Forecasting)】→【周期性分解(Seasonal Decomposition)...】，打开周期性分解(Seasonal Decomposition)主对话框，见图 16-36。

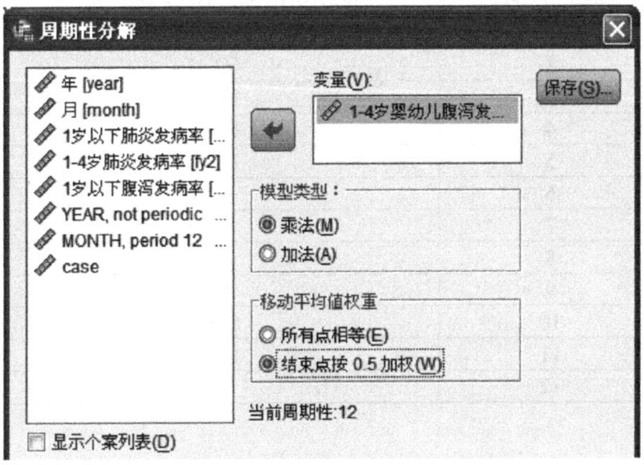

图 16-36　周期性分解(Seasonal Decomposition)主对话框

☆【变量(Variable(s))】列表：可选择 1 个或以上的数值变量，本例为“fx2(1-4 岁婴幼儿腹泻发病率)”。

☆【模型类型(Model Type)】：提供两种方法对季节因子(seasonal factor)进行建模，可选择：

○【乘法(Multiplicative)】：季节成分是一个因子，用于与经过季节调整序列(seasonally adjusted series)相乘以得到原始序列(original series)。“趋势”评估与序列的总体水平成正比的季节成分。无季节变动观测值的季节成分为 1。

○【加法(Additive)】：将季节调整项加到季节调整的序列以获取观测值。此调整尝试从序列中移去季节效应，以查看可能被季节成分“掩盖”的其他兴趣特征。“趋势”会评估不依赖于序列的总体水平的季节成分。无季节变动观测值的季节成分为 0。

☆【移动平均值权重(Moving Average Weight)】：指定计算移动平均值的处理队列方法，这些选项仅在序列的周期性为偶数时才可用。如果周期性为奇数，则所有点的权重都相等。

○【所有点相等(All points equal)】：使用等于周期的跨度以及所有权重相等的点来计算移动平均值。如果周期是奇数，则始终使用此方法。

○【结束点按 0.5 加权(Endpoints weighted by 0.5)】：使用等于周期加 1 的跨度以及以 0.5 加权的跨度的端点计算具有偶数周期性的序列移动平均值。

☆【当前周期性(Current Periodicity)】：本例为“12”。

☆【显示个案列表(Display casewise list)】：显示包含每次迭代摘要信息的案例列表。

6)单击【保存(Save)...】按钮，打开保存(Save)对话框，见图16-37。

☆【创建变量(Create Variables)】：选择新变量的处理方法，可选择【添加至文件(Add to file)】、【替换现有(Replace existing)】或【不要创建(Do not create)】。

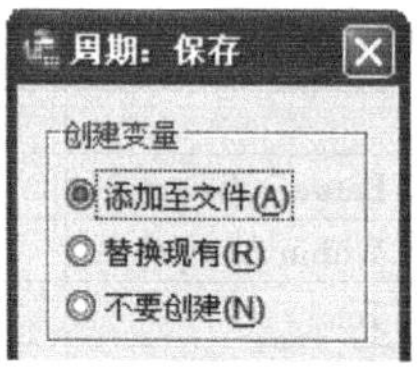

图16-37 保存(Save)对话框

7)单击【继续】→【确定】按钮，得到以下主要结果：

季节分解(Seasonal Decomposition)

结果16-13 季节因子(Seasonal Factors)

序列名称(Series Name)：1－4岁婴幼儿腹泻发病率

期间(Period)	季节因子(Seasonal Factor(%))
1	84.7
2	165.7
3	132.2
4	139.0
5	120.3
6	60.0
7	68.8
8	65.2
9	47.4
10	133.2
11	121.0
12	62.4

8)主要结果分析。

(1)可得出以下1～4岁腹泻病发病率各月份的季节指数：

月份	周期	季节因子(Seasonal Factor(%))
10	1	84.7
11	2	165.7
12	3	132.2
1	4	139.0
2	5	120.3
3	6	60.0
4	7	68.8
5	8	65.2
6	9	47.4
7	10	133.2
8	11	121.0
9	12	62.4

从上表可知，腹泻病发病率11～2月及7～8月的季节因子(Seasonal Factor(%))大于100，提示11～2月及7～8月腹泻病的发病率高于全年平均水平，提示1～4岁婴幼儿腹泻病发病主要在冬春季及夏季。

(2)同时还可生成以下4个变量：ERR_1，误差；SAS_1，季节调整序列；SAF_1，季节调整指数；STC_1，删除了季节性的趋势与周期。

练习题

(请访问www.hxedu.com.cn下载。)

第17章 生存分析

一个人(或病人)从出生(或治疗开始)到死亡(或痊愈)的时间(time)称为生存时间(survival time, $t \geq 0$),即寿命(life)。在医学领域中,临床随访研究的一部分人(或病人)可观察到死亡(或痊愈)的,能得到准确的生存时间,这一类数据称为完全数据(complete data, Uncen)。但往往有一部分人(或病人)由于各种原因(如迁移、中断治疗、失访等),不能观察到其真正的生存时间(即有起始时间,而无确切的终止时间),但能得到"此人(或病人)的生存时间不小于某个数值"这样一个信息,称这类数据为删失数据(censored data, Cen),又称截尾数据或不完全数据(uncompleted data),习惯上,在该数据右上角标以"+"表示。

表示一个人(或病人)生存时间大于 t 的概率(probability)称为生存率(survival rate),又称生存概率或生存函数(survival function, $s(t)$)或累积生存率(cumulative survival)。其图形是以时间 t 为横轴,生存率 $s(t)$ 为纵轴的一条下降曲线(生存曲线,折线)。而表示一个生存到时间 t 的人(或病人),在从 t 到 $t+\Delta t(\Delta t>0)$ 这一非常小的时间内死亡的概率极限,称为危险函数(hazard function, $h(t)$),又称风险函数或累积危险率(cum hazard),因为计算这一函数时,用到了生存到时间 t 这一条件,故又称为一个生存到时间 t 的病人在时间 t 的瞬时死亡率或条件死亡率。

SPSS 生存分析(Survival Analysis)的方法包括寿命表(Life Tables)、Kaplan-Meier 法(Kaplan-Meier)、Cox 回归(Cox Regression)和含时间依赖协变量的 Cox 回归(Time-Dependent Cox Regression)。

17.1 寿命表法

一批病人经过不同时期逐渐死亡的过程,即生存率逐渐下降的过程,可描述病人的预后情况,这种描述分析常以表格形式表示,称这种表格为(临床)寿命表(life table)。寿命表中的一个重要指标是生存率,寿命表法是针对分组资料进行的,计算生存率的基本原理是根据概率相乘的法则。

生成的统计量与图形包括各组在每个时间区间的期初记入数(number entering)、期末离开数(number leaving)、历险数(number exposed to risk)、期末数(number of terminal events)、期末比例(proportion terminating)、生存率(proportion surviving)、累积生存率(cumulative proportion surviving)及其标准误、概率密度(probability density)及其标准误、危险率(hazard rate)及其标准误,每组的半数生存期(median survival time),比较各组间生存分布(survival distribution)的 Wilcoxon(Gehan)检验,绘制生存函数图(function plot for survival)、对数生存函数图(function plot for log survival)、密度函数图(function plot for density)、危险率函数图(function plot for hazard rate)和1-生存函数图(function plot for one minus survival)。

17.1.1 两样本的寿命表

【例17-1】 25例某癌症病人在不同日期随机分配到A、B两治疗组,并继续进行随访至某一终止时间,数据见表17-1,试用寿命表法进行生存分析。

表 17-1　25 例某癌症病人接受不同治疗方法的生存时间(天)

A 疗法:	8	8	52	63	63	220	365⁺	852⁺	1296⁺	1328⁺	1460⁺	1976⁺	
B 疗法:	13	18	23	70	76	180	195	210	632	700	1296	1990⁺	2240⁺

(注:右上角有"+"号者为删失数据。)

1)建立数据文件 lifetab1.sav,变量为 day(生存时间(天));method(治疗方法):1(A 疗法),2(B 疗法);d(状态变量):1(完全数据),0(删失数据)。

2)选择【分析(Analyze)】→【生存函数(Survival)】→【寿命表(Life Tables)...】,打开寿命表(Life Tables)主对话框,见图 17-1。

☆【时间(Time)】变量:选择 1 个定量变量,本例为"day(天)"。

☆【显示时间间隔(Display Time Intervals)】:从【0 到】"2240"(0 through 2240),【步长(by)】为"30"天。

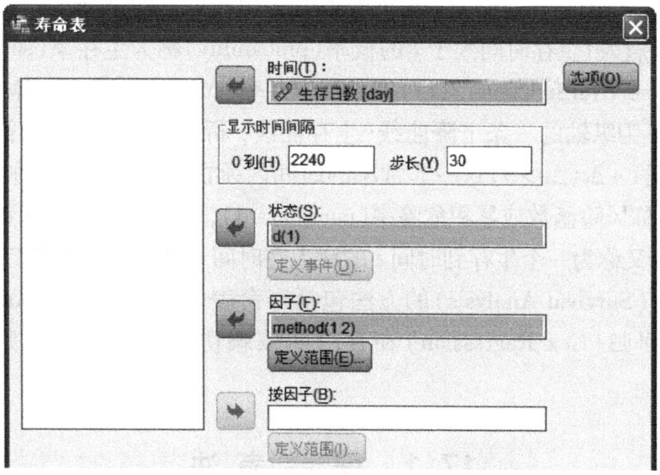

图 17-1　寿命表(Life Tables)主对话框

☆【状态(Status)】变量:选择 1 个整数编码的二分法变量或分类变量,本例为"d"。单击【定义事件(Define Event)...】按钮,打开为状态变量定义事件(Define Events for Status Variable)对话框,见图 17-2。

☆【表示事件已发生的值(Value(s) Indicating Event Has Occurred)】。

○【单值(Single value)】:本例为"1"。

○【值的范围(Range of values)】。

注: 本例含有设定值(1)的个案看作完全数据,其他个案则按删失数据处理。

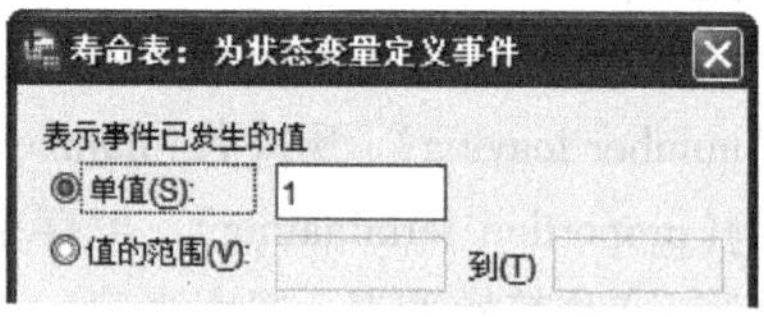

图 17-2　为状态变量定义事件(Define Events for Status Variable)对话框

单击【继续】按钮,设定分析的【因子(Factor)】变量,本例为"method"。然后单击【定义范围(Define Range)...】按钮,打开定义因子范围(Define Range for Factor)对话框,因子变量在指定范围内的个案将将纳入分析,并根据每个值生成单独的图表。本例设定【最小(Minimum)】为"1",【最大(Maximum)】为"2"。

3)单击【继续】→【选项(Options)...】按钮,打开选项(Options)对话框,见图 17-3。

☆【寿命表(Life table(s))】。

☆【图(Plot)】：如已设定因子变量，则会根据因子变量分组生成单独的图形。

○【生存函数(Survival)】：在线性刻度(linear scale)上绘制累积生存函数(cumulative survival function)曲线，即生存率曲线 $S(t)$。

○【取生存函数的对数(Log survival)】：在对数刻度(logarithmic scale)绘制累积生存函数曲线，即对数生存函数图。

○【风险函数(Hazard, 危险函数)】：在线性刻度上绘制累积危险函数(cumulative hazard function)曲线 $h(t)$。

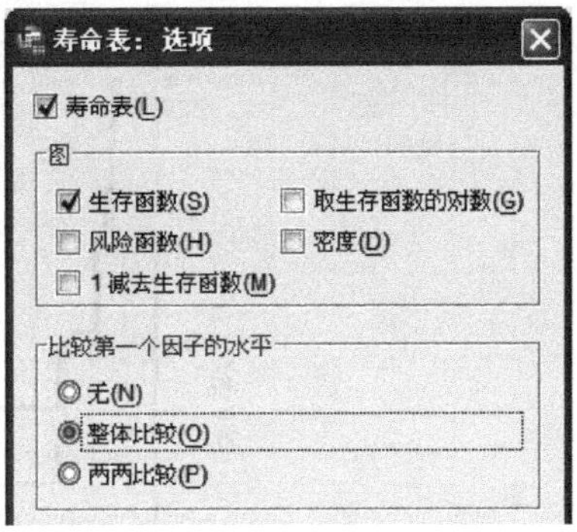

图 17-3　选项(Options)对话框

○【密度(Density)函数】：绘制密度函数(density function)曲线 $f(t)$。

○【1 减去生存函数(One minus survival, 1-生存函数)】：在线性刻度上绘制 1-生存函数曲线。

☆【比较第一个因子的水平(Compare Levels of First Factor)】：本例为“method(治疗方法)”，可选择【无(None)】、【整体比较(Overall)】或【两两比较(Pairwise)】，本例选择【整体比较(Overall)】。如果有一阶控制变量(first-order control variable)，选择其中一项可进行 Wilcoxon(Gehan)检验(Wilcoxon(Gehan)test)以比较子组生存率，只对一阶因子(first-order factor)进行检验；如果定义了二阶因子(second-order factor)，则对二阶变量(second-order variable)的每个水平进行检验。

4)单击【继续】→【确定】按钮，得到以下主要结果：

生存分析(Survival)

生存变量(Survival Variable)：生存日数

寿命表(Life Table)(略)(参见结果 17-5)

结果 17-1　半数生存期(Median Survival Time)

一阶控制(First-order Controls)		时间中位数(Med Time)
治疗方法	a 疗法	1950.00
	b 疗法	202.50

控制变量比较(Comparisons for Control Variable)：method

结果 17-2　整体比较(Overall Comparisons)

Wilcoxon(Gehan)统计量(Wilcoxon(Gehan)Statistic)	自由度(df)	显著性(Sig.)
.251	1	.616

5)主要结果分析。

(1)寿命表(Life Table)：A 疗法组的 480 天生存率为 0.5000，即 50%；B 疗法组的 480 天生存率为 0.3846，即 38.46%。结合生存函数(Survival Function)曲线(见图 17-4)，可见从 210 天(7 个月)开始，A 疗法组的生存率保持在 50% 水平，而随着时间推移，B 疗法组的生存率下降较快。

(2)半数生存期(Median Survival Time)表：A 疗法组的半数生存期为 1950^{+}(天)，即至少是 1950 天；B 疗法组的半数生存期为 202.50(天)，见结果 17-1。

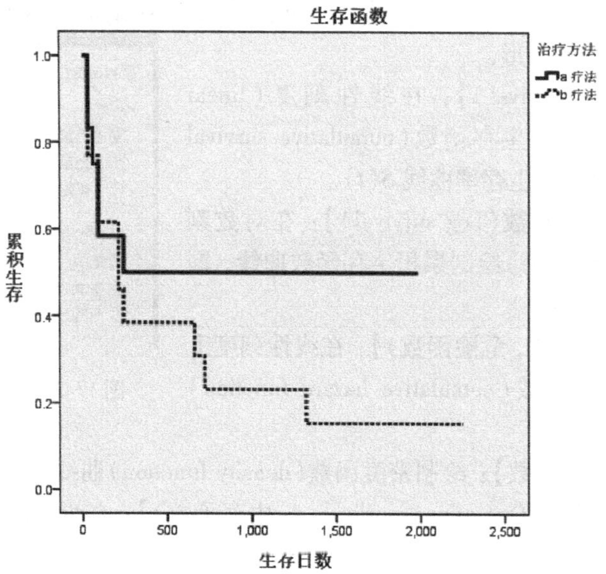

图 17-4　某癌症病人接受不同治疗方法的生存函数图

(3)整体比较(Overall Comparisons)表：两种治疗方法病人的生存率比较，用 Wilcoxon (Gehan 比分)检验，P = 0.616 > 0.05，按 α = 0.05 水准，认为 A 疗法组和 B 疗法组的生存率差异无统计学意义，见结果 17-2。

【例 17-2】　现有 90 例胃癌病人随机分配为单纯化疗组与联合治疗(化疗 + 放疗)组，每组各 45 例病人的生存时间资料。试用寿命表法对上述资料做生存分析。

1)建立数据文件 lifetab2. sav，变量为 t(生存时间(天))；d(状态变量)：1(完全数据)，0(删失数据)；x(治疗方法)：1(单纯化疗者)，0(联合治疗者)。

2)寿命表(Life Tables)主对话框中，【时间(Time)】变量为“t(生存时间，天)”，【显示时间间隔(Display Time Intervals)】是从【0 到】“1736”(0(through)1736)，【步长(by)】为“30”天。

【状态(Status)】变量为“d”，设定表示事件已发生的值(Value(s) Indicating Event Has Occurred)中的单值(Single value)为“1”。

设定分析的【因子(Factor)】变量为“x(治疗方法)”，设定【最小(Minimum)】为“0”，【最大(Maximum)】为“1”。(注：因子变量应是以整数编码的分类变量)。

3)选项(Options)对话框中，选择【寿命表(Life table(s))】、【图(Plot)】中的【生存函数(Survival)】、【比较第一个因子的水平(Compare Levels of First Factor)】中的【两两比较(Pairwise)】。

4)主要结果如下如下：

生存分析(Survival)

生存变量(Survival Variable)：时间

寿命表(Life Table)(略)(参见结果 17-5)

结果 17-3　半数生存期(Median Survival Time)

一阶控制(First-order Controls)		时间中位数(Med Time)
治疗方法	联合治疗者(0)	255.00
	单纯化疗者(1)	502.50

控制变量比较(Comparisons for Control Variable):x

结果 17-4　整体比较(Overall Comparisons)

Wilcoxon(Gehan)统计量(Wilcoxon(Gehan)Statistic)	自由度(df)	显著性(Sig.)
4.202	1	.040

5)主要结果分析。

(1)寿命表(Life Table):联合治疗者480 天的生存率为 0.3556,即 35.56%,单纯化疗者 480 天的生存率为 0.4889,即 48.89%。结合生存函数(Survival Function)曲线可见单纯化疗者(虚线)与联合治疗者(实线)在 780 天时,有一个交点,在 960 天时,又有一个交点,而单纯化疗者的生存率在早期(0 ~ 960 天)比联合治疗者高,但随时间的推移,生存率下降较快,960 天以后,单纯化疗者的生存率略低于联合治疗者,见图 17-5。

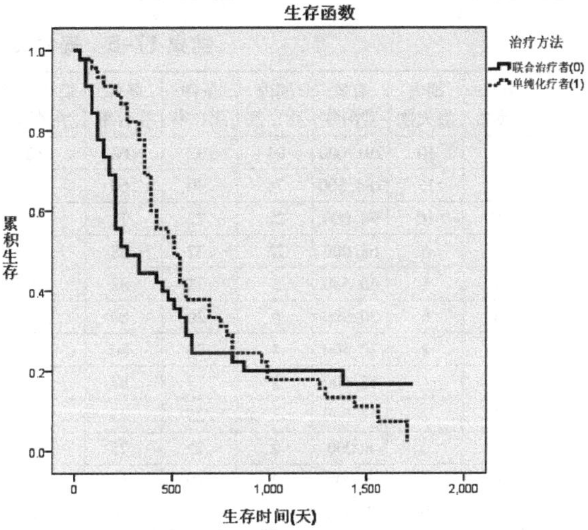

图 17-5　两种不同治疗方法胃癌病人的生存函数图

(2)半数生存期(Median Survival Time)表:联合治疗者的半数生存期为 255(天),单纯化疗者的半数生存期为 502.5(天),见结果 17-3。

(3)整体比较(Overall Comparisons)表:两种治疗方法的生存率比较,用 Wilcoxon(Gehan 比分)检验,$P=0.040<0.05$,按 $\alpha=0.05$ 水准,认为两种治疗方法胃癌病人的生存率有差别,见结果 17-4。

17.1.2　频数表资料的寿命表

【例 17-3】　某医院随访观察 296 例晚期肝癌患者确诊后的生存情况见表 17-2(频数表资料),试用寿命表方法进行生存分析。

表 17-2　晚期肝癌患者确诊后的生存情况

随访月数	期内观察人数	期内死亡人数	期内失访人数
0 ~	296	94	10
1 ~	192	74	15
2 ~	103	22	10
3 ~	71	22	6
4 ~	43	5	5
5 ~	33	6	6
6 ~	21	4	1
7 ~	16	2	1
8 ~	13	3	2
9 ~	8	2	0
10 ~	6	2	2
11 及以上	2	2	-

1)建立数据文件 lifetab3.sav,变量为 time(随访月数),取组中值;number(期内死亡(或失访)人数);d(状态变量):1(完全(死亡)数据),0(删失(失访)数据)。由于本例是频数资料,先对 number 加权。

2)寿命表(Life Tables)主对话框中,【时间(Time)】变量为“time(随访月数)”,【显示时间间隔(Display Time Intervals)】是从【0 到】“11.5”(0 through 11.5),【步长(by)】为“1”月。【状态(Status)】变量为“d”,设定【表示事件已发生的值(Value(s) Indicating Event Has Occurred)】中的【单值(Single value)】为“1”。

3)选项(Options)对话框中，选择【寿命表(Life table(s))】、【图(Plot)】中的【生存函数(Survival)】。

4)主要结果如下：

Survival(生存分析)

生存变量(Survival Variable)：随访月数

结果 17-5　寿命表(Life Table)[a]

期初时间	期初观测数	期内删失数	有效观测数	期内死亡数	条件死亡率	条件生存率	期末累积生存率	期末累积生存率的标准误	概率密度	概率密度的标准误	危险率	危险率的标准误
0	296	10	291.000	94	.32	.68	.68	.03	.323	.027	.39	.04
1	192	15	184.500	74	.40	.60	.41	.03	.272	.027	.50	.06
2	103	10	98.000	22	.22	.78	.31	.03	.091	.018	.25	.05
3	71	6	68.000	22	.32	.68	.21	.03	.102	.020	.39	.08
4	43	5	40.500	5	.12	.88	.19	.03	.026	.011	.13	.06
5	33	6	30.000	6	.20	.80	.15	.02	.037	.015	.22	.09
6	21	1	20.500	4	.20	.80	.12	.02	.029	.014	.22	11
7	16	1	15.500	2	.13	.87	.10	.02	.015	.011	.14	.10
8	13	2	12.000	3	.25	.75	.08	.02	.026	.014	.29	.16
9	8	0	8.000	2	.25	.75	.06	.02	.020	.013	.29	.20
10	6	2	5.000	2	.40	.60	.04	.02	.024	.015	.50	.34
11	2	0	2.000	2	1.00	.00	.00	.00	.035	.018	2.00	.00

a. 半数生存期为 1.6518。

寿命表(Life Table)，列出了不同治疗方法(a 疗法、b 疗法)在期初时间(Interval Start Time)的期初观测数(Number Entering Interval)、期内删失数(Number Withdrawing during)、有效观测数(Number Exposed to Risk)、期内死亡数(Number of Terminal Events)、条件死亡率(Proportion Terminating)、条件生存率(Proportion Surviving)、期末累积生存率(Cumulative Proportion Surviving at End of Interval)、期末累积生存率的标准误(Std. Error of Cumulative Proportion Surviving at End of Interval)、概率密度(Probability Density)、概率密度的标准误(Std. Error of Probability Density)、危险率(Hazard Rate)及危险率的标准误(Std. Error of Hazard Rate)。

5)主要结果分析。

半数生存期(median survival time)为 1.65(月)，4 个月的生存率为 21.27%，生存率是一条阶梯下降曲线，见图 17-6。

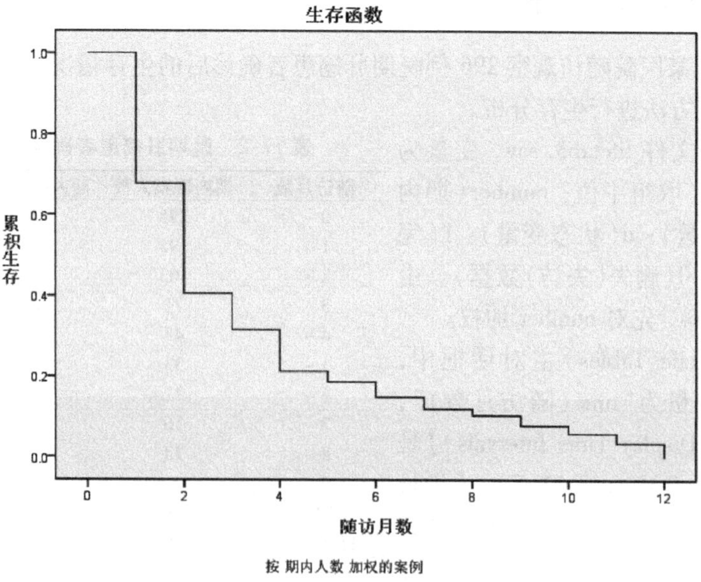

图 17-6　晚期肝癌患者确诊后的生存函数图

17.2　Kaplan-Meier 法

Kaplan-Meier 法(Kaplan-Meier, 1958)能对完全数据、删失数据及不必分组的生存资料进行分析，并能对分组变量各水平所对应的生存曲线与危险函数的差异进行显著性检验等。Kaplan-Meier 法又称乘积极限估计(product limit estimate)法、PL 法或极大似然估计(maximum likelihood estimate)法。

生成的统计量与图形有生存表(survival table)【包括时间、状态、累积生存率及其标准误、累积事件(cumulative events)及剩余数(number remaining)】，平均生存时间(mean survival time)、半数生存期及其标准误与95%的置信区间(confidence interval)，绘制生存函数图、危险率函数图、对数生存函数图、1 减生存函数图。

【例 17-4】　现有 90 例胃癌病人随机分配到单纯化疗组与联合治疗(化疗 + 放疗)组，每组各 45 例病人的生存时间资料(见例 17-2)。试用 Kaplan-Meier 法对上述资料做生存分析。

1)打开数据文件 lifetab2. sav。

2)选择【分析(Analyze)】→【生存函数(Survival)】→【Kaplan-Meier...】，打开 Kaplan-Meier 主对话框，见图 17-7。

☆【时间(Time)】变量：应为连续变量，本例为“t(生存时间，天)”。

☆【因子(Factor)】变量：应为分类变量，本例为“x(治疗方法)”。

☆【状态(Status)】变量：应为分类变量或连续变量，本例为“d”。单击【定义事件(Define Event)...】按钮，打开定义状态变量事件(Define Events for Status Variable)对话框，见图 17-8。

☆【说明已发生事件的值(Value(s) indicating event has occurred)】：可选择并设定相应的选项：【单值(Single value)】、【值的范围(Range of values)】、【值的列表(List of values)】。本例将含有设定值(1)的个案看作完全数据，其他个案则按删失数据处理。

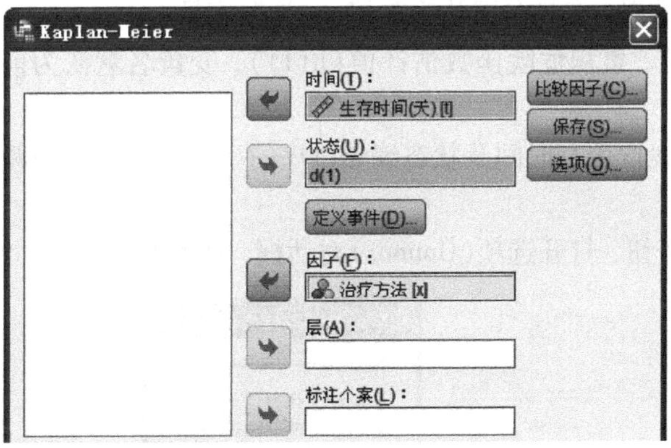

图 17-7　Kaplan-Meier 主对话框

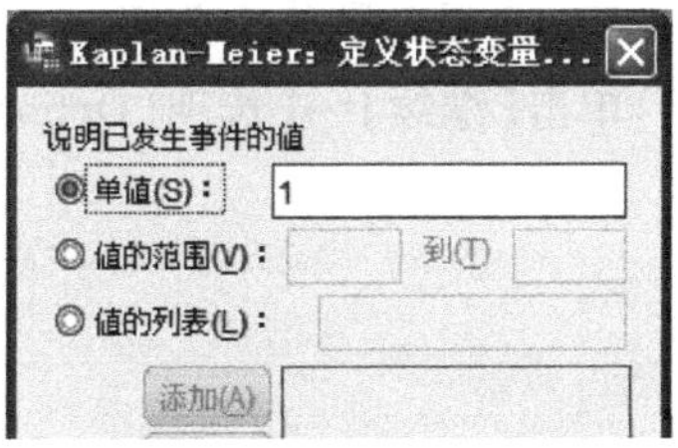

图 17-8　定义状态变量事件(Define Events for Status Variable)对话框

3)单击【继续】→【比较因子(Compare Factor)...】按钮，打开比较因子级别(Compare Factor Levels)对话框，见图 17-9。

☆【检验统计(Test Statistics)】：比较因子不同水平的生存分布是否相等的检验。

○【对数等级(Log rank,时序检验)】：所有时点(time point)均赋予相同权重，该法对生存分布后期的差别较敏感。

○【Breslow(Breslow 检验)】：用每个时点的历险数对时点加权，该法对生存分布早期的差别较敏感。

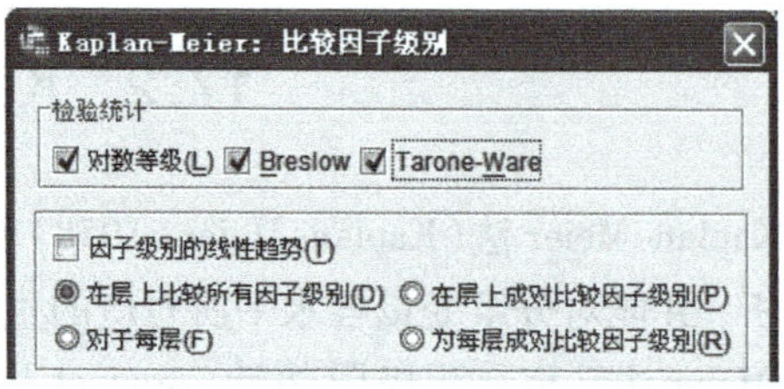

图 17-9　比较因子级别(Compare Factor Levels)对话框

○【Tarone- Ware(Tarone-Ware 检验)】：用每个时点的历险数平方根对时点加权,当生存曲线或危险函数曲线有交叉时,可选择此项。

○【因子级别的线性趋势(Linear trend for factor levels，因子水平的线性趋势)】：检验跨因子水平的线性趋势(linear trend)，仅用于因子水平的整体比较(overall comparison)，而不是两两比较(pairwise comparison)。

● 【在层上比较所有因子级别(Pooled over strata，跨层整体检验)】：在单次检验中比较所有因子水平，以检验生存曲线(survival curve)的是否相等。

● 【在层上成对比较因子级别(Pairwise over strata，跨层两两比较)】：两两比较不同的因子水平，但不能进行两两趋势检验(trend test)。

● 【对于每层(For each stratum，分层检验)】：对每层的所有因子水平是否相等进行单独的检验。如果没有分层变量(stratification variable)，则不进行检验。

● 【为每层成对比较因子级别(Pairwise for each stratum，分层两两检验)】：两两比较每层所有不同因子水平，如果没有分层变量，则不进行检验。

4)单击【继续】→【保存(Save)...】按钮，打开保存新变量(Save New Variables)对话框，见图 17-10。

☆【生存函数(Survival)】：累积生存概率(cumulative survival probability)估计值(s(t))，变量名默认为前缀 sur_加顺序号。例如，如果已存在“sur_1”，Kaplan- Meier 就分配变量名“sur_2”。

☆【生存函数的标准误差(Standard error of survival，生存函数的标准误)】：累积生存估计值(cumulative survival estimate)的标准误，变量名默认为前缀 se_加顺序号。

☆【风险函数(Hazard)】：又称危险函数，累积危险函数估计值(h(t))，变量名默认为前缀 haz_加上顺序号。

☆【累积事件(Cumulative events)】：个案按生存时间及状态编码排序的事件发生的累积频率，变量名默认为前缀 cum_加顺序号。

5)单击【继续】→【选项(Options)...】按钮，打开选项(Options)对话框，见图 17-11。

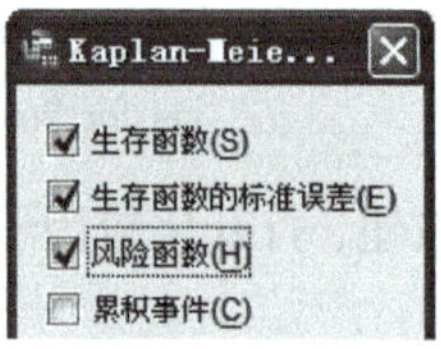

图 17-10　保存新变量(Save New Variables)对话框

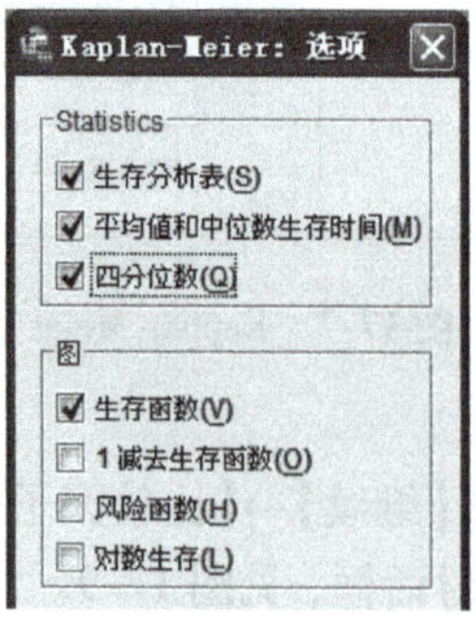

图 17-11　选项(Options)对话框

☆【Statistics(统计)】: 可选择【生存分析表(Survival table(s))】、【平均值与中位数生存时间(Mean and median survival)】及【四分位数(Quartiles)】生存时间。

☆【图(Plots)】: 可选择【生存函数(Survival)】、【1 减去生存函数(One minus survival, 1-生存函数)】、【风险函数(Hazard)】及【对数生存(Log survival)】。

6)单击【继续】→【确定】按钮, 得到以下主要结果:

Kaplan-Meier(Kaplan-Meier 法)

结果 17-6　平均生存时间和半数生存期(Means and Medians for Survival Time)

治疗方法	平均值(Mean)				中位数(Median)			
	估计值(Estimate)	标准误(Std. Error)	95% 置信区间(95% Confidence Interval)		估计值(Estimate)	标准误(Std. Error)	95% 置信区间(95% Confidence Interval)	
			下限(Lower Bound)	上限(Upper Bound)			下限(Lower Bound)	上限(Upper Bound)
联合治疗者(0)	557.311	88.840	383.184	731.438	254.000	71.760	113.350	394.650
单纯化疗者(1)	649.793	70.800	511.024	788.561	499.000	77.796	346.520	651.480
整体(Overall)	600.685	56.259	490.416	710.954	401.000	49.332	304.310	497.690

结果 17-7　百分位数(Percentiles)

治疗方法	25.0%		50.0%		75.0%	
	估计值(Estimate)	标准误(Std. Error)	估计值(Estimate)	标准误(Std. Error)	估计值(Estimate)	标准误(Std. Error)
联合治疗者(0)	580.000	180.470	254.000	71.760	144.000	39.751
单纯化疗者(1)	797.000	126.848	499.000	77.796	354.000	47.464
整体(Overall)	795.000	132.730	401.000	49.332	195.000	29.425

结果 17-8　整体比较(Overall Comparisons)

	卡方(Chi-Square)	df	Sig.
Log Rank(Mantel-Cox)	.392	1	.531
Breslow(Generalized Wilcoxon)	4.276	1	.039
Tarone-Ware	2.299	1	.129

7)主要结果分析。

(1)平均生存时间和半数生存期(Means and Medians for Survival Time)表: 显示平均生存时间与半数生存期, 见结果 17-6。

a. 联合治疗者(x=0 时)

	生存时间(天)(Survival Time)	标准误(Standard Error)	95% 置信区间(95% Confidence Interval)
平均值(Mean)	557	89	(383, 731)
中位数(Median)	254	72	(113, 395)

b. 单纯化疗者(x=1 时)

	生存时间(天)(Survival Time)	标准误(Standard Error)	95% 置信区间(95% Confidence Interval)
平均值(Mean)	650	71	(511, 789)
中位数(Median)	499	78	(347, 651)

由此可见, 无论平均生存时间(天)还是半数生存期(天), 单纯化疗者均比联合治疗者大。

(2)百分位数(Percentiles),各治疗方法的四分位数生存时间,见结果 17-7。

治疗方法	联合治疗者(x=0)			单纯化疗者(x=1)		
百分位数(Percentiles)	25	50	75	25	50	75
数值(Value)	580	254	144	797	499	354
标准误(Standard Error)	180.47	71.76	39.75	126.85	77.80	47.46

由此可见,单纯化疗者的下四分位生存期(797)、半数生存期(499)与上四分位生存期(354)均相应的高于联合治疗者。

(3)生存函数图(Survival Functions):单纯化疗者(实线)与联合治疗者(虚线)在 780 天时,有一个交点,在 960 天时,又有一个交点,而单纯化疗者的生存率在早期(0~960 天)比联合治疗者高,但随时间的推移,生存率下降较快,960 天以后,单纯化疗者的生存率略低于联合治疗者,见图 17-12。联合治疗者 480 天的预期生存率为 $s_0(480)=0.3600$,即 36%;单纯化疗者 480 天的预期生率为 $s_1(480)=0.5180$,即 51.8%,见图 17-12。

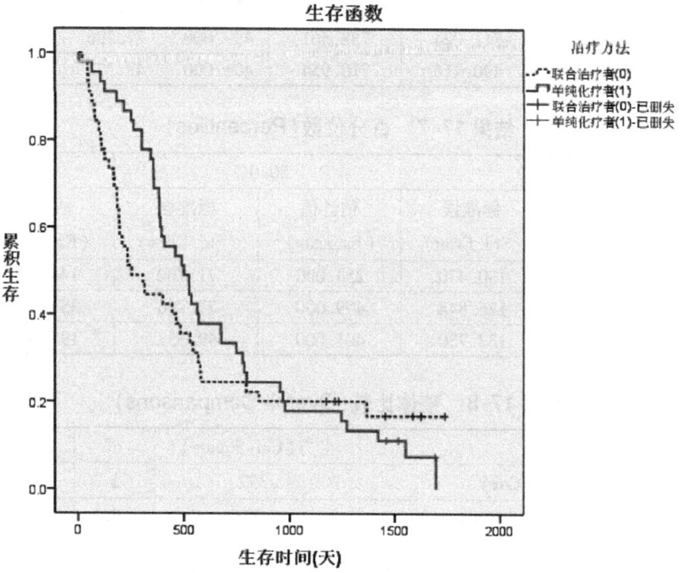

图 17-12　不同治疗方法治疗胃癌病人的生存函数图

(4)整体比较(Overall Comparisons)表:用三种方法对两种治疗方法的生存率进行比较,Log Rank(Mantel-Cox)检验,$\chi^2=0.392$,$P=0.531>0.05$;Tarone-Ware 检验,$\chi^2=2.299$,$P=0.129>0.05$,按 $\alpha=0.05$ 水准,认为单纯化疗组与联合治疗癌症病人的生存率相同;Breslow 检验,$\chi^2=4.28$,$P=0.039<0.05$,按 $\alpha=0.05$ 水准,认为单纯化疗组与联合治疗癌症病人的生存率有差别,见结果 17-8。

注:选用 Log-Rank 检验对样本生成存率进行比较时,要求各组生存曲线不能交叉,生存曲线交叉提示存在某种混杂因素,此时应采用分层法或多因素法来校正混杂因素。

【例 17-5】 50 例急性淋巴细胞性白血病病人,在入院治疗时取得外周血中的白细胞数 x1(千个/mm^3)、淋巴结浸润等级 x2(分为 0、1、2、3 四级)、出院后巩固治疗 x3(有巩固治疗为 1,无巩固治疗为 0),并随访取得病人的生存时间 t(月),数据见表 17-3,试用 Kaplan-Meier(Kaplan-Meier)法做生存分析。

表 17-3 急性淋巴细胞性白血病病人资料

病例编号(I)	因素			结局(y)	指示变量(d_i)
	x1	x2	x3		
1	2.5	0	0	0	1
2	1.2	2	0	0	1
3	173.0	2	0	0	1
⋮	⋮	⋮	⋮	⋮	⋮
⋮	⋮	⋮	⋮	⋮	⋮
48	32.0	0	1	1	1
49	12.8	0	1	1	1
50	1.4	0	1	1	0

1)建立数据文件 leukemia. sav。

2)Kaplan-Meier 主对话框中,【时间(Time)】变量为“t(生存时间,月)”,【状态(Status)】变量为“d”,设定【说明已发生事件的值(Value(s) Indicating Event Has Occurred)】中的【单值(Single value)】为“1”。

3)保存新变量(Save New Variables)对话框中,选择【生存函数(Survival)】、【生存函数的标准误差(Standard error of survival,生存函数的标准误)】和【风险函数(Hazard)】。

4)选项(Options)对话框中,选择【Statistics(统计)】中的【生存分析表(Survival table(s))】、【平均值和中位数生存时间(Mean and median survival)】、【四分位数(Quartiles)】及【图(Plots)】中的【生存函数(Survival)】。

5)主要结果(一)如下:

Kaplan-Meier(Kaplan-Meier 法)

结果 17-9 平均生存时间和半数生存期(Means and Medians for Survival Time)

均值(Mean)				中位数(Median)			
估计值(Estimate)	标准误(Std. Error)	95%置信区间(95% Confidence Interval)		估计值(Estimate)	标准误(Std. Error)	95%置信区间(95% Confidence Interval)	
		下限(Lower Bound)	上限(Upper Bound)			下限(Lower Bound)	上限(Upper Bound)
18.798	3.632	11.680	25.917	9.230	1.560	6.172	12.288

结果 17-10 百分位数(Percentiles)

25.0%		50.0%		75.0%	
估计值(Estimate)	标准误(Std. Error)	估计值(Estimate)	标准误(Std. Error)	估计值(Estimate)	标准误(Std. Error)
21.000	3.223	9.230	1.560	7.070	1.445

6)主要结果(一)分析。

(1)平均生存时间和半数生存期(Means and Medians for Survival Time)表:显示急性淋巴细胞性白血病病人的平均生存时间与半数生存期,见结果 17-9。

	生存时间(月)(Survival Time)	标准误(Standard Error)	95%置信区间(95% Confidence Interval)
平均(Mean)	18.80	3.63	(11.68, 25.92)
中位(Median)	9.23	1.56	(6.17, 12.29)

(2)百分位数(Percentiles)表:显示急性淋巴细胞性白血病病人的四分位生存时间,见结果 17-10。

	百分位数(Percentiles)		
	25	50	75
数值(Value)	21.00	9.23	7.07
标准误(Standard Error)	3.22	1.56	1.45

(3)生存表(Survival Table，略)与生存函数图(Survival Function)：12 个月的生存率为 $s(12)=0.3995$，即 39.59%，见图 17-13。

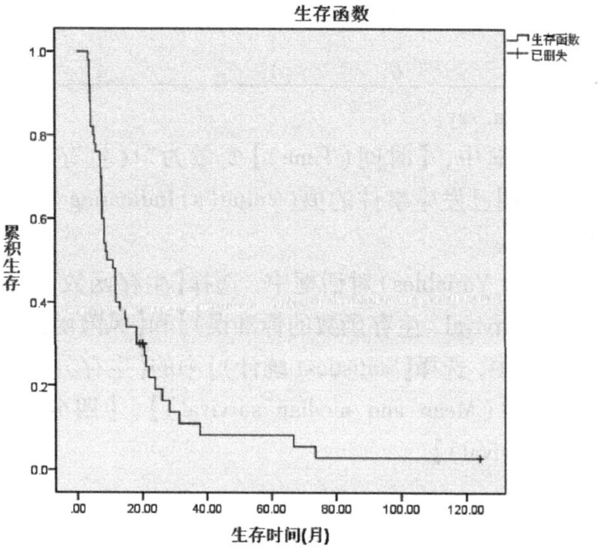

图 17-13　50 例急性淋巴细胞性白血病病人的生存函数图

7)进一步做巩固治疗(x3)两组生存率的比较。

Kaplan-Meier 主对话框中，【因子(Factor)】变量为 x3(巩固治疗)；【比较因子级别(Compare Factor Levels)】对话框中，选择【检验统计(Test Statistics)】中的【对数等级(Log rank)】、【Breslow】、【Tarone-Ware】。其余选择同前，得到结果(二)如下：

Kaplan-Meier(Kaplan-Meier 法)

结果 17-11　平均生存时间和半数生存期(Means and Medians for Survival Time)

巩固治疗(x3)	平均值(Mean)				中位数(Median)			
	估计值 (Estimate)	标准误 (Std. Error)	95% 置信区间 (95% Confidence Interval)		估计值 (Estimate)	标准误 (Std. Error)	95% 置信区间 (95% Confidence Interval)	
			下限 (Lower Bound)	上限 (Upper Bound)			下限 (Lower Bound)	上限 (Upper Bound)
0	7.707	.943	5.858	9.556	7.260	1.715	3.898	10.622
1	30.200	6.594	17.277	43.124	21.000	2.632	15.841	26.159
整体(Overall)	18.798	3.632	11.680	25.917	9.230	1.560	6.172	12.288

结果 17-12　百分位数(Percentiles)

巩固治疗(x3)	25.0%		50.0%		75.0%	
	估计值 (Estimate)	标准误 (Std. Error)	估计值 (Estimate)	标准误 (Std. Error)	估计值 (Estimate)	标准误 (Std. Error)
0	9.230	2.370	7.260	1.715	4.170	.112
1	31.330	6.684	21.000	2.632	11.830	2.721
整体(Overall)	21.000	3.223	9.230	1.560	7.070	1.445

结果 17-13　整体比较(Overall Comparisons)

	卡方(Chi-Square)	df	Sig.
Log Rank(Mantel-Cox)	27.771	1	.000
Breslow(Generalized Wilcoxon)	25.236	1	.000
Tarone-Ware	26.801	1	.000

8)结果(二)分析。

(1)平均生存时间和半数生存期(Means and Medians for Survival Time)表：显示有、无巩固治疗的急性淋巴细胞性白血病病人的平均生存时间与半数生存期：巩固治疗(x3)，见结果 17-11。

a. 无巩固治疗(x3 =0 时)

	生存时间(月)(Survival Time)	标准误(Standard Error)	95%置信区间(95% Confidence Interval)
平均值(Mean)	7.71	0.94	(5.86, 9.56)
中位数(Median)	7.26	1.72	(3.90, 10.62)

b. 有巩固治疗(x3 =1 时)

	生存时间(月)(Survival Time)	标准误(Standard Error)	95%置信区间(95% Confidence Interval)
平均值(Mean)	30.20	6.59	(17.28, 43.12)
中位数(Median)	21.00	2.63	(15.84, 26.16)

由此可见，有巩固治疗者的平均生存时间是无巩固治疗者的平均生存时间的 30.20/7.71 =3.9(倍)。半数生存期为 21.00/7.26 =2.9(倍)。

(2)百分位数(Percentiles)表：显示有、无巩固治疗的急性淋巴细胞性白血病病人的四分位生存时间，见结果 17-12。

巩固治疗	无巩固治疗(x3 =0)			无巩固治疗(x3 =1)		
百分位数(Percentiles)	25	50	75	25	50	75
数值(Value)	9.23	7.26	4.17	31.33	21.00	11.83
标准误(Standard Error)	2.37	1.72	0.11	6.68	2.63	2.72

(3)由生存函数(Survival Functions)图可见，无巩固治疗者(x3 =0)生存率下降明显快于有巩固治疗者(x3 =1)，见图 17-14。

(4)整体比较(Overall Comparisons)表：见结果 17-13。

检验方法	χ^2	P 值
Log Rank	27.77	P <0.01
Breslow	25.24	P <0.01
Tarone-Ware	26.80	P <0.01

三种检验方法的 P 值均小于 0.01，按 $\alpha=0.05$ 水准，认为有巩固治疗和无巩固治疗的急性淋巴细胞性白血病病人的生存率有差别。

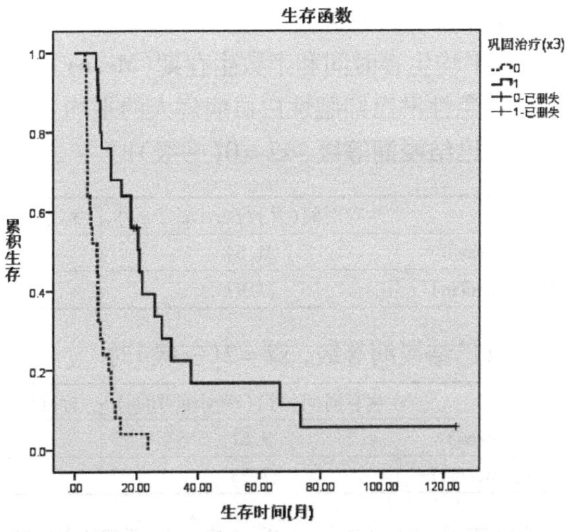

图 17-14　不同治疗方法治疗急性淋巴细胞性白血病病人的生存函数图

(5)12 个月的生存率比较：无巩固治疗者 $s_0(12)=0.1190$，有巩固治疗者 $s_1(12)=0.6780$。后者是前者的 $0.6780/0.1190=5.7$(倍)。

9)最后进行淋巴结浸润等级(x2)的生存率比较，打开 Kaplan-Meier 主对话框，【因子(Factor)】变量是“x2(浸润等级)”，其余选择同前，得到结果(三)如下：

Kaplan-Meier(Kaplan-Meier 法)

结果 17-14　平均生存时间和半数生存期(Means and Medians for Survival Time)

浸润等级(x2)	平均值(Mean)				中位数(Median)			
	估计值(Estimate)	标准误(Std. Error)	95%置信区间(95% Confidence Interval)		估计值(Estimate)	标准误(Std. Error)	95%置信区间(95% Confidence Interval)	
			下限(Lower Bound)	上限(Upper Bound)			下限(Lower Bound)	上限(Upper Bound)
0	21.641	4.534	12.754	30.527	11.970	2.265	7.531	16.409
2	9.606	1.751	6.174	13.038	7.530	.219	7.101	7.959
整体(Overall)	18.798	3.632	11.680	25.917	9.230	1.560	6.172	12.288

结果 17-15　百分位数(Percentiles)

浸润等级(x2)	25.0%		50.0%		75.0%	
	估计值(Estimate)	标准误(Std. Error)	估计值(Estimate)	标准误(Std. Error)	估计值(Estimate)	标准误(Std. Error)
0	23.770	4.243	11.970	2.265	7.530	1.293
2	11.830	2.734	7.530	.219	4.170	.171
整体(Overall)	21.000	3.223	9.230	1.560	7.070	1.445

结果 17-16　整体比较(Overall Comparisons)

	卡方(Chi-Square)	df	Sig.
Log Rank(Mantel-Cox)	4.233	1	.040
Breslow(Generalized Wilcoxon)	4.623	1	.032
Tarone-Ware	4.499	1	.034

10)结果(三)分析。

(1)平均生存时间和半数生存期(Means and Medians for Survival Time)表：显示不同淋巴结浸润等级急性淋巴细胞性白血病病人的平均生存时间与半数生存期，见结果 17-14。

a. 淋巴结浸润等级，x2 = 0(一级)时

	生存时间(月)(Survival Time)	标准误(Standard Error)	95%置信区间(95% Confidence Interval)
平均值(Mean)	21.64	4.53	(12.75, 30.53)
中位数(Median)	11.97	2.26	(7.53, 16.41)

b. 淋巴结浸润等级，x2 = 2(三级)时

	生存时间(月)(Survival Time)	标准误(Standard Error)	95%置信区间(95% Confidence Interval)
平均值(Mean)	9.61	1.75	(6.17, 13.04)
中位数(Median)	7.53	0.22	(7.10, 7.96)

(2)百分位数(Percentiles)表：显示不同淋巴结浸润等级急性淋巴细胞性白血病病人的四分位生存时间，见结果 17-15。

淋巴结浸润等级(x2)	一级(x2=0)			三级(x2=2)		
百分位数(Percentiles)	25	50	75	25	50	75
数值(Value)	23.77	11.97	7.53	11.83	7.53	4.17
标准误(Standard Error)	4.24	2.27	1.29	2.73	0.22	0.17

(3)生存函数图(Survival Functions)：淋巴结浸润等级是三级(虚线，x2=2)的曲线下降明显快于一级(实线，x2=0)，一级病人12个月的生存率$s_0(12)=0.4850$，即48.5%；三级病人的生存率$s_2(12)=0.1985$，即19.85%，见图17-15。

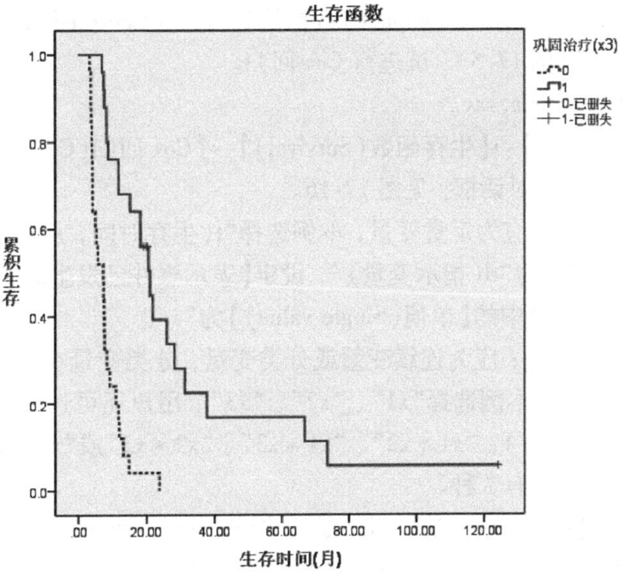

图17-15 不同淋巴结浸润等级急性淋巴细胞性白血病病人的生存函数图

(4)整体比较(Overall Comparisons)表：三种检验方法的P值均小于0.05，按$\alpha=0.05$水准，认为淋巴结浸润一级(0)与三级(2)的胃癌病人的生存率有差别，见结果17-16。

17.3 Cox回归

Cox回归是生存分析中的一个重要模型，可处理生存时间分布无一定规律(多是右偏倚的)，且具有完全(complete)或删失(censored)独特状态(status)和诸多危险因素(covariates，协变量)之间的定量关系，Cox回归能充分利用这些信息进行多因素分析，其适应性较强，是生存分析中常用的半参数(semi-parametric)方法。Cox回归又称比例风险模型(proportional hazards model)。SPSS的Cox回归能建立比例风险模型为

$$h(t, x) = h_0(t)e^{\beta_1x_1+\beta_2x_2+\cdots+\beta_mx_m}$$

或

$$\ln[h(t, x)/h_0(t)] = \beta_1x_1+\beta_2x_2+\cdots+\beta_mx_m$$

其中，x_1，x_2，…，x_m是危险因素(Covariates，协变量)，可以是定量、定性或等级资料；$h_0(t)$是基线危险函数。

生成的统计量与图形包括各模型的-2对数似然(-2LL)值、似然比统计量(likelihood-ratio statistic)、回归方程的卡方(Chi-Square)，引入模型变量的参数估计值(parameter estimate)、

标准误、Wald 统计量，相对危险度 Exp(B)的 95% 或 99% 置信区间，不引入模型变量的得分统计量(score statistic)及残差卡方(residual chi-square)。还可生成生存函数(SUR_1)、生存函数的标准误(Standard Error of Survival Function，SE_1)、LML 函数(Log(-log(Survival Function))、累积危险函数(HAZ_1)等 7 种新变量值。

【例 17-6】 50 例急性淋巴细胞性白血病病人，在入院治疗时取得了外周血中的细胞数 x1(千个/mm^3)、淋巴结浸润等级 x2(分为 0、1、2、3 四级)，出院后巩固治疗 x3(有巩固治疗为 1，无巩固治疗为 0)，并随访取得病人的生存时间 t(月)，变量 y(生存时间 1 年以内为 0，1 年以上为 1)，状态变量是 d(完全(Complete)数据是 1，删失(Censored)数据是 0)，并已建立数据文件 leukemia. sav(参见例 17-5)，试进行 Cox 回归。

1)打开数据文件 leukemia. sav。

2)选择【分析(Analyze)】→【生存函数(Survival)】→【Cox 回归(Cox Regression)...】，打开 Cox 回归(Cox Regression)主对话框，见图 17-16。

☆【时间(Time)】变量：应为定量变量，本例选择“t(生存时间，月)”。

☆【状态(Status)】变量为“d(指示变量)”，设定【表示事件已发生的值(Value(s) Indicating Event Has Occurred)】中的【单值(Single value)】为“1”。

☆【协变量(Covariates)】：应为连续变量或分类变量，分类变量在分析时应将其变换成哑变量或指示符编码。本例选择“x1”、“x2”、“x3”，用户还可选择“x1”、“x2”、“x3”的交互效应项(>a * b >)：“x1 * x2”、“x1 * x3”、“x2 * x3”或“x1 * x2 * x3”。

☆【方法(Method)】：共有 7 种。

○【输入(Enter)】：强迫引入法。以下是逐步(Stepwise)回归方法。

○【向前：有条件的(Forward：Conditional)】：前向逐步法(条件似然比)。

○【向前：LR(Forward ：LR)】：前向逐步法(似然比)。

○【向前：Wald(Forward：Wald)】：前向逐步法(Wald)。

○【向后：有条件的(Backward：Conditional)】：后向逐步法(条件似然比)。

○【向后：LR(Backward：LR)】：后向逐步法(似然比)。

○【向后：Wald(Backward：Wald)】：后向逐步法(Wald)。

☆【层(Strata)】变量：应为分类变量(整数编码或短字符串编码)。本例未选择。

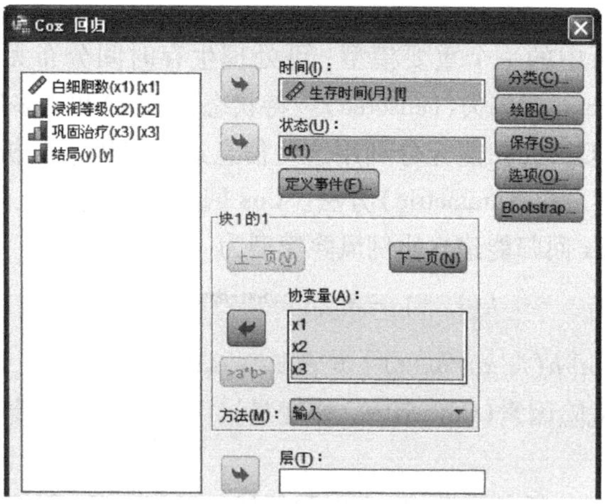

图 17-16　Cox 回归(Cox Regression)主对话框

3)单击【分类(Categorical)...】按钮，打开定义分类协变量(Define Categorical Covariates)对话框，可设定在 Cox 回归过程中分类协变量的处理方法(参见第 10.3 节)。

4)单击【继续】→【绘图(Plots)】按钮，打开图(Plots)对话框，见图 17-17。

☆【图类型(Plot Type)】。

○【生存函数(Survival)】：在线性刻度上绘制累积生存函数曲线。

○【风险函数(Hazard)】：在线性刻度上绘制累积危险函数曲线。

○【负对数累积生存函数的对数(Log minus log)】：进行 ln(- ln)变换之后绘制累积生存函数曲线。

○【1 减去生存函数(One minus survival, 1-生存函数)】：在线性刻度上绘制 1 减生存函数曲线。

☆【协变量值的位置(Covariate Values Plotted at)】：由于这些函数依赖于协变量值，因此必须使用协变量常数值来绘制函数与时间的关系图，默认使用每个协变量的平均值作为常数值，用户也可以自定义常数值。本例取“x1”、“x2”、“x3”的平均值。

☆【更改值(Change Value)】：可选择【平均值(Mean)】或设定相应的【值(Value)】。

☆【单线(Separate Lines for)】：用户可对分类变量的每个值绘制一条独立的线。

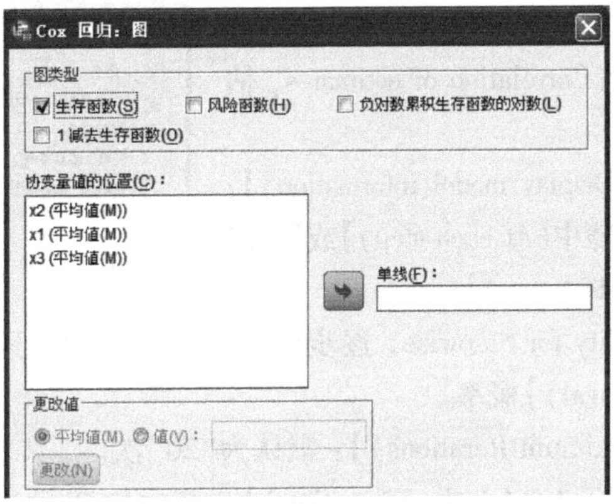

图 17-17　图(Plots)对话框

5)单击【继续】→【保存(Save)...】按钮，打开保存新变量(Save)对话框，见图 17-18。

☆【生存函数(Save Model Variables, 保存模型变量)】。

○【函数(Survival function, 生存函数)】：指定时间的累积生存函数(cumulative survival function)值。该值等于该时间段的生存概率(probability of survival)。

○【标准误差(Standard error of survival function, 生存函数的标准误)】：生存函数的标准误。

○【负对数累积生存函数的对数(Log minus log survival function)】：进行 ln(-ln)变换之后的累积生存估计值(cumulative survival estimate)。

○【风险函数(Hazard function)】：累积危险函数估计值(cumulative hazard function estimate)，又称 Cox-Snell 残差。

○【偏残差(Partial residuals)】：可以根据生存时间来绘制偏残差图，用于检验比例风险假设(proportional hazards assumption)。将为至少包含一个协变量的最终模型(final model)中的每个协变量保存一个偏残差(Partial residuals)变量。

○【DfBeta(s)】：剔除某个案后系数的改变量，将为至少包含一个协变量的最终模型中的每个协变量保存一个 DfBeta(s)变量。

○【X * Beta】：即线性预测值得分(linear predictor score)，为以每个个案的平均值为中心的协变量值及其对应的参数估计值的乘积和。

注：在时间依赖协变量的 Cox 回归中，只能保存【DfBeta】和线性预测值【X * Beta】。

☆【将模型信息导出到 XML 文件(Export Model Information to XML file)】。

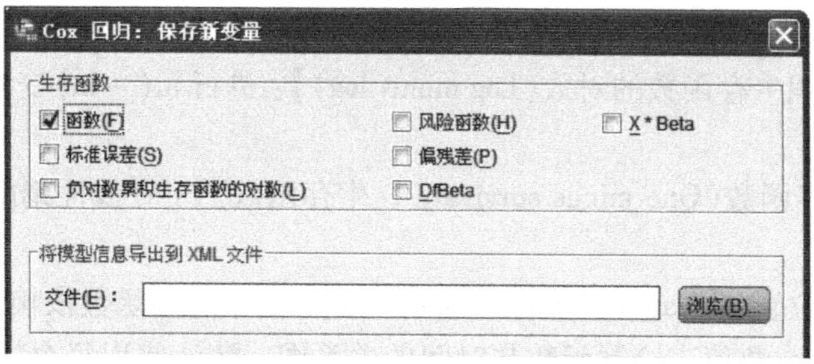

图 17-18　保存新变量(Save)对话框

6)单击【继续】→【选项(Options)...】按钮，打开选项(Options)对话框，见图 17-19。

☆【模型统计(Model Statistics)】：可选择【CI 用于 exp】(CI for exp(B)，相对危险度的置信区间)及【估计值的相关性(Correlation of estimates，估计值的相关)】。

○【显示模型信息(Display model information)】：可选择在【每个步骤中(At each step)】或【在最后一个步骤中(At last step)】。

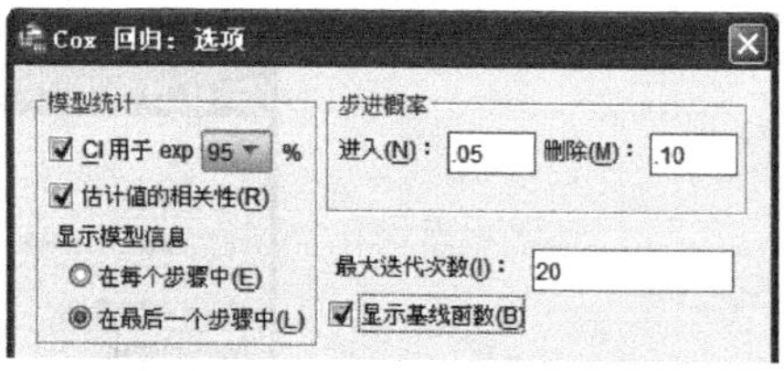

图 17-19　选项(Options)对话框

☆【步进概率(Probability for Stepwise，逐步概率)】：只能用于逐步法，可设定【进入(Entry)】及【删除(Removal)】概率。

☆【最大迭代次数(Maximum Iterations)】：默认为“20”次。

☆【显示基线函数(Display baseline function)】：显示协变量平均值下的基线危险函数(baseline hazard function)和累积生存率，不能用于指定了时间依赖协变量的情况。

7)单击【继续】→【确定】按钮，得到以下结果以及图 17-20。

Cox 回归(Cox Regression)

结果 17-17　模型系数综合检验(Omnibus Tests of Model Coefficients)

-2 对数似然 (-2 Log Likelihood)	总体(得分)(Overall(score))			从上一步开始更改 (Change From Previous Step)			从上一块开始更改 (Change From Previous Block)		
	卡方 (Chi-square)	df	显著性 (Sig.)	卡方 (Chi-square)	df	显著性 (Sig.)	卡方 (Chi-square)	df	显著性 (Sig.)
245.259	33.621	3	.000	31.393	3	.000	31.393	3	.000

结果 17-18　方程中的变量(Variables in the Equation)

	B	SE	Wald	df	Sig.	相对危险度 (Exp(B))	相对危险度的 95.0% 置信区间(95.0% CI for Exp(B))	
							下部(Lower)	上部(Upper)
x1	.001	.002	.360	1	.548	1.001	.997	1.005
x2	.454	.206	4.846	1	.028	1.574	1.051	2.358
x3	-1.886	.377	25.050	1	.000	.152	.072	.317

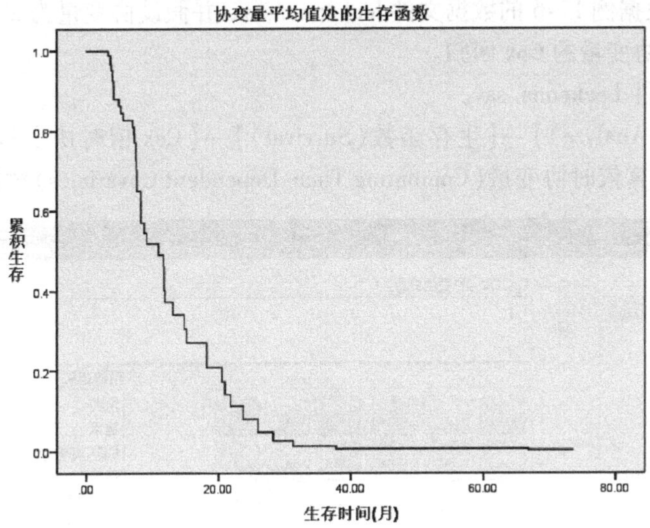

图 17-20 50 例急性淋巴细胞性白血病病人在协变量均值处的生存函数图

(1)全部引入协变量 x1、x2、x3，得到 Cox 回归方程

$$h(t, x) = h_0(t)e^{0.0012x1 + 0.454x2 - 1.886x3} \quad (P < 0.01) \tag{17-1}$$

(2)引入协变量 x2、x3，得到 Cox 回归方程

$$h(t, x) = h_0(t)e^{0.500x2 - 1.887x3} \quad (P < 0.01) \tag{17-2}$$

8)结果分析。

(1)Cox 回归主要结果如下：

模型中的因素	参数估计值			-2(对数似然值)
	β1	β2	β3	
1. x1, x2, x3	0.0012	0.454 *	-1.886 **	245.259 **
2. x2, x3		0.500 **	-1.887 **	245.591 **

* —P<0.05， ** —P<0.01

(2)当全部引入协变量 x1、x2、x3 时，由方程(17-1)及 Cox 回归系数 B 的符号来看，淋巴结浸润等级 x2 的回归系数 B2 = 0.454，B2 > 0，x2 是危险因素，即 x2 每增加一个等级，其相对危险度(Exp(B))为 1.57(倍)；而出院后有无巩固治疗 x3 的回归系数 B3 = -1.886，B3 < 0，x3 是保护因素，降低了危险性，其相对危险度(Exp(B))为 0.15，即降低了 1 - 0.15 = 0.85。

(3)而当引入协变量 x2、x3 时，由方程(17-2)Cox 回归系数 B 的符号来看，淋巴结浸润等级 x2 的回归系数 B2 = 0.500，B2 > 0，x2 是危险因素，即 x2 每增加一个等级，其相对危险度(Exp(B))为 1.65(倍)；而出院后有无巩固治疗 x3 的回归系数 B3 = -1.887，B3 < 0，x3 是保护因素，降低了危险性，其相对危险度(Exp(B))为 0.15，即降低了 1 - 0.15 = 0.85。

17.4 含时间依赖协变量的 Cox 回归

含时间依赖协变量的 Cox 回归(Cox w/Time-Dep Cov)，又称 Cox 时效协变量回归。在生存分析的研究中，有时生存时间依赖于某些协变量，而该变量的两组累积生存函数又不成比例，可进行含时间依赖协变量的 Cox 回归。

【例 17-7】 根据例 17-6 的数据文件 leukemia. sav，并假设协变量为 x3(有无巩固治疗)，试进行含时间依赖协变量的 Cox 回归。

1)打开数据文件 Leukemia. sav。

2)单击【分析(Analyze)】→【生存函数(Survival)】→【Cox 依时协变量(Cox w/Time Dep Cov)...】，打开计算依时协变量(Computing Time-Dependent Covariates)对话框，见图 17-21。

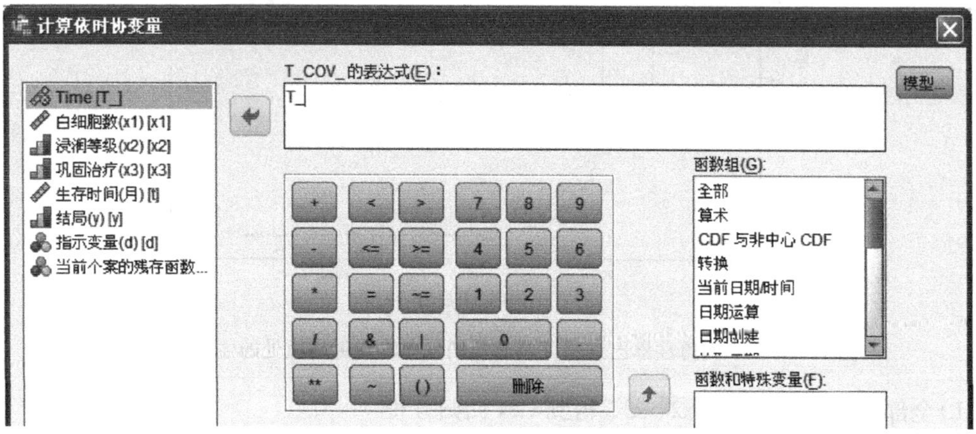

图 17-21　计算依时协变量(Computing Time-Dependent Covariates)对话框

☆【T_COV_的表达式(Expression for T_COV_)】为“T_”。

☆【函数组(Functions group)】列表：可选择任意函数作为表达式中的元素，本例未选择。

☆【函数和特殊变量(Functions and Special Variables)】。

3)单击【模型(Model)...】按钮，打开 Cox 回归(Cox Regression)主对话框，见图 17-22。

☆【时间(Time)】变量为“t”，生存时间变量值可以是完全数据(uncensored)或删失数据(censored)。

☆【状态(Status)】变量为“d”，设定【表示事件已发生的值(Value(s) Indicating Event Has Occurred)】中的【单值(Single value)】为“1”。

☆【协变量(Covariates)】列表：为“x3”和“T_COV_ * X3(交互项)”。

☆【方法(Method)】：建立回归模型的方法也有 7 种(参见第 17.3 节)，本例选择【输入(Enter，强迫引入法)】。

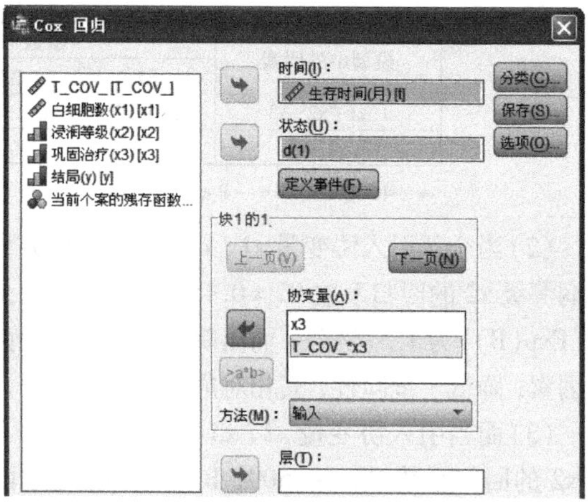

图 17-22　Cox 回归(Cox Regression)主对话框

4)选项(Options)对话框中，选择【模型统计(Model Statistics)】中的【CI 用于 exp(CI for exp(B)，相对危险度的置信区间)】为“95%”、【估计值的相关性(Correlation of estimates，估计值的相关)】，【显示模型信息(Display model information)】中的【在最后一个步骤中(At last step)】，其他为默认选项。

5)单击【继续】→【确定】按钮，得到以下主要结果：

Cox 回归(Cox Regression)

块 1:方法 = 输入(Block 1: Method = Enter)

结果 17-19 模型系数综合检验(Omnibus Tests of Model Coefficients)

-2 对数似然(-2 Log Likelihood)	整体(得分)(Overall(score))			从上一步开始更改(Change From Previous Step)			从上一块开始更改(Change From Previous Block)		
	卡方(Chi-square)	df	显著性(Sig.)	卡方(Chi-square)	df	显著性(Sig.)	卡方(Chi-square)	df	显著性(Sig.)
251.216	27.464	2	.000	25.436	2	.000	25.436	2	.000

结果 17-20 方程中的变量(Variables in the Equation)

	B	SE	Wald	df	Sig.	相对危险度(Exp(B))	相对危险度的 95.0% 置信区间(95.0% CI for Exp(B))	
							下部(Lower)	上部(Upper)
x3	-2.419	.842	8.255	1	.004	.089	.017	.464
T_COV_ * x3	.067	.072	.854	1	.355	1.069	.928	1.231

6)主要结果分析。

(1)模型系数综合检验(Omnibus Tests of Model Coefficients)表:得分(score)检验 $\chi^2 = 27.464$, $P = 0.000 < 0.01$,似然比检验,$\chi^2 = 25.436$,$P = 0.000 < 0.01$,按 $\alpha = 0.05$ 水准,两种检验方法均显示模型整体检验有统计学意义,见结果 17-19。

(2)方程中的变量(Variables in the Equation)表:从协变量 x3(有无巩固治疗)看,其对应的回归系数 $B = -2.419$,标准误 $SE = 0.842$;Wald 统计量为 8.225,$P = 0.004 < 0.01$,按 $\alpha = 0.05$ 水准,认为该协变量对生存时间有影响。其回归方程如下(见结果 17-20):

$$h(t,x) = h_0(t)e^{-2.419x3 + 0.067x3}$$

即 $B_{x3} = -2.419$,$B_{x3} < 0$,提示协变量 x3(有无巩固治疗)是一个保护因素,降低了危险性,其相对危险度(Exp(B))为 0.089,即降低了 $1 - 0.089 = 0.911$。也可以说,有巩固治疗估计能延长病人的生存时间,这个结论与第 17.3 节的结论基本一致。

练习题

(请访问 www.hxedu.com.cn 下载。)

第 18 章　多响应分析

多响应分析(Multiple Response)又称多重应答分析或多选题回答分析。在社会学中，进行市场调查与预测或现场流行病学的问卷调查时，常设计多选题调查表，如某单位对婴幼儿的体格发育调查表中，希望了解婴幼儿的“辅食添加”情况，设计如下问答项目(摘录部分)：

地区	性别

(地区：1—北京，2—广州；性别：1—男，2—女)

蛋	肉类	豆类	面食	其他	蔬菜	水果

(1—添加，0—未添加)

受访者可填写“1”或“0”，分别表示已添加或未添加某种辅食。这是一个以“1”或“0”为代码形式的多重二分法的记录格式。当然，还会有多分类(multiple category)的记录格式。

多响应分析能对上述记录的代码格式录入数据集，即定义多响应集(Define Sets)，在此基础上，进行多响应频率分析(Multiple Response Frequencies)与多响应交叉表(Multiple Response Crosstabs)分析，为决策者提供参考。

18.1　定义多响应集

定义多响应集(Define Multiple Response Sets)可将多个基础变量定义成多响应集(多二分集或多分类集)，以用于多响应频率分析或交叉表分析，用户最多可定义 20 个多响应集。

【例 18-1】　已知一个“辅食添加”的多重二分法记录(45 个个案)数据文件 mulres1. sav，其中，area(地区)：1—北京，2—广州；sex(性别)：1—男，2—女；辅食添加：x1(蛋)、x2(肉类)、x3(豆类)、x4(面食)、x5(水果)与 x6(其他)，试建立多响应集。

1)打开数据文件 mulres1. sav。

2)选择【分析(Analyze)】→【多重响应(Multiple Response)】→【定义变量集(Define Variable Set)...】，打开定义多响应集(Define Multiple Response Sets)对话框，见图 18-1。

☆【设置定义(Set Definition)】变量列表：显示备选的数据集定义变量。

☆【集合中的变量(Variables in Set)】列表：本例为“x1”~“x6”。

☆【将变量编码为(Variables Are Code As)】。

○【二分法(Dichotomies)】：可使用二分数据，可设定【计数值(Counted value)】，本例为“1”。计数值出现 1 次或以上的变量将成为多二分集(multiple dichotomy set)的分类。多二分集通常包含多个二分变量，即仅有两个可能值(是/否、存在/不存在、选中/未选中性质)的变量。尽管变量可能不是严格二分的，但数据集的所有变量都以相同方式进行编码，计数值(Counted value)表示肯定/存在/选中条件。

○【类别(Categories, 分类)】: 可设定【范围(Range)】的最小值与最大值。选择此项可生成多分类集(multiple category set), 多分类集由多个以相同方式进行编码的变量组成。

☆【名称(Name)】: 多响应集名称必须是唯一的, 不能超过 7 个字符, 并会自动加上前导字符 $, 不能使用 casenum、sysmis、jdate、date、time、length、width 等字符作为多响应集名称。多响应集的名称只能用于多响应过程, 其他程序不能访问多响应集名称。本例为" $ food"。

☆【标签(Label)】: 设定多响应集标签, 标签的长度不能超过 40 个字符, 本例为"辅食添加"。

注: 完成上述设定后, 可单击【添加】按钮, 将多响应集添加到【多响应集(Mult Response Sets)】列表中。

☆【多响应集(Mult Response Sets)】列表: 显示已定义的多响应集, 总共可定义 20 个多响应集。

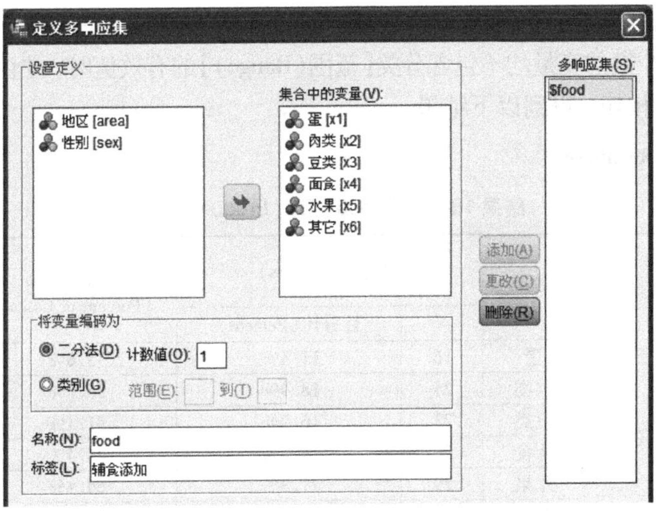

图 18-1　定义多响应集(Define Multiple Response Sets)对话框

3)单击【关闭】按钮, 完成多响应集的定义。

18.2　多响应频率分析

多响应频率分析(Multiple Response Frequencies)可生成多响应集的频率表, 包括计数(count)、响应百分比(percentage of responses)、个案百分比(percentage of cases)、有效值例数(number of valid cases)及缺失值例数(number of missing cases)。

【例 18-2】 对例 18-1 中已建立的"辅食添加"多二分集的数据文件 mulres1. sav 的数据进行多响应频率分析。

1)选择【分析(Analyze)】→【多重响应(Multiple Response)】→【频率(Frequencies)...】, 打开多响应频率(Multiple Response Frequencies)主对话框, 见图 18-2。

☆【多响应集(Multiple Response Sets)】列表: 显示备选的多响应集。

☆【表格(Tables(s) for)】列表：可选择 1 个或以上的多响应集，本例为“$food(辅食添加)”。

☆【缺失值(Missing Values)】：可在不同频率分析中分别处理缺失值。

○【在二分集内按照列表顺序排除个案(Exclude cases listwise within dichotomies)】：剔除多二分集中任何变量含有缺失值的个案。如果某个个案的多二分集的成分变量均不包含计数值(Counted value)，则认为该个案为缺失值；反之，如果个案中某些变量含有值缺失，但只要有一个或以上的变量包含计数值(Counted value)，此个案仍能够参加统计。

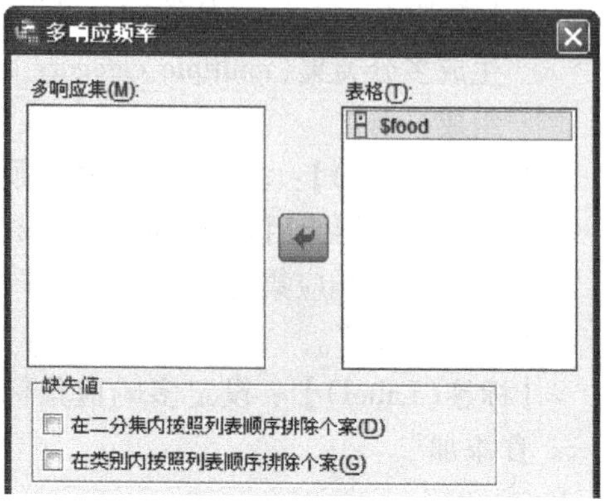

图 18-2　多响应频率(Multiple Response Frequencies)主对话框

○【在类别内按照列表顺序排除个案(Exclude cases listwise within categories，在分类内按列表顺序排除个案)】：剔除多分类集任何变量含有缺失值的个案。对于多分类集，只有当某个个案的变量均不包含分类【范围(Range)】的有效值时，才认为该个案缺失。

2)单击【确定】按钮，得到以下结果：

多响应(Multiple Response)

结果 18-1　$food 频率(Frequencies)

		响应(Responses)		个案百分比(Percent of Cases)
		N	百分比(Percent)	
辅食添加	蛋	16	11.8%	35.6%
	肉类	25	18.4%	55.6%
	豆类	23	16.9%	51.1%
	面食	20	14.7%	44.4%
	水果	29	21.3%	64.4%
	其他	23	16.9%	51.1%
总计(Total)		136	100.0%	302.2%

3)结果分析。

在 45 个有效观测个案中，各种“辅食添加($food)”共添加了 136 次，其中水果被添加了 29 次、肉类 25 次，说明水果和肉类添加的频率最高，见结果 18-1。

18.3　多响应交叉表分析

多响应交叉表(Multiple Response Crosstabs)分析可生成多响应集、基础变量或组合变量的交叉表。

【例 18-3】　根据例 18-1 中已建立的“辅食添加”多二分集的数据文件 mulres1.sav 的数据进行多响应交叉表分析。

1)选择【分析(Analyze)】→【多重响应(Multiple Response)】→【交叉表格(Crosstabs)...】，打开多响应交叉表格(Multiple Response Crosstabs)主对话框，见图 18-3。

☆【多响应集(Multiple Response Sets)】列表：显示备选的多响应集。

☆【行(Row(s))】变量列表：本例为“area(地区)”。选择行变量后，单击【定义范围(Define Ranges)...】按钮，打开定义变量范围(Define Variable Ranges)对话框，设定【最小(Minimum)】为“1”，【最大(Maximum)】为“2”，单击【继续】按钮返回主对话框。

☆【列(Column(s))】变量列表：本例为“ $ food(辅食添加)”。

☆【层(Layer(s))】变量列表：本例未选择。

2)单击【选项(Options)...】按钮，打开选项(Options)对话框，见图 18-4。

☆【单元格百分比(Cell Percentages)】：可选择【行(Row)】百分比、【列(Column)】百分比及交叉表的【总计(Total)】百分比。

☆【跨响应集匹配变量(Match variables across response sets)】：将第 1 组的第 1 个变量与第 2 组的第 1 个变量配对，以此类推。将根据响应计算单元格百分，而不是根据个案计算。此选项不能用于多二分集或基本变量。

☆【百分比基于(Percentages Based on)】：可选择【个案(Cases)】或【响应(Response)】。

☆【缺失值(Missing Values)】：可选择【在二分集内按照列表顺序排除个案(Exclude cases listwise within dichotomies)】及【在类别内按照列表顺序排除个案(Exclude cases listwise within categories)】。

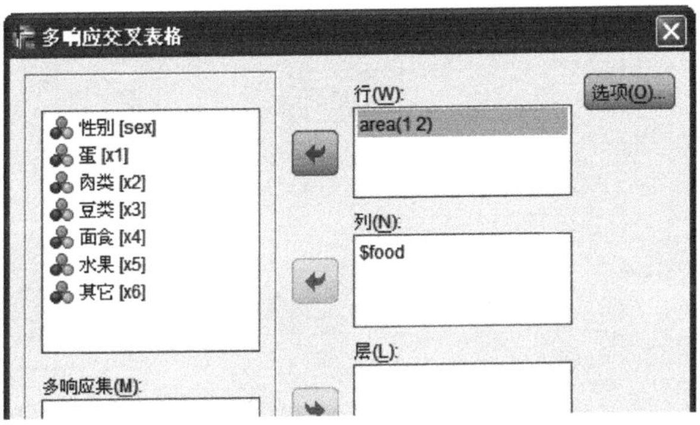

图 18-3　多响应交叉表格(Multiple Response Crosstabs)主对话框

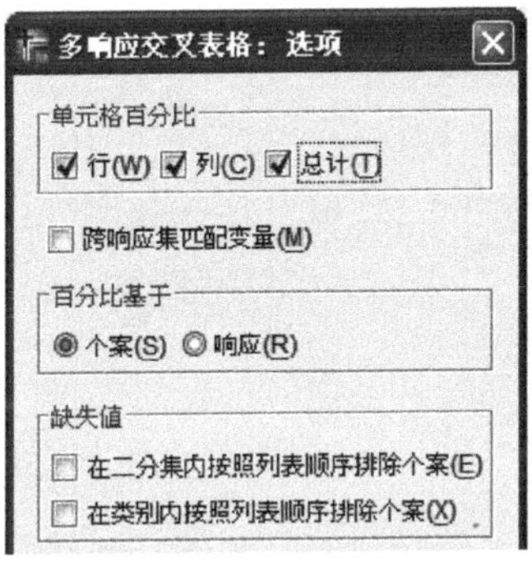

图 18-4　选项(Options)对话框

3)单击【继续】→【确定】按钮，得到以下结果：

多响应(Multiple Response)

结果 18-2　area * $ food 交叉表(Crosstabulation)

			辅食添加						总计(Total)
			蛋	肉类	豆类	面食	水果	其他	
地区	1-北京	计数(Count)	10	7	13	9	7	10	17
		area 内的(% within area)	58.8%	41.2%	76.5%	52.9%	41.2%	58.8%	
		$ food 内的%(% within $ food)	62.5%	28.0%	56.5%	45.0%	24.1%	43.5%	
		占总数的百分比(% of Total)	22.2%	15.6%	28.9%	20.0%	15.6%	22.2%	37.8%
	2-广州	计数(Count)	6	18	10	11	22	13	28
		area 内的(% within area)	21.4%	64.3%	35.7%	39.3%	78.6%	46.4%	
		$ food 内的%(% within $ food)	37.5%	72.0%	43.5%	55.0%	75.9%	56.5%	
		占总数的百分比(% of Total)	13.3%	40.0%	22.2%	24.4%	48.9%	28.9%	62.2%
总计(Total)		计数(Count)	16	25	23	20	29	23	45
		占总数的百分比(% of Total)	35.6%	55.6%	51.1%	44.4%	64.4%	51.1%	100.0%

4)结果分析。

(1)本例受访人数：北京市(17 人) + 广州市(28 人) = 45 人。

(2)北京市婴幼儿"辅食添加"蛋、肉类、豆类、面食、水果或其他食品，计数(Count)依次为 10 人、7 人、13 人、9 人、7 人、10 人。

(3)北京市婴幼儿"辅食添加"相应的行百分数(Row pct)依次是 58.8%、41.2%、76.5%等。

(4)北京市婴幼儿"辅食添加"相应的列百分数(Col pct)依次是 62.5%、28.0%、56.5%等。

(5)北京市婴幼儿"辅食添加"相应的总百分数(Tab pct)依次是 22.2%、15.6%、28.9%、20.0%、15.6%、22.2%等。

由此可见，北京市婴幼儿蛋类辅食添加的行百分数为 58.8%，大于广州市婴幼儿蛋类辅食添加的行百分数 21.4%，可见北京市婴幼儿蛋类辅食的添加率比广州市高。类似地，还可做进一步的分析。

练习题

(请访问 www.hxedu.com.cn 下载。)

第 19 章　程序模块

SPSS 保留了 DOS 版本的语法编辑功能，用户可在语法编辑器窗口中编写或运行既往编写的程序，SPSS 的系统路径（默认为 C：\Program Files\IBM\SPSS\Statistics\22\Samples\Simplified Chinese\，不同版本的软件，其系统路径有所不同）中提供了两个分析程序，用户只需稍做设置，就可利用这些程序进行统计分析，这两个程序分别为典型相关分析（Canonical correlation. sps）和岭回归（Ridge regression. sps）。最新版的 SPSS 23.0 的相关（Correlate）菜单中增加了典型相关性（Canonical Correlation）的功能。

注： 最新版的 SPSS 23.0 的相关（Correlate）子菜单中增加了典型相关性（Canonical Correlation）的功能。

19.1　典型相关分析

典型相关分析（Canonical Correlation Analysis）又称正则相关分析或典则分析，是研究两组指标（变量）间的一种多变量统计分析方法，其目的是寻找一组指标的线性组合与另一组指标的线性组合，使两者之间的相关达到最大（即两组典型变量的相关达最大值）。这两组指标多半是相同研究对象有关系的两组不同指标。这两组典型变量彼此之间的最大相关就是第 1 个典型相关，而线性组合的系数称为典型相关系数。接着典型相关分析将继续寻找第 2 组典型变量（与第 1 组无关联），以生成第 2 高的相关。典型相关分析会如此重复迭代寻找典型变量，直到配对的典型变量数等于两组原始变量中个较少的那个数时才停止。

由于典型相关分析是对两组指标的每组指标作为整体考虑，比一般相关分析仅考虑一个指标与一个指标间的关系或一个指标与多个指标间的关系迈进了一大步，更能反映现象的本质联系。因此，典型相关分析能广泛地应用于变量群之间的相关分析研究。

【例 19-1】 已知 294 个被调查者的 cesd、health 与 sex、age、education、income 两组指标已建立 cesd. sav 数据文件，试对这两组指标进行典型相关分析。

1）打开数据文件 cesd. sav。

2）进入语法编辑器窗口，输入如下程序（详见文件 Canonical. sps）：

```
include 'C:\Program Files\IBM\SPSS\Statistics\22\Samples\Simplified Chinese\
Canonical correlation.sps'.
cancorr set1 =cesd health/
set2 =sex age educ income/.
```

3）单击【运行（Run）】→【全部（All）】按钮，得到如下结果：

矩阵（Matrix）

Run MATRIX procedure：

Correlations for Set-1

cesd　　health

cesd	1.0000	.2120
health	.2120	1.0000

Correlations for Set-2

	sex	age	educ	income
sex	1.0000	.0435	-.1060	-.1803
age	.0435	1.0000	-.2084	-.1917
educ	-.1060	-.2084	1.0000	.4290
income	-.1803	-.1917	.4290	1.0000

Correlations Between Set-1 and Set-2

	sex	age	educ	income
cesd	.1236	-.1641	-.1014	-.1580
health	.0982	.3042	-.2699	-.1834

Canonical Correlations

1	.405
2	.266

Test that remaining correlations are zero:

	Wilk's	Chi-SQ	DF	Sig.
1	.777	73.037	8.000	.000
2	.929	21.165	3.000	.000

Standardized Canonical Coefficients for Set-1

	1	2
cesd	-.490	-.899
health	.982	-.288

Raw Canonical Coefficients for Set-1

	1	2
cesd	-.055	-.102
health	1.172	-.344

Standardized Canonical Coefficients for Set-2

	1	2
sex	.025	-.396
age	.871	.443
educ	-.383	.448
income	.082	.555

Raw Canonical Coefficients for Set-2

	1	2
sex	.051	-.816
age	.048	.024
educ	-.292	.342
income	.005	.036

Canonical Loadings for Set-1

	1	2

cesd	-.281	-.960
health	.878	-.478

Cross Loadings for Set-1

	1	2
cesd	-.114	-.255
health	.356	-.127

Canonical Loadings for Set-2

	1	2
sex	.089	-.525
age	.936	.225
educ	-.532	.636
income	-.254	.734

Cross Loadings for Set-2

	1	2
sex	.036	-.139
age	.379	.060
educ	-.215	.169
income	-.103	.195

Redundancy Analysis:

Proportion of Variance of Set-1 Explained by Its OwnCan. Var.

	Prop Var
CV1-1	.425
CV1-2	.575

Proportion of Variance of Set-1 Explained by Opposite Can. Var.

	Prop Var
CV2-1	.070
CV2-2	.041

Proportion of Variance of Set-2 Explained by Its OwnCan. Var.

	Prop Var
CV2-1	.308
CV2-2	.317

Proportion of Variance of Set-2 Explained by OppositeCan. Var.

	Prop Var
CV1-1	.050
CV1-2	.022

------END MATRIX -----

4)主要结果分析。

典型相关系数	标准化典型系数
(Canonical Correlation)	(Standardized Canonical Coefficients)
$r_1 = 0.405$	$v_1 = -0.490(\text{cesd}) + 0.982(\text{health})$

$\chi^2 = 73.037$, $P < 0.01$　　$w_1 = 0.025(sex) + 0.871(age) - 0.383(educ) + 0.082(income)$

$r_2 = 0.266$　　$v_2 = -0.899(cesd) - 0.288(health)$

$\chi^2 = 21.165$, $P < 0.01$　　$w_2 = -0.396(sex) + 0.443(age) + 0.448(educ) + 0.555(income)$

第 1 对典型变量(v_1与 w_1)的典型相关系数有统计学意义，$r_1 = 0.405$($P < 0.01$)，反映了目标变量 cesd(抑郁症)和 health(健康情况)的各种线性组合与解释变量的各种线性组合之间所有可能的相关系数中最大的一个。

从第 1 对典型变量的表达式看出，年龄(age)大、教育程度(educ)低的人相对地无抑郁症(cesd)倾向。显然，他们的健康情况(health)较差。

在与 v_1、w_1不相关的前提下，得到第 2 对典型变量 v_2与 w_2，表明年龄(age)小、教育程度(educ)低、收入(income)低的女性相对地有抑郁症(cesd)的倾向。

19.2　岭　回　归

研究多个自变量与因变量呈某种共线性关系，有时多个自变量之间存在高度相关，即这些自变量之间有近似线性关系(即多重共线性)，建立多重回归方程进行分析时，所得样本回归系数(或标准化回归系数)的标准误就较大，即样本回归系数值很不稳定，由此拟合回归方程的样本资料如有微小变化，将引发各回归系数值的较大改变，有时某些回归系数会改变符号。岭回归(Ridge regression)方法建立的多重回归方程是一种估计总体回归系数的新方法，减少了样本回归系数的标准误，并能克服一般多重回归方程的缺点。

【例 19-2】　已知 29 例儿童的血红蛋白(hemogl, g)、钙(Ca, μg)、镁(Mg, μg)、铁(Fe, μg)、锰(Mn, μg)与铜(Cu, μg)的含量，并已建立数据文件 hemoglo. sav。使用岭回归方法建立 Ca、Mg、Fe、Mn、Cu 对 hemogl 的多重线性回归方程。

1)打开数据文件 hemoglo. sav。

2)进入语法编辑器窗口，输入如下程序(详见文件 Ridge. sps)：

```
INCLUDE 'C:\Program Files\IBM\SPSS\Statistics\22\Samples\Simplified Chinese\
Ridge regression.sps'.
RIDGEREG DEP = hemogl/ENTER = ca mg fe mn cu
/START = 0/STOP = 1/INC = 0.05/K = 1.
```

注： K 为一个正的常数，用户可尝试设定不同的 K 值。

单击【运行(Run)】→【全部(All)】，得到如下结果：

矩阵(MATRIX)

****** Ridge Regression with k = 1 ******

Mult R	.794912648
RSquare	.631886118
Adj RSqu	.551861361
SE	1.459345942

ANOVA table

	df	SS	MS
Regress	5.000	84.082	16.816
Residual	23.000	48.983	2.130

```
 F value      Sig F
7.896132929.000187984

--------------Variables in the Equation----------------
                    B          SE(B)          Beta       B/SE(B)
ca          -.01399015      .01322862     -.06131797   -1.05756634
mg           .05699785      .01920154      .15948853    2.96839982
fe           .01249902      .00198366      .36737130    6.30098463
mn        -16.66610879     9.52502682     -.10674360   -1.74971778
cu           .53261688      .46541091      .06372750    1.14440135
Constant    4.27884040     1.41717867      .00000000    3.01926672

------END MATRIX -----
```

3）主要结果分析。

（1）岭回归建立的多重回归方程为

$$hemogl = 4.27884040 - 0.01399015ca + 0.05699785mg + 0.01249902fe - 16.66610879mn + 0.53261688cu$$

（2）岭回归与一般多重归分析回归系数的标准误比较见表 19-1。

表 19-1　两种方法回归系数的标准误比较

回归方法	ca	mg	fe	mn	Cu
岭回归，K = 1	0.01322862	0.01920154	0.00198366	9.52502682	0.46541091
一般多重线性回归	0.028	0.053	0.004	16.414	1.143

可见岭回归中各自变量的回归系数的标准误均比一般多重线性回归的回归系数标准误小。

练习题

（请访问 www.hxedu.com.cn 下载。）

第 20 章　常用统计图

统计图是用点的位置、线段的升降、直条的长短或面积的大小等来表达统计资料的一种形式。它可以把资料所反映的趋势、多少、分布、动态和现象之间的数量关系等形象地表现出来，让用户易于领会统计资料的核心内容，并且可以给用户留下深刻的印象，便于分析和比较。

SPSS 可通过以下 5 个途径绘制统计图。

(1)图表构建器(Chart Builder)：共提供 9 种绘图类型，包括条形图(Bar)、折线图(Line)、面积图(Area)、饼图/极坐标图(Pie/Polar)、散点图/点图(Scatter/Dot)、直方图(Histogram)、高低图(High-Low)、箱图(Boxplot)和双轴图(Dual Axes)等。

(2)图形画板模板选择程序(Graphboard Template Chooocr)：共提供 48 中绘图类型，包括表面(Surface)图、饼图(Pic)、参考地图上的箭头(Arrows on a Reference Map)、参考地图上的坐标(Coordinates on a Reference Map)、带有正态分布的直方图(Histogram with Normal Distribution)、带状图(Ribbon)、地图上的饼图(Pie on a Map)、地图上的计数饼图(Pie of Counts on a Map)、地图上的计数条形图(Bar of Counts on a Map)、地图上的条形图(Bar on a Map)、地图上的线图(Line Chart on a Map)、点图(Dot Plot)、点状重叠地图(Point Overlay Map)、多边形重叠地图(Polygon Overlay Map)、二维点图(2-D Dot Plot)、和分区图(Choropleth of Sums)、和分区图上的坐标(Coordinates on a Choropleth of Sums)、计数饼图(Pie of Counts)、计数的分区图(Choropleth of Counts)、计数分区图上的坐标(Coordinates on a Choropleth of Counts)、计数条形图(Bar of Counts)、聚类箱图(Clustered Boxplot)、平均值分区图(Choropleth of Mens)、平均值分区图上的坐标(Coordinates Choropleth of Mens)、离散化散点图(Binned Scatterplot)、六边形离散化散点图(Hex Binned Scatterplot)、路径(Path)图、面积图(Area)、平行(Parallel)图、气泡图(Bubble Plot)、热图(Heat Map)、三维饼图(3-D Pie)、三维密度(3-D Density)图、三维面积图(3-D Area Chart)、三维散点图(3-D Scatterplot)、三维条形图(3-D Bar)、三维直方图(3-D Histogram)、散点图(Scatterplot)、散点图矩阵(SPLOM)(Scatterplot Matrix)、条形图(Bar)、线图(Line)、线形重叠地图(Line Overlay Map)、箱图(Boxplot)、直方图(Histogram)、值分区图(Choropleth of Values)、值分区图上的坐标(Coordinates on a Choropleth of Values)、中位数分区图(Choropleth of Medians)及中位数分区图上的坐标(Coordinates on a Choropleth of Medians)。

(3)传统的旧对话框(Legacy Dialogs)：共提供 11 种绘图类型，包括条形图(Bar Chart)、三维条形图(3D Bar Charts)、折线图(Line Chart)、面积(区域)图(Area)、饼图(Pie Chart)、高低图(High-Low Chart)、箱图(Boxplot)、误差条图(Error Bar)、人口金字塔(Population Pyramids)图、散点图/点状图(Scatterplot)和直方图(Histogram)等。此外，图形(Graphs)菜单下还有两个绘图程序：比较子组(Compare Subgroups)和绘制回归变量图(Regression Variable Plots)。

(4)通过分析(Analyze)菜单使用绘图程序，如描述统计(Descriptive Statistics)子菜单下 P-P 图(P-P Plots)和 Q-Q 图(Q-Q Plots)，预测(Forecasting)子菜单下的序列图(Sequence Charts)、自相关(Autocorrelations)图、互相关(Cross-Correlations)图和谱分析(Spectral Analysis)，质量控制(Quality Control)子菜单下的控制图(Control Chart)和帕累托图(Pareto Chart)，ROC 曲线(ROC Curve)等。

(5)各统计程序中生成的统计图：如频率分析过程可绘制条形图(bar chart)、饼图(pie chart)、直方图(histogram)，探索性分析过程可绘制箱图(boxplot)、茎叶图(stem-and-leaf plot)、直方图(histogram)及正态图(normality plot)等，其他统计程序在分析的过程中提供统计图的绘制选项，在此不再赘述。

20.1　条　形　图

条形图(Bar Chart)用相同宽度直条的高度表示相互独立的各项指标数量的大小，用于性质相似的间断性资料的比较。通常纵轴表示数量，横轴表示分组标志。表示指标数量的尺度必须从0开始，不宜折断，否则会改变各长条长短的比例，使人产生错觉。条形图共有3种类型：简单条形图(Simple Bar Chart)或称单式条形图，表示单个指标的大小；复式条形图(Clustered Bar Chart)或称分类条形图，表示两个或多个指标的大小；分段条形图(Stacked Bar Chart)或称分量条形图、堆积条形图，表示每个指标条形图中某个因素各水平的构成情况。SPSS可提供9个组合绘制不同数据类型及不同种类的条形图，见图20-1。

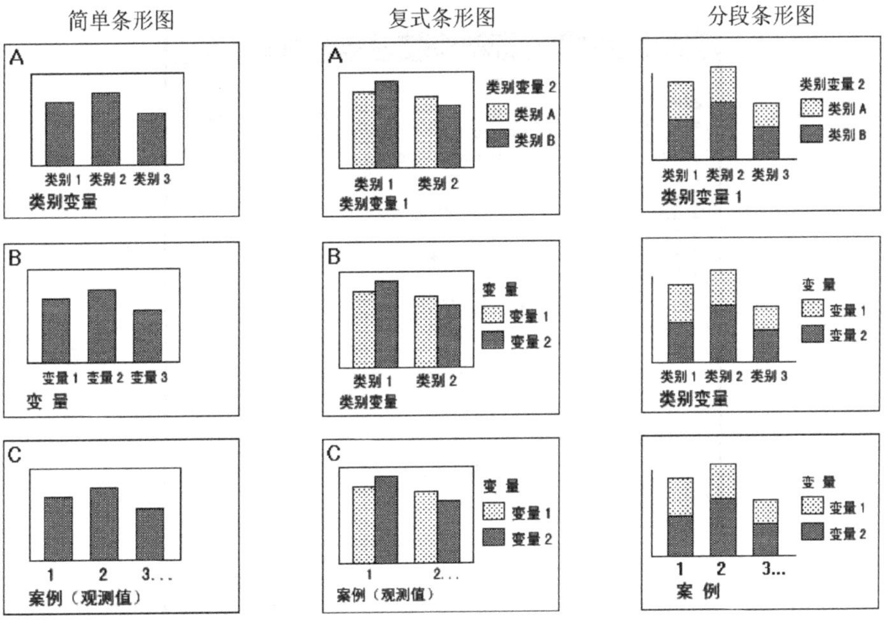

A—个案组摘要(Summaries for groups of cases)　B—各个变量的摘要(Summaries of separate variables)　C—个案值(Values of individual case)

图20-1　不同数据类型及不同种类条形图的样图

20.1.1　简单条形图

【例20-1】　已知97名幼儿性别(x_2, sex)、月龄(x_3)、体重(x_4, weight, kg)、身高(x_5, height, cm)、坐高(x_6, cm)、胸围(x_7, cm)、头围(x_8, cm)、左眼视力(x_9)、右眼视力(x_{10})与年龄(age)生长发育数据，并已建立数据文件child.sav，试根据年龄绘制身高平均值的简单条形图。

1)打开数据文件child.sav。

2)选择【图形(Graphs)】→【旧对话框(Legacy Dialogs)】→【条形图(Bar)...】选项，打开条形图(Bar Charts)主对话框，见图20-2。

图形种类，可选择以下3种。

☆【简单(Simple)】: 绘制简单条形图, 本例选择此项。

☆【集群条形图(Clustered)】: 绘制复式条形图。

☆【堆积(Stacked)】: 绘制分段条形图。

☆【图表中的数据为(Data in Charts Are)】。

○【个案组摘要(Summaries for groups of cases)】: 根据单个变量的分类生成摘要统计量, 每个条表示一类的统计量, 本例选择此项。

○【各个变量的摘要(Summaries of separate variables)】: 根据 2 个或更多变量进行生成摘要统计量, 每个条代表 1 个变量。

○【个案值(Values of individual case)】: 根据单个变量生成摘要统计量, 每个条表示单个个案的统计量。

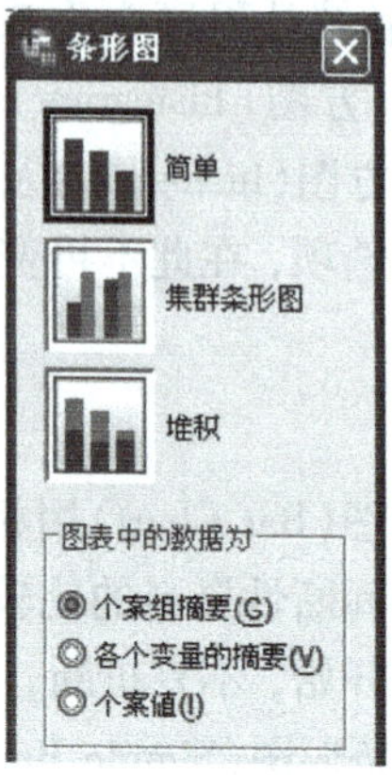

图 20-2 条形图(Bar Charts)主对话框

3)单击【简单(Simple)】→【定义(Define)】按钮, 打开个案组摘要(Summaries for Groups of Cases)对话框, 见图 20-3。

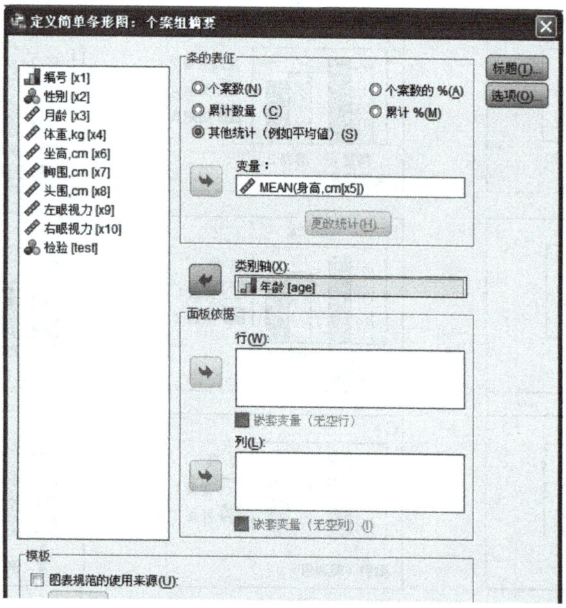

图 20-3 个案组摘要(Summaries for Groups of Cases)对话框

☆【条的表征(Bars Represent)】: 可选择【个案数(N of cases)】、【个案数的%(% of cases)】、【累计数量(Cum. n, 累积数)】、【累计%(Cum. % of cases, 累积百分比)】或【其他统计(例如平均值)(Other statistic(e. g. , mean))】, 本例选择最后一项。

☆【类别轴(Category Axis, 分类轴)】: 添加 1 个分组变量, 此变量可以是数值、字符串或长字符串, 本例选择"age(年龄)"。

☆【面板依据(Panel by)】变量: 要为图表添加面板, 可将 1 个或多个分类变量移至面板依据(Panel by)组内。带面板的图表为子图表网格。子图表具有相同图表类型并共享轴, 但它们属于 1 个或更多分类变量的不同组。例如, 带面板的条形图可以分别为男性和女性显示 1 个条形图。采用面板有助于比较不同组间的数据模式。

可选择【行(Rows)】变量和【列(Columns)】变量及【嵌套变量(Nest Variables)】。

☆【模板(Template)】：可选择【图表规范的使用来源(Use chart specifications from)】，用户可利用 SPSS 提供的作图模板选择适合的模板。

4）选择其他统计(如平均值)(Other statistic(e.g., mean))，将"x5(身高)"选入【变量(Variable)】框中，单击【更改统计(Change Summary)...】按钮，打开统计(Statistic)对话框，见图 20-4。

☆【选定变量的统计(Statistic for Selected Variable(s))】：可选择其中 1 种统计量，此函数可应用于刻度轴的变量，可选择【值的平均值(Mean of values)】、【值的中位数(Median of values)】、【值的众数(Mode of values)】、【个案数(Number of cases)】、【值的和(Sum of values)】、【标准差(Standard deviation)】、【方差(Variance)】、【最小值(Minimum value)】、【最大值(Maximum value)】或【累计求和(Cumulative sum，累积和)】，即为一阶差分化的逆函数。本例选择【值的平均值(Mean of values)】。

☆【值(Value)】：设定 1 个数值，并选择【上百分比(Percentage above)】、【下百分比(Percentage below)】、【百分位(Percentile)】、【上个数(Number above)】或【下个数(Number below)】中的其中一项。

☆【低(Low)高(High)(取值范围)】：可选择【内百分比(Percentage inside)】或【内数(Number inside)】。

☆【值是组中点(Values are grouped midpoints)】：只能用于中位数或百分位数，选择此项后，中位数、百分位数的计算按照均匀分布计算。

5）单击【继续】→【标题(Titles)...】按钮，打开标题(Titles)对话框，见图 20-5。可设定【标题(Title)】、【子标题(Subtitle)】及【脚注(Footnote)】。

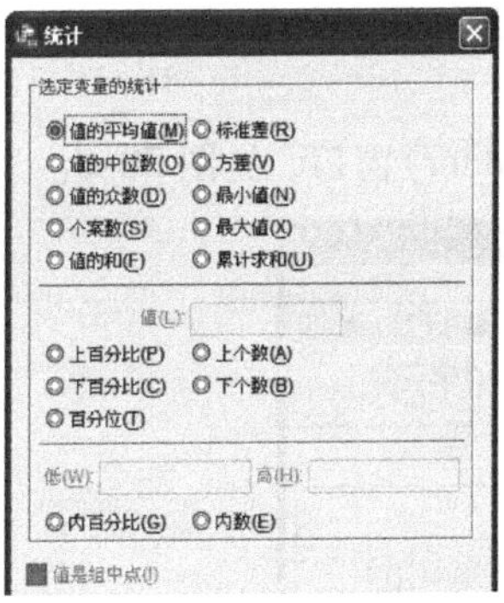

图 20-4 统计(Statistic)对话框

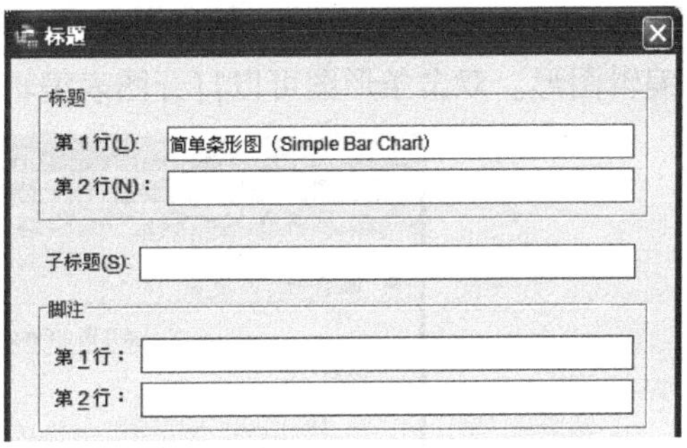

图 20-5 标题(Titles)对话框

6）单击【继续】→【选项(Options)...】按钮，打开选项(Options)对话框，见图 20-6。

☆【缺失值(Missing Values)】的处理方法。

○【按列表排除个案(Exclude cases listwise)】：在整个图表中剔除任一变量包含缺失值的个案。

○【按变量顺序排除个案(Exclude cases variable by variable)】：从每个计算的摘要统计量中剔除单个个案，不同的图表可能根据不同的个案组绘图。

○【显示由缺失值定义的组(Display groups defined by missing values)】：分类变量的每个缺失值(包括系统缺失值)将在图表中作为单独组出现。

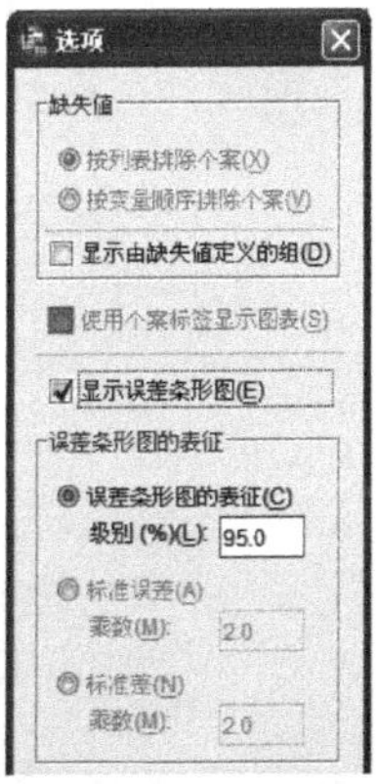

图 20-6 选项(Options)对话框

☆【使用个案标签显示图表(Display chart with case labels)】: 指定变量的值标签(如果未定义标签, 则为值)将作为图形上点的标签。只有在简单散点图(Simple Scatterplot)对话框中设置了【标注个案(Label Cases By)】变量时, 才能激活此选项。

☆【显示误差条形图(Display error bars)】: 此选项只能用于简单面积图、条形图和线图代表平均值、中位数、计数或百分比, 不能用于三维图形。

☆【误差条形图的表征(Error Bars Represent)】: 可选择置信区间(Confidence intervals)、【标准误差(Standard error, 标准误)】或【标准差(Standard deviation)】。

7)单击【继续】→【确定】按钮, 可绘制简单条形图, 见图 20-7。

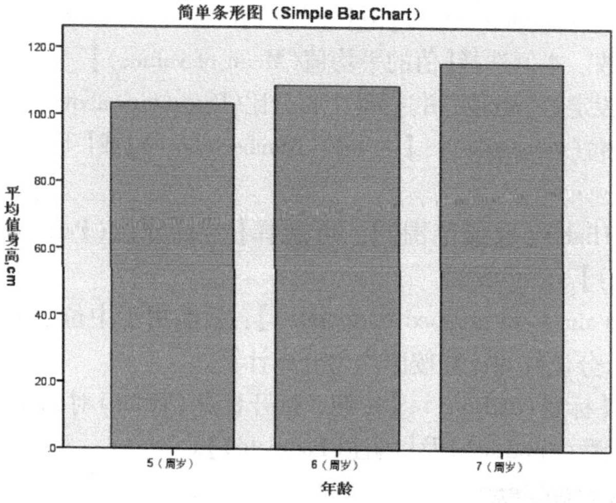

图 20-7　输出结果

8)编辑图形。双击条形图可以打开图表编辑器(Chart Editor)窗口, 见图 20-8。

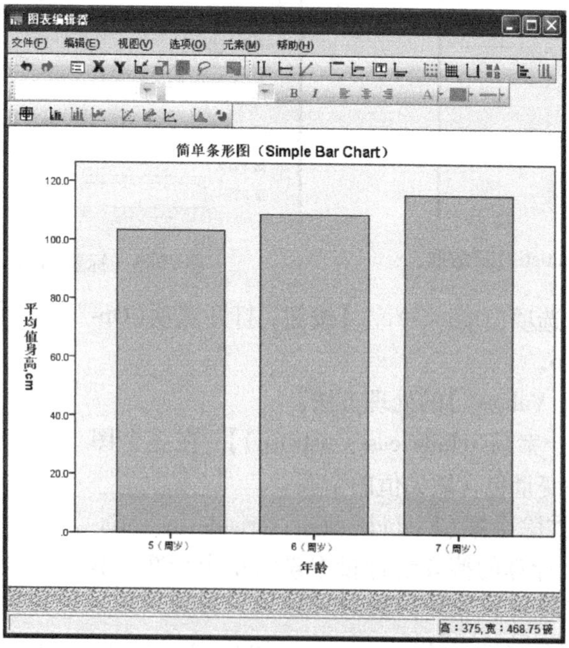

图 20-8　图表编辑器(Chart Editor)窗口

图表编辑器共有 6 个主菜单, 分别为文件(File)、编辑(Edit)、视图(View)、选项(Options)、元素(Chart)与帮助(Help)。此外，还有多种快捷按钮供用户选择。可见，SPSS 图形编辑具有极强大的编辑功能。本例只选择其中的一部分功能进行编辑图形。步骤如下：右击条形图的柱图→【显示数据标签(Show Data Labels)】，可显示柱图的值，完成图形编辑，见图 20-9。

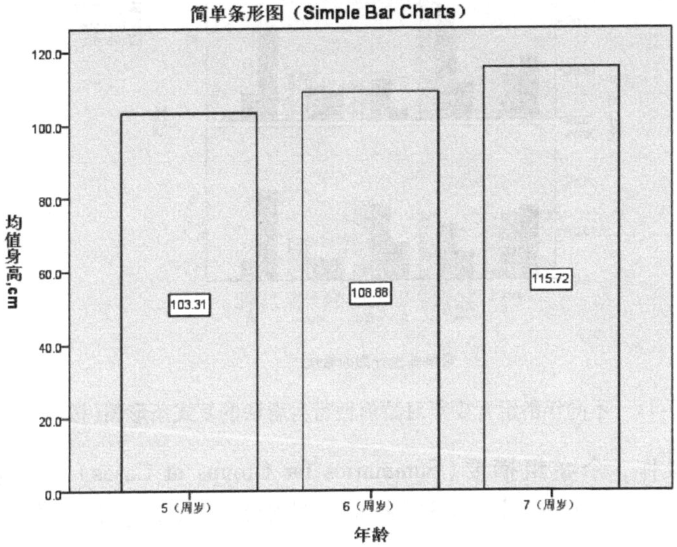

图 20-9 不同年龄组身高的简单条形图

20.1.2 复式条形图

【例 20-2】 根据例 13-2 的数据文件 corresp. sav，试绘制不同年龄组青少年对婚前性行为看法的复式条形图并按不同性别分别绘制复式条形图。

1)打开数据文件 corresp. sav。

2)条形图(Bar Charts)主对话框中，选择【集群条形图(Clustered)】及【图表中的数据为(Data in Charts Are)】中的【个案组摘要(Summaries for groups of cases)】。

3)个案组摘要(Summaries for Groups of Cases)对话框中，【类别轴(Category Axis，分类轴)】变量为“sexual(对婚前性行为的看法)”，【定义聚类(Define Clusters by)】变量为“agegroup(年龄组)”，【条的表征(Bars Represent)】选择【个案数的%(% of cases)】。

4)单击【确定】按钮，可绘制复式条形图，见图 20-10。

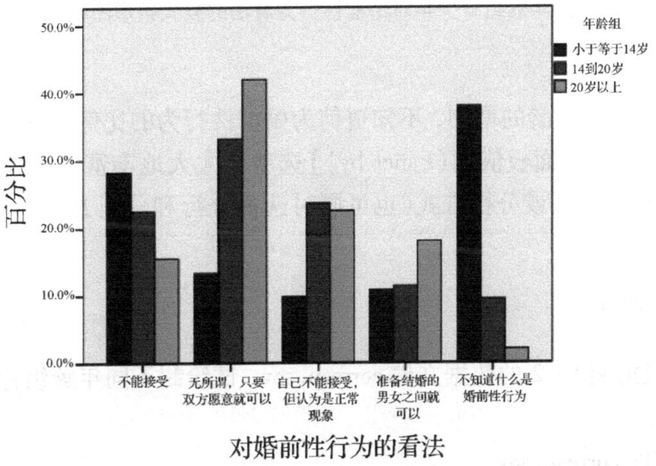

图 20-10 不同年龄组青少年对婚前性行为看法的复式条形图

5)重复上述操作，个案组摘要(Summaries for Groups of Cases)对话框中，【面板依据(Panel by)】中的【行(Rows)】变量选择“sex(性别)”。单击【确定】按钮，可绘制复式条形图，见图 20-11。

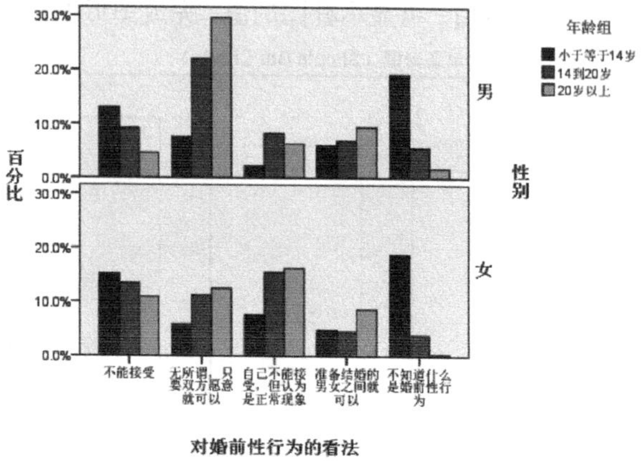

图 20-11 不同年龄组青少年对婚前性行为看法的复式条形图(按性别分行)

6)重复上述操作，个案组摘要(Summaries for Groups of Cases)对话框中，【面板依据(Panel by)】中的【列(Columns)】变量选择“sex(性别)”。单击【确定】按钮，可绘制复式条形图，见图 20-12。

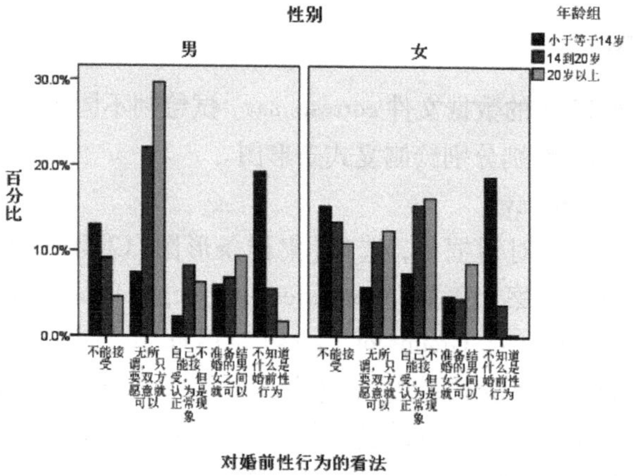

图 20-12 不同年龄组青少年对婚前性行为看法的复式条形图(按性别分列)

7)结果分析。

可见无论男女，随着年龄的增加，不知道何为婚前性行为的比例逐渐降低，对婚前性行为的接受比例也逐渐升高。【面板依据(Panel by)】选项也大大地丰富了绘图功能，为用户提供了更多绘图方式。通过分列或分行方式(也可同时选择分行和分列方式)，可方便地比较不同分组之间的图形差别。

20.1.3 分段条形图

【例 20-3】 根据例 13-2 的数据文件 corresp. sav，试绘制不同年龄组青少年对婚前性行为看法的分段条形图。

1)打开数据文件 corresp. sav。

2）条形图（Bar Charts）主对话框中，选择【堆积（Stacked）】及【图表中的数据为（Data in Charts Are）】中的【个案组摘要（Summaries for groups of cases）】。

3）个案组摘要（Summaries for Groups of Cases）对话框中，【条的表征（Bars Represent）】选择【个案数（N of Cases）】，【类别轴（Category Axis，分类轴）】变量为“sexual（对婚前性行为的看法）”，【定义堆积（Define Stacks by）】变量为“agegroup（年龄组）”。

4）单击【确定】按钮，可绘制分段条形图，见图 20-13。

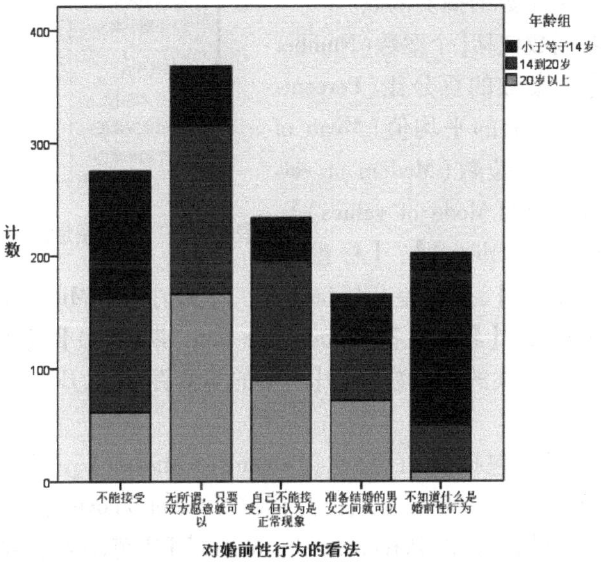

图 20-13　不同年龄组青少年对婚前性行为看法的分段条形图

5）结果分析。

分段条形图可以看作叠加在一起的复式条形图。除了可以了解各年龄组对婚前性行为的看法的构成，还可了解全体受访对象对婚前性行为的看法的构成。

20.2　三维条形图

三维条形图允许用户选择在轴上出现的数据。用户可以在“三维条形图”对话框中为 X 轴和 Z 轴选择个案组、单个变量或者个别个案。共有 4 个组合绘制不同数据类型及不同种类的三维条形图，如图 20-14 所示。

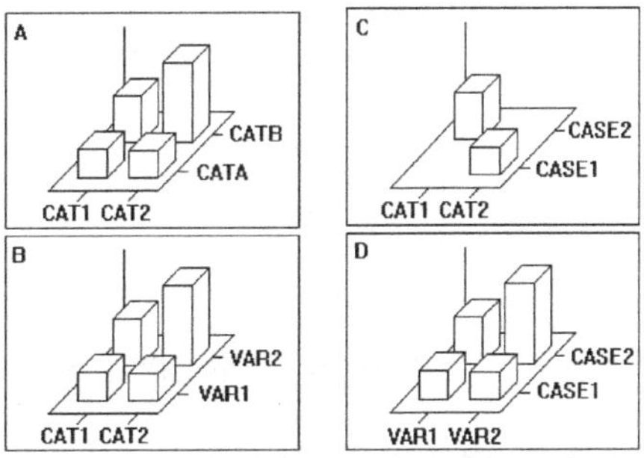

A—个案组的摘要（Summaries for Groups of Cases）　B—分组独立变量摘要（Summaries of Separate Variables by Group）　C—多组中单个个案的值（Values of Individual Cases in Groups）　D—独立变量单个个案的值（Values of Individual Cases for Separate Variables）

图 20-14　三维条形图类型

【例 20-4】　根据例 13-2 的数据文件 corresp. sav，试绘制不同性别和年龄组对婚前性行为看法的三维条形图。

1）打开数据文件 corresp. sav。

2）选择【图形（Graphs）】→【旧对话框（Legacy Dialogs）】→【三维条形图（3-D Bar）...】选项，打开三维条形图（3D Bar Charts）主对话框，见图 20-15。

【X 轴代表含义(X-axis represents)】和【Z 轴代表含义(Z-axis represents)】可选择【个案组(Groups of cases)】、【单个变量(Separate variables)】和【个别个案(Individual cases)】，本例均选择【个案组(Groups of cases)】。

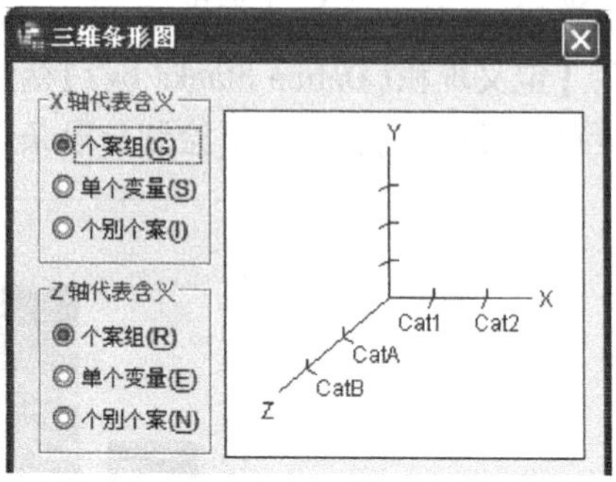

图 20-15　三维条形图(3D Bar Charts)主对话框

3)单击【定义...】按钮，打开个案组摘要(Summaries for Groups of Cases)对话框，见图 20-16。

☆【条的表征(Bars Represent)】：可分为无参数的摘要函数和带参数的摘要函数。

- 无参数的摘要函数包括【个案数(Number of cases)】、【个案数的百分比(Percentage of cases)】、【值的平均值(Mean of values)】、【值的中位数(Median of values)】、【值的众数(Mode of values)】、【值的和(Sum of values)】、【标准差(Standard deviation)】、【方差(Variance)】、【最小值(Minimum value)】、【最大值(Maximum value)】、【累计求和(Cumulative sum，累积和)】、【个案的累计数量(Cum. number of cases，个案的累积数)】和【个案的累计百分比(Cum. percentage of cases，个案的累积百分比)】。
- 带参数的摘要函数包括【上百分比(Percentage above)】、【下百分比(Percentage below)】、【百分位(Percentile)】、【上个数(Number above)】、【下个数(Number below)】、【范围内的百分比(Percentage in range)】和【范围内的数(Number in range)】。所选择带参数的摘要函数，单击【参数设置(Set Parameter)...】按钮，打开汇总函数参数(Summary Function Parameters)对话框，设定相应的参数。

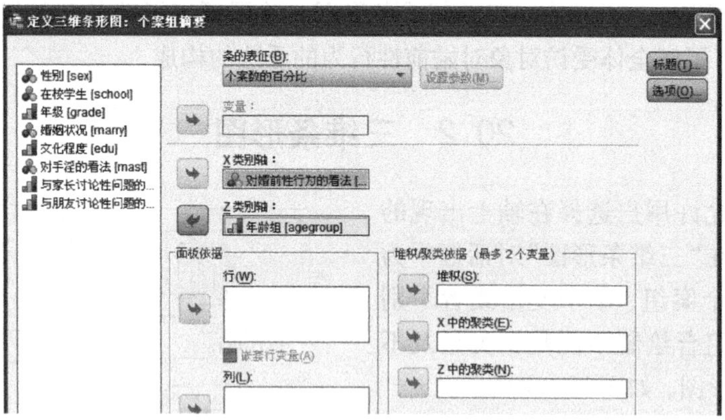

图 20-16　个案组摘要(Summaries for Groups of Cases)对话框(部分)

☆【堆积/聚类依据(最多 2 个变量)(Stack/Cluster by)】：设定堆积或分类的变量，以便绘制复式三维条形图或分段三维条形图。可选择【堆积(Stack)】、【X 中的聚类(Cluster within X)】和【Z 中的聚类(Cluster within Z)】等变量。

本例【X 类别轴(X Category Axis，X 分类轴)】变量为"sexual(对婚前性行为的看法)"，【Z 类别轴(Z Category Axis，Z 分类轴)】变量为"agegroup(年龄组)"，【条的表征(Bars Represent)】为【个案数的百分比(Percentage of cases)】。

4）单击【确定】按钮，得到结果，见图 20-17。

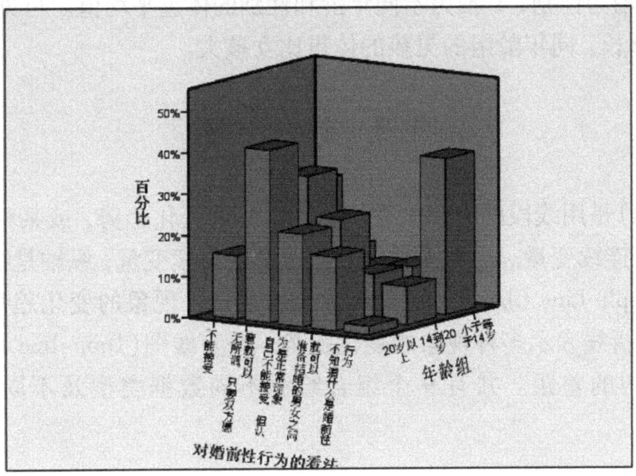

图 20-17　不同年龄、性别青少年对婚前性行为看法构成的三维条形图

5）结果分析。

三维条形图显示了不同年龄、性别青少年对婚前性行为看法构成，可以看作复式条形图的三维形式，但三维条形图还提供了堆积或复式的选择，这大大地丰富了条形图的类型。

【例 20-5】　根据数据文件 child. sav，绘制不同年龄组和性别的体重平均值的三维条形图。

1）打开数据文件 child. sav

2）三维条形图（3D BarCharts）主对话框，【X 轴代表含义（X- axis represents）】和【Z 轴代表含义（Z- axis represents）】均选择【个案组（Groups of cases）】。

3）个案组摘要（Summaries for Groups of Cases）对话框中，【条的表征（Bars Represent）】选择【值的平均值（Mean of values）】，【变量（Variable）】为“x4（体重）”，【X 类别轴（X Category Axis，X 分类轴）】变量为“age（年龄）”，【Z 类别轴（Z Category Axis，Z 分类轴）】变量为“x2（性别）”。

4）单击【确定】按钮，得到结果，见图 20-18。

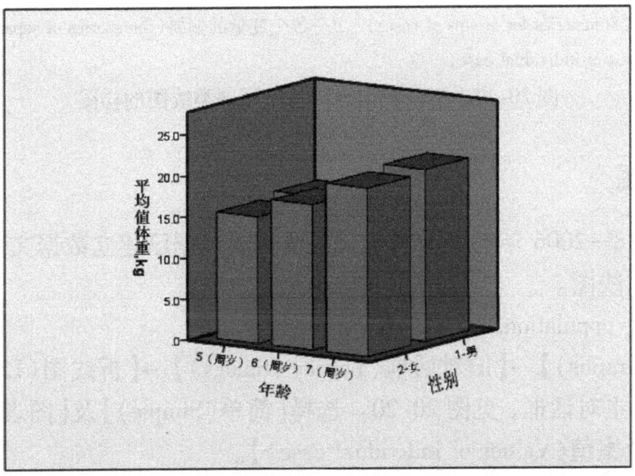

图 20-18　不同性别和年龄的体重平均值的三维条形图

5)结果分析。

X 轴为年龄，Z 轴为性别，Y 轴为不同年龄和性别的体重平均值。可见，随着年龄的增长，体重平均值也随之增长，同年龄组的男孩的体重比女孩大。

20.3 线　图

线图(Line Chart)是用线段的升降来表示统计指标的变化趋势，或某种现象随另一种现象的变迁情况，适用于连续变量。通常横轴是时间或其他连续变量，纵轴是统计指标。共有 3 种类型：简单线图(Simple Line Chart)，用一条折线表示某一现象的变化趋势；多线图(Multiple Line Chart)，用多条折线表示多种现象的变化趋势。垂直线图(Drop-line Line Chart)，反映某些现象在同一时期内的差距。共有 9 个组合绘制不同数据类型及不同种类的线图，见图 20-19。

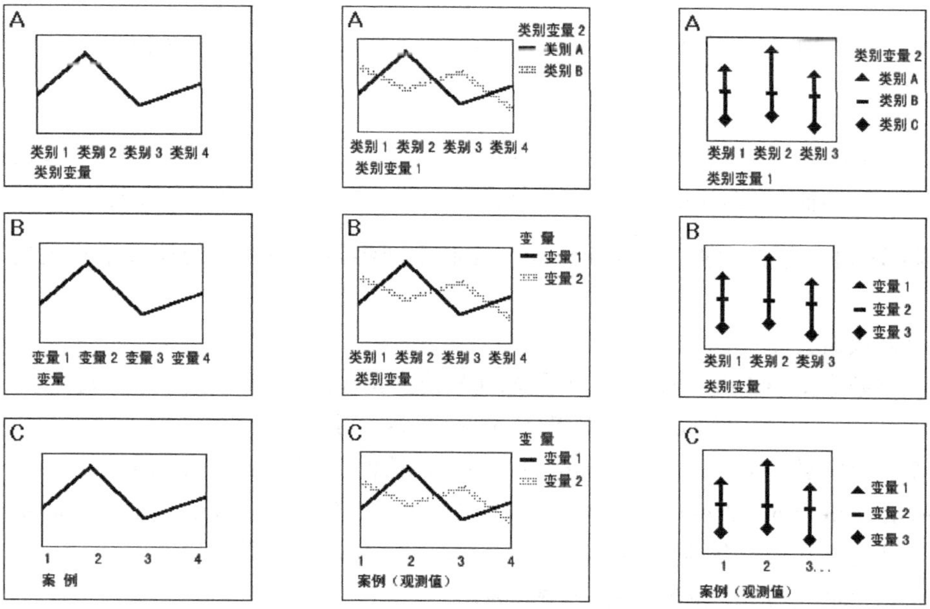

A—个案组摘要(Summaries for groups of cases)　B—各个变量的摘要(Summaries of separate variables)
C—个案值(Values of individual case)

图 20-19　不同数据类型及不同种类线图的样图

20.3.1 简单线图

【例 20-6】 1978—2006 年历年全国人口数及构成数据已建立数据文件 population.sav，试绘制总人口数的简单线图。

1)打开数据文件 population.sav

2)选择【图形(Graphs)】→【旧对话框(Legacy Dialogs)】→【折线图(Line)...】选项，打开折线图(Line Charts)主对话框，见图 20-20。选择【简单(Simple)】及【图表中的数据为(Data in Charts Are)】中的【个案值(Values of individual case)】。

3)单击【定义】按钮，打开个案的值(Values of individual cases)对话框，见图 20-21。

☆【线的表征(Line Represents)】变量：本例选择“total(总人口数)”。

☆【类别标签(Category Labels，分类标签)】：可选择【个案号(Case number)】或【变量(Variable)】，本例选择【变量(Variable)】为“year(年度)”。

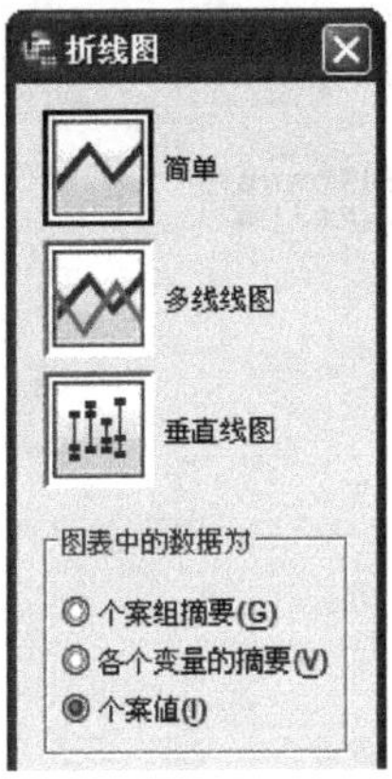

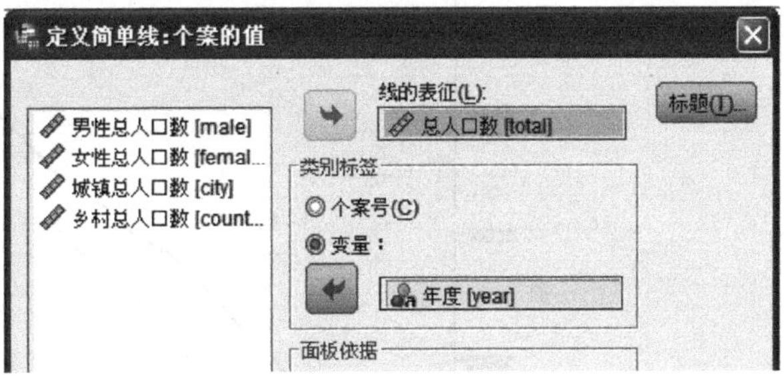

图 20-20　折线图(Line Charts)主对话框　　　图 20-21　个案的值(Values of individual case)对话框(部分)

4)单击【继续】→【确定】按钮，可绘制简单线图，见图 20-22。

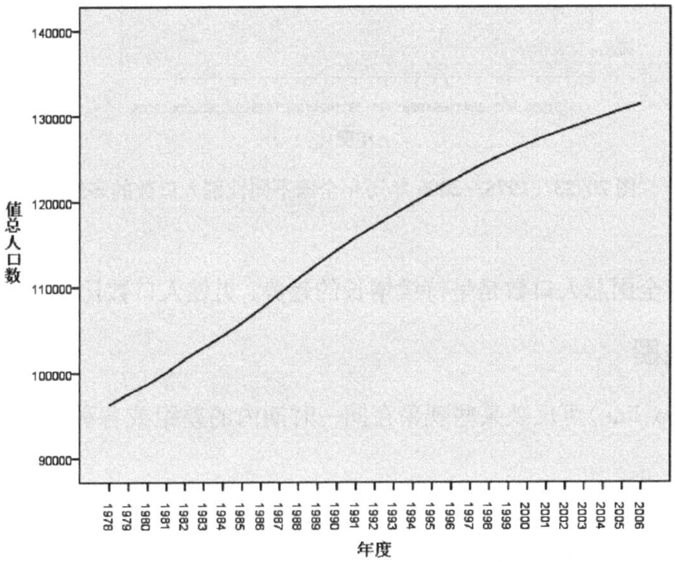

图 20-22　1978—2006 年历年全国总人口数的简单线图

5)结果分析。

1978 年—2006 年全国总人口数是呈持续增长的趋势。

20.3.2　多线图

【例 20-7】　1978—2006 年历年全国人口数及构成数据已建立数据文件 population. sav，试绘制不同性别人口数的多线图。

1)打开数据文件 population. sav

2)折线图(Line Charts)主对话框中，选择【多线线图(Multiple)】及【图表中的数据为(Data in Charts Are)】中的【个案值(Values of individual case)】。

3)个案的值(Values of individual case)对话框(参见第20.3.1节)中,【线的表征(Lines Represent)】变量为"male(男性总人口数)"、"female(女性总人口数)",【类别标签(Category Labels,分类标签)】的【变量(Variable)】为"year(年度)"。

4)单击【确定】按钮,可绘制多线图,见图20-23。

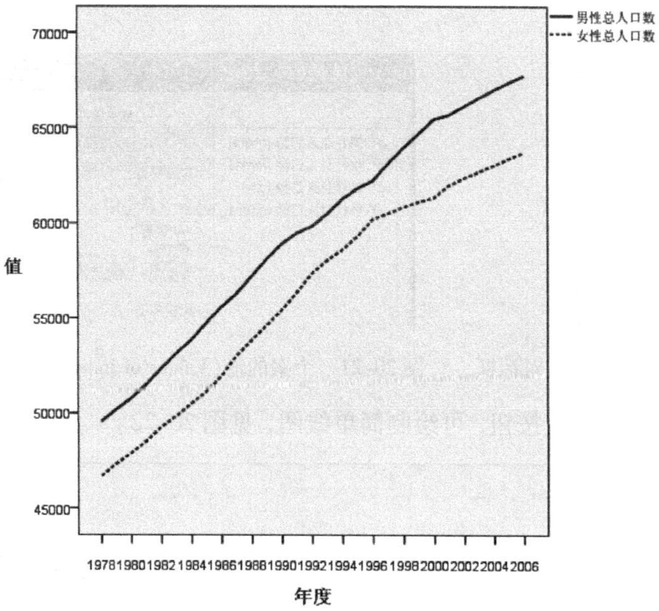

图20-23　1978—2006年历年全国不同性别人口数的多线图

5)结果分析。

1978—2006年全国总人口数是呈持续增长的趋势,男性人口数比女性人口数多。

20.3.3　垂直线图

垂直线图(Drop-line)可反映某些现象在同一时期内的差距或各种数据在各分类中所占的比重。

【例20-8】 1978—2006年历年全国人口数及构成数据已建立数据文件population.sav,试绘制城镇和乡村人口数的垂直线图。

1)打开数据文件population.sav。

2)折线图(Line Charts)主对话框中,选择【垂直线图(Drop-line)】及【图表中的数据为(Data in Charts Are)】中的【个案值(Values of individual case)】。

3)个案的值(Values of individual case)对话框中,【点的表征(Points Represent)】变量为"city(城市总人口数)"、"country(乡村总人口数)",【类别标签(Category Labels,分类标签)】的【变量(Variable)】为"year(年度)"。

4)单击【确定】按钮,绘制垂直线图,见图20-24。

5)结果分析。

1978—2006年,城镇总人口数呈持续增长的趋势,而乡村总人口数则稳中略降,全国总人口数的城乡差别逐渐缩小。

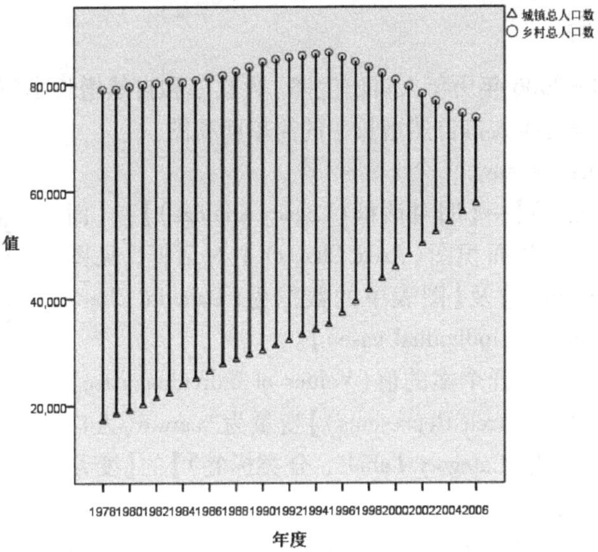

图 20-24　1978—2006 年历年全国城乡总人口数的垂直线图

20.4 面　积　图

面积图(Area chart)又称区域图，是用线段下的阴影面积来强调现象变化的统计图，共有 2 种类型：简单面积图(Simple Area Chart)，用区域(或面积)的变化表示某一现象变动的趋势；堆积面积图(Stacked Area Chart)，用不同种类的区域表示多种现象的变化趋势。共有 6 个组合绘制不同数据类型及不同种类的面积图，见图 20-25。

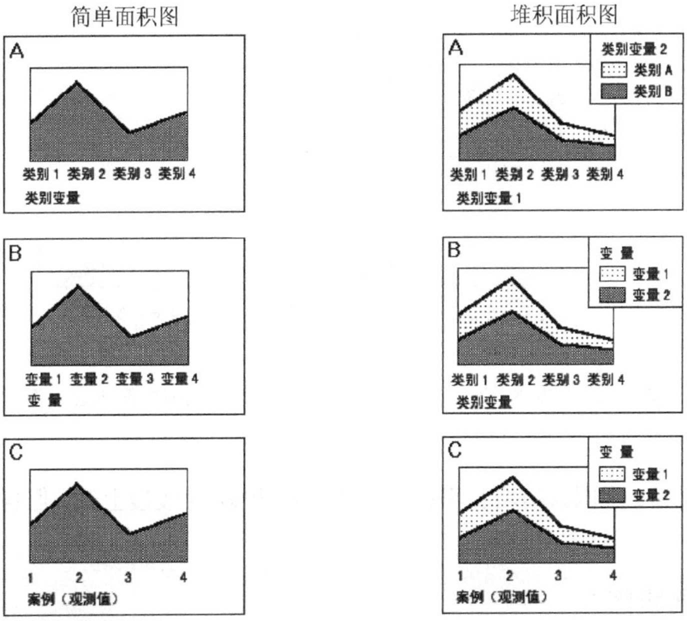

A—个案组摘要(Summaries for groups of cases)　B—各个变量的摘要(Summaries of separate variables)
C—个案值(Values of individual case)

图 20-25　不同数据类型及不同种类面积图的样图

20.4.1　简单面积图

【例 20-9】 1978—2006 年历年人口出生率、死亡率和自然增长率(单位: ‰)已建立数据文件 nature. sav, 试绘制历年人口自然增长率的简单面积图。

1)打开数据文件 nature. sav。

2)选择【图形(Graphs)】→【旧对话框(Legacy Dialogs)】→【面积图(Area)...】选项, 打开面积图(Area Charts)主对话框, 见图 20-26。选择【简单(Simple)】及【图表中的数据为(Data in Charts Are)】中的【个案值(Values of individual case)】。

图 20-26　面积图(Area charts)对话框

3)单击【定义】按钮, 打开个案的值(Values of individual case)对话框。选择【面积的表征(Area Represents)】变量为"nature(人口自然增长率)",【类别标签(Category Labels, 分类标签)】的【变量(Variable)】为"year(年度)"。

4)单击【继续】→【确定】按钮, 双击图形打开图形编辑器, 单击按钮 Y, 选择【刻度(Scale)】标签, 把【最小值(Minimum)】、最大值(Maximum)及【主增量(Major Increment)】前面的"√"去掉, 分别在对话框中填入"5"、"20"及"3", 得到如图 20-27 所示的图形。(由于改变原点数据会影响图形的直观效果显示, 请谨慎选择。)

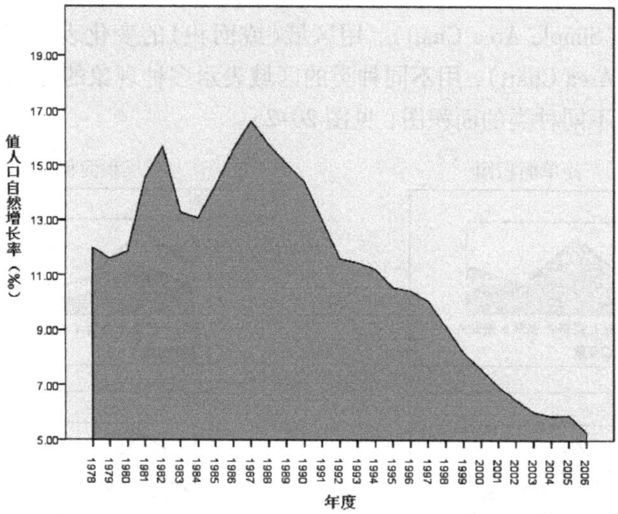

图 20-27　1978—2006 年历年全国人口自然增长率的简单面积图

5)结果分析。

由图 20-27 可见, 全国人口增长率(‰)在 1978—1987 年缓慢上升, 但自 1987 年开始呈逐年下降趋势。

20.4.2　堆积面积图

【例 20-10】 1978—2006 年历年人口出生率、死亡率和自然增长率(单位: ‰)已建立数据文件 nature. sav, 试绘制人口出生率、死亡率的堆积面积图。

1)打开数据文件 nature. sav。

2)面积图(Area Charts)主对话框中，选择【堆积(Stacked)】及【图表中的数据为(Data in Charts Are)】中的【个案值(Values of individual case)】。

3)个案的值(Values of individual case)对话框中，选择【面积的表征(Area Represent)】变量为“birth(人口出生率)”、“dead(人口死亡率)”，【类别标签(Category Labels，分类标签)】的【变量(Variable)】为“year(年度)”。

4)单击【确定】按钮，可绘制堆积面积图，见图 20-28。

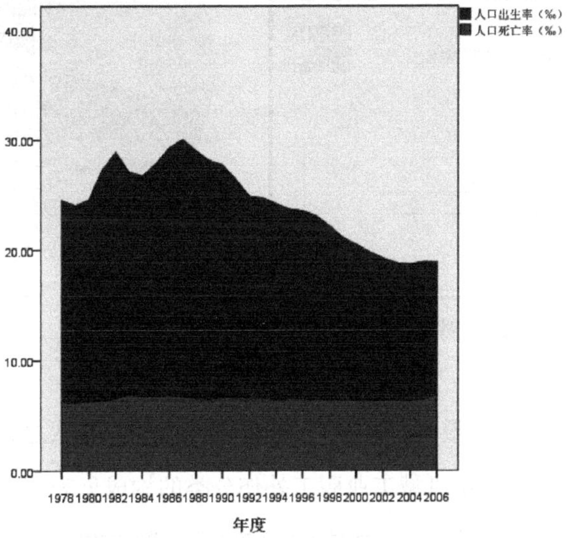

图 20-28　1978—2006 年历年全国人口出生率和人口死亡率的堆积面积图

5)结果分析。

全国人口出生率(‰)自 1987 年开始呈逐年下降趋势，而人口死亡率(‰)则保持平稳的趋势，人口出生率(‰)比人口死亡率(‰)高。结合图 20-28 可以看出，人口自然增长率和人口出生率的变化规律是一致的。

20.5　饼　　图

饼图(Pie Chart)又称圆图，是用圆的面积表示定性变量的频率分布，以圆面积为 100%，各扇形面积表示各分类的频率，用于表示全体中各部分的构成。不同的扇面用不同的颜色或花纹区别，并用图例说明各种颜色或花纹代表的分类。

【例 20-11】　根据数据文件 child. sav，试按年龄的构成比绘制饼图。

1)打开数据文件 child. sav。

2)选择【图形(Graphs)】→【旧对话框(Legacy Dialogs)】→【饼图(Pie)...】选项，打开饼图(Pie charts)主对话框，见图 20-29。选择【图表中的数据为(Data in Charts Are)】中的【个案组摘要(Summaries for groups of cases)】。

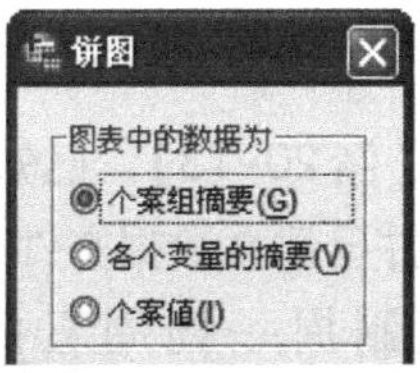

图 20-29　饼图(Pie charts)主对话框

3)单击【定义】按钮，打开个案组摘要(Summaries for Groups of Cases)对话框，见图 20-30。

☆【分区的表征(Slices Represent)】：可选择【个案数(N of cases)】、【个案数的%(% of cases)】或【变量和(Sum of Variable)】。

☆【定义分区(Define Slices by)】变量为“age(年龄)”。

4)单击【继续】→【确定】按钮，可绘制饼图，见图 20-31。

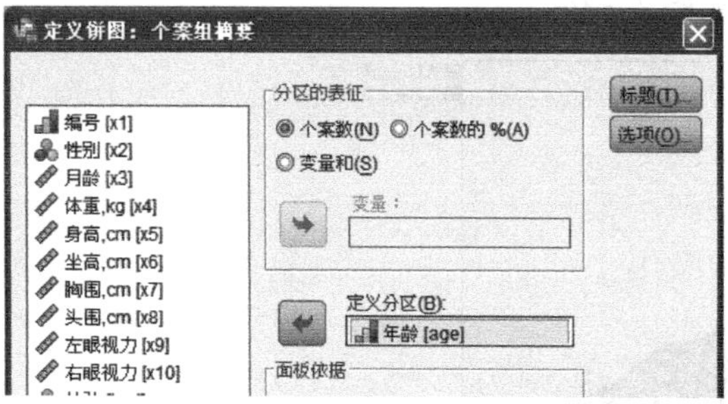

图 20-30　个案组摘要(Summaries for Groups of Cases)对话框(部分)

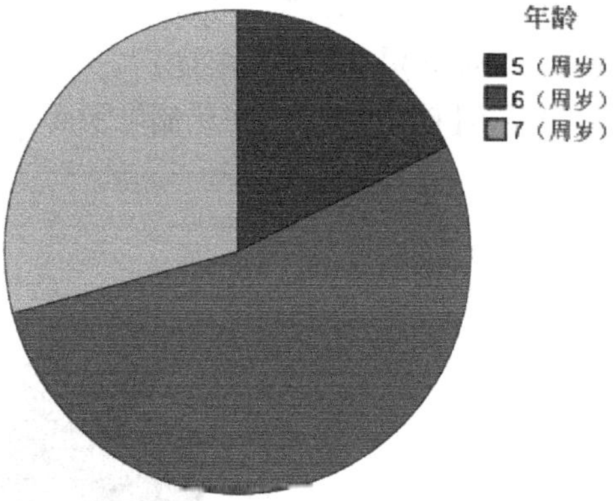

图 20-31　各年龄组构成的饼图

5)结果分析。

本例数据中 6 岁组的人数最多，超过了 50%，7 岁组的人数次之，5 岁组的人数最少。

【例 20-12】　某市 1972 年机械工业职工外伤分类的构成见表 20-1，试绘制饼图。

表 20-1　机械工业职工外伤分类的构成

外伤分类	创伤(x1)	挫伤(x2)	眼外伤(x3)	烧伤(x4)	其他伤(x5)
构成比(%)	40.5	32.5	12.6	9.8	4.6

1)建立数据文件 pie2.sav，变量名为 x1(创伤)、x2(挫伤)、x3(眼外伤)、x4(烧伤)、x5(其他伤)。

2)饼图(Pie charts)主对话框中，选择【图表中的数据为(Data in Charts Are)】中的【各个变量的摘要(Summaries of separate variables)】。

3)各个变量的摘要(Summaries of separate variables)对话框中，设定【分区的表征(Slices Represent)】变量为“x1”～“x5”。

4)单击【确定】按钮，可绘制饼图，见图 20-32。

5)结果分析。

机械工业职工外伤分类中创伤的构成比最高，将近 50%，其他外伤的构成比从大到小依次为挫伤、眼外伤、烧伤和其他伤。

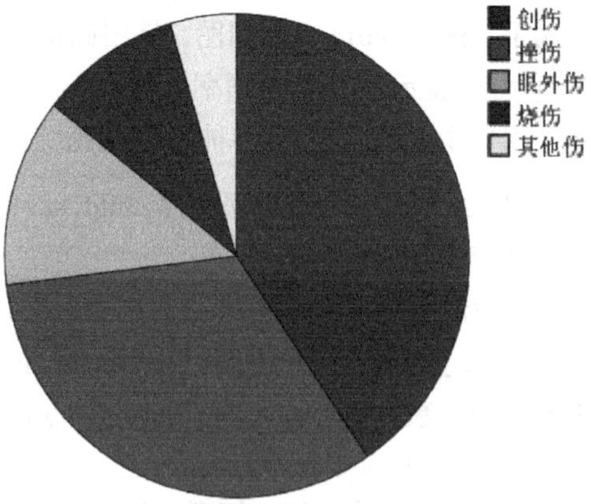

图 20-32　机械工业职工外伤分类构成的饼图

【例 20-13】　已知某医院 5 周的门诊人数记录，并已建立数据文件 chi-sq.sav(参见例 15-1)，试绘制周一到周五的门诊人数构成比例的饼图。

1)打开数据文件 chi-sq.sav。

2)饼图(Pie charts)主对话框中，选择【图表中的数据为(Data in Charts Are)】中的【个案值(Values of individual case)】。

3)打开个案的值(Values of individual case)对话框，见图 22-33。

☆【分区的表征(Slices Represent)】变量为“y(门诊人数)”。

☆【分区标签(Slices Label)】：可选择【个案号(Case number)】或【变量(Variable)】，本例选择后者，为“x(周日)”。

4)单击【确定】按钮，得到结果，见图 20-34。

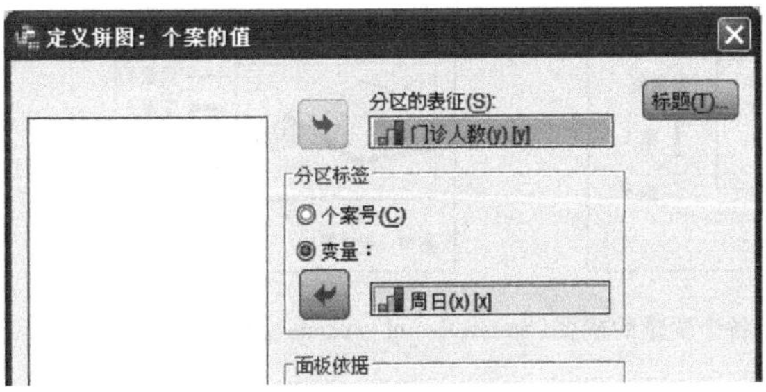

图 20-33　个案的值(Values of individual case)对话框(部分)

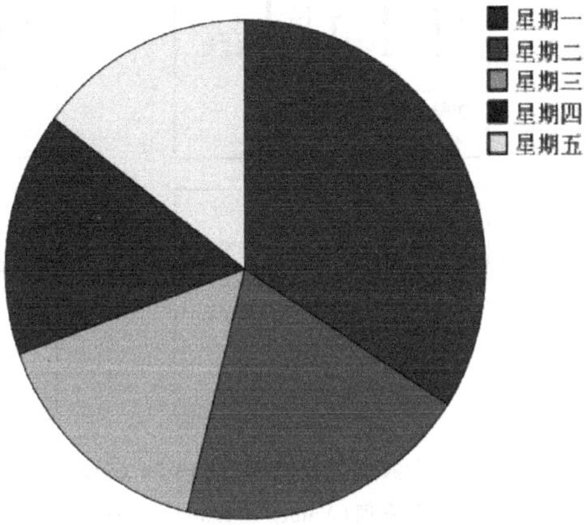

图 20-34　某医院一周各天的门诊人数构成饼图

5)结果分析。

该医院周一的门诊人数最多，周二至周五各天的门诊人数基本相同。从饼图各部分的面积看，周一的门诊人数约为其他各天平均门诊人数的两倍，其结论和例 15-1 的结论基本一致。

20.6　高　低　图

高低图(High-Low Chart)用于描述某些现象在单位时间内的变化情况，适合描述每小时、每天、每周等时间内不断波动的资料，可说明某些现象在短时间内的变化，也可说明它们的长期变化趋势。共有 5 种图形：简单高低收盘图(simple high-low-close chart)、复式高低收盘图(clustered high-low-close chart)、差别面积图(difference area chart)、简单极差图(simple range bar chart)及复式极差图(clustered range bar chart)。

共有 15 个组合绘制不同数据类型及不同种类的高低图，见图 20-35。

20.6.1　简单高低收盘图

【例 20-14】　现有某股票指数 15 天的行情，并已建立数据文件 hlc1. sav，变量名为 time(期数)、open(开盘价)、close(收盘价)、high(最高价)和 low(最低价)，试绘制其高低收盘图。

1)打开数据文件 hlc1. sav。

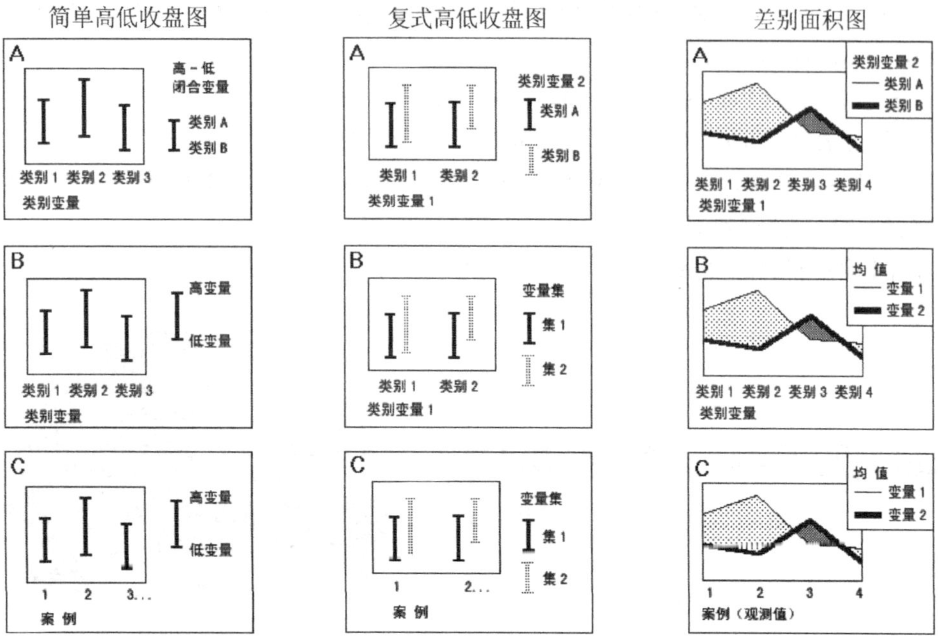

A—个案组摘要(Summaries for groups of cases)　B—各个变量的摘要(Summaries of separate variables)

C—个案值(Values of individual case)

图 20-35　不同数据类型及不同种类高低图样

2)选择【图形(Graphs)】→【旧对话框(Legacy Dialogs)】→【高低图(High-low)...】选项，打开高-低图(High-Low Charts)主对话框，见图 20-36。选择【简单高低关闭(Simple high-low-close)】及【图表中的数据为(Data in Charts Are)】中的【个案值(Values of individual case)】。

3)单击【定义】按钮，打开个案的值(Values of individual case)对话框，见图 20-37。【高(High)】变量为“high(最高价)”，【低(Low)】变量为“low(最低价)”，【闭合(Close)】变量为“close(收盘价)”，【类别标签(Category Labels，分类标签)】的【变量(Variable)】为“time(期数)”。

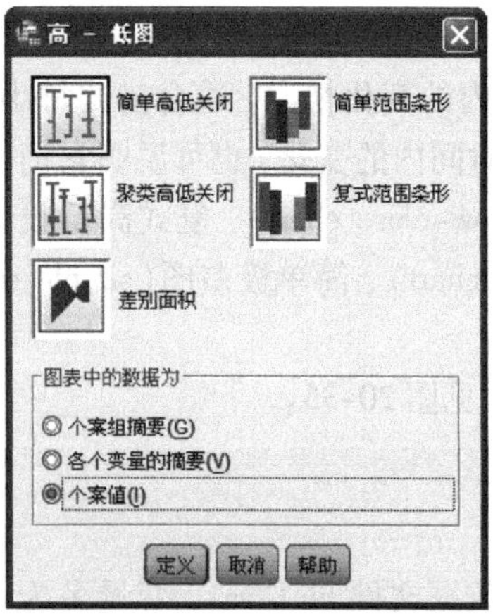

图 20-36　高-低图(High-Low Charts)主对话框

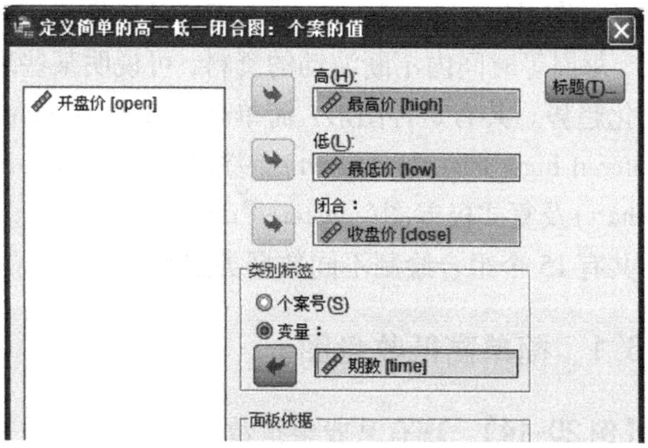

图 20-37　个案的值(Values of individual case)对话框(部分)

4)单击【确定】按钮，可绘制简单高低收盘图，见图 20-38。

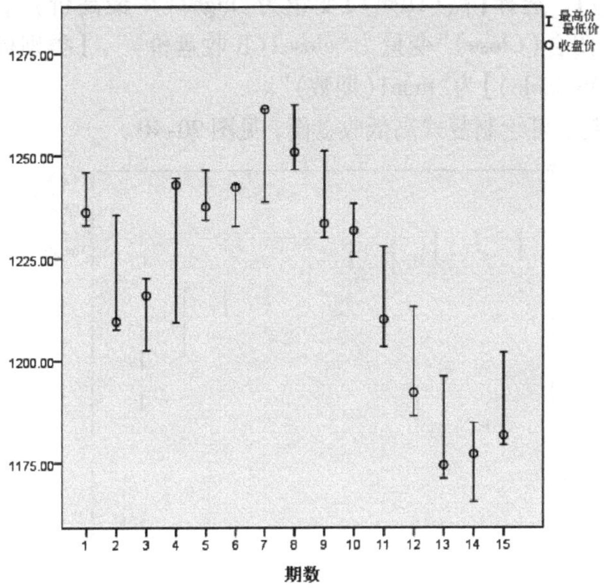

图 20-38　某股票的高低收盘图

20.6.2　复式高低收盘图

【例 20-15】　现有股票 A 与股票 B 共 10 天的行情，并已建立数据文件 hlc2. sav，变量名为 time1(期数)、open1(A 开盘价)、close1(A 收盘价)、high1(A 最高价)、low1(A 最低价)、open2(B 开盘价)、close2(B 收盘价)、high2(B 最高价)和 low2(B 最低价)，试绘制复式高低收盘图。

1)打开数据文件 hlc2. sav。

2)高-低图(High-Low Charts)主对话框中，选择【聚类高低关闭(Clustered high-low-close)】及【图表中的数据为(Data in Charts Are)】中的【个案值(Values of individual case)】。

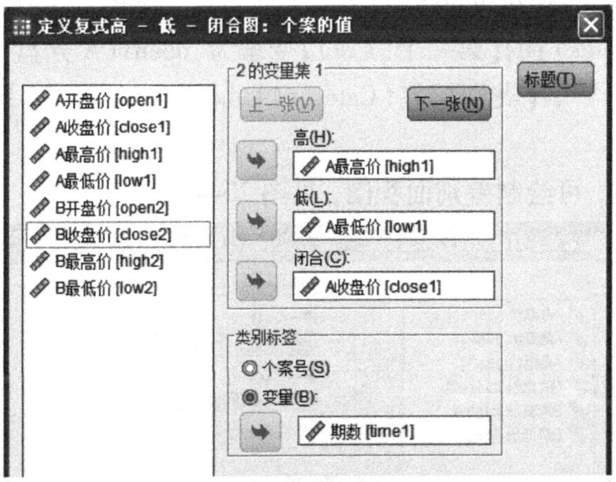

图 20-39　个案的值(Values of individual case)对话框

3)打开个案的值(Values of individual case)对话框，见图 20-39。【2 的变量集 1(Variable Set 1)】中，选择【高(High)】变量为“high1(A 最高价)”，【低(Low)】变量为“low1(A 最低

价)”,【闭合(Close)】变量为“close1(A 收盘价)”。单击【下一张(Next)】按钮,切换到【2 的变量集 2(Variable Set 2)】,选择【高(High)】变量为“high2(B 最高价)”,【低(Low)】变量为“low2(B 最低价)”,“闭合(Close)”变量为“close2(B 收盘价)”,【类别标签(Category Labels,分类标签)】的【变量(Variable)】为“time1(期数)”。

4)单击【确定】按钮,可绘制复式高低收盘图,见图 20-40。

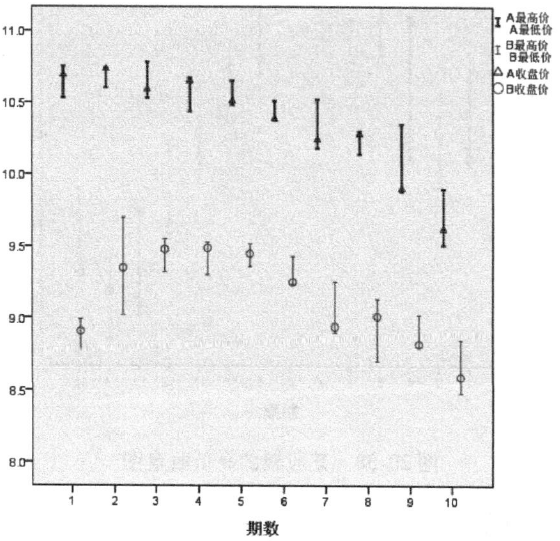

图 20-40　两个股票的复式高低收盘图

20.6.3　差别面积图

【例 20-16】　试根据例 20-15 的数据绘制两个股票开盘价的差别面积图。

1)打开数据文件 hlc2.sav。

2)高-低图(High-Low Charts)主对话框中,选择【差别面积(Difference Area)】及【图表中的数据为(Data in Charts Are)】中的【个案值(Values of individual case)】。

3)打开个案的值(Values of individual case)对话框,见图 20-41。【差别对代表的含义(Differenced Pair Represents)】的【第一个(1 st)】变量为“open1(A 开盘价)”,【第二个(2 nd)】变量为“open2(B 开盘价)”,【类别标签(Category Labels,分类标签)】的【变量(Variable)】为“time1(期数)”。

4)单击【确定】按钮,可绘制差别面积图,见图 20-42。

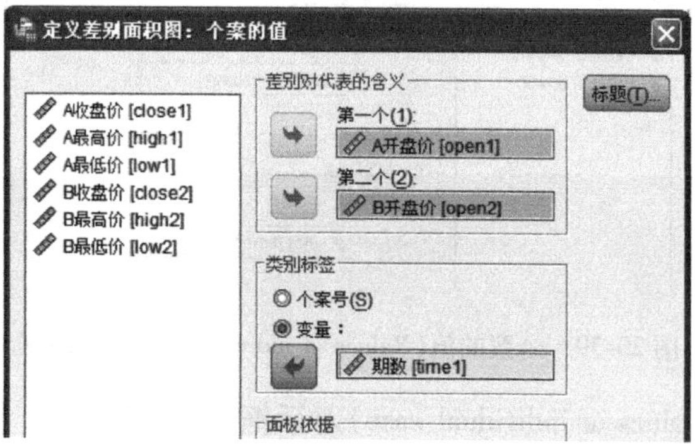

图 20-41　个案的值(Values of individual case)对话框

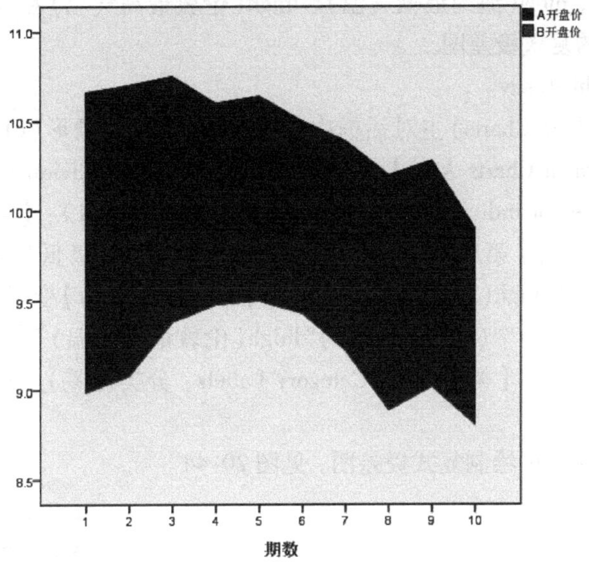

图 20-42　两个股票开盘价的差别面积图

20.6.4　简单极差图

【例 20-17】　现测得某地 2001 年各月份的气温情况（单位：℃），并已建立数据文件 hlc3. sav，变量名为 month（月份）、high（最高气温）和 low（最低气温），试绘制气温变化的简单极差图。

1）打开数据文件 hlc3. sav。

2）高-低图（High-Low Charts）主对话框中，选择【简单范围条形（Simple range bar）】及【图表中的数据为（Data in Charts Are）】中的【个案值（Values of individual case）】。

3）个案的值（Values of individual case）对话框中，【条对的表征（Bar Pair Represents）】的【第一个（1 st）】变量为“high（最高气温）”，【第二个（2 nd）】变量为“low（最低气温）”，【类别标签（Category Labels，分类标签）】的【变量（Variable）】为“month（月份）”。

4）单击【确定】按钮，可绘制简单极差图，见图 20-43。

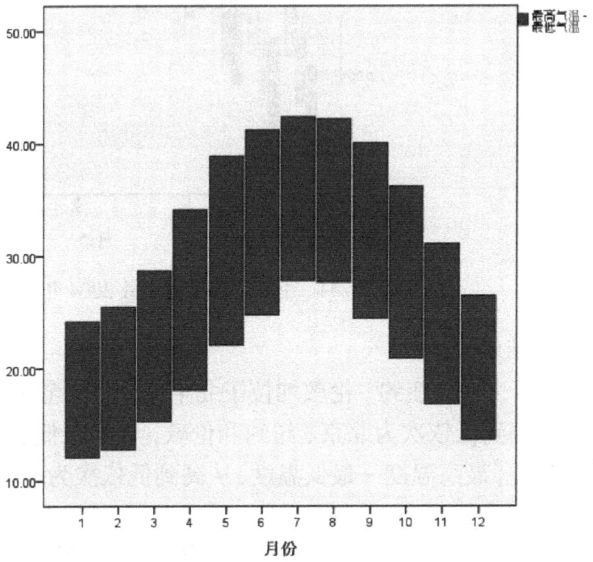

图 20-43　某地 2001 年各月气温变化的极差图

5）结果分析。该地 2001 年气温最高的月份是 7、8 月，气温最低的月份是 1、2 月。

20.6.5　复式极差图

【例 20-18】　现有北京、纽约、伦敦三地 2004 年各月份的气温情况（单位：℃），并已建立数据文件 hlc4. sav，变量名为 month（月份）、bhigh（北京最高气温）、blow（北京最低气温）、

nhigh(纽约最高气温)、nlow(纽约最低气温)、lhigh(伦敦最高气温)和 llow(伦敦最低气温),试绘制三地气温变化的复式极差图。

1)打开数据文件 hlc4. sav。

2)高-低图(High- Low Charts)主对话框中,选择【复式范围条形(Clustered range bar)】及【图表中的数据为(Data in Charts Are)】中的【个案值(Values of individual case)】。

3)个案的值(Values of individual case)对话框中,对 1(Pair 1):【第一个(1 st)】变量为“bhigh(北京最高气温)”,【第二个(2 nd)】变量为“blow(北京最低气温)”;对 2(Pair 2):【第一个(1 st)】变量为“nhigh(纽约最高气温)”,【第二个(2 nd)】变量为“nlow(纽约最低气温)”;对 3(Pair 3):【第一个(1 st)】变量为“lhigh(伦敦最高气温)”,【第二个(2 nd)】变量为“llow(伦敦最低气温)”。【类别标签(Category Labels, 分类标签)】的【变量(Variable)】为“month(月份)”。

4)单击【确定】按钮,可绘制复式极差图,见图 20-44。

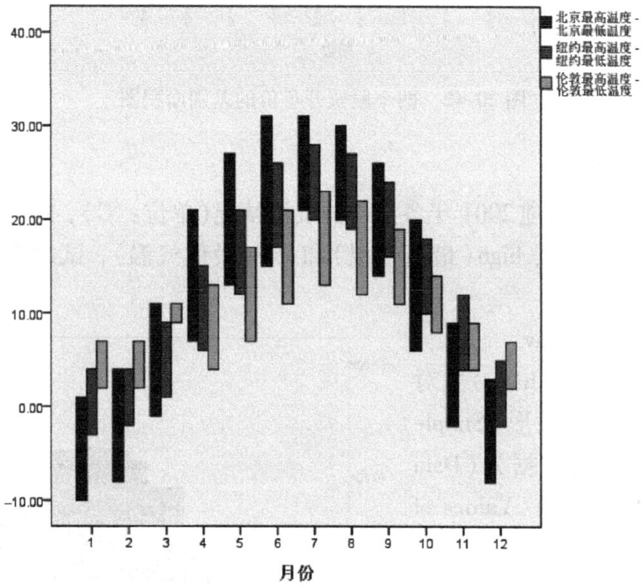

图 20-44　北京、纽约、伦敦 2004 年各月份气温变化的复式极差图

5)结果分析。

由于北京、纽约、伦敦均位于北半球,因此全年气温的变化规律是基本一致的。夏季最高温度从高到低依次为北京、纽约和伦敦,冬季最低温度从低到高依次为北京、纽约和伦敦;各月份温差(最高温度—最低温度)从高到低依次为北京、纽约和伦敦。

20.7　箱　　图

箱图(Boxplot)又称箱式图,可综合描述定量变量的平均水平和变异程度,还可显示数据中的离群值或极端值。箱图的箱体中间横线为中位数(P_{50})、两端分别是上四分位数(P_{75})和下四分位数(P_{25}),两端连线分别是除异常值外的最小值和最大值,另外标记可能的异常值。箱体越长,数据变异程度越大。中间横线在箱体的中点表明分布对称,否则不对称。箱图共有 2 种类型:简单箱图(simple boxplot),用于描述某一个变量数据分布的图形;复式箱图(clustered boxplot)，用于描述某一个变量关于另一个变量数据分布的图形。共有 4 个组合绘制不同数据类型及不同种类的箱图，见图 20-45。

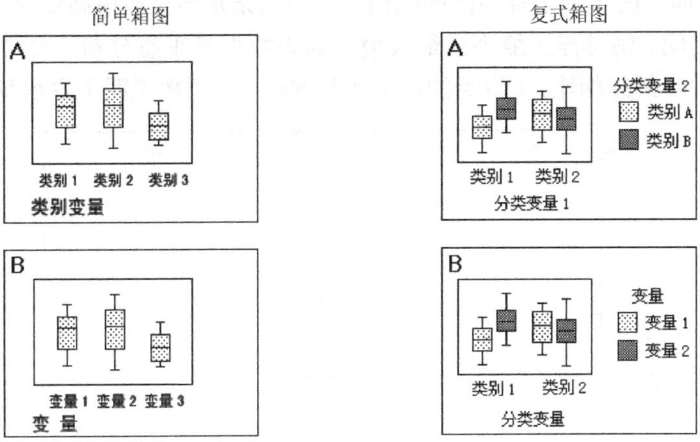

A—个案组摘要(Summaries for groups of cases)　B—各个变量的摘要(Summaries of separate variables)

图 20-45　不同数据类型及不同种类箱图的样图

20.7.1　简单箱图

【例 20-19】　试根据数据文件 child. sav，绘制不同年龄组身高的简单箱图。

1)打开数据文件 child. sav。

2)选择【图形(Graphs)】→【旧对话框(Legacy Dialogs)】→【箱图(Boxplot)...】选项，打开箱图(Boxplot)主对话框，见图 20-46。选择【简单(Simple)】及【图表中的数据为(Data in Charts Are)】中的【个案组摘要(Summaries for groups of cases)】。

3)单击【定义】按钮，打开个案组摘要(Summaries for Groups of Cases)对话框，见图 20-47。设定【变量(Variable)】为“x5(身高)”；【类别轴(Category Axis，分类轴)】变量为“age(年龄)”；【标注个案(Label Case by)】变量为“x1(编号)”，如此项没有选择变量，则使用个案号来标注离群值和极值。

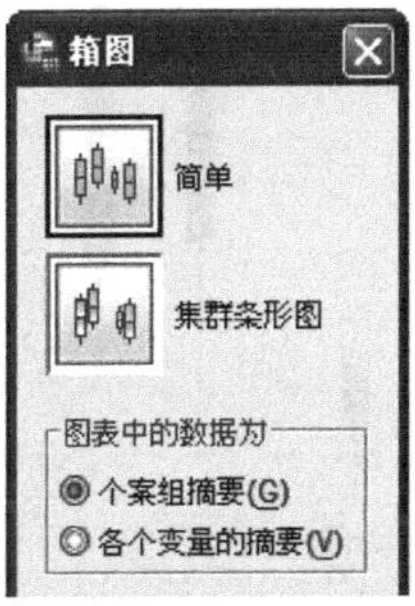

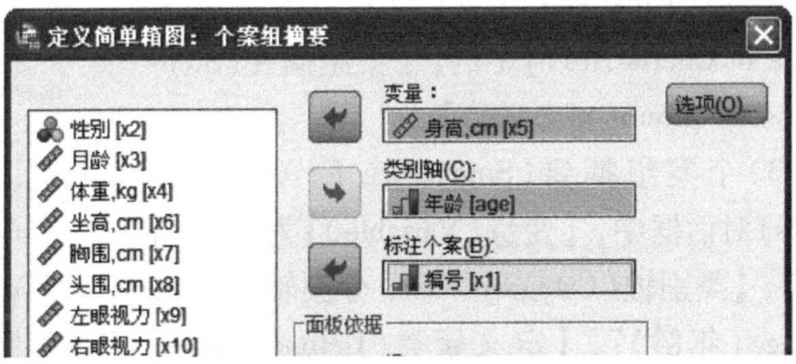

图 20-46　箱图(Boxplot)主对话框　　图 20-47　个案组摘要(Summaries for Groups of Cases)对话框(部分)

4)单击【确定】按钮，可绘制简单箱图，见图 20-48。

(1)箱体中间的深色线是身高的中位数，箱体的顶部和底部分别表示身高上四分位数和下四分位数，箱体内包含 50% 的个案。从箱体的长度看，7 岁组的身高箱体长度比另外两组大许多，说明 7 岁组身高的变异程度比另外两组大。

(2)从箱体延伸出的 T 形条称为内围或细线。内围条延伸至箱体高度的 1.5 倍，如果所有个案都落在内围之间，则延伸至最小或最大值。如果数据呈正态分布，大约 95% 或数据落在内围之间。与其他年龄组相比，7 岁组的内围比延伸较长，再次说明 7 岁组身高的变异较大。

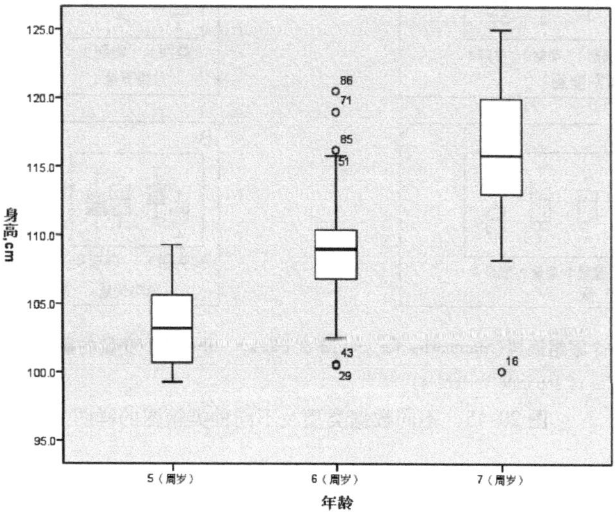

图 20-48　各年龄组身高的简单箱图

(3)离群值：没有落在内围中的值称为离群值，用“○”表示；落在超过箱体高度 3 倍外的离群值称之为极端值，用“ * ”表示。本例没有极端值，编号为 86、71、85、51、43、29、16 的个案的身高值落在相应年龄组身高箱图的内围之外，认为它们是离群值，应对这些编号的身高值进行核对，确认有无错误。

20.7.2　复式箱图

【例 20-20】　根据 child. sav 数据文件，试绘制各年龄组按性别身高的复式箱图。

1)打开数据文件 child. sav。

2)箱图(Boxplot)主对话框中，选择【集群条形图(Clustered)】及【图表中的数据为(Data in Charts Are)】中的【个案组摘要(Summaries for groups of cases)】。

3)个案组摘要(Summaries for Groups of Cases)对话框中，【变量(Variable)】为“x5(身高)”，【类别轴(Category Axis，分类轴)】变量为“age(年龄)”，【定义聚类(Define Clusters by)】变量为“x2(性别)”，【标注个案(Label Case by)】变量为“x1(编号)”。

4)单击【确定】按钮，可绘制复式箱图，见图 20-49。

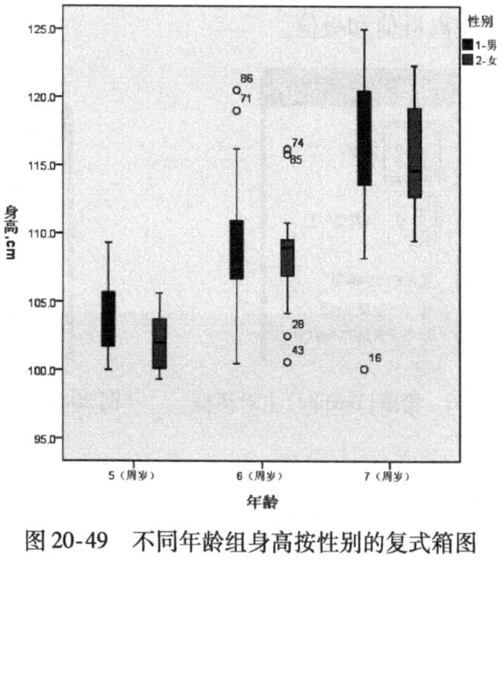

图 20-49　不同年龄组身高按性别的复式箱图

5) 结果分析。

图 20-49 显示了不同年龄组身高按性别的复式箱图，读者不妨尝试对其进行分析。

20.8　误差条图

误差条图(Error Bar)通过样本信息来描述总体，估计抽样误差的大小。误差条图可反映变量的置信区间、标准误或标准差，常用于揭示数据的中心趋势和变异性，特别适合比较多个样本间的差异情况。误差条图共有 2 种类型：简单误差条图(simple error bar)和复式误差条图(clustered error bar)。共有 4 个组合绘制不同数据类型及不同种类的误差条图，见图 20-50。

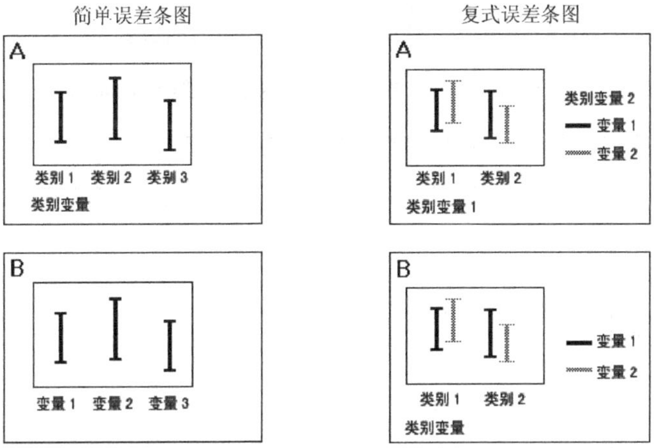

A—个案组摘要(Summaries for groups of cases)　B—各个变量的摘要(Summaries of separate variables)

图 20-50　不同数据类型及不同种类误差条图的样图

20.8.1　简单误差条图

【例 20-21】　调查西安市某中学男生 12 人、女生 10 人，测量其身高(height)、体重(weight)和胸围(chest)，已建立数据文件 hotelli2. sav，试绘制男女生身高的简单误差条图(参见例 8-13)。

1) 打开数据文件 hotelli2. sav。

2) 选择【图形(Graphs)】→【旧对话框(Legacy Dialogs)】→【误差条形图(Error Bar)...】选项，打开误差条形图(Error Bar)主对话框，见图 20-51。选择【简单(Simple)】及【图表中的数据为(Data in Charts Are)】中的【个案组摘要(Summaries for groups of cases)】。

3) 单击【定义】按钮，打开个案组摘要(Summaries for Groups of Cases)对话框，见图 20-52。

☆【变量(Variable)】为“height(身高)”。

☆【类别轴(Category Axis，分类轴)】变量为“sex(性别)”。

☆【条的表征(Bars Represent)】：可选择【平均值的置信区间(Confidence interval for mean)】、【平均值的标准误差(Standard error of mean，平均值的标准误)】或【标准差(Standard deviation)】。如果选择【平均值的置信区间(Confidence interval for mean)】，可在(置信)【度(Level)】中输入所需的置信水平；如果选择了【平均值的标准误差

(Standard error of mean，平均值的标准误)】或【标准差(Standard deviation)】，可在【乘数(Multiplier)】中输入用来乘以统计量的值。本例为“2”倍的【平均值的标准误差(Standard error of mean，平均值的标准误)】。

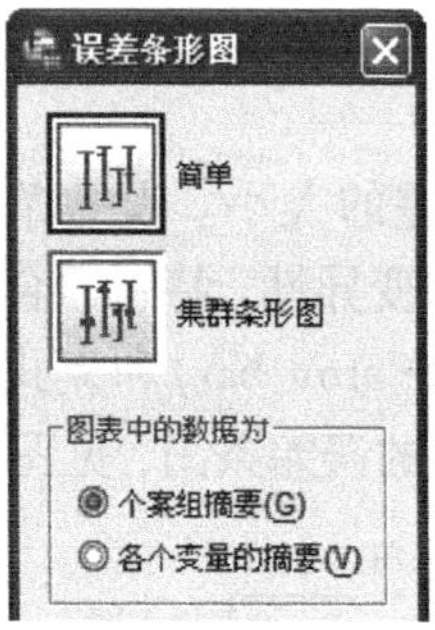

图 20-51　误差条形图(Error Bar)主对话框

图 20-52　个案组摘要(Summaries for Groups of Cases)对话框

4)单击【确定】按钮，可绘制简单误差条图，见图 20-53。

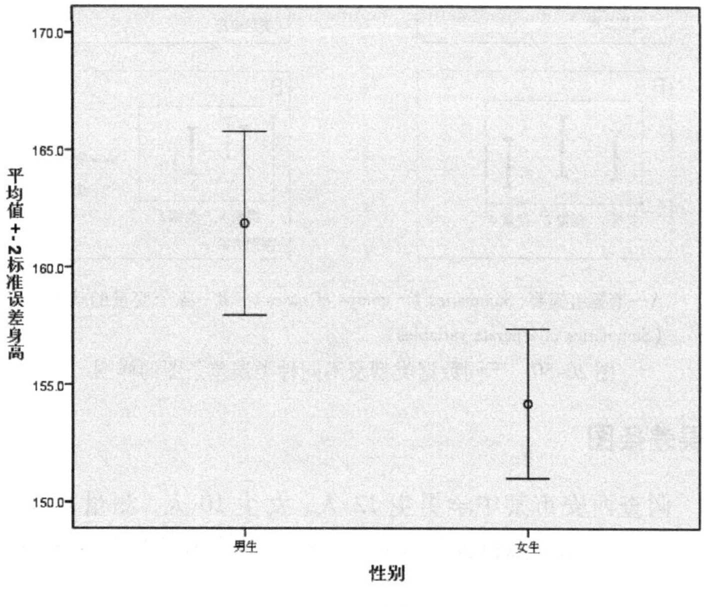

图 20-53　不同性别身高的误差条图

20.8.2　复式误差条图

【例 20-22】　已知 child. sav 数据文件，试根据各年龄组按性别绘制身高的复式误差条图。

1)打开数据文件 child. sav。

2)误差条形图(Error Bar)主对话框中，选择【集群条形图(Clustered)】及【图表中的数据为(Data in Charts Are)】中的【个案组摘要(Summaries for groups of cases)】。

3)个案组摘要(Summaries for Groups of Cases)对话框中，【变量(Variable)】为“x4(体重)”，【类别轴(Category Axis，分类轴)】变量为“age(年龄)”，【定义聚类(Define Clusters by)】变量为“x2(性别)”，【条的表征(Bars Represent)】为【平均值的 95% 置信区间(Confidence interval for mean)】。

4)单击【确定】按钮，可绘制复式误差条图，见图 20-54。

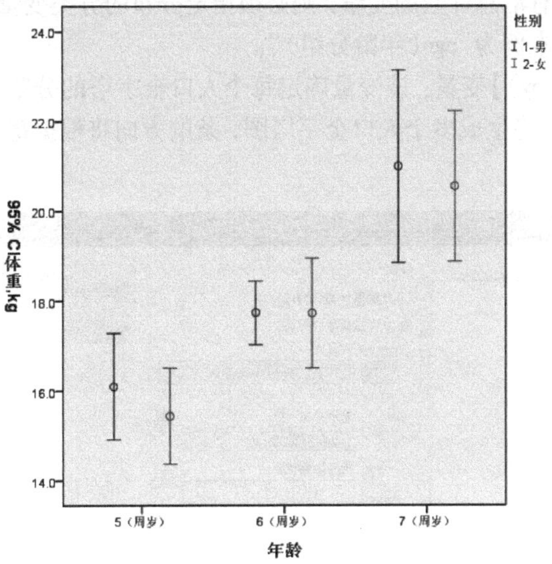

图 20-54 不同年龄组体重按性别的复式误差条图

20.9 人口金字塔

人口金字塔(Population Pyramid)表示人口年龄、性别构成的一种特殊图形，是以年龄(或出生年份)为纵轴，按年龄序列自上而下等距排列(年龄可按每 1 岁一组，也可按每 5 岁或 10 岁一组)，以人口数或构成百分比为频数画在横轴两侧的直方图。男性画在纵轴左侧，女性画在纵轴右侧，两性皆以纵轴所在横轴的中间位置为 0。一般情况下，图形呈下宽上尖的塔形，类似埃及金字塔，故称人口金字塔。人口金字塔通常用作展示人口统计学数据，可描述人口的年龄和性别频率分布，能更直观地反映过去人口的情况、目前人口的结构，以及今后人口可能出现的趋势。如果存在两个以上的分类，创建图表时会生成多个人口金字塔图，具体取决于分类数目。例如，如果存在 4 个分类，则共有 2 个人口金字塔图，分别对应 2 对分类。

20.9.1 根据人口数绘制人口金字塔

【例 20-23】 某地区 2008 年人口数据已建立数据文件 pyramid. sav，变量名为 sex(性别)、age(年龄分组)、population(人口数)，试绘制该地区的人口金字塔。

1)打开数据文件 pyramid. sav。

2)选择【图形(Graphs)】→【旧对话框(Legacy Dialogs)】→【人口金字塔(Population Pyramid)...】选项，打开定义人口金字塔(Define Population Pyramid)主对话框，见图 20-55。

☆【计数(Counts)】。

- ○【从数据计算计数(Compute counts from data)】：直接根据数据的原始文件计算。
- ○【从变量获取计数(Get Counts from variable)】：从包含汇总值的变量中直接取得计数。当某个变量包含不同年龄组的人口数据时可选择此项。本例选择后者，【变量(Variable)】为“population(人口数)”。

☆【显示分布(Show distribution over)】变量：该变量将出现在人口金字塔图的纵轴上。如果数据中包含带有汇总计数的变量，则必须指定分布的分类变量。否则，变量可以是分类或尺度变量。本例为“age(年龄分组)”。

☆【拆分依据(Split by)】变量：该变量确定每个人口金字塔的分割情况。如果变量中存在 2 个以上的分类，将生成多个人口金字塔图，条的方向将根据每个分类交替变化。本例为“sex(性别)”。

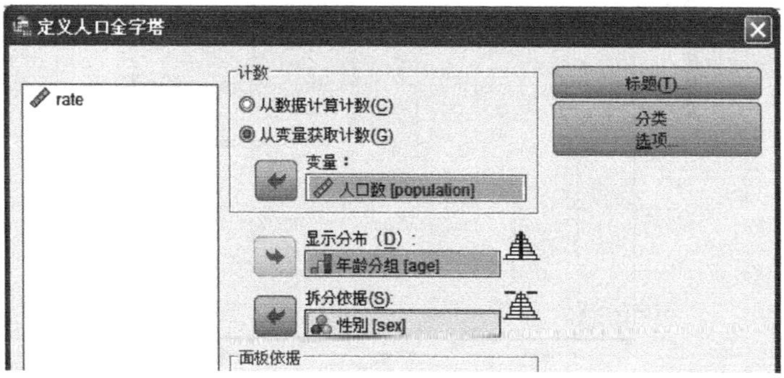

图 20-55　定义人口金字塔(Define Population Pyramid)主对话框

3)单击【确定】按钮，绘制人口金字塔，见图 20-56。

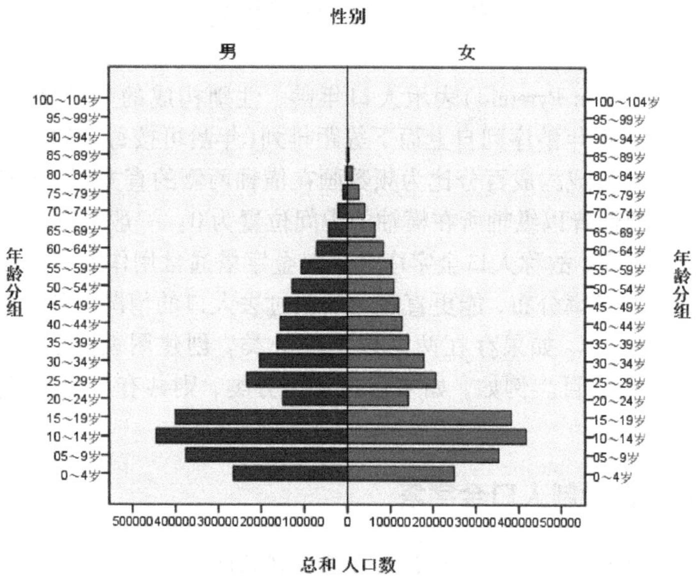

图 20-56　某地区 2008 年的人口金字塔

4)结果分析。

人口的年龄构成是人口出生率和死亡率长期变动结果，出生率和死亡率的高低及人口寿命的长短决定了人口金字塔的形状。其中，寿命的长短决定了人口金字塔的高度，出生率和死亡率共同决定了人口金字塔的宽度。出生率、死亡率及人口寿命在一定程度上反映了人口的健康状况，因此不同类型的人口金字塔也可反映人群的健康水平。该地区 2008 年的人口金字塔是根据人口数绘制的，横坐标的刻度是人口数，该图形呈上尖下宽，多为出生率大于死亡率，表示人口不断增长，属于增长型人口。

20.9.2 根据年龄构成比绘制人口金字塔

【例 20-24】 某地区 2005 年人口数据已建立数据文件 pyramid1. sav，变量名为 sex(性别)、age(年龄分组)、population(人口数)和 rate(人口构成百分比)，试绘制该地区的人口金字塔。

1)打开数据文件 pyramid1. sav。

2)人口金字塔(Define Population Pyramid)主对话框中，【计数(Counts)】，选择【从变量获取计数(Get Counts from variable)】选项，【变量(Variable)】为“rate(人口构成百分比)”，【显示分布(Show distribution over)】变量为“age(年龄分组)”，【拆分依据(Split by)】变量为“sex(性别)”。

3)单击【确定】按钮，绘制人口金字塔，见图 20-57。

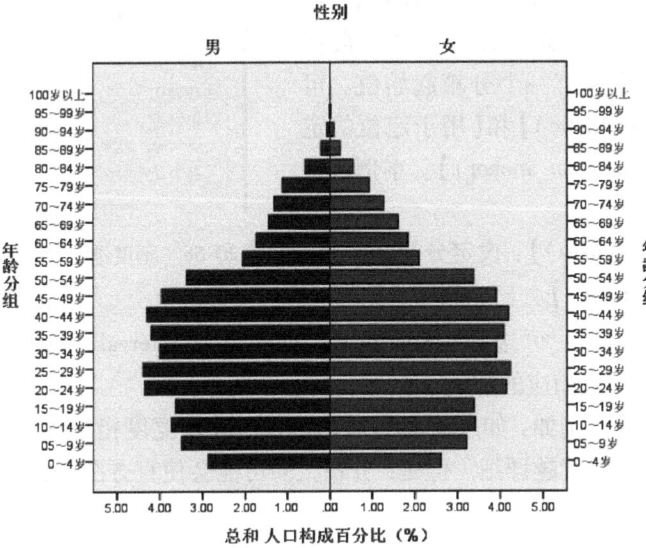

图 20-57 某地区 2005 年的人口金字塔

4)结果分析。

该地区 2005 年的人口金字塔是根据年龄构成比(%)绘制的，横坐标的刻度是人口构成百分比，该图形呈现上下两头小、中间大，一般多为死亡率大于出生率，表示人口总数不断减少，属于缩减型人口。

可见，SPSS 人口金字塔程序可以根据人口数和年龄构成比绘制人口金字塔，用户在使用时可根据需要对数据进行适当的转换，以便绘制理想的图形。

20.9.3 人口金字塔在其他领域中的应用

人口金字塔常用于人口学和医学。我们可以把人口金字塔看作复式直方图的特殊表现形式，即计量资料 2 个分类(分组)之间的直方图比较，人口金字塔还可以在 2 个直方图上显示各分类(分组)的直方图，以便用户比较和判断计量资料在不同分类(分组)之间的分布。基于这个思想，可以将人口金字塔的应用推广到任何领域。下面以教育方面的数据来介绍人口金字塔的应用，读者可以尝试使用人口金字在本专业的应用。

【例 20-25】 某地 2009 年公务员考试成绩的有效数据，共有 3068 名考生的成绩，已建立数据文件 test1. sav，变量名为 sex(性别)、x1(能力成绩)、x2(申论成绩)、x3(笔试折合总成绩)，试绘制该地区的公务员考试能力成绩的人口金字塔。

1)打开数据文件 test1. sav。

2)人口金字塔(Define Population Pyramid)主对话框中,【计数(Counts)】选择【从数据计算计数(Compute counts from data)】,【显示分布(Show distribution over)】变量选择“x1(能力成绩)”,【拆分依据(Split by)】变量选择“sex(性别)”。

3)单击【分类选项(Scale Options)...】按钮,打开刻度选项(Scale Options)对话框,见图 20-58。

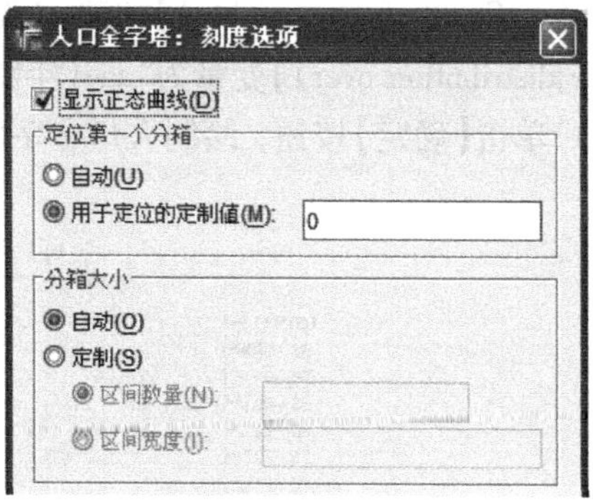

图 20-58 刻度选项(Scale Options)主对话框

☆【显示正态曲线(Display normal curve)】:将平均值和标准差与数据相同正态曲线放置在直方图上。

☆【定位第一个分箱(Anchor First Bin)】:指定分箱起始值。如果该值小于最小数据值,则该值将作为第一个分箱起始值。可选择【自动(Automatic)】和【用于定位的定制值(Custom value for anchor)】。本例选择后者,设定为“0”。

☆【分箱大小(Bin Sizes)】:设定分箱的大小。

○【自动(Automatic)】。

○【定制(Custom)】:可选择【区间数量(Number of intervals)】或【区间宽度(Interval width)】,并设定相应的数值。

宽度也影响分箱数,例如,如果轴范围为 0 ~ 100,并且宽度指定为 5,则将会有 20 个分箱。分箱数越多,直方图就越详细。但是,分箱太多可能会使直方图变得不规则,以致看不出分布的形状。

注意: 如果要离散化的变量是一个日期,则宽度将以天数为单位。因此,指定宽度为 30 表示 30 天。

4)单击【继续】→【确定】按钮,绘制人口金字塔,见图 20-59。

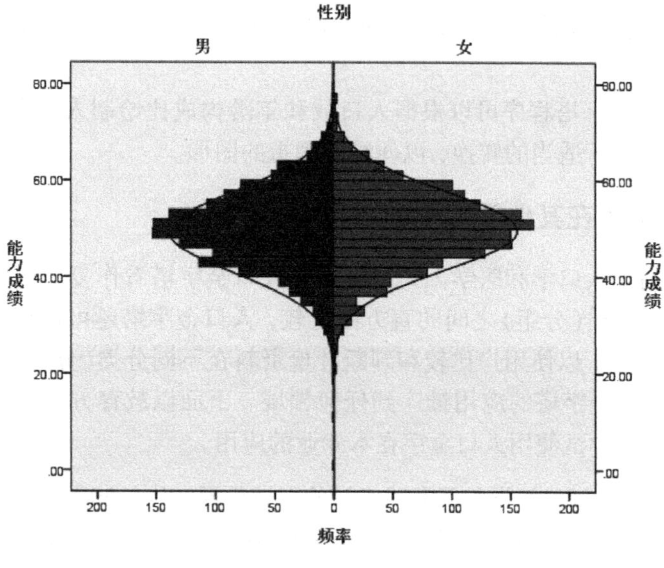

图 20-59 某地 2009 年公务员考试能力成绩的人口金字塔

5）结果分析。

某地 2009 年公务员考试能力成绩的人口金字塔实际可以看作不同性别考生能力成绩对称排列的复式直方图，结合直方图及正态曲线，可观测该地区公务员考试不同性别考生能力成绩分布及其差别。

20.10　散点图与点图

散点图（Scatterplot）用点的位置表示两变量间的数量关系和变化趋势，如果两个变量之间有自变量与因变量之分时，通常把自变量放在横轴上，把因变量放在纵轴上。散点图可以形象地反映出在专业上有一定联系的两个连续变量之间的变化趋势，可用于判断是否值得进行直线相关和回归或拟合何种类型的曲线方程。散点图/点图共有 5 种类型：简单散点图（simple scatterplot）、重叠散点图（overlay scatterplot）、散点图矩阵（matrix scatter）、三维散点图（3-D scatterplot）和简单点图（simple dot plot）。SPSS 可绘制的散点图样图见图 20-60。

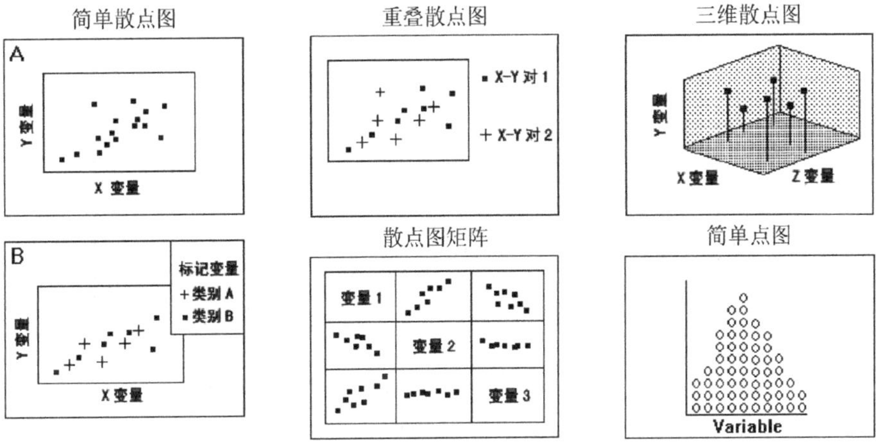

图 20-60　不同种类散点图的样图

20.10.1　简单散点图

【例 20-26】　某医院测定正常孕妇不同孕周（GA）羊水内的甲胎蛋白（AFP）含量，已建立数据文件 nonlin1.sav，试绘制孕周与甲胎蛋白含量的散点图。

1）打开数据文件 nonlin1.sav。

2）选择【图形（Graphs）】→【旧对话框（Legacy Dialogs）】→【散点/点状（Scatter/Dot）...】选项，打开散点图/点图（Scatter/Dot）主对话框，见图 20-61。选择【简单分布（Simple Scatter）】。

3）单击【定义】按钮，打开简单散点图（Simple Scatterplot）对话框，见图 20-62。设定【Y 轴（Y Axis）】变量为“afp（甲胎蛋白）”，【X 轴（X Axis）】变量为“ga（孕周）”，【设置标记（Set Markers by）】变量和【标注个案（Label Cases By）】变量未选择。

4）单击【确定】按钮，可绘制简单散点图，见图 20-63。

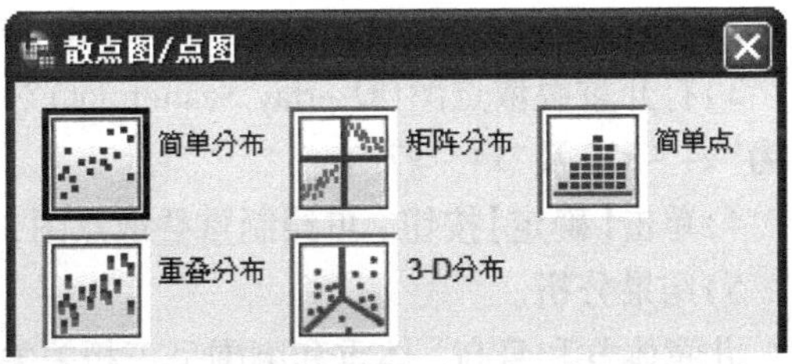

图 20-61　散点图/点图（Scatter/Dot）主对话框

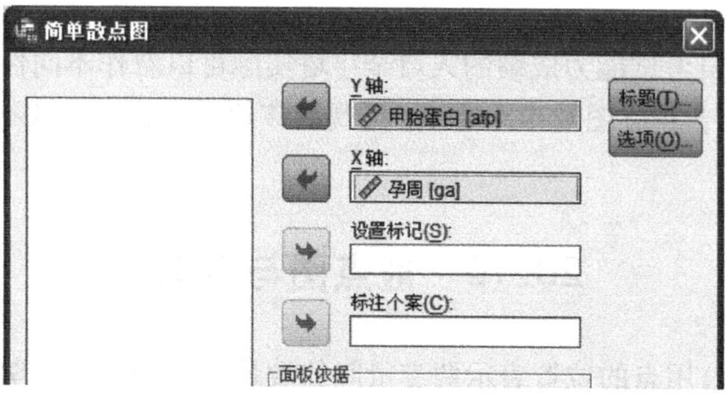

图 20-62　简单散点图(Simple Scatterplot)对话框

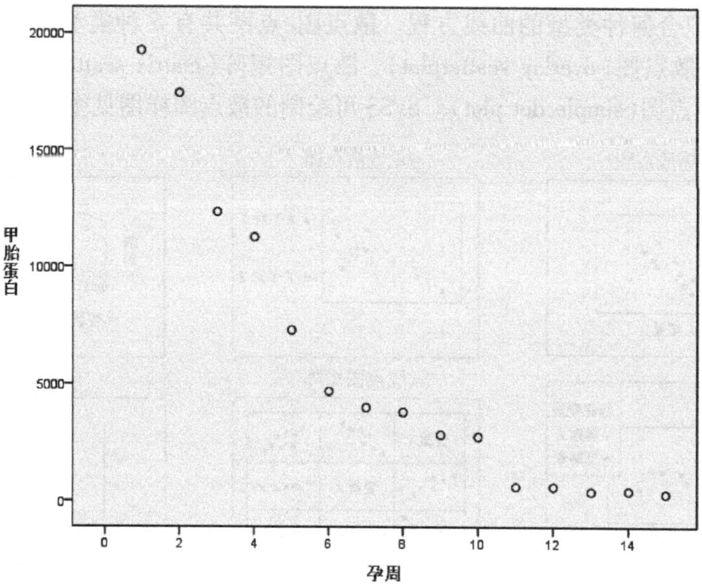

图 20-63　不同孕周与羊水内甲胎蛋白含量的散点图

5)结果分析。

孕 8 周之前，随着孕周增加，孕妇羊水内的甲胎蛋白(AFP)含量下降速度较快；孕 8 周以后，下降速度趋缓，孕妇羊水内的甲胎蛋白(AFP)含量和孕周呈反比非线性关系。

20.10.2　重叠散点图

【例 20-27】　已知 child. sav 数据文件，试绘制体重与身高、体重与胸围的重叠散点图。

1)打开数据文件 child. sav。

2)散点图/点图(Scatter/Dot)主对话框，选择【重叠分布(Overlay Scatter)】选项。

3)打开重叠散点图(Overlay Scatterplot)对话框，见图 20-64，设定【Y-X 对(Y-X Pairs)】分别为“x4 - x5”及“x4 - x7”。

4)单击【确定】按钮，可绘制重叠散点图，见图 20-65。

5)结果分析。

儿童体重和身高、体重和胸围呈正相关关系，身高越高、胸围越大，体重也越大。

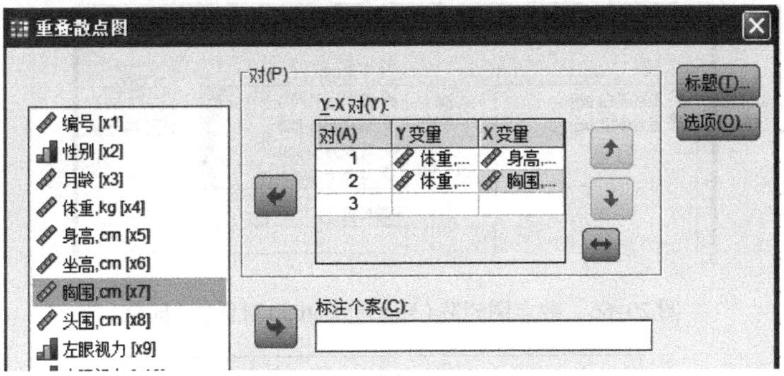

图 20-64　重叠散点图(Overlay Scatterplot)对话框

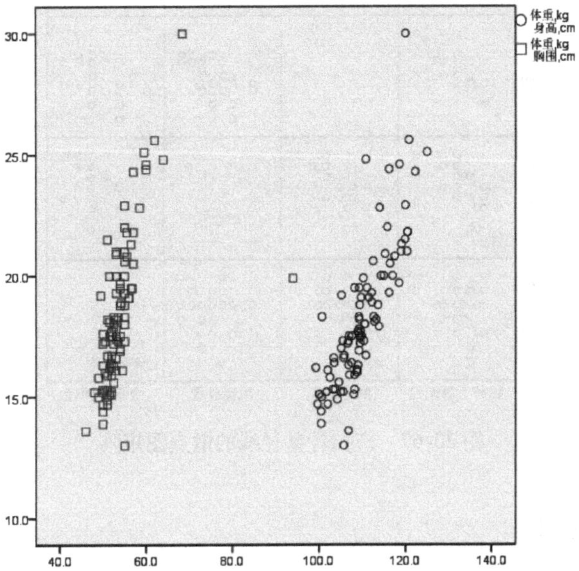

图 20-65　体重与身高、胸围的重叠散点图

20.10.3　散点图矩阵

【例 20-28】　某妇幼保健院对 33 名产妇进行产前检查及其婴儿体重的原始观测值有髂前上棘间径(x1, cm)、髂脊间径(x2, cm)、耻骶外径(x3, cm)、坐骨节间径(x4, cm)、血红蛋白(x5, g)和婴儿体重(x6, kg)6 个指标，并已建立数据文件 hong1. sav。试绘制 x1 ~ x4 的散点图矩阵。

1)打开数据文件 hong1. sav。

2)散点图/点图(Scatter/Dot)主对话框中，选择【矩阵分布(Matrix Scatter)】选项。

3)打开散点图矩阵(Scatterplot Matrix)对话框，见图 20-66，选择 2 个或以上的【矩阵变量(Matrix Variables)】，本例为"x1" ~ "x4"。

4)单击【确定】按钮，可绘制散点图矩阵，见图 20-67。

5)结果分析。

通过散点图矩阵，可快速找出产妇骨盆径线指标两两间有相关关系的变量，读者不妨找找看。

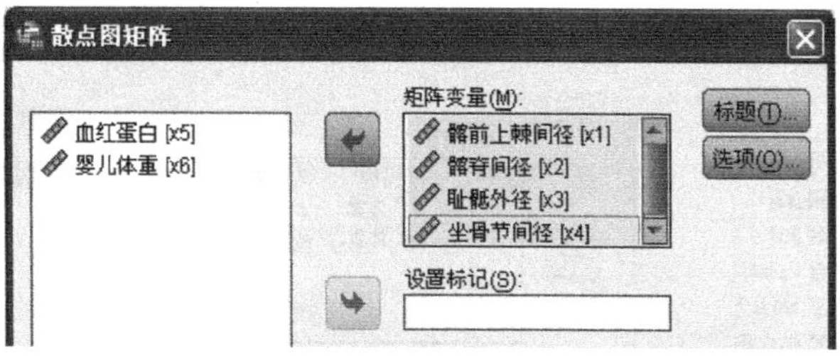

图 20-66　散点图矩阵(Matrix Scatter)对话框(部分)

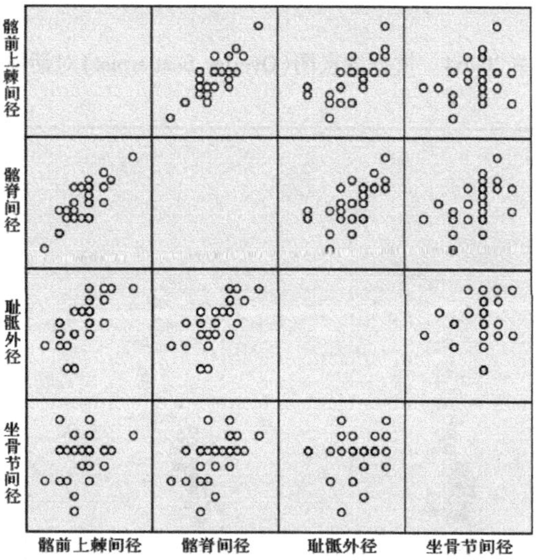

图 20-67　产妇骨盆径线的散点图矩阵

20.10.4　三维散点图

【例 20-29】　已知 29 例儿童的血红蛋白(hemogl, g)、钙(Ca, μg)、镁(Mg, μg)、铁(Fe, μg)、锰(Mn, μg)与铜(Cu, μg)的含量，并已建立数据文件 hemoglo. sav，试绘制 Fe、Cu 与 hemogl 的三维散点图。

1)打开数据文件 hemoglo. sav。

2)散点图/点图(Scatter/Dot)主对话框中，选择【3-D 分布(3-D Scatter)】选项。

3)打开 3-D 散点图(3-D Scatterplot，三维散点图)对话框，见图 20-68，设定【Y 轴(Y Axis)】变量为“Fe(铁)”，【X 轴(X Axis)】变量为“hemogl(血红蛋白)”，【Z 轴(Z Axis)】变量为“Cu(铜)”。

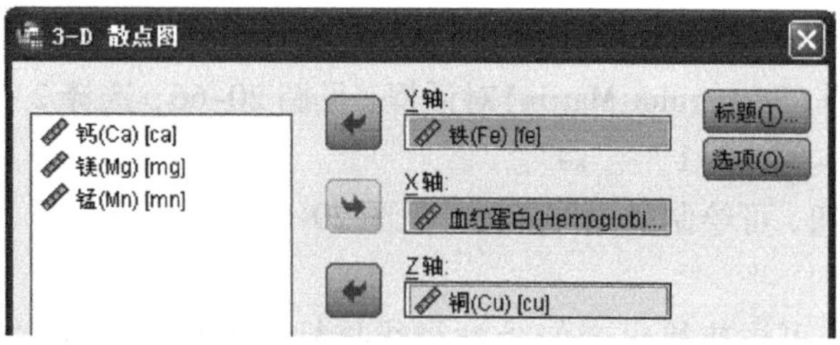

图 20-68　三维散点图(3-D Scatterplot)对话框(部分)

4）单击【确定】按钮，可绘制三维散点图，见图 20-69。

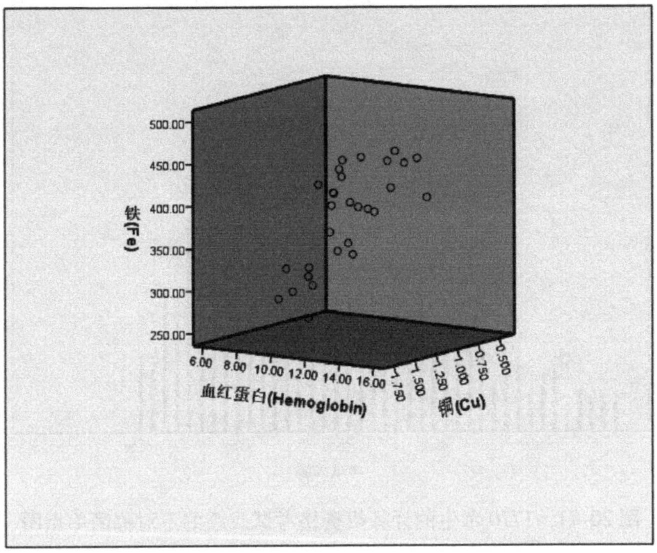

图 20-69　血红蛋白、铜、铁含量的三维散点图

20.10.5　简单点图

简单点图(Simple Dot Plot)可在图中绘制一个连续变量或分类变量的点，这些点的垂直位置不表示某个具体的值，只是表示在 X 轴上所在数值的个案数，特别适合用于比较分布情况。可绘制 3 种形状的简单点图：不对称(asymmetric)、对称(symmetric)、水平(flat)。读者可通过简单点图中点的分布情况了解数据的分布情况。

【例 20-30】　某地 1770 名考生参加计算机资格考试的成绩数据 lesson. sav，试绘制该地区计算机资格考试成绩的对称点图和水平点图。

1）打开数据文件 lesson. sav。

2）散点图/点图(Scatter/Dot)主对话框中，选择【简单点(Simple Dot)】。

3）定义简单点图(Define Simple Dot Plot)对话框中，【X 轴变量(X-Axis Variable)】可选择连续变量或分类变量，本例选择“score(考试成绩)”。

4）单击【选项(Options)...】按钮，打开选项(Options)对话框，见图 20-70。

☆【绘制形状(Plot shape，图形形状)】。

○【不对称(Asymmetric)】：点堆积在 X 轴上，本例选择此项。

○【对称(Symmetric)】：点在一水平线周围对称排列。

○【水平(Flat)】：点直接放置在轴上，不堆积。

5）单击【确定】按钮，可绘制不对称简单点图，见图 20-71。

6）重复上述操作，选项(Options)对话框中，【绘制形状(Plot shape)】选择【对称(Symmetric)】选项，可绘制对称简单点图，见图 20-72。

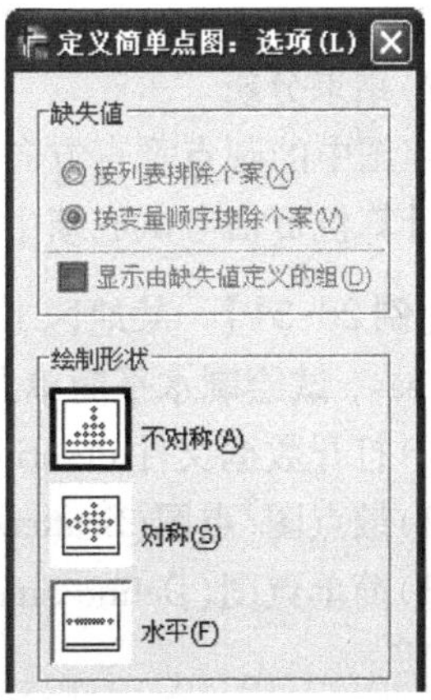

图 20-70　选项(Options)对话框

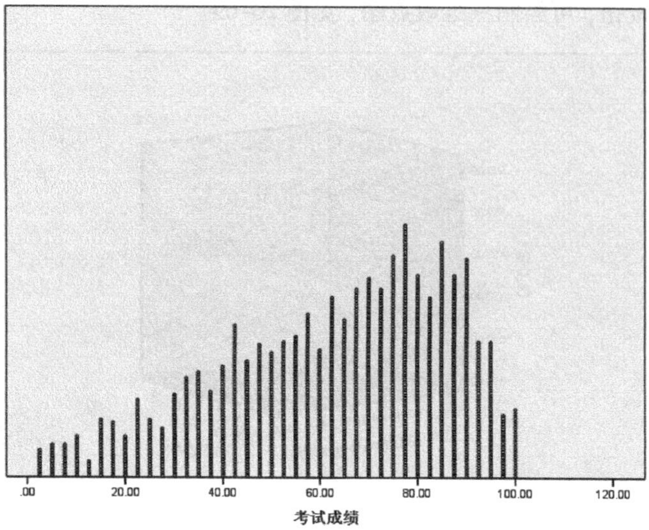

图 20-71　1770 考生的计算机资格考试成绩的不对称简单点图

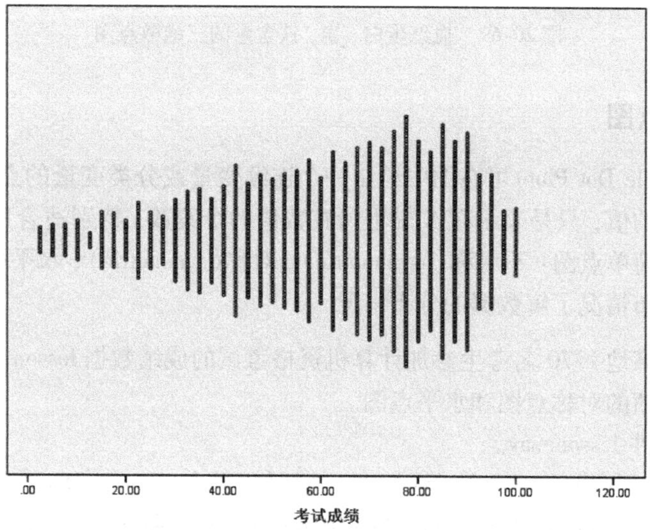

图 20-72　1770 考生的计算机资格考试成绩的对称简单点图

7)结果分析。

点图中的圆点垂直方向堆积的长度越长，说明落在该值(组)的个案越多，可见 1770 名考生的计算机资格考试成绩主要分布在 50 ~ 90 分之间。

【例 20-31】 某地区 130 名正常成年男子红细胞数(RBC，万/mm)已建立数据文件 descrip. sav，试绘制水平简单点图。

1)打开数据文件 descrip. sav。

2)散点图/点图(Scatter/Dot)主对话框中，选择【简单点(Simple Dot)】选项。

3)简单点图(Define Simple Dot Plot)对话框中，【X 轴变量(X-Axis Variable)】为“rbc(红细胞数)”。

4)选项(Options)对话框中，【绘制形状(Plot shape)】选择【水平(Flat)】。

5）单击【确定】按钮，绘制水平简单点图，见图 20-73。

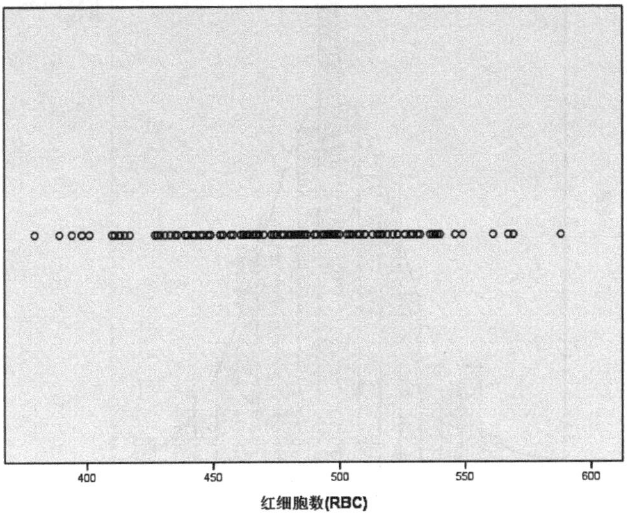

图 20-73　130 名正常成年男子红细胞数水平简单点图

6）结果分析。

130 名正常成年男子红细胞数水平的数值以点直接放置在轴上，重叠的点越多（颜色越黑），表示数值越集中，可以看出正常男子红细胞水平主要分布在 430～540 之间，需要进一步分析才能了解其正常范围。

20.11　直　方　图

直方图（Histogram）以各矩形的面积表示各组频数的多少，各矩形面积的总和相当于各组频数之和，主要用于描述定量变量的频率分布。

【例 20-32】　某地区 130 名正常成年男子红细胞数（RBC，万/mm）已建立数据文件 descrip. sav，试绘制红细胞数的直方图。

1）打开数据文件 descrip. sav。

2）选择【图形（Graphs）】→【旧对话框（Legacy Dialogs）】→【直方图（Histograms）...】选项，打开直方图（Histogram）主对话框，见图 20-74。设定【变量（Variable）】为“RBC（红细胞数）”，选择【显示正态曲线（Display normal curve）】。

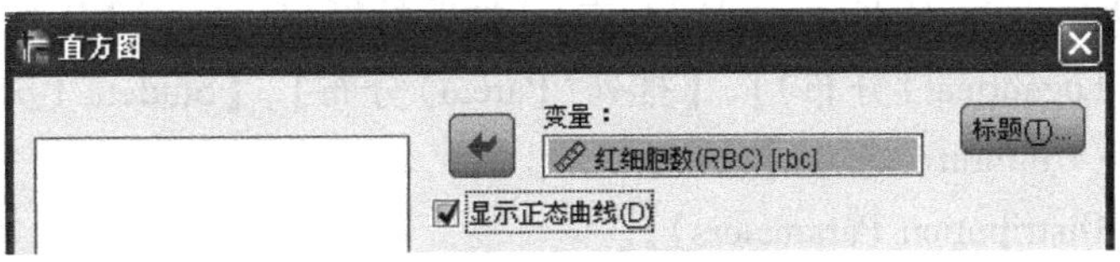

图 20-74　直方图（Histogram）主对话框

3）单击【确定】按钮，可绘制直方图，见图 20-75。

4）结果分析。

该地区正常成年男子红细胞数的分布是符合正态分布的，平均值为 479.35，标准差为 41.506。

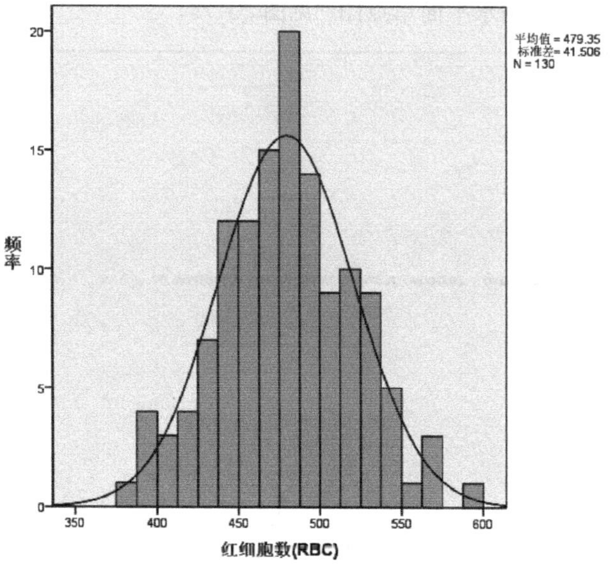

图 20-75　某地区正常成年男子红细胞数的直方图

20.12　P-P 概率图

P-P 图(P-P Plot)是一种检验变量分布的图形，是变量分布累积比与某一分布累积比生成的图形。如果用户已知一批数据，那么可用正态 P-P 概率图与去趋势 P-P 概率图检验是不是指定分布，如果符合指定分布，则图中数据各点应近似成一条直线(对角线)。如果不成直线，但有一定规律，可对数据进行转换，使转换后的数据更接近指定分布。

【例 20-33】 某单位对 100 名健康女大学生测定了血清总蛋白含量(serum，克/升)，并且已建立数据文件 frequen1. sav(参见例 6-1)，试绘制 P-P 图。

1)打开数据文件 frequen1. sav。

2)选择【分析(Analyze)】→【描述统计(Descriptive Statistics)】→【P-P 图(P-P Plots)...】选项，打开 P-P 图(P-P Plots)对话框，见图 20-76。

☆【变量(Variables)】：本例为“serum(血清总蛋白含量)”。

☆【检验分布(Test Distribution)】：本例为【常规(Normal，正态)】分布。用户还可选择【Beta(β 分布)】、【卡方(Chi-square)】分布、【指数分布(Exponential)】、【伽玛(Gamma，γ 分布)】、【半正态(Half-normal)】分布、【拉普拉斯(Laplace)】分布、【Logistic 分布】、【对数正态(Lognormal)分布)】、【排列(Pareto)分布】、【Student t 分布】、【Weibull 分布】或【相等(Uniform，均匀)】分布。

☆【分布参数(Distribution Parameters)】。

○【从数据中估计(Estimated from data)】：可设定【位置(Location)】及【刻度(Scale)】。

☆【转换(Transform，变换)】：可选择【自然对数转换(Natural log transform)】、【标准值(Standardize values，标准化值)】、【差分(Difference)】及【季节性差分(Seasonally difference)】。

☆【比例估计公式(Proportion Estimation Formula)】：n 为观测值，r 为 1 ~ n 的秩次。

○【Blom】：公式为(r-(3/8))/(n+(1/4))。

○【Rankit】：公式为(r-(1/2))/n。

○【Tukey】：公式为(r-(1/3))/(n+1/3)。

○【Van der Waerden】：公式为(r/(n+1))。

☆【为结指定的等级(Rank Assigned Ties)】：可选择【平均值(Mean)】、【高(High)】、【低(Low)】或【强制打开结(Break ties arbitrarily)】，即不处理相同值。

P-P 图可给出变量的分布概率图和变量的去趋势分布概率图。

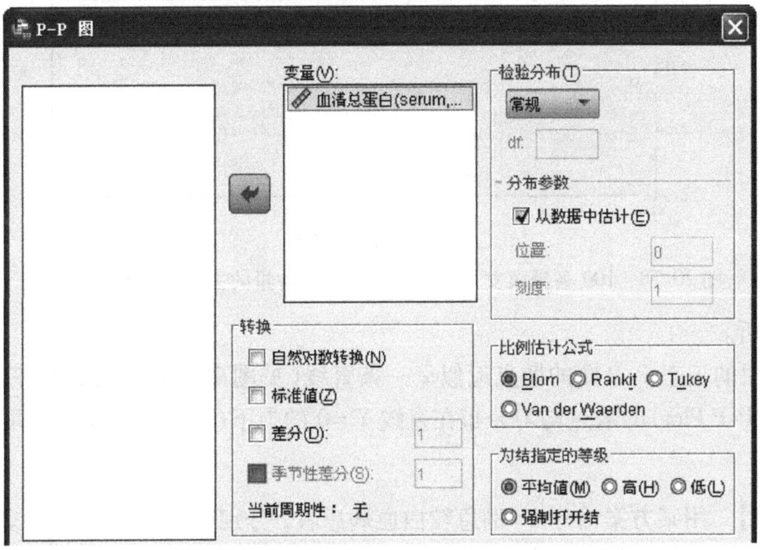

图 20-76　P-P 图(P-P Plots)对话框

3)单击【确定】按钮，可绘制 P-P 图，见图 20-77、图 20-78。

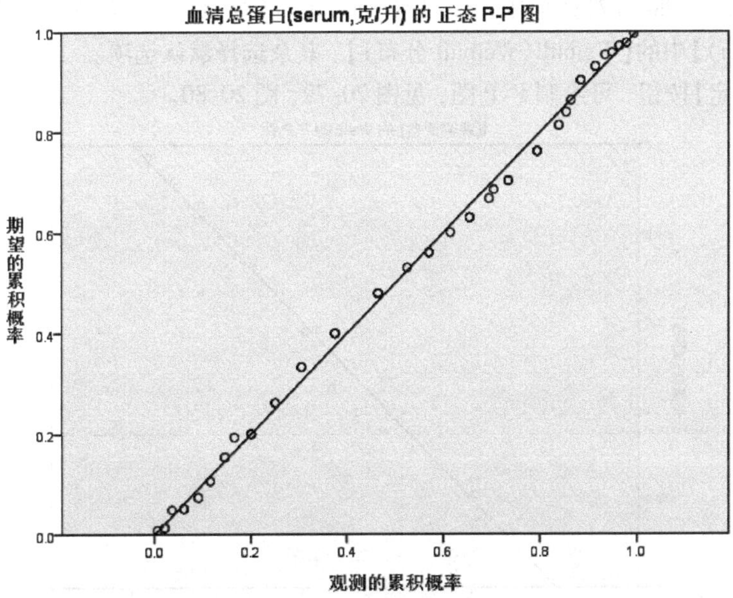

图 20-77　100 名健康女大学生血清总蛋白含量的正态 P-P 图

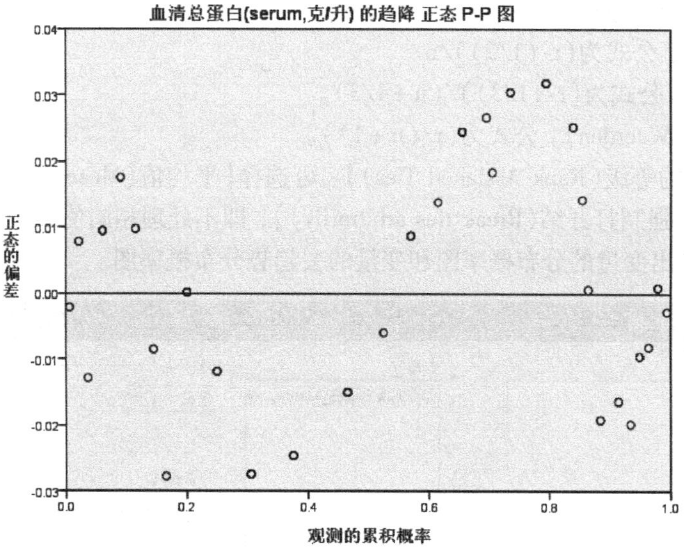

图 20-78　100 名健康女大学生血清总蛋白含量的去趋势正态 P-P 图

4)结果分析。

血清总蛋白的正态 P-P 图的散点近似呈一条直线(见图 20-77),去趋势正态 P-P 图(Detrended Normal P-P Plot)的散点均匀分布在直线 Y = 0 的上下(见图 20-78),故可认为本资料服从正态分布。

【例 20-34】　用某方案治疗 16 例急粒白血病患者,分别得到复发前完全缓解的维持天数与总结时尚未复发并已维持的天数(t)如下:26, 43, 76, 76, 90, 105, 117, 128, 144, 185, 218, 250, 283, 333, 389, 497。此资料是否呈 Weibull 分布?

1)建立数据文件 p-p2. sav。

2)P-P 图(P-P Plots)对话框中,【变量(Variables)】为"t(维持天数)"。选择【检验分布(Test Distribution)】中的【Weibull(Weibull 分布)】,其余选择默认选项。

3)单击【确定】按钮,可绘制 P-P 图,见图 20-79、图 20-80。

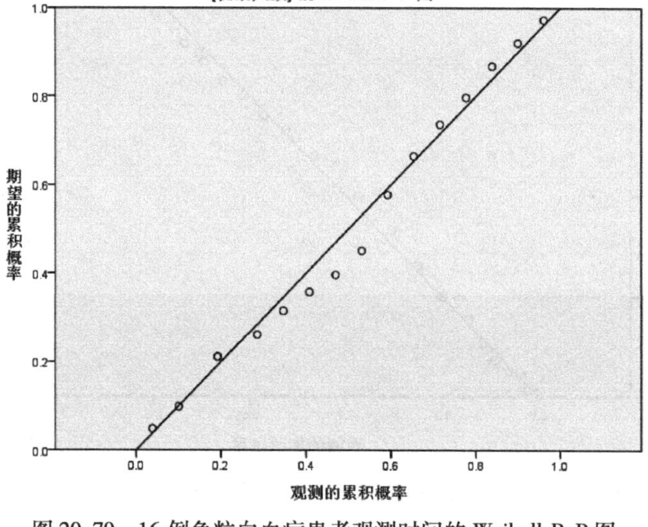

图 20-79　16 例急粒白血病患者观测时间的 Weibull P-P 图

4)结果分析。

维持天数的 Weibull P-P 图的散点近似呈一条直线(见图 20-79),去趋势 Weibull P-P 图的散点均匀分布在直线 Y=0 的上下(见图 20-80),故可认为本资料服从 Weibull 分布。

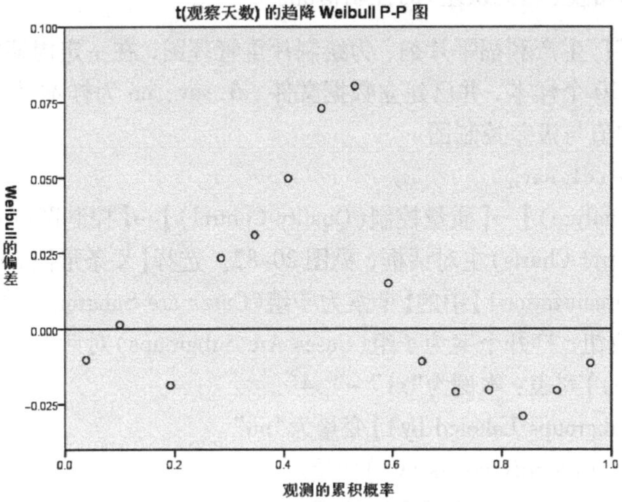

图 20-80　16 例急粒白血病患者观测时间的去趋势 Weibull P-P 图

20.13　质量控制图

质量控制图(Control charts)又称管理图。在统计控制下,产品的质量接近一个目标值,为此,每隔一定时间随机抽样若干样品,考察其质量,依次在坐标图上标出质量水平所对应的点,这样的点图连同指定上下限便构成一幅控制图。控制图的基本原理是:如果某一波动仅仅由个体差异或随机测量误差所致,那么观测结果服从正态分布。控制图共有 4 种类型:平均值、极差、标准差控制图(X-bar, R, s control charts),单值、移动极差控制图(individuals, moving control charts),不合格品率、不合格品数控制图(p, np control charts)及缺陷数、单位缺陷数控制图(c, u control charts)。

共有 7 个组合绘制不同数据类型及不同种类的控制图,见图 20-81。

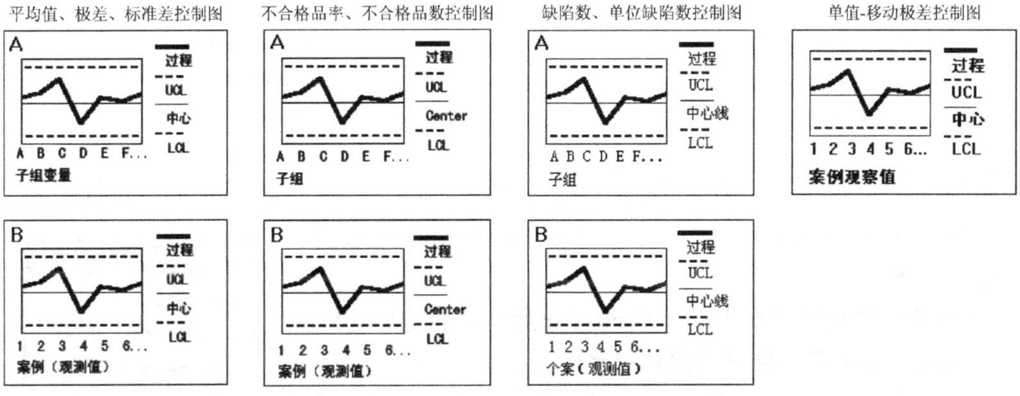

A—Cases are Units(个案为单位)　B—Cases are Subgroups(个案为子集)

图 20-81　不同数据类型及不同种类控制图的样图

20.13.1　平均值、极差、标准差控制图

平均值控制图(x Bar)表明准确度(系统误差)的控制情况，极差控制图(R 图)与标准差控制图(S 图)则表明精密度(随机误差)的控制情况。

【例 20-35】 某厂生产利福平片剂，为绘制片重管理图，在一定周期内定时取样，每个样本量 n1 =4，共抽取 20 个样本，并已建立数据文件 cc1.sav，no 为样本号，x1 ~ x4 为各次片重测定值。试绘制平均值与极差控制图。

1)打开数据文件 cc1.sav。

2)选择【分析(Analyze)】→【质量控制(Quality Control)】→【控制图(Control Charts)...】选项，打开控制图(Control Charts)主对话框，见图 20-82。选择【X 条形图、R、s(X-Bar, R, s)】及【数据组织(Data Organization)】中的【个案为子组(Cases are Subgroups)】。

3)单击【定义】按钮，打开个案为子组(Cases Are Subgroups)对话框，见图 20-83。

☆【样本(Sample)】列表：本例为“x1” ~ “x4”。

☆【标注子组(Subgroups Labeled by)】变量为“no”。

☆【点的标识依据(Identify points by)】变量。

☆【图表(Charts)】：可选择【X 条形图使用范围(X-bar using range，平均值图使用范围)】或【X 条形图使用标准差(X-bar using standard deviation，平均值图使用标准差)】，本例选择前者。

○【显示 R 图(Display R chart)】：本例选择此项。

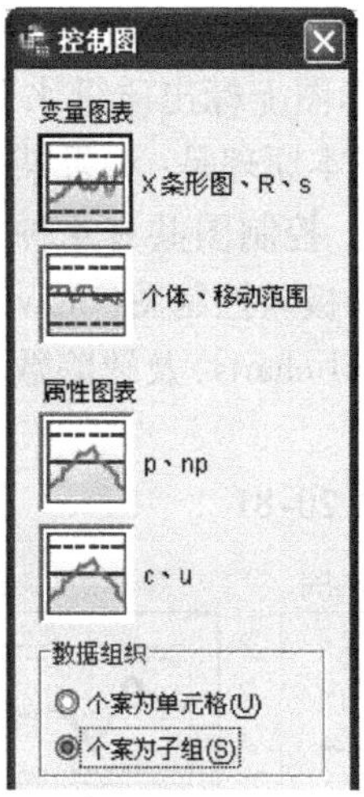

图 20-82　控制图(Control Charts)主对话框

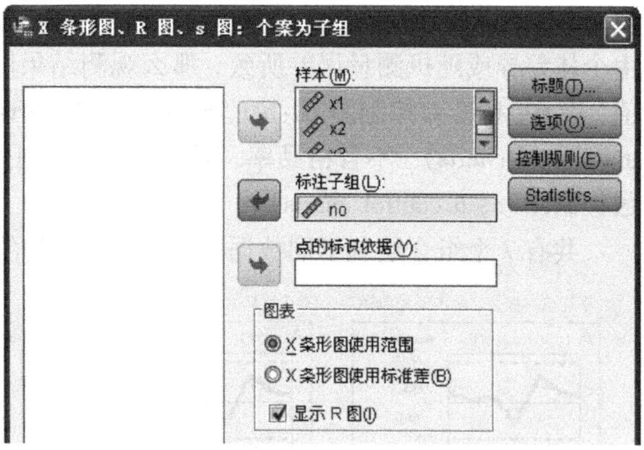

图 20-83　个案为子组(Cases Are Subgroups)对话框

4)单击【选项(Options)...】按钮，打开选项(Options)对话框，见图 20-84。

☆【西格玛的数目(Number of Sigmas，σ 数)】：指定中心线(center line)任一侧显示的标准差数。

☆【最小子组样本大小(Minimum subgroup sample size)】：子组允许的最小样本量，如果样本量低于指定值，则在图形和计算中剔除子组。

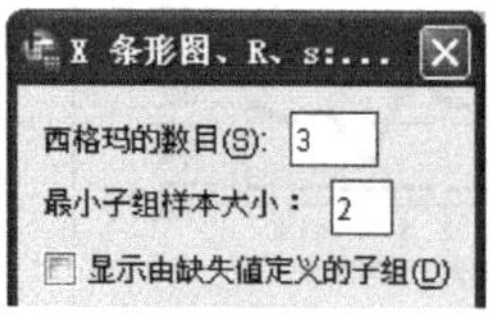

图 20-84　选项(Options)对话框

☆【显示由缺失值定义的子组(Display subgroups defined by missing values)】: 图表将以独立分组的形式显示子组变量的每个缺失值。

5)单击【继续】→【控制规则(Control Rules)...】按钮，打开控制规则(Control Rules)对话框，见图 20-85。

控制规则用于标注控制图的异常情况，违反控制规则的点将在控制图及结果表格中用不同的形状和颜色标注。违反多个控制规则的点将会被多次列出。

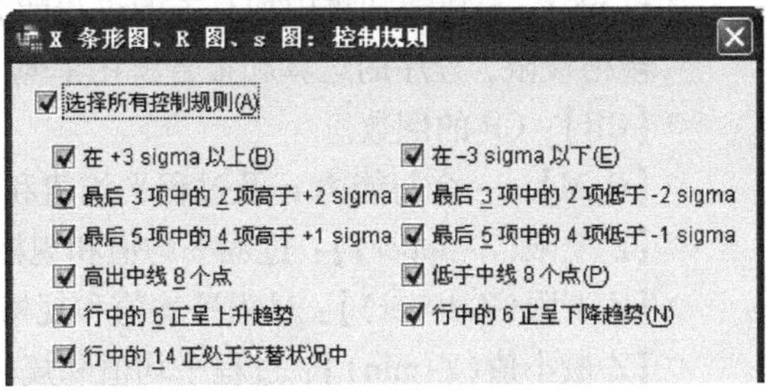

图 20-85　控制规则(Control Rules)对话框

☆【选择所有控制规则(Select all control rules)】: 本例选择此项。

☆【在 +3 sigma 以上(Above +3 sigma)】: 距离中心线上方超过 3 个标准差(位于控制限以外)。

☆【在 -3 sigma 以下(Below -3 sigma)】: 距离中心线下方超过 3 个标准差。

☆【最后 3 项中的 2 项高于 +2 sigma(2 out of last 3 above +2 sigma)】: 连续 3 个点中有 2 个点距离中心线上方超过 2 个标准差(位于警戒限以外)。

☆【最后 3 项中的 2 项低于 -2 sigma(2 out of last 3 below -2 sigma)】: 连续 3 个点中有 2 个点距离中心线下方超过 2 个标准差。

☆【最后 5 项中的 4 项高于 +1 sigma(4 out of last 5 above +1 sigma)】: 连续 5 个点中有 4 个点距离中心线上方超过 1 个标准差。

☆【最后 5 项中的 4 项低于 -1 sigma(4 out of last 5 below -1 sigma)】: 连续 5 个点中有 4 个点距离中心线下方超过 1 个标准差。

☆【高出中线 8 个点(8 points above center line)】: 连续有 8 个点高于中心线。

☆【低于中线 8 个点(8 points below center line)】: 连续有 8 个点低于中心线。

☆【行中的 6 正呈上升趋势(6 in a row trending up)】: 连续有 6 个点稳定递增。

☆【行中的 6 正呈下降趋势(6 in a row trending down)】: 连续有 6 个点稳定递减。

☆【行中的 14 正处于交替状况中(14 in a row alternating)】: 连续 14 个点交替上下。

6)单击【继续】→【Statistics(统计)...】按钮，打开统计(Statistics)对话框，见图 20-86。

☆【规格限制(Specification Limits，规格极限)】: 设定图形显示的固定限(fixed limit)和计算限(calculated limits)，在需要确定过程是否处于预定义的容差限(tolerance limit)内时非常有用。可设定【上限(Upper)】、【下限(Lower)】和【目标(Target)】。

☆【能力西格玛(Capability Sigma，能力 σ)】: 对能力指数(capability index)计算中采用的变异度量(measure of variation)，可选择【使用 R 条估计(Estimate using R-bar)】、【使用 S 条估计(Estimate using S-bar)】或【在子组变动内部使用(Using within subgroup variation)】。

☆【实际% 外部规格限制(Actual % outside specification limits)】: 过程中的各个观测值处于规格极限之外的百分比。

☆【过程能力指标(Process Capability Indices，过程能力指数)】: 用于测量过程能力的统计量。

○【CP】: 过程能力(capability of the process)。

○【CpU】: 以能力 σ 为刻度的过程平均值(process mean)和规格上限(upper specification limit)间的距离。

○【CpL】: 以能力 σ 为刻度的过程平均值和规格下限(lower specification limit)间的距离。

○【K】: 过程平均值和规格极限中点的离差。

○【CpK】: 与离散和集中均有关的过程能力，它是 CpU 和 CpL 的最小值，如果只有一个规格极限，程序的运算和报告将用单侧 CpK 代替最小值。

○【CR】: CP 的倒数。

○【CpM】: 一个与能力 σ 及过程平均值和目标值间差值均有关的指数。

○【Z 上限(Z-upper)】: 过程平均值和规格上限之间的能力 σ 数。

○【Z 下限(Z-lower)】: 过程平均值和规格下限之间的能力 σ 数。

○【Z 最小值(Z-min)】: 过程平均值和规格极限之间的最小能力 σ 数。

○【Z 最大值(Z-max)】: 过程平均值和规格极限之间的最大能力 σ 数。

○【Z 外(Z-out)】: 超出规格极限的估计百分比，是根据 Z 上限和 Z 下限的标准正态近似。

☆【过程性能索引(Process Performance Indices，过程性能指数)】: 用于测量过程性能的统计量。

○【PP】: 过程性能(performance of the process)

○【PpU】: 以过程标准差(process standard deviation)为刻度的过程平均值和规格上限间的距离。

○【PpL】: 以过程标准差为刻度的过程平均值和规格下限间的距离。

○【PpK】: 与离散和集中均有关的过程性能，它是 PpU 和 PpL 的最小值，如果只有一个规格极限，程序的运算和报告将用单侧 PpK 代替最小值。

○【PR】: PP 的倒数。

○【PpM】: 一个与过程方差(process variance)及过程平均值和目标值间差值有关的指标。

○【Z 上限(Z-upper)】: 过程平均值和规格上限之间的标准差数。

○【Z 下限(Z-lower)】: 过程平均值和规格下限之间的标准差数。

○【Z 最小值(Z-min)】: 过程平均值和规格极限之间的最小标准差数。

○【Z 最大值(Z-max)】: 过程平均值和规格极限之间的最大标准差数。

○【Z 外(Z-out)】: 超出规格极限的估计百分比，是根据 Z 上限和 Z 下限的标准正态近似。

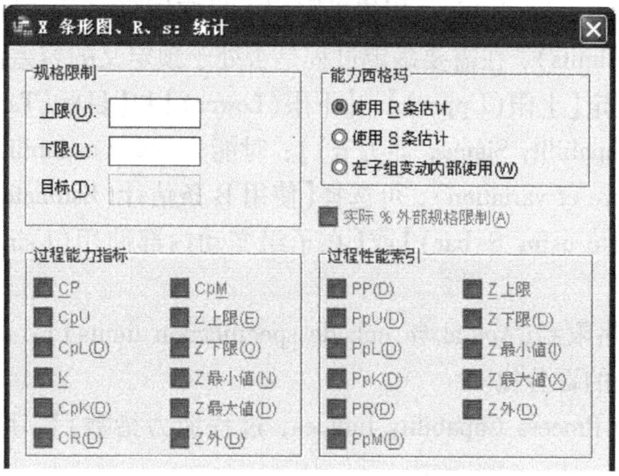

图 20-86　统计(Statistics)对话框

7)单击【继续】→【确定】按钮，可绘制平均值和极差控制图，见图 20-87、图 20-88。

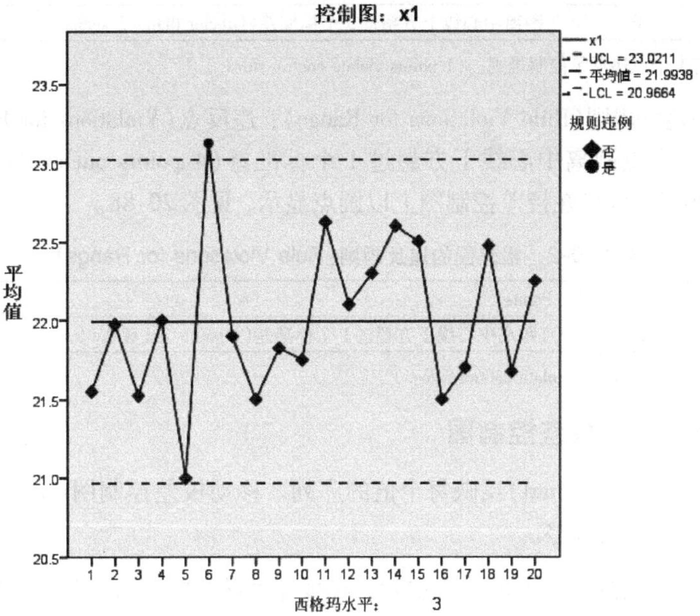

图 20-87　利福平片重的平均值控制图

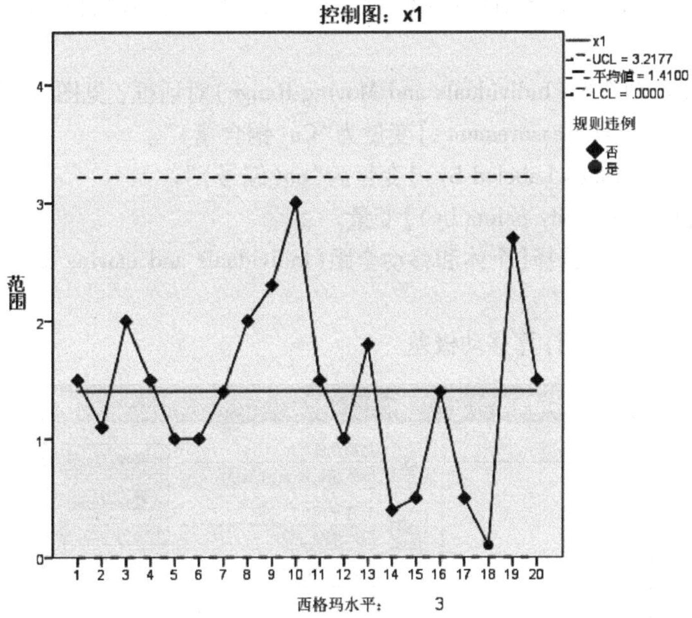

图 20-88　利福平片重的极差控制图

8)结果分析。

(1)平均值图的违反规则(Rule Violations for X-bar)：违反点(Violations for Points)为编号 6，该点距离中心线上方超过 3 个标准差(Greater than +3 sigma)，见结果 20-1，该点在平均值控制图上以圆点显示，其他点均符合规则，以方点显示，见图 20-87。

结果 20-1 平均值图的违反规则(Rule Violations for X-bar)

no	违反点(Violations for Points)
6	距离中心线上方超过 3 个标准差(Greater than +3 sigma)

有 1 个点违反了控制规则。(1 points violate control rules.)

(2)极差图的违反规则(Rule Violations for Range):违反点(Violations for Points)为编号 18,连续 5 个点中有 4 个点距离中心线下方超过 1 个标准差(4 points out of the last 5 below -1 sigma),见结果 20-2,该点在极差控制图上以圆点显示,见图 20-88。

结果 20-2　极差图的违反规则(Rule Violations for Range)

no	违反点(Violations for Points)
18	连续 5 个点中有 4 个点距离中心线下方超过 1 个标准差(4 points out of the last 5 below -1 sigma)

1 个点违反控制规则。(1 points violate control rules.)

20.13.2　单值、移动极差控制图

单值控制图(individual chart)反映每个值的序列。移动极差控制图(moving range chart)反映在指定跨距的个案值的极差。

【例 20-36】　为控制化验员的检查质量,对每升水样中的铜含量进行 20 次测定,并建立数据文件 cc2. sav,变量名为 no(编号)、Cu(铜含量),试绘制单值、移动极差控制图。

1)打开数据文件 cc2. sav。

2)控制图(Control Charts)主对话框中,选择【个体、移动范围(Individual, Moving Range)】选项。

3)打开个体和移动全距(Individuals and Moving Range)对话框,见图 20-89。

☆【过程测量(Process Measurement)】变量为"Cu(铜含量)"。

☆【标注子组(Subgroups Labeled by)】变量为"no(编号)"。

☆【点的标识依据(Identify points by)】变量。

☆【图表(Charts)】:可选择【个体和移动全距(Individuals and moving range)】或【个体(Individuals)】。

【跨度(Span)】,用于计算移动极差。

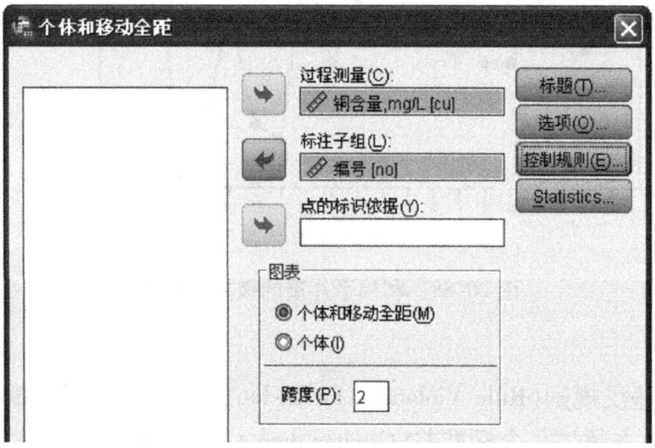

图 20-89　个体和移动全距(Individuals and Moving Range)对话框

4)控制规则(Control Rules)对话框中，选择【所有控制规则(Select all control rules)】。

5)单击【继续】→【确定】按钮，可绘制单值控制图，见图20-90、图20-91。

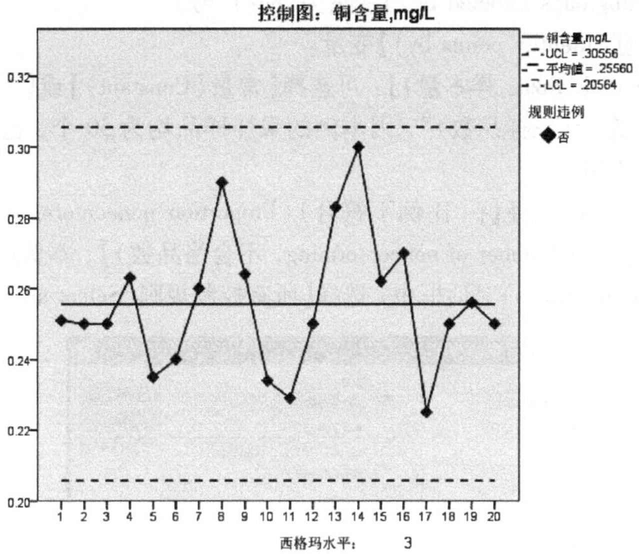

图20-90　水样中铜含量测定的单值控制图

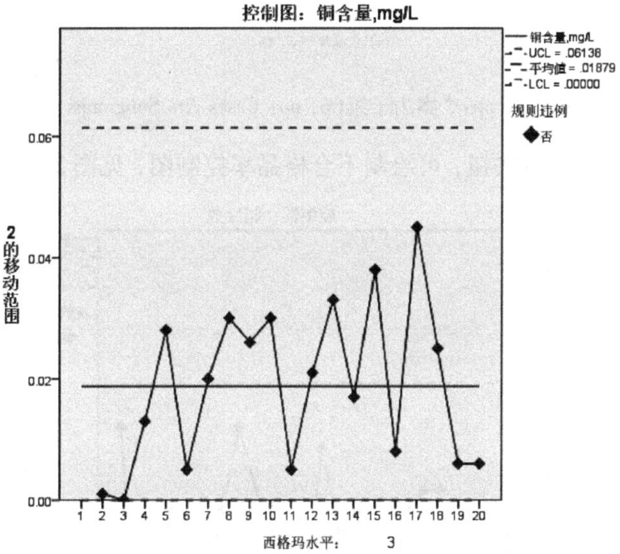

图20-91　水样中铜含量测定的移动极差控制图

20.13.3　不合格品率、不合格品数控制图

【例20-37】　检查25个大气监测点，每点检查50个样品，已建立数据文件cc3.sav，变量名为no(厂号)、n(采样品数)、np(超标数)、p(超标率)，试绘制不合格品率控制图。

1)打开数据文件cc3.sav。

2)控制图(Control Charts)主对话框中，选择【p、np(不合格品率、不合格品数控制图)】及【数据组织(Data Organization)】中的【个案为子组(Cases are Subgroups)】。

3)打开个案为子组(Cases Are Subgroups)对话框，见图 20-92。

☆【数目不符合(Number Nonconforming)】变量为“np(超标数)”。

☆【标注子组(Subgroups Labeled by)】变量为“no(厂号)”。

☆【点的标识依据(Identify points by)】变量。

☆【样本大小(Sample Size，样本量)】：可选择【常量(Constant)】或【变量(Variable)】，本例选择后者，为“n(采样品数)”，因本例的采样样品均为 50 个，也可选择【常量(Constant)】并输入“50”。

☆【图表(Chart)】：可选择【p(比例不符合)(Proportion nonconforming，不合格品率)】或【np(数目不符合)(Number of nonconforming，不合格品数)】，本例选择前者。

4)控制规则(Control Rules)对话框中，选择【所有控制规则(Select all control rules)】。

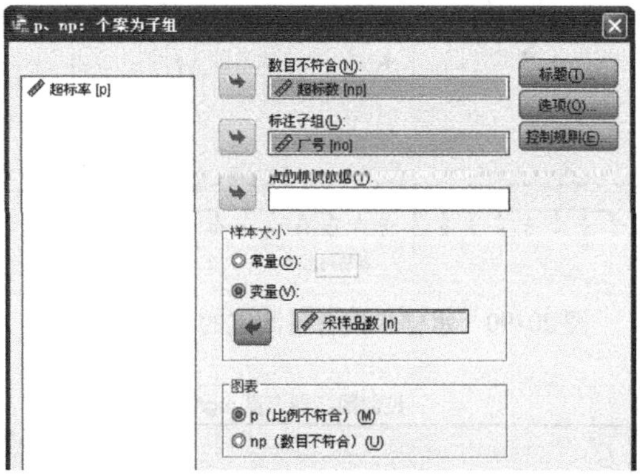

图 20-92　p，np:个案为子组(p，np：Cases Are Subgroups)对话框

5)单击【继续】→【确定】按钮，可绘制不合格品率控制图，见图 20-93。

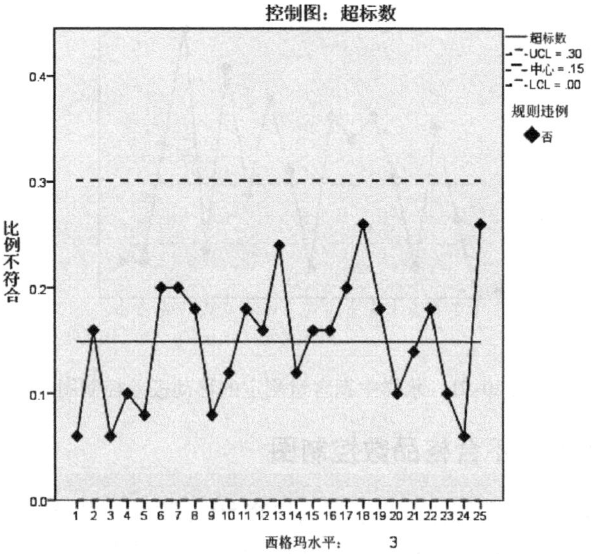

图 20-93　大气监测的不合格品率控制图

20.13.4　缺陷数、单位缺陷数控制图

【例 20-38】　某工厂对其产品进行抽样检查，每次抽取 1000 个样品，共抽查 25 次，记录

抽查的不合格数，并建立数据文件 cc4. sav，变量名为 no（样本号）、c（不合格数），试绘制缺陷数控制图（本例为模拟数据）。

1）打开数据文件 cc4. sav。

2）控制图（Control Charts）主对话框中，选择【c、u（缺陷数、单位缺陷数控制图）】及【数据组织（Data Organization）】中的【个案为子组（Cases are Subgroups）】。

3）打开个案为子组（Cases Are Subgroups）对话框，见图 20-94。【不符合的数目（Number Nonconformities）】变量为"c（不合格数）"，【标注子组（Subgroups Labeled by）】变量为"no（样本号）"，选择【样本大小（Sample Size，样本量）】中的【常量（Constant）】，本例为"10000"；【图表（Chart）】中的【c（不符合的数目）（Number of nonconformities，不合格品数）】。

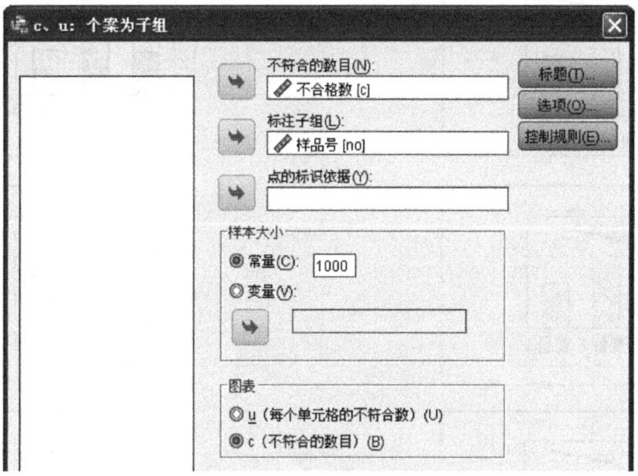

图 20-94　个案为子组（Cases Are Subgroups）对话框

4）控制规则（Control Rules）对话框中，选择【所有控制规则（Select all control rules）】。

5）单击【继续】→【确定】按钮，可绘制缺陷数控制图，见图 20-95。

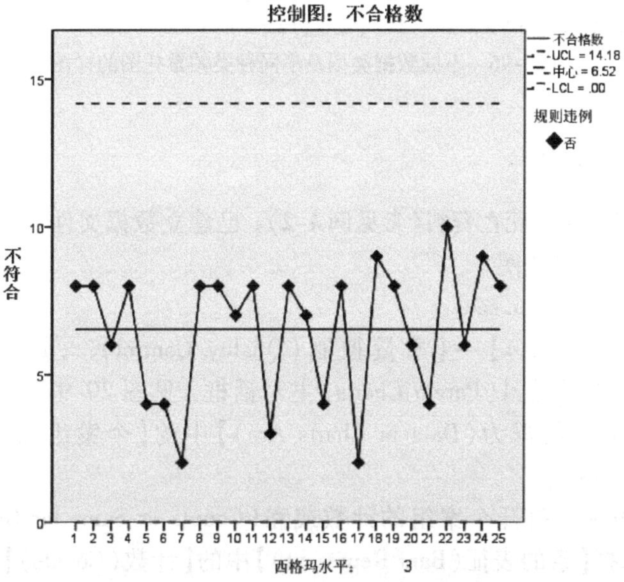

图 20-95　某产品不合格数的缺陷数控制图

20.14　帕累托图

帕累托图(Pareto Chart)又称主次因素图、排列图，可看作是按降序排列的条形图，并带有累积百分比的曲线。其条形的长短表示各组绝对数的大小，条形从大到小依次排列，线段的上升表示累积百分比的增加情况，可直观地找出主要、次要因素。帕累托图共有 2 种类型：简单帕累托图(simple Pareto chart)和堆积帕累托图(stacked Pareto chart)。共有 6 个组合绘制不同数据类型及不同种类的帕累托图，见图 20-96。

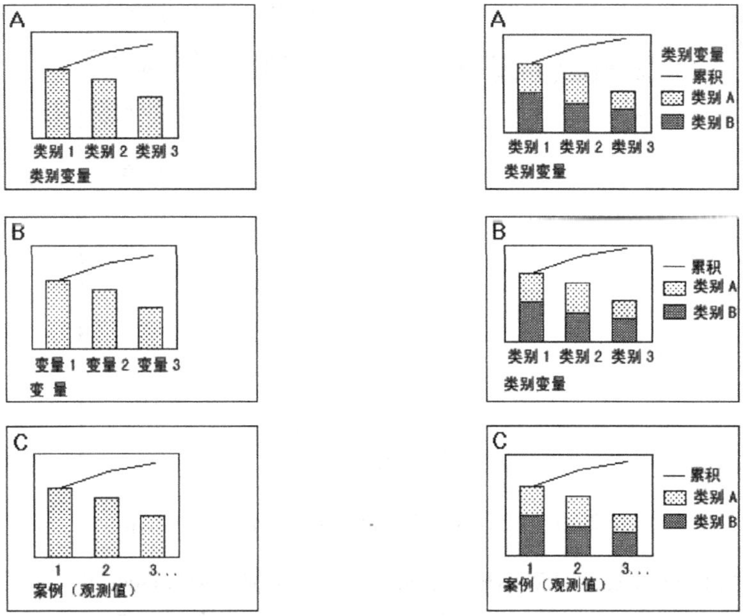

A—个案组的计数或和(Counts or Sums for Groups of Cases)　B—分离变量总和(Sums of Separate Variables)　C—个案值(Values of individual case)

图 20-96　不同数据类型及不同种类帕累托图的样图

20.14.1　简单帕累托图

【例 20-39】 某市儿童死亡资料(参见例 4-2)，已建立数据文件 age_com. sav，试绘制死亡分组(group)的简单帕累托图。

1)打开数据文件 age_com. sav。

2)选择【分析(Analyze)】→【质量控制(Quality Control)...】→【帕累托图(Pareto Charts)】选项，打开帕累托图(Pareto Charts)主对话框，见图 20-97，选择【简单帕累托图(Simple)】及【图表中的数据为(Data in Charts Are)】中的【个案组的计数或和(Counts or Sums for Groups of Cases)】。

3)单击【定义】按钮，打开个案组的计数或和(Counts or Sums for Groups of Cases)对话框，见图 20-98。选择【条的表征(Bars Represent)】中的【计数(Counts)】,【类别轴(Category Axis，分类轴)】变量为“group(死亡分组)”，并选择【显示累积线(Display cumulative line)】。

4)单击【确定】按钮，可绘制简单帕累托图，见图 20-99。

5)结果分析。

从图 20-99 可见，儿童死亡以新生儿死亡(早期新生儿死亡、晚期新生儿死亡，读者可将此两项合并)与大于 28 天婴儿死亡及 1 ~4 岁儿童死亡为主。一般认为，累积百分比 0 ~ 80%为主要因素，80 ~90% 为主要因素，90 ~ 100% 为一般因素。

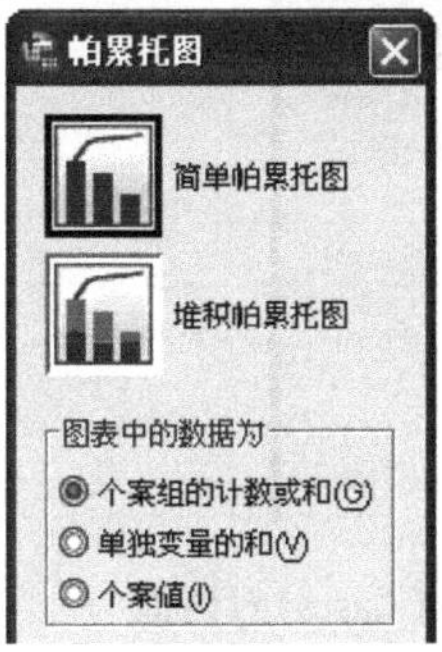

图 20-97　帕累托图(Pareto Charts)主对话框

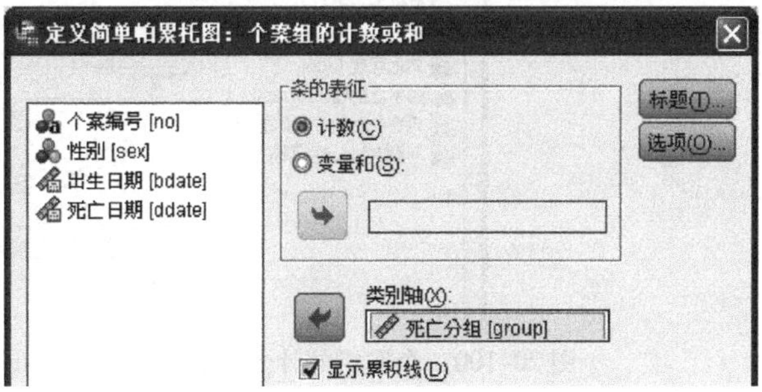

图 20-98　个案组的计数或和(Counts or Sums for Groups of Cases)对话框(部分)

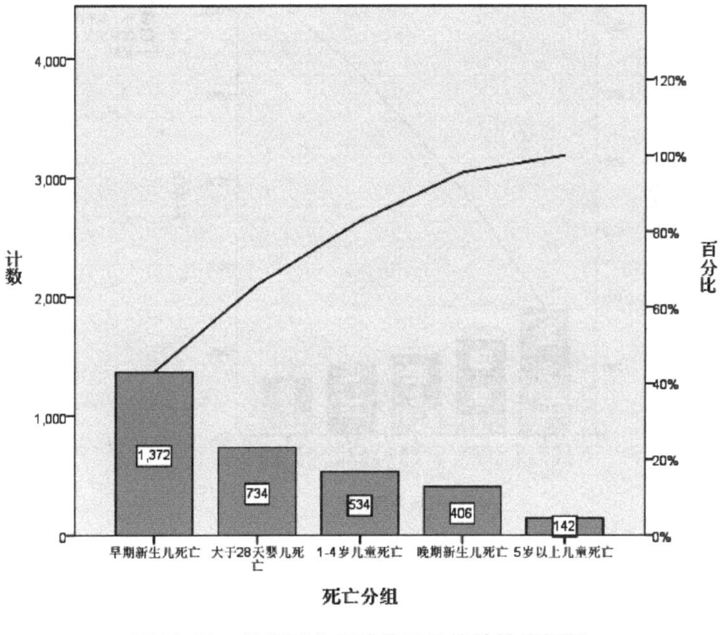

图 20-99　儿童死亡年龄分组的简单帕累托图

20.14.2　堆积帕累托图

【例 20-40】　某市妇幼保健院对该地的 1200 多名青少年进行性知识调查(参考例 13-2)，并已建立数据文件 corresp. sav，试绘制不同年龄组的堆积帕累托图。

1)打开数据文件 corresp. sav。

2)帕累托图(Pareto Charts)主对话框中，选择【堆积帕累托(Stacked)】及【图表中的数据为(Data in Charts Are)】中的【个案组的计数或和(Counts or Sums for Groups of Cases)】。

3)打开个案组的计数或和(Counts or Sums for Groups of Cases)对话框，见图 20-100。选择【条的表征(Bars Represent)】中的【计数(Counts)】，【类别轴(Category Axis，分类轴)】变量为

“sexual(对婚前性行为的看法)”,【定义堆积(Define Stacks by)】变量为“agegroup(年龄组)”,并选择【显示累积线(Display cumulative line)】。

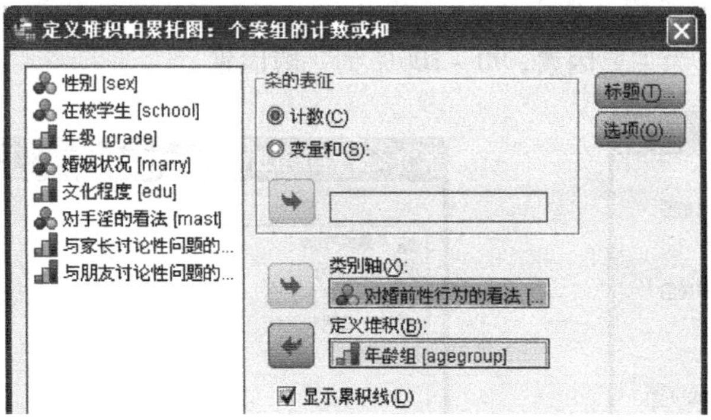

图 20-100　个案组的计数或和(Counts or Sums for Groups of Cases)对话框

4)单击【确定】按钮,可绘制堆积帕累托图,见图 20-101。

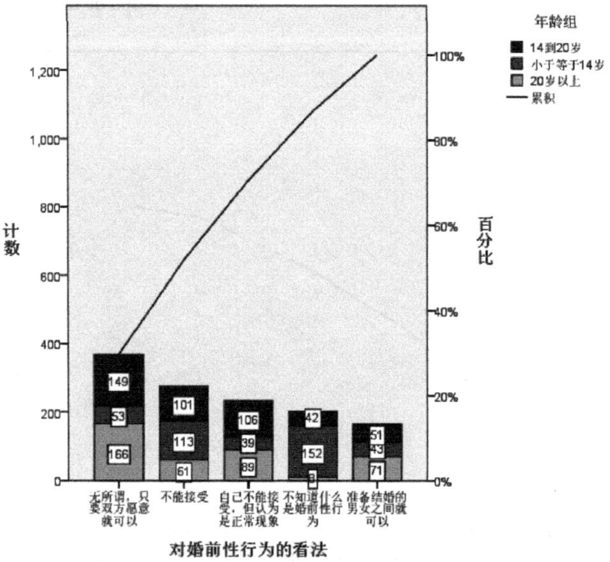

图 20-101　不同年龄组青少年对婚前性行为看法的堆积帕累托图

20.15　ROC 曲线

ROC 曲线(ROC Curve)又称接收者工作特征曲线(receiver operating characteristic curve)或相对工作特征曲线(relative operating characteristic curve),ROC 曲线及非参数估计 ROC 曲线下的面积大小可作为某一诊断方法准确性评价的指标。这里所指的“诊断(diagnosis)”是泛指某对象(如人、仪器、设备、试剂、试验及方法等)对确定事件做出正常或异常判断的过程。

ROC 曲线的原理为先假设正常组有 m 个观测值,异常组有 n 个观测值,如果观测值大为异常,根据 Wilcoxon Mann-Whitney 统计量,ROC 曲线下的面积(A_z)就是异常组每个观测值大于正常组每个观测值的概率,其面积数在 0 ~ 1 之间。理论上,这一指标取值范围为 0.5 ~ 1。完全无价值的诊断为 $A_z = 0.5$,最完美的诊断为 $A_z = 1$。

由于 ROC 曲线方法能克服其他准确性评价指标的局限性，ROC 曲线方法又对判断的准确性提供了直观的视觉印象。SPSS 提供了极其方便的程序“ROC Curve”，计算与作图均可借助于软件快速而又完美地完成，因而，ROC 曲线方法广泛应用于诊断准确性的评价，特别适用于临床医学最佳决策的评价，深受广大用户欢迎。

在医学科研领域中，可应用 ROC 曲线对医学诊断试验性能进行评价，通过改变诊断界值，获得多对 TPR(真阳性率，即灵敏度，sensitivity)和 FPR(假阳性率，即 1-特异度，1-specificity)值，以 FPR 为横坐标(X-轴)、TPR 为纵坐标(Y-轴)绘制 ROC 曲线，计算并比较 ROC 曲线下的面积，以此反映诊断价值(或检测方法)的大小(或好坏)。ROC 分析的资料大致可分为连续型与有序分类型两种形式。

20.15.1 连续型资料的 ROC 曲线

【例 20-41】 已知某医院采用骨髓诊断作为金标准(gold standard)，对 100 例可疑为缺铁性贫血患者做诊断，将诊断结果为缺铁性贫血的 34 例作为异常组，其余 66 例非缺铁性贫血作为正常组，然后测量其红细胞平均容积(MCV)，数据见表 20-2。试评价 MCV 诊断缺铁性贫血的准确性。

表 20-2 红细胞平均容积(MCV)

骨髓诊断	MCV 结果																			
	60	66	68	69	71	71	73	74	74	74	76	77	77	77	77	78	78	79	79	80
正常组	80	81	81	81	82	82	83	83	83	83	83	83	83	84	84	84	84	85	85	86
(g=1)Xm	86	86	87	88	88	88	89	89	89	90	90	91	91	92	93	93	93	94	94	94
	94	96	97	98	100	103														
异常组	52	58	62	65	67	68	69	71	72	72	73	73	74	75	76	77	77	78	79	80
(g = 2) Xn	80	81	81	81	82	83	84	85	85	86	88	88	90	92						

1)建立数据文件 roc1. sav，变量名为 g(正常组/异常组)：1—正常组，2—异常组；mcv(红细胞平均容积)。

2)选择【分析(Analyze)】→【ROC 曲线图(ROC Curve)...】选项，打开 ROC 曲线(ROC Curve)主对话框，见图 20-102。

☆【检验变量(Test Variable)】列表：可以是多个定量变量，本例为“mcv(红细胞平均容积)”。

☆【状态变量(State Variable)】：选择二分分类变量，本例为“g”。

☆【状态变量的值(Value of State Variable)】：该值对应的分类为阳性，本例为“2”，即异常组。以上 3 项是必选的。

☆【输出(Display)】：

○ ROC 曲线(ROC Curve)：默认值，生成 ROC 曲线。

● 【带对角参考线(With diagonal reference line)】：生成对角参考线，即过(0,0)、(1,1)的直线。

○【标准误差和置信区间(Standard error and confidence interval，标准误和置信区间)】：计算曲线下面积的标准误与置信区间。

○【ROC 曲线的坐标点(Coordinate points of the ROC Curve)】。

本例全部选择。

3)单击【选项(Options)...】按钮，打开选项(Options)对话框，见图 20-103。

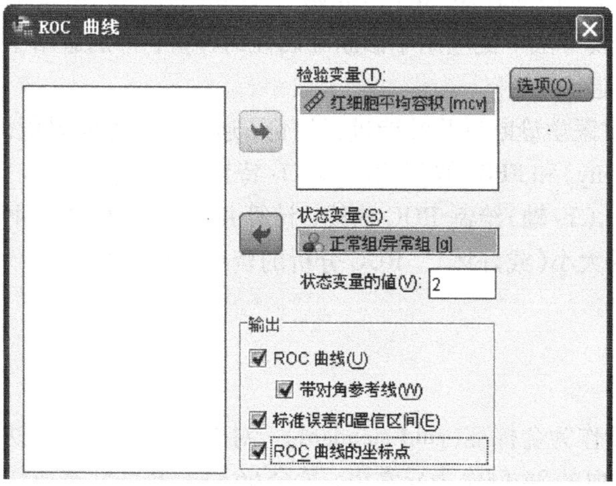

图 20-102　ROC Curve(ROC 曲线)主对话框

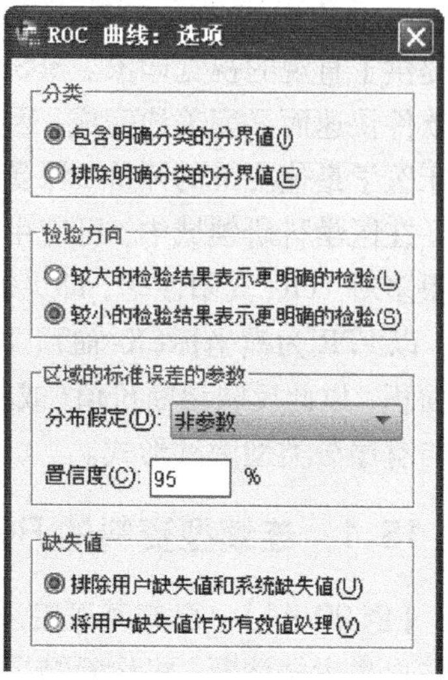

图 20-103　选项(Options)对话框

☆【分类(Classification)】: 可选择【包含明确分类的分界值(Include cutoff value for positive classification)】或【排除明确分类的分界值(Exclude cutoff value for positive classification)】。

☆【检验方向(Test Direction)】: 设定阳性诊断结果的方向。

○【较大的检验结果表示更明确的检验(Larger test result indicates more positive test)】: 即较大的检验结果表示阳性诊断。

○【较小的检验结果表示更明确的检验(Smaller test result indicates more positive test)】: 即较小的检验结果表示阳性诊断, 经分析本例正常组的平均值(83.80)大于异常组(76.59), 即阳性诊断的检验结果值较小, 因此本例选择此项。

☆【区域的标准误差的参数(Parameters for Standard Error of Area, 面积的标准误参数)】: 设定用于估计曲线以下面积的标准误的方法。

○【分布假定(Distribution assumption)】: 可选择【非参数(Nonparametric)】或【双负指数(Bi-negative exponential)】, 默认为【非参数(Nonparametric)】, 本例选择此项。

○【置信度(Confidence level n%, 置信水平)】: 默认为"95%", 可指定范围为 50.1 ~ 99.9, 本例选择默认值。

☆【缺失值(Missing Values)】: 可选择【排除用户缺失值和系统缺失值(Exclude both user-missing and system missing values)】或【将用户缺失值作为有效值处理(User-missing values are treated as valid)】, 即只剔除系统缺失值。

4) 单击【继续】→【确定】按钮, 得到如下主要结果:

ROC 曲线, ROC Curve(接收者工作特征曲线)

结果 20-3　曲线下的面积(Area Under the Curve)

检验结果变量:红细胞平均容积

面积 (Area)	标准误 (Std. Error)	渐近显著性 (Asymptotic Sig.)	渐近 95% 置信区间(Asymptotic 95% Confidence Interval)	
			下限(Lower Bound)	上限(Upper Bound)
.717	.053	.000	.614	.820

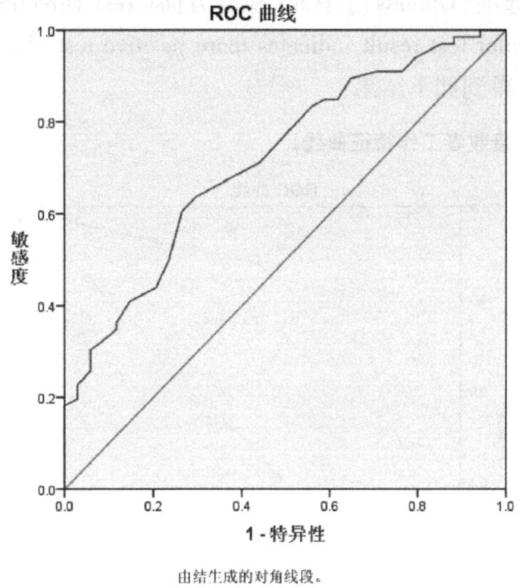

图 20-104 两组研究对象红细胞平均容积的 ROC 曲线

5)主要结果分析。

(1)本例 ROC 曲线下的面积(Area) = 0.717，标准误(Std. Error) = 0.053，渐近显著性(Asymptotic Sig.) = 0.000，$P<0.01$，渐近 95% 置信区间(Asymptotic 95% Confidence Interval)是(0.614,0.820)，不包含 0.5。

(2)一般情况下，曲线下的面积 A_z 为 0.5 ~ 0.7 时，表示诊断准确性较低；面积 A_z 为 0.7 ~ 0.9 时，表示诊断准确性中等；而面积 A_z 大于 0.9 时，表示诊断准确性较高。本结果表明，MCV 对缺铁性贫血具有一定的诊断价值。

(3)根据曲线的坐标(Coordinates of the Curve)表(略)，计算 Youden 指数(Youden index)，即灵敏度(Sensitivity) + 特异度(Specificity) - 1，临床上常用 Youden 指数确定最佳诊断界值，最大值为 0.342，对应的红细胞平均容积为 81.50，因此可认为红细胞平均容积的最佳诊断界值为 81.50。

20.15.2 有序分类型资料的 ROC 曲线

【例 20-42】 某医生按“肯定正常(1)”、“可能正常(2)”、“异常可疑(3)”、“可能异常(4)”与“肯定异常(5)”对病例组样本 41 份、对照组样本 193 份影像资料进行诊断分类，数据结果见表 20-3。问该医生对这批影像资料的诊断水平如何？并绘制 ROC 曲线。

表 20-3 两组影像资料的诊断分类

分类	1	2	3	4	5
病例组	2	3	8	18	12
对照组	35	68	49	29	12

1)建立数据文件 roc2.sav，变量名为 x(频数)、c(影像分类)、g(病例组/对照组)。

2)加权个案(Weight Cases)对话框中，【加权个案(Weight Cases by)】的【频率变量(Frequency Variable)】为“x(频数)”，参见第 3.2.6 节。

3)ROC 曲线(ROC Curve)主对话框中，【检验变量(Test Variable)】为“c(影像分类)”，【状态变量(State Variable)】为“g(病例组/对照组)”，【状态变量的值(Value of State Variable)】为“1”，即病例组。【输出(Display)】全选，由于本例病例组的平均秩(106.03)小于对照组的平均值秩(171.49)，因此【选项(Options)】中的【检验方向(Test Direction)】选择【较小的检验结果表示更明确的检验(Smaller test result indicates more positive test)】，其余选择默认项。

4)单击【确定】按钮，得到如下结果：

ROC Curve，ROC 曲线(接收者工作特征曲线)

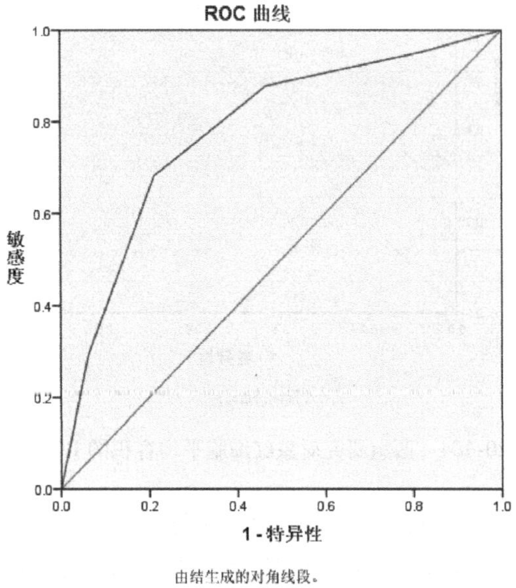

图 20-105　两组研究对象影像资料诊断分类的 ROC 曲线

结果 20-4　曲线下的面积(Area Under the Curve)

检验结果变量:影像分类(Test Result Variable(s)：影像分类)

面积 (Area)	标准误 (Std. Error)	渐近显著性 (Asymptotic Sig)	渐近 95% 置信区间(Asymptotic 95% Confidence Interval)	
			下限(Lower Bound)	上限(Upper Bound)
.780	.040	.000	.701	.859

5)主要结果分析。

本例的 ROC 曲线下的面积(Area) = 0.780，标准误(Std. Error) = 0.040，渐近显著性 P (Asymptotic Sig. = 0.000) < 0.01，渐近 95% 置信区间(Asymptotic 95% Confidence Interval)为(0.701, 0.859)，不包含 0.5，表明该医生对这批影像资料的诊断水平较高。Youden 指数最大值为 0.470，对应的最佳诊断界值为 3.50。

ROC 曲线还可对判别分析与其他分析的分类结果的合理性进行评价。

练习题

(请访问 www.hxedu.com.cn 下载。)

参 考 文 献

[1] Breslow N. E. and Day N. E: Statistical method in cancer research Vol I: The analysis of Case-control studies, IARC Scientific Publication, Lyon,1980,No. 32,pp162-,248-.

[2] Cox, D. R. Regression Models and life-table(with discussions), J. R. Statist. Ser B,34,1972,187-220.

[3] SPSS Inc. ,SPSSR Base System Reference Guide Release 9.0, 1998, U. S. A.

[4] SPSS Inc. ,SPSSR for WindowsTM, 1998, U. S. A.

[5] 蔡昉. 2000 年中国人口问题报告/农村人口问题及其治理. 北京:社会科学文献出版社,2000.

[6] 陈启光. 医学统计学. 南京:江苏科技出版社,1996.

[7] 陈希孺. 非参数统计. 上海:上海科学技术出版社,1989.

[8] 杜养志. 预防医学指南/卫生统计分册. 西安:陕西科学技术出版社,1986.

[9] 方积乾,孙振球. 卫生统计学(第 5 版). 北京:人民卫生出版社,2003.

[10] 方积乾. 医学统计学与电脑实验. 上海:上海科学技术出版社,1997.

[11] 方积乾,等. 现代医学统计学. 北京:人民卫生出版社,2002.

[12] 方积乾. 医学统计与电脑实验(第二版). 上海:上海科学技术出版社,2001.

[13] 高尔生. 医学人口学. 上海:上海医科大学出版社,1993.

[14] 郭祖超. 医学统计学. 北京:人民卫生出版社,1999.

[15] 郭祖超. 医用数理统计方法(第三版). 北京:人民卫生出版社,1988.

[16] 洪明晃. 临床科学研究、设计、测量、评价. 广州:中山大学出版社,1994.

[17] 洪楠,侯军,李志辉,等. STATISTICA for windows 统计与图表分析教程. 北京:清华大学出版社,北方交通大学出版社,2002.

[18] 洪楠,侯军. SAS for Windows 统计分析系统教程. 北京:电子工业出版社,2001.

[19] 洪楠,李志辉. 中国汉族青少年体质发育规律研究. 统计与信息论坛. 1996 年 S1 期.

[20] 洪楠,李志辉,等. SPSS for Windows 视窗——社会科学统计软件包. 广州:中山医科大学,大学生、研究生教材,1996.

[21] 洪楠,林爱华,侯军,李志辉. SPSS for Windows 统计产品和服务解决方案教程. 北京:清华大学出版社,北方交通大学出版社,2003.

[22] 洪楠,林爱华,李志辉,等. SPSS for Windows 统计分析教程. 北京:电子工业出版社,2000.

[23] 洪楠,游志颖. 最小一乘法及其医学应用,中国卫生统计,1993,10(4):41.

[24] 洪楠. Ⅱ型回归——最小平方距离法及其医学应用. 中国卫生统计,1990,7(3):54.

[25] 洪楠. Logistic 曲线参数的一个最佳估计方法. 生物数学学报,1994,9(3):148.

[26] 洪楠. SPSS for Windows 统计软件包简介. 中国卫生统计,1996,13(3):53-55.

[27] 洪楠. Windows 曲线参数估计法. 数理医药学杂志,1996,9(4).

[28] 洪楠. 李志辉,等,STATISTICA for Windows95 简介——大型专业统计分析与图表软件包,Proceedings of the International Conference on Health Care and its Clinical Studies. 中国医药数学会、数理医药学杂志社,1997:77-81.

[29] 洪楠. 统计分析软件包 SAS/PC 的应用. 广州:中山医科大学,大学生、研究生教材,1994.

[30] 洪楠. 医学统计方法与 SPSS/PC + 软件. 广州:中山医科大学,大学生、研究生教材,1993.

[31] 洪楠. 在曲线拟合中一个能优选模型的软件. 中国卫生统计,1991,8(5):49.

[32] 胡良平. Windows SAS 6.12 & 8.0 实用统计分析教程. 北京:军事医学科学出版社,2001.

[33] 胡良平. 现代统计学与 SAS 应用. 北京:军事医学科学出版社,1996.
[34] 黄海,等. SPSS 10.0 for Windows 统计分析. 北京:人民邮电出版社,2001.
[35] 黄正南. 医用多因素分析(第三版). 长沙:湖南科学技术出版社,1995.
[36] 黄正南. 医用多因素分析及计算机程序. 长沙:湖南科学技术出版社,1986.
[37] 贾俊平,等. 统计学. 北京:中国人民大学出版社,2000.
[38] 蒋庆琅. 寿命表及其应用. 上海:上海翻译出版公司,1984.
[39] 蒋知俭. 医学统计学. 北京:人民卫生出版社,1997.
[40] 金丕焕. 医学统计方法. 上海:上海医科大学出版社,1993.
[41] 金丕焕. 医用统计方法(第 2 版). 上海:复旦大学出版社,2003.
[42] 金丕焕,等. 医用统计程序集(POMS). 上海:上海科学技术出版社,1986.
[43] 李君荣,杨江林. 医疗保险统计学. 北京:人民卫生出版社,2003.
[44] 李志辉,关紫云,洪楠. 中国汉族青年身体素质的因子分析. 中华预防医学杂志,1997;31(1): 62-63.
[45] 李志辉,洪楠. SPSS9.0 for Windows 98/NT 统计软件包简介. 中国卫生统计,2000;17(4):248-249.
[46] 李志辉,黄国华,洪楠. SPSS 7.5 for Windows 95/NT 统计软件包简介. 中国卫生统计,1998,15(5): 49-51.
[47] 李志辉,等. 广州地区 5 岁以下儿童腹泻病发病率季节性分析. 中国公共卫生,2000,16(1): 54.
[48] 李志辉,等. 广州地区新生儿死亡多死因分析. 中国儿童保健杂志,2000,8(6): 361-363.
[49] 李志辉,等. 学龄儿童 15 项神经心理学检查的因子分析. 中国实用儿科杂志,1999,14(6): 351-353.
[50] 梁正东. 多元协方差分析. 数理医药学杂志. 中国卫生统计,1994,7(1):25.
[51] 林琼芳,等. 环境医学统计学. 北京:人民卫生出版社,1989.
[52] 刘宝林. 骨骼发育的研究及应用. 北京:北京医科大学、中国协和医科大学联合出版社. 1995.
[53] 刘筱娴. 医学统计学. 北京:科学技术出版社,2000.
[54] 卢纹岱. SPSS for Windows 从入门到精通. 北京:电子工业出版社,1997.
[55] 卢纹岱. SPSS for Windows 统计分析. 北京:电子工业出版社,2000.
[56] 陆璇译. 实用多元统计分析. 北京:清华大学出版社,2001.
[57] 倪宗瓒. 医学统计学. 北京:人民卫生出版社,1990.
[58] 潘宝骏. 科研通用电脑软件(SPSS/PC + . HG. WP) . 福州:福建科学技术出版社,1995.
[59] 潘玉进. 教育与心理统计——SPSS 应用. 杭州:浙江大学出版社,2006.
[60] 彭定国. SPSS for Windows 入门与统计分析. 台北:儒林图书有限公司,1994.
[61] 彭炜. 社区卫生服务实用教程. 广州:广东人民出版社,2002.
[62] 邱海雄. 社会统计学. 广州:中山大学出版社,1993.
[63] 饶克勤. 卫生统计方法与应用进展(第 2 卷). 北京:人民卫生出版社,2008.
[64] 上海第一医学院卫生统计学教研组. 医学统计方法. 上海:上海科学技术出版社,1979.
[65] 史秉璋,等. 医用多元分析. 北京:人民卫生出版社,1990.
[66] 松岗. SPSS 套装程式集(Package)中文手册. 台北:松岗电脑图书资料有限公司,1987.
[67] 苏洪光. SPSS for Windows 多变量统计分析. 台北:志宇电脑图书公司,1994.
[68] 孙振球. 医学统计学(第二版). 北京:人民卫生出版社,2008.
[69] 汤旦林. 卫生统计应用丛书/医学统计学基础. 北京:人民卫生出版社,1989.
[70] 汤旦林,等. 使人聪明的技术/生活中的统计观念与方法. 北京:人民交通出版社,1996.
[71] 田凤调. 实用卫生统计学. 北京:人民卫生出版社,1994.
[72] 田凤调. 卫生统计应用丛书/统计表列与图示. 北京:人民卫生出版社,1989.
[73] 王广仪,薛禾生. 中国医学统计百科全书/非参数统计分册. 北京:人民卫生出版社,2004.
[74] 王翔朴. 卫生学(第三版). 北京:人民卫生出版社,1990.
[75] 温焕新,洪楠. 用趋势面分析方法研究我国足月低体重儿的地理分布. 中山医科大学学报,1991,12(4):306.